Guido Hinterkeuser

Das Berliner Schloß

Guido Hinterkeuser

DAS BERLINER SCHLOSS

Der Umbau durch Andreas Schlüter

Siedler

Siedler Verlag, Berlin,
einem Unternehmen der Verlagsgruppe
Random House GmbH

Redaktion: Ditta Ahmadi, Berlin
Schutzumschlag: Rothfos + Gabler, Hamburg
Satz: Ditta Ahmadi, Berlin
Lithos: Mega-Satz, Berlin
Druck und Buchbinder: Kösel, Kempten
Printed in Germany 2003
ISBN 3-88680-792-4
Erste Auflage

Inhalt

VORGESCHICHTE

Die Entwicklung bis zur Berufung Andreas Schlüters zum Schloßbaudirektor

Der Baumeister Andreas Schlüter (1659–1698)

Der Bildhauer des Königs – Schlüter in Polen (1659–1694)

Architektur und Innenausstattung des von Andreas Schlüter umgebauten Berliner Schlosses nehmen ihren Ausgang in Polen, wo Schlüter sich die ersten 35 Jahre seines Lebens aufhielt. Danzig, die deutsch geprägte, völkerrechtlich aber zur polnischen Adelsrepublik gehörende Stadt an der Ostsee, und Warschau, die Hauptstadt Polens, haben seine künstlerische Entwicklung bestimmt. Spuren in seinem Frühwerk, das ausschließlich bildhauerische Arbeiten umfaßt, weisen auf sein späteres Schaffen in Berlin voraus. Erst hier trat er auch als Architekt in Erscheinung.

Schlüters Herkunft wurde lange kontrovers diskutiert und ist noch immer nicht eindeutig geklärt.[1] Johann Rudolf Füßli schrieb 1779: »Schlüter (Andreas von) ein berühmter Bildhauer und Baumeister, gebohren zu Hamburg 1662 oder 63.«[2] Dem folgte Friedrich Nicolai 1786: »Andreas Schlüter, ward um 1662 zu Hamburg geboren. Sein Vater war ein mittelmäßiger Bildhauer, und begab sich mit seinem noch sehr jungen Sohne nach Danzig, wo er bald starb.«[3] Tatsächlich fand man in der zweiten Hälfte des 19. Jahrhunderts im Kirchenbuch von Sankt Michael in Hamburg einen Andreas Schlüter, der dort als Sohn eines Bildhauers namens Gerhard Schlüter am 22. Mai 1664 getauft worden war.[4] Lange glaubte man, in ihm den berühmten Schlüter identifiziert zu haben, bis sich herausstellte, daß dieser Andreas Schlüter sich 1693 in Kopenhagen aufhielt und damit kaum der damals in Diensten des polnischen Königs stehende Bildhauer gewesen sein kann.[5] Überhaupt hat die Danziger Lokalforschung Hamburg als Schlüters Geburtsort grundsätzlich in Frage gestellt, da sie gleich mehrere Bildhauer namens Andreas Schlüter in den Kirchenbüchern ihrer Stadt nachweisen konnte. Die meisten kamen aufgrund der Todesdaten nicht in Betracht. Übrig blieb schließlich der am 13. Juli 1659 in der Danziger Katharinenkirche getaufte Andreas Schlüter. Er darf heute mit der größten Wahrscheinlichkeit als der Gesuchte gelten.[6] Ob Schlüter nun in Hamburg geboren wurde oder in Danzig, ist letztlich ohne Belang, da er in jedem Fall in Danzig aufwuchs. Der mit ihm eng befreundete Amsterdamer Kupferstecher Pieter Schenk nannte ihn später auf einem Widmungsblatt ganz selbstverständlich einen »Gedanensis« (Kat. 122).

In der alten Hansestadt Danzig dominierten Bauten aus der Gotik und der Renaissance, und die moderne Kunst des Barock war in der Ostseemetropole infolge der Handelsbeziehungen übers Meer vor allem in ihrer niederländischen Ausprägung vertreten, die der Mentalität einer protestantischen Kaufmannsstadt besonders entsprach. Das alles nahm der junge Schlüter in sich auf. Als sein Lehrer wird seit dem 18. Jahrhundert der Bildhauer Christoph

Sapovius genannt.[7] Dieser soll allerdings erst gegen 1680 aus der Pfalz nach Danzig gekommen sein, so daß Schlüter, geht man von dem Geburtsjahr 1659 aus, bereits bei einem anderen Danziger Meister gelernt haben mußte. Sapovius ist in der Kunstgeschichte lediglich ein Name, mit dem sich wenige Daten und keine Werke verbinden lassen, und so muß der allgemeine Verweis auf die geistige und künstlerische Herkunft Schlüters aus dem Danziger Kunstkreis genügen.

Die Königskapelle in Danzig

Leider findet sich in den Danziger Archiven kein Hinweis auf Arbeiten Schlüters. Von den ohnehin wenigen Werken, die Schlüter in der Hansestadt zugeschrieben werden, überzeugt vor allem der bauplastische Schmuck der Königskapelle.[8] Die zwischen 1677 und 1681 in Danzig an der Ecke der Heilig-Geist-Gasse (ul. Św. ducha) und der Kleinen Krämergasse (ul. Mała Kramarska) im Schatten der Marienkirche errichtete Königskapelle war ein Auftragswerk des polnischen Königs Jan III. Sobieski (Abb. 1, 2).[9] Da Schlüter später fest in dessen Diensten stand, wird er mit dem skulpturalen Schmuck dieses Baus in Verbindung gebracht.[10] Bis heute ließen sich dafür keine schriftlichen Belege erbringen, doch es sprechen zahlreiche stilistische Parallelen zu gesicherten Werken Schlüters für seine Beteiligung.

Über den Architekten der Kapelle herrscht Unklarheit. Sowohl dem Danziger Stadtbaumeister Bartel Ranisch als auch dem seit 1661 in Warschau tätigen Niederländer Tilman van Gameren wurde der Bau zugeschrieben.[11] Die Architektur – in Rekurs auf die Formensprache Andrea Palladios und Vincenco Scamozzis ein typisches Beispiel des seit 1600 entwickelten niederländischen Klassizismus – würde sich gut in van Gamerens Œuvre einfügen. Dagegen spricht, daß Ranisch sich selbst als den »Meister« bezeichnet, der »dasselbige Gebäude nebst aller Zubehörung verschaffet und verfertiget«.[12] Damit könnte allerdings auch seine Tätigkeit als Bauleiter und Bauunternehmer umschrieben sein, womit er letztlich für die Ausführung eines möglicherweise von van Gameren stammenden Entwurfs verantwortlich gewesen wäre. Die Auftragsvergabe für das katholiche Gotteshaus erfolgte am 19. Februar 1678. Die feierliche Grundsteinlegung fand am 21. Juli 1678 statt. Am 10. Mai 1681 war der Bau fertiggestellt. 1683 wurde er geweiht.

Die Architektur ist in mehrfacher Hinsicht ungewöhnlich. Der Neubau steht nicht frei, sondern ist eingepaßt in die Blockrandbebauung des sogenannten Pfarrhofs. Der durch eine Tambourkuppel über-

1 Bartel Ranisch, Grund- und Aufriß der Königskapelle in Danzig, Kupferstich, 1695

höhte Mittelteil, der allein den Sakralbau erkennen läßt, wird beidseitig flankiert von zwei dreiachsigen Gebäuden in der Gestalt typischer Danziger Bürgerhäuser. Der eigentliche Kirchenraum befand sich ursprünglich nur im Obergeschoß des Mittelbaus (Abb. 1), wurde dann allerdings 1715 um die in den Seitengebäuden anschließenden Räume erweitert. Das Mittelportal bildet die Durchfahrt in den Innenhof. Der Zugang in den Sakralraum erfolgt über eine Treppe, die hinter der rechts anschließenden Tür liegt. Im Innern tragen vier abgeschrägte Pfeiler die Pendentifs der Kuppel und schnüren zugleich kreuzgratgewölbte Anräume ab. In den Seitengebäuden liegen der Hochaltar sowie gegenüber ein Vorraum.

Die Fassade des Mittelteils wird durch lange schmale Pilaster ionischer Ordnung auf hohen Postamenten strukturiert. Gebälk und eine durchgehende Balustrade geben ihr einen modernen horizontalen Abschluß, während die seitlichen Nebenbauten in konventionellen Volutengiebeln in der Tradition der Danziger Renaissance enden. Hinter der Balustrade setzt der achteckige Tambour der Kuppel an. Den oberen Abschluß der massiv gemauerten Kuppelschale bildet eine oktogonale Laterne. Zwei kleine laternenartige Kuppelaufsätze, die als Glockentürme dienen, flankieren den Tambour. Großer Wert wurde auf den bauplastischen Schmuck gelegt, der sich vor allem um die Portale sowie die hohen Fenster des Mittelbaus konzentriert. Er setzt sich fort in den Gehängen zwischen den Kapitellen und der im Zentrum plazierten Wappenkartusche, erfaßt die Tambourzone und breitet sich schließlich auch auf die Giebel der Nebenbauten aus.

Viele Motive dieser Bauplastik kehren später in Schlüters Werk wieder. Die schmiegeartigen Strebepfeiler, die den Tambour stützen (Abb. 1), wirken

2 Königskapelle, Hauptfront

wie eine Vorwegnahme seiner Volutenpilaster. (Mit dem Terminus »Volutenpilaster« seien die an der Basis in einer Volute auslaufenden Pilaster bezeichnet, die sich am Grabmal Konarski in Frauenburg,[13] an der oberen Etage der Hofgalerie des Berliner Schlosses und in Schlüters Münzturmentwürfen finden.) Die über den seitlichen Fenstern des Obergeschosses auf Konsolen aufsitzenden Dreiecksgiebel mit teilweise fehlender Basis (Abb. 6) griff Schlüter am Berliner Schloß an den Außenfassaden für die Fenster des Piano Nobile auf (Abb. 74). Womöglich sah er in ihnen ein Motiv königlicher Würde. Auf ionische Kapitelle mit zwischen die Voluten eingehängter Girlande, wie sie die Pilaster aufweisen, werden wir in Schlüters Architektur immer wieder treffen (Abb. 81). Eine von Famen und Genien gehaltene Wappenkartusche, die die Mittelachse der Königskapelle bekrönt, wurde später zu einer Konstante in Schlüters Schaffen. Auf Ranischs Stich (Abb. 1) wirkt sie letztlich eindrucksvoller, da ausgreifender, als in der Ausführung. Auch das Thema der Maskerons, das an der Königskapelle in der aus Akanthusvoluten her-

3 Danzig, Königskapelle, Blattmaske über dem Eingangsportal

4/5 Cherubinen über dem Eingangsportal

auswachsenden Blattmaske über der Mitteldurchfahrt (Abb. 3) und an den Streben am Kuppeltambour auftritt, durchzieht Schlüters Œuvre. Man begegnet ihnen am Warschauer Palais Krasiński und am Grabmal des Stanisław Daniłłowicz in Żółkiew (Abb. 25) und später im Innenhof des Berliner Schlosses, wo sie im umlaufenden Gesims über dem ersten Stock sowohl an den Galerien als auch an allen drei Risaliten in der Gestalt von untersichtigen Konsolen auftauchen (Abb. 115).[14]

Trotz der vielfältigen Bezüge können die aufgezählten Werke an der Königskapelle nicht sämtlich von Schlüter gefertigt worden sein. Grundsätzlich muß man von der Beteiligung einer größeren Bildhauerschar ausgehen. Auch der geistige Anteil Schlüters an der Bauplastik dürfte eher gering sein. Vielleicht konnte er einzelne Vorschläge einbringen, doch in erster Linie hatte er wohl – nicht anders als später am Palais Krasiński – die Vorgaben des Architekten zu erfüllen. Die vielen Architekturzeichnungen, die sich von van Gameren erhalten haben, machen deutlich, daß er hinsichtlich der Bauplastik detaillierte Angaben machte. Dies wiederum würde bedeuten, daß Schlüter sich die vorgegebenen Motive aneignete, seinem Formenrepertoire einfügte und später in abgewandelter Form einsetzte. Als eigenhändige Arbeit wird Schlüter die über der Mitteldurchfahrt angeordnete Bauplastik zugeschrieben:[15] Die Blattmaske zeigt aufgrund ihrer kraftvollen Modellierung sowie der präzisen und überaus qualitätvollen Detaillierung alle Eigenschaften von Schlüters Bildhauerkunst (Abb. 3). Und auch die Cherubinen mit ihren zerzausten Haarschöpfen verraten die Hand eines exzellenten Bildhauers (Abb. 4, 5).

6 Königskapelle, Fenster im Hauptgeschoß

Schloß Wilanów

Vermutlich 1681 zog Schlüter aus Danzig in die Residenzstadt des polnischen Königs Jan III. Sobieski. In Warschau tat sich dem Zweiundzwanzigjährigen nicht nur ein neuer Wirkungskreis auf, sondern auch die Chance, sich neue Horizonte zu erschließen und Seherfahrungen zu erwerben. Weit mehr als ein Jahrzehnt stand Schlüter unter dem Einfluß des intellektuellen Klimas, das am Hofe dieses herausragenden europäischen Monarchen herrschte.

Sobieskis Wahl zum polnischen König ist entscheidend durch seinen Sieg über die Türken in der Schlacht von Chozim im Jahre 1673 beeinflußt worden. Seinen Ruhm verdankte er jedoch der siegreichen Schlacht am Kahlenberg bei Wien 1683, als er Europa von der durch die Türken drohenden Gefahr befreite. Den Bildenden Künsten kam nun die Aufgabe zu, diesem Ruhm Gestalt zu verleihen.[16] Die ikonographischen Zeichen und Programme, die dabei entwickelt wurden, dürfte Schlüter mit großem Interesse aufgenommen haben. Von diesen Kenntnissen profitierte er, als es einige Jahre später um die Verherrlichung des Kurfürsten von Brandenburg und Königs in Preußen ging.

Das kulturelle Klima in Warschau in den letzten Jahrzehnten des 17. Jahrhunderts war weit internationaler als in Danzig. In der Hauptstadt arbeiteten viele italienische Künstler für die polnische Adelsrepublik – »l'antemurale del Christianesimo«, wie zeitgenössische italienische Dichter und Historiographen sie nannten[17] –, die schon aufgrund der gemeinsamen katholischen Religion eine weitaus attraktivere Wirkungsstätte war als protestantische Länder wie Brandenburg oder Schweden. In Warschau arbeiteten die Maler Michel Angelo Palloni und Martino Altomonte.[18] Um 1684 zeichnete der an der Accademia di San Luca tätige Domenico Martinelli mehrere Projekte für Sobieski, darunter eine riesige Memorialkirche, die wohl in Warschau

7 Schloß Wilanów, Hoffassade, Famen über dem Eingangsportal des Corps de Logis

in Erinnerung an die siegreiche Schlacht von Wien hätte errichtet werden sollen.[19] 1697 hat Martinelli ein lukratives Angebot als Berliner Hofarchitekt mit der Begründung abgelehnt, er wolle nicht unter den Ketzern leben.[20] Der Maler Jercy Eleuter Szymonowicz-Siemiginowski und der Architekt Jan Reisner erhielten vom König Stipendien, um sich in Rom an der renommierten Accademia di San Luca fortzubilden. In deren Wettbewerben errangen sie 1682 jeweils den ersten Preis in ihrer Klasse.[21] Danach kehrten beide nach Warschau zurück, um nunmehr ihr Können in die Dienste des Königs zu stellen.

Das bedeutendste Projekt Jans III. Sobieski war Schloß Wilanów, seine nicht weit von Warschau gelegene Sommerresidenz an der Weichsel, mit deren Bau er den Architekten Agostino Locci betraute, dessen Vater, ebenfalls Ingenieur und Architekt, Anfang des 17. Jahrhunderts von Rom nach Warschau ausgewandert war.[22] Mit dem bauplastischen Schmuck dieses Schlosses wird seit langem Andreas Schlüter in Verbindung gebracht,[23] obwohl sich sein Name bislang nicht in den Schriftquellen finden läßt. Es wäre auch ungewöhnlich, wenn der nachweislich in Diensten Sobieskis stehende Bildhauer nicht an der alles überstrahlenden königlichen Bauunternehmung Anteil gehabt hätte. Unter der reichen Dekoration ist denn auch kein Mangel an Formen, die sich stilistisch auf Schlüters gesicherte Werke in Ber-

8 Hoffassade des Corps de Logis

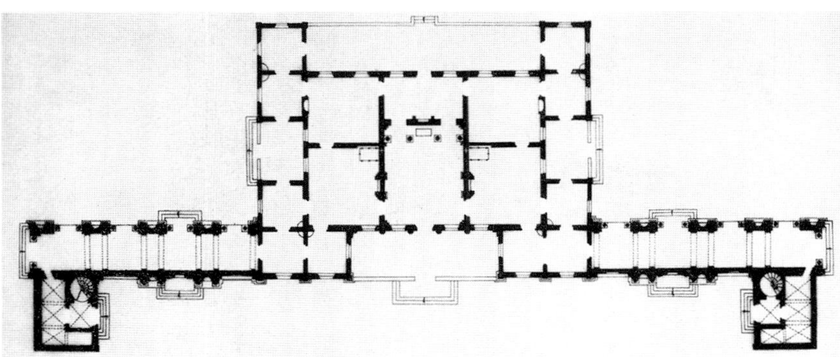

9 Grundriß des Erdgeschosses, Zustand 1699

lin beziehen lassen. Auszuschließen ist dagegen eine Beteiligung an der Architektur, wovon die ältere Forschung bisweilen ausging.[24] Sie stützte sich dabei auf die noch zu Schlüters Lebzeiten gedruckte *Historie und Leben der berühmtesten europäischen Baumeister*, verfaßt von Paul Jakob Marperger, in der es hieß, Schlüter habe »so wohl in- als außerhalb Warschau unterschiedliche Palatia, ehe er in Königliche Preußische Dienst getreten, angegeben und aufgeführet«.[25] Für diese Behauptung fand sich bis heute nicht der geringste Anhaltspunkt, so daß davon ausgegangen werden muß, daß Schlüter den Schritt vom Bildhauer zum Architekten erst in Berlin tat.

Viele Bildhauer und Stukkateure waren in Wilanów tätig, und es ist nicht einfach, Schlüters Anteile an dem Werk zu bestimmen. Noch eindringlicher als bei der Königskapelle stellt sich hier die Frage, welche Formen und Motive Schlüter erst hier kennenlernte und für sein weiteres Schaffen fruchtbar machte und welche Arbeiten originär von seiner Hand stammen. Der Briefwechsel zwischen dem König und seinem Architekten Locci gewährt einen guten Einblick in die Organisation des Baubetriebs und des Bauverlaufs.[26] Locci war nicht nur für die architektonischen Entwürfe des königlichen Landsitzes verantwortlich, sondern konzipierte, organisierte und dirigierte auch die umfangreichen Bildhauerarbeiten, Stukkaturen und Malereien. Eine Vielzahl von Künstlern aus verschiedenen Städten und Ländern, unter ihnen mehrere aus Italien sowie eine größere Gruppe aus Danzig, trafen in Wilanów zusammen, und es scheint höchst unwahrscheinlich, daß dem erst am Beginn seiner Karriere stehenden Schlüter die bedeutendsten Arbeiten in Stuck und Stein zugewiesen wurden.[27]

Wilanów war in den Jahren 1678/79 in einer ersten Bauphase als eingeschossiges Landhaus mit hohem Zeltdach und vier pavillonartigen Eckbauten mit eigenen Dächern entstanden.[28] Dieser recht einfache Baukörper, der bis heute in der Struktur des Corps de Logis erhalten ist (Abb. 8, 9, 12), wurde bereits 1681/82 in einer zweiten Bauphase um ein Halbgeschoß erhöht. Die bis dahin schmucklose Fassade zum Hof wurde dabei an den Eckpavillons durch Pilaster und im Zentrum durch Halbsäulen gegliedert, die zudem einen – wenige Jahre später wieder entfernten – Dreiecksgiebel trugen (Abb. 8). Hinzu kamen die beiden langgestreckten Galerietrakte, deren Enden durch je einen Turm markiert wurden (Abb. 12).[29]

10 Schloß Wilanów, Gartenfassade, Adler am nördlichen Risalit des Corps de Logis

11 Genius des Ruhms über dem Mitteleingang des Corps de Logis

Im Zusammenhang mit dieser ersten Erweiterung trat ein »statuarius« in Erscheinung. Locci erwähnt ihn erstmals in einem Schreiben an Sobieski vom 17. Oktober 1681, als der »statuarius« bereits am Hof des Königs eingetroffen war, allerdings nicht in Wilanów, sondern zunächst in Jaworów, einer weiteren Residenz Sobieskis. Locci bemerkte: »Da dieser statuarius schon in Jaworów ist, kann er dort eine erste Probe seiner Kunst ablegen.«[30] Zwei Wochen später, am 31. Oktober 1681, vermeldete Locci die Ankunft des »statuarius« in Wilanów: »Der statuarius hat sich gut eingeführt mit diesem Stück, in dem er gleichzeitig die Manier der Fiammingo-Kinder und eine gute aptitudo gegeben hat, und, was das meiste ist, daß es, wenn ich nicht irre, nach meinem und anderer, die es gesehen haben, Urteil, dem jüngsten Königssohn seiner Majestät ähnlich ist; wenn er auch in maiori forma einschlägt, ist er ziemlich gut.«[31]

Der Bezug zu Stil und Kunst von François Duquesnoy (Il Fiammingo), den Locci herstellt, hat dazu geführt, daß der »statuarius« seit langem einhellig mit Andreas Schlüter gleichgesetzt wird,[32] da das Motiv der Putten, das Duquesnoy mit großer Meisterschaft beherrschte, häufig in Schlüters Werk anzutreffen ist. Man findet es beispielsweise an den Sobieski-Grabmälern in Żółkiew (Abb. 25, 26)[33] und an dem Schlüter überzeugend zugeschriebenen Konarski-Grabmal im Frauenburger Dom.[34] Die Korrespondenz Loccis würde demnach die Übersiedlung Schlüters von Danzig nach Warschau bestätigen und in das Jahr 1681 legen. Am 10. Mai des Jahres war in Danzig die Königskapelle fertiggestellt worden, und es ist nicht unwahrscheinlich, daß der junge Bildhauer Andreas Schlüter dort dem Berater und Agenten des Königs, dem Jesuiten Bartlomiej Wąsowski, aufgefallen war und von diesem für die anstehenden Arbeiten in Wilanów angeworben wurde.[35]

Ohne Frage bewegt man sich mit der Gleichsetzung des von Locci genannten »statuarius« mit Schlüter auf recht dünnem Eis. Wirklich zweifelsfrei ist Schlüters Anwesenheit in Warschau erst für das Jahr 1689 belegt. Am 20. Januar 1690 wurde er laut Rechnungsbuch des Palais Krasiński für eine 1689 geleistete Arbeit entlohnt.[36] Zweimal findet sich sein Name im Taufbuch der Heilig-Kreuz-Kirche in Warschau, wo am 11. Oktober 1690 seine Tochter Hedwig Elisabeth[37] und am 3. Januar 1694 sein Sohn David getauft wurden.[38] Letztmals ist er in Polen am 18. Februar 1694 aktenkundig, als er für die Grabmäler in Żółkiew entlohnt wird.[39]

12 *Gartenfassade*

Nimmt man dennoch an, daß Schlüter und der »statuarius« identisch sind, dann wäre Schlüter 1681 als Steinbildhauer engagiert worden, für den Locci eine bereits genau definierte Aufgabe in Wilanów ins Auge gefaßt hatte. Am 24. Oktober 1681, also eine Woche vor der Ankunft des »statuarius« in Wilanów, beschrieb Locci dem König die möglichen Varianten für die Gestaltung der Eingangsfront, darunter auch die dann ausgeführte: »[...] die Sonne an Stelle einer Uhr über das ganze frontispicium goldene Strahlen werfen, der Körper der Sonne repräsentiert durch eine vergoldete, glänzende Halbkugel aus Kupfer, und die Stunden zwischen den Strahlen von weitem sichtbar, Engel mit Trompeten sollen Fama darstellen, und um die Trompeten cartelle volantes com inscriptione Refulsit Sol in Clipeos [...].«[40] Der erwähnte Frontispiz ging schon wenige Jahre später verloren, als dem Corps de Logis von 1688 an das belvedereartige Obergeschoß aufgesetzt wurde. Seine Skulpturen wurden jedoch bewahrt und neu über die nunmehr zweieinhalbgeschossige Fassade verteilt (Abb. 7, 8).[41] Aus der Korrespondenz Loccis geht indes nicht eindeutig hervor, daß der »statuarius« diese Giebelplastik ausführte, doch man kann getrost davon ausgehen.[42] Die Skulpturengruppen – die beiden Posaune blasenden Famen über der Eingangstür und die Puttenpaare mit den kupfernen Sonnenschilden, die auf den Fenstergiebeln des Obergeschosses angebracht sind – fügen sich stilistisch durchaus in Schlüters Œuvre ein. Schlüter dürfte diese Natursteinarbeiten zum überwiegenden Teil selbst gemeißelt haben.[43]

Die ebenfalls 1681 entstandenen Stuckdekorationen an der Gartenseite des Corps de Logis stammen hingegen keinesfalls von Schlüter (Abb. 12). Genannt werden Jan und Antoni, zwei Stukkateure aus Wilanów, deren Familiennamen wir nicht kennen.[44] Zu ihren Arbeiten rechnen die Porträtmedaillons antiker Götter, Helden und historischer Gestalten[45] sowie die darunter hängenden Tabulae ansatae (Abb. 10), deren Widderköpfe mit Girlanden im Maul Schlüter wohl beeindruckten, denn er übernahm dieses Motiv später im Mezzaningeschoß des Berliner Schlosses (Abb. 96). Und auch den von einem Festongehänge überfangenen Medaillons begegnet man am Berliner Schloß wieder, und zwar an den Hoffassaden der schmalseitigen Treppenkästen (Abb. 75, 78).

Von den Stuckarbeiten der Meister Jan und Antoni weichen stilistisch einige nahezu vollplastisch gearbeitete Gruppen ab, die recht frei über die Gartenfassade verteilt sind. Sie sind von besonderer Dynamik und wirken zum Teil wie Ausschnitte einer szenischen Darstellung. Schlüter wurden schon der

13 Schloß Wilanów, Detail des Deckenstucks im Großen Saal mit der Allegorie des Wassers

Reiter mit polnischem Krummsäbel und Schild sowie der Adler im Flug – beides Bestandteile des Staatswappens der Polnisch-Litauischen Union – zugeschrieben (Abb. 10, 12).[46] Das subtil gezeichnete Adlergefieder ist vergleichbar mit den Flügeln der Famen über dem hofseitigen Eingang. Ferner hat man die Stuckplastiken über den gartenseitigen Türen des Corps de Logis – der auf einer Löwenhaut dargestellte Genius des Ruhms (Abb. 11) und die das Mosaikbildnis einer Sibylle enthüllenden Putten – ebenso für Werke Schlüters gehalten wie die astronomischen Gruppen mit Uranos und Chronos, die sich großflächig über die Außenfronten der gartenseitigen Eckpavillons ausbreiten.[47]

Diese großzügige Zuschreibung an Schlüter ist nicht unumstritten. Adler und Reiter etwa sind auch schon als Werke des Danziger Meisters Stefan Schwaner interpretiert worden,[48] womit erneut deutlich wird, wie eng und vielleicht sogar unentwirrbar das Verhältnis von Vorbild und Nachfolger ist. Stefan Schwaner war ein herausragender Repräsentant des künstlerischen Milieus Danzigs, aus dem der junge Schlüter stammte und das ihn geprägt hat, bis er nach Wilanów kam. Neben Schwaner und Schlüter arbeitete eine Vielzahl Danziger Bildhauer am Schloß,[49] wie man überhaupt den Eindruck gewinnt, daß sämtliche Steinmetzarbeiten, sofern es sich nicht um niederländische Importstücke handelte,[50] vor Ort von Bildhauern aus Danzig geschaffen wurden.[51] Im Verlauf der Arbeiten dürften sich die in Wilanów tätigen Werkstätten, Danziger und Italiener, gegenseitig inspiriert und angeregt haben, was ihre Scheidung zusätzlich erschwert. Die Stukkaturen der Gartenfassade könnten daher ebensogut von einem der in Wilanów tätigen italienischen Stukkateure stammen.[52] Kein Bildhauer besaß in Wilanów die Oberhand, und auch Schlüter spielte keine herausragende Rolle. Es ist daher wenig ergiebig, ihn als ausgereiften Meister zu betrachten und ihm – in Kenntnis seines späteren Œuvres in Berlin – herausragende Anteile an diesem Bau zuzuweisen. Will man Schlüters Werdegang ergründen, ist es viel interessanter, den Einfluß zu ermessen, den die Werke der anderen Künstler – Niederländer, Danziger und Italiener – auf ihn ausgeübt haben könnten. Auch ein Schlüter fällt nicht vom Himmel, und Wilanów ist der Ort, an dem er entscheidende Inspirationen erfuhr.

In dem Brief Loccis vom 31. Oktober 1681, der die Ankunft des »statuarius« vermeldet, heißt es auch, »die Stukkateure arbeiten schon innen im Zimmer«.[53] Man nimmt an, daß bis 1687 an der Ausstattung der Innenräume gearbeitet wurde,[54] allerdings ruhte der Baubetrieb während Sobieskis Feldzug gegen die Türken für einige Jahre.[55] 1686 wird das Werk jedoch als weitgehend vollendet beschrieben.[56]

Die Stukkaturen im Schlafzimmer der Königin sowie in der Bibliothek entstanden bereits 1681 und können daher nicht mit Schlüters Schaffen in Verbindung stehen.[57] Ihm schrieb man die Vouten im Großen Saal und im Schlafzimmer des Königs zu (Abb. 13).[58] Die Nähe dieser Arbeiten zu Schlüters

14 Danzig, Haus Langer Markt 7/8, Detail des Deckenstucks im Festsaal mit der Allegorie Amerikas

späteren Werken in Berlin ist offensichtlich und wird allein schon an der Behandlung der Tiere offenbar. Der tapsige Löwe aus der Allegorie der Erde im Großen Saal taucht einige Jahre später wieder am Berliner Schloß in der Allegorie der Stärke am Portal V (Abb. 108) und in der Allegorie Afrikas im Rittersaal auf (Abb. 146). Auch die realistische Behandlung von Pflanzen, etwa des Schilfs in der Allegorie des Wassers, gehört zu den Charakteristika von Schlüters Berliner Stuckarbeiten. Doch man kann diese Stukkaturen von Wilanów ebenso als wichtige Vorbilder und Anregungen interpretieren. Mariusz Karpovicz brachte die Persönlichkeit des Meisters der Sommer-Voute ins Spiel.[59] Er verwies zudem auf den uneinheitlichen Stil innerhalb der einzelnen Vouten und ging daher davon aus, daß hier verschiedene Hände am Werk waren.[60] Außerdem lenkte er die Aufmerksamkeit auf vergleichbare Arbeiten italienischer Stukkateure in der nahe gelegenen Bernhardinerkirche von Cerniaków und im Pavillon Łazienka von Ujazdów.[61] In Wilanów sind mehrere italienische Steinmetzen und Stukkateure belegt,[62] und es ist gut möglich, daß Schlüter in Wilanów noch gar nicht als Stukkateur arbeitete.

Im Lichte dieser Überlegungen sollte die Stuckdecke neu betrachtet werden, die sich bis Kriegsende in Danzig im Haus Langer Markt 7/8 befand und die Schlüter zugeschrieben wird.[63] Ihre Voute besetzten ringsum Allegorien der vier Kontinente, die sich an den Längsseiten aus je fünf, an den Schmalseiten aus je zwei nahezu vollplastisch ausgeführten Putten zusammensetzten (Abb. 14). Jeder Gruppe war ein Tier

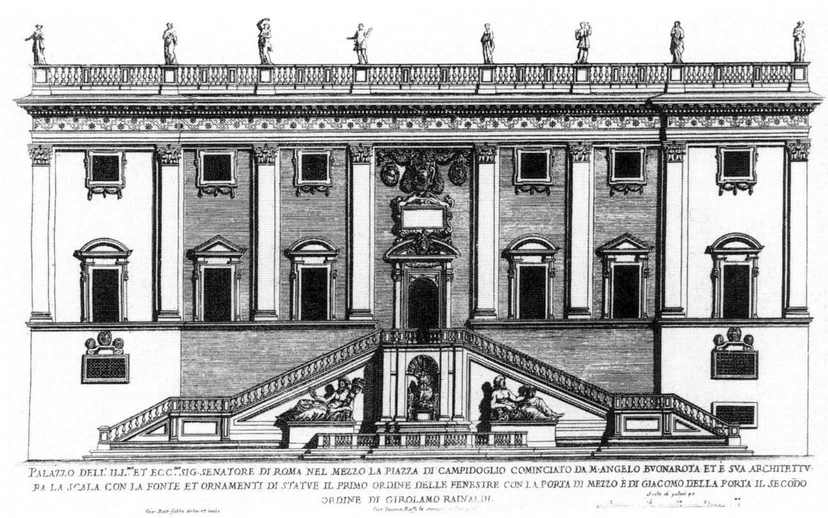

15 Giovanni Battista Falda, Hauptfassade des Senatorenpalastes auf dem Kapitol in Rom, Kupferstich, um 1680

16 Giovanni Battista Falda, Hauptfassade des Konservatorenpalastes auf dem Kapitol in Rom, Kupferstich, um 1680

als Attribut beigegeben, das die Zuordnung zu einem der Erdteile erlaubte. Die Parallelen zu den Gruppen der Vier Elemente im Großen Saal von Schloß Wilanów sind auffallend (Abb. 13). In den Ecken befanden sich – leider ist kein Bild überliefert – »über einem delphinschwänzigen, eine Vase zwischen sich haltenden Puttenpaar vier verschieden gestaltete, teils männliche, teils weibliche Gesichter mit aufgeblasenen Backen, Windgötter darstellend [...].«[64] Die Beschreibung erinnert an ähnliche Motive an der Decke im Schlafzimmer des Königs sowie wiederum im Großen Saal von Schloß Wilanów. Koska betont, daß diese Decke »ein ganz einzigartiges Beispiel für Danzig« darstellt.[65] Das legt nahe, hier nicht etwa ein Frühwerk Schlüters zu sehen,[66] das die Anfänge seiner Kunst zeigte, die er dann in Wilanów in ausgereifteren Formen und ausgereifterem Stil vorführte. Auch das Datum 1689 auf einer der Kartuschen sollte als Jahr der Entstehung ernst genommen werden. Die Decke wäre dann ein Zeugnis für Schlüters Rezeption der italienischen Stuckarbeiten, die er in Wilanów gesehen hatte. Anläßlich eines Besuchs in Danzig 1688 oder 1689 könnte er einen Entwurf zurückgelassen haben,[67] den lokale Kräfte dann ausführten, denn der Danziger Decke fehlt die Schärfe und Präzision der Wilanówer Arbeiten.

In Wilanów begann 1688 eine neue Bauetappe: Der Mittelteil des Corps de Logis wurde um ein Vollgeschoß aufgestockt, das sich als Belvedere über dem bisherigen Baukörper erhebt (Abb. 8, 12). Damit erreichte das Schloß in diesem Bereich seine

17 Schloß Wilanów, Gartenfassade, südliche Galerie

endgültige Gestalt. Schlüter wird einhellig mit der Bauplastik an den Fassaden dieses Aufsatzes in Verbindung gebracht.[68] In der Tat erinnert der umlaufende Konsolfries mit den Metopenreliefs der Helme und Trophäen an die Gestaltung des Gesimses im Innenhof des Berliner Schlosses (Abb. 75). Auch die bizarre Erfindung und exzellente Ausführung der Pilaster möchte man Schlüter zuweisen: Die Kapitelle bestehen aus Satyrköpfen, deren Bockshörner zugleich die Voluten bilden (Abb. 12). Zwischen diese und den Mund der Satyrn ist ein Tuch gespannt, das in elegantem Faltenspiel den Schaft des Pilasters hinunterfällt. Weiter zählen zur Bauplastik des aufgesetzten Obergeschosses die von Blütengehängen gefaßten Reliefmedaillons Jans III. und seiner Gemahlin sowie die überaus aufwendig gearbeiteten Fensterumrahmungen mit ihren reich profilierten Dreiecksgiebeln und einem geflügelten Frauenkopf. Besonders eindrücklich sind die beiden recht unvermittelt an den Seitenfassaden sitzenden vollplastischen Allegorien der Winde. Auch sie erinnern an spätere Arbeiten Schlüters, etwa die Atlanten im Elisabethsaal des Berliner Schlosses (Abb. 148) oder die stürzenden Giganten im Großen Treppenhaus, denen die Architektur als Bühne ihres Auftritts dient (Abb. 137). Die Winde sind in Kunststein gefertigt und damit in einer Technik, die Schlüter erst zwanzig Jahre später für die Bauskulptur des Landhauses Kameke wieder aufgreifen sollte.[69]

Schlüter profitierte künstlerisch nicht nur von seinen direkten Konkurrenten, den Bildhauern, sondern auch von den Stukkateuren, den Malern und nicht zuletzt von dem Architekten Locci. Dieser bezog sich, wie er dem König am 17. Juli 1682 schrieb, in einigen Details der architektonischen Gestaltung unmittelbar auf Michelangelo.[70] Verschiedene Motive der Kapitolsbauten werden regelrecht zitiert. Die Mezzaninfenster (Abb. 7) gestaltete Locci in enger Anlehnung an diejenigen des Senatorenpalastes[71] (Abb. 15), nur daß er, wie er Sobieski erläuterte, ihre Proportionen veränderte, indem er die Breite um ein Fünftel verringerte und dafür die Höhe um ein Zwölftel vergrößerte. Die korinthischen Kapitelle der Säulen und Pilaster (Abb. 7), ausgeführt von Danziger Steinbildhauern, folgen dem Vorbild des Konservatorenpalastes (Abb. 16). Von dort stammt auch der Gedanke für die Gliederung der Galerien auf der Gartenseite: kleine Freisäulen ionischer Ordnung, eingestellt in eine Kolossalordnung korinthischer Pilaster (Abb. 17).

Der Aufriß in Wilanów weicht allerdings insofern deutlich vom Konservatorenpalast ab, als über dem (reduzierten) Gebälk der ionischen Säulen kein weiteres Vollgeschoß folgt, sondern lediglich mezzaninartige, gerahmte Felder ansetzen, die als Grund für Wandmalereien dienen. Diese Umdeutung und Weiterführung von Michelangelos Idee ist jedoch keine Erfindung Loccis, sondern dürfte auf Francesco Borromini zurückgehen, der im Obergeschoß von San Carlo alle Quattro Fontane gerahmte Felder auf Freisäulen setzte (Abb. 134). Direkte und vermittelte Michelangelo-Rezeption stehen in Wilanów also nebeneinander. Schlüter sollte es dann einige Jahre später darauf anlegen, am Risalit des Großen Treppenhauses im Berliner Schloß beide Lösungen darzustellen (Abb. 130): Während in der unteren Hälfte über dem dorischen Gebälk der kleinen Freisäulen tatsächlich ein weiteres Vollgeschoß beginnt, sitzen auf den korinthischen Freisäulchen im zweiten Obergeschoß die besagten gerahmten Felder borro-

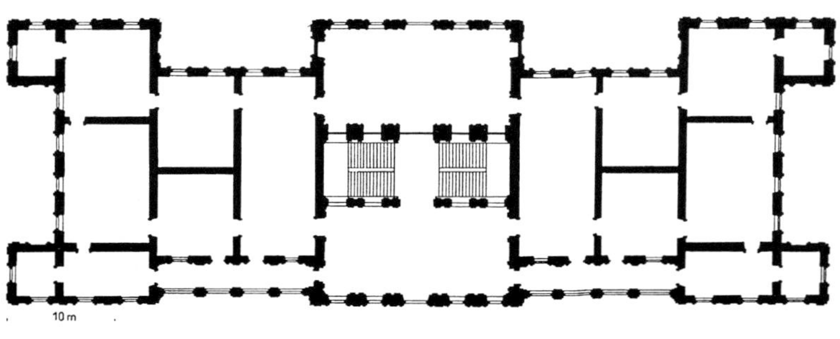

18 Warschau, Palais Krasiński, Grundriß des Piano Nobile, Rekonstruktion der ursprünglichen Raumdisposition

minesker Prägung auf, deren Fläche Schlüter in eigener Abwandlung vollkommen zugunsten von Fensteröffnungen auflöst.

Sosehr Sobieski sich in Wilanów engagierte, so wenig bemühte er sich um die Warschauer Residenz.[72] Zur Stadt präsentierte sich das zwischen 1600 und 1619 von italienischen Architekten entworfene Schloß – wie heute wieder – in den Formen einer schlichten Spätrenaissance. Die Flügel zur Weichsel gingen teilweise bis auf den Beginn des 15. Jahrhunderts zurück. Das bedeutende Marmorzimmer war Anfang der vierziger Jahre des 17. Jahrhunderts eingerichtet worden. 1655/56 hatten schwedische Truppen das Schloß stark verwüstet, aber Sobieski unternahm keine Anstrengungen, den Bau zu modernisieren. Erst sein Nachfolger August II. (der Starke) ließ von seinem Architekten Johann Friedrich Karcher 1698 ein umfassendes Modernisierungsprojekt ausarbeiten (Abb. 69)[73] – just zu dem Zeitpunkt, als Schlüter seine Umbaupläne für das Berliner Schloß entwickelte. Mit hoher Wahrscheinlichkeit ist er damals an Karchers Pläne gelangt.

Das Palais Krasiński in Warschau

Von 1689 bis zu seinem Weggang nach Berlin 1694 arbeitete Schlüter als Steinbildhauer am Neubau des Palais Krasiński in Warschau (Abb. 19, 22).[74] Ein im Zweiten Weltkrieg verlorenes, jedoch kurz zuvor glücklicherweise noch gründlich ausgewertetes und transkribiertes Rechnungsbuch nennt mehrfach Schlüters Namen. Auftraggeber war der Magnat und Wojewode von Płock, Jan Dobrogast Krasiński. Die Baupläne lieferte der ursprünglich aus den Niederlanden stammende Architekt Tilman van Gameren.[75]

Tilman van Gameren hatte als Maler in Venedig gearbeitet. Das übrige Italien und andere europäische Länder kannte er von seinen Reisen. Von 1661 an war er in Warschau tätig. 1666/67 hielt er sich noch einmal in Rom auf. Er wurde der bedeutendste Barockarchitekt Polens. Ein Blick auf seine Entwurfspraxis, die sich anhand seines umfangreichen zeichnerischen Nachlasses rekonstruieren läßt, zeigt, daß er bei all seinen Projekten großen Einfluß auf die bauplastische Ausstattung nahm und den beteiligten Künstlern recht genaue Vorgaben machte. Für Schlüter, der knapp dreißig Jahre jünger war als van Gameren, bedeutete die Tätigkeit am Palais Krasiński, das zu einem der eindrucksvollsten Adelspalais im Europa des ausgehenden 17. Jahrhunderts werden sollte, eine Auszeichnung.

Am Palais Krasiński wurden Schlüter die anspruchsvollsten Arbeiten anvertraut. Hatte er sich in Wilanów noch in eine Schar von Bildhauern einfügen müssen, so nahm er nun eine unangefochtene und hervorgehobene Stellung ein. Die Gelegenheit, für den führenden Architekten in Polen zu arbeiten, war Anerkennung und Chance zugleich, denn die Architektur und vor allem die Konstruktion des Kra-

19 Palais Krasiński, Hoffassade

siński-Palastes sind weitaus komplexer und anspruchsvoller als die des Schlosses Wilanów. Schlüter konnte während der Arbeit an diesem Bauwerk seinen Erfahrungsschatz ganz erheblich vergrößern, denn in architektonischen Angelegenheiten war von van Gameren fraglos mehr zu lernen als von Locci. Und er muß Gelegenheit gehabt haben, Planung und Entstehung aus nächster Nähe zu erleben. Als Schöpfer der Bauplastik war er Teil des Baubetriebs, die Anforderungen an den Architekten und Bauleiter verspürte er hautnah. Es ist fraglich, ob Schlüter in Berlin den Sprung zum Architekten überhaupt gewagt hätte ohne seine mehrjährige Praxis am Krasiński-Palast.

Mit den Bauarbeiten an dem Palais hat man 1687/88 begonnen. 1689 war der Rohbau bereits fertiggestellt.[76] Van Gameren schuf einen mächtigen Palast von zweieinhalb Geschossen Höhe, der aufgrund eines bewegt gegliederten Grundrisses zugleich überaus elegant wirkt (Abb. 18). Deutlich setzen sich an den Hauptfassaden der durch einen Dreiecksgiebel ausgezeichnete Mittelrisalit und die Seitenrisalite aus dem Fassadenverband ab. Den Seitenrisaliten sind nochmals kleine quadratische Kabinette angehängt, die bei polnischen Palästen und Landhäusern des 17. Jahrhunderts (man denke nur an Wilanów) und auch in den Werken van Gamerens häufig zu beobachten sind. Am Palais Krasiński treten sie nur im Grundriß eigenständig hervor, im Aufriß hingegen verschmelzen sie, aus der Frontale betrachtet, mit den Risaliten zu einem kompakten Block (Abb. 22). An den Schmalseiten bewirken sie indes die zerklüftete Erscheinung. Hier präsentiert sich nicht eine glatte zweidimensionale Fassade, sondern ein stark plastisch durchformtes Gebilde aus zwei wuchtigen Blöcken, die eine tief zurückspringende Wand flankieren.

Die Hofseite als offizielle Eingangsseite (Abb. 19), wo eine durchgehende Balustrade Rücklagen und Seitenrisalite an die Mitte bindet, wirkt monumentaler als die intimere Gartenfront (Abb. 22). Den Rücklagen sind Galerien vorgelegt – auch dies eine für die polnische Barockarchitektur charakteristische Lösung[77] –, wodurch die Risalite noch mehr an Eigengewicht verlieren, die ganze Front aber eine gewisse Strenge erhält. Zu dieser Vereinheitlichung und Strenge trägt nicht zuletzt die durchlaufende Gliederung der ionischen Kolossalpilaster bei. Dieses Motiv taucht hier erstmals im Palastbau Polens auf[78] und fand wahrscheinlich besondere Aufmerksamkeit auch auf seiten Schlüters. Bei der weitgehend entsprechend aufgebauten Gartenfront haben sich die Gewichte leicht verschoben (Abb. 22). Ihre Seitenrisalite wirken wie selbständige Pavillons. Sie lösen sich, da die Galerien vor den Rücklagen fehlen, stärker aus dem Fassadenverband, zumal sie auch nicht mittels durchlaufender Kolossalpilaster an die Mitte angebunden sind. Durch den Wegfall der Balustrade

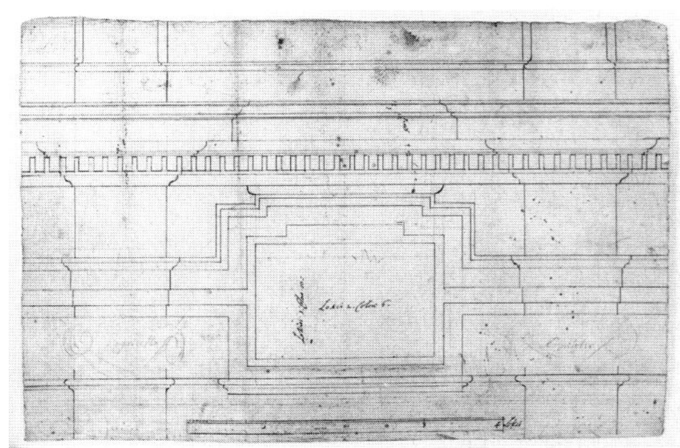

20/21 Tilman van Gameren, Entwürfe für die Fassadengliederung des Palais Krasiński, Federzeichnungen, 1687/89

tritt das Dach markant in Erscheinung, wodurch der Charakter als selbständiger Baukörper unterstrichen wird.

Van Gameren bewies mit dem Bau des Palais Krasiński Sinn für das Wechselspiel von plastischen und zweidimensionalen Werten in der Architektur. Schlüters Vorliebe für kompakte Risalitblöcke, wie er sie mit den Treppenkästen am Berliner Schloß verwirklichte, dürfte auch durch van Gamerens Behandlung der Seitenrisalite am Krasiński-Palast angeregt worden sein (Abb. 22). Das auffallende Motiv der in die Gebälkzone hineingedrückten Mezzaninfenster (Abb. 20, 21) wiederholte Schlüter später an den Außenfassaden des Berliner Schlosses (Abb. 96). Van Gameren hatte sich dazu anregen lassen von Paolo Marucellis Palazzo Madama in Rom (1637 bis 1642), den er besichtigt haben dürfte (Abb. 100). In Warschau lag ihm mit Pietro Ferrerios *I Palazzi di Roma* von 1655 – ein Buch, das van Gameren nachweislich besaß[79] – der Fassadenaufriß als Kupferstich vor. Schlüter wird das römische Urbild spätestens bei seinem urkundlich belegten Rom-Besuch 1696 gesehen haben, doch ohne Zweifel hatte schon van Gameren seine Aufmerksamkeit darauf gelenkt. Über mehrere Jahre hatte Schlüter am Palais Krasiński das Motiv täglich vor Augen, womöglich war er gar an den Steinmetzarbeiten beteiligt. Dies ist eine der eigenwilligsten Ideen für das Berliner Schloß, die Schlüter aus Polen mitbrachte.

Spätestens nach Abschluß der Rohbauarbeiten am Krasiński-Palast trat Schlüter auf den Plan. Von 1689/90 bis 1694 taucht sein Name im Rechnungsbuch auf.[80] Sowohl Ende 1691 (»Panu Schliterowi na Kontrakt frontispiczu f. 1500«) als auch am 24. Oktober 1692 (»Schliterowi na Kontrakt frontispiczu f. 500«) erhielt er größere Geldsummen ausdrücklich für die Giebel, womit die großformatigen Giebelreliefs gemeint waren (Abb. 23, 24). Alle weiteren Zahlungen an ihn während dieses Zeitraums wird man auf diese enorme Unternehmung beziehen müssen. Das Thema des Hofgiebels ist der legendäre Zweikampf zwischen Marcus Valerius Corvinus und dem Gallier, auf der Gartenseite steht der Triumph seines Nachfahren Marcus Valerius Messalla Corvinus im Mittelpunkt. Die Krasińskis begriffen diese halb legendären, halb historischen Ereignisse aus der

22 Palais Krasiński, Gartenfassade

römischen Antike nämlich als Episoden der eigenen Familiengeschichte. Die Gesamtidee zu den Giebeln dürfte auf van Gameren zurückgehen. Hier äußert sich sein Ehrgeiz, an eine der vornehmsten künstlerischen Aufgaben der Antike, das Tympanonrelief des griechischen Tempels, anzuknüpfen. Fast alle seine Palastbauten, ob ausgeführt oder nicht, weisen in der Mittelpartie das Motiv des Dreiecksgiebels auf, worin sich van Gamerens Herkunft und seine Affinität zur klassizistischen Architektur der Niederlande äußert, deren Aufstieg er in seiner Jugendzeit erlebte.[81] Vor allem im großen Giebelrelief von Jacob van Campen am Amsterdamer Rathaus (1648–1665) dürfte er ein Vorbild gesehen haben.[82] Schlüter dagegen vermied als Architekt in seinen Entwürfen den Dreiecksgiebel. Das war nur konsequent, denn im Palast- und Villenbau des römischen Hochbarock, an dem er sich vorrangig orientierte, waren Giebel dieser Art ein Fremdkörper.

Schon in einer frühen Entwurfszeichnung für den Mittelrisalit der Hoffassade gibt van Gameren in flüchtigen Strichen das Relief an.[83] An der Ausarbeitung der komplexen Ikonographie dürfte Krasiński selbst beteiligt gewesen sein, ging es doch um komplizierte Fragen der (vermeintlichen) Familiengenealogie.[84] Inhalt und Form sind vielen Vorbildern verpflichtet. Für viele Szenen und Figuren lassen sich direkte Vorlagen benennen, die entweder Stichen entnommen wurden (Krasiński wie van Gameren besaßen beide eine gut sortierte Bibliothek) oder auch einmal auf das Studium eines Originals zurückgingen.[85] So ist der Reiter auf der rechten Seite des Ostgiebels auf ein antikes Relief von Marc Aurel zurückzuführen, das seit 1515 im Konservatorenpalast aufbewahrt wird. Seit 1645 war das Motiv auch in einem Kupferstich von François Perrier verfügbar, der als Vorlage für das Warschauer Relief diente. Die Zweikampfszene am Ostgiebel geht formal auf ein Fresko des Cavaliere d'Arpino im römischen Konservatorenpalast zurück, das van Gameren dort 1687 vielleicht noch gesehen hat.[86] Die Aneignung verschiedener Vorbilder und ihre Integration in ein neues, eigenständiges Konzept läßt sich an den Giebelreliefs in großem Stil beobachten. Schlüter prakti-

zierte dieses Verfahren später immer wieder, sei es als Architekt, Bildhauer oder Entwerfer von Innenausstattungen.

Auch bei den freiplastischen Giebelfiguren, thematisch eng auf die Reliefs bezogen, wird man zunächst Schlüter als Urheber in Betracht ziehen müssen (Abb. 23, 24). Mit Sicherheit stammen die beiden Wappenkartuschen von ihm, die jeweils in der Mittelachse der Hof- und Gartenfront angebracht waren.[87] Erstmals werden diese Arbeiten am 31. Dezember 1692 erwähnt (»Schliterowi ad rationem herbu na faciate f. 400«). Schließlich erfahren wir, daß er eine Kartusche bei seinem Weggang nach Berlin unvollendet zurückließ, denn die letzte, eigentlich ihm zugedachte Rate erhielt ein Steinmetz namens Friedrich (»Resty od herbu Kamienego Friderikowi za Schlitera f. 200«).

Wappenkartuschen dieser Art ziehen sich förmlich wie ein roter Faden durch Schlüters Œuvre. Bereits an der Danziger Königskapelle tritt dieses Motiv auf. Am Krasiński-Palast gehen die Kartuschen noch eindeutig auf eine Idee van Gamerens zurück. Wie dieser wird Schlüter später bisweilen auf den Gegensatz zwischen strenger Tektonik und bewegter Skulptur bauen – man denke an die Spreefront der Alten Post mit ihrem recht strengen Aufriß, dem er eine überaus aufwendig gearbeitete und ausgreifende Wappenkartusche entgegensetzte (Abb. 28). Schon einige Jahre zuvor hatte er beim Zeughaus gar den Plan gefaßt, die eher nüchterne Architektur Nerings durch eine solche Kartusche zu beleben (Abb. 39).

Inwieweit Schlüter beim Palais Krasiński für die übrige Bauplastik – für Kapitelle, Festons, die Blumenvasen über den Mezzaninfenstern oder die Fensterumrahmungen im Piano Nobile, deren Giebel von Maskerons getragen wurden – verantwortlich war, ist nicht zu klären.[88] In welcher Form er einen Werkstattbetrieb unterhielt und organisierte, liegt gleichfalls völlig im dunkeln. Fraglich bleibt auch, ob er tatsächlich, wie oft angenommen wurde, an den Stuckarbeiten im Innern beteiligt war.[89] Es wäre jedenfalls nicht verwunderlich, wenn Schlüter am Palais Krasiński einzig als Steinbildhauer aufgetreten ist.

24 Giebel zur Gartenseite, Zustand vor 1939

23 Palais Krasiński, Giebel zur Stadtseite, Zustand vor 1939

Die Grabmäler in der Pfarrkirche von Żółkiew

In Żółkiew (heute: Źolkwa) nahe Lemberg in der heutigen Ukraine befand sich eine weitere Residenz Sobieskis. Dort hatte seine Mutter Teofila Sobieska bereits 1652 die Dominikanerkirche zum Gedächtnis ihres im selben Jahr verstorbenen Sohnes Marek gegründet.[90] 1684, nach dem Tod der Mutter, ließ Jan Sobieski dort Grabmäler für diese und seinen Bruder errichten. Beide sind nicht erhalten. Ob sie mit Schlüter in Zusammenhang standen, ist unklar. 1692 erteilte Sobieski den Auftrag für zwei weitere Wandgrabmäler, dieses Mal in der Pfarrkirche, für seinen Vater Jakub Sobieski (gestorben 1646) und seinen Onkel Stanisław Daniłłowicz (gestorben 1673). Sie existieren noch heute, wenn auch in beschädigtem Zustand (Abb. 25, 26). Bei diesen Grabmälern handelt es sich nachweislich um Werke Schlüters.[91]

Man nimmt an, daß der Schnitzer (Snycerz), der sich am 15. Juni 1692 beim König in Żółkiew aufhielt, Schlüter war.[92] In einem Brief vom 21. August 1692 legte Agostino Locci dem König den Entwurf für das Grabmal des Jakub Sobieski zur Approbation vor.[93] Dabei ist Schlüters Name nicht ausdrücklich erwähnt, was jedoch charakteristisch für Loccis Korrespondenz ist, der die Künstler der Projekte selten nennt. Die Alabasterfiguren wurden nicht vor Ort hergestellt, sondern in Wilanów oder Warschau und im Sommer 1693 über Weichsel und San, wohlverpackt in Kisten, nach Żółkiew transportiert.[94] Dort hat Schlüter selbst sie in den folgenden Monaten aufgestellt. Dies belegt ein Auszug aus dem Rechnungsbuch vom 18. Februar 1694, in dem sein Name (»Andrzeiowi Szlichterowi«) genannt wird. Demnach erhielt Schlüter dreihundert Gulden.[95] Dieser Eintrag ist zugleich der letzte urkundliche Nachweis in Polen vor seiner Übersiedlung nach Berlin. Schlüter begegnet uns also auch in seinem letzten polnischen Werk als Steinbildhauer und als Schöpfer von Bauplastik, denn auch diese Arbeiten sind in einen architektonischen Rahmen – den Aufbau eines Tabernakels – eingebunden. Dies untermauert die bereits im Zusammenhang mit Schloß Wilanów geäußerte Vermutung, daß Schlüter während seines langjährigen Aufenthalts in Warschau auf Bildhauerarbeiten spezialisiert war und noch nicht als Stukkateur arbeitete. Auch in seiner von Friedrich III. unterzeichneten Bestallungsurkunde vom 25. Juli 1694 ist nur von »Bildhauer-Arbeit, es sei von Stein, Marmor, Elfenbein, Alabaster oder Holz«[96] die Rede. Überhaupt ist fraglich, ob er in Polen, wie gerne angenommen wird, bereits einen ähnlich organisierten Werkstattbetrieb unterhielt wie später in Berlin.[97] Da sich seine überlieferten Werke in Warschau auf einen Zeitraum von dreizehn Jahren verteilen, kann er durchaus einen Großteil selbst ausgeführt haben.

Es finden sich viele formale Zusammenhänge

25 Andreas Schlüter, Grabmal des Stanisław Daniłłowicz in der Pfarrkirche in Żółkiew, Zustand vor 1945

zwischen den Skulpturen in Żółkiew und Schlüters früheren wie späteren Werken. Die Gestalten der Famen mit ausgebreiteten Schwingen etablierten sich allmählich als bevorzugtes Motiv. Erneut widmete sich Schlüter ausgiebig der Gestaltung des Gefieders. Die seitlichen Allegorien sind als Sitzfiguren gestaltet. Darin und in ihrer Kompaktheit erinnern sie an die Atlantenfiguren im Elisabethsaal des Berliner Schlosses. In den Puttenpaaren kommt erneut die Vorliebe des Königs für »Fiammingo-Kinder« zum Ausdruck. Der Löwe der Allegorie der Stärke am Grabmal des Stanisław Daniłłowicz ähnelt in seinem ganzen Wesen dem in Stuck ausgeführten Löwen aus der Gruppe der Allegorie der Erde im Großen Saal von Schloß Wilanów. Geht man davon aus, daß die Wilanówer Stuckarbeiten nicht von Schlüter stammen, so hätten wir in Żółkiew ein weiteres aussagekräftiges Beispiel für seine später oftmals angewandte Arbeitspraxis, Vorbilder bereitwillig zu übernehmen. In diesem Fall wäre es der Rückgriff auf ein Werk, das ihm und dem König vor Augen stand.[98]

26 *Andreas Schlüter, Grabmal des Jakub Sobieski in der Pfarrkirche in Żółkiew, Zustand vor 1945*

Anmerkungen zu Schlüters Reisen

Schlüter konnte sich bereits in Polen in beträchtlichem Maße ein Bild von der zeitgenössischen europäischen Kunst machen. Besondere Bedeutung kam dabei der in Warschau tätigen italienischen Künstlergemeinde zu. Wir haben zwar keine archivalischen Hinweise, daß Schlüter vor 1694 größere Studienreisen unternommen hätte, aber wir wissen, daß er später bei der Ausbildung junger Architekten großen Wert darauf legte, daß sie fremde Sprachen erlernten und Studienreisen ins Ausland unternahmen. In einem Gutachten vom 13. März 1706 lobte er den Fleiß des Baukondukteurs Martin Heinrich Böhme und betonte, daß dieser einen »fähigen Geist hat, alles zu begreiffen, und von seiner Jugend an, in steter Bemühung gewesen, die Geometrie, Fortification, Architectur, Zeichnen, Zimmer- und Mauer-Hand Werck samt andern Mechanischen Künsten, Sprachen, so zu solchem Wesen erfordert werden aus dem Grunde wohl zu erlernen. Und weil nun hieraus gewiss zu vermuthen, dass E. K. M. an diesem Menschen einen treuen, fleissigen und capablen Mann dermahleins, wann Er noch fremde Länder besuchen sollte haben können, So zweiffele nicht, es werden E. K. M. geruhen, seine Bitte zu gewehren.«[99] Schlüters Beurteilung wäre vermutlich anders ausgefallen, wenn er nicht selbst fremder Sprachen mächtig und zu Studienzwecken im Ausland gewesen wäre.

Die Kunstschriftsteller des 18. Jahrhunderts, die Schlüter in biographischen Skizzen würdigen, vermuten – wenn sie es nicht gar noch wußten –, daß Schlüter einige Jahre in Italien verbrachte. Abraham Humbert erwähnt den »Architecte nommé *André Schluter* Prussien de naissance, qui avoit été plusieurs années en Italie«.[100] Bei Humbert findet sich auch erstmals die Huldigung Schlüters als »Michel Ange du Nord«. Heinecken, dessen Informationen jedoch auf Humbert zurückzugehen scheinen, schreibt, daß Schlüter »die Bildhauer-Kunst anfänglich bey einem Danziger Bildhauer, Sapovius genannt, erlernet [hatte], hernach sich aber in Italien formiret«.[101] Füßli berichtete 1779 ausführlich über Schlüter, stützte sich dabei aber hinsichtlich der Ausbildung auf die früheren Autoren: »Lernte bey Sapovius und bildete sich in Italien.«[102] In der Auflage von 1812 äußerte er sich dann nachdenklicher: »Daß er in Italien gewesen, wird von Einigen, wegen einer entfernten Aehnlichkeit seines Geschmacks mit Bernini's (minder edlem) behauptet, von den Meisten aber bezweifelt.«[103]

Die wenigen überlieferten Daten, die Schlüters Anwesenheit in Danzig und Warschau bezeugen, lassen durchaus Zeit- und Freiräume für längere Studienreisen. So könnte er bereits vor 1678, also noch vor seinen Arbeiten an der Danziger Königskapelle, eine größere Reise unternommen haben. Von 1681 an stand er wohl in Diensten Sobieskis, aber es sind keine Arbeiten nachweisbar zwischen 1683 und 1689.[104] Während dieses Zeitraums könnte er – erneut oder zum ersten Mal – einige Monate oder gar Jahre in Italien verbracht haben, möglicherweise angeregt durch die zahlreichen italienischen Künstlerkollegen in Warschau oder polnische Stipendiaten wie Reissner und Siemiginowski. Königlicher Stipendiat scheint er allerdings nicht gewesen zu sein. Natürlich kann er auch eine große Reise durch mehrere europäische Länder unternommen haben, was seine in Polen nachgewiesenen Werke allerdings nicht zwingend voraussetzen.

Überliefert ist, daß Schlüter nach seinem Übertritt in brandenburgische Dienste zwei Reisen unternahm. Es war in Berlin durchaus nicht ungewöhnlich, daß neu engagierte Künstler nicht sogleich in neue Projekte eingebunden, sondern zunächst auf Reisen geschickt wurden. Schlüters Reisen waren allerdings nur kurz, so daß man von Studienreisen im eigentlichen Sinn nicht sprechen kann. Vom 27. Januar 1695 datiert eine Zahlungsanweisung an Schlüter über »200 Rthlr. reisegelder undt wegen anderer ausslage«.[105] Die Reise selbst muß zuvor stattgefunden haben und fällt somit in die zweite Hälfte des Jahres 1694. Vermutungen, er habe damals Frankreich und Holland besucht, wurden meist ohne nähere Begründung geäußert.[106] Es ist eine schwer zu klärende Frage, ob die französischen Einflüsse in seinem Werk einen Paris-Besuch voraussetzten. Sein sicherer und selbstverständlicher Umgang mit den künstlerischen und architektonischen Repräsentationsformen der Zeit sprechen aber für einen solchen Aufenthalt. Seine beiläufige Erwähnung Straßburgs darf man wohl dahingehend auslegen, daß er die Stadt selbst gesehen hat.[107]

Am 24. April 1696 erhielt Schlüter »Dreyhundert Rthlr. [...] zu seiner Italiänischen Reise gnädigst geschencket«.[108] Von September 1696 an ist er wieder in Berlin.[109] Diese Reise diente nicht vorrangig Studienzwecken, sondern der Beschaffung antiker Statuen. Anton Balthasar König schrieb 1795: »Um nun aber auch auf brandenburgischen Boden Künstler zu ziehen, welches deshalb schwer zu seyn schien, da die Muster zur Ausbildung fähiger Köpfe in entfernte Länder aufgesucht werden mußten; so sandte Friedrich den großen Schlüter nach Italien, welcher die besten Abgüsse von denen dort vorhandenen berühmten Antiken, aufkaufen und nach Berlin senden mußte, damit die jungen Leute, welche die Originale nicht zu sehen Gelegenheit hatten, darnach studiren konnten.«[110] Schlüter galt also als Experte, was wiederum nahelegt, daß er Italien und die Ewige Stadt kannte. Dann mußte er sie bereits während seiner Zeit in Polen besucht haben.[111]

Der Bildhauer als Architekt des Kurfürsten – Schlüters erste Jahre in Berlin (1694–1698)

Ankunft in Berlin – Bildhauer der Langen Brücke – Das Reiterdenkmal des Großen Kurfürsten

Am 18. Februar 1694 taucht Schlüters Name zum letzten Mal in den Rechnungsbüchern des polnischen Königs auf.[112] Bald darauf muß er sich nach Berlin begeben haben. Es ist nicht bekannt, wie er und der brandenburgische Hof miteinander in Kontakt traten. Auch wissen wir nicht, welches Ansehen Schlüter in Berlin genoß und welche Kenntnis man dort von seinen polnischen Werken besaß.

Aus einem undatierten, in jedem Fall aber vor Juli 1694 verfaßten Schreiben Schlüters geht hervor, daß er einem Ruf des brandenburgischen Kurfürsten Friedrich III. nach Berlin gefolgt war. In dem genannten Schreiben tut Schlüter seine Gehaltsvorstellungen kund. Er gibt an, daß der polnische König ihm tausend Taler geboten habe, »dafern ich mich Deroselben hätte verbindlich machen wollen«.[113] Schlüter war demnach in Polen noch nicht der offizielle Rang eines Hofbildhauers zuerkannt worden. Eine Zusage habe er dem polnischen König »aus gewissen Ursachen nicht thun können«, fährt Schlüter fort. Was ihn veranlaßte, das Angebot des polnischen Königs auszuschlagen, wissen wir nicht.

In der Bestallungsurkunde vom 25. Juli 1694 verlieh Friedrich III. Schlüter den Status eines Hofbildhauers und gewährte ihm das gewünschte hohe Jahresgehalt von 1200 Talern.[114] Zugleich werden seine Pflichten aufgelistet. Dabei ist nirgends von den Aufgaben eines Architekten die Rede, sondern allein »von Bildhauer-Arbeit, es sei von Stein, Marmor, Elfenbein, Alabaster oder Holz«. Auch Stukkateurarbeiten werden nicht von ihm verlangt, was als weiteres Indiz dafür angesehen werden kann, daß er in dieser Disziplin noch nicht als Fachmann galt. Aber es wurde von Schlüter ein Engagement »in der anzurichtenden Akademie von Bildhauern, damit die Jugend in dieser Kunst soviel möglich angeführt und perfectionirt werden möge«, gefordert.

Schlüter dürfte für die Bildhauerarbeiten an der Langen Brücke engagiert worden sein. Mit dem Bau einer steinernen Brücke zwischen Berlin und Cölln, unmittelbar neben dem Schloß, war 1691 begonnen worden.[115] Sie ersetzte eine Holzkonstruktion aus der Zeit des Großen Kurfürsten (Kat. 47, 53, 61, 62). Als Architekt wird übereinstimmend Johann Arnold Nering genannt, der als Oberbaudirektor spätestens seit dem Jahre 1688 das gesamte Berliner Bauwesen beherrschte.[116] Unterstützt wurde er von dem Ingenieur Jean Louis Cayart. 1694 ging die neue Brücke ihrer Vollendung entgegen. Nun sollte sie ein auf-

27 T. Henry Reetz, Die Lange Brücke in Berlin, lavierte Federzeichnung, vor 1697

wendiges Bildprogramm erhalten, wie es in Berlin bis dahin keines gab.

Ob die Konzeption des Bildprogramms für die Lange Brücke ebenfalls von Nering stammte, ist ungewiß. Eine anläßlich der feierlichen Grundsteinlegung 1692 geschlagene Medaille (Kat. 65) zeigt es bereits vollständig: Steinerne Flußgötter auf den Sockeln der Brückenpfeiler, ein bronzenes Reiterstandbild auf der Mitte der Brücke sowie auf der Brüstung über jedem Pfeiler zwölf mindestens lebensgroße Sandsteinfiguren antiker Götter als Allegorien der Fürstentugenden.[117] Die vermutlich vor 1697 von Henry Reetz angefertigte Zeichnung der mittleren drei Brückenbogen gibt die geplante Bauplastik ebenfalls wieder (Abb. 27).[118] Ein derart anspruchsvoller Schmuck, insbesondere das überlebensgroße Reiterdenkmal aus Bronze, war mit den in Berlin verfügbaren Kräften nicht zu realisieren. Darin dürfte die eigentliche Ursache für Schlüters Verpflichtung gelegen haben.

Die Lange Brücke ist eines der ersten Beispiele für die ambitionierte Baupolitik Friedrichs III./I. Die Medaille auf die Grundsteinlegung hob den öffentlichen Nutzen des Bauwerks (»Utilitati Publicae«) hervor, das nicht zum Ruhm des Kurfürsten, sondern zum Glanz der Stadt (»in vrbis splendorem [...] Berolini erectvs«) errichtet wurde – ein Topos, der einige Jahre später im Zusammenhang mit dem extrem aufwendigen Bau des Münzturms erneut bemüht wurde (»in ornamentum urbis et utilitatem publicam«).[119] Mit dem bronzenen Reiterstandbild mitten über dem Fluß, das anfangs übrigens noch Friedrich selbst und nicht seinen Vater, den Großen Kurfürsten, darstellen sollte, bezog Nering sich bewußt auf das Reiterdenkmal für Heinrich IV. auf dem Pont-Neuf in Paris. Die geplante Aufstellung von Statuen zu beiden Seiten entlang der Brüstungen erinnert formal an die Engelsbrücke in Rom mit Gian Lorenzo Berninis Engelsskulpturen.

In all dem zeigte sich das Bestreben des brandenburgischen Hofes, an internationale Standards anzuknüpfen. Die Vorbilder aus Italien reichten vom

28 Karl Friedrich Fechhelm, Die Alte Post und die Lange Brücke in Berlin mit dem Reiterstandbild des Großen Kurfürsten, Öl auf Leinwand, um 1785

antiken Standbild des Marc Aurel auf dem römischen Kapitol über Donatellos Gattamelata in Padua, Verrocchios Colleone in Venedig, die von Giambologna geschaffenen Reiterstandbilder Cosimos I. und Ferdinands I. in Florenz bis hin zu Francesco Mocchis Denkmälern von Alessandro und Ranuccio Farnese in Piacenza. Aus Frankreich wirkten die Denkmäler Ludwigs XIV. vorbildhaft, allen voran das von François Girardon geschaffene Reiterstandbild, das seit 1685 in Arbeit war, 1692 gegossen und 1699 auf der Place Vendôme aufgestellt wurde.[120]

Die Flußgötter auf den Sockeln der Brückenpfeiler werden schon früh als die ersten Arbeiten Schlüters in Berlin genannt.[121] Er fertigte die Modelle, und Georg Gottfried Weyhenmeyer, mit dem er später noch am Zeughaus zusammenarbeitete, besorgte die Ausführung.[122] Hinter den Flußgöttern ragten große und bewegte, sich weit aus dem Mauerverband lösende Wappenkartuschen auf, die bis zum Gesims der Brücke reichten. Auch sie gingen auf Schlüters Entwürfe zurück. Flußgötter und Kartuschen sind auf Gemälden des 18. Jahrhunderts überliefert, die Götter ohne Kartuschen auf der Zeichnung von Reetz (Abb. 27). Die dicht über der Oberfläche der Spree aufsitzenden Figuren waren bereits zu Anfang des 18. Jahrhunderts stark verwittert, denn ihre exponierte Lage machte sie besonders anfällig für Beschädigungen. Karl Friedrich Schinkel hat sich noch vergeblich für ihre Restaurierung eingesetzt.[123] Die zwölf oben auf der Brüstung der Brücke geplanten Götterfiguren wurden dagegen gar nicht ausgeführt.

Mit dem Reiterstandbild (Abb. 29) ging es nur langsam voran.[124] Erst gegen Ende 1696 wurde mit den Arbeiten am Modell begonnen.[125] Noch im September des Jahres hatte sich der Berliner Maler Paul Carl Leygebe um die Ausführung des Reiterdenkmals beworben,[126] freilich vergebens. Schlüter dürfte seit seiner Bestallung 1694 als der für das Modell verantwortliche Künstler festgestanden haben. Im September 1697 wurde das Modell fertiggestellt. Da es in Bronze ausgeführt werden sollte, mußte ein weiterer Spezialist von außerhalb verpflichtet werden. Der in Paris ausgebildete Erzgießer Johann Jacobi kam 1695 nach Berlin und wurde am 24. September 1697 zum Hof- und Artilleriegießer ernannt.[127]

Jacobi hatte 1692 den Guß von Girardons Reiterdenkmal für Ludwig XIV. in der Werkstatt der Brüder Johann Jacob und Johann Balthasar Keller als Gehilfe miterlebt. Diese wertvollen Erfahrungen kamen ihm in Berlin zugute. Das Jahr 1698 verging mit der Herstellung der Gußform. Danach wurde der Modellabguß vergoldet und auf der Langen Brücke provisorisch plaziert. Im November 1700 – Schlüter war seit einem Jahr offiziell Schloßbaudirektor – führte Jacobi mit Bravour den schwierigen Guß von Pferd und Reiter in einer Figur durch. Sein Ruhm

29 Andreas Schlüter und Johann Jacobi, Das Reiterstandbild des Großen Kurfürsten auf der Langen Brücke in Berlin, Aufnahme 1916

sollte zeitweilig sogar die Verdienste Schlüters überstrahlen. Am 12. Juli 1703, am Geburtstag des Königs, wurde das Bronzestandbild auf der Langen Brücke feierlich enthüllt. Die Sklaven am Sockel kamen erst 1709 hinzu.[128]

Schlüters Tätigkeit in Berlin begann im Herzen der Stadt. Zunächst war er zuständig für die Kunst am Bau. Als er 1707 aus dem Amt des Schloßbaudirektors entlassen wurde, hatte er die Gegend um die Schloßbrücke grundlegend umgestaltet. Nordwestlich der Brücke erhob sich das von ihm seit 1698 radikal modernisierte Residenzschloß und schräg gegenüber, am südöstlichen Brückenkopf, das Palais der Alten Post (Abb. 28), das zwischen 1701/02 und 1704 entstanden war.

Wendepunkt einer Karriere
Das Berliner Zeughaus

Am Berliner Zeughaus vollzog sich Schlüters Entwicklung vom Bildhauer zum Architekten. Für etwa anderthalb Jahre, von Frühjahr 1698 bis Herbst 1699, lag der Fortgang der Arbeiten in seiner Hand. Schon zwei Jahre zuvor hatte er als Bildhauer die Arbeiten an dem Gebäude aufgenommen. In Schlüters Karriere ist das Arsenal ein Schlüsselbau. Zunächst begriff er ihn ganz von der Bauplastik her. Das Verständnis für diese Gattung hatte er über lange Jahre in Warschau entwickelt. Als sich ihm in Berlin nun erstmals die Gelegenheit eröffnete, verantwortlich Einfluß auf die Architektur – sozusagen auf die Rahmenbedingungen – zu nehmen, ergriff er sie sofort. Die Übernahme der Bauleitung markiert den Beginn eines rasanten Aufstiegs. Schlüter verließ das ihm 1694 zugewiesene Terrain als Hofbildhauer.

Schlüter als Bildhauer am Zeughaus

In der seit den dreißiger Jahren des 18. Jahrhunderts geführten Kontroverse, ob der erste Entwurf zum Zeughaus von Nering oder François Blondel stamme, hat sich inzwischen mit guten Gründen die Auffassung durchgesetzt, daß der 1695 begonnene Bau allein Nering zuzuschreiben ist.[129] Zwar reichen die Planungen zurück bis in das Jahr 1667,[130] doch Nicodemus Tessin schrieb 1688 in sein Reisejournal: »Ein neües Zeüchhauss ist eben umb einhunderttausendt Rdhl. aufzubauen verdungen. Der Architect heist Nähring, hat etwas exterieur, ist aber in seinen zeijchnen undt ordonniren über die massen simple.«[131] Die Suche nach einem Grundstück und vielleicht auch die Konzentration aller Mittel und Kräfte auf den Bau der Langen Brücke verhinderten zunächst den Baubeginn.

Ob Schlüter, der 1694 in Berlin eintraf, von Beginn an Einfluß auf die Bauplastik am Zeughaus nehmen konnte, ist aus den Bauakten nicht zu erfahren. Waren die berühmten Schlußsteine der Helme und der Sterbenden Krieger noch Ideen Nerings, denen Schlüter mit der ihm eigenen Dynamik und Leidenschaft die endgültige, das Gängige weit hinter sich lassende Ausformung gab? Oder gingen Helme und Krieger allein auf einen Gedanken Schlüters zurück, für den dieser sowohl Nering als auch den kurfürstlichen Auftraggeber begeistern konnte?

Die Konzeption der Langen Brücke war bereits von Nering vorgegeben, als Schlüter aus Warschau eintraf. Beim Zeughaus hingegen spricht einiges dafür, daß Nering dem Bildhauer nicht ein fertiges Konzept präsentierte, sondern ihm Einfluß auf die bauplastischen Motive und ihre Anordnung zugestand. Nerings Fassadenentwurf etwa zeigt eine hohe Attika mit Reliefszenen (Abb. 30), die frappierend an

30 Johann Arnold Nering, Entwurf für den Aufriß der Hauptfassade des Zeughauses in Berlin, lavierte Federzeichnung, 1695

die Hoffassade von Schloß Wilanów (Abb. 8) erinnert.[132] Wurden dort die Ruhmestaten König Jans III. Sobieski verherrlicht, vor allem in Reiterkämpfen und triumphalen Einzügen, so waren für Berlin entsprechende Szenen aus dem Leben des Großen Kurfürsten geplant.[133] Diese Übereinstimmung dürfte kein Zufall sein, und es liegt nahe, in Schlüter den Anreger und Vermittler zu sehen. Die Attika wurde nie verwirklicht. Als Bodt 1699 die Bauleitung übernahm, ersetzte er sie durch die Balustrade, die noch heute den Abschluß der Fassade bildet.

Bauskulptur und Stuckdekorationen fallen in Berlin vor der Ankunft Schlüters nicht nur qualitativ schwächer aus, sie sind auch erheblich gedankenärmer. Der Zeughausplastik liegen Ideen und Gedanken zugrunde, die ohne die treibende Kraft des Bildhauers kaum gedacht worden wären. Ein Ingenieur und Architekt hätte sich mit weniger zufriedengegeben. Die Ikonographie des Zeughauses ist nicht zuletzt auf die Siege abgestimmt, die brandenburgische Truppen – etwa in der Schlacht von Slankamen im August 1691 – soeben erst gegen die Türken errungen hatten.[134] Das gilt insbesondere für die Kriegerköpfe im Innenhof (Abb. 31, 32), die als Siegestrophäen zu verstehen sind. Im Verlauf des 18. Jahrhunderts kristallisierte sich mit der zunehmenden Entfremdung vom Denken des barocken Zeitalters eine zweite Lesart heraus, die in ihnen schließlich nur noch das sterbende Individuum und seinen Todeskampf sah. Auch diese Deutung hat als eine zweite, unterschwellige Ebene ihre Berechtigung. Die individuelle, realistische Darstellungsweise Schlüters fordert sie heraus. In der Betrachtung des 19. Jahrhunderts und zum Teil noch heute überlagert diese zweite Ebene die erste jedoch vollständig. Die Bedeutung der Köpfe als Siegestrophäen wurde ausgeblendet und vergessen. Man ging dazu über, die helle Außenfassade als Ausdruck des militärischen Triumphes zu betrachten, den dunklen Innenhof dagegen verstand man als einen Ort, der die Schattenseiten und Schrecken des Krieges offenbart.

Bei Johann Rudolf Füßli heißt es 1812: »Schlüter legte in seine Verzierungen einen hohen Sinn. Der Soldat sollte darin das Glänzende und Traurige seines Stands erblicken, die schöne Außenseite, und das traurige Innere seines Berufs.«[135] Eine solche Auffassung dürfte den Absichten der Urheber fremd gewesen sein. Vor allem übersieht sie, daß in der Mitte des

Hofes das bronzene Denkmal für Friedrich III. aufgestellt werden sollte (Abb. 36).[136] Auch dieser Auftrag ging an Schlüter. Der Kurfürst wird als Sieger dargestellt, der scheinbar mühelos und vom Schicksal begünstigt über seine Gegner und Feinde triumphiert.

Dieselbe Botschaft, die beim Reiterdenkmal für den Großen Kurfürsten in die komprimierte Form einer Gruppe gelegt war – der Kurfürst reitet über die an den Sockel geketteten Sklaven hinweg, die er nicht einmal bemerkt –, ist am Zeughaus räumlich auseinandergezogen. Die Besiegten sind nicht dargestellt als lebende Gefangene zu Füßen Friedrichs III., sondern als Tote, als Enthauptete auf den Schilden der Schlußsteine. Der Hof ist keine stille Heldengedenkhalle, sondern der Ort, an dem der Triumph des Herrschers gefeiert wird. Das 1698 unter der Leitung Jacobis gegossene Standbild gelangte niemals in den Hof des Zeughauses. Zu Lebzeiten Friedrichs III./I. wurde sicher an diesem Standort festgehalten, aber da war das Zeughaus noch im Bau. 1801/02 ist das Bronzestandbild schließlich in Königsberg aufgestellt worden. 1945 ging es verloren.[137]

Schlüter hat das Zeughaus in Besitz genommen und zur Bühne seiner Werke gemacht. Die Bauplastik und die Skulptur in der Architektur hatten schon in Polen sein Hauptarbeitsgebiet ausgemacht. Hager hat die Schlußsteinköpfe treffend als »Ausbrechen der Bausubstanz in höheres Leben« charakterisiert. Es ist eine Eigenart von Schlüters Kunst, die architektonischen Kräfte durch bildhauerische Arbeiten besonders zu markieren.[138] Der Aufwand, der jetzt

31/32 Andreas Schlüter, Köpfe Sterbender Krieger im Innenhof des Zeughauses in Berlin

unter seiner geistigen Führung am Zeughaus entfaltet wurde, war enorm, zumal wenn man bedenkt, daß Schlußsteine von den Bildhauern meist als eher dekorative Pflichtaufgabe verstanden wurden, der sie sich wenig inspiriert entledigten. Die 76 Helme der Außenfassaden (Abb. 33) offenbaren eine außerordentliche Sorgfalt, die sich sowohl im detailverliebten Entwurf als auch in der handwerklichen und künstlerischen Ausführung zeigt. Jeder Prunkhelm ist wiederum eine Plattform, auf der von der Bezwingung des Feindes, von Sieg, Ruhm und Triumph erzählt wird.

Schlüter stellte die gesamte Bauplastik inhaltlich und formal in einen Zusammenhang. Den Schlüssel zum Verständnis hätte die Bronzestatue des Herrschers geliefert. Da sie niemals am vorgesehenen Ort aufgestellt wurde, hat man die Ikonographie des Innenhofs schließlich mißverstanden. Der Helm zu Füßen Friedrichs, auf den dieser triumphierend sein Zepter[139] setzt, ist nicht nur formal, sondern wohl auch inhaltlich den Prunkhelmen nahe, die als Trophäen an den Außenfassaden angebracht sind. Schon Johann Georg Wachter, der sich 1713 gutachterlich mit der Aufstellung der Statue beschäftigte, war sich der Bedeutung dieses Helms nicht sicher: »Was der Künstler für Absichten dabey gehabt habe, ist mir unbekandt, wiewol er die Presumption vor sich hat, dass er nichts ohne raison werde gemacht haben.«[140] Schließlich interpretierte Wachter ihn als kurfürstlichen Prunkhelm, vielleicht in Kenntnis von François Dieussarts Standbild des Großen Kurfürsten, das seit 1652 im Berliner Lustgarten stand (Kat. 28).

33 Andreas Schlüter, Prunkhelm an der Außenfassade des Zeughauses in Berlin

34 Andreas Schlüter, Schlußstein mit dem Haupt der Medusa an der Außenfassade des Zeughauses in Berlin

Wachter könnte sich auch geirrt haben, dann würde es sich in diesem Fall um eine Siegestrophäe, also um den Helm eines Gegners, handeln. Zum Vergleich sei auf das Bronzestandbild des polnischen Königs Sigismund III. auf der Sigismundsäule in Warschau hingewiesen, das – entworfen von dem Bologneser Clemente Molli und gegossen in der Werkstatt des Warschauers Daniel Tym – 1644 vor dem königlichen Schloß aufgestellt wurde (Abb. 35).[141] Der König trägt Rüstung, Krönungsmantel und Königskrone. Mit dem Säbel und dem großen Kreuz in Händen ist er der Verteidiger des christlichen Glaubens. Polens Rolle als »antemurale del christianesimo« wird hier sinnfällig. Das rechte Bein hat der Herrscher triumphierend auf einen Prunkhelm gesetzt, der nur als Trophäe gedeutet werden kann. Formal ist dieser reich ornamentierte Helm, den die Gestalt einer Harpyie ziert, den steinernen Helmen am Zeughaus sehr ähnlich, unter denen sich gleichfalls Exemplare mit den barbusigen, geflügelten Fabelwesen finden.

Am Außenbau des Zeughauses waren 76 Helme angebracht, im Hof genügte ein einziges Exemplar, um das Thema wieder aufzugreifen, in Erinnerung zu rufen und in Relation zu den Kriegerköpfen zu setzen. Das Medusenhaupt auf dem Brustpanzer Friedrichs verwies ebenfalls auf die Außenfassade, denn genau dieses Motiv hatte Schlüter als Schlußstein über den beiden Seiteneingängen der rückwärtigen Fassade angebracht (Abb. 34). Diese lag direkt dem Gießhaus gegenüber (dessen Erneuerung wenig später Schlüters erstes völlig eigenständiges architektonisches Werk wurde), wo die Geschütze gegossen wurden und von wo sie dann durch diese Eingänge ins Zeughaus gelangten. Die Göttin Minerva heftet sich hier das abgeschlagene Haupt der Medusa auf ihren Schild. In Anlehnung daran trägt Friedrich III. ein ebensolches auf seinem Panzer. Angeblich ließ der Anblick des Medusenhauptes die Gegner zu Stein erstarren. Aus Stein gemeißelt sind die Kriegerköpfe, ebenfalls abgeschlagene Häupter, die mit ihren Haaren oder Kopftrachten an der oberen Volute der Schilde angebunden und festgeknotet sind. Einer von ihnen, an der Südwestecke, besitzt auffällig nach vorne wehendes Haar, das die Schlangen des Medusenhauptes evoziert. So changieren die Bedeutungen in dem Maße, wie der Blick des Betrachters hin und her wandert. Wie das Haupt der Medusa auf

35 Clemente Molli und Daniel Tym, Standbild König Sigismunds III. auf der Sigismundsäule in Warschau, 1644

36 Andreas Schlüter und Johann Jacobi, Standbild Kurfürst Friedrichs III. in Königsberg/Ostpreußen, Aufnahme vor 1945

dem Schild der Minerva werden die Kriegerköpfe im Zeughaushof zu Zeichen der Macht und Unbesiegbarkeit des Kurfürsten. In seinem Bronzestandbild waren Motive gebündelt, und von hier aus wurden sie ausgesandt.

Damit ist Schlüters Arbeitspensum der Jahre 1696 und 1697 umrissen. Die erste Hälfte des Jahres 1696 fiel gänzlich aus, da Schlüter sich auf seine »Italiänische Reise« begab, die ihn vor allem nach Rom führte.[142] Sein Blick wurde dabei gelenkt von den anstehenden Aufgaben in Berlin. Inwieweit die Entwürfe für die Plastik des Zeughauses vor Antritt der Reise bereits fixiert waren, ist nicht in allen Fällen zu entscheiden. Das Modell für das Standbild Friedrichs III. entstand jedenfalls nicht vor Herbst 1697.[143] Der Guß selbst erfolgte vor Mitte des Jahres 1698.[144] Hier konnten Anregungen aus Italien also noch einfließen. Daß das Friedrich-Denkmal in seiner Statuarik an den Apollo von Belvedere erinnert (Kat. 33), erkannten bereits die Zeitgenossen.[145] Anderseits ist es ohne die Kenntnis französischer Königsdenkmäler wie das von Antoine Coysevox (Abb. 37), das auch im Stich verbreitet war, nicht denkbar.[146] Nimmt man noch Gurlitts Analyse von

37 Antoine Coysevox, Standbild König Ludwigs XIV., 1689

1891 hinzu, der allgemein auf die stilistische Nähe zu Flandern verweist,[147] und Konrads überzeugenden Vergleich mit der Darstellung und Haltung des französischen Königs Heinrich IV. in Rubens' Gemälde *Heinrich IV. empfängt das Bildnis seiner Braut* aus dem Pariser Medici-Zyklus – man vergleiche hier die Schrittstellung, die Haltung des Zepters und den Helm zu Füßen des Königs –,[148] dann hat man die wesentlichen europäischen Inspirationsquellen für Schlüters bildhauerisches Werk – und später auch seine Architektur – benannt: Die Kunst Italiens, vor allem auch die Antike, die er nachweislich aus eigener Anschauung kannte; die Kunst Frankreichs, die er möglicherweise ebenfalls vor Ort gesehen hatte; die Kunst der Niederlande, die das künstlerische Leben in seiner Danziger Heimatstadt ganz wesentlich prägte;[149] und nicht zuletzt Stichvorlagen, derer sich Schlüter in seinen Stuck- und Bildhauerarbeiten immer wieder ohne Bedenken bediente.

Bei der Zeughausplastik ist die Herleitung diffiziler. Das Prunkhelmmotiv könnte Schlüter Stichvorlagen entnommen haben.[150] Es erscheint aber auch an der Gartenfassade von Versailles, in den Arkadenschlußsteinen des Hauptgeschosses, die Jules Hardouin-Mansart von 1678 an umgestaltet hatte. Dort sind die Prunkhelme stärker in der Fläche gehalten als am Zeughaus, wo Schlüter ihnen ein größeres Eigenleben gewährte. Medusenhäupter waren in Italien allenthalben zu sehen (prominent ist Benvenuto Cellinis Perseus in der Loggia dei Lanzi in Florenz), doch Schlüter dürfte bei der Zeichnung des Entwurfs vor allem Stichvorlagen herangezogen haben.[151] Die Vorbilder für die Kriegerköpfe sind nur ansatzweise bekannt. Sowohl reale Bilder, nach denen Schlüter selbst skizzierte, als auch Stichvorlagen kommen in Frage.[152]

Spätestens nach der Rückkehr aus Italien muß Schlüter die Arbeit an der Zeughausplastik im großen Stil aufgenommen haben. Das Jahr 1696 wird mehrfach im Zusammenhang mit den Schlußsteinen genannt. Einer der Helme ist inschriftlich datiert.[153] Von den meisterhaften Zeichnungen der Sterbenden Krieger, die Theodor Lubieniecki als Vorlagen für leider nie ausgeführte Kupferstiche anfertigte, weist ebenfalls eine die Jahreszahl 1696 auf.[154] Auch das Jahr 1697 ist in erster Linie der Ausführung der Bauplastik am Zeughaus gewidmet. Hinzu kam die Arbeit am Modell des Reiterstandbildes, das er bis September 1697 in originaler Größe fertigstellte.[155] Es war das letzte Jahr, in dem er ausschließlich als Bildhauer arbeitete.

Schlüter als Architekt am Zeughaus

Nach dem überraschenden und frühen Tod des Architekten Johann Arnold Nering im Oktober 1695 waren alle großen Berliner Bauprojekte Martin Grünberg anvertraut worden.[156] In dessen Verantwortung lag neben dem Zeughaus und der Parochialkirche, zu denen gerade erst der Grundstein gelegt worden war, auch die Aufsicht über die Schlösser in Berlin, Oranienburg, Potsdam und Lietzenburg.[157] Er hatte damit wie Nering eine Machtposition inne, die schon fünf Jahre später einem Architekten allein nicht mehr zugestanden wurde. Grünberg, der nur geringen künstlerischen Ehrgeiz besaß und meist als treuer Sachwalter der Entwürfe Nerings auftrat, war von diesem enormen Pensum rasch überfordert. Schon bald zeigte sich der Kurfürst mit seinen Leistungen unzufrieden.[158]

Schlüter, der mit seiner Werkstatt Teil des Baubetriebs am Zeughaus war, blieb dies nicht verborgen. Ob er Grünberg zum Ausscheiden drängte oder ob er nur nachträglich in ein entstandenes Vakuum stieß, ist schwer zu entscheiden. Immerhin bat Grünberg für das Zeughaus ein Jahr früher um seine Entlassung als für die übrigen ihm anvertrauten Bauten. Bereits am 13. Januar 1698 soll er das Supplikat gestellt haben, »von dem, eine Zeitlang respicirten Zeughauß-Bau entschlagen zu werden«.[159] Dies kann man als Indiz dafür werten, daß Schlüter Druck auf ihn ausübte oder Grünberg sich solchem allein schon durch Schlüters Präsenz ausgesetzt fühlte. In Oranienburg, Charlottenburg und am Berliner Schloß mußten Schlüter und Grünberg dagegen zunächst nicht derart eng kooperieren.

Nach dem 29. März 1698 (und nicht erst am 30. Mai) übernahm Schlüter offiziell die Bauleitung am Zeughaus: »Schlüter der Ingenieur. Soll den Zeughaus-bau respiciren v. Grunberg andere Sachen, auch das Dach nach des ersten Model gemacht werden.«[160] Aus dieser Notiz folgt, daß es Differenzen bei der Errichtung des Daches gegeben hatte und nunmehr Schlüters Entwurf realisiert werden sollte. Im Sommer 1698 wird Schlüter bereits zweimal als Baumeister erwähnt.[161]

38 Allegorie auf Friedrich I. als Förderer der Künste; im Hintergrund Ansicht des Zeughauses in Berlin nach Schlüters Entwurf, Kupferstich, 1702

Der Entwurf

Schon vor März 1698 dürfte Schlüter einen eigenen Entwurf für die Fertigstellung des Zeughauses erarbeitet haben. Von ihm läßt sich heute nur anhand zweier Kupferstichveduten (Abb. 38, 39) ein Eindruck gewinnen. Zudem wird die Dachlösung, mit der Schlüter sich gegen Grünberg durchgesetzt hatte, in der Bleistiftskizze überliefert, die sich auf einem von Grünberg gezeichneten Schnitt befindet und ein doppeltes Mansarddach zeigt (Abb. 41). Die Architektur der Hauptfassade tastete Schlüter mit seinem Entwurf nicht an. Sie dürfte 1698 auch bereits weitgehend vollendet gewesen sein, da man in dieser Zeit an die Ausführung der Dachkonstruktion ging. Selbst der bauplastische Dekor wurde, was die beiden unteren Geschosse betrifft, nicht verändert. Bisweilen wurde vermutet, erst jetzt unter Schlüter sei die hohe Attika hinzugekommen.[162] Bereits die ersten Entwürfe Nerings von 1695 (Abb. 30) weisen aber die Attika von fünfzehn Fuß Höhe auf.

Neu hingegen ist die riesige Schwebekartusche, die Schlüter in der Mittelachse vor der Attika plazieren wollte (Abb. 38, 39). Sie bestand aus einem von Draperien umhüllten kurfürstlichen Wappen und wurde von Famen und Genien getragen. Ein Genius reckte den Kurhut in die Höhe. Die bewegte Skulpturengruppe von unregelmäßigem Umriß versetzte die gesamte Erscheinung der Fassade in Spannung (Abb. 39). Der etwas trockene Klassizismus niederländischer Prägung, der die gleichförmige Reihung bevorzugte und eine klare Akzentuierung ver-

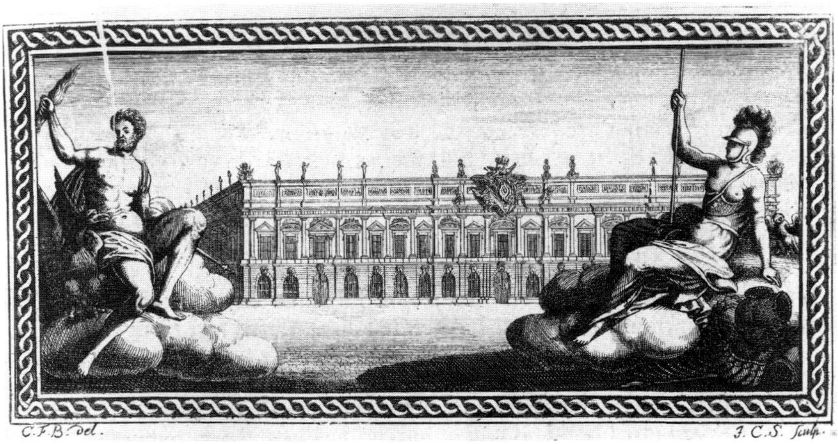

39 Johann Carl Schott nach Constantin Friedrich Blesendorf, Ansicht des Zeughauses in Berlin nach Schlüters Entwurf, Kupferstich, 1699

40 Martin Grünberg, Entwurf für den Aufriß der Hauptfassade des Zeughauses in Berlin mit Grundriß des vorderen Bereichs, lavierte Federzeichnung, 1696/97

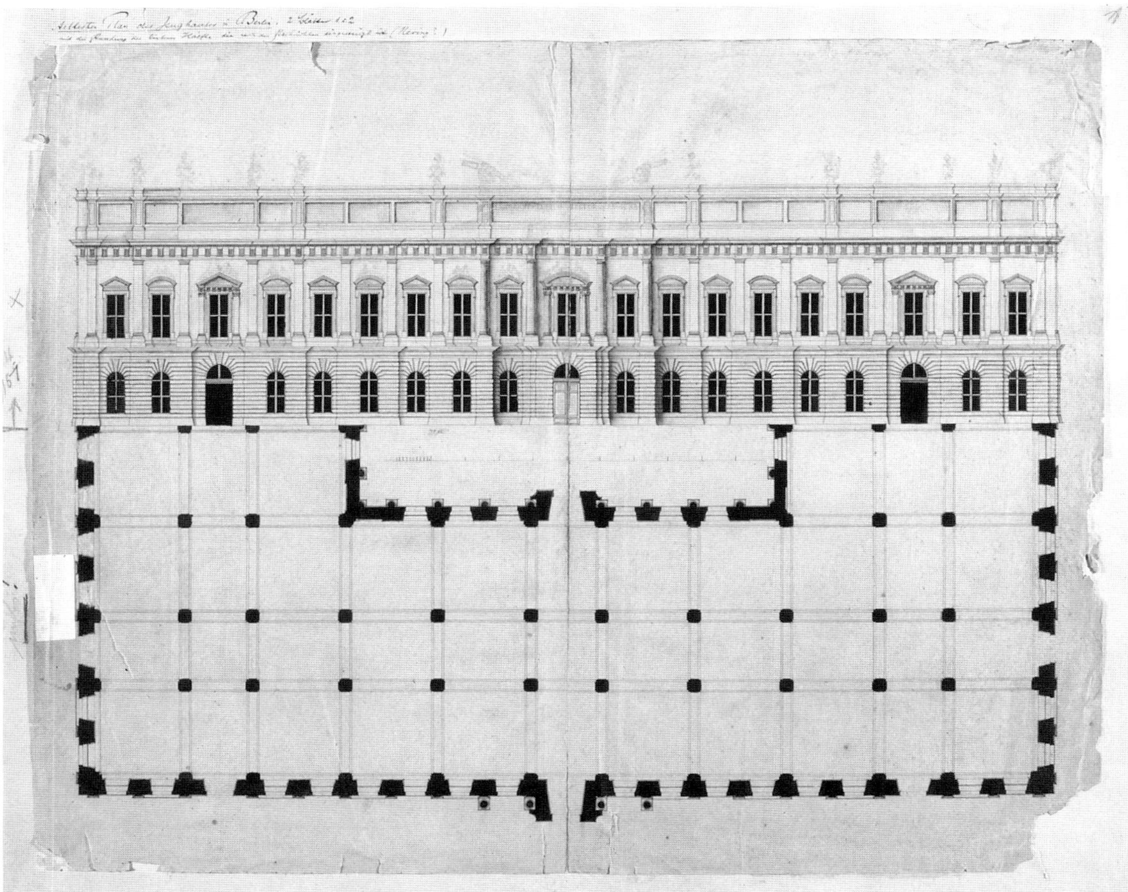

mied, wurde gebrochen. Schlüter markierte mit der Kartusche einen eindeutigen Schwerpunkt. Dabei schreckte er nicht davor zurück, die architektonische Gliederung frech zu überspielen. Die Kartusche ragte weit über die Oberkante der Attika hinaus und überschnitt nach unten das Gebälk der dorischen Ordnung des Obergeschosses. Damit wurde wohl überhaupt zum ersten Mal in Berlin eine Bauplastik vorgeschlagen, die sich nicht mehr schüchtern und zaghaft in das tektonische System fügte. Bei den Helmen und Kriegerköpfen deutete Schlüter diese Absicht bereits an, denn diese Schlußsteine entwickelten mit ihrer raumgreifenden Plastizität ebenfalls eine erhebliche Eigendynamik.

Folgt man den Stichen, dann sind die Skulpturen auf der Attika – verglichen mit Nerings Entwurf (Abb. 30) – ebenfalls verändert worden (Abb. 39). An der Rhythmisierung, wie Nering sie vorgeschlagen hatte, hielt Schlüter prinzipiell fest, doch es war für ihn ein Unterschied, ob Trophäen, Kanonen oder menschliche Gestalten einen Bau bekrönten. Hier äußert sich seine Grundauffassung von Architektur, die ihm – darin der Skulptur vergleichbar – von Bewegung durchpulste Materie ist. Gerade Skulpturen menschlicher Gestalten vermögen in ihren Drehungen und Wendungen die den tektonischen Gliedern innewohnenden Kraftlinien zu veranschaulichen, ja nach oben hin abschließend aufzulösen. Mit Hilfe dieser Mittel hat Schlüter selbst einen tektonisch so festgefügten Bau wie das Zeughaus in Schwingung versetzt, während Nerings Kanonen und Trophäen dumpf auf der Fassade lasten und wie abgestellt wirken. Schlüter packte dicke Trophäenbündel auf die Ecken und betonte damit

41 Martin Grünberg, Entwurf für den Grundriß des rückwärtigen Bereichs des Zeughauses in Berlin und Schnitt durch den Seitenflügel, lavierte Federzeichnung, 1696/97

den Charakter des Arsenals als Vierkant. Trophäen hingegen konzentrierte Schlüter allein auf die Mitte. Gemeinsam mit der Kartusche beschweren sie einen fünfachsigen Mittelrisalit. Bei Nering war dieser kaum in Erscheinung getreten. Sein Entwurf erweckte den Eindruck eines dreiachsigen Mittelrisalits, der einem Triumphbogen nicht unähnlich war – vor allem mit der durchlaufenden Inschrift in der Attika. Hier offenbarte sich Nerings Furcht, die Mitte zu besetzen: Im Bereich der Attika ließ er sie einfach frei. Genau an diesem Punkt setzte Schlüter an. Man mag sich den temperamentvollen Künstler vorstellen, wie er in die Leerstelle seine Kartusche skizzierte und von ihr aus die gesamte Fassade neu zu organisieren begann. Sollte Nerings Mittelpunkt der zart rot getönte Kurhut über dem Mittelfenster gewesen sein – Schlüter riß ihn ungeduldig heraus und drückte ihn einem seiner Genien in die Hand, der ihn für jedermann sichtbar hoch in den Himmel reckte. Alle Veränderungen erreichte Schlüter allein über die Bauplastik, denn die Architektur war ja bereits ausgeführt. Er beherrschte die der Skulptur eigenen Ausdrucksmöglichkeiten virtuos und konnte so noch nachträglich definieren, ob ein Mittelrisalit nun dreiachsig oder fünfachsig sein sollte. Sein Ziel war Straffung und Zuspitzung. Bei Nering blieb dagegen alles unentschieden.

Die Bauleitung

Es gelang Schlüter letztlich nicht, seine Ideen für die Hauptfassade umzusetzen. Dies mag überraschen, da er doch seit März 1698 auch die Bauleitung innehatte. Daß diese schließlich 1699 dem gerade erst in Brandenburg eingetroffenen Jean de Bodt anvertraut wurde, hatte Schlüter sich wohl selbst zuzuschreiben. Diesen Schluß legen jedenfalls die Nachrichten nahe, die sich vom Baubetrieb am Zeughaus unter Schlüter erhalten haben.

Das Zeughaus stand indirekt mit der Errichtung der Parochialkirche in Verbindung.[163] Deren Gewölbe waren am 27. September 1698 eingestürzt. Auch hier hatte Nering vor seinem Tod 1695 einen Entwurf geliefert und sogar noch die Grundsteinlegung vollzogen. Grünberg hatte die Fortführung des Projekts übernommen. Ein knappes Jahr später, im Juni 1696, mußte er auf Wunsch der Gemeinde Nerings Plan durch einen weit weniger aufwendigen ersetzen (Abb. 42), der dann unter seiner Ägide ausgeführt wurde, bis es zu dem Unglück kam. Rasch war der Maurermeister Leonhard Braun für den Einsturz der Gewölbe verantwortlich gemacht. Schlüter, der im Bereich der Statik und Konstruktion beim Zeughaus mit großen Schwierigkeiten zu kämpfen hatte, wurde hellhörig und forderte, daß in die anstehenden Untersuchungen zur Ursache des Gewöl-

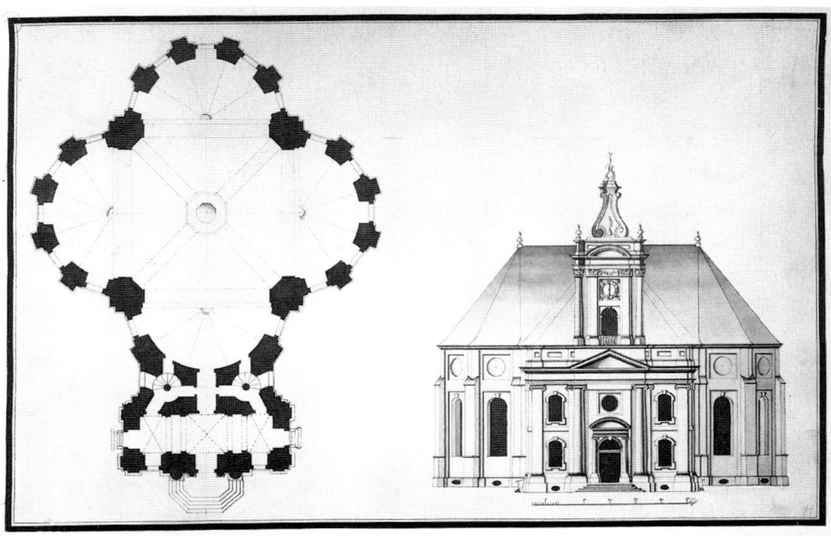

42 Martin Grünberg, Entwurf für den Grund- und Aufriß der Parochialkirche in Berlin, lavierte Federzeichnung, 1696

beeinsturzes an der Parochialkirche der Zeughausbau einbezogen werde, da der Maurermeister Braun auch am Zeughaus arbeitete.[164]

Schlüter hatte schon seit längerem Differenzen mit Braun, der seiner Meinung nach die Mauer im Obergeschoß am Zeughaus zu dünn gebaut hatte. Wegen des schweren Attikaschmucks, vor allem wegen der riesigen Kartusche, mußte Schlüter auf besondere Stabilität achten. Seinem Verlangen nach Prüfung wurde schließlich stattgegeben. Die Untersuchungskommission inspizierte auch das Zeughaus[165] und legte am 3. November 1698 ihren Bericht vor.[166] Er wirft kein gutes Licht auf Schlüter. Dieser hatte gefordert, daß »der Mauer Meister billig des wegen rede undt andtworth geben muß, warümb die forder Mauer so dünne aufgeführet«.[167] Von diesem Vorwurf war jetzt keine Rede mehr. Zwar war die Mauer tatsächlich bedenklich schwach, aber nicht, weil Braun nachlässig gearbeitet hatte, sondern weil sie wohl von Nering und Grünberg so angelegt worden war. Die Statik, die Nering berechnet hatte, war weder auf Schlüters Dachkonstruktion noch auf seinen Attikaschmuck mit der Mittelkartusche ausgelegt. Schlüter aber bestand auf diesen beiden Punkten geradezu obsessiv. Um seine Kritiker zu widerlegen, verwies er auf die zur Verstärkung eingezogenen Anker und garantierte leichtfertig, »daß er davor stehen und gerecht werden wolte, wann so schones Zeughauß den geringsten schaden nehmen solte«.[168] Warum hätte Schlüter dieses Risiko aber übernehmen sollen, wenn Braun tatsächlich schlecht gearbeitet hatte?

Der Bericht vom 3. November 1698 enthält deutliche Kritik an Schlüters Lösungsvorschlägen. Das wird verständlich im Zusammenhang mit den skizzenhaften Eintragungen in den Schnitt auf Grünbergs Zeughausplänen (Abb. 40, 41).[169] Die Graphiteintragungen in diesen Blättern und damit auch die Dachskizze stammen wohl von Grünbergs Hand.[170] Vielleicht hat Grünberg hier Schlüters Lösung in seine Zeichnung einskizziert, um die verschiedenen Möglichkeiten und ihre Vor- und Nachteile auszuloten. Konfrontiert man die Skizze mit dem Kommissionsbericht vom 3. November, könnte man auch auf den Gedanken kommen, daß sich deren Mitglieder anhand dieser Unterlage den Sachverhalt veranschaulichten. Deutlich sind Schlüters Mansarddächer zu erkennen. Die leicht schräg zum Hof hin abfallende Linie deutet womöglich ein Pultdach an, wie es die Vogelschau von Broebes (Kat. 100) zeigt. Es könnte der Alternativvorschlag Grünbergs in Konkurrenz zu Schlüters Mansarddach sein.[171]

Der Kommission mißfiel Schlüters Dachlösung. Sie empfahl, »daß er das Dachwerk ohn manzare solte machen«.[172] Warum Schlüter auf dieser Lösung bestand, ist nicht recht einsichtig. Die Skizze zeigt ferner die freistehende hohe Attika, die, so der berechtigte Vorwurf der Kritiker, »bloß und unbedecket bleiben solte, welche dann durch luft, Regen und Schnee, leicht consumirt werden dürfte«.[173] Zwischen ihr und dem an ihrem Fuß ansteigenden Mansarddach wäre ein überaus sensibler, witterungsanfälliger Zwischenraum entstanden. Zwar schlug Schlüter vor, »daß er von solcher attique wolte groß starke eisere anker an dem Sparenwerk befestiget und darauft bretter legen, damit das Ungewitter nicht eben schaden thun könnte«,[174] doch diese Lösung mutet wenig professionell an. Die Reinzeichnung des Schnitts zeigt noch die Gewölbe im Obergeschoß, von denen Schlüter nun endgültig ablassen mußte: »Dazu haben noch wollen in der andern Estage gewölber angeleget werden umb die Bürde noch zu vermehren, wovon aber gedachter Schlüter nach gethaner remonstration abgestanden.«[175] Es drängt sich der Eindruck auf, daß Schlüter von der Kommission vorgeführt wurde und eine regelrechte Lehrstunde in bautechnischen und statischen Fragen erhielt. Auch der Geheime Rat wurde von der Kommission informiert. Auf einer Sitzung wenige Tage danach notierte er: »[...] das hiesige Zeughauß, die eußerste mauer zu schwach nun verwahret, v. Schlüter caviret vor unglück, daß die ancker genug halten werden.«[176]

Man muß sich vor Augen halten, daß Schlüter zu diesem Zeitpunkt bereits mit dem Schloßumbau begann. Der Zeughausbau war für ihn damit zweitrangig geworden, und er scheint ihn zunehmend vernachlässigt zu haben. Am 27. März 1699, also ziemlich exakt ein Jahr nach der Übernahme der Bauleitung durch Schlüter, dümpelte das Projekt führungslos dahin. Der Geheime Rat mahnte schließlich eine Entscheidung des Kurfürsten an, »wer den Zeughausbau dirigire! S. C. D.«.[177] Ein weiterer dem Arsenal gewidmeter Tagesordnungspunkt offenbart Schlüters Hinhaltetaktik: »Relatio Commiss: vom Arsenal! Schlüters Versehen S. opiniatreté. – Temporisiren, biß das schloß fertig, u. dann S. C. D. satisfaction.«[178] Er zog sich zurück, ohne die Nachfolge zu regeln, wie dies von einem verantwortungsbewußten Architekten zu erwarten gewesen wäre. Einerseits spielte er auf Zeit, andererseits beharrte er kompromißlos (»S. opiniatreté«) auf seinem Entwurf, und dies, obwohl nach wie vor Mängel am Bau auftraten. Trotz spürbarer Überforderung wollte er den Bau nicht aus der Hand geben, sondern nahm die Verzögerung seiner Vollendung um Jahre in Kauf.

So trug Schlüter für den Zeughausbau noch immer Verantwortung, als am 5. August 1699 ein Pfeiler im Erdgeschoß einstürzte, der das Gewölbe und den darüber stehenden Pfeiler im ersten Stock mitriß.[179] Die Schuld wurde wiederum dem Maurermeister Braun gegeben, doch letztlich war Schlüter der Schuldige, schließlich hatte er die Bauleitung inne, die er offensichtlich wenig pflichtbewußt ausübte. Braun wehrte sich denn auch und bat erfolgreich darum, daß nicht nur der Einsturz des Pfeilers am Zeughaus, sondern auch nochmals derjenige des Gewölbes der Parochialkirche untersucht werden möge. Am 16. September 1699 wurde neben Schlüter Jean de Bodt mit der Überprüfung betraut.[180]

Jean de Bodt, der erst am 1. Juli 1699 in brandenburgische Dienste getreten war, hat Schlüter schließlich in der Bauleitung des Zeughauses abgelöst und das Werk vollendet.[181] Er dürfte auch das Konzept der Cour carrée, also den rechteckigen Innenhof statt des elliptischen Hofabschlusses, wieder ins Spiel gebracht und verwirklicht haben.[182] Überhaupt hielt er sich nicht an Schlüters Entwurf, sondern setzte, soweit es mit dem Ausgeführten zu vereinbaren war, eigene Akzente. Nun hielten französisch inspirierte Motive Einzug. Schlüters Bildhauerwerkstatt wurde durch französische Künstler, allen voran Guillaume Hulot, abgelöst.

Schlüter scheint um seinen Entwurf, den er ein gutes Jahr zuvor so leidenschaftlich durchgesetzt hatte, nicht mehr gekämpft zu haben. Im März 1698 hatte er die Bauleitung am Zeughaus übernommen, im Herbst desselben Jahres mit dem Umbau des Schlosses begonnen. Innerhalb weniger Monate war ihm ein gewaltiger Karrieresprung geglückt. Wahrscheinlich forderte ihn das Schloß 1699 über alle Maßen, so daß er das Zeughausprojekt schließlich nach einigem Widerstand aufgab. Er hinterließ einen Torso.

43 Grundriß des Berliner Gießhauses, lavierte Federzeichnung, um 1830

Schlüters erster eigenständiger Bau
Das Berliner Gießhaus

Nördlich des Zeughauses, wo sich heute der Ergänzungsbau des Deutschen Historischen Museums erhebt, befand sich spätestens seit der Mitte des 17. Jahrhunderts das Berliner Gießhaus. Schlüter war hier, so ist zu vermuten, nur anderthalb Jahre tätig, und zwar vom Frühjahr 1698 bis zum Herbst 1699, also in der Zeit, als er auch die Bauleitung am Zeughaus innehatte. In dieser kurzen Zeitspanne gelang es ihm, das äußere Erscheinungsbild des Gebäudes zu prägen. 1872 mußte diese Architektur einem modernen Verwaltungsbau weichen.

Die frühe Baugeschichte des Gießhauses liegt im Dunkel.[183] Stadtansichten aus der Zeit um 1650 zeigen einen mehrteiligen Fachwerkbau (Kat. 20; im Vordergrund). 1658 wurde das Gießhaus in die neue Befestigung der Stadt einbezogen. Die Lage direkt am Wall führte zu einer Abschrägung an der Nordseite des Grundstücks, was bis heute den Verlauf der Straße Hinter dem Gießhaus bestimmt (Abb. 43). Das Gießhaus dürfte maßgeblich die 1691 getroffene Entscheidung für den Standort des Zeughauses beeinflußt haben. Die neuen Geschütze konnten nun auf kürzestem Wege in das unmittelbar benachbarte Arsenal transportiert werden.

Über den Zustand, den Schlüter 1698 vorfand, läßt sich nur mutmaßen. Druck zur Modernisierung des Gebäudes bestand 1696 von zwei Seiten. Einmal forderte die anspruchsvolle Architektur des Zeughauses die Neuordnung der Gebäudegruppe des Gießhauses heraus, deren Erscheinung noch immer den werkstattartigen Charakter besessen haben dürfte, den die Ansichten um 1650 wiedergeben (Kat. 20). Zum anderen verlangten die beiden Denkmalprojekte Schlüters – das Standbild für Kurfürst Friedrich III., vor allem aber das Reiterdenkmal – aufwendige technische Vorrichtungen für den Guß.

Im Jahr 1698 wird eine erste Zahlung »zum Gieß Ofen, darinnen das Metal zum Pferde gegossen werden soll«, geleistet.[184] Bereits im Dezember 1696 wa-

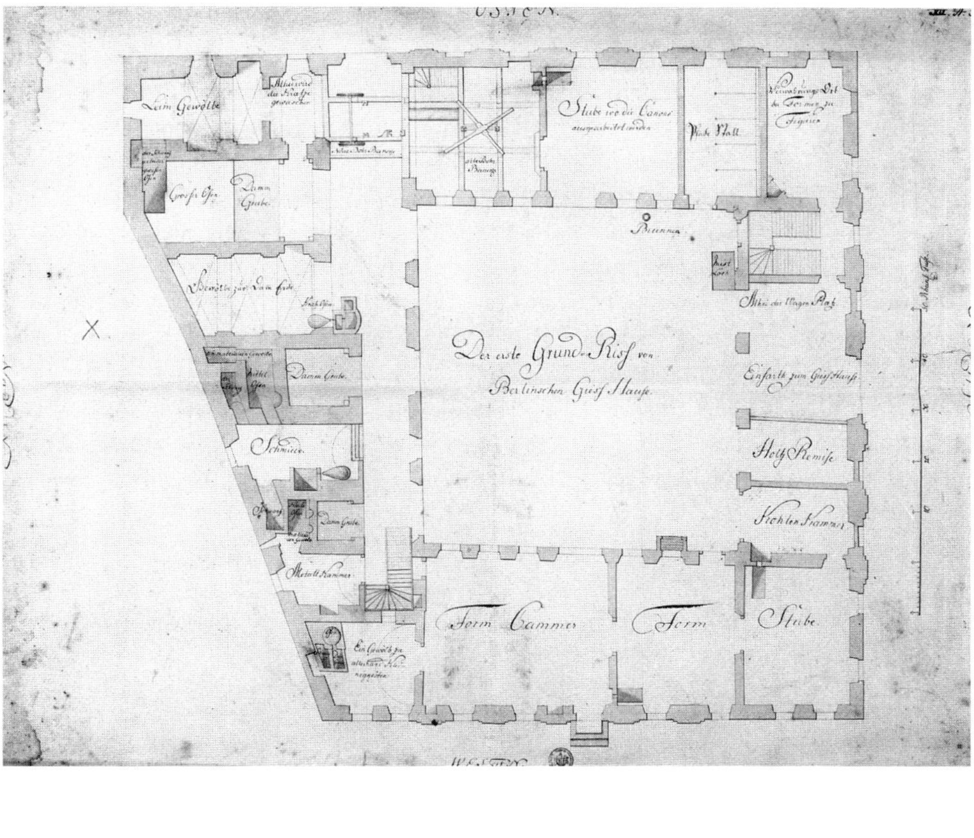

ren Änderungen am Gießhaus vorgenommen worden, wobei es sich vielleicht auch nur um einen neuen Ofen und nicht unbedingt um einen gestalterischen Eingriff in die Architektur gehandelt haben mag.[185] Der meist gut informierte Anton Balthasar König datierte das Gießhaus bereits in das Jahr 1696.[186] Schlüter dürfte die Oberaufsicht über den Bau im Frühjahr 1698 übernommen haben, nachdem ihm die Bauleitung am Zeughaus übertragen worden war. Vielleicht war auch beides miteinander verknüpft. Obwohl Schlüters Name in den Quellen zum Gießhaus nirgends erscheint, läßt die eigenwillige Architektur der Hauptfassade, in der engen Gasse vis-à-vis der Rückfront des Zeughauses gelegen, keinen Zweifel an seiner Autorschaft. In der späteren Literatur wird einmütig sein Name genannt.

Im Zusammenhang mit dem Erwerb eines Grundstücks im September 1698 ist erstmals ausdrücklich von einem neuen Gießhaus die Rede.[187] Ob damit allerdings ein kompletter Neubau gemeint war oder nur die Renovierung und Erweiterung von Bestehendem, ist unklar. Das spärliche Bildmaterial gibt hierüber keine Auskunft. Grundrisse aus dem 19. Jahrhundert zeigen einen vierflügeligen Bau, der einen quadratischen Innenhof ausspart (Abb. 43). Daß diese Disposition auf Schlüter zurückgeht, ist durchaus denkbar, wenn auch nicht sicher zu belegen. Allgemein wird angenommen, daß der unregelmäßige Nordtrakt mit seiner stark divergierenden Breite bereits bestand und Schlüter diesem die drei anderen Flügel anhängte.[188] Sicher ist, daß die Konzeption der Vierflügelanlage erst 1707 – und damit einige Jahre nach Schlüters Rücktritt von der Bauleitung – vollendet wurde.[189]

Schon ein flüchtiger Blick auf die Hauptfassade offenbart, daß Schlüter auf bildhauerischen Schmuck verzichtete – sieht man einmal von den Kaminen auf dem First des hohen Walmdachs ab, die er als Mörser gestaltete (Abb. 44).[190] Beim Zeughaus hatte er nach Übernahme der Bauleitung versucht, durch Neuordnung des bauplastischen Schmucks und Hinzufügung einer riesigen Kartusche die Gewichtungen innerhalb des Aufrißsystems der Fassade zu verschieben. Aufgrund des fortgeschrittenen Bauverlaufs hatte er keine Möglichkeit gesehen, direkt in die tektonische Struktur einzugreifen. Die nachträgliche Ausbildung von Risaliten mit Mitteln der Architektur wäre zu aufwendig gewesen und verbot sich daher. Am Gießhaus, wo er von Beginn an freie Hand hatte, bediente er sich dagegen der Ausdrucksmittel der Architektur. Gebäude waren für ihn also keineswegs nur willkommene Bühne für seine ureigenste Kunst, die Skulptur, wie man aufgrund seiner Ausbildung als Bildhauer, seiner Werke in Warschau und zuletzt noch seines Zeughausentwurfs mit der beherrschenden Schwebekartusche hätte annehmen können.

Die nach Süden gelegene Hauptfassade des Gießhauses mußte er in direkter Auseinandersetzung mit der Nordfassade des Zeughauses – genauer: mit deren westlicher Hälfte – gestalten. Das Gießhaus reichte etwa bis zum Mitteleingang des Zeughauses, auf den die Mollergasse frontal zulief. Den nachdrücklichsten Akzent setzte Schlüter mit den vier schweren Fensterverdachungen auf gestaffelten, groben Kragsteinblöcken.[191] Sie korrespondierten mit den Helmen am Zeughaus, von denen sie nur durch die heutige enge Gasse Hinter dem Zeughaus getrennt waren. Löste sich dort figural behauener Stein ungewöhnlich stark aus der Wandfläche, so waren es am Gießhaus abstrakte tektonische Formen.

Beiden gemeinsam war ein hoher Grad an Körperlichkeit.

Für Schlüter waren skulpturale und architektonische Formen austauschbar. Dieses Wechselverhältnis ist eines der grundlegenden Prinzipien seines künstlerischen Schaffens. In beiden Gattungen sah er dieselben Kräfte am Werk, nur daß sie sich jeweils in unterschiedlicher Form äußerten. Skulptur vermag der Dynamik und Spannung innerhalb eines Baukörpers oder einer Fassade Ausdruck zu verleihen. Umgekehrt weist ihr das architektonische System Sinn und Ort zu. Im Großen Treppenhaus des Berliner Schlosses führte Schlüter die Transformation von Skulptur in Architektur im Weltdrama des Gigantensturzes vor Augen (Abb. 136).

Den fünfteiligen Mittelrisalit des Gießhauses, der sich über die einmal hinterlegten Lisenen betont sanft aus dem Verband löst, flankieren die beiden zweiachsigen Rücklagen. Vor der Vertikale der Lisenen brechen die horizontalen Fugen der Rustizierung der Rücklagen abrupt ab. Schon die graphische Behandlung der Oberflächen von Mitte und Flanken markiert damit verschieden gewichtete Abschnitte. Die Vertikalkräfte der Mitte werden durch das verkröpfte Konsolgebälk zunächst gebändigt, finden ihren endgültigen Abschluß zum Teil aber erst in den Mörsern auf dem Dachfirst. Die Achsabschnitte zwischen den Lisenen springen, wie der Grundriß verdeutlicht, auf das Niveau der Rücklagen zurück (Abb. 44). Allerdings ist die Wand hier aufgrund der Fensteröffnungen und ihrer Umrahmungen kaum materiell faßbar. Allein in der Mittelachse über dem Eingang tritt sie großflächig in Erscheinung.

Ein kastenartiger Risalit war aufgrund der Straßensituation von vornherein ausgeschlossen. Die Art, wie der Risalit schichtweise aus der Fassadenfläche hervortritt, wiederholte Schlüter später am Lustgartenrisalit (Portal V) des Schlosses, den er möglicherweise noch im selben Jahr konzipierte (Abb. 102). Was dem Mittelrisalit als Ganzes an Plastizität versagt bleibt, übernehmen Details wie die Dreiecksgiebel auf Kragsteinblöcken über den Erdgeschoßfenstern oder die schwere Deckplatte über dem Sturz des weiten Portals. Manche Formen sind bewußt zu wuchtig proportioniert für den Rahmen, der ihnen zugestanden wird. Sie drängen darüber hinaus. Die schweren Fenstergiebel wirken eingezwängt zwischen die Lisenen, die sie zu überschneiden drohen. Auch die Fensterumrahmungen füllen fast die gesamte Breite der Fensterachse. Die Obergeschoßfenster, die beinahe auf der Spitze der Dreiecksgiebel sitzen, werden regelrecht unter das Kranzgesims geschoben. Am Schloß ging Schlüter später sogar so weit, daß er die Mezzaninfenster den Architrav auseinander- und in den Fries hineindrücken ließ (Abb. 95).

Die Dreiecksgiebel sind das Energiezentrum der Gießhausfassade. Sie drängen nicht nur nach oben, sondern schwellen an – zweifach gestaffelt in den Blöcken der Kragsteine und dann noch stärker in der

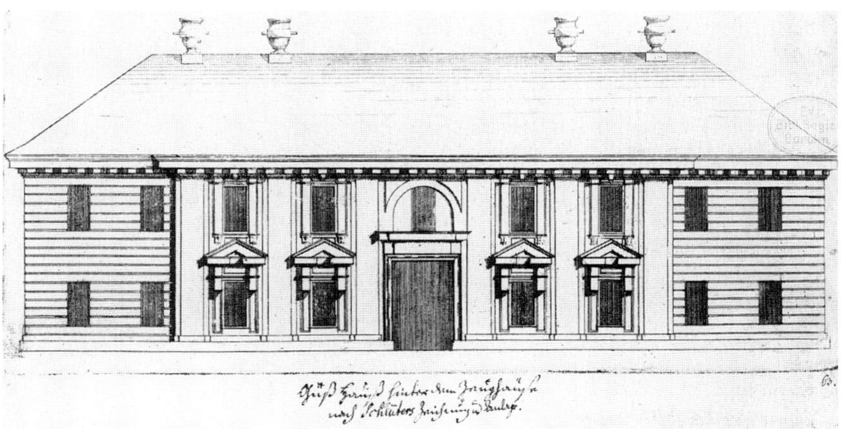

44 Entwurf Schlüters für die Fassade des Berliner Gießhauses, Kupferstich, um 1700

eigentlichen Giebelverdachung – und quellen vollplastisch aus der Fassadenfläche heraus. Die flankierenden Rücklagen dagegen sind beruhigt und flächig gehalten und steigern gerade dadurch die explosive Wirkung der Mitte, deren gedrängte Situation also ein von Schlüter künstlich, mit tektonischen Mitteln erzeugter Zustand ist.

An den beiden Nebenfassaden – nach Osten zur Mollergasse und nach Westen zum Festungsgraben – sind Rücklagen und Mittelrisalit dagegen stärker ineinander verschränkt. Auch hier war mittels hinterlegter Lisenen ein fünfachsiger Mittelrisalit markiert (Abb. 44). Die Einheitlichkeit von Rücklagen und Mittelrisalit wird vor allem dadurch erreicht, daß die Rustizierung sich hier – anders als an der Hauptfront – im Mittelrisalit fortsetzt. Horizontale und vertikale Linien verzahnen sich zu einem engen Netz. Auch fehlen der Mitte die markanten Tür- und Fensterumrahmungen, allen voran die augenfälligen Dreiecksgiebel, und die Eingangsachse fällt nicht breiter aus als alle anderen.

Auffallend ist der hohe Abstraktionsgrad der Schlüterschen Formen. Er zeigt sich nicht nur an den kantigen Kragsteinblöcken der Fenstergiebel, sondern mehr noch an den Lisenen des Mittelrisalits. Schlüter vermeidet peinlichst die Ausbildung einer klassischen Ordnung. Selbst ein toskanisches oder dorisches Kapitell versagt er sich, die skulpturale Präsenz eines ionischen oder gar korinthischen ist völlig undenkbar. Störend und unverständlich wirken deshalb seine Kaminformen, die dem Ernst der Tektonik nicht ganz angemessen sind (von der Gasse allerdings auch kaum zu sehen gewesen sein dürften). Dieser Hang zur Abstraktion wird sich durch sein gesamtes architektonisches Œuvre ziehen.

Wo liegen die Vorbilder für diesen Bau? Sie scheinen eine Frucht der noch nicht lange zurückliegenden italienischen Reise zu sein. Bereits die ältere Literatur hat Michelangelo und Bernini als Vorbilder angeführt, hinsichtlich Berninis wurde konkret der Palazzo Chigi-Odescalchi (1664/65) genannt (Abb. 45).[192] Dessen dreiteilige Fassade mit einer Kolossalordnung am Mittelrisalit und durchgehend rustizierten Rücklagen weist deutliche Parallelen zum Gießhaus auf, die kein Zufall sein können. Den Palazzo Chigi, dessen Fassade Erich Hubala wegen ihrer häufigen Rezeption nördlich der Alpen als das »leistungsfähigste römische Fassadenschema« bezeichnete,[193] muß Schlüter aus eigener Anschauung gekannt haben. Der Vergleich macht aber auch deutlich, wie Schlüter sein Gießhaus von einem Adelspalast absetzt. Natürlich ist am Palazzo Chigi das No-

45 *Giovanni Battista Falda, Hauptfassade des Palazzo Chigi-Odescalchi in Rom, Kupferstich, um 1680*

46 Rom, Porta Pia

belgeschoß im ersten Stock, erst dort setzt die Kolossalordnung an, Schlüter hingegen stellt sie auf die Erde. Ferner verzichtete Bernini nicht auf vollgültige Kapitelle. Kranzgesims, Balustrade und Balustradenfiguren geben der Mitte zusätzliches Eigengewicht, während Schlüters hohes Dach alle Teile egalisiert.

Am Gießhaus wird Schlüters Affinität zu Michelangelo offensichtlich. Das Motiv des vollplastischen Dreiecksgiebels findet sich in so ähnlicher Ausformung an der Porta Pia in Rom (1561/1565), daß man fast an ein Zitat denken möchte (Abb. 46), denn auch hier ist die Basis des Giebeldreiecks durchbrochen, auch hier ruht der Giebel auf blockartigen Kragsteinen. Plastisches Eigenleben gab Michelangelo ferner einigen seiner Formen im Ricetto der Biblioteca Laurenziana in Florenz (1523/1526), etwa den Volutenkonsolen, die die Doppelsäulen tragen (Abb. 159). Die Veranschaulichung dynamischer Kräfte mittels Formen, die ihre Rahmen sprengen wollen, gehört zu den wichtigsten Anliegen von Michelangelos Architektur. Anderes am Gießhaus erinnert an oberitalienische Architektur. Schon bei Palladios Villen zeigt sich bisweilen die Tendenz, möglichst einfache und abstrakte Formen zu verwenden.

An der sklavischen Nachahmung italienischer

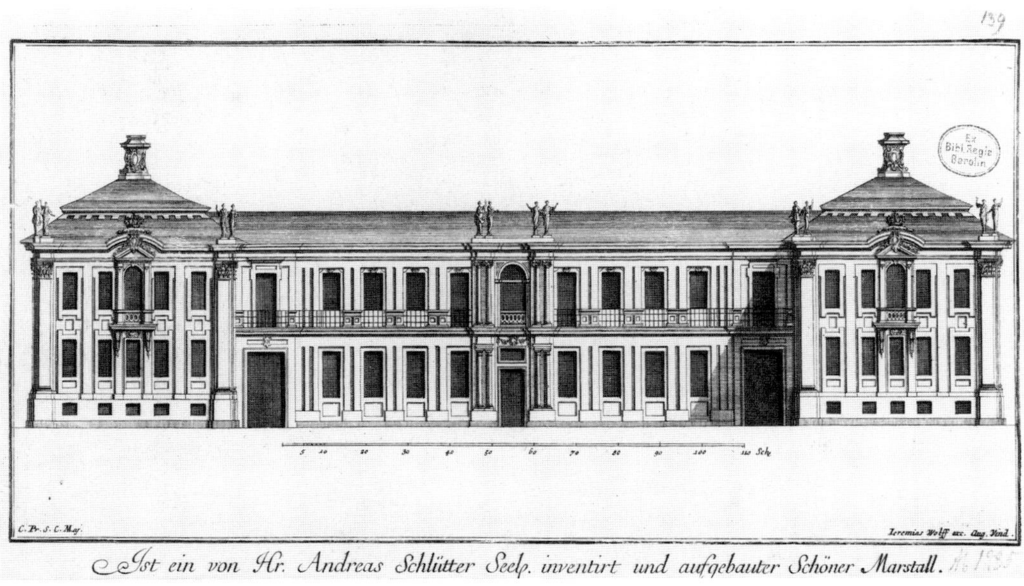

47 Entwurf Schlüters für die Fassade eines Marstalls in Berlin, Radierung, 1715

Architektur war Schlüter allerdings nicht interessiert. Seine Eigenständigkeit beweist er mit der Dachform, die den Charakter eines Gebäudes ganz wesentlich prägt. Das hohe Walmdach am Gießhaus oder die Mansarddächer, die er für das Marstallprojekt vorsah (Abb. 47), definieren diese Bauten als unverkennbar nordisch. Seine Dächer sind aber keineswegs dem nordischen Klima geschuldet, denn für das Schloß und die Alte Post sah Schlüter die nördlich der Alpen so problematischen Flachdächer vor. Diese Lösung entsprang allein der gegenteiligen gestalterischen Absicht, die Dächer dem Auge des Betrachters gänzlich zu entziehen.

Die Baugeschichte des Schlosses bis 1698/99

Schlüters Umbau des Berliner Renaissanceschlosses zum Königspalast sollte für zweihundertfünfzig Jahre – bis zur völligen Vernichtung des Schlosses – der folgenreichste bleiben. Er formulierte seine Ideen für die Umgestaltung in einem Modell (Kat. 107) und leitete damit den bis dahin umfassendsten und bedeutendsten Eingriff in den immerhin schon gut zweihundertfünfzig Jahre alten Schloßorganismus ein.

Seit der Grundsteinlegung war der Bau immer wieder verändert, modernisiert und erweitert worden. Dabei wurde die ältere Bausubstanz meist in die Umbauten einbezogen. Radikale Abrißmaßnahmen sind kaum zu beobachten. Selbst Schlüter war bestrebt, die Vorgängerstrukturen soweit wie möglich in seinem Umbau aufgehen zu lassen. Als er nach Berlin kam, präsentierte sich das kurfürstliche Residenzschloß als vielteiliges Konglomerat mehrerer Bautrakte und Anbauten aus verschiedenen Epochen, die sich nur ansatzweise einem Gesamtkonzept unterordneten. Die Energie und den Willen zur weitgehenden Vereinheitlichung brachten erst Friedrich III./I. und sein Hofbildhauer und Schloßbaudirektor Schlüter auf.

Dimension und Qualität der Entwürfe und Eingriffe Schlüters treten im Verhältnis zu den Modernisierungen früherer Jahrzehnte und Jahrhunderte prägnanter hervor. Zudem wird deutlich, daß der Schloßbau seit seiner Entstehung um die Mitte des 15. Jahrhunderts eine eigene innere Dynamik entwickelte. Neue Lösungen wurden zwar angeregt durch neue Bedürfnisse, die wiederum durch Einflüsse und Anregungen von außen bewirkt wurden, doch diese Lösungen erwuchsen stets aus der Auseinandersetzung mit der konkreten Situation der bestehenden Bauten sowie der unmittelbaren Umgebung. In diesem Sinne vollzog sich die bauliche Entwicklung über Jahrhunderte hinweg zwischen den Polen behutsamer und rücksichtsvoller Anpassung und radikaler, auch vor Abriß nicht zurückschrekkender Neuschöpfung. Der Baubestand des Schlosses und der angrenzenden Stadt sowie die Besonderheiten der Topographie – etwa die Lage auf der Spreeinsel – waren Konstanten, die jede Rechnung einkalkulieren mußte.

Von der Gründung bis zum Dreißigjährigen Krieg (1442–1640)

Die Geschichte des Berliner Schlosses beginnt mit einer Urkunde vom 29. August 1442. An diesem Tag mußten sich Berlin und Cölln dem Markgrafen und Kurfürsten Friedrich II. Eisenzahn (1440–1470) endgültig unterwerfen.[194] Der Vertrag hob die Vereinigung der beiden Städte auf, forderte von ihnen die Rückgabe der hohen und niederen Gerichtsbarkeit an den Landesherrn und verpflichtete sie außerdem zur Überlassung eines weitläufigen Grundstücks für den Neubau eines Schlosses. Dies war eine folgenreiche Bestimmung. In der Urkunde wurden die Grenzen des Bauplatzes »in der genanten Statt Coln by deme Closter predeker ordens« genau bezeichnet. Er umfaßte, grob betrachtet, den nördlichen, größtenteils außerhalb der Stadtbefestigung gelegenen Teil der von der Spree umflossenen Stadt Cölln, der noch weitgehend unbebaut war. Die Grenze zur Stadt bildete die Klostermauer des Dominikanerordens, dessen Kirche (um 1300) und Gebäude hart an das Baugelände stießen.

Am 31. Juli 1443 legte Friedrich II. den Grundstein zu einem Schloßbau.[195] Bereits 1448, als über die Deckung des Daches verhandelt wurde, muß der Rohbau weitgehend fertiggestellt gewesen sein.[196] Die Erhebung der Berliner Bürgerschaft gegen den Kurfürsten im »Berliner Unwillen« (1447/48), in dessen Verlauf die Baustelle geflutet wurde, konnte die Vollendung des Schlosses nicht verhindern. Im März 1451 stellte der Landesherr eine erste Urkunde in Cölln aus, woraus geschlossen werden kann, daß das Schloß damals bewohnbar war.[197] Im Dezember desselben Jahres wurde die dem heiligen Erasmus geweihte Schloßkapelle von Papst Nikolaus V. zur Pfarrkirche erhoben.[198] 1459 erweiterte man sie um den Chor,[199] 1465 erfolgte die Erhebung zur Stiftskirche.[200]

Zu Größe und Gestalt des ersten Schlosses ist nur wenig bekannt.[201] Der Hauptbau mit den kurfürstlichen Gemächern erstreckte sich entlang der Spree und reichte bis an die nördliche Mauer des späteren Schlüterschen Treppenhauses. Von dort führte ein schmaler Gang zu einem Rundturm, dessen Umfassungsmauern sich teilweise bis zum Abriß nach dem Zweiten Weltkrieg im Keller erhalten haben. Zwei Kellerräume, deren aufwendige gotische Gewölbe die Vermutung rechtfertigen, daß sie ursprünglich auf Erdgeschoßniveau gelegen haben könnten, markierten womöglich das südliche Ende des Flügels (Räume 115/116 und 117/118).[202] Wahrscheinlich war dieser in seiner Substanz bis zuletzt im gesamten aufgehenden Mauerwerk der südlichen Hälfte des Spreeflügels erhalten.[203]

Teile der Cöllner Stadtmauer wurden in den

Schloßbau eingebunden und blieben mit einem Turm, dem sogenannten Grünen Hut, bis 1950 erhalten (Abb. 48).[204] Die Erasmuskapelle gehörte im Grundriß wie im aufgehenden Mauerwerk zur Burg Friedrichs II.;[205] auch die spätere Erweiterung um den Chor[206] sowie die Verbreiterung des Vorraums[207] (1459) fielen noch in dessen Regierungszeit. Im Hof stammte vielleicht der kleine Treppenturm rechts neben der Reitschnecke (Kat. 55) – beides mußte gegen 1700 der Schlüterschen Modernisierung weichen – noch aus der Zeit Friedrichs II. Umstritten ist, ob der Stechbahnflügel, der im rechten Winkel an den Spreeflügel anschloß und sich zur Stadt hin erstreckte, bereits im 15. Jahrhundert als ein zweiter Wohntrakt, als Pallas mit einem großen Saal, ausgebildet war. Befunde im Kellergeschoß legen dies nahe.[208] Auch der spätere äußere Hof oder Vorhof war vielleicht schon durch Gebäude oder einen Wall befestigt. Seine nordwestliche Ecke wurde durch einen Turm, den späteren Münzturm, geschützt. Das Terrain, auf dem sich das barocke Schloß mit seinen beiden Innenhöfen ausdehnen sollte, war somit schon um 1450 umrissen.[209]

Nahezu neunzig Jahre hat das Schloß Friedrichs II. den Ansprüchen der brandenburgischen Kurfürsten genügt. Jedenfalls sind aus der Regierungszeit seiner Nachfolger Albrecht Achilles (1470 bis 1486), Johann Cicero (1486–1499) und Joachim I. (1499–1535) keine Umbauten oder Erweiterungen überliefert.[210] Erst Kurfürst Joachim II. (1535–1571) leitete bald nach Übernahme der Regentschaft umfassende Baumaßnahmen ein, die den Schloßkomplex nachhaltig veränderten (Abb. 49).

Zunächst gehörte Joachims Aufmerksamkeit jedoch ganz dem Domstift, dem er 1536 neue Statuten gab.[211] Stiftskirche war jetzt, nachdem der Dominikanerorden kurzerhand nach Brandenburg verlegt worden war, die direkt neben dem Schloßareal gelegene Klosterkirche. Die Erasmuskapelle hingegen, die bislang diese Funktion innegehabt hatte, wurde zur Schloßkapelle und mußte einen Großteil ihrer Reliquien und Bilder abgeben. Die ehemalige Dominikanerkirche, die von nun an bis zu ihrem Abriß 1747 auch als Grablege der Hohenzollern diente, wurde in den folgenden Jahren aufwendig erneuert. Im Äußeren wandelte sich ihr Erscheinungsbild durch die Errichtung eines Turmpaares an der Südwestfassade und eines Uhrturms über dem Chorende. Ein alter Befestigungsturm der ehemaligen Cöllner Stadtmauer wurde zu einem frei stehenden Glockenturm erhöht (Kat. 54).

Die Erweiterungs- und Umbaumaßnahmen, die Joachim II. an seinem Residenzschloß durchführen ließ, prägten dessen Charakter bis zum Eingreifen Schlüters.[212] Der Baubeginn ist für das Jahr 1538 überliefert – »incepta est nova arx in Cölln aedificari«.[213] Dabei kann es sich nur um den Stechbahnflügel gehandelt haben, denn dieser muß bereits im April 1540, als in einem Bericht der hölzerne Gang zwischen Schloß und Dom erwähnt wird, weitgehend vollendet gewesen sein.[214]

Da die Gestalt des Schlosses Friedrichs II. nur ansatzweise zu bestimmen ist, muß auch der Ausgangspunkt für Joachims Maßnahmen unklar und umstritten bleiben. Daß sämtliche Vorgängerbauten zunächst niedergelegt wurden,[215] ist kaum wahrscheinlich. Der Spreeflügel blieb in seiner Substanz wohl weitgehend unverändert und wurde lediglich nach Norden verlängert (im zweiten Obergeschoß Raum 798 und Raum 799). Bei dieser Gelegenheit erhielt er moderne Fensterumrahmungen (Grundriß zweites Obergeschoß).[216] Anders läßt sich bei-

48 Spreeflügel mit Kapellenturm, Grünem Hut und Haus der Herzogin

spielsweise nicht erklären, weshalb man einen Neubau nicht in der bequemeren Breite des Stechbahnflügels anlegte. Von 1451 bis 1713 lagen die kurfürstlichen, später königlichen Gemächer wahrscheinlich immer im Spreeflügel, wenn auch an unterschiedlichen Stellen. Sie bildeten den innersten und wichtigsten Bereich des Schlosses, und als solcher bewiesen sie ein starkes Beharrungsvermögen. Bei einer vollständigen Niederlegung des ersten Schlosses hätte Joachim II. sich auch seiner Privatgemächer beraubt.

Der zwischen 1538 und 1540 errichtete Flügel an der Stechbahn entstand hingegen als völliger Neubau. Dies legt die Beschreibung »a primis fundamentis excitato, ac annis subsequentibus magnificentissimae extructo decoravit« des Johann Cernitz nahe,[217] die allerdings erst 1626 entstand. Sollte sich an der Stelle des Stechbahnflügels bereits ein Pallas Friedrichs II. befunden haben,[218] wofür nur vage Indizien sprechen, hat dieser dem Neubau weichen müssen. Wahrscheinlich traf es aber nur unscheinbare Zweckbauten.

Die engen typologisch-stilistischen Bezüge zwischen dem Stechbahnflügel des Berliner Schlosses und dem zwischen 1533 und 1535 erbauten Johann-Friedrich-Bau (Flügel C) in Schloß Hartenfels in Torgau hat man schon vor langer Zeit erkannt (Abb. 50).[219] Kurfürst Joachim II., der sich 1536 zur Jagd in der Lochauer Heide bei Torgau aufhielt, kannte das Residenzschloß des sächsischen Kurfürsten Johann Friedrich des Beständigen. Im Frühjahr 1537 kam schließlich dessen Erbauer, der sächsische Hofarchitekt Konrad Krebs, in die brandenburgische Residenzstadt. Eine Torgauer Baurechnung belegt, daß er ein Modell für den Neubau des Berliner Schlosses angefertigt hat.[220] Die Bauleitung in Berlin übernahm allerdings nicht er selbst, da er in Sachsen unabkömmlich war, sondern Caspar Theiß, der vermutlich als sein Gehilfe bereits in Torgau gearbeitet hatte.[221]

Die Ausdehnung des Schlosses Joachims II. läßt sich einigermaßen verläßlich bestimmen (Abb. 49). Der Stechbahnflügel wurde an den Außenkanten, vergleichbar dem Johann-Friedrich-Bau in Torgau,

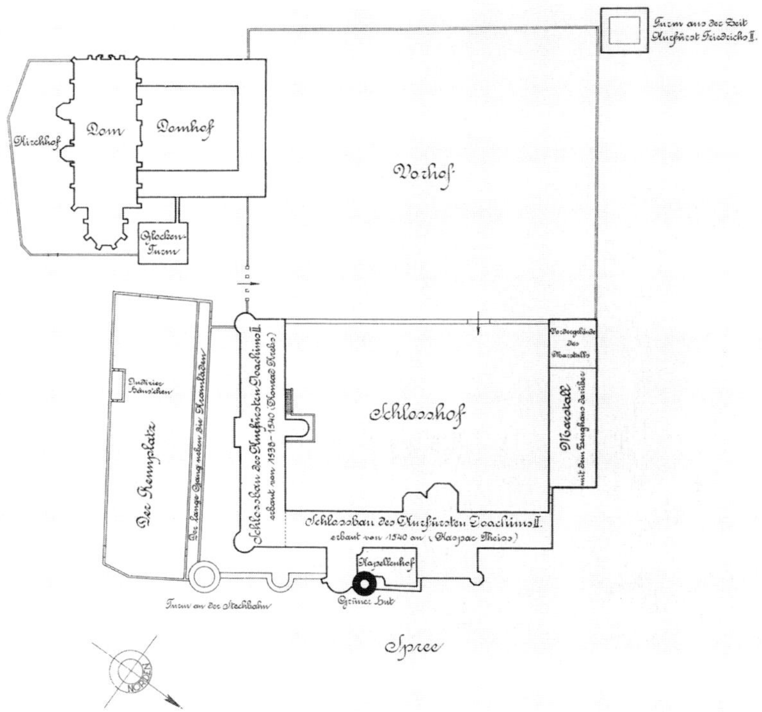

49 Rekonstruktion der Schloßanlage unter Kurfürst Joachim II. (nach Albert Geyer, 1936)

durch charakteristische Runderker begrenzt, die in offenen Altanen endeten und selbst noch die hohen Giebelaufbauten überragten (Kat. 54, 62). Der spreeseitige Erker war bis zuletzt – in der Schlüterschen Überformung – erhalten (Abb. 48), während der westliche, der bis fast an das spätere Portal II heranreichte und den Schlüter gleichfalls ummantelte, bei der Erweiterung der Schloßplatzfront zwischen 1714 und 1716 beseitigt wurde.

Die äußere Gestalt des Renaissanceschlosses, die erst durch Schlüters Umbau unkenntlich wurde, ist in einer Reihe recht zuverlässiger Ansichten festgehalten (Kat. 54, 62). Dabei erweist sich der 1538 begonnene Stechbahnflügel als ein reines Exportstück sächsischer Architektur von sehr hoher Qualität, nämlich als eine Variante des Johann-Friedrich-Baus in Torgau, der erst drei Jahre zuvor fertiggestellt worden ist (Abb. 50). Der Berliner Bau umfaßte drei Vollgeschosse. Den Abschluß bildeten fünf hohe Giebelhäuser, die weitere Gemächer aufnahmen. Sie standen im Wechsel mit vier niedrigen Dachgaupen. Die überaus bewegte Dachlandschaft war mit Kupfer gedeckt. Gestalterische Akzente an der Außenfassade setzten die Runderker, die in allen Geschossen im Bereich der Fensterbrüstung mit Reliefplatten verziert waren (Kat. 62). Die Mittelachse, die übrigens identisch ist mit der mittleren Fensterachse von Schlüters Portal I, wurde hervorgehoben durch einen von Säulen getragenen Altan auf kleeblattförmigem Grundriß. Vor dem ersten Obergeschoß war er als Loggia, vor dem zweiten Obergeschoß als offener Balkon ausgebildet. Die Gesamterscheinung des Flügels wurde wesentlich durch Wandmalereien bestimmt, die die gesamte Fassadenfläche bedeckten (Kat. 1, 2).[222]

Auch von der dreigeschossigen Hofseite des Stechbahnflügels haben sich Abbildungen erhalten (Kat. 55). Gegenüber fünfzehn Achsen auf der Stechbahnseite wies sie lediglich elf Achsen auf. Demzufolge fanden im Bereich der Dachzone nur zwei große Zwerchhäuser und vier kleine Gaupen Platz. Den drei Mittelachsen war ein mächtiger Wendelstein vorgelagert, der bis in Firsthöhe des steilen Satteldachs reichte. Im Erdgeschoß stand ein blockartiger, beidseitig von Treppenarmen flankierter Altan. Über diese Treppen erreichte man die obere Plattform des Altans, auf der sich der Fuß des eigentlichen Wendelsteins befand. Von hier führte außerdem ein Portal in das erste Obergeschoß und damit sehr wahrscheinlich in den Großen Saal.

Die Wendeltreppe war als aufwendige und technisch raffinierte Konstruktion in Sandstein ausgeführt. Zwischen den schlanken Pfeilern entwickelte sich der um eine offene Spindel geführte Treppenlauf und erschloß die oberen Geschosse. Im zweiten Stock war das Ganze zudem mit einem von Konsolen getragenen Laufgang verbunden, der sich über die gesamte Fassadenlänge erstreckte und darüber

50 Torgau, Schloß Hartenfels, Großer Wendelstein

hinaus bis zu den Treppentürmen des Spreeflügels fortsetzte. Die Brüstungsplatten dieses Gangs waren wiederum mit Reliefs verziert.[223]

Der »Große Saal« im Stechbahnflügel umfaßte die gesamte Geschoßfläche und war nicht einmal durch eine Säulen- oder Pfeilerstellung unterteilt.[224] Philipp Hainhofer beschrieb den Saal 1617 wie folgt: »Durch den großen Schnecken oder Wendel kommt man auf den großen Saal, der so lang und breit, als das Schloß auf derselben Saiten, ohne Säulen ist; auf Art des Saals in Padoua und des Lusthauses zu Stutgard, alles am Dachstuel hanget.«[225] Erst 1669 hat man Trennwände eingezogen, um neue Räume zu gewinnen.[226] Schlüter hat den Saal also nicht mehr gesehen. Unklar ist bis heute, ob er im Mittelgeschoß oder im darüber liegenden Stockwerk lag. Die vorhandenen Quellen lassen beides zu.[227]

In Anlehnung an den neuerstandenen Stechbahnflügel ließ Joachim II. den Spreeflügel modernisieren und womöglich die einzelnen Geschoßdecken erhöhen, wodurch eine stufenlose Anbindung an den Stechbahnflügel gewährleistet war.[228] Durch die Übernahme der charakteristischen Vorhangfenster, die Fortführung des Konsolgangs vor dem zweiten Obergeschoß bis an den Treppenturm sowie den Ausbau der Dachzone durch Zwerchhäuser und kleine Dachgaupen gewann der Innenhof auf zwei Seiten einheitliche Fassaden. Der neuerrichtete und bruchlos anschließende Verlängerungsabschnitt des Spreeflügels (im Obergeschoß Raum 798 und Raum 799) nahm diese Gestaltungselemente – abgesehen von dem Konsolgang – auf.

Unter Joachim II. erfolgte außerdem die Erhöhung des Kapellenanbaus zu einem wuchtigen Turm, der das gesamte Schloß überragte,[229] und der Grüne Hut wurde durch eine ursprünglich offene Laube in charakteristischen Renaissanceformen bekrönt (Abb. 48). Die neuere Literatur rechnet auch die vielgerühmte Reitschnecke vor dem Spreeflügel, die mit fünf Seiten eines Oktogons aus der Hoffront hervortrat, der Zeit Joachims II. zu (Kat. 55),[230] während ältere Chroniken und Beschreibungen sie meist in die von Kurfürst Johann Georg veranlaßten Umbauten einreihen.[231] Der direkt anstoßende Trep-

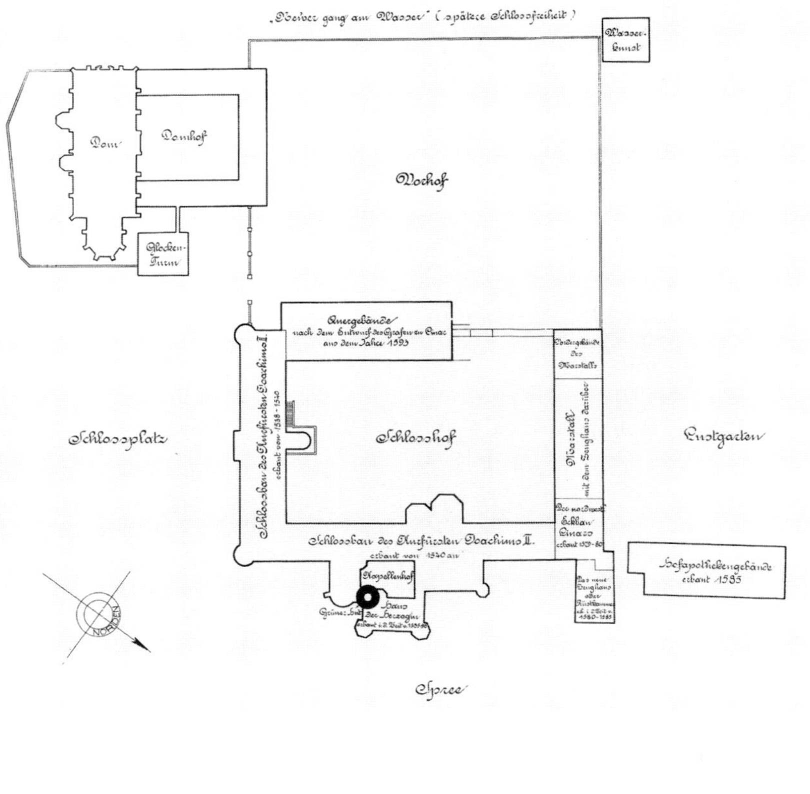

51 Rekonstruktion der Schloßanlage unter Kurfürst Johann Georg (nach Albert Geyer, 1936)

penturm, von schlankeren und gelängteren Proportionen als die Reitschnecke, wird heute ebenfalls überwiegend der Regierungszeit Joachims II. zugerechnet.[232]

Die Außenfassade des Spreeflügels war sicherlich in Anlehnung an die Stechbahnfront gestaltet. Wie im Innenhof wurde auch hier das für den Stechbahnflügel entwickelte moderne Formenrepertoire (also die Vorhangfenster, die Zwerchhäuser und vielleicht auch die Wandmalereien) auf den älteren Bautrakt übertragen. Wer sich dem Schloß von der Langen Brücke näherte, sollte den Eindruck eines einheitlichen, massiven Kubus gewinnen (Kat. 62). Die Flußfassade umfaßte – ausgehend von dem runden Erker an der Südostkante – zunächst vier Fensterachsen (im zweiten Obergeschoß Raum 839, Raum 838, Raum 837). Die Flucht wurde durch die weit vorkragende Erasmuskapelle sowie den Grünen Hut unterbrochen, setzte sich im Anschluß daran fort und stieß kurz darauf auf einen wohnturmartigen Anbau (Abb. 49). Die Spreefassade Joachims II., die wir uns insgesamt einheitlich gestaltet vorstellen dürfen, verlor rasch ihre Rolle als Schauseite und verschwand aufgrund vorgeschobener Erweiterungsbauten allmählich im Kapellen- und im Eishof. Bis zuletzt waren die Vorhangfenster aus der Renaissance erhalten.[233]

Nach dem Tod Joachims II. im Jahr 1571 übernahm Johann Georg (1571–1598) die Regentschaft. Wie sein Vater trat auch er als bedeutender Bauherr am Berliner Schloß in Erscheinung.[234] Seine Erweiterungsbauten waren allesamt bis zur Zerstörung des Schlosses erhalten, teilweise überformt durch die Modernisierungen Nerings, Schlüters und Eosanders, teilweise aber auch erstaunlich unverfälscht.

In den ersten Jahren nach Regierungsantritt widmete Johann Georg sich der substanzerhaltenden Sanierung des Schlosses sowie einer aufwendigen Neugestaltung des Lustgartens. Im Juni 1572 wurde Hans Räspell zum Maurermeister ernannt.[235] In einem detaillierten Bericht zeigte er kurz darauf dem Kurfürsten etliche Bauschäden an, die in der Zwischenzeit, etwa am Kapellenturm oder am Langen Gang zwischen Schloß und Dom, aufgetreten waren.[236] Mit der Ernennung von Desiderius Corbianus zum Hofgärtner im Jahr 1573 begannen die Arbeiten im Lustgarten.[237] In diesem Zusammenhang erfolgte der Ausbau des wahrscheinlich bereits unter Friedrich II. errichteten Kanonenturms an der Nordwestecke des Schloßareals – des späteren Münzturms – zur »neuen Wasserkunst«.[238]

Erst im April 1578, als der renommierte Architekt und Festungsbaumeister Rochus Graf zu Lynar in brandenburgische Dienste trat, begann die eigentliche Umgestaltung des Schlosses.[239] Dem Kurfürsten war daran gelegen, das allmählich gewachsene Konglomerat seiner Vorfahren beizubehalten und dem gestiegenen Raumbedarf durch kluge Anbauten Rechnung zu tragen. Die wesentlichen Arbeiten zogen sich von 1579 bis in das Jahr 1595 hin (Abb. 51). Die Oberaufsicht über sämtliche Bauvorgänge während dieser Zeit oblag Lynar. Er wird auch für einen Großteil der Entwürfe zu Erweiterungsbauten des Schlosses verantwortlich gewesen sein, die sich nach wie vor sächsischen Einflüssen verpflichtet zeigten.

In den Jahren 1579/80 entstand an der Nordostecke des Schloßareals das sogenannte Dritte Haus (Kat. 55).[240] Die Bezeichnung Drittes Haus spielt auf ein »Erstes« und ein »Zweites Haus« an, womit der Spreeflügel Friedrichs II. und der Stechbahnflügel Joachims II. gemeint gewesen sein dürften. Die Begriffe »Erstes Haus« und »Zweites Haus« sind jedoch nicht aktenkundig. Geyer lokalisierte das Dritte Haus erstmals korrekt,[241] während Nicolai mit dem Bau noch den Quertrakt identifiziert hatte.[242] Beim Dritten Haus handelte es sich um den viergeschossigen Baukörper auf kompaktem Grundriß, der sich unmittelbar an die Spreeflügelerweiterung Joachims II. anschloß. Allerdings konzipierte Lynar den Anbau nicht nur als nochmalige Verlängerung des Spreeflügels, sondern ließ ihn um zwei Achsen und damit um die Hälfte seiner Grundfläche aus der Fassadenflucht des Hofes hervortreten. Zum Lustgarten hin entstand so ansatzweise bereits eine hohe abweisende Fassade, während der Innenhof durch die Ausbildung einer Nordostkante eine weitere eindeutige Markierung erfuhr. Auch Schlüter sollte sich später über diese Hofecke nicht hinwegsetzen. Ihr Einfluß auf die Entwicklung des Berliner Schlosses zu einem barocken Vierkant kann gar nicht überschätzt werden.

Die beiden Räume im zweiten Obergeschoß (Raum 797 und Raum 796) bedeuteten eine Vergrößerung der Kurfürstenwohnung und waren vielleicht der eigentliche Anlaß für die Errichtung des Dritten Hauses. Von den beiden neugewonnenen Zimmern nahmen auch die nachfolgenden Erweiterungen der kurfürstlichen und dann königlichen Gemächer ihren Ausgang: Nach Osten richtete der Kurfürst Friedrich Wilhelm seine Privaträume ein, die auch sein Sohn Friedrich III./I. bis zu seinem Tod bewohnte. Nach Westen ließ dieser durch Schlüter die Suite der Paradekammern verlängern.

Lynar behielt immer die Gesamtgestalt des Schlosses im Auge. Dafür sprechen vor allem Briefe, die 1585 im Vorfeld der Errichtung des Hofapothekenflügels gewechselt, und die Gutachten, die damals erstellt wurden. Im Mai des Jahres legten der sächsische Maurermeister Peter Kummer und der brandenburgische Hofapotheker Michael Aschenbrenner ihre Entwürfe zum Apothekengebäude vor. Lynar teilte daraufhin dem Kurfürsten seine Meinung über die »Viesirung des hauses so Ew. Churf. Gn. erbauen lassen wollen« mit.[243] Bemerkenswert

52 Apothekenflügel, Fassade zum Lustgarten, Zustand vor der Verkürzung 1885

53 Alabastersaal und Quergebäude, Fassaden zum Großen Schloßhof

ist vor allem seine Kritik an dem für den Neubau vorgesehenen Grundstück, womit wahrscheinlich bereits dasjenige an der Ostflanke des Lustgartens gemeint war, auf dem die Apotheke dann tatsächlich errichtet wurde. Lynar schlug nämlich vor, »das gebäude an dem dritten Haus bawen lassen«.[244] Der Kurfürst ging hierauf jedoch nicht ein.[245]

Mit dem einbiegenden Dritten Haus hatte Lynar seine Schloßkonzeption angedeutet – eine um einen geschlossenen Innenhof gruppierte Vierflügelanlage. Mit seiner wenige Jahre danach erhobenen Forderung nach einem Anbau des Apothekenflügels in der Verlängerung des Dritten Hauses versuchte er, dieses Konzept weiter zu konkretisieren. Die kurfürstliche Entscheidung, den Apothekenflügel entlang der Ostseite des Lustgartens zu errichten, folgte hingegen vorrangig wohl funktionalen Erwägungen, deutete aber, wenn auch eher unbewußt, eine der Vierkantlösung entgegengesetzte Auffassung von der Gestalt des Schloßorganismus an. Diese Auffassung hat dann vor allem in der zweiten Hälfte des 17. Jahrhunderts für einige Jahrzehnte die Planungen beherrscht, als die Umgestaltung des Schlosses auf eine sich zum Lustgarten öffnende Dreiflügelanlage zielte. Erst Schlüters Schloßmodell erteilte diesen Plänen eine endgültige Absage. Er setzte mit der Aufstockung des Lustgartenflügels fort, was Lynar mit dem Dritten Haus im Ansatz vorausgedacht hatte.

Der lange Apothekenflügel hätte durchaus den Schloßhof nach Norden abschirmen können. Schon Lynar hatte sich erstaunt gezeigt ob der geplanten Ausmaße.[246] Man muß annehmen, daß Lynar noch in den von Kummer und Aschenbrenner vorgelegten Riß eingriff. Das großzügige Gebäude besaß zwei Vollgeschosse und wies zudem ein steiles Satteldach auf, das an den Langseiten von jeweils drei Zwerchhäusern durchbrochen wurde (Abb. 52). Der an sich schlichte Bau war in den für Lynar charakteristischen Formen der sächsischen Spätrenaissance ausgeführt. Akzente im Detail setzten die aus Werkstücken gearbeiteten kleinteiligen Giebelaufbauten sowie die eigenwilligen Fensterumrahmungen. An

der Hofapotheke tauchten erstmalig am Berliner Schloß moderne Treppen mit geraden Läufen auf. Sie lagen in einem separaten Treppenhaus an der Südflanke des Gebäudes.[247]

Gegen 1590 wurde mit der Errichtung des Quergebäudes begonnen. Eine Serie von fünf originalen Grundrissen, die vom Keller bis zum vierten Stockwerk sämtliche Geschosse wiedergeben, blieb erhalten (Kat. 3–7). Davon ist der Grundriß des Erdgeschosses durch eine Beischrift auf den 7. April 1593 datiert und von Lynar eigenhändig signiert. Das eigentliche Hochmauern des Gebäudes setzte also frühestens im Jahr 1593 ein, wofür auch spricht, daß die Grundrisse noch in einigen Punkten von der ausgeführten Form abweichen. Der Entwurf des Gebäudes geht zweifelsfrei auf Lynar zurück, als Bauleiter wird der Baumeister Peter Niuron erwähnt. Die Vollendung des Quergebäudes, in dem Räume für die Verwaltung und für Gäste untergebracht wurden, erfolgte im Jahr 1595.[248]

Lynar setzte das Quergebäude im rechten Winkel an den Stechbahnflügel Joachims II. (Abb. 53). Dabei lag die Trennwand, die den Neubau der Länge nach in zwei Hälften teilte, in einer Flucht mit der westlichen Außenschmalseite des Stechbahntraktes. Die Außenfassade des Quergebäudes rückte also weiter in den äußeren Hof vor. Daher findet sich für den Bau in späteren Quellen auch die Bezeichnung »vorderes Schloß«.[249] Das regelmäßig angeordnete Kellergeschoß (Kat. 3) deutet darauf hin, daß sich an dieser Stelle zuvor kein nennenswerter Massivbau befand. Das viergeschossige Quergebäude erreichte ungefähr die Höhe des dreigeschossigen Stechbahnflügels, wobei Lynar auf demselben Raum, dem Konrad Krebs und Kaspar Theiß zwei Geschosse zugestanden hatten, drei Geschoßebenen zusammendrängte. Mit dem Quergebäude definierte Lynar zugleich die westliche Begrenzung des Innenhofs.

Das Quergebäude zeigte sich derselben Formensprache verpflichtet wie das Dritte Haus und der Apothekenflügel: Es war als schlichter Putzbau ausgeführt, lediglich die Kanten wurden durch sichtbare

54 Alabastersaal und Quergebäude, Fassaden zum Kleinen Schloßhof, Zustand nach 1875

55 Gesamtansicht der Spreefassade

Steinquaderung eigens betont (Kat. 20, 49, 56). Den eigentlichen Reiz des Gebäudes machten die typischen hohen Zwerchhäuser aus, die sich zu einer malerischen Dachlandschaft formierten. An der Hofseite zog sich ein Konsolgang vor dem obersten Geschoß entlang, der mit dem entsprechenden Gang des Joachimbaus verbunden wurde (Abb. 68). Zum ersten Mal waren hier am Berliner Schloß die einzelnen Geschosse nach dem Prinzip des *Appartement double* unterteilt[250] und erschlossen wiederum durch eine Treppe mit geraden Läufen. Das Quergebäude konnte seine ursprüngliche Gesamterscheinung trotz aller späteren Modernisierungsmaßnahmen bis zuletzt weitgehend bewahren (Abb. 53).[251]

Die Entstehung des bereits zu Beginn des 17. Jahrhunderts sogenannten Herzoginnenhauses, das sich mit seiner Fassade nach Osten zur Spree wandte, ist in den Schloßbauakten nicht dokumentiert. Das charakteristische Erscheinungsbild – vor allem die Art der Fensterumrahmung sowie die kleinteilig aufgebauten Zwerchhausgiebel (Abb. 48 rechts, 55) – deutet auf Lynar als entwerfenden Architekten.[252] Angeblich richtete Johann Georg hier eine Wohnung für seine Schwester, die Braunschweiger Herzogin Elisabeth Magdalene, ein, als diese nach dem frühen Tod ihres Gemahls 1559 nach Berlin zurückkehrte.[253]

Im Gegensatz zum Dritten Haus war das Haus

der Herzogin vergleichsweise lose mit dem Spreeflügel verbunden. An seiner Südwestecke lehnte es sich an den mittelalterlichen Grünen Hut, der das Motiv für die spreeseitigen polygonalen Ecktürme vorgegeben zu haben scheint. Ursprünglich ragte es mit seinem Sockelgeschoß direkt aus den Fluten der Spree heraus: »Das Churfürstliche Brandenburgische Schloß und Hauß stehet zwischen den Dom und der Spreu, also daß das Wasser unter dem Schlosse auf einer Seiten weg läufft.«[254] Der eigentliche Zugang zum Haus der Herzogin erfolgte über einen Galeriebau – ausgeführt in Renaissanceformen –, der sich über drei Etagen erhob und ursprünglich jeweils fünf Rundbogenarkaden umfaßte. Von hier blickte man in den Kapellenhof, der durch die Neubauten zu einem dunklen Binnenhof herabsank. Der Galeriebau gewährte vom Spreeflügel aus den Zugang in alle vier Geschosse des Herzoginnenhauses, das über keine Innentreppe verfügte. Wohl unter dem Großen Kurfürsten wurden die Giebelaufbauten zu einem zusätzlichen Geschoß zusammengelegt, indem man den Zwischenraum vermauerte.[255] Schlüters Schloßmodell läßt erahnen, daß auch die gesamte Spreefront einheitlich gestaltet werden sollte (Kat. 107), doch dazu kam es nicht. Das Haus der Herzogin prägte diese Front, solange das Schloß bestand (Abb. 55).

Unklar bleibt die erste Bebauung auf dem Areal, wo sich später der Lustgartenflügel erhob. Nicolai berichtet, daß sich schon in der Burg Friedrichs II. an dieser Stelle im Erdgeschoß der Marstall und im Geschoß darüber ein Zeughaus befunden habe.[256] Seit Geyers Forschungen geht man allerdings davon aus, daß der Marstallflügel erst unter Joachim II. an dieser Stelle entstanden sein kann.[257] Es ist gut möglich, daß dieses Marstallgebäude die Ausrichtung des Dritten Hauses bestimmt hat. Im Jahre 1580 wurden von Lynar Reparaturarbeiten am Marstall verdungen.[258] Das darüber liegende Zeughaus wird dabei bereits das »alte« genannt. Zwischenzeitlich – vielleicht gemeinsam mit dem Dritten Haus – war also ein weiteres Zeughaus entstanden. Geyer identifizierte damit die unteren beiden Geschosse des Flügels am Eishof abzüglich der beiden östlichen

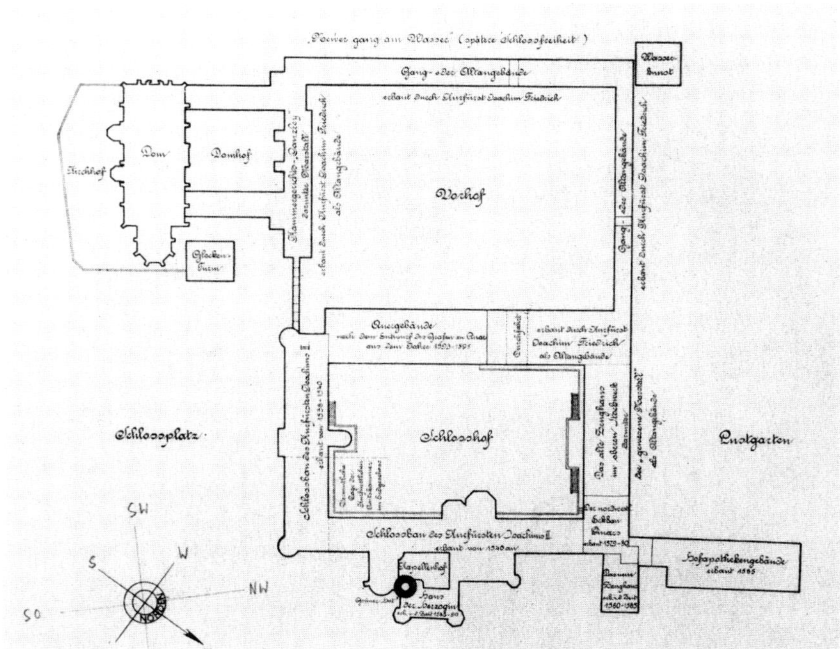

56 Rekonstruktion der Schloßanlage unter Kurfürst Joachim Friedrich (nach Albert Geyer, 1936)

Achsen (also im Kellergeschoß Raum 64–68, Raum 71).

Die zehnjährige Regentschaft Kurfürst Joachim Friedrichs (1598–1608) brachte dem Schloß zwischen 1604 und 1608 die Reorganisation des bis dahin nur locker umbauten Vorhofs. Dieser wurde damals mit neuen und regelmäßigen zwei- bis dreigeschossigen Altangebäuden umgeben (Abb. 56).[259] Der Vorhof entsprach damit hinsichtlich Lage und Ausmaß dem später so genannten äußeren Schloßhof, der von 1707 an nach Entwürfen Johann Friedrich Eosanders ausgebaut wurde. Wie sein Amtsvorgänger Andreas Schlüter orientierte sich auch Eosander in Fragen der Disposition eng am Bestehenden, was den Baumaßnahmen Joachim Friedrichs rückwirkend um so größeres Gewicht verleiht.

KATALOG 56
Johann Stridbeck d. J.,
Ansicht des Großen Hofes,
1690

KATALOG 17
Caspar Merian, Blick auf
Berlin von Nordwesten mit
Ansicht des Schlosses und des
Lustgartens (Ausschnitt),
1652

Aus einem »geding Zettel« vom 29. Oktober 1606 geht hervor, daß im Vorhof zu diesem Zeitpunkt die beiden Ganggebäude am Lustgarten und an der Schloßfreiheit bereits existierten.[260] Sie waren wohl erst einige Zeit zuvor entstanden, denn der Schloßfreiheitflügel wird als »Newe[r] gang am Wasser« bezeichnet. Die Fassaden der Ganggebäude waren schlicht, Akzente setzten die in Werkstein gearbeiteten Portal- und Fensterumrahmungen (Kat. 56). Nach außen hatten sie lediglich im oberen Bereich Fenster und wirkten infolge der hohen Mauer abweisend gegen die Stadt (Kat. 17). Gedeckt waren sie mit flachen, begehbaren Altandächern, die abschließend von einer Balustrade umsäumt wurden (Kat. 25). Diesen Ganggebäuden sollte nunmehr ein weiteres angeschlossen werden, das hier als das »vorhabende Newe gebewde von Newen gang am Wasser in die Lenge hinauf biß an das ober Schloßthor« beschrieben wird. Es begrenzte die Südseite des Vorhofs und stieß damit unmittelbar an den Dombezirk an (Kat. 56). Im Erdgeschoß nahm es den neuen Marstall und im Geschoß darüber Konsistorium und Kammergericht auf.[261] Dieser dritte Gangbau, dies wird in dem genannten »geding Zettel« mehrfach detailliert gefordert, sollte den bereits vorhandenen Gebäuden »ganz gleich« ausgeführt werden.

Sämtliche Gebäude, die bis dahin verstreut im Bereich des Vorhofs standen, wurden abgerissen.[262] Die Systematisierung erfaßte außerdem den inneren Hof, worüber der Verdingungsvertrag zwischen dem Kurfürsten Joachim Friedrich und zwei Bauleuten vom Mai 1606 Auskunft gibt.[263] Über die charakteristischen Terrassendächer wurden der Lustgartenflügel, der bis dahin im Erdgeschoß den Marstall und darüber das alte Zeughaus aufgenommen hatte, und der Küchenflügel – also der kurze Abschnitt nördlich im Anschluß an das Quergebäude – an die Altangebäude im Vorhof angebunden (Kat. 49). Der Kurfürst konnte nunmehr auf der Plattform der Dächer und in den darunterliegenden Korridoren sein gesamtes Schloß umschreiten.[264] Der Lustgartenflügel erhielt auf der Hofseite einen eingeschossigen Vorbau, der das »Newe Stueblein« aufnahm. Zwei Treppenarme führten auf den Altan des Vorbaus (Kat. 55). Von dort gelangte man in das Innere des ehemaligen Zeughauses und weiter über eine neue Treppe auf die Altandächer.[265] Man konnte aber auch über einen neuerrichteten Gang, der auf einer Pfeilerkonstruktion geführt wurde, den »Kleinen Wendelstein« erreichen (Kat. 55). Südwestlich setzte sich dieser Gang vor dem Küchenflügel – auf dem später der Alabastersaal errichtet wurde – fort bis zum Treppenhaus des Quergebäudes (Kat. 49). Vereinheitlichung und eine gute Infrastruktur innerhalb des Schlosses waren also die wesentlichen Anliegen von Johann Friedrich.

Kurfürst Johann Sigismund (1608–1619) beließ beim Schloß, soweit bekannt, alles, wie es war. Sein Engagement konzentrierte sich auf die Domstiftskirche. Unmittelbar nach seinem Regierungsantritt ließ er sie neu einweihen. Damals wurden die Altäre ausgeräumt und in die Erasmuskapelle gebracht. Als der Kurfürst 1613 zum reformierten Glauben übertrat, wurde der Dom in eine reformierte Pfarrkirche umgewandelt. Unter seinem Nachfolger Georg Wilhelm (1619–1640), der während der Notjahre des Dreißigjährigen Krieges regierte, war an Veränderungen nicht zu denken. In den dreißiger Jahren mußte man sogar den Beschuß des Residenzschlosses durch schwedische Truppen hinnehmen.[266] Allzu groß können die Schäden jedoch nicht gewesen sein, denn überliefert sind lediglich Ausbesserungsarbeiten, die zum Teil wohl auf die allgemeine Vernachlässigung der Bausubstanz zurückzuführen waren.[267] Ein Zeitgenosse soll damals geäußert haben, »man müsse sich vor den Fremden schämen, die dieses Kurfürstl. Residenzschloß sähen«.[268]

Die Regierungszeit Friedrich Wilhelms, des Großen Kurfürsten (1640–1688)

Die beinahe ein halbes Jahrhundert währende Regentschaft Friedrich Wilhelms (1640–1688), des Großen Kurfürsten, brachte umfassende Veränderungen für das Schloß und den Schloßbezirk.[269] Mit Johann Gregor Memhardt und Johann Arnold Nering trat der Bau in das Barockzeitalter ein. Beide Architekten etablierten Formen und Lösungen, die unmittelbar an die Tätigkeit Andreas Schlüters heranführten, ja teilweise Bestandteil oder zumindest Vorläufer seines Repertoires waren.

Schon in den sechziger Jahren des 17. Jahrhunderts kamen Pläne auf, die – ganz im Geiste des Barock – Anspruch auf die Erneuerung und Vereinheitlichung des gesamten Schlosses erhoben. Aber sie blieben in den Anfängen stecken. Die unter Friedrich Wilhelm tatsächlich ausgeführten Bauten entpuppten sich in der Rückschau lediglich als eine Vielzahl punktueller, wenn auch bedeutender Veränderungen. Die teilweise recht aufwendigen Maßnahmen steigerten die Repräsentativität des Gebäudes und trugen den gewachsenen Ansprüchen an Bequemlichkeit Rechnung. Einige Bauabschnitte waren bis zur Zerstörung des Schlosses erhalten.

KATALOG 11A
Ansicht des Kleinen Hofes von Westen mit Huldigung der Stände vor dem Großen Kurfürsten, 1643

Das erste Jahrzehnt nach dem Krieg war bestimmt durch Instandsetzungsarbeiten am Schloß sowie die aufwendige Neuordnung des Lustgartens. Der Kurfürst weilte meist noch außerhalb von Berlin. Kleve am Niederrhein war seine bevorzugte Residenz. Im Juli 1642 wurde Christoph Friedrich Schmidt, »Landmesser und Baumeister«, bestallt »wegen dem Althan Bauw«.[270] Damit war möglicherweise der »altan auf der reitschnecke« gemeint, dessen Erneuerung der Kurfürst im April 1644 ein weiteres Mal anordnete.[271] Der Vergleich einer spätestens 1643 entstandenen Ansicht der Reitschnecke (Kat. 11A) mit Johannes Ruischers großformatiger Vedute von etwa 1655 (Kat. 20) zeigt, daß der zunächst flachgedeckte Turm damals ein weiteres Geschoß sowie ein Zeltdach erhielt. Eine wohl von Schmidt stammende Architekturzeichnung, die gleich drei Varianten für den geplanten Turmaufbau bereithält, blieb erhalten (Kat. 13A–13C). Außerdem wird in diesen Jahren gelegentlich die Renovierung von Innenräumen erwähnt.[272]

Sein Hauptaugenmerk richtete der Kurfürst auf die Instandsetzung des in den Kriegsjahren stark verwahrlosten Lustgartens.[273] Sie führte rasch zu einer völligen Neugestaltung nach niederländischen Vorbildern. Zunächst scheint Schmidt beteiligt gewesen zu sein, von dessen Hand ein Situationsplan des westlichen, am Kupfergraben gelegenen Terrains existiert (Kat. 12).[274] Von 1645 an wird Michael Hanff als Gärtner erwähnt.[275] Von diesem stammte auch der Entwurf für die »Pflanzung der Nuß- und Lindenbeume zu Anrichtung einer Gallerie von der Hundebrücke biß an den Thiergarten«, die heutige Allee Unter den Linden.[276] Diese Anlage ist undenkbar ohne den holländischen Einfluß, der dem Großen Kurfürsten über den Fürsten Johann Moritz von Nassau-Siegen vermittelt wurde. Die Alleen, die dieser von 1647 an in Kleve anlegen ließ, gingen wiederum auf Vorbilder in Den Haag zurück. Die Allee Unter den Linden ist die erste barocke Achse in Berlin. Sie steht damit am Anfang eines sich schon bald ausbreitenden Systems von Wegschneisen und Sichtachsen, das die gesamte Residenzlandschaft durchzog.[277]

Eine neue Phase beginnt mit der Rückkehr Friedrich Wilhelms und seiner Gemahlin Luise Henriette nach Berlin, die 1650 zunächst noch vorläufig, von 1652 an aber auf Dauer erfolgte. Dieser Vorgang mag als Beleg dafür gelten, daß das Schloß als residenzwürdig angesehen wurde. 1650 ließ sich Johann Gregor Memhardt in Berlin nieder, ein in den Niederlanden ausgebildeter Architekt und Ingenieur, der während der folgenden Jahre ganz maßgeblich zur Verbreitung eines weitgehend holländisch geprägten Architekturstils in Brandenburg beitrug.[278] Schon Nicolai würdigte Memhardts Verdienste: »Berlin hat diesem trefflichen Manne viel zu danken. Er war der erste, welcher eine verständige und solide Bauart einführte, der es, nach damaliger Art, auch nicht an Zierlichkeit fehlte, wie die von Ihm noch vorhandenen Häuser bezeugen.«[279]

Es scheint, daß Memhardt bis zu seinem Tod 1678 völlig unangefochten das kurfürstliche Bauwesen beherrschte. Seit 1639 ist er in kurfürstlichen Diensten nachweisbar, vorrangig im ostpreußischen Pillau. Während dieser Anstellung reiste er mehrfach nach Holland, um sich über neuartige technische Entwicklungen zu informieren. Nach seiner Berufung nach Berlin war Memhardt mit der Vollendung des Lustgartens beschäftigt. In einem von ihm gezeichneten und 1652 veröffentlichten Plan (Kat. 16) ist der damalige Zustand des Lustgartens weitgehend authentisch festgehalten.

Von einer schmalen Terrassenbahn vor dem Lustgartenflügel gelangte man hinab auf die obere Ebene des durch eine Mauer umfriedeten Gartens (*hortus novum*), die durch vier Parterrefelder gestaltet war. Im Zentrum stand die Marmorstatue des Großen Kurfürsten (Kat. 28), die Luise Henriette 1651 direkt bei dem niederländischen Hofbildhauer

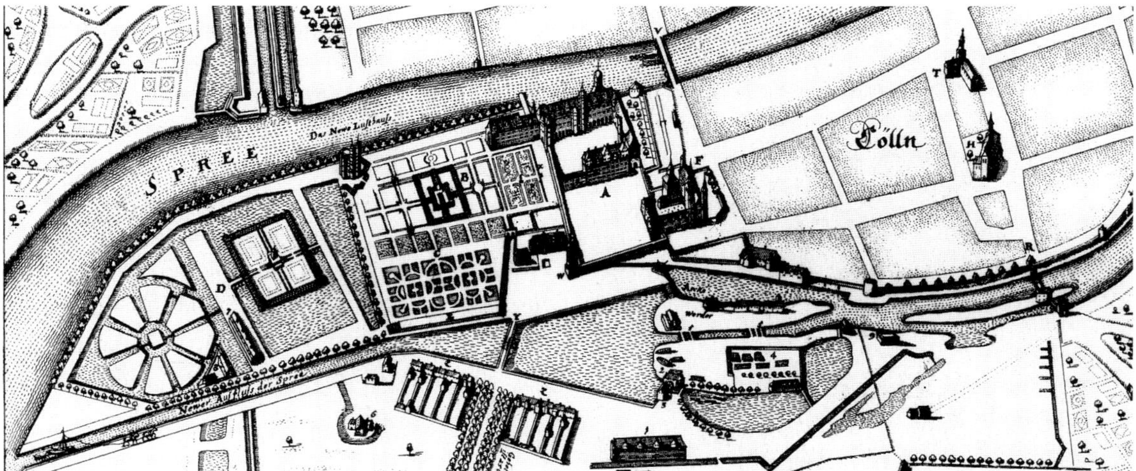

KATALOG 16
Johann Gregor Memhardt, Grundriß der Residenzstädte Berlin und Cölln (Ausschnitt), 1652

François Dieussart bestellt hatte.[280] Das »erste öffentliche Standbild« in Berlin[281] bezeugt exemplarisch die Rolle, die die niederländische Kunst als Leitkultur in Brandenburg spielte, sowie den wachsenden Anspruch des Kurfürstentums, künstlerisch und kulturell Anschluß an die führenden Höfe zumindest in Mittel- und Nordeuropa zu gewinnen. Man erwarb das Werk eines zeitgenössischen und international renommierten Bildhauers, der lange Jahre in Rom gelebt und später an den Höfen in London und Den Haag gearbeit hatte.

Im Mittelpunkt der nachfolgenden tiefer liegenden Ebene (*hortus humilis*) befand sich, umgeben von hohen Ligusterhecken, seit 1647 ein rechteckiges Bassin mit der Statue des auf einem Felsen liegenden Neptun (Kat. 27).[282] Diese wasserspritzende Brunnenfigur war wohl direkt angeregt durch eine fast identische Skulptur im Garten von Schloß Rijswijk, den Luise Henriettes Vater 1630 hatte anlegen lassen.[283] Prominentes Vorbild dieser Statuen war der von Thomas Francini geschaffene Flußgott in Fontainebleau, wo sich zudem unter den zahlreichen Abgüssen berühmter Antiken auch der *Tiber* aus dem Vatikanischen Belvedere (heute Paris, Louvre) befand. Überhaupt scheint Fontainebleau, das »neue Rom«, direktes Vorbild für den Berliner Lustgarten gewesen zu sein. Der Berliner Botaniker und Hofmedicus Johann Sigismund Elsholtz erwähnt dies ausdrücklich: »Caeterum fabrica tota similis erit, quae in Gallia visitur, in Fontaine-bel-au.« Fontainebleaus berühmteste originale Antike, die *Diane Chasseresse* (heute Paris, Louvre), befand sich als Bleistatue in Berlin (Kat. 34), wo sie wie in Fontainebleau zusammen mit einer Kopie des Apolls von Belvedere (Kat. 33) als Paar aufgestellt war.[284] Den *hortus humilis* begrenzte im Norden ein mit Linden bepflanzter Damm, hinter dem sich der weitaus weniger aufwendig gestaltete Küchengarten erstreckte.

1650 wurde der Grundstein zu einem neuen Lusthaus nach Entwürfen von Memhardt gelegt.[285] Zwei Jahre später, als Memhardt seinen Plan von Berlin zeichnete, war das kuriose und zugleich anspruchsvolle Gebäude vollendet. Memhardts Zeichnungen des Grundrisses sowie des zweigeschossigen Aufrisses der Vorder- und Rückfront sind als Kupferstiche erhalten (Kat. 18, 19). Vier achteckige Räume gruppieren sich um einen winzigen Durchgangsraum auf quadratischem Grundriß, der sein Licht durch eine hohe laternenbekrönte Tambourkuppel empfängt. Memhardts Lusthaus, das kurz vor 1800 abgerissen wurde, darf als das erste moderne Gebäude in Berlin nach dem Dreißigjährigen Krieg gelten und damit zugleich wohl als der erste Barockbau in Brandenburg überhaupt. Noch fünfzig Jahre nach seiner Errichtung war sein eigenwilliger Grundriß Johann Bernhard Fischer von Erlach, als dieser 1704 Berlin besuchte, eine Skizze wert (Kat. 151).[286] Auf Ruijschers großer Vedute sticht der Bau hervor aufgrund seines frischen und hellen Anstrichs, der ihn als Neubau gegenüber dem altehrwürdigen

KATALOG 28
Johann Sigismund Elsholtz, Statue des Großen Kurfürsten von François Dieussart im Lustgarten, 1657

Schloß ausweist (Kat. 20). Auf Ruijschers Ansicht fällt ein weiterer Baukörper auf, der ebenfalls hell gestrichen ist und sich damit sofort als jüngere Ergänzung offenbart: Über dem Verbindungsabschnitt zwischen Apothekenflügel und Schloß sitzt ein vierachsiger Aufbau mit Walmdach. Die beiden Mittelachsen sind um ein Mezzaningeschoß erhöht und werden von einem flachen Dreiecksgiebel überfangen. Der Giebel und die hohen lichten Fenster charakterisieren den Bau als Architektur im rein niederländischen Stil. Er setzt damit einen bewußt modernen Akzent gegen die am Schloß vorherrschende traditionelle Spätrenaissance obersächsischen Ursprungs. Der Aufsatz wirkt wie ein Implantat, das den Organismus des Schlosses zu Aufbruch und Umwälzungen anzuregen scheint.

Der in der Schloßforschung bislang vernachlässigte Aufsatz muß zwischen 1652 und 1658 entstanden sein.[287] Alles deutet auf Memhardt als Architekten, zumal diesem 1656 die Aufsicht über sämtliche kurfürstlichen Gebäude übertragen wurde.[288] Über seine Nutzung kann nur spekuliert werden. Vielleicht war in dem Neubau ein bedeutender Teil der Kunstkammer untergebracht, über deren Lage zur Zeit des Großen Kurfürsten Unklarheit herrscht.[289] Eine wohl idealisierte Ansicht von 1696 (Kat. 70) gibt den Zustand des Antikenkabinetts vor dem Umzug in die von Schlüter neuerrichteten Räume im Mezzaningeschoß des Lustgartenflügels wieder. Den Raum mit Fenstern auf beiden Längsseiten sowie an der Schmalseite könnte man sich durchaus in dem Aufbau über dem Verbindungsgang vorstellen, dessen exponierte Lage sowohl die reizvolle Aussicht auf die Spree und die Stadt Berlin als auch auf den Lustgarten und die Lindenallee bot. Auch deckt sich diese Vermutung mit einer 1682 erschienenen Beschreibung, aus der hervorgeht, daß die Kunstkammerräume über der Bibliothek lagen.[290] Diese wiederum war 1661 im Obergeschoß des Apothekenflügels eröffnet worden.[291]

Auch im Schloß selbst führte Memhardt Umbaumaßnahmen durch. In »des Kurfürsten Gemach« verursachte ein unsachgemäß eingebauter Kamin im Dezember 1655 einen Brand.[292] Das Appartement

KATALOG 20
Jan Ruijscher (zugeschrieben), Blick auf Berlin von Nordwesten mit Ansicht des Schlosses und des Lustgartens (Ausschnitt), um 1655

der Kurfürstin, das damals bereits an der Stelle der späteren Wohnung der Kurfürstin und Königin Sophie Charlotte lag, erweiterte Memhardt um eine Kapelle (Raum 828).[293] Dieser Anbau auf annähernd quadratischem Grundriß mußte im wahrsten Sinne des Wortes erst einmal von Grund auf bis in das zweite Stockwerk hochgezogen werden. Er war eingestellt in den Kapellenhof, in den Winkel zwischen Grünem Hut, von dem aus der Zugang erfolgte, und der Rückwand des sogenannten Herzoginnenhauses (Abb. 57).

Die Wände im Innern der Kapelle wurden durch pfeilerartige Pilaster strukturiert, über denen sich das Gebälk verkröpfte (Abb. 58). Bei den fleischig gearbeiteten Stukkaturen – sich zu Kartuschen formierende Volutenspangen, schwere Fruchtgehänge und Akanthusrollwerk – handelt es sich um die früheste barocke Stuckdekoration, die im Schloß nachweisbar ist. Eine hohe Voute, auf allen vier Seiten von Stichkappen durchbrochen, formte ein Spiegelgewölbe, wobei der Spiegel aufgelöst und ersetzt wurde durch eine kastenartige Laterne, deren (im späten 19. Jahrhundert verschlossene) Oberlichter den (ursprünglich fensterlosen) Raum beleuchteten. Die spezifische Form einer *salle à l'italienne*, eines durch das Oberlicht einer Kuppel oder Laterne belichteten Raums, konnte auf prominente holländische, allerdings bedeutend monumentaler angelegte Vorbilder Bezug nehmen. Zu diesen Vorbildern gehörten der zwischen 1647 und 1652 von Luise Henriettes Mutter, Amalia von Solms, vollendete Oranjezaal im Huis ten Bosch, der Festsaal des Mauritshuis in Den Haag (1633) und das Treppenhaus von Schloß Honselaarsdijk (ab 1633).[294]

Auf der Schloßplatz- oder Stechbahnseite des Schlosses wurde in diesen Jahren ebenfalls neu geplant. Aus dem Jahr 1659 existieren Berichte über die Baufälligkeit des »gange[s] über der Gaße vom großen Saal nach dem alten Cammergericht und der Kirchen«.[295] Es ist unwahrscheinlich, daß damit noch der gegen 1540 entstandene hölzerne Gang gemeint war, der in waghalsiger Konstruktion frei auf Pfeilern verlief und schräg vom Hauptgebäude direkt in den Glockenturm des Domes führte (Kat. 2).[296] Schon auf dem Memhardt-Plan von 1652 ist dieser nämlich nicht mehr zu sehen (Kat. 16). Vielmehr zeigt dieser Plan ein Ganggebäude, das in etwa vergleichbar ist mit den übrigen Altangebäuden, die damals den äußeren Schloßhof umgaben. Es führte sowohl zum Kammergericht als auch – in orthogonaler Abzweigung – zum Dom.

Bei den 1659 aufgetretenen Bauschäden wird es sich um die üblichen Probleme gehandelt haben, die die Flachdächer der Altangebäude bereiteten. Memhardt legte deshalb einen Entwurf vor mit dem Ziel, »daß der Gang gedeckt werde«.[297] Die eigenhändige Zeichnung ist erhalten (Kat. 42). Memhardts Idee bestand darin, die offene Plattform des Gangs durch

57 *Blick auf die Laterne der sogenannten Kapelle der Kurfürstin zwischen (von links nach rechts) Haus der Herzogin, Grünem Hut (Turmhaube dahinter) und Kapellenturm*

ein von Korbbogen und Stützen getragenes Satteldach vor der Witterung zu schützen. Trotz der kurfürstlichen Zustimmung blieb Memhardts Entwurf unausgeführt. 1662 wird erneut der schlechte Zustand des Gangs beklagt.[298]

Auf der Lustgartenseite entstanden im nordwestlichen Bereich, in der Nähe des Münzturms, von 1659 bis 1661 ein neues Ballhaus und ein Pförtnerhaus.[299] Als Architekt kommt auch hier nur Memhardt in Frage. Die Anordnung der Gebäude, die die Westflanke des oberen Lustgartenparterres begrenzten, ist durch Abbildungen gut dokumentiert (Kat. 49). Zwischen Ball- und Pförtnerhaus befand sich ein Torbogen, der Zugang auf die Terrasse vor dem Schloß gewährte. Von hier konnte man entweder das Schloß und den inneren Schloßhof oder den von einer Mauer umgrenzten Lustgarten betreten. Die Fläche im Winkel zwischen Ballhaus und Münzturm wurde nach 1688 von Nering mit einem rechtwinklig geführten Geschäftshaus eingefaßt (Kat. 59). Bereits durch die von Schlüter eingeleitete Erhöhung sowie die später erforderliche Abtragung des Münzturms wurde das Ballhaus in seinem Bestand beeinträchtigt. Der Erweiterung des Schlosses durch Eosander stand es im Weg. Wenn es nicht bereits 1707 abgetragen wurde, dann geschah das spätestens 1715.[300]

Der Charakter Berlins in der zweiten Hälfte des 17. Jahrhunderts und im ersten Drittel des 18. Jahrhunderts, also auch während all der Jahre von Schlüters Anwesenheit, wurde stark von der barocken Befestigungsanlage geprägt.[301] Von Jugend an interessierte sich der Große Kurfürst für moderne Festungstechnik, die er in den Generalstaaten kennenlernte. Der dann 1658 unter Memhardts Oberleitung begonnene Berliner Festungsbau zog sich bis in die achtziger Jahre hin. Memhardts Plan von 1652 (Kat. 16) zeigt die Stadt noch ohne Fortifikationen, diente aber wohl bereits zur Vorbereitung der Planungen. Nur vier Jahre später lagen die Entwürfe des Festungsrings vor (Kat. 21). Am eindrücklichsten führte schließlich die 1688 entstandene Vogelschau von Johann Bernhard Schultz die Befestigungsanlage vor Augen (Kat. 51).[302] Der Stich propagierte am Ende der Regierungszeit des Großen Kurfürsten und dreizehn Jahre nach dem Sieg von Fehrbellin neben der Aufbauleistung und Kulturarbeit die Wehrhaftigkeit der Stadt. Auch die Schloßumgebung war von der Fortifikation betroffen, denn der nördliche Abschluß des Lustgartens, der ehemalige Küchengarten, wurde nun von einer Bastion besetzt. Sie war vom übrigen Garten durch den Lauf des frisch angelegten Neuen Spreegrabens abgeschnitten und nur über eine Brücke, die in direkter Verlängerung der Hauptachse lag, erreichbar. Damals wurde auch das Erscheinungsbild des eigentlichen Lustgartens verändert: *Hortus novus* und *hortus humilis* wurden nach Westen verbreitert und neu strukturiert. Die inzwischen altmodischen hohen Hecken verschwanden, an ihre Stelle traten weite, überschaubare Parterrefelder nach französischem Vorbild, die durch Broderien gegliedert waren.[303]

Als dritte, eher ereignislose Etappe in der Entwicklung des Berliner Schlosses unter Kurfürst Friedrich Wilhelm läßt sich das gute Dutzend Jahre zwischen 1661/62 und 1678/79 begreifen. Damals wandte sich der Große Kurfürst von Berlin ab und widmete sich mit großer Energie und Leidenschaft dem Umbau des Potsdamer Schlosses – das er zusammen mit dem Amt Potsdam erst 1660 wieder aus fremdem Besitz gelöst hatte – und seiner Umgebung. Man gewinnt fast den Eindruck, als sei er seines Berliner Residenzschlosses überdrüssig geworden, dessen überkommene und altehrwürdige Architekturmassen ein uneingeschränktes und großzügiges Planen nicht ohne weiteres zuließen.

In Potsdam ließ Friedrich Wilhelm, vermutlich nach Entwürfen Memhardts, einen Bau ganz nach holländischem Vorbild verwirklichen.[304] Zwischen 1662 und 1669 entstand – unter Einbeziehung eines Vorgängerbaus – eine Dreiflügelanlage aus einem dreigeschossigen Corps de Logis, zweigeschossigen Seitenflügeln und einem den Hof abschließenden Verbindungsbau. Die Ecken sind in der Funktion von Scharnieren als Pavillons mit hohen Zeltdächern gestaltet. Grundrißkonfiguration und Aufriß, vor allem auch die Form der Dächer, sind nachhaltig von Schloß Honselaarsdijk beeinflußt (Abb. 59). Der Bau des Potsdamer Schlosses repräsentiert paradigmatisch den in den sechziger Jahren des 17. Jahrhunderts in Brandenburg vorherrschenden Architekturgeschmack. Es kann daher nicht verwundern, daß nur wenige Jahre später über die Umgestaltung des Berliner Schlosses in holländischen Formen nachgedacht wurde. Eine Renovierung scheint dringlich gewesen zu sein, denn 1666 wird die »Residentz gleichsam als eine Wüsteney« beschrieben.[305] Ein Entwurf zur Erneuerung und Umgestaltung existiert als Vogelschauansicht, die Johann Sigismund Elsholtz' 1666 erschienenem Traktat »Vom Gartenbaw« als Titelkupfer vorangestellt war (Kat. 45). Das gewachsene Gefüge wäre in einem ehrgeizigen Unterfangen, das

58 Kapelle der Kurfürstin

überaus geschickt das Vorhandene zu integrieren wußte, vereinheitlicht worden. Im Kontrast dazu besaßen sämtliche bis dahin unter Friedrich Wilhelm durchgeführten Eingriffe in den Baukörper lediglich den Charakter von Einzelmaßnahmen – bei aller Modernität, die sie bisweilen auszeichnete.

Die Vogelschau zeigt das Schloß und den Lustgarten von Norden her. Der Gegenstand des Buches dürfte den Blickpunkt vorgegeben haben, denn natürlich sollte der Lustgarten im Vordergrund stehen. Er ist denn in seiner Grundstruktur – einer ersten Ebene mit der Statue des Kurfürsten im Zentrum und einem zweiten Plateau mit dem Neptun-Bassin – auch annähernd authentisch wiedergegeben. Ebenso entspricht das Schloß mit seinem älteren inneren Hof und dem von Altangebäuden umgebenen äußeren Hof sowie dem Münzturm an seiner Nordwestecke im Kern weitgehend dem wirklichen Zustand von 1666. Vom Bestehenden ging der Entwerfer also aus. Mittels eines Systems langgestreckter Galerien und Pavillons, wie es in der französischen und holländischen Schloßbaukunst des 17. Jahrhunderts gebräuchlich[306] und im Potsdamer Schloß soeben installiert worden war, wird der gesamte Schloßkomplex vereinheitlicht. Zwischen den Apothekenflügel, dessen Renaissanceformen unangetastet bleiben (!), und das Lusthaus wird ein eingeschossiger Galeriebau mit zentralem Mittelpavillon gesetzt und auf diese Weise die gesamte Ostflanke des Lustgartens von der Spree abgeschirmt. Die Westseite sollte von einem fast identischen Flügel begrenzt werden. Vorgesehen war, das moderne Lusthaus zu reproduzieren und die Kopie als abschließenden Pavillon an diesen Flügel zu setzen. Mitten zwischen den beiden Flügeln verlief die Hauptachse des Lustgartens. Nicht nur hier ist augenfällig, daß sie nicht auf die etwa nordsüdlich verlaufende Mittelachse des inneren Schloßhofs – und damit auf das spätere Portal V von Andreas Schlüter – traf.[307] Weiter westlich, am Ufer des Kupfergrabens, ist in nördlicher Verlängerung des Ganggebäudes an der Schloßfreiheit ein langgestreckter Bau geplant. Öst-

59 Abraham Blooteling nach Abraham Jansz. Begeyn, Hauptfassade von Schloß Honselaarsdijk, kolorierte Radierung, 1695

KATALOG 45 Johann Sigismund Elsholtz (wohl nach Johann Gregor Memhardt), Entwurf für den Umbau des Schlosses zu einer Dreiflügelanlage, 1666

lich von diesem Neubau wäre ein langgezogener schmaler Hof entstanden.

Die Schloßanlage sollte durch Grundelemente wie Flügel und Pavillon bestimmt werden. Der bestehende niedrige Lustgartenflügel des inneren Hofes, den Schlüter einige Jahre später bis auf die Höhe der übrigen Trakte bringen ließ, besitzt in dieser Planung den Charakter einer den Hof zwar abschließenden, doch nicht gänzlich abschottenden Verbindungsgalerie, wie sie auch den Hof der Schlösser in Honselaarsdijk und Potsdam begrenzte (Abb. 59). Von Honselaarsdijk und Potsdam scheint ferner die Anregung zu den Kopfbauten mit ihren hohen Walmdächern zu stammen, von denen der rechte neu hätte errichtet werden müssen, während der linke lediglich einen Umbau von Lynars Drittem Haus erfordert hätte. Selbst der Münzturm, der an einem wichtigen Schnittpunkt steht, nimmt hier den Charakter eines Pavillons an.

Der Entwurf von 1666 wurde nicht verwirklicht. Es sollte noch mehr als zehn Jahre dauern, bis die Architektur des Berliner Schlosses überhaupt wieder Gegenstand des kurfürstlichen Interesses wurde. Erst gegen Ende der siebziger Jahre sind wieder Umbau- und Erweiterungsmaßnahmen am Schloß überliefert, nun aber von bislang nicht gekannten Ausmaßen und neuen Ansprüchen. Diese Phase wird durch einen Generationswechsel auf der Ebene des leitenden Architekten eingeleitet. Memhardt war 1678 verstorben.[308] Der Neuanfang vollzog sich in Gestalt des jungen Stipendiaten Johann Arnold Nering, der, aus Wesel stammend, nach Studienjahren in Italien und möglicherweise auch in Frankreich die Berliner Architekturszene von 1678/79 an bis zu seinem frühen Ableben 1695 unangefochten beherrschen sollte.[309] Schlüter hat in seinem ersten Jahr in Berlin den Vielbeschäftigten noch kennengelernt.

Eine gewisse Kontinuität beim Übergang von Memhardt zu Nering wurde durch den Ingenieur und Architekten Michael Matthias Smids gewahrt, der seit 1652 in kurfürstlich-brandenburgischen Dien-

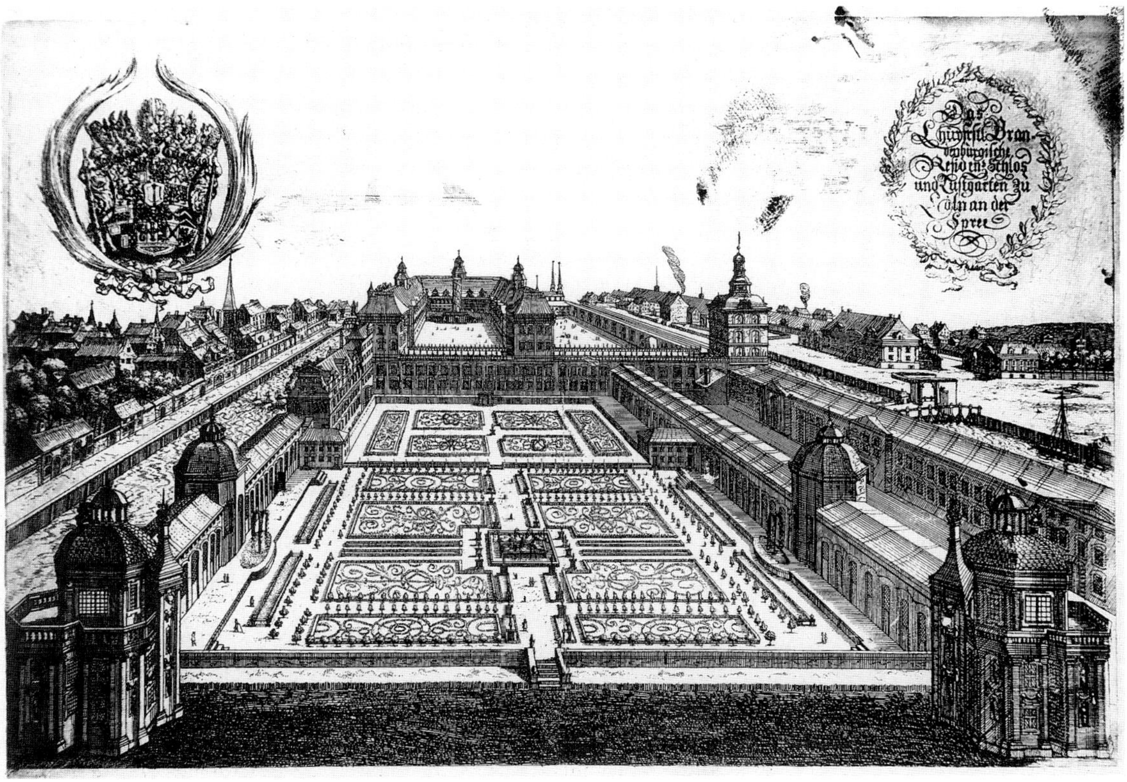

sten stand. Er war vorrangig als Ingenieur (Kanal- und Schiffbau) und Bauunternehmer tätig und trat als entwerfender Architekt kaum in Erscheinung. Sein Anteil an mehreren Planungen galt, gerade im Verhältnis zu Nering, lange als umstritten.[310] Leider ist die Quellenlage zu den Jahren von 1678 bis 1688 nicht günstig. Die Bauakten zum Berliner Schloß etwa enthalten keine Dokumente für das letzte Jahrzehnt der Regierungszeit des Großen Kurfürsten.[311]

Mit Nerings Baumaßnahmen rücken wir bis auf wenige Jahre an die Epoche des Schlüterschen Schloßumbaus heran. Dazwischen liegt die Zeit des baukünstlerischen Vakuums in Berlin von 1695 bis 1698, die Grünberg-Jahre. Die zwischen 1678 und 1695 unter Nering errichteten Trakte und Bauabschnitte – die kurfürstliche Wohnung, die Verbindungsgalerie zum Haus der Herzogin und der Alabastersaal – standen Schlüter als Neubauten vor Augen, die wohl nicht zur Disposition standen und schließlich seine und Eosanders Umbaumaßnahmen vollkommen unbeschadet überstanden. Zum Großteil waren sie sogar noch bis zum Abriß des Schlosses erhalten.

Zu Nerings ersten Aufgaben in Berlin gehörten der Bau und die Einrichtung einer aufwendigen neuen Wohnung für den Großen Kurfürsten. Mit diesem Projekt war bewußt nicht der Anspruch verknüpft, den gesamten Schloßkomplex zu vereinheitlichen, wie er 1666 zeitweilig erhoben worden war. Angestrebt war jetzt die individuelle, pragmatische Lösung eines einfach und schnell aufzuführenden Anbaus. Der Kurfürst hatte sich in den vierziger und fünfziger Jahren mit der Renovierung bestehender Räume begnügt.[312] Nach der erfolgreichen Beendigung der Kriege gegen die Schweden – und dem weniger erfolgreichen Abschluß des Friedens von Saint Germain, der ihn zum »›Pensionär‹ Ludwigs XIV.«[313] machte – gönnte er sich nun eine neue Suite in einem neuen Trakt. Diese Wohnung spiegelt hinsichtlich ihrer Lage, ihrer Grundrißdisposition und ihrer Innendekoration seinen gewandelten Geschmack, seine Wünsche und seine Bedürfnisse wider.

Das neue Appartement wurde im Anschluß an die bestehende Wohnung des Kurfürsten eingerichtet, die – möglicherweise bereits seit den Anfängen des Schlosses unter Friedrich II. Eisenzahn – im zweiten Obergeschoß des Spreeflügels lag.[314] Die Räume erstreckten sich östlich des Dritten Hauses, direkt hinter dem Audienzgemach, dem später so genannten Königszimmer (Raum 797). Nicht zum Innenhof hin wollte Friedrich Wilhelm wohnen, sondern spreewärts, abgewandt vom Alltagstreiben in der Residenz und dafür mit Blick auf den Fluß und die Stadt Berlin. Einige Deckengemälde der neuen Gemächer sind inschriftlich datiert auf 1680 und 1681, so daß man die Errichtung dieses Trakts, des Eishofflügels, um ein bis zwei Jahre früher ansetzen muß, also um 1678/79.[315] Die gängige Zuschreibung an Nering ist, obwohl nirgends schriftlich bezeugt, unbestritten und sehr wahrscheinlich korrekt.

Geyer hat anhand von Mauerwerksuntersuchungen geklärt, daß zunächst das alte Zeughaus um etwa zehn Meter bis an die Spree verlängert und danach der gesamte Trakt um zwei Geschosse aufgestockt wurde.[316] Es entstand ein kompakter Baukörper von drei Hauptgeschossen, der sich zum Fluß hin wegen des abfallenden Terrains ursprünglich sogar als fünfgeschossig erwies. Die neue Wohnung lag im oberen Stock und besaß Fenster zum Lustgarten, zum Eishof und zur Spree. Deren einheitlich moderne Form, ein gleichmäßiger Putzanstrich sowie

60 Spreefassade mit Galeriegebäude, Kurfürstenflügel und Apothekenflügel (von links nach rechts)

ein zeitgemäßes Walmdach vermittelten den Eindruck eines vollständigen Neubaus (Abb. 60). Dabei sind die direkten Bezüge zur holländischen Architektur des 17. Jahrhunderts unübersehbar. Der Vergleich mit Schloß Honselaarsdijk, vor allem mit dessen gartenseitigen Pavillons, drängt sich erneut auf (Abb. 59). Die Fassadengliederung beschränkte sich hier wie dort im wesentlichen auf die gleichmäßige Anordnung der hohen, viel Licht einlassenden Fenster. In Berlin waren sie nur durch profilierte Sandsteinumrahmungen gestaltet, denen man im obersten Stock immerhin Ohrenfaschen verlieh, um die hier gelegenen kurfürstlichen Gemächer auszuzeichnen. Von seinem Arbeitszimmer, der sogenannten Kugelkammer (Raum 806), konnte der Kurfürst auf einen Balkon hinaustreten und den Ausblick über die Spree und die Stadt genießen.

Im Innern richtete Nering ein *Appartement double* ein, das den bestehenden Gemächern des Kurfürsten sechs weitere hinzufügte (Raum 800, 801/803, 802, 804, 805, 806). Der Grundcharakter ihrer wandfesten Ausstattung blieb bis 1945 weitgehend unverändert. Dies gilt vor allem für die Stukkaturen und Malereien der Decken (Abb. 61, 62). Ornamentierte Profile aus Stuck unterteilten sie in symmetrisch angelegte einzelne Felder. Im Zentrum befand sich stets ein allegorisches Gemälde, wohl in Öl direkt auf den Putz gemalt. Der Große Kurfürst bewohnte die Räume in den letzten sieben Jahren seines Lebens, und sein Sohn Friedrich III./I. lebte hier während des gesamten Vierteljahrhunderts seiner Regierungszeit, wann immer er sich im Berliner Schloß aufhielt. Es ist überaus bemerkenswert, daß Friedrich sich im Privaten zeit seines Lebens mit einem bereits vorhandenen Appartement begnügte, in dem er allenfalls punktuelle Einbauten und Renovierungen vornehmen ließ, während er gleichzeitig zu Repräsentationszwecken den gesamten Schloßbau innen wie außen in bislang nicht dagewesenem Ausmaß umgestalten ließ.

Bald nach der Vollendung wurde die neue Wohnung des Kurfürsten über eine lange und schmale

Galerie mit dem Appartement der Kurfürstin, das im Herzoginnenhaus lag, verbunden (Abb. 62, 62).[317] Diese dreigeschossige Galerie muß zwischen 1685 und 1690 entstanden sein, wie Abbildungen belegen, die den Zustand vor und nach ihrer Errichtung festhalten (Kat. 47, 49, 53).[318] Sie besaß bereits viele Eigenschaften, die gemeinhin mit Nerings Formenvokabular verbunden werden.[319] Die beiden unteren Geschosse waren durch Arkaden gegliedert, die ursprünglich geöffnet gewesen sein dürften. Das Erdgeschoß wies dabei die für Nering typische Bänderrustizierung auf, die er später auch am Erweiterungsbau des Berliner Rathauses, am Zeughaus und in Schloß Lietzenburg (Charlottenburg) zur Gestaltung des Sockelgeschosses wählte. Die aufwendiger, mit profilierten Archivolten gestalteten Arkaden darüber besaßen Schlußsteinköpfe im Scheitel, wie Nering sie auch andernorts einsetzte. Über den Arkaden befand sich der eigentliche Verbindungsgang, die sogenannte Braunschweigische Galerie (Abb. 62). Ihre hohen Fenster wurden abwechselnd von Dreiecks- und Segmentbogengiebeln bekrönt – auch dies eine

61 Betkammer (Raum 804), Decke

62 Braunschweigische Galerie (Raum 810), Ansicht nach Süden

Konstante in Nerings Œuvre. Die viaduktartige Konstruktion mit der doppelten Bogenstellung, die einen gedeckten Gang trug, mutete, glaubt man den Zeitgenossen, antikisch an.[320] Zur Steigerung ihrer Vornehmheit trug der Fassadenanstrich bei, der in Ölfarbe eine Marmorierung vortäuschte.[321]

Zur selben Zeit entstand mit dem sogenannten Alabastersaal ein repräsentativer Festsaal (Abb. 63).[322] Geyer würdigt ihn als »das künstlerisch Bedeutendste, was der Große Kurfürst für das Schloß schuf«.[323] In zeitgenössischen Quellen taucht er auch als der »Schene Saal«[324] oder »Neüe Saal«[325] auf oder wird als Galerie bezeichnet.[326] Ein Festsaal fehlte im Schloß seit 1669, als der Große Saal im Stechbahnflügel in Wohnräume unterteilt worden war. Der neue, fünfachsige Alabastersaal wurde auf dem Küchenflügel errichtet, der das Lynarsche Quergebäude mit dem Lustgartenflügel verband und in seinem Äußeren gegen 1604/1608 den übrigen Altangebäuden angepaßt worden war. Damit lag der Saal an der Schnittstelle zwischen beiden Schloßhöfen, die westlichen Fenster blickten zum großen, die östlichen

Fenster zum kleinen Hof. Direkt unter ihm verlief die schmale Durchfahrt, die beide Höfe miteinander verband. Dies war der bedeutendste und zugleich offizielle Zugang zum Schloß, den das Zeremoniell etwa für auswärtige Gesandte vorsah. Daran sollte sich selbst nach der Neugestaltung der Schloßplatzfassade mit dem 1701 vollendeten monumentalen Portalrisalit nichts ändern.

Laut Nicolai entstand der Alabastersaal zwischen 1681 und 1685.[327] Sehr wahrscheinlich liegt der Baubeginn aber ein bis zwei Jahre früher, denn im Oktober 1681 wurden Gelder für Hendrik de Fromantiou angewiesen, der die Ausstukkierung des Saals übernommen und zu diesem Zeitpunkt eventuell sogar schon abgeschlossen hatte.[328] Lieferungen von Marmor und Alabasterstein aus dem Harz im Jahr 1682 dürften in unmittelbarer Verbindung mit der Ausstattung stehen.[329] 1685 ist der Saal vollendet, wie der Plan von La Vigne anschaulich belegt (Kat. 49). Als planender und ausführender Architekt kommt allein Nering in Frage.

Die beiden Außenfassaden des Saalbaus waren schlicht gehalten, auf jede Art der Bauzier wurde verzichtet. Den entscheidenden Akzent setzten je fünf hohe längsrechteckige Fensterbahnen (Kat. 56), die durch Sprossen unterteilt waren und viel Licht einließen. Im Kontext der Renaissancebauten, vor allem im Vergleich mit dem direkt anschließenden Dritten Haus, gibt sich der Bau als »moderner« Einbau zu erkennen. Die Zwillingsfenster der darunter liegenden Küchenräume im Erdgeschoß stammten noch vom Beginn des 17. Jahrhunderts.

Das Innere des Saals war streng tektonisch gegliedert (Kat. 75). Schlanke korinthische Pilaster rahmten die Fenster an den Längs- und die Türen an den Schmalseiten. Die dazwischen liegenden Wandfelder enthielten hohe Rundbogennischen. Sie nahmen insgesamt sechzehn in Marmor gearbeitete lebensgroße Standbilder auf: An den Längsseiten die zwölf brandenburgischen Kurfürsten aus der Dynastie der Hohenzollern und neben den Türen vier Kaiser (Cäsar, Konstantin, Karl der Große, Rudolf von Habsburg). In diesem Zyklus, geschaffen zwischen 1685 und 1688/89 von dem niederländischen Bildhauer Bartholomäus Eggers,[330] manifestierten sich die erhöhten Ansprüche des Berliner Hofes in

63 Alabastersaal, Fassade zum Kleinen Schloßhof, Zustand nach 1873

den achtziger Jahren. Gregorio Leti hob in seiner panegyrischen Geschichte des Hauses Brandenburg die Bezugnahme des Statuenzyklus auf antike Traditionen hervor (»non dissimile in questo dalla Magnificenza degli antichi Romani«) und deutete ihn und das Gesamtensemble des Alabastersaals bereits als Anspruch auf die königliche Würde (»un' opera di magnificenza Reale«).[331] Abgeschlossen wurde der Saal durch ein von Fromantiou stukkiertes Muldengewölbe. Die von den Stukkaturen umrahmten Deckengemälde zeigten Allegorien der Künste und der den Verlauf der Geschichte bestimmenden Kräfte wie Fortuna und Providentia (Kat. 66, 67). Die Programmatik des Saals, die durch Malerei und Skulptur zum Ausdruck kam, bestand demnach in einer Verherrlichung der Herrschaft des Großen Kurfürsten und seiner Dynastie.[332]

Mit dem weiteren Ausbau des Schlosses durch Schlüter und Eosander verlor der Saal rasch an Bedeutung. Zuletzt wurde er 1700 bei den Hochzeitsfeierlichkeiten der Tochter Friedrichs I., Luise Dorothea Sophie, mit dem Landgrafen von Hessen-Kassel ausgiebig genutzt. In seiner Substanz blieb er jedoch bis zum Untergang des Schlosses erhalten.[333]

Ebenfalls in die Regentschaft des Großen Kurfürsten fällt die Vollendung eines neuen Schloßtores (Kat. 54). Unter dem Jahr 1682 vermerkt eine zeitgenössische Chronik: »Die neue schöne Pforte am vordersten Schloßplatze ist auch ausgeführt.«[334] Ihre funktionale Bedeutung war von hohem Rang, denn sie bildete den Einlaß in den äußeren Schloßhof und spielte ebenfalls eine wichtige Rolle im Empfangszeremoniell für auswärtige Herrscher und Gesandte. Nur über diesen »Umweg« erfolgte der Zugang in den inneren Hof und weiter in die Paradekammern, das Gravitationszentrum der Macht innerhalb der Residenz. Dorische Säulen oder eher Pilaster, die ein hohes Gebälk trugen, gliederten die Fassade. Innen- und Außenseite waren wahrscheinlich identisch. Die rundbogige, von Nischen für Statuen flankierte Durchfahrt hob ein Dreiecksgiebel hervor. Eine hohe, skulpturenbekrönte Attika schloß den solitären Baukörper ab, der in seinen klassischen Formen die Assoziation an einen antiken Triumphbogen hervorrief.

Der Architekt des Neubaus ist nicht aktenkundig, doch kommt zuerst Nering in Betracht.[335] Schlüter schien es 1698 ratsam, das erst gut fünfzehn Jahre alte Tor nicht anzurühren, sondern in seine Entwürfe zu integrieren und an alter Stelle und in alter Gestalt zu belassen (Kat. 140). Beim Bau des westlichen Schloßplatzflügels unter der Leitung Martin Heinrich Böhmes seit 1714 ging es zugrunde.

Daß das alte, von einer Renaissancelaube überfangene Portal im Zentrum der Stechbahnfassade, an dessen Stelle 1698 Schlüters monumentales Portal I trat, nur ein unbedeutender Nebenzugang war, belegt anschaulich der Bau der Krambuden auf dem Schloßplatz. Der von 1679 bis 1681 nach einem Entwurf Nerings errichtete galerieartige Trakt, geöffnet in siebzehn Arkaden,[336] legte sich wie ein undurchdringlicher Riegel zwischen städtischen Raum und Schloß, mit dem er durch kurze, abgewinkelte Fortsätze an den Enden direkt verbunden war (Kat. 49, 54, 62).[337] Knapp zwanzig Jahre später, im Januar 1699, mußte er Schlüters Umgestaltung der Schloßplatzfassade weichen.[338] Der Schloßeingang blieb aber auch dann noch an der alten Stelle, wie ein zeitgenössischer Stich dokumentiert: Um den neuen Portalrisalit macht der Festzug einen Bogen und zieht statt dessen durch das 1682 errichtete Tor (Kat. 189).

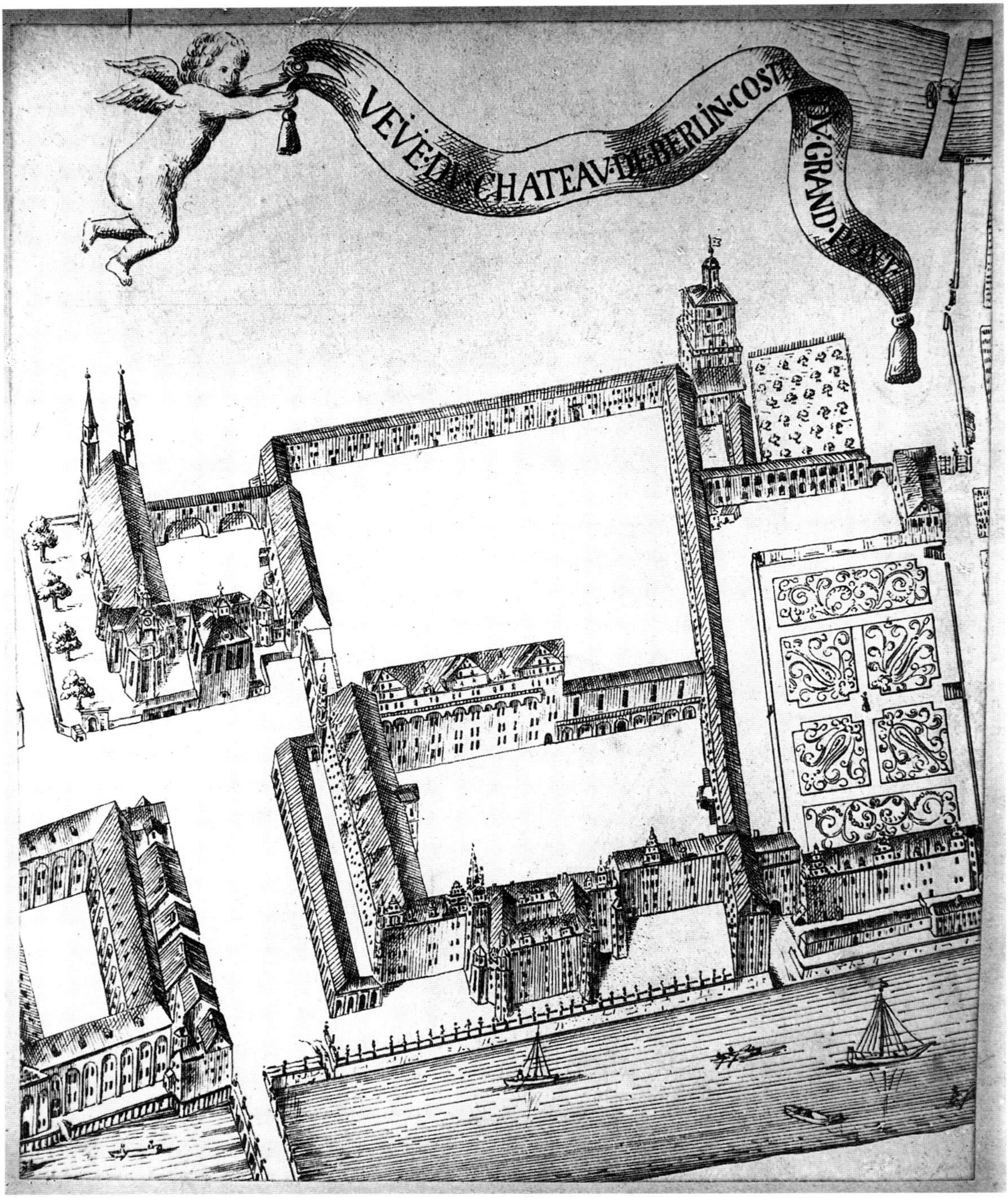

KATALOG 49
N. la Vigne, Vogelschau auf das Schloß, 1685 (Vignette auf dem Gesamtplan)

Mit den Stechbahnarkaden ist der zaghafte Anspruch auf eine künstlerische Gestaltung des Schloßplatzes verbunden. Anders als zahlreiche italienische Städte oder Paris besaß Berlin/Cölln keine modernen, einheitlich gestalteten Plätze. Die Verkaufsarkaden sind hier ein erster, sehr bescheidener Ansatz, eine größere Freifläche architektonisch zu fassen. Gut ein Jahrzehnt später, 1689, wurde der Gedanke fortgeführt, indem Nering auch an der Westseite des Platzes Kaufläden erbaute (Kat. 54).[339] Zwei schmale, hohe Baukörper schmiegten sich von beiden Seiten an den mittelalterlichen Glockenturm, dessen untere Geschosse modern verblendet sind. Nicht verwirklicht wurde hingegen die frei stehende Verkaufsbude, die eine nur im Foto überlieferte Bleistiftskizze von 1690 zeigt (Kat. 60). Der kubusartige Bau auf quadratischem Grundriß sollte direkt am Ufer der Spree errichtet werden, und zwar am Kopf der Langen Brücke, im Winkel der abschüssigen Rampe, die zur Pferdeschwemme im Fluß führte. Weitere »Boutiques« entstanden von 1689 an im Nordosten des Schlosses, auf dem schmalen Areal zwischen Münzturm und Ballhaus (Kat. 59).[340] Es mag aus heutiger Sicht überraschen, wie dicht und ungeniert die Läden der Kaufleute an die Residenz des Herrschers heranrückten, so daß sie zum Teil sogar die Sicht auf das Schloß verstellten. Schlüter und Eosander schätzten das nicht, denn sie vertraten eine andere Auffassung von der Würde eines Königspalastes: Ihre Fassaden duldeten keine lockeren Anbauten, sondern verlangten Distanz und Fernsicht, forderten Respekt und Unterwerfung.

Auch im Lustgarten fanden in den letzten Regierungsjahren des Großen Kurfürsten bemerkenswerte Veränderungen statt. Vor 1682 wurde er bis an die Hundebrücke erweitert.[341] Damit wurden Planungen, die bereits der Memhardt-Plan von 1652 vorsah, Wirklichkeit. Ein Vergleich zwischen dem Lindholzschen Plan (1657/58) und dem Plan von La Vigne (1685) macht den Terraingewinn anschaulich (Kat. 40, 49). Ferner kam 1685 eine neue Orangerie hinzu. Der Vertrag mit dem Bauunternehmer Smids datiert vom 18. März 1685.[342] Der architektonische Entwurf stammte von Nering.[343] Als Standort wurde

KATALOG 54
Johann Stridbeck d. J., Ansicht von der Stechbahnseite, 1690

die Bastion am Ende des Lustgartens gewählt. Die Hauptachse des Gartens verlief damit direkt auf die Mitte der Orangerie zu, die somit die Funktion eines Point de vue, eines abschließenden Prospekts, übernahm (Kat. 58). Erreichbar war das neue Gebäude nur über eine Brücke über den Spreegraben. Der eigenwillige Grundrißtypus eines halben Ellipsenbogens ging auf niederländische Vorbilder zurück und wurde hier womöglich erstmals in Deutschland verwirklicht.[344] Nach der Umwandlung des Lustgartens in einen Exerzierplatz unter Friedrich Wilhelm I. war die Orangerie nicht mehr vonnöten.[345]

Schließlich erfolgten von 1687 an noch Planung und Bau eines prächtigen dreigeschossigen Flügels an der Ostflanke des Lustgartens. Dies ist hochbedeutend für die allgemeine Ideengeschichte des Residenzbaus im ausgehenden 17. Jahrhundert (Kat. 51).[346] Hier bricht ein letztes Mal der alte Konflikt zwischen Dreiflügelanlage und Vierkant aus, den Friedrich III. und Schlüter dann endgültig zugunsten des Vierkants entschieden. Der geplante Bau wird in allen zeitgenössischen Quellen als Bibliothek bezeichnet.[347] Diese Funktion war anscheinend der Hauptantrieb für den Neubau, wie aus einem Brief des Barons von Dobrzynski aus Venedig an den Großen Kurfürsten vom 19. Dezember 1687 hervorgeht.[348] Einem Bericht Nicodemus Tessins, der auf der Rückreise von Italien nach Schweden im Herbst 1688 durch Berlin kam, verdanken wir den Hinweis auf die eigentliche Bestimmung des Gebäudes. Danach sollte die Bibliothek allein das mezzaninartige zweite Obergeschoß belegen. Das Piano Nobile dagegen sollte das Staatsappartement – die Paradekammern, die Audienzsuite – aufnehmen, und das Erdgeschoß war als Bildergalerie gedacht.[349]

Den Entwurf kann nur Nering gezeichnet haben. Der in den Quellen genannte Smids war hingegen wie schon bei der Orangerie nur der Auftragnehmer. In einem Vertrag zwischen Smids und dem Kurfürsten vom 6. April 1687 wird der Bau recht genau beschrieben.[350] Zusammen mit der Ansicht auf dem Schultz-Plan von 1688, die den Eindruck suggeriert, das Gebäude sei bereits vollendet, läßt sich somit ein guter Eindruck von seiner Gestalt gewinnen (Kat. 51). Ferner existieren vom tatsächlich ausgeführten Sockelgeschoß zahlreiche Darstellungen (Kat. 57), von den letzten, erst 1885 beseitigten Achsen sogar Fotos (Abb. 52).

Vorgesehen war ein Bau von 443 Rheinländischen Fuß in der Länge und 46 Fuß in der Breite (das

64 Versailles, Gartenfassade

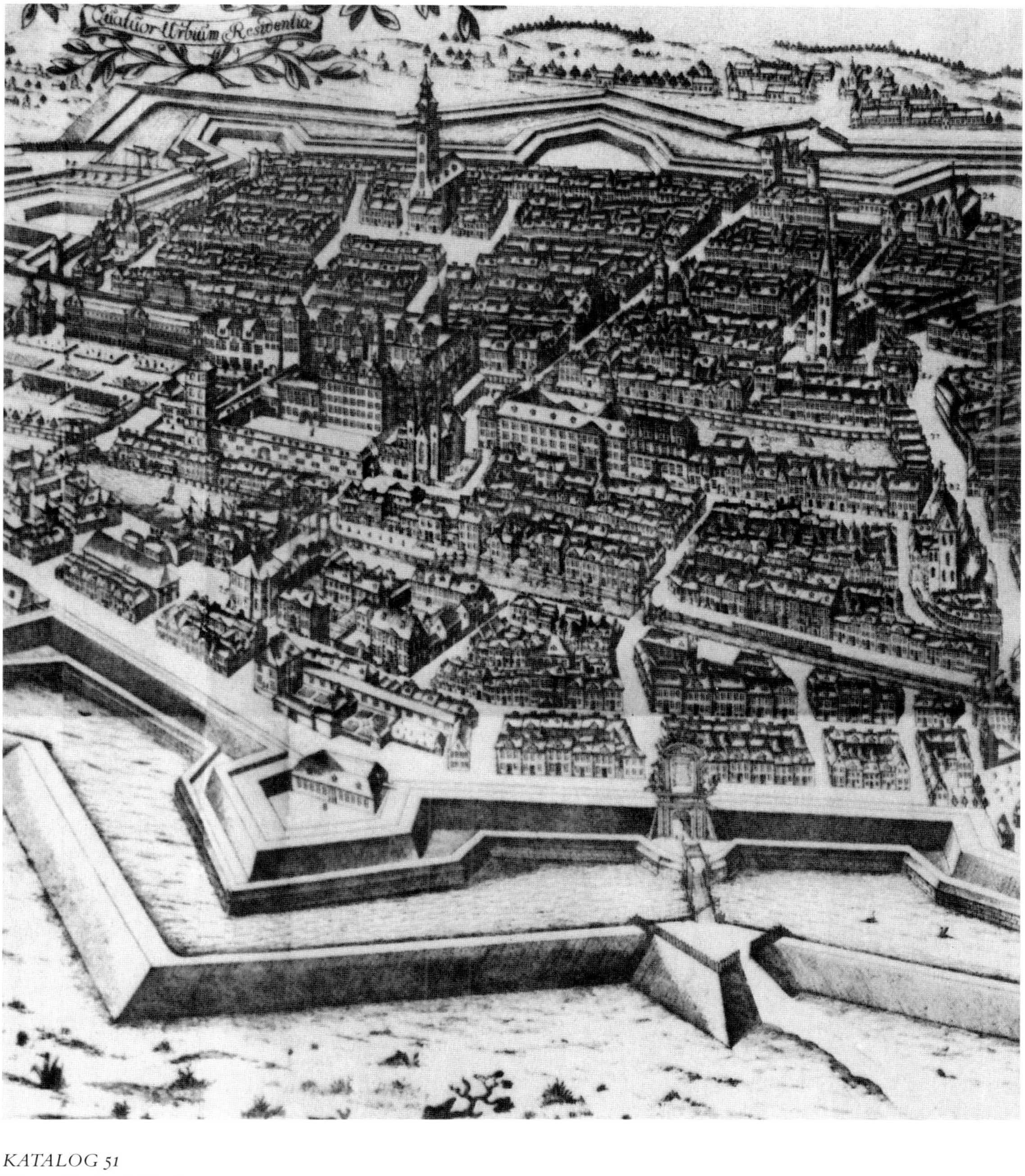

KATALOG 51
Johann Bernhard Schultz,
Vogelschauplan von Berlin
(Ausschnitt), 1688

sind 139,03 × 14,44 Meter). Er sollte zweieinhalb Geschosse umfassen und wäre von einem Mansarddach gedeckt worden. Pavillonartige Risalite an den Enden und in der Mitte akzentuieren den Baukörper und geben den jeweils zehnachsigen Rücklagen sowie dem gleichförmigen Verlauf ihrer Bogen und Fenster optischen Halt. Das Erdgeschoß wird durch eine Arkadenfolge auf rustizierten Pfeilern gegliedert. Für das Hauptgeschoß sah Nering wieder einmal das von ihm gerne herangezogene Tabulariummotiv vor. Pilaster »nach der Ienischen ordre« tragen das Gebälk. Das abschließende Geschoß mit der Bibliothek fällt als Mezzanin deutlich niedriger aus. Mittels bauplastischen Schmucks wie Attikaskulpturen, die im Vertrag explizit genannt werden, und einer aus Metallbändern geformten Himmelskugel sollten die Risalite zusätzlich betont werden. Ferner zeichnete den Mittelrisalit ein Dreiecksgiebel über dem Gesims des Piano Nobile aus. Auf die Parallelen dieses Aufrißsystems zur Gartenfront des Versailler Schlosses (Abb. 64) wurde in der Forschung bereits hingewiesen.[351] Das unleugbare Vorbild Versailles, das Nering vielleicht aus eigener Anschauung kannte, käme noch stärker zum Vorschein ohne das hohe Mansarddach und die in ihrer Ausformung als Pavillons etwas veraltet wirkenden Risalite – gerade in diesen beiden Punkten hatte sich Jules Hardouin-Mansart offen gezeigt für moderne italienisch-römische Einflüsse.

Wenn Friedrich III. diesem Baugeschehen nicht Einhalt geboten hätte, wäre Schlüter nicht mit seiner Idee des römischen Vierkants, die auch die Louvre-Planungen und den Neubau des Stockholmer Schlosses inspirierte, zum Zuge gekommen.[352] Wann die Bauarbeiten eingestellt wurden, ist unklar. Nach Tessin wurde in der zweiten Hälfte des Jahres 1688 noch daran gebaut.[353] Alessandro Bichi ging anscheinend sogar 1696 noch davon aus, daß der Rohbau, wie ihn Stridbeck 1690 gezeichnet hatte (Kat. 57), weitergeführt werden sollte.[354]

Die ersten Regierungsjahre Kurfürst Friedrichs III. (1688–1698)

Das Berliner Schloß unter Johann Arnold Nering (1688–1695)

Die bedeutendste Veränderung am Schloß in der Zeit unmittelbar nach der Regierungsübernahme Friedrichs III. war der zweigeschossige Bogengang in der Südostecke des Schloßhofs (Kat. 55). Eine doppelte Arkadenstellung war hier vor das Erdgeschoß und das erste Obergeschoß gestellt. Ihren Pfeilern waren imposante Kolossalsäulen, ausgebildet als Halbsäulen korinthischer Ordnung, vorgesetzt.[355] Mit diesen Säulen, die ohne Ahnung von der antiken und barocken Architektur Roms nicht zu denken sind, hielt der Hochbarock Einzug in das Berliner Schloß. In der zeitgenössischen Panegyrik wird die Konstruktion – »sublimes illi Columnarum nexus, quos interior aula ostentat« – als eine der herausragenden Leistungen Friedrichs III. gewürdigt.[356] Der Bogengang ist die folgenreichste Baumaßnahme am Residenzschloß in der Dekade vor Schlüters Schloßdirektorat. Ihr kommt eine entscheidende Mittlerstellung zwischen dem alten Schloß von 1688 und dem neuen, seit 1698 nach Schlüters Plänen umgestalteten zu. Sie fügte sich in vorhandene Strukturen ein und entwickelte sie weiter. Das so Geschaffene sollte von 1698 an Anregung und Ausgangspunkt für Schlüters Hofkolonnaden werden, in denen der Bogengang schließlich aufging.

Entstanden sind die Arkaden zwischen 1688 und 1690. Tessin vermerkte 1688: »[...] hinten wurde eben im hoffe gebaut, alwor es zwart mit arcaden wirdt, aber von einer sehr slechten Ordonnance.«[357] Stridbeck zeigt den vollendeten Zustand (Kat. 55).[358] Obwohl sich damit die Bauzeit sehr exakt eingrenzen läßt, wird der Sachverhalt sofort komplizierter und verworrener, wenn man sich die Rolle der Arkaden im Kontext der Schloßerneuerung dieser Jahre vor Augen führt. Nicht ganz klar ist zum Beispiel, ob sie noch einer Idee des Großen Kurfürsten entsprangen[359] oder ob sie allein auf den Thronfolger Friedrich III. zurückzuführen sind[360] und demnach gleichsam die Initialzündung seiner so baufreudigen fünfundzwanzigjährigen Regentschaft darstellten. Auch stellt sich die Frage nach ihrem Verhältnis zu dem nur ein Jahr zuvor begonnenen sogenannten Bibliotheksgebäude im Lustgarten (Kat. 51). Handelte es sich bei beiden Bauprojekten tatsächlich um zwei sowohl in ästhetischer als auch funktionaler Hinsicht unvereinbare, einander strikt ausschließende Konzeptionen?[361]

Als Architekt der Hofarkaden kommt allein Nering in Frage.[362] Er wird 1690 mehrfach in den Schloßbauakten genannt, teilweise zusammen mit Smids.[363] Die Entwürfe dürften aber von Nering stammen, der dann ein Jahr später auch zum Oberbaudirektor ernannt wurde. In der Ernennungsurkunde vom 9. April 1691 wird als eine seiner Aufgaben definiert: »[...] wenn Wir einige New Gebeude anrichten oder in dehnen Vorigen etwas ändern lassen wollen die abriß und Zeichnungen davon verfertigen.«[364]

Schon Joachim II. hatte gegen 1540 im inneren Schloßhof nach außen gelegte Gangsysteme anlegen lassen, die die Kommunikation zwischen den einzelnen Räumen und Flügeln gewährleisten sollten.[365] Der schmale Laufgang, abgestützt durch Konsolen und beschirmt von einer steinernen Brüstung aus reliefierten, mit Porträts der Kurfürsten verzierten Platten, zog sich das zweite Obergeschoß entlang, und zwar von den Treppentürmen am Spreeflügel bis zum Ende des Stechbahnflügels (Kat. 55). Er umfaßte also auch den Abschnitt, den von 1688 an Nerings Bogengang einnahm. Vor dem nördlichen Abschnitt des Spreeflügels lag dagegen ein auf Arkaden ruhender Gang, der nur bis in die Höhe des ersten Obergeschosses reichte und sich vor dem niedrigen Lustgartenflügel fortsetzte. Dieses System von Gängen war immer recht anfällig für Schäden durch Witterungseinflüsse. Mehrfach ist in den Dokumenten von solchen Bauschäden und einer Wiederherstellung die Rede.

Stridbecks Zeichnung zeigt anschaulich, wie Nering seine Konstruktion mit dem Konsolgang des 16. Jahrhunderts kombinierte (Kat. 55). Westlich des großen Wendelsteins, am rechten Bildrand, ist noch der alte Gang zu sehen, der bis 1873 erhalten blieb, also selbst Schlüters Umbau überstand (Abb. 66). Vergleicht man diesen nun mit der neuen doppelgeschossigen Bogengalerie, so gewinnt man den Eindruck, Nering habe seine Arkaden und Kolossalsäulen dem Gang des 16. Jahrhunderts lediglich untergeschoben. Selbst die Form der Korbbogen wäre demnach vorgegeben gewesen.[366] Es ist aber höchst unwahrscheinlich, daß Nering mit seiner Architektur nur das Bestehende unterfütterte. Vertraut man Stridbecks Zeichnung, so war der Konsolgang des Joachimbaus zu schmal, um darunter durchlässige Arkaden anzulegen.[367] Zu den Arkaden im Erdgeschoß dürften Nering diejenigen vor der nördlichen Spreeflügelhälfte angeregt haben. Damit ist seine

Konstruktion eine Verschmelzung des eingeschossigen Arkadengangs mit dem zweigeschossigen Konsolgang, und dies in einer neuen, modernen Formensprache.

Die Kolossalsäulen besaßen korinthische Kapitelle. Dies kann man Stridbecks Aquarell entnehmen (Kat. 55). Da es sich um Halbsäulen handelte, dürften auch die Kapitelle nur halb ausgebildet gewesen sein. Deshalb ist es kaum möglich, daß die exquisiten vollplastischen Kapitelle vor den späteren Portalrisaliten (Abb. 118) tatsächlich Spolien von Nerings Bogengalerien sind, die Schlüter lediglich umsetzte.[368] Über den Arkaden, im Abschlußgesims, hat Stridbeck einen Zahnschnitt oder ein Konsolgesims eingezeichnet, wie es der Kanon für die korinthische Ordnung vorschreibt.[369] Auch die Brüstungsfelder wurden erneuert. An die Stelle der gleichmäßigen Abfolge annähernd quadratischer Platten aus der Renaissancezeit traten langrechteckige schmale Parapetfelder mit erhabenem oder vertieftem Spiegel, die sich mit blockartigen Postamenten abwechselten.

Wie ist die 1690 abgeschlossene Baumaßnahme der Bogengalerie, die immerhin ein Viertel des späteren Schlüterhofes umfaßte, konzeptionell zu bewerten? Ist sie eine Einzelmaßnahme, oder ist sie Teil eines Entwurfes, der den gesamten Hof einschließlich eines noch aufzustockenden Lustgartenflügels in der Art eines antiken Peristyls umgestalten wollte?[370] Gurlitt brachte die Architekturformen der Bogengalerie mit italienischen Peristyllösungen in Verbindung, ohne allerdings zu folgern, daß schon damals der gesamte Hof umkleidet werden sollte.[371] Neben Borrominis Hof des Oratoriums von San Filippo Neri in Rom (1637–1650) nennt er Berninis dritten Louvre-Entwurf als mögliches Vorbild (Abb. 167). In Berlin wirkt die doppelgeschossige Bogengalerie mit ihren direkt auf dem Kapitell aufsitzenden glatten Bogen etwas provinziell.[372] Tessin tadelte 1688 nicht die Verbindung von Säulenordnung und Arkade an sich, sondern nur die Ausformung im Detail.[373]

In der Münchner Residenz waren damals ähn-

liche Hofarkaden vorhanden. Die Fassade der Ratszimmer gegen den Küchenhof (Apothekenhof) präsentierte sich als zweigeschossige Arkadengalerie, der kolossale, eventuell auch nur gemalte Pilaster vorgeblendet waren (Abb. 65).[374] Sie trugen kein durchgehendes kanonisches Gebälk, sondern Architrav und Fries reduziert auf einen Block. Optisch erscheinen auch hier Pilasterordnung und Rundbogen miteinander verbunden. Doch während die Berliner Lösung in ihrer Gerüsthaftigkeit konstruktiv-tektonisch aufgefaßt ist, handelt es sich in München eher um eine von Rundbogenfenstern durchbrochene Wandfläche mit vorgelegten Pilastern. Der Eindruck, gerade aus der Ferne, ist jedoch in beiden Fällen ähnlich. Die Münchner Galerie könnte bereits 1611 bis 1616 entstanden sein.[375] Sie ist als nordisches Beispiel bemerkenswert. Es fällt ferner auf, daß sie sich nur auf eine Seite des Hofes beschränkt, also nicht Teil einer Peristyllösung ist. Vielleicht geht sie in Teilen auch erst auf Enrico Zuccallis Eingriffe seit 1680 zurück.[376]

Es gibt gute Gründe, die Bogengalerie, wie Stridbeck sie zeichnete, als singuläres, punktuelles Vorhaben zu betrachten und nicht als Bestandteil eines einheitlichen Plans, nach dem man den gesamten Hof schon damals peristylartig zu umschließen trachtete. Es ist auffallend, daß auf Stridbecks Zeichnung der Bogengang in der Südostecke als abgeschlossene Baumaßnahme erscheint und nichts auf eine Fortsetzung des Projekts deutet. Vielleicht war das alte Gangsystem in diesem Bereich schadhaft, und man verband die notwendige Reparatur mit einer umfassenden Modernisierung. Als Christoph Pitzler im August 1695 nach Berlin kam und sich über das aktuelle Baugeschehen in der Stadt informierte,[377] machte er sich im Zusammenhang mit dem Schloß lediglich Notizen zum Lustgarten (Kat. 67, 68), zum Alabastersaal (Kat. 66, 67) und zum Schloßtor (Kat. 69).

Es ist unwahrscheinlich, daß die Galerie bereits im Hinblick auf die Krönung konzipiert wurde,[378] denn diese war 1690 noch gar nicht abzusehen. Die

65 Michael Wening, Fassade der Ratszimmer gegen den Küchenhof in der Münchner Residenz, Kupferstich, 1701

KATALOG 55
Johann Stridbeck d. J., Ansicht des Kleinen Schloßhofes, 1690

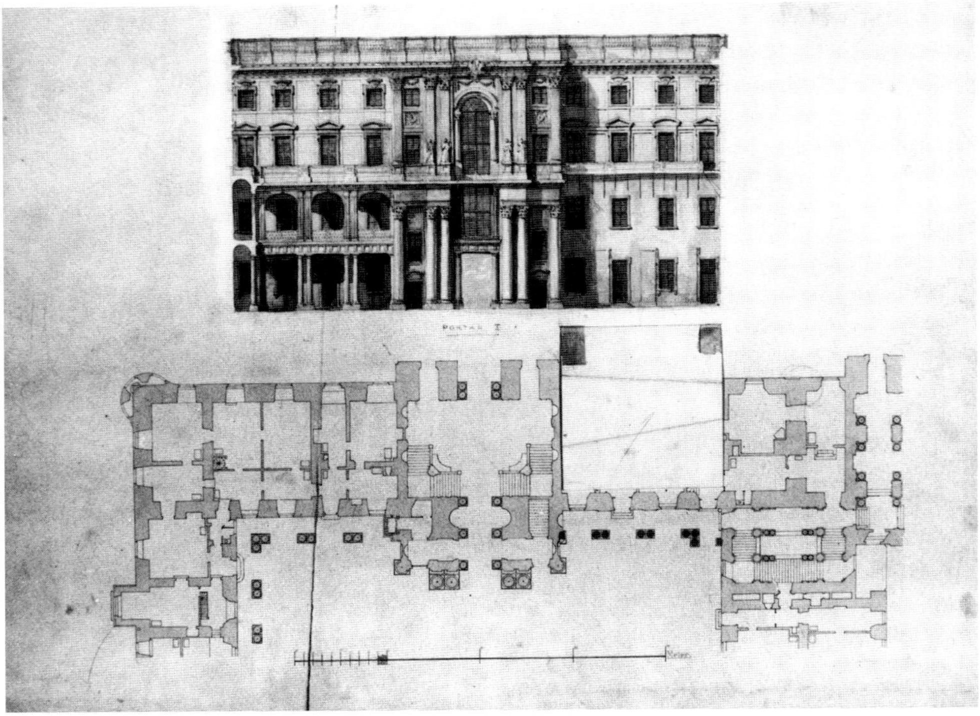

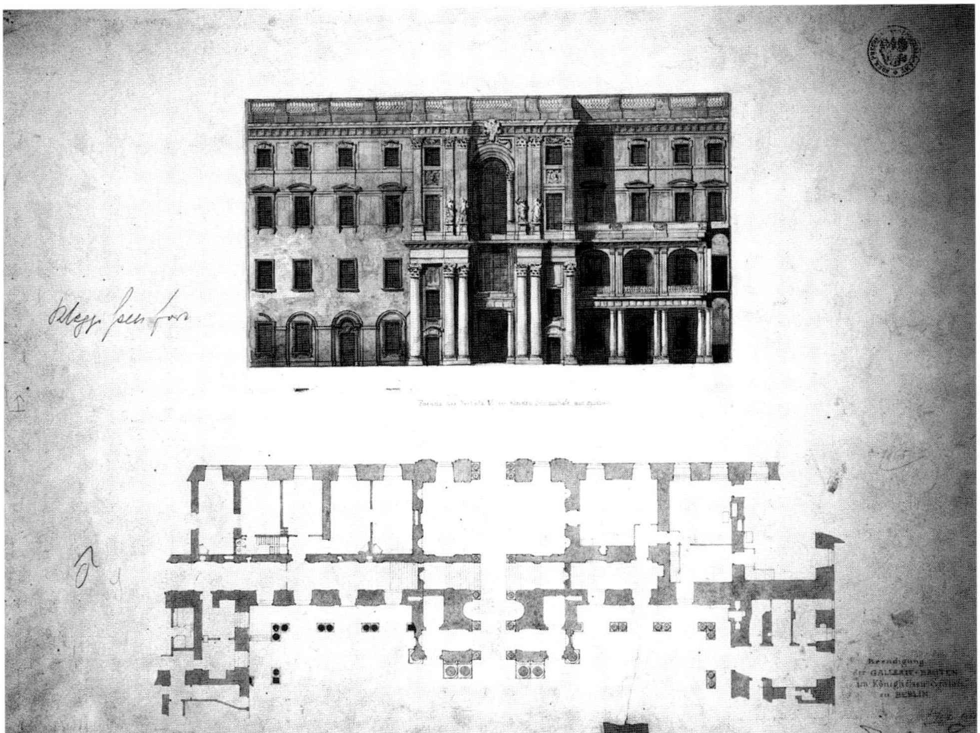
Beendigung

Errichtung der Bogengalerie könnte aber mit der am 11. Juni 1690 erfolgten Verleihung des Hosenbandordens in Verbindung stehen. Für Friedrich III. war dieser Orden von außerordentlicher Bedeutung.[379] Das Schloß in Dresden erhielt nur wenige Jahre später zwei aufwendige Neubauten, die zweifelsfrei im Zusammenhang mit der 1693 erfolgten Verleihung des Hosenbandordens an den sächsischen Kurfürsten Georg IV. standen.[380]

Die Bogengalerie in der Südostecke blieb nicht die einzige Baumaßnahme am Berliner Schloß nach 1688. Zwar verfügen wir nur noch über spärliches Quellenmaterial, aber dieses läßt keineswegs den Schluß zu, daß kontinuierlich an einem größeren Vorhaben gearbeitet wurde. Vielmehr drängt sich der Eindruck von Einzelentscheidungen auf. Gleich mehrfach ist von neuen Plänen die Rede. In einer kurfürstlichen Anweisung vom 13./23. April 1690 wird eine »Specification« erwähnt, in der die anbefohlenen Arbeiten aufgelistet waren.[381] Diese »Specification« hat sich leider ebensowenig erhalten wie ein »Aufsatz«, der in einer zweiten, nur zwei Monate später erlassenen Ordre genannt ist und der weitere Arbeiten aufführte.[382]

Vom 1./11. April 1692 datiert ein Protokollbeschluß des Geheimen Rates. Darin heißt es: »Eß soll Nehringen befohlen werden, das gebäude von der Lehns-Cantzeley zu wölben, it. auff einen bedeckten gang von dar nach der Windel-stiege bedacht sein.«[383] Wieder geht es um Gänge im Innenhof, in diesem Fall in der Südwestecke, denn die Lehnskanzlei dürfte sich mit großer Wahrscheinlichkeit im Quergebäude befunden haben,[384] und mit der »Windelstiege« ist der große Wendelstein vor dem Stechbahnflügel gemeint. Grundsätzlich spricht aus dieser Notiz der Wunsch nach einer bequemeren Infrastruktur. Der Wortlaut des Protokolls legt nicht nahe, daß der Geheime Rat die Weiterführung eines größeren Plans anordnete. Überhaupt ist zu beachten, daß laut Protokoll nicht daran gedacht war, die Treppentürme aus der Renaissance zu beseitigen. Damit hatte jede Modernisierungsmaßnahme von vornherein den Charakter einer Ergänzung oder eines Einschubs, denn die altertümlichen Türme hätten einer modernen Peristylanlage, einem »italienischen Plan«, grundsätzlich im Weg gestanden.

Schlüters doppelgeschossige Galerie hätte im Idealzustand den gesamten Hof umziehen sollen. Dazu kam es jedoch nicht. Bei Schlüters Entlassung 1706 erstreckte sie sich nur auf die östliche Hälfte des Hofes (Abb. 66–68). Die Fassadenabschnitte westlich der beiden schmalen Treppenhausrisalite wiesen dagegen bis 1874 keine Galerien auf. Erst zu diesem späten Zeitpunkt setzte man Schlüters Plan fort, so daß schließlich immerhin drei Seiten des Hofes vollständig verkleidet waren.

Aus der Zeit vor der historistischen Ergänzung haben sich aussagekräftige Bildquellen erhalten (Abb. 67, 68). Vergleicht man sie mit Stridbecks Zeichnung von 1690 (Kat. 55), gewinnt man den Eindruck, daß sowohl an der Schloßplatzseite – also dort, wo der erwähnte »bedeckte gang« geplant war – als auch an der gegenüberliegenden Lustgartenseite nur geringfügige Änderungen vorgenommen wurden. So befand sich an der Schloßplatzseite vor 1874 in Höhe des zweiten Obergeschosses ein Laufgang, den auch Stridbeck zeichnete. Allerdings scheint er nicht mehr auf Konsolen zu lagern, und die Brüstungszone ist mit muschelbesetzten Postamenten und dazwischen gespannten Metallgittern genauso gestaltet wie über den doppelgeschossigen Galerien. Diese Änderungen dürfte Schlüter durchgeführt haben. Schwieriger

66 / 67 Ludwig Ferdinand Hesse, Bauaufnahmen des Schloßplatzflügels und des Lustgartenflügels im Kleinen Schloßhof, Grund- und Aufriß, mit Entwurf (Tektur) für die Neugestaltung der westlichen Rücklage, lavierte Federzeichnungen, 1865

zu erklären sind hingegen die vertikalen Streifen vornehmlich im Bereich des ersten Obergeschosses. Deuten sie die Umrisse der Konsolen und des Pfeilers an, die Stridbeck noch zeichnete und die bald darauf – womöglich von Schlüter – entfernt wurden? Auch die drei Wandpfeiler zwischen den Fenstern des Erdgeschosses geben Rätsel auf. Vielleicht sind sie Relikte des 1692 in Auftrag gegebenen »bedeckten Gangs«.[385]

Der westliche Fassadenabschnitt des Lustgartenflügels besaß nach Ludwig Ferdinand Hesses Zeichnung von 1865 im Erdgeschoß eine Blendbogenarkatur (Abb. 67). Sofort fühlt man sich an die Reihe von tiefen Blendarkaden mit einem darüber liegenden Gang erinnert, die Stridbeck an dieser Stelle überliefert und die noch aus der Zeit Joachim Friedrichs, aus dem Jahr 1606, stammte (Kat. 55).[386] Beides ist möglicherweise identisch.[387] Die westliche Arkade bricht auf Ludwig Ferdinand Hesses Zeichnung abrupt ab (Abb. 67), was vielleicht auf den Eingriff in den unmittelbar benachbarten Alabastersaal zurückzuführen ist (ab 1707), den Eosander verkürzte zugunsten eines risalitartigen Vorsprungs des Lustgartenflügels in den Hof hinein. Vielleicht wurde damals der Arkadengang vor dem Alabastersaal, den der Plan von La Vigne überliefert (Kat. 49), beseitigt, so daß es an der Ecke zu Unebenheiten kam.[388] Sehr wahrscheinlich handelt es sich hier um Ansatzspuren der alten Arkaden aus dem frühen 17. Jahrhundert, denn als etwa von 1698/99 an der Lustgartenflügel auf das Niveau der übrigen Flügel erhöht wurde, setzte man die Mauern der zusätzlichen Stockwerke auf die bereits bestehenden Außenmauern. Das gilt zumindest für die Mauern im Erdgeschoß, die zu diesem Zweck lediglich nach innen verstärkt wurden.[389]

Wie auch immer man die Sache wendet: Die Baubefunde in der westlichen Hälfte sowohl des Lustgarten- als auch des Stechbahnflügels lassen nicht den Schluß zu, daß hier bereits vor Schlüters großer Umbauplanung von 1698 nach einem einheitlichen Plan gebaut wurde.[390] Daher müssen die in den Blendarkaden befindlichen hochbarocken Fensterumrahmungen und die Tür, die Hesse detailgenau wiedergibt, Schlüter zugeschrieben werden (Abb. 67).[391] Am Außenbau des Berliner Schlosses lassen sich unter Nering erst recht keine Bestrebungen hin zu einer Systematisierung und Modernisierung der Fassaden erkennen.

Das Berliner Schloß unter Martin Grünberg (1695–1698/99)

Wäre Nering nicht unerwartet im Oktober 1695 gestorben, die Berliner Architekturgeschichte hätte einen anderen Verlauf genommen. Es fragt sich, wann der seit 1694 als Hofbildhauer in Berlin lebende Schlüter aus dem Schatten Nerings hervorgetreten wäre und als Architekt auf sich aufmerksam gemacht hätte und ob ihm das überhaupt gelungen wäre. Nach Nerings Ableben wurden alle bedeutenden Bauprojekte des Hofes dem spröden und wenig ehrgeizigen Martin Grünberg übertragen.[392] Dazu zählten neben dem Zeughaus und der Parochialkirche, zu denen gerade erst der Grundstein gelegt worden war, auch die Aufsicht über die Schlösser in Berlin, Oranienburg, Potsdam und Lietzenburg.[393] Der Zeitraum von Grünbergs Tätigkeit am Schloß umfaßte ziemlich exakt die drei Jahre 1696, 1697 und 1698. Im Februar 1697 nahm er sämtliche Baurechnungen für 1696 ab.[394] Desgleichen tat er für 1697, während die Rechnungen von 1698 schon von Schlüter attestiert wurden.[395]

68 Eduard Gaertner, Der Kleine Schloßhof nach Südosten, Öl auf Leinwand, 1830

Über Grünbergs Arbeiten am Schloß ist im einzelnen wenig bekannt.[396] Es drängt sich aber auch hier der Eindruck auf, daß vorrangig an einzelnen, gezielten Maßnahmen gearbeitet wurde. Nirgendwo ist zu erkennen, daß Grünberg Organisator eines großangelegten Projekts war. Im ersten Band des 1696 erschienenen *Thesaurus Brandenburgicus*, einer Prestigepublikation des brandenburgischen Hofes, die vor allem die Antikensammlung publik machen wollte, werden an herausragenden Baumaßnahmen das dreigeschossige Galeriegebäude längs der Spree und die Kolossalsäulen im Hof erwähnt, außerdem der Alabastersaal.[397] Es sind die bekannten Veränderungen am Schloß, die nicht auf eine alles umfassende Renovierung deuten.

Baumaßnahmen am Schloß sind in diesen Jahren mehrfach belegt. Im Sommer 1696 gab Friedrich III. Ordre an die beiden Amtsleute Chwalkowsky und Lindholz, die Arbeiten zu beaufsichtigen.[398] Um ein größeres Bauprojekt dürfte es sich kaum gehandelt haben, da das Ganze bereits bei der Rückkehr des Kurfürsten, der sich damals für einige Wochen auf seine Landschlösser begeben haben dürfte, zum Abschluß gebracht sein sollte. Eine Notiz vom September vermerkt: »Nötiger Bau hier auff dem schloße bey der Cammer zu erinnern.«[399] Was mit »Cammer« gemeint ist, läßt sich nicht exakt bestimmen oder lokalisieren.[400] Ein umfassender Umbauplan dürfte sich dahinter aber nicht verbergen.

Vom 28. Oktober 1696 stammt der Bericht eines sächsischen Spions, der überprüfen sollte, ob der von Sachsen verbilligt abgegebene Pirnaische Sandstein tatsächlich nur zum Bau der kurfürstlichen Schlösser verwendet wurde. Darin fand auch eine Änderung der Fenster am Berliner Schloß Erwähnung.[401] Diese Nachricht wurde häufig auf die Fenster im Innenhof des Schlosses bezogen, insbesondere auf diejenigen des zweiten Obergeschosses, deren strenge Form sich zunächst von den für Schlüter gesicherten Fenstern an den Außenfassaden abhebt.[402] Man vermutete, daß sie bereits unter Nering oder Grünberg konzipiert worden seien und die alten Renaissancefenster, die Stridbeck 1690 noch gezeichnet hatte, ersetzten. In diesem Sinne wurden sie noch zuletzt als Bestand-

teil eines Peristylplans gedeutet.[403] Schon Grünbergs Biograph Schiedlausky war jedoch skeptisch und nahm an, daß mit den in dem Bericht des sächsischen Spions genannten Fenstern eher die Renovierung des Hauses der Herzogin gemeint sei.[404] Wenn man die Hoffenster nicht in die Zeit zwischen 1690 und 1698 datieren möchte, so müssen auch sie von Schlüter stammen.

In Grünbergs Amtszeit fällt ferner der Grundrißentwurf für eine Raumfolge mit abschließender Kapelle aus dem Nachlaß des jungen Hofarchitekten Christian Eltester (Kat. 86–88).[405] Ohne Zweifel stammen die Blätter von Eltesters Hand. Sie können nur in der kurzen Spanne zwischen 1696 und Mai 1698 entstanden sein.[406] Der Grundriß bildet eine Suite ab, die in Länge, Breite und Achszahl der Fenster genau an die Stelle der späteren Paradekammern Schlüters im Lustgartenflügel paßt.[407] Die in Längs- und Querschnitt erhaltene Kapelle ist eine geringfügig geänderte Variante des auf dem Grundriß dargestellten Kapellenraums. Aufhorchen läßt die Beschriftung des Plans: »Erster entwurff eines grundrisses von denen Gemächern, nebst der Capelle, über die königl. Gemächer im Schlosse zu Berlin.« Nachweislich gab es bereits vor 1701 Königliche Gemächer im Berliner Schloß.[408] Hierbei handelte es sich vermutlich um Gästegemächer im ersten Stock des Lustgartenflügels, also direkt unter den späteren Paradekammern, die 1690 anläßlich der Verleihung des Hosenbandordens an Friedrich III. eingerichtet worden sind (die späteren Räume 564 bis 568).[409] Vor diesen Räumen zog sich der sogenannte Bunte Gang (Räume 569, 570, 572) entlang, der die Verbindung von den kurfürstlichen Gemächern im Spreeflügel bis in den Alabastersaal herstellte und bereits 1700 als »neue Galerie« erwähnt wurde.[410] Der Korridor, der sich auf Eltesters Plan vor den neuen Gemächern entlangzieht, dürfte also auf diesen eine Etage tiefer liegenden Bunten Gang zurückgehen.[411]

Die Zeichnung des Grundrisses macht deutlich, daß es bereits vor Schlüters Schloßmodell Pläne gab, den Lustgartenflügel zu erhöhen. An eine Risalitbildung wie später bei Schlüter war noch nicht gedacht. Die Existenz dieser Zeichnung besagt allerdings nicht, daß es einen umfassenden Plan zur Überformung des gesamten Schlosses gegeben hat, von dem der Grundriß das einzige überlieferte Zeugnis wäre. Statt dessen dürfte er wie alle Baumaßnahmen unter Nerings und Grünbergs Leitung auf ein singuläres Vorhaben zurückzuführen sein.[412] Für das Projekt einer neuen Kapelle und neuer Gemächer – ob es sich wirklich um Paraderäume handelte, sei dahingestellt – bot sich eine Erhöhung des Lustgartenflügels an, und zwar nicht nur, weil die Entwicklung des Schlosses aufgrund früherer Entscheidungen ohnehin auf eine Vierflügelanlage hinauslief, sondern weil die Lage eine direkte, stufenlose Anbindung an die bereits bestehenden Paradekammern und die kurfürstlichen Wohngemächer erlaubt hätte. Zwar wurde Eltesters Entwurf nicht realisiert, aber er birgt eine Idee, an der Schlüter später nicht mehr vorbeisehen konnte. Daß seine Kapelle an derselben Stelle wie diejenige auf Eltesters Zeichnung lag, kann kein Zufall sein.

DER UMBAU

Das Berliner Schloß unter dem Schloßbaudirektor Andreas Schlüter (1698–1706)

Der Schloßbau in der Forschung

In der Forschung wird seit mehr als einem Jahrhundert die Frage diskutiert, ob erst Schlüters Modell den Anstoß zur umfassenden Modernisierung des Schlosses gab oder ob bereits unmittelbar zuvor ein bedeutender Architekt, womöglich der Schwede Nicodemus Tessin d.J., Pläne zur Modernisierung des Schlosses lieferte, die dann teilweise – noch unter der Bauleitung Grünbergs – realisiert worden sind. Schlüters Modell hätte in diesem Fall bereits wesentliche Vorgaben der Tessinschen Konzeption berücksichtigen müssen.

Anfänge

Die frühen Darstellungen der Schloßbaugeschichte des 18. und 19. Jahrhunderts nennen ausschließlich Schlüter – und für den Zeitraum von 1707 an natürlich Eosander – als den Initiator des hochbarocken Umbaus.[1] An keiner Stelle findet sich ein Hinweis auf einen bedeutenden Baumeister, der kurz vor Schlüter wesentliche Grundlagen für die Umgestaltung des Schlosses schuf. In einem von Abraham Humbert und Carl Heinrich von Heinecken (1768) erarbeiteten Verzeichnis, das die in Berlin von der Regentschaft des Großen Kurfürsten bis in die Gegenwart tätigen Künstler auflistet, ist direkt vor Schlüter kein herausragender Schloßbaumeister auszumachen.[2]

Der Verleger, Buchhändler und Autor Friedrich Nicolai zeichnete 1786 in seiner Berlin-Beschreibung ausführlich die gesamte Entstehungsgeschichte des Schlosses nach.[3] Dabei stützte er sich offensichtlich auf die bis heute bewahrten vierbändigen Schloßbauakten.[4] Nicolai drang insgesamt nicht sehr tief in die Baugeschichte ein, erwähnte aber immerhin schon die Tafel 2a von Broebes (Kat. 93). Konsequent interpretierte er den dargestellten Zustand als ersten Plan Schlüters, der noch begonnen, bald aber vom endgültigen Ausführungsentwurf abgelöst worden sei.[5]

Für Nicolai ist der Umbau des Renaissanceschlosses untrennbar mit Schlüters Schloßmodell verknüpft. Er war derjenige, der Schlüter publizistisch zum Heros der Berliner Kunstgeschichte erhob. Im Barockschloß sah er geradezu eine Emanation des Schlüterschen Geistes. Stünde nicht am Ende das Münzturmunglück, wäre der Schloßbau ein einziger Sieges- und Triumphzug Schlüters: »Kurf. Friedrich III., nach seiner bekannten Neigung zur Pracht, kam nun auf die Gedanken, sein Schloß, so weit der innere Hof gehet, umzubilden, ohne es ganz neu zu bauen. Dieses Vorhaben auszuführen ward, glücklicher Weise, der berühmte Schlüter, einer der größten Baumeister seines Zeitalters gewählt. Alle vorige Verbesserungen des Schlosses waren nur Flickwerk; und selbst die Erweiterungen zeigten entweder die eingeschränkten Ideen der Baumeister, oder den Mangel der Mittel größere Ideen auszuführen, oder beides. Es gehörte Schlüters weitumfassender Geist dazu, aus den zusammengehäuften, ohne Ordnung, ohne Symmetrie, in einander gebauten Gebäuden, ein zusammenhängendes Ganze zu machen. Er that mehr: er schuf ein Ganzes, dessen Anlage edel, wohlzusammenstimmend und prächtig war. [...] Wenn man sich den vorigen unförmlichen Zustand der Schloßgebäude vorstellet, so muß man den großen Geist bewundern, der aus einem solchen Chaos, mit so wenigen Veränderungen der Hauptgebäude, ein so wohl zusammenstimmendes Ganze schaffen konnte. Der Plan erhielt den Beifall des Kurfürsten.«[6]

1855 erschien die erste eigenständige Biographie zu Schlüter. Karl Friedrich von Klöden behandelte den Schloßbau darin ausführlich, vor allem die früheren Bauphasen.[7] Er bezog viele bis dahin unbekannte Originalquellen in seine Studie ein, die er zumeist auch im vollen Wortlaut zitierte. Davon profitiert die Schlüter-Forschung bis heute. Die Frage eines neuerlichen Planwechsels nach Beginn des Schloßumbaus 1698 stellt Klöden nicht.

1876 legte Robert Dohme die erste große Schloßmonographie vor. Ihr war ein großformatiger Tafelband beigegeben. Erstmals wurde damit das neue Medium der Fotografie zur Dokumentation des Außenbaus und der wichtigsten Innenräume ausgiebig eingesetzt. Den auf Broebes' Tafel 2a (Kat. 93) wiedergegebenen Zustand deutete Dohme, darin Nicolai folgend, als ursprünglichen Plan Schlüters, der dann während der Arbeiten am Bau verworfen worden sei.[8]

Francesco Borromini als Architekt des Berliner Schlosses? Die Schloßkontroverse zwischen Gurlitt, Borrmann und Dohme (1889–1896)

Cornelius Gurlitt war einer der Wegbereiter der Erforschung der europäischen Barockarchitektur. Als er sich 1887 dem Berliner Schloß zuwandte, hatte er die Vorarbeiten zu seiner dreibändigen *Geschichte des Barockstiles, des Rococo und des Klassizismus*, in der er die Baukunst des 17. und 18. Jahrhunderts der wichtigsten europäischen Länder Italien, Frankreich, England, Holland, Belgien und Deutschland behandelte, weitgehend abgeschlossen.[9] Seine umfassende Kenntnis der Baudenkmäler bestimmte seinen Blick auf das Berliner Schloß, das bis dahin noch nie so intensiv von einem Außenstehenden betrachtet und analysiert worden war.[10]

Die Zuschreibung des Barockschlosses an zwei aufeinanderfolgende Architekten – an Schlüter und an einen Vorgänger – ist Gurlitts Kernthese. Gurlitt näherte sich seinem Forschungsgegenstand ohne Umschweife: »Als ich nach längerem Aufenthalt im Süden, nach eingehender Beschäftigung mit der Barockarchitektur Italiens wieder einmal vor das Berliner Schloß trat, wurde mir eine lange gehegte Ansicht zur Ueberzeugung. Der Architekt, welcher die Portale gegen den Lustgarten entworfen habe, könne nicht zugleich der Erfinder der Rücklagen sein. Denn die einen sind streng italienisch, die anderen sind durchaus deutsch.«[11] Die Anteile der beiden Architekten veranschaulichte er in einem Grundriß: Die Rücklagen der Außenfassaden (Abb. 95) – also die Schloßplatzfassade und die Lustgartenfassade jeweils ohne die dreiachsigen Risalite – ordnete er dem italienischen Plan zu.[12] Als Schlüters Werk erachtete er die Treppenhausrisalite einschließlich der

KATALOG 93
Jean Baptiste Broebes, Entwurf von 1698 für die Fassaden der Schmalseiten des Kleinen Schloßhofes, Augsburg 1733

Gliederung ihrer Fassaden nach außen (Abb. 89, 102) und zum Hof hin (Abb. 112) sowie die zweigeschossige umlaufende Hofgalerie (Abb. 111).

Gurlitt stand nun vor der Aufgabe, diese Zuschreibungen mit den überlieferten Tatsachen der Baugeschichte in Einklang zu bringen. Er fand seine zunächst rein stilkritisch gewonnenen Zuschreibungen durch eine Signatur auf Broebes' Tafel 4b untermauert, die die Ansicht der Lustgartenfassade des Schlüterschen Schlosses wiedergibt (Kat. 146). Am Fuß des Sockels ist einmal offiziell vermerkt, daß die Vorlage »du Dessein du Sr D. Schlüter Archit Et Sculpteur de SMP« sei, darüber steht jedoch ohne weiteren Zusatz: »Baronini«. Gurlitt war schnell überzeugt, daß es sich dabei um den römischen Architekten Francesco Borromini handeln müsse.[13] Da dieser bereits 1667 gestorben war, vermutete Gurlitt, daß die Pläne lange unbeachtet in der Berliner Plankammer gelegen haben müßten.[14] Schlüter habe dann diese Pläne herangezogen, als er 1704 (dieses Datum weist Broebes' Tafel 4b auf) die Lustgartenfassade zeichnete.[15] Weiter mutmaßte Gurlitt, daß die Bildhauerarbeiten von den römischen Brüdern Giovanni Maria und Francesco Baratta, die er als Schüler Borrominis und Algardis bezeichnete, bereits seit den achtziger Jahren in Berlin ausgeführt worden seien.[16] Diese These konnte rasch widerlegt werden: Die in Berlin seit den siebziger Jahren tätigen Baratta-Brüder sind nicht identisch mit den Römern.[17]

Mit der Gleichsetzung von Baronini und Borromini schoß Gurlitt offensichtlich weit übers Ziel hinaus. So kühne Spekulationen wie er hat danach niemand mehr zu dem Namen Baronini angestellt, aber bisher hat eben auch niemand das Geheimnis der Signatur lüften können.

In bezug auf seine Schloßforschungen mußte sich Gurlitt von Robert Dohme und Richard Borrmann, ausgewiesenen Experten der Berliner Architekturgeschichte, die ihm eine ausgezeichnete Quel-

len- und Detailkenntnis voraushatten, zu Recht schwere Vorwürfe gefallen lassen.[18] »Denn so anregend Gurlitts Untersuchungen, bei denen überall eigenes Urtheil und das Streben nach neuer, selbständiger Auffassung hervortritt, auch erscheinen, so gefallen sie sich andererseits in bisweilen sehr gewagten Deutungen und Schlußfolgerungen bei mitunter flüchtiger Verwerthung der Quellen, ja es trifft den Autor das Mißgeschick, gerade in einigen für seine Beweisführung entscheidenden Punkten die urkundlichen Belege unrichtig gelesen zu haben.«[19]

Gurlitt ging von zwei großen Bauetappen aus: Der Schloßumbau habe nicht erst 1698 mit einem Plan Schlüters begonnen, sondern sei zu diesem Zeitpunkt bereits nach einem älteren Entwurf, eben dem römischen Plan, aufgenommen gewesen.[20] Den Baubeginn setzte er vor 1685 an, wohl auch in der Absicht, möglichst nahe an Borrominis Zeit heranzurücken. Ferner zweifelte er die kurze Bauzeit von nur drei Jahren an, innerhalb derer Schlüter nach bis dahin gültiger Meinung von 1698 bis 1701 einen großen Teil des Schlosses umgestaltet haben sollte.[21] Am Ende mußte er sich den Einwänden Dohmes und Borrmanns geschlagen geben. Für den Baubeginn im Jahre 1698 führten Borrmann und Dohme neue Quellen an, nämlich eine Notiz in der Chronik Wendlands von 1698 sowie im *Thesaurus Brandenburgicus* von 1701, die gerade auch den überaus zügigen Baufortschritt bestätigten.[22]

Selbst nach dieser massiven, in vielen Punkten berechtigten Kritik gab Gurlitt seine Kernthese von einem vorschlüterschen römischen Plan nicht auf.[23] »Ohne freilich sichere Beweise dafür beibringen zu können, halte ich daher den Entwurf des Schlosses für das Werk verschiedener Meister, nicht nur, wie man bisher annahm, ausschließlich Schlüters.«[24] Jetzt war er allerdings gezwungen, ihn innerhalb der Baugeschichte neu zu plazieren. In seiner Schlüter-Monographie von 1891 legte er den Beginn des Schloßumbaus »nach einheitlichem Plan« in das Jahr 1697 oder 1698, also unmittelbar vor Schlüters Übernahme der Bauleitung.[25] Den Autor für den ersten, den römischen Plan wußte Gurlitt zuletzt nicht mehr zu benennen.[26]

Besonders umstritten in der Kontroverse zwischen Gurlitt auf der einen und Dohme und Borrmann auf der anderen Seite war die Bewertung der Hofarkaden, die Stridbeck 1690 im südöstlichen Winkel des Hofes gezeichnet hatte (Kat. 55). Grundsätzlich war es ein großes Verdienst der Debatte, daß nun erstmals auf diesen Säulengang als wichtige vorschlütersche Baumaßnahme hingewiesen wurde. Dazu trug maßgeblich bei, daß Stridbecks Berliner Stadt- und Schloßansichten seit 1881 der Forschung in einem aufwendigen Reprint zur Verfügung standen.[27] Aufschlußreich ist Gurlitts stilistische Würdigung der architektonischen Formen: »Sie bekunden eine barocke Größe, welche weit über alles hinausgeht, was bisher in Berlin geschaffen worden war, und mit den als dort lebend bekannten Künstlern nichts zu thun hat.«[28]

Gurlitts Bemerkung offenbart im nachhinein, daß der stilkritische Blick des Kenners auch zu falschen Urteilen führen kann. 1914 veröffentlichte Oswald Sirén das Reisejournal Tessins, der 1688 bei seinem Besuch in Berlin diese Arkadenreihen besichtigte und dabei abwertend von »einer sehr slechten Ordonnance« sprach.[29] Während Gurlitt die Kolossalsäulen in seinem ersten Aufsatz noch als Bestandteil von Borrominis Entwurf angesehen hatte,[30] waren die Schloßforscher nach diesem Verriß durch die baukünstlerische Autorität Tessins nun gerne bereit, den Entwurf dem Berliner Hofarchitekten Nering zuzuschreiben. 1891 scheint Gurlitt sich der Meinung seiner Kritiker angeschlossen zu haben, die sie nicht als Teil eines einheitlichen Plans, sondern als punktuelle Einzelmaßnahme sehen wollten,[31] und bezeichnete sie nur noch als »die erste sicherere Kunde von erhöhter Bauthätigkeit«.[32] Die nach seiner Meinung 1697 einsetzenden Umbauten, den römischen Entwurf, bezeichnete er nun als »ersten Plan«.

Gurlitt erschien das Berliner Schloß als ein römischer Barockpalast.[33] Daß das Aufrißsystem der Fassadenrücklagen römische Vorbilder wie den Palazzo Madama rezipierte (Abb. 100), vor allem in der markanten Durchdringung von Mezzaningeschoßfenstern und Abschlußfries, ist nicht von der Hand zu weisen. Doch Gurlitt ließ sich zu sehr von den Übereinstimmungen blenden,[34] denn gerade in den Unterschieden offenbart sich die Eigenständigkeit Schlüters. Auch Gurlitt war bereits davon ausgegangen, in der Detaillierung der Fenstergiebel Schlüters Hand zu sehen, aber er verweist nicht auf die typischen negativen Pilaster (so seien die vertieften Wandspiegel zwischen den Fensterachsen bezeichnet), die die römischen Vorbilder gerade nicht aufweisen und die den Charakter der Schloßfassade wesentlich bestimmen.[35] Borrmann hat dann unmißverständlich auf die Grenzen einer nicht ausreichend fundierten Stilkritik hingewiesen: »Es ist nun stets mißlich, sich mit einer auf diesem Wege gewonnenen und durch oft schwer nachzuprüfende Vergleichspunkte begründeten Auffassung von der Sache auseinanderzusetzen. Meines Erachtens deckt sich die römische Palazzo-Architectur unseres Schlosses nicht ganz mit den Vorstellungen, die man von Borrominis Kunstweise [...] gewinnt.«[36]

Zu der mangelnden Fundierung traten die falschen Paradigmen. Gurlitts These schmälerte Schlüters Anteile am Barockschloß. Was bislang ausschließlich als sein Werk gegolten hatte, mußte er nun mit einem Unbekannten teilen. Gurlitt legte das jedoch zu Schlüters Vorteil aus: »Denn ich kann nicht glauben, daß der deutsche, vom Erfolg ausgezeichnete, in der Blüthe seines Schaffens stehende Meister etwa durch die kurze Reise nach Rom bestimmt worden sei, bei den beiden größten Bauaufgaben seines Lebens, an der Schloßfassade und am Dome, zum Kopisten herabzusinken.«[37] Das erwähnte Domprojekt muß hier nicht weiter interessieren, da Schlüter damit nichts zu tun hatte.[38] Es geht vielmehr um das Bild, das Gurlitt von Schlüter als Künstler entwarf. Er konnte sich nicht vorstellen, daß Schlüter eine Vorlage detailgenau kopierte und für eigene Arbeiten einsetzte. Ihm schien unmöglich, daß dieser ein Aufrißsystem, das er an einem römischen Palast studiert hatte, in einem eigenen Projekt wiederholen würde. Dabei war der Rückgriff auf Vorbilder und Vorlagen gängige Praxis des künstlerischen Schaffens im Barock, und auch Schlüter hat sich dieser als Bildhauer wie als Architekt ohne Skrupel bedient – ganz abgesehen davon, daß es Änderungen durchaus gab.

Gurlitt verkannte die Internationalität der Baukunst der Zeit um 1700. »Die deutschen Künstler jener Zeit [...] haben sich nirgend zu einer solchen Abhängigkeit erniedrigt, sie haben ihr Barock stets über das der Italiener gestellt, mit Bewußtsein nationale Werke geschaffen.«[39] Hier wirken nationale Vorurteile. Es ist eben nicht richtig, daß ein römisch aussehender Palast auch von einem römischen Architekten stammen muß. Die Einbauten der Portalrisalite werden bei Gurlitt zum Protest des deutschen

Künstlers gegen das italienische Konzept stilisiert: »[...] ein kühner Eingriff hat ihn zu einem dem deutschen Empfinden mehr entsprechenden, aufstrebenden, senkrecht gegliederten Ganzen gemacht, ihm das Ansehen eines römischen Herrensitzes genommen, um ihn zum preußischen Königsschloß zu erheben.«[40] Gurlitt bejahte die Frage: »Sind nicht die nationalen Unterschiede in jener Zeit namentlich in der Baukunst viel schärfer als jetzt und auch viel schärfer, als man noch vor wenig Jahren annahm?«[41] Das Gegenteil ist der Fall.

Nur scheinbar stehen sich unterschiedliche Methoden unversöhnlich gegenüber. Borrmann forderte: »Wichtiger als seine stilkritischen Ausführungen erscheint vorerst die Prüfung von Gurlitts Beweisführung auf Grund der vorhandenen urkundlichen Nachrichten und der sonstigen Quellen.«[42] Gurlitt hätte dem nicht grundsätzlich widersprochen, sah zur Klärung der Zuschreibungsfrage aber nur einen Weg: »Diese Frage aber wird sich schwerlich aus den Akten beantworten lassen, sondern wird doch eine Entscheidung der Stilkritik bleiben.«[43]

Aus heutiger Sicht muß man beiden recht geben. Am Ende der Debatte, und dies ist vielleicht das Entscheidende im Hinblick auf den weiteren Verlauf der Erforschung der Baugeschichte, steht unwiderlegbar die Erkenntnis, daß der Umbau zum Barockschloß von einem Planwechsel bestimmt war und daß dieser Planwechsel nicht nur auf dem Papier stattfand: Um den letztgültigen Plan der zweigeschossigen Galerie umzusetzen (Abb. 79), mußte Schlüter die bereits teilweise errichteten Kolossalsäulen wieder abreißen (Kat. 55, 93). Wo genau diese Säulen entstanden sind, ist wiederum umstritten. Die Fragestellung sollte sich in der zweiten Hälfte des 20. Jahrhunderts zuspitzen und wiederholen: Korrigierte Schlüter seine eigene Planung, die er 1698 begonnen hatte, oder korrigierte er den Plan eines unbekannten Vorgängers?

Neue Quellen zum Schloßbau und zu den Architekten Grünberg und Schlüter (1897–1942)

1928 brachte der bedeutende schwedische Barockforscher Ragnar Josephson erstmals den Architekten Nicodemus Tessin d.J. mit dem Berliner Schloß in Zusammenhang. Er hatte neue Dokumente gefunden, die belegten, daß in den Jahren 1697/98 eine Verbindung zwischen Tessin und dem Berliner Hof bestand. Dazu zählten einmal Zeichnungen Tessins zu einem Treppenhausentwurf für Schloß Lietzenburg, das spätere Charlottenburg, begleitet von einem ausführlichen Gutachten.[44] Ferner zitierte er aus Tessins Freiherrenbrief vom 27. Juli 1699, der die Verdienste des Architekten auflistet, darunter das »Ersuchen, daß auch der Chur-Brandenburgische Hof bei ihm gemacht hat«.[45] Diese Quellen konnte er 1930/31 in seiner großen Tessin-Monographie um einen Brief Tessins vom 9. Februar 1698 ergänzen, in dem dieser sich unschlüssig hinsichtlich einer Reise nach Berlin zeigte.[46]

Die genannten Dokumente brachte Josephson nun mit den Thesen Gurlitts in Einklang, die zum einen von einem Beginn des Schloßumbaus bereits ein bis zwei Jahre vor Schlüters Übernahme der Bauleitung ausgingen, also 1697 oder 1698, und zum anderen hervorhoben, daß die in dieser Zeit geplante Architektur sehr italienisch-römisch wirke und sich von Schlüters Stil deutlich unterscheide. Da Gurlitt seine Borromini-These hatte verwerfen müssen, wurde noch immer ein in römischen Barockformen arbeitender Architekt gesucht: »Wie die römischen

Pläne nach Berlin kamen, vermag ich nicht zu sagen.«[47] Für Josephson lag es also nahe, als Architekten dieser vorschlüterschen Bauphase Tessin d.J. zu identifizieren. Er verzichtete auf eine nochmalige Analyse der Planungs- und Baugeschichte und machte sich auch nicht die Mühe nachzuvollziehen, welche Bauabschnitte Gurlitt eigentlich für römisch hielt.

Josephson erkannte, daß die These von Tessins Tätigkeit am Schloß Schlüters geistige Anteile relativieren würde: »Es ist gewiß nicht meine Absicht, die Einflüsse zu bestreiten, die Schlüter von anderer Seite erfahren hat und die von mehreren Autoren beleuchtet worden sind. Noch weniger soll die originale, plastische Kraft, die Schlüter eigen war, irgendwie herabgesetzt werden. Sollte es aber nicht natürlich erscheinen, daß sich der geniale Bildhauer, als er plötzlich mit dem großen Bauunternehmen beauftragt wurde, gern auf die durchgearbeitete, sachverständige, hoch kultivierte Architektur seines nordischen Zeitgenossen stützte – um sich schließlich von ihr freizumachen?«[48]

Heinz Ladendorf hat dem Schloßbau 1935 im Rahmen seiner großen Schlüter-Monographie eines von insgesamt vier Kapiteln gewidmet. Einleitend kritisierte er Gurlitts Methode der Annäherung an das Schloß: »Trotzdem seit Erscheinen des Buches v. Klöden die hauptsächlichsten Quellen zugänglich waren, ist man selten von ihnen ausgegangen, sondern hat meist, so besonders Gurlitt in seiner eigenwilligen Darstellung der Geschichte des Schloßbaues, versucht, von allgemeinen und vermeintlich allgemeingültigen Voraussetzungen her zur Lösung der Einzelfragen vorzudringen.«

Ladendorf betonte, daß auch unter Grünberg gebaut worden sei. Zum Beleg führte er mehrere Dokumente aus dem Jahr 1696 an.[49] Er ging davon aus, daß der Bau der 1688 begonnenen Hofarkaden (Kat. 55) weiter vorangeschritten war, bis Schlüter sie wieder abgerissen habe. Ladendorf entging nicht, daß die bei Broebes wiedergegebene Säulengalerie nicht identisch ist mit den zwischen 1688 und 1690 errichteten Arkaden, die Stridbeck zeichnete: »Der Stich von Broebes Tf. 2a erhält im Zusammenhang mit den angeführten Nachrichten eine erhöhte baugeschichtliche Bedeutung, trotzdem er nicht den alten Zustand des Hofes oder den Plan dafür zeigt, sondern wohl eine von Schlüter bereits bearbeitete Variante gibt.«[50] Eher beiläufig lieferte Ladendorf also eine eindeutige Erklärung: Er interpretierte die Hofansicht (Kat. 93) – wie schon Nicolai – als ersten Entwurf Schlüters.

Ladendorfs Ausführungen zur Schloßbaugeschichte fielen knapp aus, wohl auch, weil die seit Jahrzehnten in Arbeit befindliche Schloßmonographie des letzten Schloßbaudirektors Albert Geyer kurz vor dem Erscheinen stand. Das 1936 publizierte Werk erfaßte die Geschichte des Schloßbaus von den Anfängen bis 1698, endete also genau in der baugeschichtlich so brisanten wie umstrittenen Phase. Geyer äußerte sich noch nicht zu den Brüchen innerhalb des barocken Umbaus. Dies blieb dem zweiten Band vorbehalten, dessen Manuskript Geyer bis zu seinem Tod 1938 zwar noch weitgehend abgeschlossen hat, das schließlich jedoch erst 1992 publiziert werden konnte. Darin setzte er sich mit Gurlitts Thesen auseinander, die er vehement und leidenschaftlich ablehnte.[51] Für Geyer stand außer Frage, daß der einheitliche Plan für den barocken Umbau, den die Stiche des Schloßmodells überliefern, allein von Schlüter stammte. Auf den im Hof sichtbaren Planwechsel ging er nicht näher ein. Die römischen

Elemente am Schloß deutete er als Auseinandersetzung Schlüters mit der Kunst des Südens: »Sein Entwurf für den Umbau des Schlosses hat einen römischen Palast als Vorbild, aber trotz aller Ähnlichkeiten springt die Verschiedenheit an Wucht und Eigenart hervor.« Damit hat er das Spezifische des Schlosses besser erfaßt als Gurlitt, der die Unterschiede zur römischen Palastbaukunst nicht sah.

Günther Schiedlausky nahm im Rahmen seiner Monographie über Martin Grünberg von 1942 den entscheidenden Zeitraum vor Schlüters Übernahme der Bauleitung in den Blick.[52] Er konnte den von Josephson 1928 angeführten Dokumenten, die eine Beziehung zwischen Tessin und Berlin bestätigen, noch eine weitere wichtige Quelle, in diesem Fall aus Berliner Sicht, hinzufügen. Es handelt sich um die mit großer Wahrscheinlichkeit an Tessin gerichtete Anfrage des Geheimen Rats vom 26. April/6. Mai 1697: »Der berümbte Architecte aus Schweden soll anhero verschrieben werden, umb S. C. D. zu sprechen.«[53] Schiedlausky bezog diese Nachricht zwar auf die Schloßbauplanungen, erörterte allerdings nicht näher, inwieweit sich Tessin mit dem Schloßbau tatsächlich beschäftigte.

Tessin d. J. als Architekt des Berliner Schlosses ?
Die zweite große Schloßkontroverse (1928 bis heute)

Die Debatte um die Erforschung des barocken Umbaus wurde nach dem Krieg dort wieder aufgenommen, wo sie abgebrochen war – trotz der außerordentlichen Zäsur der Jahre 1945 bis 1950, die die völlige Vernichtung des Schlosses brachten. 1953 hat Margarete Kühn in einem kurzen Beitrag die mögliche Beteiligung Tessins am Schloßbau untersucht.[54] Antrieb hierfür waren die von Josephson und Schiedlausky publizierten Dokumente, die die Beziehung zwischen Tessin und dem Berliner Hof belegen.[55] Josephson hatte 1928 unter Bezug auf Gurlitt gemutmaßt, Tessin sei der Architekt des römischen Plans und habe daher die Rücklagen der Außenfassaden entworfen. Dieser These, der zuletzt von Ladendorf, Geyer und Schiedlausky energisch widersprochen worden war, ging Kühn nicht weiter nach. Statt dessen lenkte sie die Aufmerksamkeit auf die Baugeschichte des Innenhofs. Schon in der Schloßdebatte nach 1889 war erkannt worden, daß man im Hof Kolossalsäulen hatte abbrechen müssen, um die zweigeschossige Galerie (Abb. 79) zu realisieren. Dabei wurde aber nicht getrennt zwischen der Arkadenform, die Stridbeck gezeichnet hatte (Kat. 55), und der Kolossalordnung, die Broebes – zudem noch in zwei Varianten (Kat. 93, 173) – überlieferte.[56] Erst Ladendorf verwies auf die Differenzen.[57]

Kühn stellte nun die Frage, ob Tessin 1697/98 nicht Einfluß auf die umlaufenden Kolonnaden im Innenhof genommen haben könnte, die Broebes in seiner Radierung abbildete (Kat. 93) und die tatsächlich in Ausführung begriffen gewesen sein müssen, dann aber zugunsten der endgültigen zweigeschossigen Galerielösung (Abb. 79) wieder abgerissen wurden. Ihrer Meinung nach ließen die Kolonnaden auf der Radierung von Broebes »nicht die Originalität des Schlüterschen Ingeniums erkennen«, sondern deuteten auf einen »Ideenkreis [...] (Berninis Louvreprojekt), in dem Tessin zu Hause war«.[58] Kühn wies der künftigen Forschung die Richtung: »Damit ist die Frage berechtigt, ob Tessin auf die erste den italienischen Typus des Schlosses festlegende Planung Einfluß genommen hat.«[59] Sie dachte vor allem an »archivalische Nachforschungen«, die allerdings bis heute negativ ausfielen.

KATALOG 173
Jean Baptiste Broebes,
Aufriß und Schnitt der
Hofarkaden vor und nach dem
Umbau und Teilgrundriß des
Großen Treppenhauses,
Augsburg 1733

Als erster präzisierte Erich Hubala 1965 den Gedanken Margarete Kühns. Auch er ging davon aus, daß der Weg von dem 1688 begonnenen, von Stridbeck 1690 gezeichneten Arkadengang (Kat. 55) zu Schlüters endgültiger zweigeschossiger Galerie (Abb. 79) über die Säulenarchitektur führte, die Broebes radiert hatte (Kat. 93, 173) und die den Hof nach dem Typus einer antiken Peristylanlage umformen sollte. Mit Pfeilerarkaden im Erdgeschoß und vorgelegten Halbsäulen folgte sie grundsätzlich noch dem Hofgang von 1688/1690, doch die Kolossalsäulen trugen keine Arkaden mehr, sondern ein immerhin ansatzweise klassisches Gebälk (ansatzweise klassisch, denn der Architrav war auf einen Block über dem Kapitell reduziert, und in den Fries schnitten leichte Stichbogen ein). Bei dieser Lösung handelte es sich nicht um ein bloßes Planspiel. Sie wurde teilweise ausgeführt und zugunsten der letztgültigen Form wieder beseitigt: »On a detruit cette ordonannce«, notierte Broebes auf einer seiner Radierungen (Kat. 173), fügte aber »excepté les trois avantcorps« hinzu. Damit wies Broebes darauf hin, daß die Kolossalsäulen vor den Risaliten beibehalten worden waren.[60]

Hubala greift erneut die von Gurlitt entwickelte – und später wieder verworfene – These auf, daß die Säulenstellung von 1688/1690 Ausdruck und Teil eines ersten Gesamtplans gewesen sei, nach dem der Hof einheitlich umgestaltet werden sollte: »Schon die Baumaßnahme, die Tessin 1688 und Stridbeck um 1690 überliefern, wäre demnach in Berlin zu verstehen als ein Versuch, mit eigenen Mitteln und in Anpassung an die besondern, lokalen Verhältnisse den Schloßhof als ›Peristyl‹ neuzugestalten, auch wenn die alten Treppentürme und Altanen eine vollkommene Durchführung der Säulenstellung verhinderten.«[61] Damit war die These vom ersten Plan geboren, die dann vor allem Goerd Peschken übernehmen sollte. Hubala verschwieg in diesem Zusammenhang nicht, »daß Frau Dr. Kühn meine Auffassung in diesem Punkt nicht teilt und mich davon überzeugt hat, daß die ganze Frage erst nach der Veröffentlichung neuer Forschungsergebnisse über die Vorgeschichte der Arkatur von 1688 und über den Bauzustand des Hofes diskutiert werden kann.«[62] Die Zuschreibung der Säulenstellung von 1688/1690 überging er allerdings. Nerings Namen erwähnt er nicht.

Hubala interessierte sich vor allem für den Zwischenzustand, den Broebes abbildete (Kat. 93). Dieser sei als Fortführung des Peristylgedankens von 1688/

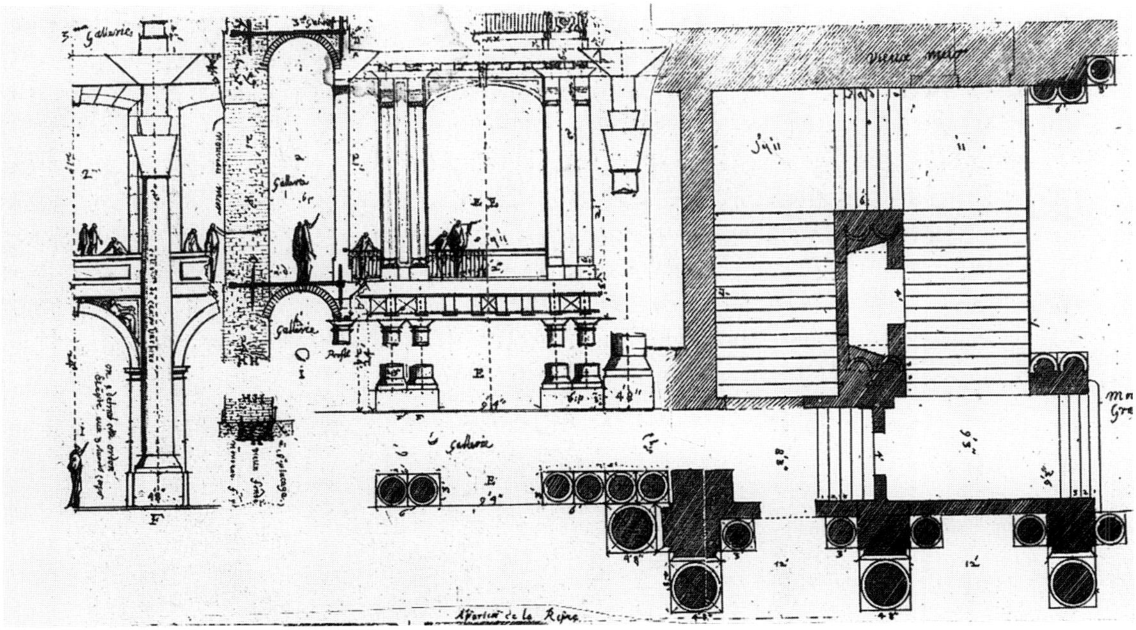

1690 anzusehen. Über die tatsächliche Ausführung der Darstellung äußerte sich Hubala sehr differenziert: »Diese Textfigur in Broebes Werk gibt sicher nicht einen gebauten Zustand wieder, aber es scheint, daß sie ein Planungsstadium überliefert, demzufolge wenigstens ein Teil der Säulenstellungen begonnen [...] worden ist.«[63] Für Hubala stellte sich vor allem die Frage, wem der Zwischenzustand zuzuschreiben sei. »Wenn dieser Planungsstand von Schlüter schon stammt, was uns nicht wahrscheinlich dünkt, dann ist Schlüter in der schließlich ausgeführten Gestalt entschieden von seinen ursprünglichen Absichten abgewichen, die Grundform der kleinen Portalrisalite und damit überhaupt die Einkleidung der alten Treppentürme in Risalitgestalt wäre demnach von Schlüter.«[64] Und weiter: »Ist der durch Broebes überlieferte Planungs- und Bauzustand im Hof des Berliner Schlosses aber vor 1698 zu datieren und nicht Schlüter, sondern einem andern Architekten, etwa Tessin d. Jg., wie M. Kühn vermutet hat, zuzuschreiben, dann muß man wohl schließen, daß dieser Architekt das Risalitmotiv eingeführt hat und zwar im Zusammenhang mit einer Neugestaltung des ganzen Schloßhofes nach dem Typus eines Peristyls.«[65]

Gerade die schmalseitigen Risalite – für Gurlitt noch die Verkörperung der Architektur Schlüters schlechthin und als Einbrechen einer nordischen Formensprache in das römische Konzept interpretiert – sollten also, zumindest zur Hofseite hin, nicht von Schlüter stammen. Hubala spitzte das Problem zu: »Irren wir nicht, so ist bereits vor Schlüter das Risalitmotiv im Hof durch Ummantelung der Treppentürme an der Südseite, vielleicht auch gegenüber an der Lustgartenseite eingeführt und begründet worden.«[66] Die Anteile Schlüters am barocken Schloß waren dadurch erheblich reduziert.

Björn R. Kommer näherte sich der Problematik 1974 aus der Sicht der Tessin-Forschung und unterstrich, daß es keine Dokumente gebe, die Anteile Tessins am Berliner Schloß belegen.[67] Daran hat sich bis heute nichts geändert. Daher behandelte Kommer die Frage unter stilkritischen Gesichtspunkten und kam zu dem Ergebnis, daß sich die Eigenheiten der Berliner Risalite nicht in Tessins Werk verankern lassen. »Wenig tessinisch ist dagegen das Aufreißen des Risalits in der Mitte durch das Portal und durch riesige Fensteröffnungen. Auch die Dynamisierung des Risalits nach der Mitte durch gekoppelte Vollsäulen im unteren Abschnitt und gekoppelte Pilaster vor einem vorspringenden Wandstück im oberen, wobei das weitgeöffnete Zentrum wieder einsinkt, entspricht nicht unbedingt Tessins Stil.«[68] Kommer trifft damit wesentliche Charakteristika der Architektur Schlüters.

Goerd Peschken widmete viele Jahre seiner Forschungstätigkeit dem Berliner Schloß und hier speziell der Unterscheidung der barocken Bauphasen.[69] 1975, also zehn Jahre nach Hubalas Aufsatz, trat er erstmals mit seinen Ergebnissen an die Öffentlichkeit.[70] 1977 präzisierte er seine Thesen in zwei weiteren Aufsätzen.[71] Peschken versuchte – ganz im Sinne Kühns und Hubalas –, einen renommierten Baumeister zu etablieren, der bereits unmittelbar vor Schlüter Entscheidendes zur Modernisierung des Schlosses beigetragen habe und dessen Anteile Ausdruck eines »zweiten Plans« sein sollten. Den Begriff »zweiter Plan« wählte er in Abgrenzung von den 1688 begonnenen Hofarkaden (Kat. 55), die Hubala als Teil einer geplanten Peristylanlage gedeutet hatte und die Peschken fortan als »ersten Plan« bezeichnete.[72] Den Architekten dieses »ersten Plans« wußte er zunächst nicht zu benennen,[73] zuletzt führte er

Memhardt an.[74] Als Architekt des »zweiten Plans« identifizierte er, auch hier Kühns Vermutung folgend, Nicodemus Tessin d. J.

Goerd Peschken war im folgenden bestrebt, die drei rekonstruierten Entwurfsphasen – den »ersten Plan«, den »zweiten Plan« von Tessin und den Ausführungsplan von Schlüter – zu konkretisieren. Anliegen und Methode umriß er wie folgt: »Baugeschichtliche Untersuchungen anhand von Fotos und Plänen ermöglichen es, die schon von einigen Autoren vermuteten mehreren Stufen der Planung und des Ausbaus des Schloßhofes zu sondern, zu bestimmen und zu beschreiben.«[75] Auf diesem Weg ermittelte er zahlreiche neue Befunde, die für die Baugeschichte ebenso berücksichtigt werden müssen wie schriftliche Quellen oder Zeichnungen und die im Gegensatz zu den Schlüssen, die Peschken aus ihnen zog, nicht umstritten sind.

Daß im Hof dem von Schlüter ausgeführten Zustand (Abb. 79) eine Bauetappe unmittelbar vorangegangen sein muß (Kat. 93, 173), belegen die Notizen von Broebes über die Beseitigung der Kolossalordnung (Kat. 173).[76] Peschken konnte diese Nachricht durch einen Befund am Bau bestätigen: Westlich des Risalits mit der Elisabethtreppe war noch bis 1874 eine kolossale Viertelsäule erhalten, die den Anschluß der umlaufenden großen Ordnung an den Risalit gewährleisten sollte (Abb. 78).[77] Diese Viertelsäule wäre nicht ausgeführt worden, wenn man nicht zeitweilig tatsächlich an eine Kolossalordnung im Sinne von Broebes' Tafel 2a (Kat. 93) gedacht hätte. Peschken folgert weiter, daß der von Broebes hier wiedergegebene Zustand des Hofes ganz und gar den vorschlüterschen »zweiten Plan« repräsentiere. Damit spricht er Schlüter markante Bestandteile des ausgeführten Baus ab, nämlich die Risalite der Schmalseiten und an den Rücklagen die Fensterumrahmungen im zweiten Stock mit dem Wechsel von Segment- und Dreiecksgiebel, da sich in diesen Punkten Broebes' Hofansicht mit dem endgültigen Zustand deckt.

Peschken versuchte, den rekonstruierten »zweiten Plan« auch stilkritisch von Schlüters schließlich ausgeführter Lösung abzuheben. Im Hinblick auf die umlaufende Kolossalordnung verwies er auf das Vorbild von Borrominis Klosterhof der Oratorianer von San Filippo Neri. Der Rom-Bezug deute auf Tessin, der nachweislich einige Jahre in Rom studierte. Die schmalen Risalite des »zweiten Plans« interpretierte er als geschlossene Treppenkästen. Zugleich verwies er auf ihren nordischen Charakter, der Tessins Herkunft aus Schweden verrate – »der Bernini-Schüler aus dem Norden«. Der Gebrauch der Säulenordnung sei spezifisch Berninisch. Die in der Mitte gekuppelten Säulen am Risalit erinnerten ihn an Tessins gekuppelte Pilaster an den Risaliten der Schlösser in Steninge und Roissy-en-France.[78] Von den Tessin zugeschriebenen Risaliten der Schmalseiten (Abb. 116) unterscheide sich Schlüters Risalit des Großen Treppenhauses (Abb. 130) grundlegend. Dieser sei ein »riesiges Gerüst aus plastischen Einzelstücken« und verkörpere daher eine »nordischrationalistische Entwurfstechnik«.[79] Spätestens hier verstrickt Peschken sich offenkundig in Widersprüche, denn das Nordische hatte er ja im selben Aufsatz auch schon für Tessin in Anspruch genommen. Insgesamt wirkt seine Stilanalyse wenig überzeugend.[80]

Noch weniger überzeugt der in Analogie zum jeweiligen politischen System gezogene Vergleich zwischen Tessins Stockholmer Schloß und Schlüters Berliner Schloß. Schweden sei um 1700 kein absolutistischer Staat, sondern ein Ständestaat und damit ein freierer Staat gewesen. Diese Freiheit habe am Stockholmer Schloß darin Ausdruck gefunden, daß Tessin dem Reichssaal eine zweiläufige Treppe vorlegte, womit er dem Eintretenden eine Wahlmöglichkeit zugestanden habe. Deshalb könne in Berlin die Treppe im Schloßplatzrisalit mit ihren gleich vier Antritten nur von Tessin stammen. Daß Tessin schließlich nicht weiter für Berlin habe arbeiten können, sieht Peschken nicht nur in dessen mit dem Stockholmer Schloßbrand von 1697 gestiegener Arbeitsbelastung begründet: »Die Distanz, das vornehme Selbstbewußtsein seines Stiles hätte für das neue preußische Königtum nicht gepaßt. Schlüter hat dem absolutistischen Untertanenstaat Preußen, der dort unaufhörlichen Anspannung der Kräfte, der Kraßheit des Patriarchats das passende Monument errichtet, dessen Ton von feierlichstem Ernst bis zu gespannter Eleganz reichte, und das darauf angelegt war, den Betrachter unmittelbar in seinen Bann zu schlagen.«[81]

Bis heute hält Peschken an seiner in den siebziger Jahren des vergangenen Jahrhunderts vorgelegten Darstellung der barocken Baugeschichte fest. Mehrmals versuchte er, seine Thesen durch immer detailliertere Beschreibungen der einzelnen Bauphasen zu erhärten. 1982 veröffentlichte Peschken zusammen mit Hans-Werner Klünner eine große Monographie des Berliner Schlosses. Es handelt sich um die erste Gesamtwürdigung des Schlosses seit Dohmes beiden Bänden von 1876. Wie niemals zuvor ist der inzwischen verlorene Bau dort durch Fotografien dokumentiert. In einem kurzen Bericht von 1984 stellte Peschken weitere neue Ergebnisse vor.[82] Er machte auf Befunde an den Schmalseitenrisaliten aufmerksam, die auf einen Planwechsel deuteten. So habe Schlüters unmittelbarer Vorgänger die Längsseite der Säle (Raum 792, 844) fünfachsig gliedern wollen. Erst Schlüter habe sie dann dreiachsig disponiert. Ferner wies er darauf hin, daß die Serliana der hofseitigen Risalitfassaden (Abb. 78, 116) ursprünglich jeweils an der inneren Saalwand wiederholt werden sollte und dort erst nachträglich vermauert worden war. In seiner ausführlichen Schloßmonographie von 1992 erläutert Peschken diese Befunde, die er Fotos der Schloßruine entnehmen konnte, ausführlich.[83]

Die Forschung reagierte sehr zurückhaltend auf Peschkens Thesen zur barocken Baugeschichte des Berliner Schlosses. Dies gilt an erster Stelle für Margarete Kühn, obwohl sie es doch war, die 1953 darauf hingewiesen hatte, daß der auf Broebes' Tafel 2a (Kat. 93) gezeigte Zustand nicht nur teilweise ausgeführt worden war, sondern unter Umständen von Tessin d. J. stammte. In ihrem Aufsatz über Schlüter als Bildhauer von 1977 übergeht sie Peschkens Ergebnisse. Zwar erwähnt sie, daß die Hofarkaden von 1688/1690 (Kat. 55) vor der endgültigen Fassung Schlüters schon einmal verändert worden sind, der Zuschreibungsfrage weicht sie jedoch geschickt aus. In einem weiteren Aufsatz von 1984 wurde Kühn dann deutlich. Sie skizzierte Tessins Verbindungen zu Berlin und kam zu dem Ergebnis: »Zu einem wirklichen Einstieg [Tessins; G. H.] in die Planungen für das Berliner Schloß ist es aber offenbar nicht gekommen.«[84] Peschkens Aufsätze von 1977 sind nicht zitiert.

Fritz-Eugen Keller hat sich dann dezidiert gegen Peschkens Darstellung der Baugeschichte des Barockschlosses gewandt. Kellers Umgang mit Dokumenten stellte die Baugeschichte vom Kopf wieder auf die Füße. In seinem Aufsatz über Andreas Schlüter von 1987 bezog er eine überzeugende Gegenposition.[85] Er übernahm damit eine Rolle, die hundert

Jahre zuvor Borrmann und Dohme gegen Gurlitt gespielt hatten. Auch für Keller gehörten die von 1688 an errichteten Galerien in der Südostecke des Hofes (Kat. 55) zu einem ersten einheitlichen Plan, der »eine Gestaltung des Hofes im Typus des antiken Peristyls unter Anlehnung an Borrominis Oratoriumshof und Berninis Louvre-Entwurf« anstrebte. Ferner ging er davon aus, daß zu diesem Plan, der von Nering begonnen und nach dessen Tod im Jahr 1695 von Grünberg weiter verfolgt worden sei, in den Rücklagen des Hofes die zuletzt noch vorhandenen Fenster im zweiten Stock (Abb. 79) gehörten. Peschken hingegen rechnete diese Fenster dem »zweiten Plan« Tessins zu.

Keller stellte Peschkens Drei-Pläne-Hypothese eine Zwei-Pläne-Hypothese entgegen: Auf Nerings ersten Plan von 1688 habe Schlüter 1698 mit seinem Schloßmodell (Kat. 107) geantwortet. Damit lehnte Keller Peschkens Theorie eines zweiten, vorschlüterschen und womöglich von Nicodemus Tessin d. J. angefertigten Plans, dessen Hofarchitektur Broebes' Tafel 2a überliefere (Kat. 93), mit Nachdruck ab.[86] Statt dessen deutete er diese Tafel »als eine Hofansicht des Schlüterschen Modells«. Was die Gestaltung des Hofes anlangt, so habe Schlüter im weiteren Bauverlauf seinen ersten Entwurf mit den umlaufenden Kolossalsäulen (Kat. 93) aufgegeben zugunsten der schließlich ausgeführten Galerie (Abb. 79).[87] Dieser Planwechsel habe im Zusammenhang mit der 1701 in Angriff genommenen Errichtung des Treppenhauses im Spreeflügel gestanden. Keller nimmt an, daß Schlüter die Kolossalordnung, wie sie Broebes zeigt, in der nordöstlichen Ecke des Hofes bereits ausgeführt hatte (Kat. 173) – und nach 1701 zumindest an dieser Stelle sein eigenes (!) Werk wieder beseitigen mußte.[88]

Liselotte Wiesinger hat 1989 in ihrer Monographie zum Berliner Schloß die Bauentwicklung von den Anfängen bis zur Vollendung des Königsschlosses nachgezeichnet. Sie referiert ausführlich die entgegengesetzten Positionen Peschkens und Kellers, ohne selbst Stellung zu beziehen.

1992 und 1998 legte Peschken zwei große Bände zum Berliner Schloß vor.[89] Der erste Band betrifft die umstrittene Bauphase von 1688 bis 1701. Peschken macht sich hier nicht die Mühe, auf Kellers Argumente im einzelnen einzugehen, sondern wiederholt vielmehr seine Theorie von den drei Plänen, die er noch ausführlicher erläutert als zuvor und durch zahlreiche Skizzen und Fotografien illustriert. Neu sind vor allem die Fotos vom zerstörten Bau, die das »Wissenschaftliche Aktiv Schloßruine« vor der Sprengung angefertigt hatte. Besonders wertvoll ist Peschkens akribische Beschreibung der Architektur und ihrer Einzelformen. Gerade der erste Band seiner Schloßmonographie macht aber deutlich, daß sowohl sein »erster« als auch sein »zweiter Plan« sich nur an einigen Details im Hof festmachen lassen. Wie aber sollten die Außenfassaden gestaltet werden? Entwürfe in der Art von Schlüters Schloßmodell (Kat. 107, 122) gibt es nicht, Peschkens Rekonstruktionsversuche in dieser Hinsicht sind rein spekulativer Natur.[90] Viel wahrscheinlicher ist, daß im ausgehenden 17. Jahrhundert vor Schlüters Eingreifen niemals nach einem einheitlichen Plan gebaut worden ist.

Die Übertragung der Bauleitung auf Andreas Schlüter und der politische Kontext (1698/99)

Im Januar 1698 hatte Grünberg die Bauleitung am Zeughaus zugunsten Schlüters abgegeben. In den folgenden Monaten dürfte Schlüter sein Schloßmodell präsentiert haben (Kat. 107, 122). Bereits im Frühsommer 1698 erscheint er in den Schloßbaubetrieb verwickelt.[91] Im Herbst werden Abrißarbeiten am Schloß vermeldet, die wohl vor allem die Zwerchhäuser aus der Renaissance betrafen.[92] Diese Maßnahme darf neben dem Abbruch der Stechbahnarkaden als der eigentliche Auftakt zum hochbarocken Umbau des Schlosses gelten. Sie erfolgte nur wenige Wochen nach dem offen und vehement geäußerten Tadel des Kurfürsten an Grünberg, womit wohl dessen Abschied beschleunigt und die Übertragung der Verantwortung auf Schlüter eingeleitet wurde.[93] Im März 1699 legte Grünberg dann offiziell die Bauleitung aller höfischen Bauprojekte nieder.[94] Die Einzelrechnungen des Jahres 1698 wurden noch sämtlich von Grünberg quittiert, 1699 dagegen von Schlüter: »Die Tage- und Wochen Zettul der Handwercksleute, wie auch die Rechnungen der erkaufften materialien, sind in dem ersten Jahr, von dem Baumeister Grünbergen attestiret und bedungen worden, in dem letzten Jahr aber, hat solches der Hoffbau-Director Schlüter also continuiret [...].«[95] Am 2. November 1699 wird Schlüter offiziell zum Schloßbaudirektor ernannt. In der Ernennungsurkunde ist ausdrücklich davon die Rede, daß Schlüter die Bauarbeiten faktisch bereits leitete: »Demnach unser bisheriger Hofbildhauer Andreas Schlüter den bei unserm hiesigen Kurfürstlichen Residenzschlosse angefangenen Bau bisher zu Unserm gnädigsten Vergnügen geführt [...].«[96]

In den Jahren 1697 und 1698 hatte sowohl eine nervöse Suche des Hofes nach neuen Architekten als auch eine Intensivierung der Verhandlungen mit dem Kaiserhof in Wien um die Zustimmung zur Erhöhung Friedrichs III. zum König stattgefunden. Die Architektensuche dürfte im Zusammenhang mit den Wiener Verhandlungen gestanden haben, dennoch verbietet es sich, beides leichtfertig miteinander zu verbinden. Daß Schlüters Schloß zum Monument der erfolgreichen Krönung Friedrichs III. zum ersten König in Preußen wurde, steht außer Zweifel.[97] Der im Herbst 1698 begonnene Umbau nach Schlüters Entwurf wäre aber auch vollendet worden, wenn die Krönungsverhandlungen mit Wien nicht zum Erfolg geführt hätten. Und umgekehrt dürften sich der Kaiser und seine Minister bei ihrer Entscheidung am wenigsten von einer Schloßrenovierung in Berlin haben beeinflussen lassen.

1693 waren in Wien Verhandlungen über die Rangerhöhung eingeleitet worden, allerdings aus brandenburgischer Sicht ohne Erfolg.[98] 1698 nahm man die Gespräche mit dem kaiserlichen Hof wieder auf. Geführt wurden sie von Christian Friedrich von Bartholdi, der sich seit Mai 1698 als brandenburgischer Gesandter in Wien aufhielt. 1699 berief der

Kurfürst in Berlin zur Planung und Beförderung des Projekts das Gremium des Dignitätsconseils unter der Federführung Heinrich Rüdiger von Ilgens. Von Sommer 1700 an wurden die Verhandlungen forciert. Sie führten dann rasch zur prinzipiellen Einwilligung des Kaisers. Der Tod des letzten spanischen Königs am 1. November 1700 gab den entscheidenden Impuls zur Einigung, die mit der Unterzeichnung und anschließenden Ratifizierung des Kontraktats im November und Dezember 1700 fixiert wurde.

Für Friedrich III. bedeutete die Königskrone vor allem das sichtbare Zeichen einer bereits real erlangten Machtstellung. Es lag ihm fern, mehr zu scheinen, als er längst war. Leibniz verwendete in diesem Zusammenhang für Krone und Titel den Begriff des *complementum essentiae*. »Bei der hohen Würde eines Königs hat es einigermaßen auch diese Bewandtnis, daß der Titel der Sache ihr complementum essentiae (Wesensergänzung) mitgibt, und keiner ein König ist, der nicht König heißt, ob man gleich wegen Macht und andern Umständen von ihm sagen könnte, wie ehemals von jetziger königlicher Majestät in Preußen: habet omnia regis (er hat alles von einem König an sich).«[99] Was konnte den neu errungenen Status den eigenen Untertanen und aller Welt besser vor Augen führen als ein radikal umgebautes Residenzschloß? Insofern könnte man, den Leibnizschen Terminus aufgreifend und fortführend, das erneuerte Schloß als *complementum essentiae* des Königstitels auffassen, so wie dieser dasjenige der brandenburgisch-preußischen Machtposition darstellte.

Die überlieferten schriftlichen Belege geben keine Auskunft, welche Vorkommnisse im Detail zu Grünbergs Rückzug als Schloßbaudirektor führten. Die Darstellung des Bauverlaufs zwischen 1688 und 1697/98 hat ergeben, daß das Schloß in dieser Zeit noch nicht nach einem einheitlichen, den gesamten Bauorganismus erfassenden Plan umgestaltet wurde. Alles spricht dafür, daß erst Schlüter mit seinem Schloßmodell diesen alles umfassenden Plan vorstellte.

Was den Hofbildhauer Schlüter bewog, sich mit dem Berliner Schloß zu beschäftigen, ausführungsreife Baupläne vorzulegen und sogar ein hölzernes Schloßmodell anzufertigen, darüber läßt sich nur spekulieren. Daß der Hof nachweislich von 1697 an mit auswärtigen Architekten in Kontakt trat in der Absicht, sie nach Berlin zu holen, offenbart, wie es im ausgehenden 17. Jahrhundert in Berlin um die Baukunst bestellt war. Die Schwäche und Unfähigkeit Grünbergs traten damals eklatant zutage,[100] und Friedrich III. wie seinen Beratern muß bewußt geworden sein, daß die architektonische Rangerhöhung nicht aus eigenen Kräften zu erreichen war. Ein Opfer dieser Erkenntnis wurde der in Berlin geborene Architekt Christian Eltester, der immerhin bereits durch einen mehrjährigen Rom-Aufenthalt gefördert worden war.[101] Ihn zog man 1698 gar nicht für die Nachfolge Grünbergs in Betracht, sondern schickte ihn auf weitere Studienreisen. Zwei Jahre später ist er gestorben.

Ein Bedarf an guten Architekten bestand zunächst weniger beim Schloß als vielmehr bei den Neubauten von Schloß Lietzenburg (Charlottenburg), dem Zeughaus und der Parochialkirche, wo komplexe Entwürfe der Ausführung und Vollendung harrten, womit seit 1695 Grünberg betraut gewesen war.

Im Frühjahr 1697 beschloß der Geheime Rat, den Stockholmer Schloßbaumeister Nicodemus Tes-

69 Joachim Daniel Jauch nach der verlorenen Originalzeichnung von Johann Friedrich Karcher von 1698, Entwurf für die Weichselfassade des Warschauer Schlosses, lavierte Federzeichnung, nach 1733

sin d.J. zu Beratungen nach Berlin einzuladen: »Der berümbte Architecte aus Schweden soll anhero verschrieben werden, umb S. C. D. zu sprechen.«[102] Tessin hatte von 1673 bis 1677 in Rom gelebt und dort im Umkreis Berninis und Carlo Fontanas eine Ausbildung genossen. In Paris hatte er 1687 intensiv Berninis Umbaupläne für den Louvre studiert. 1688 kehrte er nach Stockholm zurück, wo er mit der Modernisierung des Königsschlosses betraut wurde. Es gibt keine Anhaltspunkte dafür, daß Tessin 1697 wegen des Schloßumbaus nach Berlin berufen werden sollte. Sicher ist dagegen, daß er auf der Grundlage von Planmaterial, das ihm aus Berlin zugesandt worden war, einen Vorschlag für ein Treppenhaus in Schloß Lietzenburg zeichnete.[103] Zu einer Berlin-Reise Tessins kam es dann nicht mehr, weil die Anfrage des Geheimen Rats just in dem Moment in Stockholm eintraf, als dort das Schloß brannte. Abgesehen von dem soeben erst aufgestockten und modernisierten Nordflügel wurde der gesamte Bau ein Opfer der Flammen. Von einem Tag auf den anderen war Tessin in Stockholm unabkömmlich.

Der aus Lucca stammende Architekt Domenico Martinelli sollte ebenfalls 1697 mit einem lukrativen Angebot an den Berliner Hof geholt werden.[104] Martinelli, der lange an der römischen Accademia di San Luca gelehrt hatte, war 1690 nach Wien gegangen und dort umgehend vom Hofadel mit prestigeträchtigen Aufträgen für Palaisbauten bedacht worden. Ihm scheint ein gewisser Ruf vorausgeeilt zu sein, denn neben Anfragen aus Berlin erhielt er Offerten vom englischen König Wilhelm III. für den Umbau der Ancienne Cour in Brüssel und vom pfälzischen Kurfürsten Johann Wilhelm zur Neugestaltung des Düsseldorfer Residenzschlosses.[105] Nach Martinellis eigener Aussage wurden die Anfragen aus Berlin mehrfach und hartnäckig wiederholt. Seiner Ablehnung schickte er später die Begründung nach, er wolle nicht unter den Ketzern leben. Erwähnenswert sind seine Wiener Auftraggeber: Graf Ferdinand Bonaventura Harrach hatte ihn 1690 nach Wien geholt, wo Martinelli zunächst als »Gräfl. Harrachischer Architect« auftrat.[106] Von 1691 an arbeitete er zudem für Graf Dominik Andreas Kaunitz. Diese beiden, Harrach und Kaunitz, führten seit 1699 in Wien die Verhandlungen mit dem brandenburgischen Gesandten Christian von Bartholdi um die Königswürde für Friedrich III.

Ferner erhielt am 11. August 1698 der sächsische Architekt Johann Friedrich Karcher 25 Dukaten »wegen einiger praesentierten Risse«.[107] Hierbei dürfte es sich nicht um Pläne für das Berliner Schloß gehandelt haben, wie immer wieder vermutet wurde,[108] sondern um seine aktuellen Entwürfe für den Um-

bau des Warschauer Königsschlosses. Karcher war am 14. April 1698 auf Befehl des polnischen Königs und sächsischen Kurfürsten August des Starken nach Warschau gekommen, »um vor Ihro Koenigl. Majt. unterschiedliche Risse zu verfertigen«.[109] Am 14. August traf er wieder in Dresden ein. Wahrscheinlich hatte sein Rückweg über Berlin geführt, wo er allerdings kaum Zeit gefunden haben dürfte, eigene Entwürfe für das Berliner Schloß anzufertigen. Vier Zeichnungen von Karchers Umbauprojekt des Warschauer Schlosses, darunter eine suggestive Perspektivansicht, blieben erhalten (Abb. 69).[110] Das Pentagon des bestehenden Baus sollte von der Weichselseite aus hinter einer langen Fassadenfront, gegliedert durch Galerien, Pavillons und Terrassen, verschwinden. Über ein System von Rampen und Treppen werden die einzelnen Ebenen des Gartens vom Flußufer her erschlossen.

Schließlich kamen 1698 und 1699 mit dem Schweden Johann Friedrich Eosander und dem Franzosen Jean de Bodt doch noch zwei auswärtige Architekten nach Berlin, aber da war der Auftrag zum Umbau des Berliner Schlosses gerade an Schlüter gegangen.[111] Erst im Zusammenhang mit dem Münzturmunglück 1706 sollte Eosander in den Schloßbaubetrieb einbezogen werden, dessen Leitung er dann 1707 von Schlüter übernahm. Bis 1706 hatten weder Eosander noch Bodt irgendwelchen Einfluß auf den Schloßbau. Eosanders unverkennbare Mißgunst gegen Schlüter dürfte auch aus dem Gefühl der Enttäuschung über eine nur knapp verpaßte große Gelegenheit erwachsen sein.

Nach langem künstlerischem Vakuum hatte schließlich der Hofbildhauer Schlüter mit dem Umbau des Berliner Schlosses einen auch im europäischen Maßstab nahezu einzigartigen Auftrag erhalten, wenn man als Vergleichskategorie die Bauaufgabe des hauptstädtischen Residenzschlosses um 1700 heranzieht. Nur Tessins Auftrag zum Um- und Neubau des Stockholmer Schlosses läßt sich hinsichtlich des Einflusses, der einem Architekten zugestanden wurde, und des Umfangs der zu bewältigenden Arbeit damit vergleichen. Bernini hatte von 1665 an tiefgreifende Umbaupläne für den Louvre entwikkelt, wurde jedoch bekanntlich von einheimischen, französischen Architekten aus dem Felde geschlagen und mußte unverrichteterdinge wieder abreisen. Die danach realisierten Projekte veränderten den Bau nicht so umfassend wie Schlüters Entwürfe die Berliner Residenz, wenn sie auch – wie Claude Perraults Ostfassade – in ihren Folgen hochbedeutend waren.

Schlüter hatte bereits ein gutes Jahr in Berlin gewirkt, als Nering verstarb. Das glücklose Agieren von dessen Nachfolger Grünberg beobachtete er aus nächster Nähe, insbesondere natürlich am Zeughaus. Als der Hof dann Gutachten von außerhalb anforderte und fremde Architekten anzuwerben versuchte, dürfte in Schlüter die Idee gereift sein, sich selbst ins Spiel zu bringen. Von den Zeitgenossen und selbst von seinen Kritikern sind seine zeichnerischen Fähigkeiten stets gelobt worden, und es ist durchaus denkbar, daß er diese Begabung nutzte und unaufgefordert Pläne zum Umbau des Schlosses entwarf, die den Kurfürsten derart beeindruckten, daß er sich zu dem aufwendigen Projekt überreden ließ. Üblich war, daß der Hof ein Projekt beschloß und dann an den Architekten herantrat. Doch hätte er sich an Schlüter gewandt? Es hat den Anschein, daß dieser seine Chance erkannte und sie beherzt nutzte, indem er einen überzeugenden Entwurf vorlegte, der eine klare Alternative zur zaghaften, stückweisen

Bauplanung am Schloß darstellte. Schlüter hätte sich seinen Auftrag also regelrecht erzeichnet.

Für diese Annahme sprechen einige Aussagen von Zeitgenossen, die Schlüter keineswegs wohlgesinnt waren. Im Zusammenhang mit der Münzturmkatastrophe bemerkte sein Konkurrent Johann Friedrich Eosander: »Auch kann man hieraus abnehmen/daß mehr dazu gehöre als zeichen können/um einen Bau zu führen.«[112] Über den Architekten des östlichen Seitenflügels von Schloß Charlottenburg, den man mit Schlüter gleichsetzen darf, fand er ähnliche Worte: »[...] es wäre der Architect zwar ein guter Zeichner/und könte dem Gebäude auff den Papier ein schönes Ansehen geben/alleine im Auffbauen wüste er daßelbige nicht zu thun.«[113] Der Mathematiker und Architekt Leonhard Christoph Sturm, der ebenfalls mit der Untersuchung des Münzturmunglücks beauftragt war, dürfte vor allem Schlüter im Sinn gehabt haben, als er schrieb: »Anderen habe man die importantesten Werke zu bauen anbefohlen, die selbst nicht träumen konnten, daß sie sollten Baumeister werden, sintemal sie sich bloß auf das Zeichnen und die Bildhauerkunst geleget.«[114]

Andreas Schlüters Schloßmodell

Im März 1698 hat man Schlüter die Bauleitung am Zeughaus übertragen, wodurch er erstmals als Architekt auftrat. Im Frühsommer wird er bereits im Zusammenhang mit dem Schloßbau erwähnt. Im Herbst beginnen die Umbauarbeiten am Schloß. Innerhalb dieser Zeitspanne dürfte Schlüter seine Pläne für den Umbau des Schlosses, sein Schloßmodell, erarbeitet haben. Es ist nur in gestochener, radierter, geprägter und gemalter Form überliefert (Kat. 93, 96, 106, 107, 122, 124, 125, 150). Originalpläne oder gar Skizzen von Schlüters Hand gibt es nicht. Sie müssen seit langem verloren sein; schon Friedrich Nicolai kennt sie nicht mehr.[115] Fünf Jahre jünger als das Modell sind die vier großformatigen von Paul Decker d. Ä. gestochenen repräsentativen Pläne (Kat. 140–143). Sie folgen bis auf kleine Abweichungen dem ausgeführten Zustand.

Ob Schlüter das Holzmodell gleich zu Beginn präsentiert hatte, um den Kurfürsten und seine Berater mit allen Mitteln für seine Pläne einzunehmen,

KATALOG 107
Johann Ulrich Kraus nach Constantin Friedrich Blesendorf, Schlüters Schloßmodell, 1701

oder ob er es erst nach der grundsätzlichen Billigung der Schloßpläne im Auftrag des Hofes anfertigte, ist wie so viele Details der Planungsgeschichte nicht bekannt. Das Modell wird im Inventar von 1702 das »höltzern formular vom hiesigen Königs Residentz Schloß« genannt.[116] Die Bezeichnung erscheint um so treffender, als das Modell Schlüters Idee vom Umbau in der Tat auf eine knappe Formel bringt, die bald mehrfach aufgegriffen und ins Bild gesetzt wurde. 1702 befand es sich in einem Gemach neben der »alte[n] Königl. Geheimbte[n] Raht=Stube«.[117] Damit stand es zu einem Zeitpunkt, als das Schloß im Bau war, ganz in der Nähe der Wohnräume des Königs. Das Inventar enthält noch den nachträglichen Vermerk: »ist in die bau Kamer geben worden«. Im Laufe des 18. Jahrhunderts ging es verloren. Nicolai hat es offensichtlich nicht mehr gesehen, ansonsten hätte er es sicherlich erwähnt, als er die im Mezzaningeschoß des Schlosses aufbewahrten Modelle beschrieb.[118]

Am besten ist Schlüters Modell auf den beiden Stichen von Johann Ulrich Kraus und Pieter Schenk zu erkennen sowie – wenn auch kleiner, doch dafür exakter (!) – auf der Medaille von Christian Wermuth (Kat. 107, 122, 150). Die Ansicht aus der Vogelschau vermittelt zunächst einen Eindruck von der Gesamtdisposition und von der Gestaltung der Schloßplatzfassade.

Die Ideen Schlüters erschließen sich vor allem in einem Vergleich mit den knapp zehn Jahre zuvor entstandenen Veduten Stridbecks (Kat. 53–59). Diese zeigen den Bau in dem Zustand, in dem Schlüter ihn bei seiner Ankunft in Berlin 1694 vorfand und wie er ihn vier Jahre lang täglich vor Augen hatte, bis er schließlich mit dem Umbau beauftragt wurde. Schlüter erkannte den der Anlage innewohnenden Drang zum geschlossenen Vierkant und machte sich diesen konsequent zu eigen. Die Erhöhung des Lustgartenflügels und des unmittelbar anschließenden Trakts mit dem Alabastersaal stellte auf diesem Wege die wichtigste Maßnahme dar. Die einzelnen älteren Bauabschnitte, die meist unvermittelt nebeneinander standen – man vergleiche ältere Ansichten aus der Vogelschau (Kat. 49, 51) –, werden zu einem homogenen Geviert zusammengeschweißt. Damit waren die äußeren Abmessungen des Würfels bestimmt. Die Beruhigung der Dachlandschaft sowie die Vereinheitlichung der Fassaden nach außen und zum Hof trugen wesentlich zur Systematisierung des Äußeren bei. Lukarnen, Erker, Türmchen und Türme mußten einem einheitlichen, römisch inspirierten Flachdach weichen, das die Wirkung des Baus als kantiger Kubus noch verstärkte. Eine umlaufende Balustrade, bekrönt von Vasen und figuraler Bauplastik, band schließlich alle Flügel und Trakte zusammen.

Die Form des Vierkants, die Schlüter gewählt hatte, war also die konsequente Weiterführung einer in dem Altbaubestand seit Jahrzehnten angelegten Entwicklung. Für eine innerstädtische Residenz war die Vierflügelanlage auch um 1700 eine angemessene Lösung. Schlüter dürfte hier die Tradition des florentinischen und römischen Palastbaus der Renaissance und des Barock ebenso geleitet haben wie die der nordalpinen Stadtresidenzen. Die Autorität des Machtzentrums verlangte die geschlossene Form, nicht zuletzt, um das allseitig andrängende Leben der Stadt auf Distanz zu halten.

In Warschau besaß das alte Königsschloß einen auf fünf Seiten abgeschirmten Hof (Abb. 69), während Jan Sobieskis Landsitz in Wilanów eine offenere und intimere Gestalt erlaubt war. In Paris betrieb Ludwig XIV. nach seinem Regierungsantritt 1643 den weiteren Ausbau des Louvre, seiner Stadtresidenz, zur Vierflügelanlage um die Cour Carrée (Abb. 168). Die Planungen unter Beteiligung Berninis und zahlreicher weiterer prominenter italienischer und französischer Architekten seit 1664 hatten um 1700 noch nichts von ihrer Faszination verloren, auch wenn sich inzwischen mit Versailles ein prominentes Beispiel für das Gegenmodell einer Dreiflügelanlage etabliert hatte. Schlüter besaß nicht nur Kenntnis vom ausgeführten Bau des Louvre, sondern mit größter Wahrscheinlichkeit auch von den Entwürfen Berninis. Letztere beeinflußten wiederum Tessin d.J., der nach 1697 das niedergebrannte Stockholmer Schloß zu einem Vierkant von römischer Erscheinung aufbaute (Abb. 180).

Der vorschlütersche Zustand der Schloßplatzfassade ist mehrfach sehr detailliert im Bild festgehalten worden, etwa auf dem großformatigen Ölgemälde, das Abraham Jansz. Begeyn zugeschrieben wird (Kat. 62). Schlüters Eingriffe, die weitgehend realisiert wurden, sind bei näherer Betrachtung leicht auszumachen. Vollständig abgerissen wurden Nerings Stechbahnarkaden, die das Erdgeschoß bis dahin verdeckt und vom Platz abgeriegelt hatten. Die malerische Dachlandschaft mußte gnadenlos dem modernen Flachdach weichen. Nur das untere Geschoß der Zwerchhäuser ging teilweise in dem neuen Mezzaningeschoß auf. Erhalten blieben die horizontale Stockwerkeinteilung und die vertikale Achsgliederung. Dreizehn Vorhangfenster aus der Renaissance reihten sich je Geschoß aneinander, dreizehn in ihrer Rahmung vollständig erneuerte Fenster besitzt auch Schlüters Umbau, wobei die drei mittleren Fenster zu großformatigen Rechtecköffnungen zusammengefaßt wurden. Der schmale zierliche Altan in der Mittelachse mutierte zu einem majestätischen dreiachsigen Risalit, dessen zyklopenhaft anmutende Kolossalsäulen ein schweres Gebälk tragen. Die alten Renaissance-Erker wurden oben um ihre offenen Altane gekürzt und am unteren Ende bis auf den Boden hin verlängert. Sie bilden, mit modernen Fenstern ausgestattet, die seitlichen Abschlüsse der Schloßplatzfassade. Der östliche Erker blieb bis zum Abbruch des Schlosses erhalten, während der westliche bereits im Zuge der Verlängerung des Schloßplatzflügels (1714/1716) beseitigt wurde.

Schenks Stich (Kat. 122) weicht in einigen Details vom ausgeführten Zustand ab. Darin unterscheidet er sich zugleich von dem Stich im *Thesaurus Brandenburgicus* (Kat. 107). Schenk zeigt die Schloßplatzfassade ohne die Wandspiegel, die negativen Pilaster. Außerdem weist bei ihm das Mittelfenster im zweiten Obergeschoß des Portalrisalits einen Fensterbogen auf. Diese Abweichungen sind ernst zu nehmen. Es ist auszuschließen, daß Schenk nachlässig gearbeitet hat, denn eine Radierung von Broebes gibt ebenfalls diese ältere Variante des Modells wieder (Kat. 96). Außerdem überliefert Broebes eine entsprechende Ansicht der Lustgartenseite, auf der die negativen Pilaster ebenfalls fehlen (Kat. 146, 147). Die Stiche von Schenk und Broebes zeigen eine Vorstufe des ausgeführten Entwurfs, die Schlüter

KATALOG 150
Christian Wermuth,
Medaille auf den Neubau
des Schlosses mit Schlüters
Schloßmodell, 1704

später, als der Umbau des Schlosses bereits begonnen hatte, aus ästhetischen Gründen korrigierte.

Der Zeichner, der das Modell von der Gartenseite wiedergibt (Kat. 106), wählte seinen Standpunkt an der Orangerie – wie Stridbeck acht Jahre zuvor (Kat. 57), als der Lustgartenflügel noch nicht erhöht war. Seine Ansicht fällt aber recht kursorisch aus.[119] Schon die Achszahl macht stutzig. Beiderseits des dreiachsigen Risalits sind nur je vier Achsen dargestellt. Es müßten jedoch links fünf (im Falle des Abrisses des Apothekenflügels sogar sechs) und rechts sieben Achsen zu sehen sein (vgl. Kat. 141; dort die linke Rücklage im Vergleich zum schließlich ausgeführten Zustand idealiter um zwei Achsen erweitert). Der Risalit ist wie in der Ausführung flach gehalten, während die Ansicht aus der Vogelschau eher einen weit hervortretenden Risalit vermuten läßt. Auffallend ist der kurze Trakt von zwei zu zwei Achsen, der in Verlängerung des Spreeflügels aus der Lustgartenfassade hervorstößt. Hierbei muß es sich um eine moderne Verkleidung der ersten beiden Achsen des Apothekenflügels handeln.[120] Folgt man dem Stich, dann hätten dessen übrige Achsen abgerissen werden sollen.

Das Quergebäude und der anschließende Trakt mit dem Alabastersaal sollten zur Westseite des neuen Schloßkubus aufgewertet werden. Schlüters Pläne zur Umgestaltung lassen sich in der Vogelschau gerade noch erahnen. Die Westseite, wie Schlüter sie vorfand, setzte sich aus mehreren Altbauten zusammen: Im Süden wurde sie zunächst noch von der zweiachsigen Schmalseite des Schloßplatzflügels (1538–1540) gebildet, an die das Quergebäude (1590 bis 1595) anschloß, allerdings nicht in einer Flucht, sondern um die Tiefe von zwei Achsen nach Westen vorgeschoben (vgl. Kat. 48).[121] Diesen Vorsprung kalkulierte Schlüter ein, ja, er steigerte die Staffelung nach vier bis fünf Achsen noch um einen jener dreiachsigen Risalite, die sich in allen vier Flügeln seines Modells finden. Der Risalit sollte jedoch nicht wie an der Schloßplatzseite von Kolossalsäulen, sondern von gekuppelten Pilastern, und zwar zur Seite wie nach vorne, strukturiert werden. Die Nordwand des Risalits wäre sonst womöglich auf die Trennmauer

KATALOG 62
Abraham Jansz. Begeyn, Ansicht von der Stechbahnseite, um 1690

zwischen Quergebäude und Alabastersaal gefallen, und so nutzte Schlüter also auch die statischen Bedingungen des Altbaus aus. Der Alabastersaal (um 1680) hätte, um den Modellzustand zu realisieren, aufgestockt werden müssen (Kat. 56). Nördlich des Risalits stellten damit fünf Achsen den Anschluß an den Lustgartenflügel her.

Die kleinteilig gestaltete Spreefront sollte (Kat. 53), soviel läßt sich aus der Vogelschau erahnen, ebenfalls zu einer glatt durchlaufenden Fassade umgestaltet werden. Zu diesem Zweck hätten ihre zahlreichen Vor- und Rücksprünge begradigt werden müssen. Die Fläche im Winkel zwischen Kapelle, Grünem Hut und Haus der Herzogin wollte Schlüter auffüllen. Mit einer Tiefe von vier Achsen hätte sich dann der äußere Spreeflügel von dem eigentlichen Vierkant gelöst. In der Frontalansicht der Schloßplatzfassade ist diese Absicht an der vierachsigen Rücklage am rechten Rand deutlich abzulesen (Kat. 140). Was so leicht aussieht, wäre in der Ausführung überaus kompliziert zu bewerkstelligen gewesen. Die bestehenden Räume, zum Großteil die privaten Wohnungen von Kurfürst und Kurfürstin, hätten starke Eingriffe erfahren. So ist es nicht verwunderlich, daß die Begradigung der Spreeseite letztlich unterblieb. Wir kennen noch nicht einmal einen Aufriß von Schlüters Plan und wissen nicht, ob eine detaillierte Planung überhaupt bestand. Der Eishof wäre, glaubt man der perspektivisch verzerrten Ansicht des Modells, nicht nur erhalten, sondern sogar nach Süden verlängert und mit dem Kapellenhof vereint worden.

Wie Schlüter in seinem Modell die Aufrisse der Hoffassaden gestaltete, darüber wissen wir lediglich, daß er den Risaliten große Bedeutung beimaß. Die Vogelschau gewährt keinen Einblick bis auf den Boden des Hofes. Zu erkennen ist auf der Hofseite zum Lustgarten lediglich ein Teil des Piano Nobile sowie des Mezzanins. Die Gliederung des Risalits folgt in diesem Bereich weitgehend dem ausgeführten Zustand, während die daran anschließenden Rücklagen davon eklatant abweichen, indem sie das entsprechende Aufrißsystem der Außenfassaden wiederholen. Dies ist eine eher ungewöhnliche Lösung, die

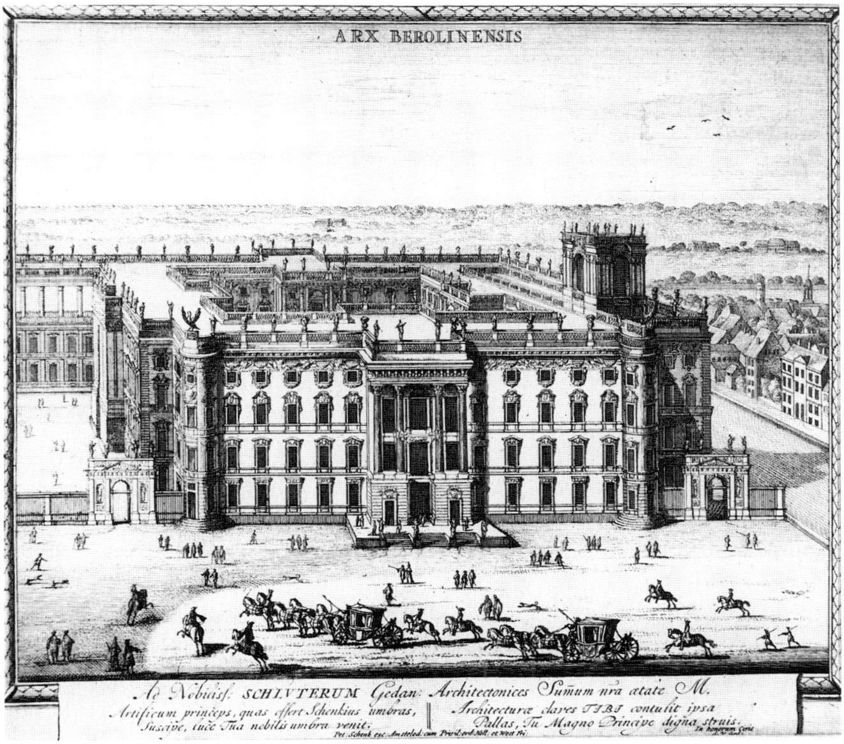

KATALOG 122
Pieter Schenk, Schlüters Schloßmodell, 1702

den Regeln des frühneuzeitlichen Palastbaus, und zwar nördlich wie südlich der Alpen, widerspricht. Üblicherweise wird der Aufwand der Hoffassaden bewußt niedriger gehalten als der der Außenseiten – wie es in der Ausführung ja dann auch geschah. So ist die Lösung des Modells als erste Idee Schlüters zu werten, die er bald durch einen neuen Vorschlag ersetzte. Diese zweite Lösung gibt Broebes' Tafel 2a wieder (Kat. 93), die zwar – immer bezogen auf die oberen Geschosse – in Details immer noch vom letztgültigen Plan abweicht, ihm aber grundsätzlich entspricht mit den klassisch gehaltenen Fenstern im Piano Nobile sowie der in Schichten und Bänder zerlegten Wand.[122]

Es bleibt die Frage, wie man sich die Lösung für die Galerien der unteren beiden Geschosse in Schlüters Modell vorzustellen hat. Bei der zweigeschossigen, auf Kolossalsäulen verzichtenden Kolonnade, wie sie bis zum Abriß des Schlosses 1950 bestand, handelt es sich nachweislich um einen späteren Zustand, der auf die Zeit nach 1701 zurückgeht und im Zusammenhang mit der Errichtung des Großen Treppenhauses eine erste, sogar bereits in Teilen ausgeführte und ebenfalls von Schlüter stammende Fassung ersetzte. Deshalb bemerkt Broebes auf Tafel 46, die beide Fassungen nebeneinander zeigt, zur älteren Lösung mit den kolossalen Halbsäulen: »On a detruit cette ordonannce excepté les trois avantcorps« (Kat. 173).[123] Die Einschränkung »excepté les trois avantcorps« besagt, daß in der letzten Fassung immerhin die Kolossalsäulen vor den Risaliten beibehalten wurden. Es ist anzunehmen, daß die in Broebes' Tafel 2a gezeigte Lösung die Erstfassung darstellt und sich uns präsentieren würde, wenn wir in Schlüters Modell, wie es die Stiche zeigen (Kat. 107, 122), hineinschauen könnten.

Diese erste Lösung mit der umlaufenden Kolossalordnung muß ebenfalls als Beispiel für die Auseinandersetzung Schlüters mit dem vorgefundenen Bauzustand verstanden werden. Die in Stridbecks Hofansicht von 1690 (Kat. 55) dargestellte Bogengalerie in der Südostecke des Hofes wurde bereits ausführlich erörtert im Kapitel zur Baugeschichte des Schlosses bis 1698. Sie bestand 1698 noch, als Schlüter seine Umbaupläne erarbeitete, vielleicht war sie zwischenzeitlich sogar auf den nördlichen Abschnitt des Spreeflügels ausgedehnt worden.

Schlüter konnte sich zunächst nicht von der regelmäßigen Reihung kolossaler Halbsäulen frei machen, sondern betrachtete sie, wie so oft, als eine Möglichkeit, an den Vorgängerbau anzuknüpfen, um Kontinuität zu wahren und den Aufwand des Umbaus in Grenzen zu halten. Eventuell bestanden auch der Kurfürst und seine Berater auf den noch nicht einmal ein Jahrzehnt alten Kolossalsäulen.

Schlüters Modernisierung der Hoffassaden ähnelte in vielen Punkten den Vorschlägen für die Außenfassaden, etwa in bezug auf die Abtragung der Giebelzone, die Errichtung eines zusammenhängenden Mezzaningeschosses oder die Erneuerung der Fensterumrahmungen. Die verschiedenen Treppenformen, die drei der vier Fassaden jeweils in der Mitte vorgesetzt waren – sei es als Freitreppe, Reitschnecke oder Windelstiege –, inspirierten ihn zu seinen Risaliten, die er hier mit der bereits bestehenden Kolossalordnung der Bogengalerien verknüpfte. Die gerade einmal acht Jahre alten Kolossalsäulen konnten Schlüter nicht völlig veraltet erscheinen, als er sich als Neuling an die so anspruchsvolle Ausarbeitung seines Schloßmodells machte. Nur die Form des Bogens über der Kapitellzone der Halbsäulen dürfte er, vergleicht man Stridbecks Überlieferung mit der von Broebes (Kat. 55, 93, 173), verändert haben. Schlüter ging dann sogar so weit, sie zu einem wesentlichen Element seiner Risalitgliederung zu machen.

Daß Schlüter etwa drei Jahre lang tatsächlich plante, die Kolossalordnung auch auf die Westhälfte des Hofgevierts auszudehnen, belegt die bis 1874 an der Westflanke des Elisabethsaal-Treppenkastens vorhandene Viertelsäule, die den nahtlosen Anschluß an die Bogengalerie gewährleisten sollte (Abb. 78).[124] Sie ist in Verbindung mit kolossalen Halbsäulen vor den Hofarkaden auf einem Entwurf zu sehen, den Christoph Pitzler 1701 in sein Reisebuch skizzierte (Kat. 115). Diese Viertelsäule verlor in der Letztfassung mit der Doppelkolonnade ihren Sinn und ging daher verloren, als man sich 1874 entschloß, Schlüters liegengebliebene Planung zu vollenden.

Anstelle der Höhendominante des Kapellenturms zeigt das Modell ein massives, würfelförmiges Belvedere in modernen, hochbarocken Formen. Es gibt dem gesamten Bau einen eindeutigen Schwerpunkt und wirkt wie ein erhobenes Haupt auf dem dahingelagerten Körper des Schlosses. Zugleich zeichnet es den Spreeflügel aus, der mit den kurfürstlichen Wohngemächern und der Audienzsuite Räume von höchstem Rang enthielt. Seine Grundfläche hätte die des Kapellenturms klar überschritten. Nicht nur über dem Chor der Kapelle, sondern auch über dem Grünen Hut sowie über den beidseitig an diesen anschließenden Abschnitten des Hauses der Herzogin hätte sich das Belvedere erhoben (im Erdgeschoß sind dies die Räume 326, 328, 330, 348 bis 350, 355, 357, 358). Dessen Südwand dürfte direkt auf der Maueraußenkante des darunter liegenden Geschosses gesessen haben; die Modellansichten wirken hier teilweise verwirrend.

Im Nachlaß des Architekten Henry Reetz, der womöglich als Zeichner in Schlüters Baubüro wirkte, hat sich ein detaillierter Aufriß vom Belvedere erhalten (Kat. 124).[125] Er stimmt weitgehend mit den Gesamtansichten des Modells überein. Das umlaufende klassische Gebälk, getragen von gekuppelten Freisäulen, wird jeweils in der Mitte durch eine hohe Rundbogenöffnung unterbrochen. Darüber ist das Gesims in Form eines Segmentbogens fortgeführt, auf dem menschliche Figuren mit dem kurfürstlichen Wappen lagern. Über dem Gebälk verläuft eine attikaartige Zone, über der die abschließende Balustrade mit ihrem Skulpturenschmuck aufragt. In den Sockelbereich des Belvederes hat Reetz nachträglich mit Graphit eine Fensteröffnung eingezeichnet. Sie ist auch auf Schenks Ansicht des Schloßmodells zu erkennen (Kat. 122). Ein bedeutender Unterschied zum Modell zeigt sich am linken Rand in der Gestaltung der Dachzone über dem Spreeflügel: Das völlig unpraktikable Flachdach, das der Idealentwurf vorgeschlagen hatte, ist einem

KATALOG 124
T. Henry Reetz, Aufriß des Belvederes auf Schlüters Schloßmodell, nach 1698

niedrigen Satteldach gewichen, das später ausgeführt wurde.

Als kleiner Kubus auf dem großen Kubus gibt das Belvedere dem Schloßgeviert einen eindeutigen Schwerpunkt. Damit kommt ihm in Schlüters Modell nicht nur eine funktionale, sondern vor allem eine ästhetische Rolle zu. Das erklärt auch die bewußt asymmetrische Anordnung auf einem ansonsten auf Regelmäßigkeit angelegten Gebäude. Das Belvedere hätte in der Sichtachse von der Langen Brücke gelegen (Abb. 48) und den Blick auf die Kante gelenkt, wo die Kapelle rechtwinklig am Spreeflügel ansetzt. Deren Linie wäre zu einer dominierenden Vertikale verlängert und gesteigert worden. Schlüter hat diese Position demnach unter Zugrundelegung eines Betrachterstandpunkts aus der Diagonalen berechnet, die beschriebene Ecksituation wirkungsvoll akzentuiert und zugleich das Belvedere als Kubus präsentiert. Besonders eindrucksvoll hätte er sicherlich zusammen mit dem mächtigen Risalit von Portal I gewirkt, der ja ebenfalls aus der Schrägansicht zunächst in den Blick kam. Hätte Schlüter das Belvedere dagegen mittig auf den Spreeflügel gesetzt, wäre die Wirkung völlig verschenkt gewesen. Es hätte sich freischwebend, ohne Verbindung mit dem übrigen Gebäude, über dem langgestreckten Trakt erhoben.

Aufgrund seiner Position auf dem Schloß haftet dem Belvedere etwas Unzeitgemäßes an. In Rom hätte ein Architekt um 1700 ein Belvedere in dieser Form nicht mehr geplant. Nach Christian Elling, der die formale Entwicklung des Belvederes innerhalb des römischen Palastes untersucht hat, war ein Belvedere, wie Schlüter es entwarf, in Rom nur zwischen 1550 und 1630 gebräuchlich.[126] Schlüter bediente sich also eines im römischen Stadtbild nach wie vor präsenten, aber altmodischen Motivs. Nicht von ungefähr findet es sich nicht in Berninis Œuvre. Auf dessen Palazzo Chigi-Odescalchi wäre es nicht vorstellbar (Abb. 45). Seine Louvre-Entwürfe, vor allem der dem Berliner Schloß am nächsten kommende dritte Entwurf, sahen ein solches Element ebenfalls nicht vor (Abb. 166), und auch Tessin vermeidet ein Belvedere auf seinem – im Volumen dem Berliner Schloß entsprechenden – Vierkant des Stockholmer Schlosses (Abb. 176).

Im römischen Palastbau läßt sich dagegen seit 1630 eine Tendenz zur Ausbildung von Risaliten beobachten.[127] Im Zuge dieser Entwicklung verschwinden die Belvedere-Aufsätze entweder gänzlich, wie die Entwürfe von Bernini und Tessin zeigen, oder sie verschmelzen mit den Risaliten zu einem einheitlichen Körper. Ein prominentes Beispiel für eine solche Verschmelzung von Risalit und

70 Giovanni Battista Falda, Palazzo Pamphili a Piazza Navona in Rom, Kupferstich, um 1680

Belvedere ist Borrominis Palazzo Pamfili auf der Piazza Navona (Abb. 70). Auch bei dem gegen 1680 in Rom im Umkreis der Accademia di San Luca erfundenen und einige Jahre später von Johann Bernhard Fischer von Erlach weiterentwickelten Lustgartengebäude steht das dominante Belvedere in engem Zusammenhang mit dem Mittelrisalit (Abb. 191). Das gleiche gilt für Fischers Ausführungsentwurf für Schönbrunn (Abb. 186).

Genau diese Entwicklung, die Verschmelzung von Risalit und Belvedere, vollzieht Schlüter nicht nach. Er bildet Risalite aus von einer Wucht und plastischen Prägnanz, wie man sie im römischen Palastbau der Zeit niemals finden würde. Zugleich vermeidet er tunlichst, sie mit dem Belvedere direkt in Beziehung zu setzen. Die Eckpositionierung des Belvederes ist das Altertümliche an Schlüters Lösung, aber es ist bewußt altertümlich. In einem entscheidenden Punkt schließt Schlüter sich nämlich den neuesten Entwicklungen in der Belvedere-Gestaltung an: Er setzt sein Belvedere auf der Ansichtsseite direkt auf die Außenmauer, mit der es somit in einer Flucht liegt. Genau diese Neuerung läßt sich auch bei Belvederes in Rom beobachten,[128] die im Unterschied zu den herkömmlichen Eckbelvederes aus der ersten Jahrhunderthälfte, die meist aus der Dachlandschaft aufstiegen, auf Risaliten sitzen (Abb. 71).

Eigenwillig zwischen römischem und französischem Formengut changiert Schlüters Vorschlag zur Gestaltung des nördlichen Altangebäudes am äußeren Schloßhof. Der bestehende niedrige schmale Trakt sollte eine moderne Verkleidung im Stil der Schloßfassade erhalten. Darüber plante er eine luftige, anderthalb Geschosse umfassende Kolonnade, die das Flachdach des Hauptgebäudes fortführte. Eine solche Konstruktion wurde damals als überaus majestätisch empfunden. Die Assoziation an Claude Perraults Louvre-Kolonnaden (Abb. 170) schwingt hier mit. Leider bricht die Kolonnade auf den erhaltenen Ansichten nach wenigen Achsen ab. Letztlich hätte sie bis zum Münzturm geführt.

Ob Schlüter bereits damals auch Entwürfe für die Erneuerung des Münzturms erarbeitete, ist nicht bekannt und eher unwahrscheinlich, denn es widerspräche den Quellen, die den Baubeginn des Turms in das Jahr 1702 legen (Kat. 130). Es gibt spätere Alternativentwürfe, wiederum von Reetz, die das Zusammentreffen der Kolonnade mit einem modernen Münzturm zeigen (Kat. 177). Broebes überliefert dagegen eine Ansicht mit einem erneuerten Münzturm, der in die niedrigen Altangebäude, ohne Kolonnade, eingebunden ist (Kat. 136).

Man ist versucht, in Schlüters Modell die Fähigkeit des barocken Menschen zur Synthese zu sehen.

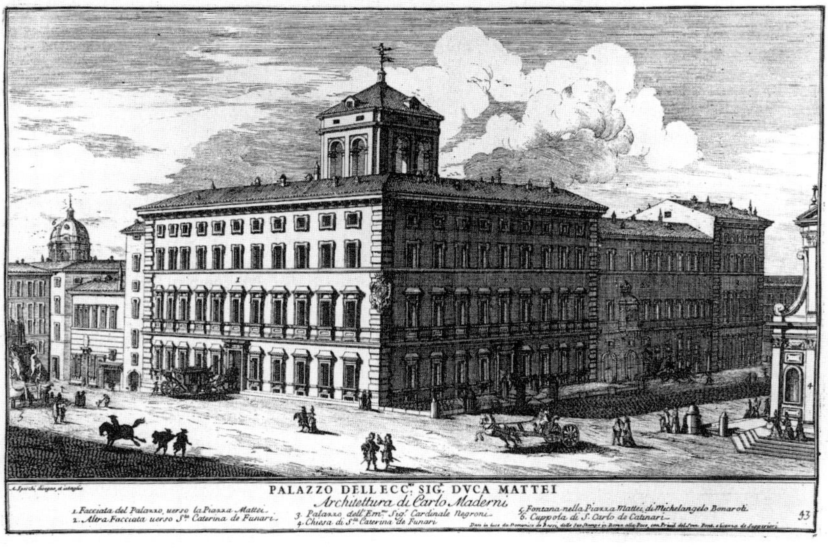

71 Giovanni Battista Falda, Palazzo Mattei in Rom, Kupferstich, um 1680

Die Baugeschichte hat aber gezeigt, daß Architekten wie Nering und Grünberg diese Kraft nicht aufbrachten. Schlüter jedoch gelang es, in einem staunenerregenden Entwurf das Alte in etwas völlig Neues umzuformen. Nicht die phantasiereiche und von allen Vorgaben losgelöste Erfindung auf dem freien Feld, sondern die Verwandlung eines in Jahrhunderten gewachsenen Altbaus in ein modernes und zeitgemäßes Residenzschloß dürfte den Kurfürsten von Schlüters künstlerischer Kapazität überzeugt haben. Wer schließlich den Anstoß zum grundlegenden Umbau des Schlosses gab, wissen wir nicht. Sollte die Initiative tatsächlich von Schlüter ausgegangen sein, so dürfte die Eleganz, mit der sein Modell die Kluft zwischen Alt und Neu zu überwinden vorgab, für seine Pläne eingenommen haben. Die gefundene Form wirkt so einleuchtend, selbstverständlich und leicht wie eine intelligent gelöste mathematische Aufgabe.

Die Planungs- und Baugeschichte

Der Bauverlauf bis zum Krönungseinzug am 6. Mai 1701

Im Herbst 1698 wird mit dem Umbau des Schlosses nach Schlüters Modell begonnen. Die Meldung in der *Wendlandschen Chronik* fällt recht lakonisch aus: »In diesem Herbst hat man angefangen, das Schloß alhier abzubrechen, um selbiges höher und in besserer Form zu bringen. Wird Zeit und Geld erfordern.«[129] Konkret wird sich diese Notiz auf die Abtragung der alten Dächer und Giebel bezogen haben. Die Maßnahme war notwendig, wenn man das Schloß mit einem einheitlichen Mezzaningeschoß und einem Flachdach versehen wollte. Wendlands Vermerk markiert den Beginn des hochbarocken Umbaus und legt zugleich die Vermutung nahe, daß bis dahin nicht an einem umfassenden Konzept gearbeitet wurde. 1698 findet sich als Jahr des Baubeginns nachträglich noch mehrfach bestätigt. 1701 wird im dritten Band des *Thesaurus Brandenburgicus* mit Verwunderung festgestellt, daß der Umbau noch nicht einmal drei Jahre (»ante triennium meminite«) in Anspruch genommen habe: »Et intra triennium tantam Metamorphosin vix ac ne vix quidem praesumerem. Triennium inquit Dolodurus ex quo mutatio coepta est, nondum effluxit.«[130]

Die Ausgaben für das Jahr 1698 können, soweit sie sich ermitteln lassen, noch nicht sehr hoch gewesen sein im Vergleich zu den Kosten der folgenden Jahre. Genannt werden einmal 8000 Taler,[131] doch dabei muß es sich nicht um die Gesamtsumme gehandelt haben. Die Einnahmen flossen aus verschiedenen Kassen, was bei der dürftigen Quellenlage den Überblick über die Gesamtkosten sehr erschwert. König lag 1795 anscheinend eine Quelle vor, die 1698 für das Berliner Schloß 3900 Taler nennt.[132] Auch wenn er damit nur eine Teilsumme erfaßte, dürfte sein Fazit zutreffen: »Es ward in diesem Jahre das Bauwesen eben nicht mit großer Lebhaftigkeit betrieben.« Ein sicherer Beleg für ein eher geringes Bauvolumen im Jahr 1698 stellt die Gesamtabrechnung für die Jahre 1698 und 1699 dar, die sämtliche Ausgaben verzeichnet.[133] Danach beliefen sich die Gesamtausgaben für beide Jahre auf 63 867 Taler. In Kenntnis der Ausgaben für die Jahre 1700 bis 1702 ist anzunehmen, daß davon der weitaus größte Teil in das Jahr 1699 fiel. 1700 wurden 78 926 Taler ausgegeben, 1701 dann 78 534 und 82 851 im Jahr 1702.[134] Da erst im Herbst 1698 mit den Abrißarbeiten begonnen wurde und der eigentliche Umbau womöglich gar erst Anfang 1699 einsetzte, müssen die 63 867 Taler, die als Gesamtausgabe für 1698 und 1699 genannt werden, zum ganz überwiegenden Teil dem Jahr 1699 zugeschlagen werden.[135] Daß die Kosten 1699 noch bedeutend niedriger lagen als in den Folgejahren – zunächst um etwa 15 000 Taler und 1702 gar um fast 20 000 Taler –, ist darauf zurückzuführen, daß 1699 die Innenausstattung – Deckenmalereien,

Vergoldungen, Vertäfelungen oder Wandbespannungen – noch kaum zu Buche schlugen.[136]

Infolge der geplanten Erneuerung der Schloßplatzfassade, die die Hauptansichtseite des neuen Schlosses bilden sollte, mußten die Neringschen Stechbahnarkaden (Kat. 54) abgerissen und die darin enthaltenen Kaufläden andernorts untergebracht werden. Im Dezember 1698 wurde Schlüter vom Geheimen Rat aufgefordert, die entsprechenden Pläne vorzulegen.[137] Am 6. Januar 1699 erging der Befehl zum Abriß der Bogenlauben.[138] Unmittelbar danach wurden die Planungen für die Ersatzbauten weitergeführt.[139] Schlüter dürfte das Projekt, das mit dem Schloßbau an sich nichts zu tun hatte, rasch freiwillig aus der Hand gegeben haben. Die endgültigen Entwürfe der dann erst 1702 errichteten »Häuser auf der Stechbahn« stammten von Jean de Bodt.[140]

Die Aufstellungen zu den Bauausgaben belegen, daß im großen Umfang erst 1699 mit dem Umbau des Schlosses begonnen wurde. Zweifelsfrei hat man damals die Arbeit am großen Risalit der Schloßplatzfassade aufgenommen (Abb. 72, Kat. 140), was die dort 1701 angebrachte Inschrift bestätigt, in der es unter anderem heißt: »INCHOATA ANNO. ORBIS. REPARATI MDCXCIX.«[141] Ergänzend läßt sich die Literatur des 18. Jahrhunderts heranziehen, allerdings unter dem Vorbehalt, daß manche Autoren wohl unkritisch von anderen abgeschrieben haben. Meist wird 1699 als Jahr des Baubeginns genannt. So heißt es bei Keiser: »Also wurde A. 1699. das der Lange Brücke zur Rechten gelegene Theil, auch die innerhalb des Platzes stehende Thürmer gantz abgebrochen, und die Gebäude ausgebessert.«[142] Damit sind die Neugestaltung der Schloßplatzfassade und die Errichtung des zugehörigen Treppenkastens auf der Hofseite angesprochen, der als völliger Neubau in den Schloßplatzflügel implantiert wurde. Zu diesem Zweck mußte auf der Hofseite der Große Wendelstein fallen.[143] Was die übrigen »innerhalb des Platzes stehende Thürmer«, also den Treppenturm und die Reitschnecke vor dem Spreeflügel (Kat. 55), betrifft, irrt Keiser. Diese hat man vor 1701 nicht abgerissen, denn 1700 und 1701 wurden »an der großen oder Schnecken-Stiege«[144] und »im innern Schloß-Platz vor der Windel-Treppen«[145] noch Gäste und Gesandte empfangen. Es kann sich nur um die Wendeltreppe vor dem Spreeflügel gehandelt haben, von der aus – dem Zeremoniell entsprechend – das Audienzzimmer (Raum 797) erreichbar war.[146]

72 Schloßplatzfassade mit Risalit von Portal I

Auch mit der Erhöhung und Neufassung des Lustgartenflügels wurde 1699 begonnen (Abb. 102, Kat. 141). Nicolai schreibt: »1699 ward der anfang des Baues nach der Seite mit dem Lustgarten gemacht, welche fast ganz niedergerissen, und von Grund auf neu gebauet werden mußte.«[147] Diese Meldung läßt sich als Ergänzung zu Keisers Nachricht lesen, denn in der Tat muß 1699 gleichzeitig mit der Renovierung der Schloßplatzfront auch die Aufstockung des Lustgartenflügels erfolgt sein. Entgegen der Behauptung Nicolais wurde er allerdings nicht »von Grund auf neu gebauet«, sondern auf das bestehende Altangebäude gesetzt (Kat. 55). Außerdem wurde auch hier ein sich beidseitig als Risalit präsentierender Treppenkasten als kompletter Neubau eingefügt.

Schon 1699 ist mit großer Energie am Schloß gearbeitet worden, was nicht nur die geleisteten Zahlungen bestätigen. Wir wissen, daß bereits im August 1699 der Lustgartenflügel bis zum Piano Nobile hochgemauert war. Zu diesem Zeitpunkt machte sich nämlich »ein Riss in der neuen Mauer des Schlosses, nach dem Lustgarten hin, bey dem mittelsten Saal in der zweiten Estage«[148] bemerkbar. Im Bericht der später eingesetzten Untersuchungskommission heißt es unter dem 21. September 1700 eindeutig, daß sich der Schaden »im Augusto vorigen Jahres«[149] ereignet habe. Mit »dem mittelsten Saal in der zweiten Estage« ist der Rittersaal (Raum 792) gemeint.

Der Riß im Mauerwerk darf nicht als Ausdruck mangelnder technisch-konstruktiver Kenntnisse Schlüters gedeutet werden, wie sie sich später in den Fehleinschätzungen beim Bau des Münzturms offenbarten. Aus dem Untersuchungsbericht geht vielmehr hervor, daß es sich um einen eher harmlosen Schaden handelte, den Schlüter geradezu dramatisierte, um ihn dann gegen den unliebsamen Maurermeister Leonhard Braun d. Ä., mit dem er bereits beim Zeughausbau in Konflikt geraten war, zu verwenden.[150] Es ging hier also um die Fortsetzung einer innigen Feindschaft. Schlüter wollte Braun von der Baustelle verwiesen sehen, die Untersuchungskommission hingegen lehnte Brauns Entlassung als unbegründet ab.[151]

Die Nachricht von diesem Riß belegt, wie rasch der Lustgartenflügel seit 1699 vorangeschritten sein muß, und macht zudem deutlich, daß er nicht, wie Nicolai meinte, »von Grund auf neu gebauet« worden sein kann.[152] Ein Abriß des Altbaus an dieser

KATALOG 141
Paul Decker d. Ä. nach Andreas Schlüter, Entwurf für die Lustgartenfassade, 1703

Stelle, die Neufundamentierung und der Bau eines neuen Kellers sowie die Errichtung der ersten drei Geschosse wäre in dieser knappen Zeitspanne nicht möglich gewesen. Auch bauarchäologische Befunde sprechen eindeutig gegen den völligen Neubau.[153] Der Lustgartenflügel wurde auf das zweigeschossige Altangebäude (Kat. 55) gesetzt. Dabei mußte der Anschluß an das sogenannte Dritte Haus an der Nordostecke des Hofes besorgt werden, das bereits drei Vollgeschosse umfaßte. Da das Altangebäude ein Stück weiter in den Hof hineinragte als das Dritte Haus, mußte man dessen Außenwand zum Hof entsprechend verstärken, um den Rücksprung auszugleichen. Diese Verstärkung ist auf den modernen Grundrissen gut zu sehen. Im Piano Nobile betraf sie die Südwand der Drap d'Or-Kammer (Raum 796).

De facto führte der Hofbildhauer Schlüter den Schloßbau spätestens seit Herbst 1698. Er mußte sich also gut ein Jahr bewähren, ehe er am 2. November 1699 offiziell die Bestallung zum Schloßbaudirektor erhielt. In der entsprechenden Urkunde heißt es: »Demnach unser bisheriger Hofbildhauer Andreas Schlüter den bei unserm hiesigen Kurfürstlichen Residenzschlosse angefangenen Bau bisher zu Unserm gnädigsten Vergnügen geführt, und wir dabei dessen in dem Bauwesen erlangte gute Wissenschaft, wie nicht weniger seinen bei solchem Werke bezeigten sonderbaren Fleiß und Sorgfalt in gnädigste Consideration gezogen, daß Wir dannenhero bewogen worden, denselben zu Unserm Schloßbau-Direktor in Unserer hiesigen Residenz zu bestellen und anzunehmen.«[154] Ausdrücklich wird auf »dessen in dem Bauwesen erlangte gute Wissenschaft« verwiesen. Damit wird auf Schlüters Entwicklung vom Bildhauer zum Baumeister, die sich in den Jahren 1698 und 1699 vor aller Augen vollzog, angespielt.

Im Frühjahr 1700 hat man schließlich mit der Ausstattung der Innenräume begonnen. Die Bauarbeiten scheinen übrigens nach einem ziemlich exakten Plan vorangeschritten zu sein. Als im Dezember 1699 der Maler Johann Friedrich Wentzel, der später die Deckenmalereien im Rittersaal anfertigte, um einen Zuschuß für eine Italienreise bat, mußte er versprechen, Ostern 1700 wieder in Berlin zu sein, denn »[...] gleiches der Hofbau Director Herr Schlitter umb einiges alhier auf dem Schlosse zu verfertigen, verlanget«.[155]

Daß im Frühjahr 1700 an der Innenausstattung gearbeitet wurde, bestätigen die Auseinandersetzungen Schlüters mit den Berliner Hof- und Akademiemalern, die im April 1700 eskalierten, als diese sich hartnäckig weigeren, bei der Anfertigung der Dekkengemälde Schlüters Entwürfen zu folgen.[156] Schlüter bestand jedoch unnachgiebig auf seiner Kompetenz als oberster künstlerischer Dirigent des Schloßbaus. Obwohl er ohne Abstriche vom Kurfürsten unterstützt wurde, der mehrfach zu seinen Gunsten Stellung nahm, zog sich der Streit über das gesamte Jahr hin. Zuletzt erließ der frischgekrönte König am 7. Februar 1701 von Königsberg aus eine Ordre, die den Malern befahl, sich den Anordnungen Schlüters zu beugen. Obwohl die architektonische Hülle anscheinend bereitstand, dürfte die malerische Ausstattung der Wohnräume im Jahr 1700 aufgrund der überlieferten Zwistigkeiten nur schleppend vorangekommen sein. Das kann zu diesem Zeitpunkt nur Räume im Spree- und Schloßplatzflügel betroffen haben.

Der feierliche Krönungseinzug Friedrichs I. am 6. Mai 1701 markiert Ziel und Ende des ersten großen Bauabschnitts am Schloß. Dieses Datum war natürlich noch nicht abzusehen gewesen, als im Herbst 1698 mit dem Umbau begonnen wurde. Erst im Sommer 1700 zeichnete sich der erfolgreiche Abschluß der Krönungsverhandlungen mit Wien ab. Nach der Ratifizierung des Krontraktats in Berlin und Wien im November und Dezember 1700 brach der Kurfürst dann mit großem Troß nach Königsberg auf, wo er sich am 18. Januar 1701 die Königskrone aufs Haupt setzte. Spätestens Ende 1700 dürften Schlüter und der verantwortliche Schloßhauptmann Marquardt Ludwig von Printzen eine Zwischenbilanz gezogen haben, um festzustellen und zu bestimmen, welches Erscheinungsbild das Schloß bei der Rückkehr des Königs abgeben sollte. Es galt, die Kräfte an Menschen und Material zu bündeln und die Bauarbeiten auf einige Punkte zu konzentrieren.

Der König traf bereits Mitte März wieder in Berlin ein und verfolgte von seinem Schloß in Schönhausen aus die Vorbereitungen für den feierlichen Krönungseinzug im Mai. Der kaiserliche Gesandte von Heems meldete in einer Relation vom 2. April 1701 nach Wien: »[...] alldieweils aber das hiesige Schloß wegen des daran geschehenen Baues bekanntlich noch nicht im Stande ware, daß der König sich allda aufhalten und residieren könnte/: Gestalten auch so wohl aus= als inwendig darinnen viel geändert, und solches nach der italienischen Art mit einem platten Dach eingerichtet wird [...].«[157] Zu den Vorbereitungen zählten freilich nicht nur die Arbeiten am Schloß selbst, sondern auch die Errichtung der eigens für diesen Tag entworfenen sieben Ehrenpforten.[158] Schlüter war hieran nicht beteiligt. Nachweislich haben de Bodt und Grünberg Entwürfe geliefert.

Selbstbewußt verkündete bereits die Bauinschrift über dem rechten oberen Saalfenster die Vollendung des Risalits von Portal I (Abb. 79) im Zusammenhang mit der neuerworbenen Königswürde: »PERFECTA. ANNO/NOVI. SECVLI. REGNI/PRVSSICI. PRIMO.«[159] Schlüter richtete daher alle Kräfte der Schloßbauhütte auf die Fertigstellung der Schloßplatzfassade (Abb. 72). Den Arbeiten im Hof und vor allem auch am Lustgartenflügel wurde dagegen weniger Bedeutung zugemessen, wenn sie nicht sogar, was wahrscheinlich ist, kurzzeitig ganz eingestellt wurden. Die Fassade zum Lustgarten war der Stadt und damit auch den Augen der Welt entzogen, die Schloßplatzfront dagegen bildete mit ihrem triumphtorartigen Risalit von Portal I die Kulisse für den gedanklichen und visuellen Höhepunkt des Festzuges: den Einzug des frischgekrönten Königs in sein Schloß. Beginnen sollte der Festzug am Königstor, also am heutigen Alexanderplatz, und auf der Königsstraße durch die besagten Ehrenpforten hindurch schließlich über die Lange Brücke hinweg auf den Schloßplatz führen (Kat. 123).

Anton Balthasar König überliefert die Nachricht, daß am 23. April 1701, also kurz vor dem Krönungseinzug, beim Hinaufwinden einer Statue das Seil gerissen sei. Das herabstürzende Bildwerk habe sechs Personen verletzt.[160] Mit großer Wahrscheinlichkeit handelte es sich bei der Statue um eine der vier Attikaskulpturen von Portal I. Zur Fertigstellung der Schloßplatzfassade gehörten ferner auch Verputz und Anstrich. Der Aufwand hierzu dürfte beträchtlich gewesen sein. Der Portalrisalit bildete eine wirkungsvolle Kulisse für den Schloßplatz. Allerdings dürfte selbst am 6. Mai 1701 der König das Schloß nicht durch Schlüters neues Portal betreten haben, sondern durch das seitlich anschließende Tor, das noch aus der Zeit des Großen Kurfürsten stammte und das Schlüter zum Bestandteil seines Modells gemacht hatte (Kat. 122).

Die Schloßplatzfassade war noch geschmückt mit den Insignien der Kurwürde. Im aufgebrochenen Giebel der Fenster im Piano Nobile befanden sich in Sandstein das Monogramm CF3 mit eingelassenem Kurzepter und aufgesetztem Kurhut (Abb. 74). Dieser Bauschmuck war natürlich bereits 1698 oder spätestens 1699 geplant worden, zu einem Zeitpunkt, als die Krönung noch nicht abzusehen gewesen war. Vielleicht war er bereits 1700 weitgehend vollendet. Weder Schlüter noch die Hofbeamten erachteten es jedenfalls für notwendig, ihn gegen die Symbole der neuerworbenen Königswürde auszutauschen. Auch an der Lustgartenfassade (Abb. 102), die wohl erst nach dem 6. Mai 1701 vollendet wurde, setzte Schlüter an die entsprechende Stelle Kurhüte. Diese finden sich selbst noch am erst 1707 unter Johann Friedrich Eosander begonnenen Erweiterungsbau.[161] Neben der preußischen Königswürde besaß Friedrich I. ja nach wie vor die brandenburgische Kurfürstenwürde, weshalb die Symbole weiterhin verwendet werden konnten, wenn

74 Schloßplatzfassade, Giebel eines Fensters im zweiten Obergeschoß

75 Kleiner Schloßhof, Ausschnitt des Rittersaal-Treppenkastens

73 Kleiner Schloßhof, Hauptgesims an der Ostflanke des Rittersaal-Treppenkastens

ästhetische oder praktische Gründe – etwa der, daß der Bauschmuck bereits auf Vorrat gearbeitet worden war – dies verlangten. Bei den Metopen im umlaufenden Konsolfries des Schloßhofes wird dies bestätigt.

Der an die Schloßplatzfront unmittelbar anschließende Abschnitt der Spreefront (Abb. 48), die Achsen vom östlichen Rondell bis zum Ansatz der Erasmuskapelle, waren beim Krönungseinzug mit Sicherheit fertiggestellt. Schlüter wiederholte hier das Aufrißsystem der Schloßplatzfassade. Gerade von der Langen Brücke geriet dieser Abschnitt ins Blickfeld des Betrachters. Das Aufeinandertreffen der beiden Fronten bot Schlüter eine ausgezeichnete Möglichkeit, die räumlichen Qualitäten seines Schloßmodells in der Realität vorzuführen. Dies sollte die einzige Außenkante bleiben, die er während seiner Amtszeit nach dem Ideal des Modells umformen konnte.

Der Lustgartenflügel dürfte im Mai 1701 bereits im Rohbau vollendet gewesen sein, vor allem wenn man bedenkt, welche Fortschritte dieser Trakt allein bis Sommer 1699 gemacht hatte. Nichts spricht dagegen, daß er schon 1700 gedeckt war. Dies legen auch die Kurhüte im Konsolfries der hofseitigen Rücklagen nahe (Abb. 75), obwohl sie natürlich auch aus Gründen der Systematik, nämlich in Anlehnung an die entsprechenden Insignien von Schloßplatz- und Spreeflügel, angebracht worden sein könnten. Gesicherter Terminus ante quem für die Vollendung des Lustgartenflügels ist das Jahr 1703, als die Kunstkammer die Räume im Mezzanin beziehen konnte.[162]

Offen ist, wann die Außenfassade und ihre De-

koration vollendet wurden (Abb. 102). Dies könnte einige Zeit nach Fertigstellung des Rohbaus geschehen sein. So wurden die negativen Pilaster nachweislich erst nachträglich in das Mauerwerk gestemmt.[163] Schlüter hat also 1698/99 zunächst nach der früheren Variante des Schloßmodells gearbeitet, die in den Stichen Schenks (Kat. 122, 123) und in den Radierungen von Broebes (Kat. 96, 146, 147) überliefert ist. Ansichten der letztgültigen Variante – allerdings nur der Schloßplatzfassade – existieren immerhin bereits seit 1701. Damals wurde der Kupferstich von Schlüters Modell im dritten Band des *Thesaurus Brandenburgicus* publiziert (Kat. 107). 1703 erschienen Deckers Repräsentationsstiche (Kat. 140, 141). Der Übergang von der ersten zur zweiten Variante des Schloßmodells dürfte also 1700 stattgefunden haben. Nach diesem Zeitpunkt könnte die Fassade rasch vollendet worden sein.[164]

Losgelöst von den Fassaden sind die Treppenkästen von Lustgarten- und Spreeflügel zu betrachten, die als völlige Neubauten in die Trakte gesetzt wurden. Die beiden zum Hof ausgebildeten Risalite wiesen im Fries Königskronen auf (Abb. 73, 75). Sie sind also frühestens kurz vor dem Krönungseinzug vollendet worden. Die frühe Variante von Schlüters Modell (Kat. 96, 122, 146, 147) verzichtete auf die Putzspiegel der negativen Pilaster an den Außenfassaden und sah im Unterschied zum ausgeführten Zustand außerdem vor, in den beiden Treppenkästen an den Schmalseiten jeweils die Mittelachse im Piano Nobile durchgehend mit Fensterbogen zu versehen. Die Schloßplatzansicht über dem Mittelfenster des Elisabethsaals zeigt einen solchen Bogen (Kat. 96, 122), der dann jedoch nicht ausgeführt wurde.[165] Der zum Hof gelegene Vorsaal besaß dieses Element dagegen auch in der Ausführung (Abb. 78), und die Vorsaal und Elisabethsaal trennende Zwischenwand wies ebenfalls zunächst einen Bogen über der Tür auf, der dann aber wieder zugemauert wurde.[166]

Aus dieser Konstellation geht hervor, daß Schlüter 1698/99 die in die Tiefe wirkende Bogenfolge verwirklichen wollte, vor Fertigstellung des Risalits im Mai 1701 aber davon abgekommen ist. Der Planwechsel dürfte auch in diesem Fall 1700 stattgefunden haben. Das gleiche läßt sich am Pendant auf der Lustgartenseite beobachten, nur daß Schlüter dort an der Gartenfassade den Bogen tatsächlich ausführte und sogar beibehielt (Abb. 102). Ebenfalls ausgeführt wurde der Bogen über der Tür des Rittersaals ins Treppenhaus, den man wie den entsprechenden Bogen im Elisabethsaal-Treppenkasten nachträglich wieder vermauert hat.[167]

Schlüter hat also eigene Pläne später verändert. Über die Gründe kann man nur spekulieren. Was den Bogen zur Schloßplatzseite betrifft, so möchte man ästhetische Überlegungen für dessen Wegfallen verantwortlich machen. Unter dem schweren Gebälk der Kolossalsäulen hätte er kleinlich gewirkt (vgl. Kat. 122). Bei der Schließung der bereits ausgeführten inneren Bogen zwischen Saal und Vorsaal könnten hingegen praktische Erwägungen eine Rolle gespielt haben. Höchstwahrscheinlich hat Schlüter selbst diese Maßnahme vorgenommen. Es ist aber zu bedenken, daß im Rittersaal (Abb. 85) 1739 nochmals an dieser Stelle gearbeitet worden sein muß. Damals wurde der Trompeterchor aufgestellt.[168]

Es gibt noch andere Stellen, an denen das architektonische System knirscht. Eine solche ist zum Beispiel die Wand zwischen Rittersaal und Vorsaal. Die dreiteilige Gliederung zum Rittersaal ließ sich mit der fünfteiligen Gliederung des Vorsaals nicht logisch in Beziehung setzen (Abb. 105).[169] Diese fünfteilige Gliederung wiederum war nicht in eine Achse mit der ebenfalls fünfteiligen Kolonnade zu bringen. Der Bezug zur Gliederung der Hoffassade ist ebenfalls nur ansatzweise geglückt. Da sich dem Betrachter in dem schachtartigen Treppenhaus ohnehin nur verzerrte Perspektiven boten, waren diese Inkongruenzen jedoch nur auf dem Grundriß zu erkennen.

Diese Brüche und Planänderungen ergaben sich im Verlauf der Planungs- und Baugeschichte unter Schlüter. Daß mehrere Änderungen an den Treppenkästen erforderlich wurden, kann eigentlich nicht verwundern, denn es handelt sich hier um hochkomplexe architektonische Systeme. Die Zusammenballung von Treppenhaus, Vestibül, Vorsälen und Sälen auf sehr engem Raum bei gleichzeitiger Ausbildung von zwei repräsentativen Fassaden – beim Risalit des Großen Treppenhauses hatte Schlüter nur eine Fassade zu gestalten – mußte zwangsläufig zu Dissonanzen führen. Man darf nicht vergessen, daß Schlüter diese Risalite mehr oder weniger als Anfänger auf dem Gebiet der Architektur entworfen hatte. Aufriß und Grundriß überzeugend zu kombinieren ist bei so komplizierten Gebilden eine außerordentliche Herausforderung. Deshalb muß man für Schwächen und Unebenheiten, die sich bei der Entstehung der Baukörper herauskristallisierten, wohl Schlüter verantwortlich machen.

Beim Rittersaal-Treppenkasten gab es sogar noch einen dritten Planwechsel, der jedoch lange nach Schlüter, möglicherweise erst unter Friedrich Wilhelm II., stattfand.[170] Er sei der Vollständigkeit halber hier erwähnt. Der Gang entlang dem Rittersaal (Raum 988), der die Räume der Kunstkammer diesseits und jenseits verband, war ursprünglich nicht korridorartig geschlossen, sondern zum Vorsaal geöffnet (Abb. 106). Die Decke, die sich über ihn und den Vorsaal spannte, war mit einem Fresko bemalt. Dies belegt eine Bemerkung bei Pitzler aus dem Jahr 1701: »bey x sind die Plätz vor und mit der treppe 2. Stock hoch schön à fresco gemahlet, die col: stehen aber nur 1 stock hoch, und tragen eine gallerie« (Kat. 117). Als man die von Pitzler erwähnte »gallerie« (Raum 988) schloß, wurde das Fresko durch die eingezogene Mauer in der Mitte durchtrennt. Die innerhalb der Galerie liegende Hälfte des Gemäldes blieb bis zur Zerstörung des Schlosses erhalten,[171] die andere Hälfte über der Treppe im Vorsaal wurde weiß übertüncht. Ob es über dem Vorsaal der Elisabethtreppe eine entsprechende Wandmalerei gab, ist unklar. Nachweisen läßt sie sich nicht.[172] Außerdem wurde dort 1905 die Decke über dem Vorsaal abgesenkt,[173] so daß längs der Galerie (Raum 1058) ein Mezzaninraum entstand (Raum 1059).

Fragen wirft die Bauplastik am Risalit zur Lustgartenseite auf (Abb. 102). Die Konzeption in dem von Schlüter autorisierten Präsentationsstich von 1703 (Kat. 141) gibt noch nicht den ausgeführten Zustand wieder. Schlüter wollte unter dem Balkon des Rittersaals zunächst eine vollplastische Gruppe schwebender – oder im Fall begriffener? – männlicher Figuren anbringen. Statuen von Juno und Jupiter vor dem Rittersaal legen nahe, daß Schlüter einen Gigantensturz im Sinn hatte. Dagegen sind die Hermenpilaster von Winter und Herbst, die dann später tatsächlich den Balkon stützten, womöglich erst unter Eosanders Bauleitung konzipiert und von Balthasar Permoser geschaffen worden.[174]

Der Schloßhof muß sich im Mai 1701 in einem Zwischenstadium dargeboten haben. Die alten Giebeldächer (vgl. Kat. 55) waren vollständig abgebrochen und durch die Mezzaningeschosse und das flach gehaltene Dach ersetzt worden. Durch die Aufstockung des Lustgartenflügels war der Hof zu einem allseits ummauerten Raum geworden. In welchem Zustand aber befanden sich die Galerien? Das Schloßmodell (Kat. 96) sah bekanntlich eine umlaufende Kolossalordnung vor, die in den Mittelachsen der vier Hofseiten durch die Risalite unterbrochen worden wäre. Mit Sicherheit läßt sich sagen, daß die westliche Hälfte des Hofes (Abb. 66–68) damals – wie überhaupt bis 1874 – noch gar keine Galerien besaß. Als Schlüter den Schloßbau übernahm, befanden sich nur in der Südostecke des Hofes doppelgeschossige Arkaden, nämlich diejenigen Nerings von 1690 (Kat. 55). Schlüter wollte diese Bogengalerie im Prinzip beibehalten, plante aber die Erneuerung der Bogenzone über den Kapitellen. Daß er diese Renovierung bis 1701 tatsächlich durchgeführt hat, ist nicht sicher zu belegen, aber doch recht wahrscheinlich. So bleibt zu klären, ob bis 1701 auch die Nordostecke des Hofes, also der nördliche Abschnitt des Spreeflügels sowie der östliche Abschnitt des Lustgartenflügels, eine Galerie erhalten hatten. An der nördlichen Hälfte des Spreeflügels war dafür die Aufstockung der bereits bestehenden eingeschossigen Galerie (Kat. 55) und die komplette Herstellung der kolossalen Halbsäulen erforderlich. Wahrscheinlich bezog sich die bereits mehrfach erwähnte Notiz von Broebes auf Tafel 46 (»on a détruit cette ordonannce«) genau auf diesen Abschnitt (Kat. 173), denn als Demonstrationsbeispiel wählte er die nördliche Anschlußstelle der Galerie an den fünfachsigen Risalit.

Ferner dürfte ziemlich sicher sein, daß im Mai 1701 am Spreeflügel sowohl der Treppenturm als auch die Reitschnecke noch standen. Im November 1701 muß zumindest der Treppenturm noch existiert haben.[175] Treppenturm und Reitschnecke nahmen in etwa den Platz ein, den Schlüter in seinem Modell für den dreiachsigen Risalit vorgesehen hatte.[176] Er konnte also beides zunächst stehenlassen, zumal diese Erschließungen für das Funktionieren des Schloßorganismus essentiell waren.[177]

Auch an der Innenausstattung dürfte mit Blick auf den 6. Mai 1701 mit aller Kraft gearbeitet worden sein. Auf keinen Fall waren zu diesem Zeitpunkt die Paradekammern im Lustgartenflügel mit dem Rittersaal im Zentrum fertiggestellt. Selbst im Inventar von 1702 sind sie noch nicht aufgelistet.[178] Dies mag verwundern, da bereits am 17. Januar 1702 anläßlich des Stiftungsfestes des Schwarzen Adlerordens in der neuen Hofkapelle (Raum 787) gepredigt wurde.[179] Die Ausstattung der neuen Paradekammern im Lustgartenflügel fiel erst in die Jahre 1702 und 1703. Das Große Treppenhaus und den Schweizersaal (Raum 814) hatte Schlüter allenfalls insgeheim geplant. Offiziell war davon wohl noch nichts bekannt, geschweige denn, daß die Arbeiten genehmigt oder gar begonnen worden wären. In Herbert Maischs Schlüter-Film von 1942 (mit Heinrich George in der Rolle des Andreas Schlüter) ist daher die Szene anachronistisch, in der der König und sein Gefolge am Tag des Krönungseinzugs das Große Treppenhaus sowie den Rittersaal bestaunen.[180]

Die für die Herstellung der Innendekoration benötigten Ressourcen wurden in den Monaten und Wochen vor dem 6. Mai 1701 ausschließlich für einige Gemächer im Schloßplatzflügel, hier vor allem für den Elisabethsaal (Raum 844), sowie die kurfürstlich-königliche Audienzsuite im Spreeflügel verwandt. Über die Ausstattung von Räumen im Erdgeschoß und ersten Obergeschoß ist nur vereinzelt etwas bekannt. Auch hier dürfte Schlüter jedoch in größerem Stil gewirkt haben, als die wenigen

76 Drap d'Or-Kammer (Raum 796)

überlieferten Beispiele (Raum 669 im ersten Geschoß des Schloßplatzflügels, Räume 290 und 291 im Erdgeschoß des Lustgartenflügels) nahelegen.

Die Audienzsuite des Herrschers erstreckte sich schon zu Zeiten des Großen Kurfürsten, möglicherweise schon zuvor, vom Vorsaal – den Schlüter bald durch den Schweizer Saal (Raum 814) ersetzen sollte – nach Norden über die beiden Paradevorkammern (Räume 799, 798) bis in das Audienzzimmer (Raum 797) und die westlich anschließende Drap d'Or-Kammer (Raum 796). Zum Krönungseinzug könnte die Decke in der zweiten Paradevorkammer (Raum 798) fertiggestellt gewesen sein. Der Raum war zugleich königliches Tafelgemach.[181] Sowohl die Stuckdekoration der Voute als auch das Deckengemälde, auf dem das preußische Wappen verherrlicht wird, weisen die Insignien der Rangerhöhung auf. Es ist nicht ausgeschlossen, daß die Decke in der Zeitspanne zwischen dem Abschluß der Krönungsverhandlungen und dem Krönungseinzug, als Friedrich III./I. nicht im Schloß lebte, entstand. Das Plafondgemälde wird aus stilistischen Gründen Augustin Terwesten zugeschrieben.[182] Zwei Räume weiter befand sich die Drap d'Or-Kammer (Raum 796), die dem Geheimen Rat als Sitzungszimmer und später auch dem Tabakskollegium (Kat. 195) diente.[183] Die eigenwillige Decke mit einem Mittelplafond aus vergoldeten, geschnitzten Zierelementen vor einem verspiegelten Hintergrund (Abb. 76) dürfte 1701 ebenso vollendet gewesen sein wie die Stukkaturen der Voute im Audienzzimmer, dem später so genannten Königszimmer (Raum 797).[184]

Dem Elisabethsaal (Raum 844) kam im Jahr 1701 erhöhte Aufmerksamkeit schon allein aufgrund der Tatsache zu, daß er im Schloßplatzflügel lag, der damals Priorität genoß. Seine eigentliche Bestim-

mung ist aber unklar.[185] Die Ausstattung war eng mit der im April 1698 in Berlin eingetroffenen Sammlung Bellori verknüpft,[186] aus deren Fundus einige antike Skulpturen prominent im Raum aufgestellt wurden (Abb. 77). Zudem eröffnete er einen feierlichen Zugang in den damals wichtigsten Festsaal, nämlich den Oranischen Saal, der im östlichen Bereich des Schloßplatzflügels (Räume 838–842) lag.[187] Nicolai überliefert glaubwürdig für den Elisabethsaal: »[...] das Gemälde an der Decke ist nicht fertig.«[188] In der zugehörigen Anmerkung erläutert er: »Der Maler hat für gut gefunden, dies mit großen über einen Fuß langen Buchstaben darauf zu schreiben.«[189] Vielleicht war diese ungewöhnliche Aktion des unbekannten Künstlers Ausdruck des schwelenden Streits zwischen ihm und Schlüter.[190]

Der Bauverlauf von 1701 bis 1706

Die Jahre von 1698 bis 1701 waren für Schlüter eine enorme Chance. Er hatte ein Modell eingereicht und daraufhin, obwohl er als Architekt noch wenig Erfahrung besaß, den Auftrag zur Umsetzung seiner Ideen erhalten. Die folgenden Jahre intensiver Praxis, der tägliche Aufenthalt auf der Baustelle führten Schlüter zu einer vertieften Auseinandersetzung mit dem Gebäudekomplex, die ihm bis dahin nicht möglich gewesen war. Es wäre ungewöhnlich, wenn sich einem Künstler von seiner geistigen und kreativen Beweglichkeit nach drei Jahren der Beschäftigung mit diesem Projekt nicht eine noch überzeugendere Lösung aufgedrängt hätte. Und so nutzte er seinen Erfolg als Architekt im Mai 1701, um dem König einige grundlegende Änderungen des Entwurfs vorzuschlagen.

Diese Änderungen betrafen den Treppenkasten im Spreeflügel, der noch gar nicht in Angriff genommen worden war. Schlüter hatte in seinem Modell vier identische Treppenhausrisalite jeweils in der Mitte der Hofseiten vorgeschlagen (Kat. 107). Zwei davon waren bis Mai 1701 weitgehend realisiert, nun sollte derjenige am Spreeflügel folgen. Hier befanden sich noch die Reitschnecke und der schlanke Treppenturm aus der Renaissance (Kat. 55), die dem Zugang der Gesandten in die Audienzräume dienten. Ferner stellte Schlüter die Gestalt der Hofgalerien in Frage, die aber nur unter Zerstörung von bereits Ausgeführtem verändert werden konnten. Er mußte dem König also verständlich machen, weshalb ein eben noch gültiger Plan revidiert werden sollte.

Man muß einräumen, daß die Kolossalordnung vor den Hofgalerien keine originär Schlütersche Idee war. Er hatte sie bereits vorgefunden (Kat. 55) und in seinen Entwurf übernommen (Kat. 93). Nur den Bogen über dem Kapitell hatte er verändert (Kat. 173).[191] Vermutlich hat Schlüter die Kolossalordnung von Anfang an nicht geliebt, sich zunächst jedoch nicht getraut, sie in Frage zu stellen. Vielleicht war er damals künstlerisch noch nicht soweit, ihre ästhetischen Schwächen innerhalb seines Entwurfs zu erkennen.

Ob die Hofgalerie von 1690 zwischen 1698 und 1701 über die Südostecke des Hofes hinaus gediehen war, ist nicht sicher. Sicher ist aber, daß sie nach dem Modell von 1698 alle vier Hofrisalite miteinander verbinden sollte. Unter dieser Vorgabe wurde mit dem Bau begonnen. Ein eindeutiger Baubefund ist hier die kolossale Viertelsäule, die an der inneren Westflanke des Elisabethsaal-Treppenkastens ansetzte und den nahtlosen Anschluß an die Kolossalordnung der Hofgalerie besorgen sollte.[192] Bis 1874/75 war diese Säule erhalten, denn die anschließenden Hof-

77 Elisabethsaal (Raum 844), Westwand

galerien waren bis dahin nicht ausgeführt worden. Als man dort dann die Galerie nachträglich ergänzte – in der doppelgeschossigen Fassung ohne Kolossalsäulen –, mußte die Viertelsäule weichen. Sie ist zuvor allerdings noch fotografiert (Abb. 78) worden und außerdem in den Skizzen Pitzlers (Kat. 115, oben links) und auf späteren Grundrissen (Abb. 121) eingetragen. Auch westlich im Anschluß an den Rittersaal-Treppenkasten sollte nach Schlüters Modell von 1698 die Kolossalordnung fortgeführt werden. Allerdings sind hier die Befunde weniger eindeutig. Ein Foto der Viertelsäule ist nicht bekannt. Immerhin hat Pitzler sie in einer Skizze festgehalten (Kat. 115, oben rechts).

Erst allmählich wurde Schlüter klar, wie sehr die gleichmäßig umlaufende Kolossalordnung seiner Architekturauffassung entgegenstand. Spätestens als er seine Schmalseitenrisalite als wirklich gebaute Architektur vor Augen hatte, dürfte er die endgültige Lösung gefunden haben: Die doppelgeschossige Galerie behielt er grundsätzlich bei, doch er verzichtete auf die vorgelegten Kolossalsäulen.[193] In funktionaler

78 Kleiner Schloßhof, Obergeschosse des Elisabethsaal-Treppenkastens von Nordwest, Zustand vor der Ergänzung der westlichen Galerie (vor 1874). Damals wurde die kolossale Viertelsäule beseitigt (unten rechts), die noch auf die erste Planung Schlüters zurückging

Hinsicht blieb also alles beim alten, aber ästhetisch änderte sich der Charakter des Hofes vollkommen (Abb. 79, 80). Schlüter versetzte den Hof in eine neue Spannung. Die Risalite wurden aus ihrer Umklammerung durch die Kolossalsäulen befreit. Dies bedeutete eine enorme Aufwertung ihrer Vertikaltendenz und damit generell ihrer Eigenständigkeit. Das Würdemotiv der Kolossalsäule wurde nicht mehr inflationär über den gesamten Hof ausgebreitet, sondern blieb den zentralen Stellen, den Zugängen zu den Treppenhäusern, vorbehalten. Vor diesen mußten die neugestalteten Bogengänge mit ihren dorischen Doppelsäulen im Erdgeschoß und den ionisierenden Pilastern im Obergeschoß zurücktreten (Abb. 83).

Dieses Zurückweichen zeigt sich besonders eindrucksvoll innerhalb des neuen, fünfachsigen Treppenhausrisalits, denn der Aufriß der Hofgalerien wiederholt sich dort in den beiden unteren, von den Kolossalsäulen zusammengefaßten Geschossen. Dort laufen die Hofgalerien mit ihren dorischen Säulen und ionisierenden Pilastern durch den Treppenhaus-

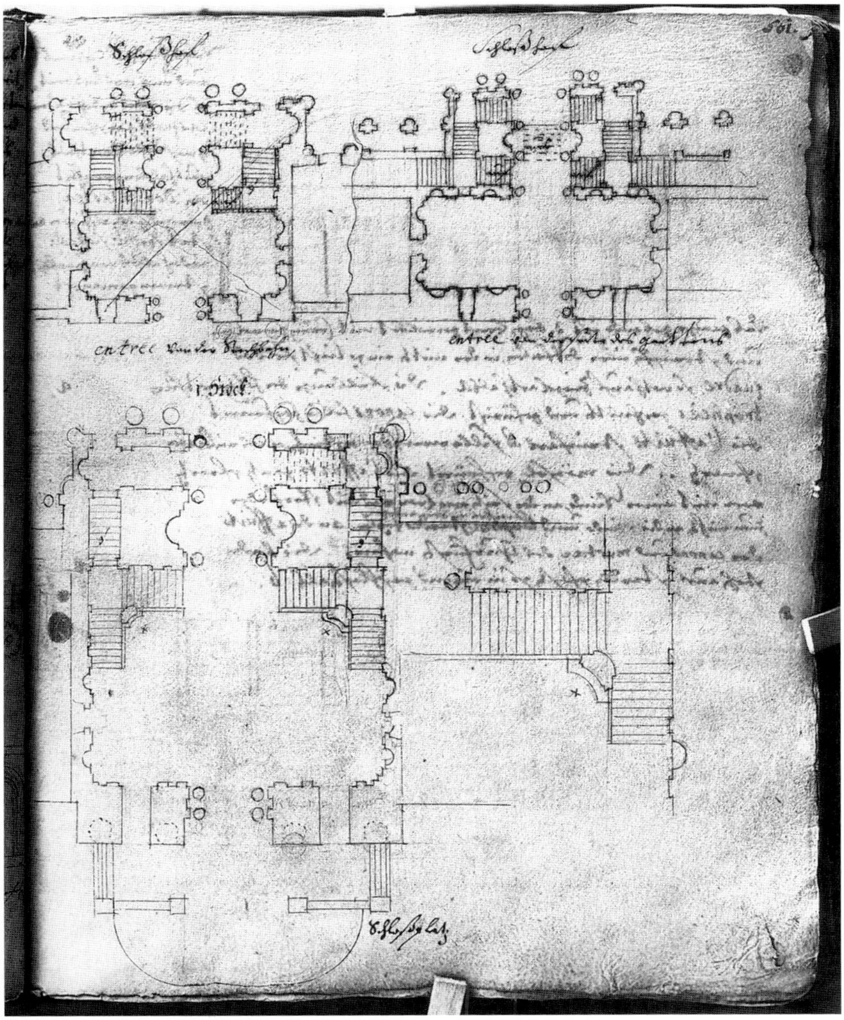

KATALOG 115
Christoph Pitzler, Erdgeschoßgrundrisse von Portal I und Portal V, 1701

risalit hindurch – und zwar nicht nur in ihrer Erscheinung, sondern auch in ihrer Funktion. Nur einige Stufen, die von außen nicht zu sehen sind, mußten überwunden werden (Abb. 83). Schlüters Schmalseitenrisalite unterbrachen dagegen den Lauf der Galerien abrupt und legten sich wie ein Riegel dazwischen (Abb. 116). Bei diesen Risaliten hatte er die Funktionen der vertikal aufsteigenden Treppenläufe und der horizontal verlaufenden Galerien noch nicht zu kombinieren gewußt, so daß eine von beiden aufgegeben werden mußte. Auch in diesem Punkt stellt der Risalit des Großen Treppenhauses also die weitaus reifere Leistung dar. Die Verknüpfung der Horizontalen mit der Vertikalen gelang Schlüter erst recht mit dem dorischen Fries der Hofgalerien. Wie ein straffes Band zieht dieser sich um den Hof herum. An den Risaliten schießt er hinter den Vertikalen der Kolossalsäulen vorbei, vergleichbar dem Einschuß in die Kettfäden eines Webstuhls. Das Motiv des Architravs vermag in den Risalitfassaden auch einen deutlichen horizontalen Akzent zu setzen, der jedoch – hier zeigt sich Schlüters klarer Aufbau – eindeutig hinter der Vertikaltendenz zurücktritt.

Das dorische Gebälk findet sich als Einzelmotiv bereits in Schlüters erstem Entwurf der Schmalseitenrisalite von 1698 (Kat. 93). Von hier aus hat Schlüter also die Neufassung seiner Hofgalerien gedacht. Schlüters Intention ist zunehmend auf das Gesamtheitliche, auf die Synthese gerichtet. So läuft am Großen Treppenhaus die Galerie nicht nur über die Treppen- und Rampenpodeste hinweg, vielmehr setzt sich ihr Aufriß auch im Innern fort. Wer das Treppenhaus betrat, stand vor einer imposanten

79 Kleiner Schloßhof, Spreeflügel mit Risalit des Großen Treppenhauses

doppelgeschossigen Schauwand (Abb. 81). Die Ordnungen waren hier zum lauten Akkord angeschwollen, deutlich wahrnehmbar die ionisierenden Pilaster, die als schwere ionische Vollsäulen auftraten. Der dorische Architrav führte ein exzentrisches Eigenleben an den Treppen- und Rampenläufen.

In der vertieften Auseinandersetzung mit dem neuen Entwurf von 1701 werden die dem Bauprozeß innewohnende Dynamik und damit Schlüters Motive für die Planänderung einsichtig. Die beiden Planungsstufen eröffnen eine Vorstellung von Schlüters baukünstlerischer Entwicklung seit 1698. Er hat sich 1701 selbst korrigiert und – dies zeugt von seiner inzwischen erworbenen Autorität – diese Korrektur auch bei seinem Auftraggeber durchsetzen können. Später sollte er im Risalit des Großen Treppenhauses nochmals die Gestalt der Treppen verändern, und dies wiederum unter Abbruch von bereits Gebautem. Müller/Küster schreiben dazu: »Diese Treppe ist ein Meisterstück des Baumeisters Schlüters, welche öfters geändert worden, ehe sie zu der iezigen Perfection gebracht werden können.«[194] Worin die Änderung bestand, sagen sie allerdings nicht.

Schlüters neuer Plan für den Treppenhausrisalit des Spreeflügels besaß alle Eigenschaften eines großen Wurfs. Um beide Läufe, die ihren Ursprung in den alten Treppentürmen von Reitschnecke und Wendelstein hatten (Kat. 55), in dem Treppenkasten bequem unterzubringen, verbreiterte Schlüter diesen von den ursprünglich geplanten drei auf fünf Achsen. Hier werden die Feinheiten seiner Planung sichtbar. Er versuchte erst gar nicht, die beiden Rampensysteme in einem Risalit von drei Achsen

80 Kleiner Schloßhof, Blick nach Nordosten mit dem Rittersaal-Treppenkasten und dem Risalit des Großen Treppenhauses

Breite unterzubringen, obwohl er dies, wenn eben auch gedrängt, bei den Schmalseitenrisaliten so gemacht hatte. Die großzügige Eingangssituation mit der zweigeschossigen Treppenhaushalle (Abb. 81, 135) hätte auf solch begrenztem Raum jedoch nicht geschaffen werden können. Sicher schien es Schlüter auch angemessener, durch einen fünfachsigen Risalit den Hauptzugang zu den Audienzräumen gegenüber den seitlichen Nebenstiegen hervorzuheben. Womöglich war die Fünfachsigkeit auch durch einen Saal im Piano Nobile vorgegeben, der bereits die Grundfläche des von Schlüter an dieser Stelle neu gestalteten Schweizersaals (Raum 814) besaß.[195] Aber es fällt auf, daß Schlüter den Risalit des Großen Treppenhauses in seiner Tiefe zurücknahm, und dies, obwohl der Spreeflügel der schmalste aller vier Schloßflügel war. Dennoch sind die Schmalseiten dieses Risalits nur einachsig (Abb. 82), die der Seitenrisalite dagegen zweiachsig (Abb. 78). Vielleicht wollte er vermeiden, daß der fünfachsige Risalit allzu schwer ausfiel.

Von unkonventionellem Geist zeugt sein Entschluß, den Risalit von den geplanten drei auf fünf Achsen zu erweitern, obwohl er dadurch die Sym-

82 Kleiner Schloßhof, Obergeschoß der Nordflanke des Risalits des Großen Treppenhauses, Zustand 1950

81 Großes Treppenhaus (Raum 344/641), Schauwand gegenüber dem Eingang

metrie der Hoffassade des Spreeflügels schwer verletzte. Sie war nun nicht mehr achsensymmetrisch gegliedert, denn der Risalit war deutlich nach Norden verschoben: Fünf Fensterachsen gab es nördlich, sieben südlich des Risalits (Abb. 79, 83). Der dreiachsige Risalit hätte dagegen exakt in der Mittelachse gelegen und die Mittelachse des fünfachsigen Risalits (als linke Seitenachse) sowie die beiden rechts anschließenden Achsen umfaßt. Es ist schon merkwürdig, daß Schlüter die Vernichtung der Symmetrie billigend in Kauf nahm. Schlüter faßte, bei allem, was die Situation vorgab, die Asymmetrie als Variable auf. Eine seiner Vorgaben war der Vorgängersaal des Schweizer Saals. Entscheidender war jedoch, daß Schlüter anscheinend nicht in die Wohnung der Königin Sophie Charlotte eingreifen durfte. Hätte er den Risalit um eine Achse nach Süden verschoben, hätte sie ihr Vorzimmer (Raum 836) eingebüßt. Bei Müller/Küster ist zu lesen, der Risalit sei »[...] zu Verschonung der hochsel. Königin Sophia Charlotta Gemächer, etwas weiter, als die Symmetrie erfordert, hinunter gerücket worden [...].«[196]

Schlüter hat die Asymmetrie des Risalits nicht zuletzt deshalb akzeptiert, weil er die konkrete Situation des Hofes einkalkulierte. In seinen Repräsentationsstichen, die eine ideale Welt vorführen mußten, rückte er den Risalit entgegen der Wirklichkeit in die Mitte (Kat. 143). Daran tat er gut, denn kein auswärtiger Betrachter hätte den Sinn der Abweichung verstanden. Man ziehe zum Vergleich Broebes' Tafel 3 (Kat. 145) heran, auf der der authentische Zustand wiedergegeben ist. Vergegenwärtigt man sich die Verhältnisse des relativ engen Hofes, so wird offenbar, daß der Betrachter vor Ort die Unregelmäßigkeit wohl gar nicht wahrnahm. Die zeremonielle Zufahrt in den inneren Hof erfolgte vom äußeren Hof. Diese Zufahrt befand sich jedoch ebenfalls nicht in der Mittelachse, sondern merklich nach Norden versetzt, mitten unter dem Alabastersaal (Raum 480). Wer im kleinen Hof ankam, blickte zunächst schräg auf den großen Risalit (Abb. 79).[197] Da dieser aber gleichfalls nach Norden verschoben war, sah er ihn weniger verzerrt, und insofern wirkte der Baukörper versetzt sogar idealer als direkt in der

KATALOG 143
Paul Decker d. Ä. nach Andreas Schlüter, Entwurf für den Spreeflügel des Kleinen Schloßhofes mit dem Risalit des Großen Treppenhauses, 1703

Mittelachse. Die beiden zusätzlichen Achsen am südlichen Ende wurden hingegen durch die perspektivische Verjüngung neutralisiert. Sollten diese Überlegungen tatsächlich Schlüters Gedankengang treffen, hieße dies auch, daß damals an den Umbau des Quergebäudes, das ja nach dem Schloßmodell von 1698 ebenfalls einen Mittelrisalit erhalten sollte, schon nicht mehr ernsthaft gedacht wurde.

Ein eigenartiges Phänomen sind die insgesamt vier Säulchen, mit denen Schlüter den Anschluß seiner Hofgalerie nördlich an den Risalit des Großen Treppenhauses besorgte (Kat. 173, Abb. 83; Grundriß). Am südlichen Ansatzpunkt finden sich nur zwei Säulchen (Abb. 80, Grundriß). Peschken geht davon aus, daß die ungewöhnliche Aneinanderreihung von vier Säulchen nur Sinn ergebe, wenn man annimmt, daß Schlüter damit die Achsabstände von bereits bestehenden – und nicht von ihm ausgeführten – durchlaufenden Hofarkaden ausgleichen mußte.[198] Die Breite der Arkaden sei nicht mehr veränderbar gewesen, weil sie bereits realisiert gewesen seien. An der Nordseite habe er nur durch die Verwendung von vier Säulchen den Anschluß an die dortigen Arkaden gewinnen können.

Dem sei folgendes entgegengehalten: Wenn zu dem Zeitpunkt, als die Idee des fünfachsigen Risalits aufkam, die Hofarkaden vor dem nördlichen Abschnitt der Spreefront tatsächlich bereits gemäß Schlüters erstem Entwurf (Kat. 93) ausgeführt gewesen sein sollten, hätte man zur Errichtung des neuen Risalits, der ja nun weiter nach Norden ausgriff, in jedem Fall einen Teil der Arkaden abbrechen müssen. Was hätte bei einer so aufwendigen Aktion dagegen gesprochen, eine oder zwei der nördlich an den neuen Risalit anstoßenden Arkaden ebenfalls abzureißen und mit größerer Reichweite wiederaufzubauen? Schlüter hätte dann auf die zweifach gekuppelte[199] Säulenstellung verzichten können. In diesem Sinne waren die Arkaden in der Nordhälfte des Hofes eben doch zu modeln, zumal sie wegen der Beseitigung der Kolossalsäulen und der Neugliederung der beiden übereinander stehenden Galerien ohnehin angetastet werden mußten. Schlüter nahm diese Gelegenheit zur Harmonisierung jedoch nicht

83 Kleiner Schloßhof, Spreeflügel mit Risalit des Großen Treppenhauses

wahr. Entweder störte ihn die Asymmetrie nicht, oder es gab noch andere Gründe, die eine Manipulation der Achsweite nicht zuließen.

Jedenfalls dürften die Gründe für die unterschiedlichen Anschlüsse der Hofgalerien an den Risalit des Großen Treppenhauses anderswo liegen. Man vergleiche nur einmal, wie weit das Fenster des Vorzimmers der Königin (Raum 836) und das südliche Fenster der ersten Paradevorkammer (Raum 799) von der jeweiligen Ecke des fünfachsigen Risalits entfernt sind (Abb. 83). Könnte nicht auch hierin die Ursache für die unterschiedliche Behandlung der Anschlüsse liegen? Schließlich gab ja schon der Vorgängerbau mit großer Wahrscheinlichkeit die Wände des Großen Saals – des Schweizersaals – und damit die Ausdehnung des fünfachsigen Risalits vor.

Das erste Fenster der ersten Paradevorkammer war nicht sinnvoll in die Gliederung der Galerien einzubeziehen. Daher überspielte Schlüter in den darunter liegenden Geschossen diese Stelle durch besagte zweifache Kuppelung der Säulchen und Pilaster und begann erst danach mit der ersten Öffnung der Kolonnaden und Arkaden. Durch diesen Trick wurde das Fenster regelrecht an den Rand gedrückt (Kat. 145). Noch eine weitere Erklärung läßt sich denken: Der nördliche Anschluß wirkt überzeugen-

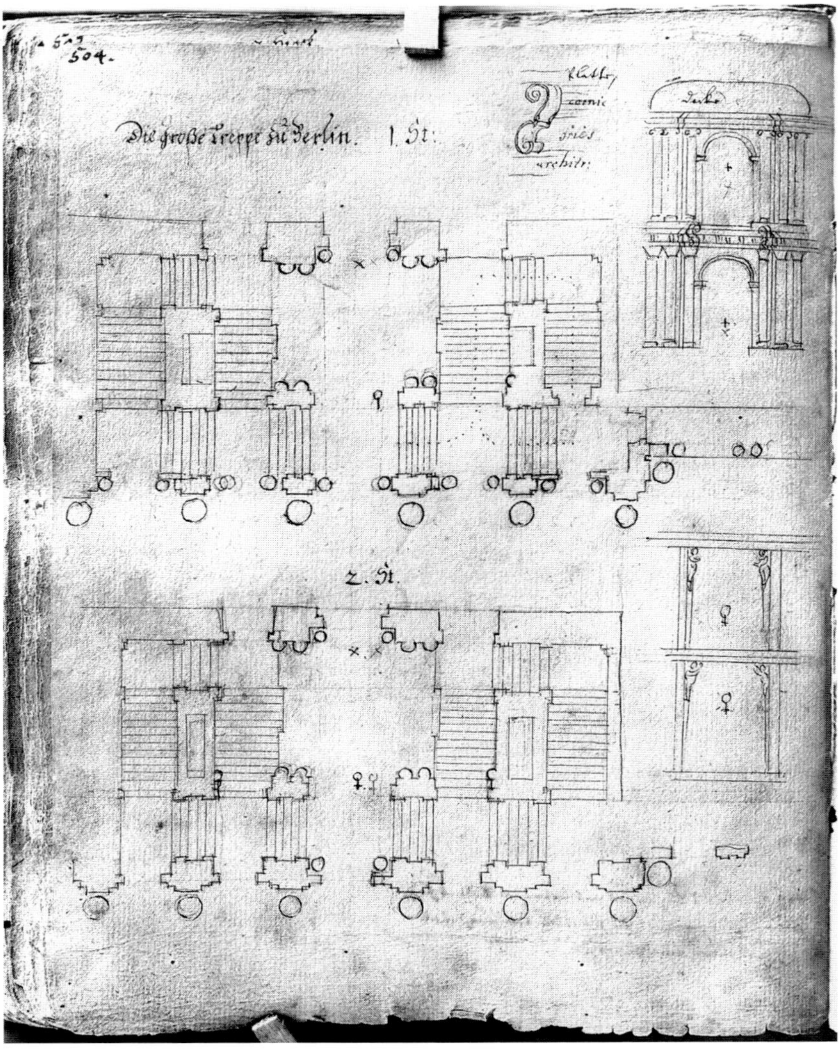

KATALOG 118
Christoph Pitzler, Obergeschoßgrundrisse und Aufrisse des Großen Treppenhauses, 1701

der, da die Galerien hier nochmals klar durch Doppelsäulen oder -pilaster begrenzt werden, ehe die seitliche Kolossalsäule des Risalits folgt, von der dann das zweite Säulenpaar verdeckt wird (Abb. 80, 83). An der Südseite verschwindet die Galerie dagegen hinter der Kolossalsäule, läuft gleichsam in sie hinein (Abb. 83). Diese Wirkung auf den Betrachter, der sich über die traditionelle Durchfahrt vom äußeren Schloßhof her (Raum 480) näherte, war an der Südseite ohnehin nicht zu vermeiden. Selbst wenn dort noch zwei weitere Säulchen oder Pilaster gestanden hätten, wären diese aus der Schrägansicht hinter der Kolossalsäule verschwunden (Abb. 79, 80). Den nördlichen Anschluß hatte der Betrachter dagegen frontal im Blick.

Planung und Bau der neuen Hofgalerien und des Risalits für das Große Treppenhaus sind aufgrund widersprüchlicher Quellen und Baubefunde nicht eindeutig zu datieren. Es gibt sogar Anhaltspunkte, die für eine Errichtung bereits vor 1701 sprechen. So weisen die Metopen im Kranzgesims nur kurfürstliche Insignien auf.[200] Dies würde bedeuten, daß der Planwechsel sich bereits 1699 oder 1700 vollzogen hat. Die Zeichen kurfürstlicher Würde wurden jedoch auch nach 1701 noch verwendet. Für die Datierung der neuen Pläne in das

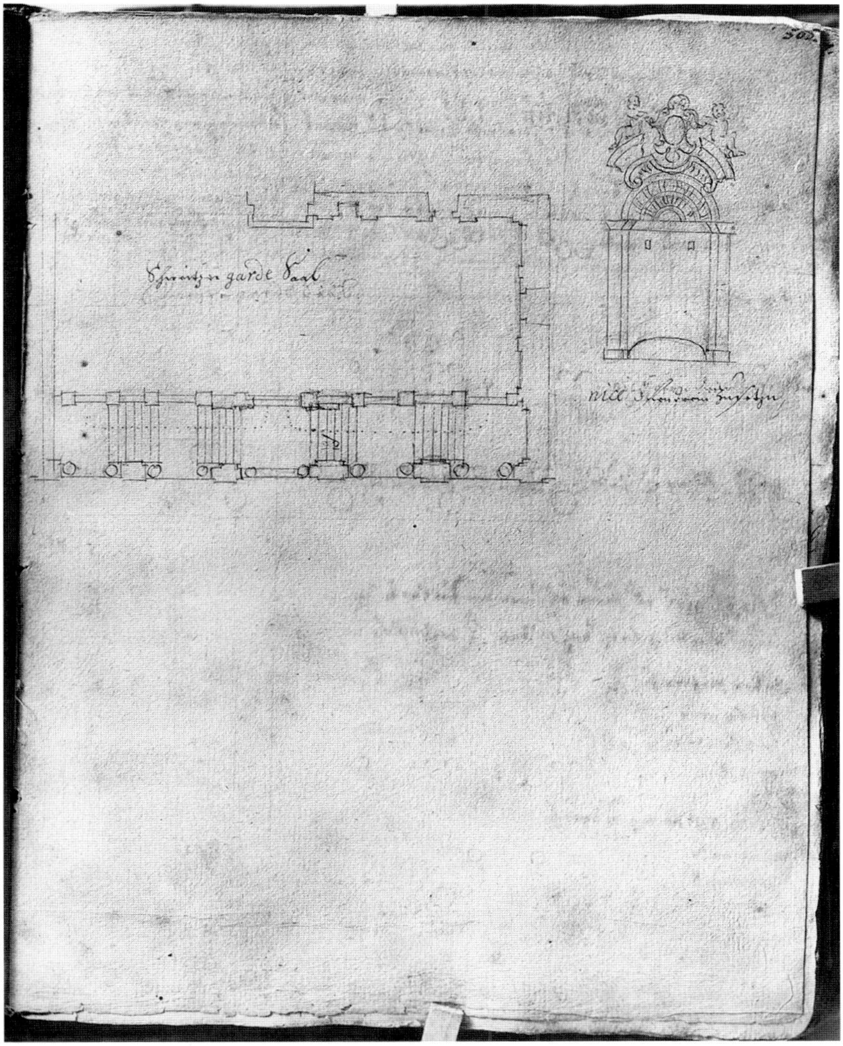

KATALOG 119
Christoph Pitzler, Grundriß des Schweizersaals mit angrenzendem Treppenhaus und Skizze einer Ofennische, 1701

Jahr 1701 sprechen dagegen mehrere Skizzen in Christoph Pitzlers Reisebuch (Kat. 115–120). Pitzler, der sich bereits im August 1695 in Berlin aufgehalten hatte, reiste im Juli 1701 erneut in die Residenzstadt des brandenburgischen Kurfürsten und nunmehrigen Königs in Preußen. Hatte er sich beim ersten Mal kaum mit dem Residenzschloß beschäftigt, eben weil es dort wenig Neues zu sehen gab, so galt diesem nun sein Hauptaugenmerk. Inzwischen – zwei Monate nach dem Krönungseinzug – hatte Friedrich I. Schlüters Planänderungen gebilligt.

Pitzler muß bei seinen Besuchen Zugang zu den Baustellen gehabt haben.[201] Dort wurden ihm Schlüters neue Entwürfe und Zeichnungen vorgelegt, obwohl sie noch gar nicht ausgeführt waren. Diese Baupläne, also die aktualisierten Ausführungspläne, skizzierte er in sein Buch. Bisweilen hielt er auch noch die alten Pläne fest, was bestätigt, daß er eine Umbruchphase in der Schloßplanung miterlebte. So zeichnete er die an die Risalite anschließende Bogengalerie auf demselben Blatt einmal noch mit den kolossalen korinthischen Halbsäulen, ein anderes Mal jedoch bereits mit den gekuppelten dorischen Säulen, wie sie dann auch ausgeführt worden sind (Kat. 115). Zwei Blätter widmete er dem neu geplanten Treppenhaus im Spreeflügel, dem sogenannten Großen Treppenhaus mit dem Schweizer Saal im Piano Nobile (Kat. 118, 119).

Allerdings ist noch am 17. November 1701 der russische Gesandte »im innern Schloß-Platz vor der Windel-Treppen durch den Königl. Ceremonien-Meister und einigen andern Grandes empfangen/ und solchergestalt durch die vor specificirte Guardes in den Königlichen Audienz-Saal geführet [...]« worden.[202] Damals dürfte also zumindest der schlanke Turm mit der Wendeltreppe noch gestan-

KATALOG 138
Jacob Wilhelm Heckhenauer nach Andreas Schlüter, Längsschnitt durch das Große Treppenhaus, 1701/1703

KATALOG 139
Jacob Wilhelm Heckhenauer nach Andreas Schlüter, Querschnitt durch das Große Treppenhaus, 1701/1703

84 Großes Treppenhaus, Blick vom ersten Zwischenpodest im Obergeschoß in Richtung Hof

den haben, es sei denn, der Empfang ist über das Treppenhaus im Schloßplatzrisalit erfolgt.

Die Widersprüche gehen noch weiter. Die von Heckhenauer nach Zeichnungen Schlüters gestochenen Schnitte durch den Risalit des Großen Treppenhauses (Kat. 138, 139) zeigen noch gar nicht die später ausgeführte Treppen-/Rampenanlage, sondern lediglich eine Rampenkonstruktion und vor allem eine völlig andere Raumdisposition. Die Schnitte geben nämlich nicht zwei von vornherein getrennte Läufe wieder – der linke als Rampe, der nördliche als Treppe ausgeführt –, die sich jeweils um einen geschlossenen Kern in die Höhe winden (Abb. 135), sondern eine Anlage mit einem gemeinsamen Antrittsarm, der das Rampenhaus in der Mitte durchschneidet. Erst danach trennt sich die Rampenanlage in zwei Läufe, die an der Außenwand und in der Galerie des Treppenkastens verlaufen. Im ersten Stock vereinen sie sich wieder auf einem Podest in der Mittelachse der Galerie. Exakt über dem gemeinsamen Antrittsarm im Erdgeschoß ist nun eine Brücke gezogen, die die Raumbreite frei überspannt und an die Rückwand des Rampenkastens führt. Von dort gehen erneut getrennte Läufe ab, wiederum dem Verlauf der eine Etage tiefer gelegenen Läufe folgend, um sich schließlich vor dem Eingang in den Schweizer Saal erneut zu treffen.

Goerd Peschken hat die Rampenplanung ausführlich analysiert.[203] Dabei verweist er auch auf die Halbsäulenpaare an den Wandpfeilern der Galerie, die sich nach innen, zu den Rampenaugen hin, wendeten. Die Paare an den inneren Wandpfeilern beiderseits der Mittelachse blieben auch im letztgültigen Entwurf Schlüters erhalten (Abb. 84). Die beiden äußeren Paare dagegen gingen verloren, denn sie wurden innerhalb der neuen Treppen- und Rampenspindel vermauert. Nur eine Viertelsäule blieb sichtbar (Abb. 84 rechts), die auch Pitzler akribisch in seinen Grundriß eingezeichnet hat (Kat. 86). Auf Ruinenfotos sind die vermauerten Säulen wieder zum Vorschein gekommen, und zwar sowohl in der Treppenspindel im Erdgeschoß als auch im Obergeschoß.[204] Auch Broebes stellt sie, vermauert im Kern der Spindel, in einem Grundriß des Großen Treppenhauses dar (Kat. 173). Das Rampenhaus, das Heckhenauer zeigt, bildet demnach nicht nur eine Planungsvorstufe, vielmehr wurde nach diesem Entwurf mit dem Bau tatsächlich begonnen, denn sonst hätte man später nicht die Säulen vermauern müssen. Ein weiterer Befund stützt diese These: Im Kellergeschoß ließen sich die Unterwölbungen der Rampenläufe, etwa des zweiten Laufs, tatsächlich nachweisen.[205]

Diese Beobachtungen machen die Datierung des reinen Rampenhaus-Entwurfs überaus verzwickt, ja bringen uns in ein Dilemma. Im Juli 1701 sah Pitzler bereits die Pläne zur endgültigen Lösung der Kombination aus Treppe und Rampe (Kat. 118, 119). Daraus müßte man schließen, daß der erste Entwurf, der noch die reine Rampenlösung zeigt (Kat. 142, 143), damals bereits im Bau begriffen war, ja kurz vor der Ablösung durch den zweiten Entwurf gestanden hat. Vielleicht war der Planwechsel auch schon erfolgt. Hatte man mit dem ersten Entwurf, der doch kaum vor Mai 1701 entstanden oder zumindest genehmigt worden sein kann, so rasch begonnen, daß bis Juli immerhin die Pfeiler mit den besagten Säulenpaaren realisiert waren? Unmöglich ist dies nicht, denn die Pfeiler mußten ja die hofseitige Außenwand des Schweizer Saals tragen, nachdem die darunter liegende alte Hofwand aus der Renaissance herausgebrochen worden war.

Peschken löst das Dilemma auf, indem er die Pitzler-Zeichnungen (Kat. 118, 119) einfach auf das Jahr 1704 datiert.[206] Schlüters Hofumbau mit dem Großen Risalit verlegt er in das Jahr 1703, da damals schon Deckers Repräsentationsstiche der Außenfassaden (Kat. 140–143) publiziert wurden.[207] Peschken geht davon aus, daß die Heckhenauer-Stiche (Kat. 138, 139) zu dieser Serie gehören. Den Planwechsel vom reinen Rampenhaus zum integrierten Rampen-/Treppenhaus setzt er gegen 1703/04 an. Nachdem Friedrich I. einen tatsächlichen Eindruck von der reinen Rampenkonstruktion erhalten hatte, habe er darauf gedrängt, daß das Treppenhaus wieder Rampe und Treppe enthielt.[208] Damit waren der gemeinsame Antrittsarm und die gesamte Konstruktion des Entwurfs hinfällig.

Die Schwierigkeiten bei der Interpretation der Abfolge der beiden Planungen für das Große Treppenhaus und ihrer Datierung dürften deutlich geworden sein. Eine elegante Lösung kann hier nicht präsentiert werden. Jedenfalls erscheint es riskant und eigentlich nicht zulässig, einfach die Chronologie von Pitzlers Skizzenbuch außer Kraft zu setzen. Auch ist fraglich, ob die beiden Heckhenauer-Stiche und die vier Decker-Stiche tatsächlich eine Serie bilden.[209] Womöglich folgten die beiden Planstufen eben doch sehr rasch aufeinander. Nicolai schreibt: »Im Jahr 1702 war alles von außen und zum Theil auch von innen fertig. Man muß erstaunen, daß eine so große Veränderung des Schlosses in so kurzer Zeit, und noch dazu bey so manchen Unbequemlichkeiten, Widersprüchen und Veränderungen der ersten Anlagen, habe bewerkstelliget werden können.«[210] Dies spräche also für die rasche Ablösung beider Planstufen bereits im Jahr 1701. Doch Nicolai ist nicht immer ein verläßlicher Gewährsmann, so daß man sich auch in diesem Fall, wo seine Datierung gelegen käme, nicht auf ihn berufen kann.

Die Berichte über Gesandtenempfänge, bei denen das Treppenhaus traditionell eine wichtige Rolle spielte, helfen in dieser Frage kaum weiter. Am 15. Januar 1703 fand die Audienz des dänischen Gesandten im Schloß statt. Es ist aber auffallend, daß die Treppensituation im Schloß überhaupt nicht angesprochen wird. Hier macht die Beschreibung einen großen Sprung: »[...] in seiner den 15. Jan. gehabten Audienz/zu welcher er durch den geheimbden Rath und Ceremonien-Meister/Besser/in zwey Kutschen mit 6. Pferden bespannt/abgeholet wurde. Vor der Thüer des ersten Gemachs empfieng ihn der Ober-Hof-Marschall und führte ihn zum Könige/ [...].«[211] Bei der Audienz des russischen Gesandten im November 1701 wird hingegen explizit eine »Windel-Treppen« genannt.[212] Hierbei handelt es sich entweder um den alten Treppenturm vor dem Spreeflügel oder um das neuerbaute Treppenhaus im Schloßplatzrisalit. Bei der Audienz des schwedischen Gesandten im Mai 1705 war dagegen das Große Treppenhaus Bühne für den zeremoniellen Empfang: »Unten an der Stiege des Schlosses ward er empfangen durch den OberSchencken Herr Erlach/mitten auff der Stiege durch den Schloß-Hauptmann Hn. von Printz/an der Guarde Saal-Thür durch den General-Lieutnant von Tettau [...].«[213] Mit dem erwähnten »Guarde Saal« dürfte der Schweizersaal gemeint sein.

Wahrscheinlich fiel also im Jahr 1701 die Entscheidung für die erste große Planänderung, die die Neufassung der Hofgalerien und die Lösung mittels eines fünfachsigen Treppenrisalits im Spreeflügel erbrachte. Kurz darauf fand ein neuerlicher Planwechsel statt, der sich nun ausschließlich auf die In-

85 Rittersaal (Raum 792), Blick nach Südosten

nendisposition des fünfachsigen Mittelrisalits bezog (man kann also von einem Planwechsel innerhalb des Planwechsels sprechen). Um 1704 dürfte der Risalit des Großen Treppenhauses weitgehend vollendet gewesen sein. Kleinere Arbeiten zogen sich allerdings noch bis 1706 hin. Damals wurden »an der großen Treppe die Bilder auf die Postementer gesetzt«.[214] Innen wurde »die platte Windel-Stiege, wo auch die Pferde herauf gebracht werden, mit Steinen recht ausgepflastert, die Gelender angemacht, Thüren, Fenster und alle Zubehörige Ornamenten noch angemacht, und so gantz fertig gemacht«.[215] Im selben Bericht ist die Rede davon, daß »die Gallerien, so im inwendigen Schloß-Platz neu aufgeführet, gantz fertig gemacht« würden.[216] Entweder war im August 1706 die zweigeschossige Galerie in der Osthälfte des Hofes noch nicht vollendet, oder die Ankündigung bezog sich auf eine Fortsetzung der Arbeiten in der westlichen Hälfte, die dann allerdings erst 1874/75 erfolgte.

Ende des Jahres 1701 wurde vielleicht auch schon an den Entwürfen für den Münzturm gearbeitet, dessen Baubeginn ziemlich sicher in das Jahr 1702 datiert werden kann. »FRIDERICVS PRIMVS [...] AEDIFICARI. IVSSIT. M.DCC.II.« steht auf Schlüters Münzturmentwurf (Kat. 130).[217] Der Anstoß zum Umbau könnte nicht zuletzt durch rein praktische Anforderungen angeregt worden sein. Im August 1701 erging eine königliche Resolution an den Grottierer Johann Damnitz »wegen der verfertigung der nötigen zierrathen in der allhiesigen Grotte, reparation und verbesserung der allhiesigen Wasserwercke, und anrichtung einer neuen Machine in dem Münzthurm«.[218] Königs Notiz aus dem Jahr 1701 könnte also korrekt sein, wenn man sie auf die Planungen und noch nicht auf die Ausführung bezieht: »Man machte auch den Anfang zum Bau des prächtig entworfenen Münzthurms, der fünf Jahre hernach wieder abgetragen werden mußte, und den Fall des Baumeisters Schlüter nach sich zog.«[219]

Die Darstellung Nicolais, daß bereits 1701 der Entschluß gefaßt worden sei, das Schloß auf die doppelte Größe zu bringen, hat lange Zeit die Schloßbaugeschichte verzerrt. »Als König Friedrich I., nach geschehener Krönung, im May 1701 nach Berlin zurück kam, empfand er über den Rittersaal, und den Anfang der Paradezimmer ein großes Vergnügen. Sie waren ihm aber nach seiner Neigung zur Pracht viel zu klein. Schlüters Zweck war zwar, daß sie durch das jetzige Quergebäude fortgeführt werden sollten, aber der König wollte mehr Prachtzimmer in gerader Linie haben [...].«[220] Schon die Behauptung, der König habe 1701 den Rittersaal bestaunt, ist falsch.[221] Noch Dohme folgte 1876 in seiner Schloßmonographie, die als die erste moderne gelten darf, Nicolais These, daß das Schloß bereits 1701, also von Schlüter, nach Westen verlängert worden sei.[222] Erst Albert Geyer konnte diese Deutung in seinem grundlegenden Aufsatz von 1903 endgültig widerlegen.[223] Die Schloßerweiterung auf das Doppelte hat mit Schlüter nichts mehr zu tun. Die Planungen hierfür beginnen mit Eosanders Schloßdirektorat 1707.

Von 1701 an muß Schlüter sehr von der Ausstattung der Innenräume in Anspruch genommen worden sein. Hier trifft Nicolais Nachricht einmal zu: »1701 war der Rittersaal bereits so weit fertig, daß zu Malung der Decke Anstalt gemacht wurde.«[224] Die Paradekammern sowie die darüber liegenden Mezzaninräume der Kunstkammer waren in ihren Raumhüllen vollendet. Hier trat das Besondere, ja Einzigartige des Berliner Schloßbaus in Erscheinung, denn der Architekt besaß nicht nur die künstlerische Leitung über die Innendekoration, sondern näherte sich damit wieder seinem ureigensten Metier. Die Ausgestaltung der Räume war für Schlüter keine lästige Nebenaufgabe, die er an einzelne Bildhauer delegierte. Die Stuckdecken in den Paradekammern offenbaren, wieviel Interesse und Aufmerksamkeit Schlüter gerade auf die Innendekorationen verwandte. Natürlich hat er nur bei wenigen Stukkaturen oder Schnitzereien – ebensowenig bei den Sandsteinplastiken am Außenbau – selbst Hand angelegt. Doch er hatte die Stukkateure und Bildhauer, wenn sie nicht ohnehin zu seiner Werkstatt gehörten, fest im Griff.

Jetzt muß Schlüter mit Befriedigung die Freiheit verspürt haben, die ihm die Stellung als Schloßbaudirektor gewährte. Sicherlich erinnerte er sich zurück an seine Jahre in Warschau, seine Tätigkeit

am Schloß in Wilanów oder am Palais Krasiński, als er und seine Kollegen, die Danziger Steinmetzen und die italienischen Stukkateure, jeweils einzelne, klar umrissene Aufträge ausführen mußten, die ihnen der Architekt vorgeschrieben hatte. In Berlin konnte er über alle gestalterischen Fragen selbst bestimmen, sieht man einmal von der Koordination mit dem Bauherrn und seinen Vertretern ab.

Aus den Jahren 1702 bis 1704 besitzen wir Nachrichten von der Vollendung der Paraderäume im Lustgartenflügel. Am 18. Januar 1702, also am ersten Jahrestag der preußischen Königskrönung, wurde »in der neuen Hof- oder HausCapell zum ersten mahl geprediget« (Raum 787).[225] Dabei war die Inneneinrichtung jedoch wie in den östlich anschließenden Räumen noch lange nicht vollendet. In einem Möbelinventar vom November 1702 sind die neuen Paraderäume von der Brandenburgischen Kammer (Raum 795) bis zur Kapelle (Raum 787) noch nicht verzeichnet.[226] Demnach waren sie zu diesem Zeitpunkt noch nicht mit beweglichem Inventar ausgestattet, was auf laufende Bauarbeiten hindeutet.

Der Rittersaal (Raum 792) muß allerdings bereits annähernd fertiggestellt gewesen sein und kurz vor seiner Einrichtung gestanden haben (Abb. 85, 86), denn zum zweiten Jahrestag der Krönung »hielten Se. Königl. Majestät offentliche Tafel/mit denen sämtlichen Hn. Rittern/in den prächtigen Ritter-Sahl/allwo unter andern fürnemlich das sehr kostbare Buffett auffgerichtet/und mit Verwunderung anzusehen war«.[227] Allerdings wurde dieser Bericht erst viele Jahre nach dem Ereignis verfaßt. Überhaupt bleibt fraglich, ob das Silberbuffet zu diesem Zeitpunkt bereits in der Form aufgestellt war, die ein Stich (Kat. 144) überliefert.[228] Dieses Arrangement stammte nämlich von Johann Friedrich Eosander. Es ist aber kaum vorstellbar, daß ihm bei einem so bedeutenden Projekt der Innenausstattung, das ja wesentlich die Wirkung des Saals bestimmte, schon 1702/03 der Vorzug vor Schlüter gegeben worden ist – zumal Schlüter seinen Führungsanspruch durchsetzte, wie sich gegenüber den Akademiemalern zeigte. Man sollte also die Möglichkeit in Betracht ziehen, daß Eosander nach Schlüters Ablösung das gesamte Buffet nochmals neu arrangierte. Ein Ereignis, das hierzu hätte Anlaß bieten können, ist beispielsweise die Hochzeit des Thronfolgers Friedrich Wilhelm (I.) und der Prinzessin Sophie Dorothea von Braunschweig-Lüneburg, die im November und Dezember 1706 in Berlin gefeiert wurde.[229]

Schon vorher – noch unter Schlüter – muß im Rittersaal ein größerer Umbau stattgefunden haben. Die Spuren dieser Planänderung fanden sich nach

86 Rittersaal, Ostwand mit Silberbuffet

87 Rittersaal, Ostwand, Zustand 1950

der Zerstörung des Schlosses. Demnach waren die Kamine ursprünglich – vergleichbar dem Rittersaal (Abb. 87) – an den Schmalwänden angebracht. Eindeutig durch Baubefunde nachgewiesen ist der Kamin an der Ostseite, wo später das Silberbuffet stand.[230] Der Kamin war erwiesenermaßen in Funktion. Dies legt nahe, daß der Saal bereits in Benutzung war, bevor die Disposition wieder verändert und die Kaminöfen an die innere Längswand verlegt wurden.[231] Auch in diesem Fall hat Schlüter also eine eigene, früher getroffene Anordnung nachträglich wieder korrigiert. Möglicherweise fand diese Korrektur erst nach einigen Jahren statt.[232] 1701 entstand Pitzlers Skizze vom Grundriß des Rittersaals, der die Kamine noch an den Schmalseiten zeigt (Kat. 85).

Im Jahre 1703 wurde das Deckengemälde in der Schwarzen Adlerkammer (Raum 791) vollendet.[233] 1704 schritt die Ausstattung der Kapelle voran (Kat. 153–155).[234] Auch die Orgel muß spätestens in diesem Jahr vollendet gewesen sein,[235] ebenso die Innendekoration des Schweizersaals (Raum 814). Liselotte von der Pfalz schrieb dazu an die Kurfürstin Sophie von Hannover: »Wie E. L. mir La Sale des Gardes von Berlin beschrieben, mus er schir so groß sein, wie mein Sala zu Montargis, so vor einen von den größten in der Welt passirt.«[236]

Gleichzeitig arbeitete Schlüter an anderen Raumfolgen im Schloß. 1702 vollendete Augustin Terwesten die Deckenmalereien im Roten Zimmer (Raum 835),[237] das im Appartement der Königin Sophie Charlotte lag (Kat. 126, 127). 1703 signierte er das Plafondgemälde im mittleren Raum der Kronprinzenwohnung (Raum 847) mit der Verherrlichung des Kronprinzen.[238] Die Malereien waren in beiden Fällen abgestimmt auf Schlüters Stukkaturen.

Im November 1703 war die Renovierung der im Schloßplatzflügel westlich des Elisabethsaals gelegenen Kronprinzenwohnung teilweise abgeschlossen,[239] und auch die Kunstkammer im Mezzaningeschoß des Lustgartenflügels war bezugsfertig (Abb. 88). Ob sich die entsprechende Nachricht – »den 3ten Augusti 1703 seind auff allergnädigsten Befehl Sr Majestät die Antiquitäten in das neue Gebau, und die dazu aptirte gemächer transferiret worden«[240] – nur auf die Antiken-, Münz- und Medaillensammlung, die in den drei westlichen Räumen untergebracht war (Räume 985–987), bezog oder auf die gesamte Kunstkammer einschließlich der Naturalia, muß offenbleiben.[241]

1704 wurde in dem unter dem Piano Nobile des Schloßplatzflügels gelegenen Appartement gearbeitet, wie ein bis zuletzt erhaltenes Deckengemälde Augustin Terwestens (Raum 669) verriet.[242] Ähnliche Arbeiten werden im ersten Stock des Lustgartenflügels ausgeführt worden sein, dessen Räume dann im 18. Jahrhundert unter Friedrich Wilhelm II. vollständig umgestaltet wurden.

Die Arbeiten an der Innenausstattung sollten Schlüter bis zu seinem Ausscheiden 1706 beschäftigen. Noch während der Tage des Münzturmunglücks entstand das kleine Kabinett bei der Schloßkapelle, der sogenannte Klingelbeutel (Raum 788), mit einer aufwendig verspiegelten Decke.[243] Raumdekorationen in der Wohnung des Kronprinzen wurden erst nach und nach vollendet, und in den Paradekammern oder im Großen Treppenhaus waren immer noch einzelne Arbeiten nachzuholen, wie ein ausführlicher Bericht des Bauamts verrät.[244]

Ende 1703 traten Schwierigkeiten am Münzturm (Kat. 129–133) auf. Während die Arbeiten am Schloß und an seiner Innenausstattung Schlüter wei-

88 Elfenbeinkabinett (Raum 989) der Kunstkammer

ter in Anspruch nahmen, sollte ihn in den folgenden drei Jahren dieser Turm bis zum Desaster des drohenden Einsturzes im Juni 1706 in Atem halten. Sogar in den angespannten Wochen danach, als über die Zukunft des Turms beraten wurde, arbeitete Schlüter noch an der Innenausstattung verschiedener Räume.[245] Am 24. Januar 1707 finden wir ihn mit einer Bestellung von Holz für den Schloßbau befaßt.[246] Vier Tage später erhält Eosander die Bestallungsurkunde zum neuen Schloßbaudirektor.[247] Damit endete offiziell Schlüters Tätigkeit am Berliner Schloß.

Schon in den Monaten zuvor hatte sich Eosander auf die Nachfolge vorbereitet und Entwürfe für eine Erweiterung des Schlosses nach Westen ausgearbeitet. Sie bildeten nun die Grundlage seiner Tätigkeit, denn der König verlangte von ihm, »daß sothaner Bau unserer intention gemaes und nach denen mit Unserer allergndsten approbation von Euch verfertigten rißen fortgesetzet« werde.[248] Bereits am 18. Januar 1707, also zehn Tage vor der offiziellen Bestallung, war den Ordensrittern bei den alljährlichen Feierlichkeiten zum Jahrestag der Krönung angekündigt worden, daß dies die letzte Zusammenkunft in Schlüters Kapelle sei, da man eine größere Kapelle im Erweiterungsbau plane.[249] Die Verlegung der Kapelle war also Teil von Eosanders Erweiterungsplänen. Insofern wundert man sich über den Brief Friedrichs I. an seine Schwiegermutter Kurfürstin Sophie von Hannover: »[...] Daß mein Capel wieder abgebrochen wirdt, solches muhs geschehen, weil die balcken verfaullet seint, und hat solches gemacht der Scluter, der schelm, der den turm so verdorben gebauet.«[250]

Nachtrag

Andreas Schlüter nach 1706/07

Nachdem er beim Bau des Münzturms gescheitert war, war Schlüter als Schloßbaudirektor nicht zu halten. Friedrich I. beließ ihn aber großmütig in der Position des Hofbildhauers. Noch bis Mitte 1713 erhielt Schlüter seine Besoldung. Es ist nicht überliefert, was er in dieser Zeit tat. In den zeitgenössischen Quellen taucht sein Name kaum auf. 1711 trat er mit der Errichtung des Landhauses Kameke noch einmal als Architekt in Erscheinung. Als Friedrich I. am 25. Februar 1713 starb, verlor Schlüter wie viele andere Hofkünstler seine Stellung. Das letzte Werk, das er – gemeinsam mit Johann Jacobi – für die Hohenzollernschuf, war der Prunksarkophag für seinen verstorbenen Mäzen, ein Pendant zu dem bereits acht Jahre zuvor entstandenen Sarkophag für dessen zweite Gemahlin Sophie Charlotte.

Am 1. Mai 1713 trat Schlüter in die Dienste Peters des Großen von Rußland und zog von Berlin nach Sankt Petersburg. Nachweisen lassen sich dort bildhauerische Arbeiten am Sommerpalais des Zaren. In Peterhof entwarf er das Lustschloß Monplaisir. Bereits ein Jahr später verstarb er. Im Juni 1714 gelangte die Nachricht von Schlüters Tod nach Berlin.

Der Berliner Schloß nach 1706/07

Eosanders Pläne sahen eine Verdoppelung des Schlüterschen Schlosses vor. Die Idee eines kompakten Vierkants, wie sie in Schlüters Schloßmodell (Kat. 107) angelegt war, ging damit verloren. Der bereits bestehende Große Hof, der von den niedrigen Altangebäuden aus dem frühen 17. Jahrhundert umgeben war (Kat. 56), wurde von Flügeln umfaßt, die die Geschoßhöhe der Flügel des Kleinen Schloßhofes fortsetzten. Schlüters Fassaden zum Schloßplatz und zum Lustgarten wurden nach Westen verlängert. Dabei folgte Eosander streng dem Aufrißsystem seines Vorgängers und führte auch die neuen Portale als weitgehende Kopien der Portale I und V aus. Erst beim Risalitvorsprung am westlichen Ende der verlängerten Lustgartenfassade und dann vor allem bei der Fassade zur Schloßfreiheit löste er sich von Schlüters Vorgaben. Mit dem triumphbogenartigen Portal in der Mitte des Schloßfreiheitsflügels erhielt der Schloßkörper eine Ausrichtung nach Westen. Zeitweilig sollte als Ersatz für den Münzturm ein hoher Kuppelturm dieses Portal bekrönen (Kat. 199, 200). Friedrich I. hat die Vollendung des Erweiterungsbaus nicht mehr erlebt. Erst 1716 war mit der Fertigstellung der Stechbahnfassade die endgültige Gestalt des Schlosses weitgehend erreicht. Die Maßnahmen der nachfolgenden Könige und Kaiser haben das Äußere des Schlosses nicht mehr wesentlich verändert. Von 1844 bis 1848 entstand über Portal III die Schloßkuppel mit der Kapelle.

Nach dem Ende der Monarchie wurde das Schloß zu einem musealen Ort. Den Zweiten Weltkrieg überstand es lange weitgehend unbeschadet. Erst Anfang Februar 1945 wurde es so stark getroffen, daß es bis auf die Grundmauern niederbrannte und seiner gesamten wandfesten Innenausstattung verlustig ging. Das aufgehende Mauerwerk und ein Großteil des bauplastischen Schmucks blieben jedoch erhalten und hätten mit verhältnismäßig geringem Aufwand instand gesetzt werden können. Was Generationen von Herrschern, Architekten und Handwerkern in fünfhundert Jahren geschaffen hatten, ließen die Parteiführung der DDR und der Ostberliner Magistrat jedoch in ideologischer Verblendung sprengen.

Die Außenarchitektur

Die Fassade zum Schloßplatz

Das alte Schloß aus der Renaissance gab Schlüter den dreieinhalbgeschossigen Wandaufriß der Schloßplatzfassade vor. Ein fünfteiliger Rhythmus versetzt sie in Spannung: Die beiden Eckrondelle – das westliche ging im Zuge der Eosanderschen Schloßerweiterung bald wieder verloren – und der Mittelrisalit von Portal I erscheinen wie Streben, zwischen die die jeweils fünfachsigen Rücklagen gespannt sind.[251] Schlüters Präsentationsriß (Kat. 140) zeigt gar eine siebenteilige Gliederung, denn im Anschluß an die Rondelle sieht man hier noch zwei Fassadenabschnitte von jeweils vier Fensterachsen. Es handelt sich hierbei, wie die Ansichten des Schloßmodells aus der Vogelschau zu erkennen geben (Kat. 107, 122, 150), um Schulterrücklagen, die links um zwei und rechts um vier Achsen in die Tiefe zurückversetzt gewesen wären.[252] Ausgeführt wurden sie nie. Ohnehin hätte die linke Schulterrücklage, die eine Hälfte der südlichen Schmalseite des Quergebäudes verkleiden sollte, in der Ausführung nur zwei Achsen gemessen.[253] Schlüter hat sie in seinem Präsentationsstich um zwei weitere Achsen verlängert, um einen angemessenen Hintergrund für das alte Schloßtor zu bekommen. Die rechte Schulterrücklage sollte hingegen tatsächlich vier Achsen umfassen. Diese waren notwendig, um den Abstand vom eigentlichen Spreeflügel entlang der Schloßkapelle bis zum Haus der Herzogin zu überbrücken. Da die Schulterrücklagen jedoch nicht ausgeführt wurden, in der auf dem Präsentationsriß wiedergegebenen Frontalansicht auch niemals hätten wahrgenommen werden können, werden sie im folgenden vernachlässigt.

Mit den kolossalen Freisäulen des Mittelrisalits setzte Schlüter einen eindeutigen Schwerpunkt (Abb. 89). Die Konstruktion aus Sockelblöcken, Säulen und Gebälk ist dem Fassadenverband mit urtümlicher Wucht vorgesetzt. Werner Hager formulierte 1942 in pathetischen Worten, doch in der Sa-

KATALOG 140
Paul Decker d. Ä. nach Andreas Schlüter, Entwurf für die Schloßplatzfassade, 1703

che zutreffend: »Mit solcher Großheit wie er hatte noch niemand eine vollrunde Ordnung vor eine Hauptfassade gesetzt.«[254] Hinter den Säulen liegt in einer zweiten Ebene die eigentliche Wand, die hier jedoch weitgehend in Fensterflächen aufgelöst ist. Die Vertikalstreben zwischen den Fenstern werden durch die Säulen nahezu verdeckt. Schlüter führt damit eine auf ihr konstruktives Gerüst reduzierte Architektur vor Augen. Das System der Rücklagen wird hier abrupt unterbrochen.

Zu allen Dissonanzen, die Schlüter am Portalrisalit ohnehin schon hervorrief, kam noch hinzu, daß er dessen Mittelachse förmlich auseinanderriß:

89 Schloßplatzfassade, Portal I

90 Portal I, Kapitell einer Kolossalsäule

Das Sockelgeschoß ist in zwei völlig getrennte Blöcke gespalten. Die Balkonplatte, die beide Blöcke miteinander verbindet, kam wohl erst gegen Ende des 18., wenn nicht gar erst zu Beginn des 19. Jahrhunderts hinzu. Sie steht Schlüters Absichten entgegen.[255] Das eigentliche Portal ist als solches gar nicht gestaltet, sondern ergibt sich aus dem Zwischenraum zwischen den beiden Blöcken. Erst die im Schatten liegende Säulenstellung ist wieder Ausdruck tektonisch gestaltender Ordnung. In die Rustikablöcke selbst sind feingezeichnete Nebenportale eingelassen. Sie wirken, als seien sie unter großer Anstrengung aus dem Mauermassiv herausgemeißelt worden. Ihr Oberlicht besitzt keine bildhauerisch geformte Rahmung mehr.

Der Architekturkritiker Abraham Humbert lobte 1739 die Kolossalsäulen von Portal I aufgrund ihrer klaren tektonischen Haltung (»bien placées, & d'un goût certainement exquis«).[256] Säulen dürften nicht als dekorative Versatzstücke eingesetzt werden, sondern nur als Stützen, die eine Last tragen: »[...] car la colonne n'est proprement qu'un appui de pierre qui doit porter un fardeau.«[257] Mit den mächtigen Säulen und dem schweren Gebälk demonstriert Schlüter an Portal I dieses Prinzip von Tragen und Lasten, zumal der Risalit innerhalb des Fassadenverbandes geradezu exemplarisch herausgehoben ist. Die Säulen erreichen eine Höhe von 15,09 Metern. Ihre Schäfte bestehen aus Ziegelmauerwerk, während Kapitelle und Basen in Sandstein gearbeitet sind.[258] Das Gebälk setzt sich zusammen aus einem in drei Faszien geteilten Architrav, einem relativ schmalen glatten Fries und einem extrem hohen Konsolgesims. Die Metopen zwischen den Konsolen sind mit Rosetten besetzt. In dieser Zusammensetzung und aufgrund seiner Proportionen dürfte das

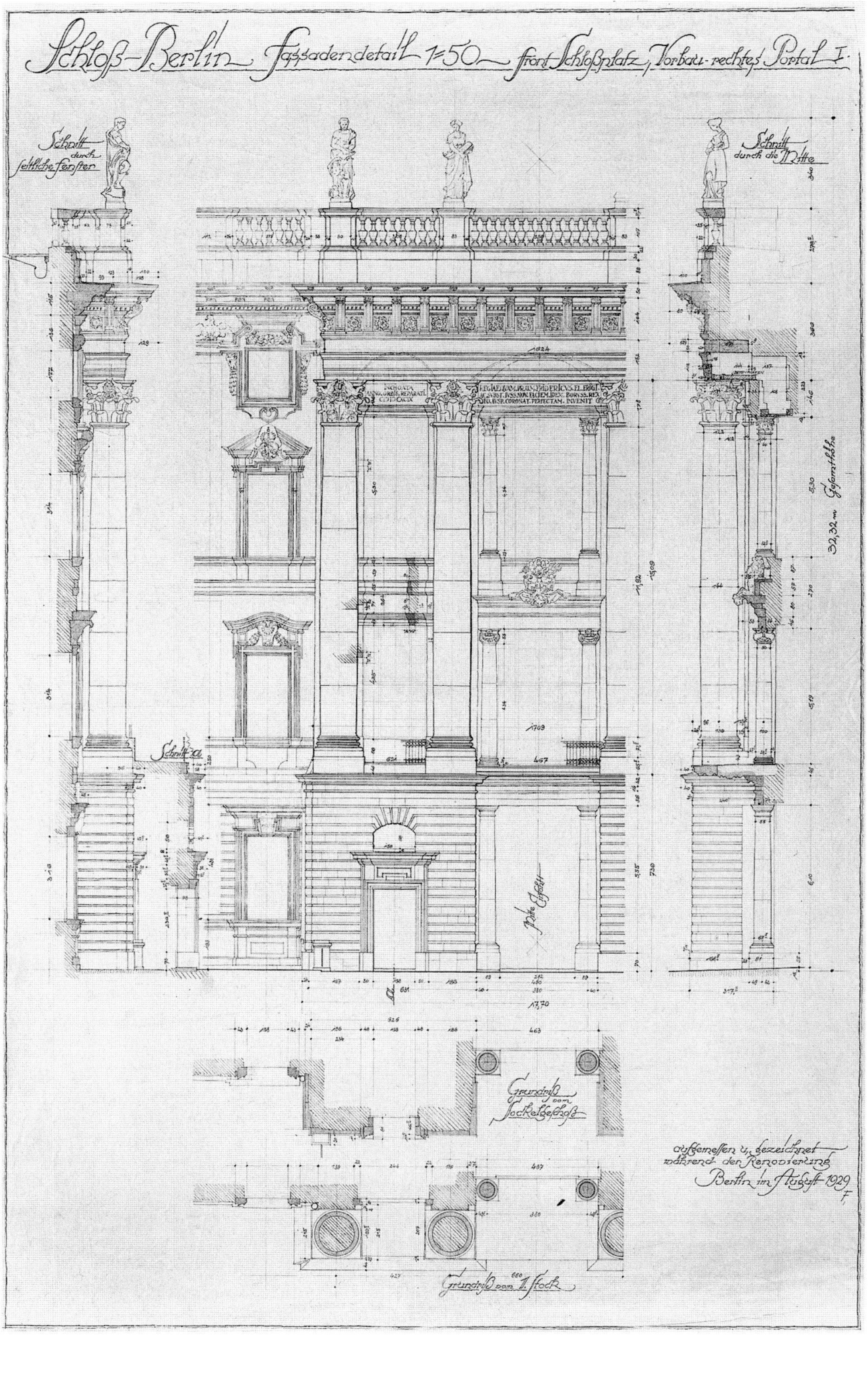
Schloß-Berlin Fassadendetail 1:50 Front Schloßplatz, Vorbau-rechtes Portal I.
Schnitt durch seitliche Fenster
Schnitt durch die Mitte
32,32 m Gesamthöhe
Schnitt a
Grundriß vom Sockelgeschoß
Grundriß vom I. Stock
aufgemessen u. gezeichnet während der Renovierung
Berlin im August 1929
F.

91 Erich Schonert, Aufmaß von Portal I, Rötelzeichnung, 1929

92 Portal I, Ausschnitt

93 Portal I, Armatur vor der Brüstung des Elisabethsaals

Gebälk eine originäre Erfindung Schlüters sein. Die Kapitelle der Kolossalsäulen (Abb. 90) gehören – folgt man der Klassifizierung Vignolas – der kompositen Ordnung an.[259] Gerade auch die Lösung mit den flügelspreizenden Adlern konnte Schlüter weitgehend von Vignola übernehmen, denn dieser bildete beispielhaft zwei Kapitelle ab, eines mit Adlern, deren Flügel allerdings erst im Ansatz geöffnet sind, und eines mit Greifen, deren Schwingen den Abakus verdecken. Schlüter brauchte im Prinzip nur beide Kapitelle zu kombinieren. Allerdings verzichtete er darauf, die Mitte der Kapitelle figürlich zu besetzen, wie dies bei den Beispielen Vignolas der Fall ist. Vignola hatte beschrieben, wie die figürlichen Elemente der Kapitelle die Aufgabe übernehmen, auf Sinn und Zweck des zugehörigen Gebäudes aufmerksam zu machen. So konnten die Adler etwa auf einen Jupitertempel verweisen. In Berlin handelt es sich demgemäß um den preußischen Adler, das Wappentier des gerade gekrönten Königs, der in diesem Palast wohnte. Auf die Gleichsetzung Friedrichs mit Jupiter trifft man mehrfach in der Ikonographie des Schlosses.

Die Wand hinter den Kolossalsäulen ist weitgehend in Fenster aufgelöst. Übrig bleibt ein Gerüst aus horizontalen und vertikalen Gliedern. Hinter den Säulen verlaufen entsprechend dimensionierte, also zweigeschossige Hinterlegungen (Abb. 91).[260] Seitlich davon liegen schmale Wandstreifen, in die die rechteckigen Fenster eingeschnitten sind. In die Mittelfenster sind jeweils kleine Geschoßsäulen – ionischer Ordnung im ersten Stock und korinthischer im Piano Nobile – eingestellt. Jeder dieser Säulen ist in die Tiefe des Risalits hinein unmittelbar eine zweite Säule hinterlegt (Abb. 121–123). Auf derselben Fluchtlinie folgen weitere Säulen durch die Durchfahrt hindurch bis zum Eingang an der Hofseite. Damit tragen die Säulen zu dem Eindruck bei, der gesamte Risalitblock sei auf die Grundelemente von Stützen und Lasten reduziert. Die Bestandteile der Fassade bleiben nicht auf die Fläche beschränkt, sondern dringen in den Baukörper ein.

Die Geschoßsäulen im Mittelgeschoß besitzen ein eigenes hohes Gebälk, das die anschließenden Wandstreifen nur leicht überschneidet. Der Sturz der seitlichen Fenster gliedert sich in Architrav und Fries. Über diesem Sturz setzen sich Stockwerk- und Sohlbankgesims der Rücklagen fort und bilden gemeinsam die Brüstung der seitlichen Fenster im Piano Nobile. Unter dem Mittelfenster des Piano Nobile springt die Brüstung deutlich zurück. Markant treten daher die beiden Plinthen hervor, auf denen die korinthischen Stockwerksäulen ruhen. Sie tragen ein Gebälk, das ebenso wie die Stürze über den seitlichen Fenstern eine Inschrift in gemeißelten Buchstaben enthält.[261] Auf den Fotos liegen diese Inschriften aufgrund des weit vorkragenden Gebälks der Kolossalsäulen meist im Schatten. Ursprünglich waren die Buchstaben vergoldet, wodurch sie besser hervorstachen.[262]

Vor der Brüstung des Mittelfensters im zweiten Obergeschoß, hinter dem der Elisabethsaal (Abb. 77) lag, brachte Schlüter eine Armatur an (Abb. 92, 93). Sie bestand aus einem Reiterschild, der von einem Prunkhelm bekrönt ist und auf einer Löwenhaut sitzt.[263] Der Kopf des Löwen und seine Tatzen hingen über das Stockwerkgesims herab. Die Armatur ist eine Collage aus verschiedenen Motiven, die Schlüter entweder schon selbst verwendet oder in seiner polnischen Zeit gesehen hatte, etwa das Motiv der Löwenhaut, das man in Wilanów an prominenter Stelle findet, nämlich in der Mittelachse der Gartenfassade unterhalb des Mezzaninfensters (Abb. 11).[264] Allerdings ist dort die Haut ganz aufgespannt als Hintergrundfläche für die Stuckplastiken des Ruhmesgenius und der ihn umschwirrenden Putten. Prunkhelme hatte Schlüter in verschiedenen Varianten am Zeughaus angebracht (Abb. 33). Der bogenförmig geschwungene Reiterschild erinnert an den Schild zu Füßen der Kriegsgöttin auf dem Brustpanzer des Großen Kurfürsten (Abb. 161). Auf dem Schild ist eine mehrfigurige Reiterkampfszene dargestellt. Der Reiter auf springendem Pferd, den Schild in der Linken, erscheint als Reminiszenz des vollplastisch gearbeiteten Reiters an einem der beiden Pavillons der Gartenseite von Schloß Wilanów (Abb. 12). Insgesamt wirkt die Armatur an dieser Stelle freilich ein wenig kleinlich. Zum dröhnenden Akkord der kolossalen Freisäulen mag sie nicht so recht passen.

Dieser Risalit ist ohne Vorbild in der Geschichte der Architektur. Berninis Louvre-Entwürfe unterscheiden sich von ihnen ebenso wie die Risalite an der Gartenfassade von Schloß Versailles (1669/70 und 1678, Abb. 64). Anders als bei sämtlichen römischen Beispielen trifft man hier tatsächlich auf Vollsäulen. Doch im Vergleich zu diesen Risaliten hat Schlüter seinen Risalit von Portal I zur majestätischen Großform gesteigert. Louis Le Vaus und Jules Hardouin Mansarts Versailler Lösungen wirken dagegen kleinlich. Schon die Beziehung zwischen dem rustizierten Sockel und den Säulen erscheint hier eher verspielt. Auch sind die Risalite strikt in die Abfolge der Rücklagen eingebunden und setzen keinen eigenen Vertikalakzent. Sie können die Attikazone nicht sprengen und sind innerhalb des Gesamtfassadenverbandes gefangen, so daß sie nicht annähernd die elementare Kraft besitzen, die Schlüter seinem Risalit gab. Bei dem unvermittelt aufgerissenen Eingangsportal könnte Schlüter den römischen Palazzo d'Aste im Sinn gehabt haben. Diesen Palazzo hatte Giovanni Antonio de' Rossi 1658 bis 1665 erbaut; bald danach wurde er im Stich veröffentlicht.[265] Hier handelt es sich jedoch um eine isolierte, allein auf den Eingangsbereich im Erdgeschoß beschränkte Lösung, während bei Schlüter das weite Portal in den darüber liegenden Fensteröffnungen seine konsequente Entsprechung findet.

Die Gerüsthaftigkeit des Mittelrisalits überträgt Schlüter auf die Detaillierung der Rücklagen, denn dort findet sie ihren Reflex in einem Netz aus horizontalen und vertikalen Linien. Bei den horizontalen Linien handelt es sich um die auch im römischen Palastbau üblichen Stockwerk- und Sohlbankgesimse. Ungewöhnlich ist der vertikale Akzent, den Schlüter erzielte, indem er in die Achsen zwischen den Fenstern vertiefte Spiegelfelder einließ. Er entschied sich für die Negativform. Die Pilasterstreifen durften nicht zu kräftig ausfallen, da die Abstände zwischen den Fenstern stark voneinander abwichen und demzufolge die Breite der einzelnen Spiegelfelder merklich divergierte. Diese reichten bis dicht an die Fenster heran, so daß rechts und links davon nur relativ schmale Streifen stehen blieben. Die Spiegelfelder bildeten über die Geschosse hinweg eine Einheit, die als negative Lisenen oder Pilaster gedeutet werden kann. Zugleich wurde dadurch der Zusammenhalt der jeweils übereinander liegenden Fenster betont, die auf einer gegenüber den Spiegelfeldern leicht erhöhten vertikalen Bahn lagen. Die traditionelle Horizontalteilung genoß allerdings insofern noch Vorrang, als die einzelnen Gesimsbänder unverkröpft über die vertikalen Linien hinwegliefen. Kurios ist, daß Schlüter im Piano Nobile die eigentlichen Sohlbänke nicht unter die Fensteröffnungen, sondern daneben unter die Putzfelder setzte (Abb. 94). Das kanonisierte Vokabular wandte er also absichtlich falsch an. Die Sohlbänke wirken bei ihm wie Klammern zwischen den einzelnen Fenstern.

Die vertikalen Spiegelfelder kann man in dieser Stringenz als etwas genuin Schlütersches bezeichnen. Bei römischen Beispielen fehlen sie ganz. Schlüters Erfindung überzeugt, zumal es ihm gelingt, die Adler im Fries über dem Mezzanin (Abb. 96) als das zugehörige Kapitell erscheinen zu lassen. Ihm war daran gelegen, mit Hilfe dieser Putzfelder ein engmaschiges Ordnungsraster über die Fassade zu legen. Er war nicht bereit, die Wandfläche zwischen den Fensterachsen ungestaltet zu belassen. Hier wird sein Unbehagen an der lediglich der Verkleidung dienenden Fassade offenbar. Beim weitaus größten Teil der römischen Paläste sieht man zwischen und über den Fenstern viel ungegliederte Wand. Bernini ordnete immerhin seine Risalite – nie seine Rücklagen – teilweise durch Pilaster oder Halbsäulen (Abb. 166). Doch diese Ordnungen bilden kein derart stringentes Raster aus, wie Schlüter es durch seine Spiegelfelder erreicht.

Die Gliederung der Rücklagen durch Spiegelfelder läßt einen Reifungsprozeß bei Schlüter erkennen. Die erste Variante seines Schloßmodells (Kat. 122) zeigt sie im Vergleich zur Ausführungsversion (Kat. 107) noch nicht. Daß Schlüter auf die endgültige Lösung erst später stieß, legt auch der Baubefund nahe: Die neue Außenmauer zum Lustgarten sah die Gliederung durch negative Pilaster zunächst nicht vor. Sie wurden erst nachträglich in das Mauerwerk gestemmt.[266]

Die überreichen Einzelformen der Rücklagen – die Fenster mit ihren Wappen, Girlanden, Monogrammen und Kronen im Giebel, die üppigen Girlanden seitlich und über den Mezzaninfenstern sowie die Adler im Fries des Abschlußgebälks – wirken wie die zu Stein erstarrten Elemente einer ephemeren Festdekoration.[267] Schlüter versetzte das Schloß dadurch in den Zustand permanenter Feierlichkeit, was für ein königliches Schloß durchaus angemessen war. Im einzelnen erinnern die Fensterumrahmungen an Formen und Motive, die im römischen Palastbau des 17. Jahrhunderts allenthalben anzutreffen sind. Es ist nicht auszuschließen, daß sich gerade für die Detailformen in der römischen Palastarchitektur nicht noch das eine oder andere konkrete Vorbild auftun wird.

Die handwerkliche Qualität der Einzelformen und Details trägt ganz entscheidend zur Wirkung des Schlosses bei. Man spürt förmlich an allen Ecken und

94 Schloßplatzfassade, Fenster im ersten Obergeschoß

Enden den Zugriff des Architekten und Bildhauers Schlüter. Die bauplastischen Bestandteile der Fassade – egal ob es sich um architektonische Formen wie Kapitelle, Giebel und Gesimse handelt oder um figurale Elemente wie die Widderköpfe und Adler im Mezzaningeschoß (Abb. 96–99), die Tugendreliefs über den Erdgeschoßfenstern von Portal V (Abb. 102, 108) oder die Götterstatuen am Risalit des Großen Treppenhauses (Abb. 130) – tragen aufgrund ihrer Schärfe und Präzision zum Eindruck des Spannungsreichen und Energiegeladenen bei. Selbst in fast dreißig Metern Höhe läßt die Detailgenauigkeit nicht nach, und gerade dort, im Piano Nobile und im Mezzanin, ist der bildhauerische Dekor nochmals massiv konzentriert.

Die Fenster im Erdgeschoß werden im Sturz von einem schweren Keilstein überfangen, der teilweise an einen rohen Felsblock erinnert (Abb. 95). Auf beiden Seiten der Fensterumrahmung bleibt nur noch ein schmaler Streifen von Rustikaquadern übrig. Die fragmentarischen Streifen erinnern an die Tradition, das gesamte Sockelgeschoß mit einer Rustika zu belegen, wie sie im römischen Palastbau üblich war (Abb. 45, 166). Schlüters Putzfelder zehren dagegen die Rustika weitgehend auf.

Im ersten Stock ziehen sich geschweifte Giebel in konzentrierter Anspannung über die Fenster (Abb. 94). Ein ungewöhnliches skulpturales Gebilde füllt ihren Fries: Eine auf einer eingerollten Volute aufsitzende kartuschenartige Spange, die an ihrem oberen Ende eine Muschel umfaßt, aus der ein Bukranion, ein Rinderschädel, hervorwuchert. Auf diesem Schädel lastet der Giebel. Im zweiten Stock, im Piano Nobile, werden die Architrave in der Mitte plötzlich hochgeschoben (Abb. 74) und verweisen damit auf die aufgedrückten Architrave im Abschlußgebälk. Eine Figuration aus kurfürstlichem Spiegelmonogramm (CF3), Kurzepter und Kurhut durchbricht den Giebel an Basis und Spitze.

Diese aufgebrochenen Dreiecksgiebel mißfielen dem Architekturkritiker Humbert.[268] Für Schlüter stellte das Ganze keineswegs eine Notlösung dar, etwa weil er mit dem Platz nicht ausgekommen wäre. Vielmehr kam die anschwellende Bauplastik der Wappenkartusche, die den weit aus dem Mauerverband hervorkragenden Giebel sprengt, der Dynamik seiner Architektur entgegen. Humbert führte die im 17. und 18. Jahrhundert weitverbreiteten durchbrochenen Giebel (»frontons brisés«) auf den »schlechten« Einfluß Michelangelos zurück.[269] Dessen an der Basis geöffnete Segmentbogengiebel in den seitlichen Achsen der Neuen Sakristei von San Lorenzo (Abb. 158) oder an der Fassade des Konservatorenpalastes in

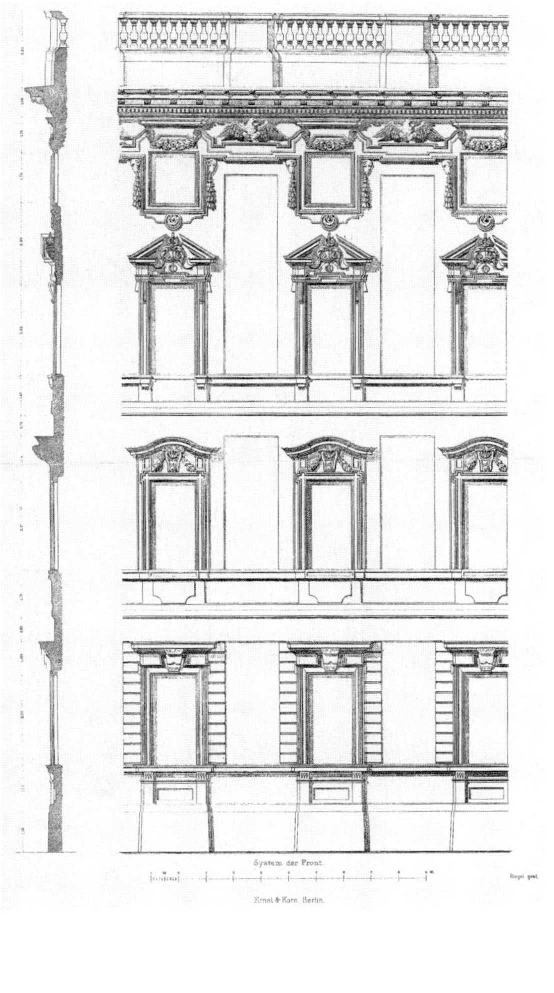

95 Aufmaß der Rücklagen der Lustgartenfassade, 1890

Rom (Abb. 16) dürfte er dabei im Sinn gehabt haben. Zumindest an der Basis eingedrückte Dreiecksgiebel finden sich auch in Schloß Wilanów am gartenseitigen Obergeschoß des Mittelrisalits (Abb. 12).

Es folgen die Mezzaninfenster, die von aufwendigem skulpturalem Beiwerk geschmückt sind. Sie dringen tief in das Abschlußgebälk ein und verschränken sich mit dessen Formen. Eine Blütengirlande ist über den Sturz gezogen. Seitlich darunter sind Widderköpfe angebracht, denen Blattgirlanden aus dem Maul fallen (Abb. 96, 98, 99. Auf dieses Motiv trifft man in Wilanów in den Tafelgehängen der Gartenseite (Abb. 10). Unter den Rahmen setzte Schlüter ein Motiv, das aus der Ferne an eine Nabelscheibe erinnert, wie sie damals in der Architektur Wiens häufig anzutreffen ist. Vor allem Johann Lukas von Hildebrandt bediente sich ihrer bei vielen seiner Bauten.[270]

Über das Mezzaningeschoß, das in das Abschlußgebälk eindringt und dieses geradezu aufbricht (Abb. 101), zeigte sich der Architekturkritiker Hum-

96 Schloßplatzfassade, Fenster im Mezzaningeschoß

97 Adler aus dem Hauptgesims, Zustand 1950

98 Widderköpfe vom Mezzaningeschoß, Zustand 1950

99 Mezzaninfenster

bert 1739 entsetzt: »Je ne crains point de le dire, MONSIEUR, cette licence choque [...].«[271] Hier sah Humbert eine architektonische Grundregel verletzt. Auch diese Regelwidrigkeit führte er auf den schlechten Einfluß der römischen Barockarchitektur zurück und nannte dabei konkret den Palazzo d'Aste von Giovanni Antonio de' Rossi.[272] Den weit näher liegenden Vergleich zu Paolo Marucellis etwa zwanzig Jahre früher entstandenem Palazzo Madama (Abb. 100) – dort sind die Flächen zwischen den Mezzaninfenstern ebenfalls mit figuralen Reliefs ornamentiert – zog er nicht.

Schlüter hatte das Motiv der in die Gebälkzone hineingedrückten Mezzaninfenster bereits in Polen kennengelernt. Gameren verwendete es am Palais Krasiński (Abb. 20, 21), für das Schlüter die Bauplastik lieferte.[273] Schlüter dürfte Gameren über die Schulter geschaut haben, war also unmittelbarer Zeuge der Rezeption und wohl auch an der Ausführung der plastischen Details beteiligt. Gameren war längere Zeit in Italien gewesen, könnte zudem aber auch durch den Kupferstich des Palazzo Madama in Ferrerios *I Palazzi di Roma* angeregt worden sein. Schlüter dürfte dieser Stich ebenfalls vorgelegen haben, als er seine Schloßfassaden plante.

Im Fries über dem Architrav und seitlich der Mezzaninfenster ordnete Schlüter nahezu vollplastisch gebildete Adler an (Abb. 96, 97). Hier plazierte er das Wappentier Brandenburgs und Preußens. Er bevorzugte eine kompakte Form, während sich am Palazzo Madama an dieser Stelle Szenen spielender Kinder finden. Die Sorgfalt, die Schlüter seit seiner polnischen Zeit auf die Gestaltung und Ausarbeitung von Gefieder legte, ließ er auch hier walten.

Im Zusammenspiel mit den negativen Pilastern eröffnet die Mezzaninzone ein komplexes Vexierspiel. Eine doppelte Lesart ist möglich: Zum einen kann man von den Fensterachsen ausgehen. Dann wirken die Mezzaninfenster, als seien sie von unten in den Architrav hineingedrückt worden. Dabei bricht der Architrav auseinander, und seine Fragmente rollen sich volutenartig ein. Die Blumengirlande und die Widderköpfe erscheinen als Schmuckformen des Fensters. Man kann die Situation aber ebenso von den negativen Pilastern aus lesen. Dann wirken die eingerollten Architravabbrüche auf einmal wie die äußeren Voluten oder Helices eines korinthischen oder kompositen Kapitells. Die Adler selbst bilden den eigentlichen Kapitellkern. Aus der Distanz mag ihr Gefieder sogar den Eindruck von Akanthusblattwerk hervorrufen. In den Kompositkapitellen des Portalrisalits waren Adler und Akanthus vereint (Abb. 90). Dieser Lesart fügen sich auch die Widderköpfe mit den Girlanden im Maul ein. Es entsteht die Assoziation an den Kapitelltyp mit seitlich herunterhängenden Gebinden, wie ihn Schlüter beispielsweise für die Außenfassaden der Alten Post gebrauchte.

Seitlich an die Rücklagen schlossen Rondelle an, und zwar ursprünglich zwei (Kat. 107, 122), nach Eosanders Erweiterung aber nur noch eines (Abb. 101). Sie gingen auf eine Ummantelung der alten Erker des Renaissancebaus zurück. Schlüter machte aus der Not eine Tugend. Sein Plan hatte den Vorteil, daß die kleinen Kabinette in den Erkern erhalten blieben. Zugleich kommen die Rondelle Schlüters Auffassung von Architektur entgegen. Mit ihrem weichen, gerundeten Umriß tragen sie zur Belebung des starren Baukörpers bei. Schlüters Sinn für von Leben erfaßte zoomorphe Formen, der sich mehrfach in seinem Werk in anschwellenden Muscheln oder Blattfigurationen äußert, findet hier seine Entsprechung in der architektonischen Großform.

Im großen und ganzen setzte Schlüter an den Rondellen das Aufrißsystem der Rücklagen fort. Nur in ihrer Mittelachse wich er davon ab. Hier öffnete er, zumindest im ersten und zweiten Geschoß, die Wand und setzte in die entstandene Öffnung je eine Säulenfiguration. Diese Säulen machen erneut deutlich, wie wenig Schlüter an einer lediglich dekorativen Verkleidung lag. Hier wird Architektur zelebriert. Schlüter gibt punktuell Einblick in die konstruktiven Bedingungen seines Baus. Dabei wiederholt beispielsweise die ionische Ordnung im ersten Stock die entsprechende Situation in der Mittelachse

100 Rom, Palazzo Madama von Paolo Marucelli, 1637 bis 1642

101 Schloßplatzfassade mit Risalit von Portal I

des Portalrisalits (Abb. 89). Es entsteht der Eindruck, als zöge sich das kräftige Gebälk von dort als unsichtbares Band durch die Rücklagen. Schlüter unterstreicht so deren Fassadencharakter, denn es scheint, als könne dort an jeder Stelle ebenfalls die Wand aufgebrochen werden und das tektonische Gerüst zum Vorschein kommen. Im Piano Nobile des Rondells war die Entsprechung des Mittelfensters zum Portalrisalit nur bedingt möglich. Schlüter mußte an den Rondellen das Mezzaningeschoß beibehalten. Die korinthischen Säulen fallen also niedriger aus als die Stockwerksäulen vor dem Elisabethsaal im Mittelrisalit.

Mittelrisalit und Eckrondelle lassen sich als angeschwollener Zustand der Rücklagen interpretieren. Aus den negativ eingestemmten Scheinpilastern werden am Portal positiv modellierte Kolossalsäulen. Die flachen Rustikaketten seitlich der Erdgeschoßfenster sind zu zwei wuchtigen Sockelblöcken mutiert, die so weit aus der Fassadenflucht hervortreten, daß der Mitteleingang wie in einem tiefen Schlund verborgen liegt. Das trotz des dekorativen Reichtums eher flache Abschlußgebälk der Rücklagen erscheint am Mittelrisalit als schwerer, massiver Balken. Die Rondelle dagegen übernehmen weitgehend die Einzelformen der Rücklagen. Hier entsteht der Eindruck, als sei die ganze Wand aufgeblasen und zu halbrunden Ausstülpungen angeschwollen. Schlüter suggerierte auf diese Weise, der Bau sei von Kräften durchdrungen, die an der einen Stelle zum Anschwellen von Einzelformen führen, während anderswo die gesamte Wand erfaßt wird.

Jenseits des östlichen Rondells und damit im südlichen Abschnitt der Spreefront setzte Schlüter das Aufrißsystem der Schloßplatzfassade über eine Länge von vier Achsen fort (Abb. 48). Diese vier Achsen hätten den Anschluß an die ebenfalls vierachsige Schulterrücklage besorgt, die Schlüters Präsentationsriß (Kat. 140) zeigt, die aber nie realisiert wurde. Der kräftig hervortretende Kapellenturm bereitete dann allerdings seinem Bemühen, die Spreefassade zu regulieren, ein abruptes Ende. Immerhin war der neugestaltete Teil groß genug, um dem Blick von der Langen Brücke einen überzeugenden Point de vue zu bieten. Schlüter war auch hier eng an das gebunden, was der Renaissancetrakt vorgab. Dies zeigt sich eklatant an dem Scheinpilaster in der Mitte der insgesamt vier Fensterachsen, den er derart breit wählen mußte, daß er in allen drei Geschossen jeweils wie ein gerahmtes Bild wirkt. Es ist nicht aus-

zuschließen, daß Schlüter diese Fläche mit Wandmalereien verzieren ließ. Spätere Fotografien lassen hier leider kein sicheres Urteil zu. Die unkonventionelle Lösung scheint ihn nicht gestört zu haben.

Den Abschluß des gesamten Fassadenverbandes – am Schloßplatz wie am südlichen Spreeabschnitt – bildet eine umlaufende Balustrade. Deren Rhythmus wird durch die Fassadengliederung bestimmt (Abb. 89, 101). Die tragenden Elemente wie die negativen Pilaster der Rücklagen oder die Säulen- und Pilasterordnungen der Risalite werden über dem Kranzgesims jeweils durch ein Postament fortgesetzt, während sich über jeder Fensterachse die Balustrade erstreckt. Auf den Postamenten – Humbert bezeichnet sie als *acrotères*[274] – plazierte Schlüter Statuen und Vasen (Kat. 140). Vor allem in Stein gehauene menschliche Körper eigneten sich gut, die Vertikalkräfte der Wandachsen und ihrer Ordnungen zu veranschaulichen, sie aufzunehmen und schließlich optisch befriedigend aufzulösen.[275] Balustraden, die den Himmel durchscheinen lassen, empfand Schlüter in diesem Fall als geeigneten Abschluß für die steinernen Fronten.[276]

Schlüter ersann für sämtliche Schloßfassaden, nach außen wie zum Hof, eine subtile Differenzierung des Dachschmucks (Kat. 140–143). Auf den Risaliten endete jede Säule und jeder Pilaster in einer Statue. Dies hätte beispielsweise für den Risalit des Großen Treppenhauses sechs Skulpturen bedeutet (Kat. 143), für die schmalseitigen Hofrisalite (Kat. 142) aufgrund ihrer gekuppelten Pilaster ebenfalls je sechs und für die Außenrisalite vier. Auf dem Lustgartenrisalit (Kat. 141) standen statt antiker Gottheiten Trophäenbündel, die in ihrem Arrangement allerdings menschlichen Körpern angenähert waren. Alle Risalite wurden von den Rücklagen abgesetzt, indem bei diesen jedes zweite Postament entweder – wie an der Hofseite – ganz freigelassen oder – wie an den Außenfassaden – durch eine niedrigere kompakte Vase besetzt war.

Schlüters Konzeption für den Attikaschmuck, wie ihn die Präsentationsstiche zeigen, war nicht nur Wunschbild, sondern wurde zumindest an den Außenfassaden tatsächlich realisiert.[277] Darstellungen und Beschreibungen des 18. Jahrhunderts überliefern zweifelsfrei die Abfolge von Vasen und Skulpturen an der Schloßplatzseite.[278] Auf den Rondellen standen große Wappen, die Schlüter ursprünglich durch bewegte Famengruppen hatte flankieren wollen (Kat. 140).[279] An der Lustgartenseite wich die zuletzt überlieferte Verteilung von Schlüters Stich (Kat. 141) ab, da Eosander – anders als an der Schloßplatzseite – den Schmuck auf der von ihm verlängerten Fassade neu arrangiert hatte.[280] Von der Vielgestaltigkeit des Balustradenschmucks war zuletzt allerdings nicht mehr viel übrig. Im Zuge der Restaurierung des Hauptgesimses 1817 waren die Skulpturen abgenommen worden.[281] Gemälde aus der ersten Hälfte des 19. Jahrhunderts zeigen die Dachlandschaft völlig frei von Statuen und Vasen.[282] Im letzten Viertel des 19. Jahrhunderts wurden immerhin auf den Risaliten zum Schloßplatz und zum Lustgarten wieder Skulpturen, allerdings zeitgenössische, aufgestellt.[283] Die Fotografien des Schlosses haben sie überliefert (Abb. 89, 102).

Nach Schlüters ursprünglichen Plänen sollte die Ansicht zur Schloßplatzseite noch imposanter ausfallen (Kat. 140). Die tief zurückliegenden Flanken von Quergebäude und Spreeflügel sollten das Aufrißsystem der Rücklagen übernehmen, was die Schloßplatzfassade optisch beträchtlich verlängert hätte. Dieses Vorhaben zur Homogenisierung des Schloßkörpers blieb unverwirklicht: Im Westen begradigte Eosander die gesamte Situation durch die nahtlose Verlängerung der Schloßplatzfassade; am Spreeflügel blieb der Kapellenturm in seinen Renaissanceformen erhalten (Abb. 48), und das Pendant eines zweiten Schloßtores wurde niemals errichtet. Auch die Brunnen vor den Rondellen sind nicht realisiert worden.

Die ursprüngliche, von Schlüter vorgesehene Farbigkeit der Schloßplatzfassade läßt sich immerhin in Ansätzen rekonstruieren.[284] Farblich besonders hervorgehoben war der Risalit von Portal I. Der rustizierte Sockel, die korinthischen Kolossalsäulen und das schwere Gebälk waren weiß gestrichen. Die Säulenschäfte aus eigens angefertigten Formziegelsteinen mußten, anders als das Gesims aus Sandstein, zunächst einmal verputzt werden. Die Basen und Kapitelle der Säulen, aus Sandstein gearbeitet, waren dagegen goldfarben bronziert. Humbert schreibt 1739 über die Säulen: »[...] elles ne sont à la verité que de briques revêtues de stuc, avec chapiteaux & bases de pierre de taille bronsée.«[285] Die gleiche Information enthält der 1756 publizierte Bericht von Müller/Küster, der »die auf einer Rustica ruhende vier freye Säulen von express darzu gebranten Backsteinen, so von außen marbriret« beschreibt, »deren Capitele und Fußgestelle bronziret sind«.[286] Eine farbige Vedute von 1788 zeigt immer noch den weiß marmorierten Portalrisalit und die vergoldeten Kapitelle.[287] Ebenfalls vergoldet sind auf dieser Ansicht die Adler im Fries. Die Inschrift auf dem Portal unterhalb des Gesimses bestand »in Römischen verguldeten Buchstaben«.[288] Ein Bericht von 1857 erwähnt Spuren der Vergoldung nicht nur auf diesen Buchstaben, sondern auch auf den Wappen in den Giebeln der Obergeschoßfenster.[289] Im Hof waren im 19. Jahrhundert ebenfalls noch Reste der Schlüterschen Farbigkeit vorhanden. Auf einer Ansicht Eduard Gaertners von 1830 (Abb. 68) sind die eingestellten korinthischen Säulen im Obergeschoß der Risalite weiß gestrichen.

Die Farbigkeit der Rücklagen der Schloßplatzfassade beschreibt Humbert: »On peut aussi faire sur la brique un enduit coloré d'un jaune extrêmement clair tirant sur la couleur de paille, & sur la pierre un enduit blanc ou gris: c'est ce qu'on a très-bien observé au Château & à l'Arsenal de Berlin, & à plusieurs autres Palais.«[290] In Schlüters Präsentationsstich (Kat. 140) sind die Putzstreifen in einem dunkleren Farbton gehalten als die übrigen Wandflächen. Dieser Farbkontrast ruft den Eindruck hervor, die Putzstreifen seien unter den horizontal verlaufenden Gesimsbändern hindurchgeflochten. Schenkt man der Ansicht von 1788 Glauben, dann waren die Putzspiegel, die ja ebenfalls aus Ziegel bestanden, dunkler gestrichen als die hellgelbe (»d'un jaune extrêmement clair tirant sur la couleur de paille«) Wand.[291] Offen ist, ob und in welchem Ausmaß der Anstrich von 1788 noch dem aus der Erbauungszeit entsprach. Da jedoch die markanten Portalrisalite ganz offensichtlich noch die Farbigkeit Schlüters aufwiesen, darf man dies auch für die Rücklagen vermuten.

Die Fassade zum Lustgarten

Schlüter hat die Fassade zum Lustgarten nicht derart in Spannung versetzt wie die Schloßplatzfassade. Dieser Unterschied ist immer bemerkt worden und tritt auch bei einem Vergleich der beiden offiziellen Repräsentationsstiche zutage (Kat. 140, 141). Zum Garten hin wird die Atmosphäre heiterer, die Gegensätze werden gemildert. Eckrondelle fehlen, und der Risalit ist stärker mit den Rücklagen verwoben,

tritt also nicht als wuchtiger Block aus der Flucht hervor, wie es Schlüter anfänglich in seinem Modell (Kat. 107, 122) vorsah. Sachte löst er sich über zweifach hinterstaffelte Pilaster aus dem Fassadenverband, und die architektonische Großform der Kolossalsäulen fehlt ganz (Abb. 102). Vielmehr entspricht die Geschoßgliederung des Portalrisalits derjenigen der Rücklagen. Dies bedeutet zum Beispiel, daß auch im Risalit ein Mezzaningeschoß vorhanden ist. Allerdings handelt es sich hierbei um Blendfenster, denn der dahinter liegende Rittersaal (Abb. 85) umfaßte ebenso wie der Elisabethsaal im Schloßplatzrisalit anderthalb Geschosse. Die Rücklagen der Lustgartenfassade entsprechen in ihrer Gliederung der Schloßplatzfront, und auch die Farbigkeit der Lustgartenfassade dürfte grundsätzlich den Farbtönen und Kontrasten der Schloßplatzfassade entsprochen haben.

Flache Pilaster mit reduziert-abstrahierten Kapitellformen gliedern den Risalit in jedem Geschoß in jeweils drei Achsen. In den ersten beiden Etagen ist ihnen auf den Innenseiten ein weiterer Pilaster hinterlegt. Die daran anschließende Wand – besser das, was von ihr übrigbleibt – tritt demnach gegenüber den Rücklagen letztlich nur um die Dicke eines Pilasters hervor. Den langgezogenen korinthischen Pilastern im Piano Nobile ist eine Pfeilerstellung eingesetzt, deren Gesims bis unter das Mezzaningeschoß reicht. Die Achsen zwischen den Pilastern mit ihren Hinterlegungen und Pfeilern werden fast ganz durch riesige Fensteröffnungen aufgezehrt.

Schlüter führt uns also auch hier ein architektonisches Gerüst vor Augen. Die Fenster sind weitgehend formlos, ohne die Ausbildung profilierter Umrahmungen, in die Reststreifen der Wand eingeschnitten; im Piano Nobile schließen sie unvermittelt an die kleine Pfeilerstellung an. Reich skulptierte Giebel, vergleichbar den Giebellösungen in den Rücklagen, weisen allein die beiden Erdgeschoßfenster seitlich des Eingangsportals auf. Der Sturz der seitlichen Mittelgeschoßfenster wird von einer straff gezogenen Girlande geschmückt. Über den Obergeschoßfenstern ist einmal ein größeres Wandstück zu sehen, in das die quadratischen Mezzaninfenster eingelassen sind. Über diesen hängen wiederum Girlanden, die zugleich schön die korinthischen Kapitelle miteinander verbinden.

Die Horizontalgesimse der Rücklagen verlaufen teilweise über den Portalrisalit. Im Piano Nobile sind sie gar über die Pilasterbündel hinweg verkröpft. Auch das Abschlußgesims des Risalits ist von den Rücklagen übernommen. Während der Adlerfries der Rücklagen in Höhe der korinthischen Kapitelle ausläuft, setzt sich das darüber liegende Kranzgesims aus Zahnschnitt sowie der von Konsolen unterlegten Hängeplatte und Dachrinne nahtlos über die Mitte fort. Schlüter sorgte für eine feine Abstufung. Während sich der Zahnschnitt noch kleinteilig über die Pilaster hinwegkröpft, binden die darüber liegenden Konsolen und Gesimse jeweils zwei Pilaster zu einer Einheit zusammen. Lediglich in der Mitte treten sie zugunsten der Wappenkartusche zurück.

Die abschließende Attika geht wohl auf Eosander zurück. Schlüter hatte hier eine Balustrade vorgesehen (Kat. 141) und möglicherweise auch ausgeführt. Wahrscheinlich bog diese über der Mitte als Exedra, als scheinperspektivische Nische, ein. Sie ist auf Broebes' Darstellung der Lustgartenfront – und nur hier – überliefert (Kat. 145). Zwei hinter den Helmen der Wappenkartusche versteckte Stufen, die auf Fotos eindeutig zu erkennen sind, bestätigen laut Peschken, daß die Nische tatsächlich existierte, ehe

102 Lustgartenfassade, Portal V

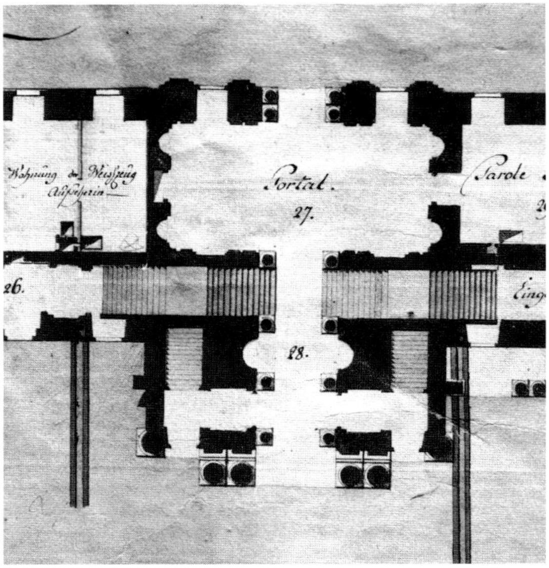

103 Rittersaal-Treppenkasten (Portal V), Grundriß des Erdgeschosses, 1794

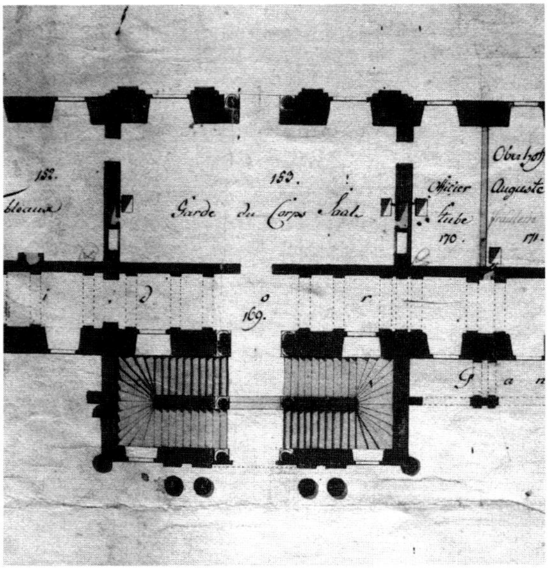

104 Grundriß des ersten Obergeschosses

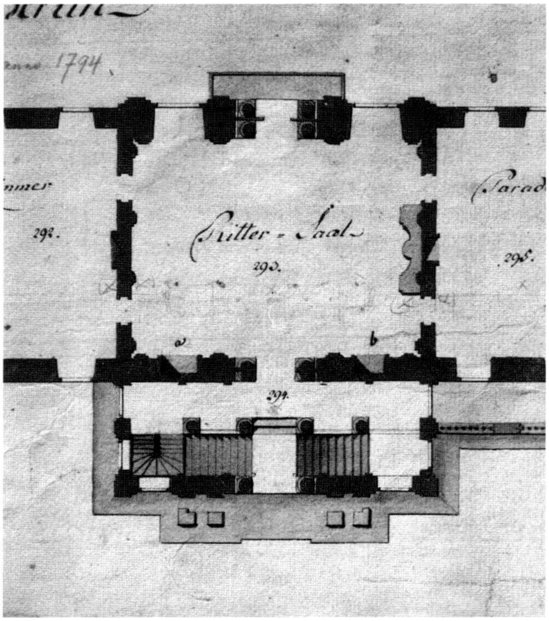

105 Grundriß des zweiten Obergeschosses

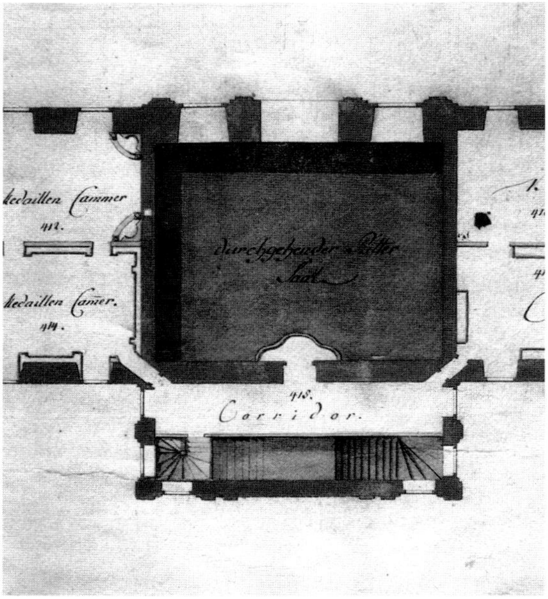

106 Grundriß des Mezzaningeschosses

Eosander die gesamte Balustrade über dem Risalit durch die Attika ersetzte.[292] Die Stufen hätten in die Balustraden-Exedra hinaufgeführt.

In die Mittelachse des Risalits hat Schlüter genau wie an dem zum Schloßplatz gelegenen Portal I jeweils kleine Stockwerksäulen eingestellt. Als Vollsäulen besitzen sie eine hohe plastische Prägnanz. In der Abfolge von Toskanisch-Dorisch, Ionisch, Korinthisch stiften sie kanonische Ordnung über die Geschosse hinweg. Zugleich entwickeln sie wie am Schloßplatzrisalit einen Sog in die Tiefe, denn im Risalit folgen ihnen in allen drei Geschossen in derselben Fluchtlinie weitere identisch gebildete Säulen (Abb. 103–106). Diese Säulenfolge durchmißt den Risalit (Abb. 107), bis sie an der Hofseite wieder zutage tritt (Abb. 116), und findet – wenn man so will – dann jenseits des Hofes ihre Entsprechung im Risalit von Portal I (Abb. 111), durch den sie schließlich bis an die Fassade zum Schloßplatz hindurchläuft (Abb. 89).

Hier wird deutlich, daß die Innenkonstruktion der Risalite nicht von den Fassaden getrennt werden kann. Schlüter deutet zumindest ansatzweise sein Ideal einer dreidimensional angelegten Architektur, die auf ihr konstitutives Gerüst beschränkt ist, an. Teilweise stehen die kleinen Säulen in den einzelnen Geschossen direkt übereinander. Das Ideal ist freilich unerreichbar, da im Innern Treppenhäuser und Säle angelegt werden mußten. Dies machte massive Mauerkerne und Trennwände erforderlich (Abb. 103–106). Während in den beiden unteren Geschossen des Lustgartenrisalits die Säulenstellungen mit einem geraden Gebälk abgeschlossen sind, zeichnete Schlüter das Piano Nobile mit dem dahinter liegenden Rittersaal durch eine Serliana aus. Eine solche hatte er in seinem Schloßmodell auch noch für den Schloßplatzrisalit geplant (Kat. 107, 122). Er sah dann ein, daß sie dort unter dem schweren Gebälk verlorengegangen wäre.[293] Der Bogen setzt sich aus Architrav, Fries und Gesims zusammen. Dabei ist der

107 Rittersaal-Treppenkasten, Decke in der Durchfahrt

Fries mit Rosetten besetzt. Die Restfläche zwischen Bogen und Abschlußgesims ist mit einer von Genien getragenen überdimensionalen Wappenkartusche geschmückt. Überhaupt steigerte Schlüter am Lustgartenrisalit den skulpturalen Aufwand im Vergleich zu Portal I beträchtlich. Dort hat er lediglich eine Armatur vor das Mittelfenster des Elisabethsaals gelegt (Abb. 92, 93) sowie die Kapitelle der Kolossalsäulen überaus aufwendig ausgearbeitet (Abb. 90).

Durch den Wegfall der Kolossalsäulen sprießen am Portal V nunmehr zartere Triebe hervor. An die Stelle der tektonischen Großform tritt die figurale Bauplastik. Die Skulpturen wirken wie Ausblühungen der im Baukörper gebundenen Kräfte. Die den Balkon vor dem Rittersaal tragenden Hermen wachsen förmlich aus der Architektur heraus. Auf dem Gebälk zwischen ihnen und unter der Balkonplatte befindet sich ein weiteres Wappenarrangement. Im Erdgeschoß ordnete Schlüter unter den geschwungenen Giebeln der Seitenfenster die lagernden Allegorien von Stärke und Gerechtigkeit an (Abb. 108).[294] Die beiden allegorischen Frauengestalten wirken erstaunlich lebendig in dem ihnen zugestandenen engen Rahmen. Ihre Programmatik verweist auf eine der Grundlagen des modernen Staatswesens. Stärke und Gerechtigkeit garantieren Schutz und Frieden nach innen wie nach außen. Innerhalb des Risalitverbandes ist die Bauplastik von unten nach oben auf der Grundlage eines Dreiecks angeordnet.

108 Lustgartenfassade, Portal V, Relief der Allegorie der Stärke im linken Erdgeschoßfenster

Auch dieser Portalrisalit ist wie sein Pendant auf der Schloßplatzseite ein außergewöhnliches Beispiel der europäischen Architektur. Er ist unterschiedlichen Architekturströmungen verpflichtet, doch zugleich sind sämtliche Anregungen in ein kohärentes System eingeflossen. Die großen rechteckigen Fensteröffnungen sind völlig unrömisch und zeigen sich mehr der französischen, niederländischen und flämischen Palastbaukunst verpflichtet. In Schlüters Heimatstadt Danzig war man ja schon seit Generationen der Tradition einer Bürgerhausarchitektur mit weiten Fensteröffnungen und reichem Baudekor verpflichtet. Im Detail jedoch wirken am Lustgartenrisalit alle Formen und Architekturglieder körperhaft und schwer und verweisen damit nach Italien und Rom. Ein Vorbild für das sanfte Herausmodellieren des Risalits aus dem Fassadenverband könnte Borrominis Palazzo Pamphili (Abb. 70) gewesen sein. Das Würdemotiv aus Serliana und darüber angeordneter Wappenkartusche mit Famen dürfte unmittelbar von Bernini angeregt worden sein, bei dem es sich mehrfach findet, etwa in der Scala Regia (Abb. 109), an seinem ersten Louvre-Entwurf (Abb. 163) und an seiner Lösung für die Fassade des Palazzo Ludovisi in Rom (Abb. 110). Gerade letztere weist eine weitere auffällige Analogie zum Risalit von Portal V auf: Hier wie dort ist der Serliana ein Balkon vorgelegt, der von Hermen beziehungsweise von Atlanten getragen wird, die zugleich die darunter liegende Wandöffnung flankieren.

109 Rom, Vatikanspalast, Scala Regia von Gian Lorenzo Bernini, 1663–1666

110 Erstes Projekt Gian Lorenzo Berninis für den Palazzo Ludovisi (Montecitorio) in Rom, Eingangsbereich

Die Hoffassaden und die Treppenhäuser

Das Außergewöhnlichste an Schlüters Schloßbau ist die Gestaltung des Innenhofs. Nicht umsonst wird gerade mit dessen einzigartiger Architektur die Forderung nach einer Rekonstruktion des Schlosses untermauert (Abb. 111). Die Gliederung der einzelnen Hoffassaden in Risalit und Rücklagen übernimmt Schlüter von den Außenfassaden. Die Hofarchitektur ist allerdings viel komplexer: Drei neugestaltete Seiten – geplant war ursprünglich einmal die Umformung aller vier (Kat. 107, 122) – treten in einen Dialog miteinander. Die Risalite sind aufeinander abgestimmt, die Rücklagen gehen an den Ecken fließend ineinander über. Mit der Hofgalerie, die Schlüter auf der Grundlage von Nerings Hofarkaden (Kat. 55) und nach einer ersten eigenen, später wieder verworfenen Lösung (Kat. 93) schließlich unter Verzicht auf eine Kolossalordnung realisierte, erhalten auch die Rücklagen zumindest in ihrer unteren Hälfte etwas vom dreidimensionalen und diaphanen Charakter der Risalite. An der Schloßplatzfassade hatte Schlüter dagegen den Gegensatz zwischen plastischer Mitte und flächigen Flanken herausgearbeitet. Dieser Kontrast besteht grundsätzlich auch im Hof, vollzieht sich hier jedoch nicht in der Breite, sondern in der Höhe zwischen unterer und oberer Hälfte der Flügel. So besitzen die Risalite im unteren Bereich Vollsäulen, oben dagegen Pilaster.

Schlüter hat nur die östliche Hofhälfte, ein-

111 Kleiner Schloßhof, Blick nach Südosten mit dem Elisabethsaal-Treppenkasten (Portal I) und dem Risalit des Großen Treppenhauses

schließlich der beiden Schmalseitenrisalite, komplett neugestaltet. Die daran anschließenden westlichen Rücklagen am Schloßplatz- und am Lustgartenflügel konnte er dagegen nur in der oberen Hälfte gemäß seinem Ausführungsplan umformen (Abb. 66–68). Erst 1874 wurden hier die zweigeschossigen Galerien ergänzt (Abb. 112).[295] Ebenfalls aus dem späten 19. Jahrhundert stammen die einachsigen loggienartigen Aufsätze, welche die an die schmalseitigen Risalite anstoßende letzte Achse der Galerien jeweils um ein weiteres Geschoß erhöhten (Abb. 75).[296] Die Fassade von Quergebäude und anschließendem Alabastersaal hat Schlüter gar nicht angerührt (Abb. 54, 63).[297]

Wer den Hof über den zeremoniellen Eingang betrat – der nicht etwa durch einen der Schmalseitenrisalite, sondern durch die Durchfahrt unter dem Alabastersaal (Abb. 63) führte –, sah aufgrund der perspektivischen Verhältnisse ohnehin zunächst nur die neugestalteten Fassaden (Abb. 79). Da Schlüter seit der Planung und Errichtung des Risalits für das Große Treppenhaus wohl mit der Beibehaltung des Zugangs an dieser Stelle rechnete,[298] ist es müßig, darüber nachzudenken, wie er sich den gesamten Hof vorgestellt haben mag. Jedenfalls war seine Konzeption des Schloßmodells (Kat. 107, 122), die in der Mitte jedes Hofflügels einen Risalit vorsah, nicht mehr aktuell. Allen hier angestellten Überlegungen liegt deshalb die historische Realität des Jahres 1706/07 zugrunde.

112 Kleiner Schloßhof, Rittersaal-Treppenkasten (Portal V)

Die Architektur des Hofes greift Formen, Motive und Gliederungen des Außenbaus auf. Nicht zuletzt daraus erwächst die besondere Struktur von Schlüters Schloßorganismus, die einzelne Bauabschnitte thematisch miteinander verknüpft. Das betrifft beispielsweise an den Schmalseitenrisaliten die bereits mehrfach erwähnten Stockwerksäulen (Abb. 112). Auf sie trifft man schon im Risalitinnern und letztlich sogar an der Außenfassade der Portale (Abb. 89, 102). Im Hof nun wird das Motiv in die Breite gezogen. Die Säulen samt dorischem Gebälk finden ihre identische Fortsetzung in den gekuppelten Säulen im Erdgeschoß der Hofgalerien. Auch das Motiv der Kolossalsäulen, die den Schloßplatz beherrschen, wird im Innenhof aufgegriffen, ja, hier werden sie sogar in weit höherer Anzahl präsentiert, dabei allerdings vom Sockel geholt. Die auf niedrigen Plinthen stehenden Säulen entwachsen unmittelbar dem Hofpflaster. Schlüter konzentrierte die Kolossalsäulen vor den Risaliten. Mit einer Höhe von 10,50 Metern fielen sie knapp ein Drittel niedriger aus als die Säulen am Schloßplatzrisalit. Ihre Schäfte waren auch nicht aus Ziegeln, sondern aus Sandsteinelementen zusammengesetzt. Lediglich die Dreiviertelsäulen an den Schmalseitenrisaliten bestanden aus Ziegelmauerwerk.[299] Schlüter wiederholte mit den Kolossalsäulen also eine Form vom Außenbau, befragte sie jedoch neu nach ihrem Sinn und setzte sie im Hof in andere Zusammenhänge. Der laute Akkord der großen Ordnung wird dann von den zahlreichen dorischen Säulchen der umlaufenden Galerie aufgegriffen und abgewandelt.

In welch enge Beziehung Schlüter Innen und Außen setzte, machen vor allem die Treppenkästen deutlich, denn sie durchtrennen den Schloßplatz- und den Lustgartentrakt regelrecht. Gerade beim Schloßplatzflügel ist dies wörtlich zu nehmen. Schlüter mußte hier tatsächlich den bestehenden Renaissancetrakt (Kat. 62) aufreißen und das alte Mauerwerk vollständig entfernen, um dann in die geschaffene Lücke den Risalit einzupassen. Die beiden Risalite an den Schmalseiten üben mit ihren Portalen und Durchfahrten im Erdgeschoß und den hohen Fenstern in den darüber liegenden Stockwerken einen Sog in die Tiefe aus. Nicht von ungefähr liebäugelte der Architekt zeitweise mit der Idee, die hofseitige Serliana des Hauptgeschosses (Abb. 78, 112) sowohl an den Außenfassaden zu wiederholen – am Lustgartenrisalit hat er dies tatsächlich getan (Abb. 102) – als auch an der Zwischenwand, die innerhalb der Risalite jeweils Vorsaal und Hauptsaal trennte.[300]

An den Rücklagen tritt erneut Schlüters Ordnungswille zutage. Ein engmaschiges Raster überzieht die Flächen. In den beiden unteren Geschossen

113 Kleiner Schloßhof, Obergeschoß der Galerie

tritt es als dreidimensionale Galerie hervor (Abb. 79, 111). Sie wird von Humbert ausdrücklich als Meisterwerk (»chef-d'œuvre«) Schlüters gelobt. Sie sei »tout-à-fait dans le goût de la saine Antiquité«.[301] Humbert imponierte die knifflige Kombination aus dorischer Ordnung und gekuppelten Säulen, die Schlüter erdachte, denn damit gelang ihm eine Lösung, die die regelmäßige Abfolge von Metopen und Triglyphen im Fries nicht beeinträchtigte.[302] Die gekuppelten, als Kolonnade aneinandergereihten Säulen wirken eher französisch denn römisch. Man findet sie in Frankreich beispielsweise am Grand Trianon oder – in größeren Dimensionen – an Perraults Ostfassade des Louvre (Abb. 170).

Während das Erdgeschoß von einem strengen geraden Gebälk abgeschlossen wird, öffnen sich die Achsen im Obergeschoß in Korbbogen (Abb. 113). Gekuppelte Volutenpilaster sind auf die Zwischenpfeiler gesetzt. Diese Pilaster sind ein charakteristisches Motiv in Schlüters Formenschatz. Es kommt bereits in seiner polnischen Zeit vor, etwa an dem ihm zugeschriebenen Grabmal Konarski im Dom zu Frauenburg.[303] Die Basis ist nach außen zu einer Volute eingerollt; das Kapitell besteht nur aus der Kurzform einer angeschwollenen dorischen Triglyphe mit markanten Guttae (Abb. 114). Über jedem dieser Kapitelle befindet sich im Gesims darüber eine Konsole, die als Kopf eines fremdländischen Kriegers ausgeformt ist (Abb. 115). Die wilden Haarschöpfe der schnauzbärtigen Männer werden von einer Volute gehalten. Hier erfährt das Motiv der Sterbenden Krieger vom Innenhof des Zeughauses (Abb. 31, 32) eine Neuinterpretation. Nicht nur an den Hofgalerien, sondern auch an den schmalseitigen Risaliten und am Risalit des Großen Treppenhauses taucht es am Stockwerkgesims über den Kolossalsäulen auf.

Über dem Gesims setzt der abschließende Laufgang vor dem Piano Nobile an. Er war über teilweise

114 Konsole der Volutenpilaster im Obergeschoß der Galerie

115 Kopfkonsole aus dem Hauptgesims der Galerie

bis zum Boden hinab geöffnete Fenster von den dahinter liegenden Gemächern aus, etwa den Paradekammern, direkt zugänglich und übernahm damit die Rolle eines Korridors.[304] Er wird von einem filigranen eisernen Gitter begrenzt. Dieses ist eingespannt zwischen muschelbesetzte Postamente aus Sandstein, die jeweils über den Stützen der Galerie stehen. Auch die Galeriearkaden vor dem ersten Obergeschoß besitzen Eisengeländer. Diese Gitter scheinen vorrangig Schlüters ästhetischem Empfinden geschuldet zu sein. Andere Architekten der Zeit hätten hier Balustraden aus Sandstein bevorzugt. Da diese jedoch erheblich dominanter sind als Metallgitter, die sich optisch auflösen, je weiter der Betrachter sich entfernt, hätten sie die strenge Tektonik und Linearität des Fassadenaufrisses, die Schlüter anstrebte, beeinträchtigt. Erst den obersten Abschluß seiner Fassaden über dem Kranzgesims führte Schlüter als steinerne Balustrade aus.

Die Wandfläche über den Galerien, die das Piano Nobile und das Mezzaningeschoß umfaßt, war strukturiert durch ein Netz aus horizontalen Bändern und vertikalen Putzfeldern (Kat. 142, 143, Abb. 79, 80, 111). Hier begegnet uns also erneut Schlüters Aversion gegen ungegliederte Wandflächen. Sowohl die Fenster im Piano Nobile als auch im Mezzanin liegen in einem strikten Rahmensystem, das der Wand aufgelegt oder in sie hineingearbeitet ist. Diese Bänder wirken vor allem in der Horizontalen, wo sie von Fenster zu Fenster verlaufen. Im Piano Nobile verbinden sie die Friese unterhalb der Fenstergiebel. Im Mezzanin verlaufen sie direkt unter- und ober-

KATALOG 142
Paul Decker d. Ä. nach Andreas Schlüter, Entwurf für die Schmalseite des Kleinen Schloßhofes, 1703

halb der Fensterumrahmungen. Sie gehen in die Gliederung der Risalite über und werden an deren Flanken zunächst fortgesetzt (Abb. 82).

Die Fenster im Piano Nobile besitzen Fenstergiebel von hoher Plastizität. Dreiecksgiebel wechseln mit Segmentbogen ab. In ihrer steifen Würde zeichnen sie das Paradegeschoß aus. Sie mögen angeregt sein von Giebellösungen Michelangelos, etwa an den Erdgeschoßfenstern im Palazzo Medici in Florenz oder den Fenstern am Außenbau und im Ricetto der Biblioteca Laurenziana (Abb. 158). Doch auch an der Danziger Königskapelle hatte Schlüter solch schwere Giebelformen, die sich kraftvoll aus dem Fassadenverband lösen, schon kennenlernen können (Abb. 2, 6).

Leichter und eleganter wirken die Mezzaninfenster mit der Muschel auf dem Sturz und dem geschweiften Rahmen. Im abschließenden Kranzgesims wechseln sich triglyphenartige Konsolen mit Metopen ab. Die Metopen zeigen kurfürstliche Insignien. Es folgen Hängeplatte und Rinnleiste. Eine umlaufende Balustrade bekrönt den Fassadenaufriß. Das Kranzgesims umzieht einheitlich den gesamten Hof, zwischen Rücklagen und Risaliten ist, anders als an den Außenfassaden, kein Unterschied gemacht. Auch die westlichen Abschnitte von Schloßplatz- und Lustgartenflügel wurden vom Piano Nobile an bis zur abschließenden Balustrade bereits unter Schlüter umgeformt, während die Galerie erst 1874/75 den beiden unteren Geschossen vorgelegt wurde (Abb. 66–68).

Schlüter nahm bei der Ummantelung der Hof-

116 Kleiner Schloßhof, Rittersaal-Treppenkasten (Portal V)

seiten Unregelmäßigkeiten in Kauf. Gerade im sogenannten Schlüterhof wird an mehreren Stellen deutlich, daß barocke Architektur nicht um jeden Preis das Ideal der Symmetrie durchsetzt, sondern sich bisweilen auch mit dessen Andeutung begnügt. Das gilt auch für das Große Treppenhaus, dessen Risalit nicht axial in der Mitte des Spreeflügels sitzt, sondern um eine Achse nach Norden verschoben ist, so daß die südlichen Rücklagen sieben, die nördlichen dagegen nur fünf Achsen umfassen.[305] Außerdem fehlt am Spreeflügel sowohl in der nördlichen als auch in der südlichen äußeren Ecke das Fenster im Piano Nobile (Abb. 80, 111). Schlüter mußte darauf verzichten, da die ausgreifenden Giebel sonst mit den über Eck anschließenden Fenstern an den Schmalseiten zusammengestoßen wären. Immerhin wurden im südlichen Spreeflügel die beiden äußersten Fenster des Piano Nobile als Blendfenster ausgeführt, denn die Wand des dahinter liegenden Raums, des Samtzimmers (Raum 837), wies zum Hof hin kein Fenster auf. In diesem Fall war also die Illusion von Regelmäßigkeit angestrebt.

Die weit in den Hof hineinragenden Treppenkästen setzen mit ihren Kolossalsäulen und Kolossalpilastern eigene Akzente (Abb. 116). Die Risalite der Schmalseiten besitzen zweiachsige Flanken (Abb. 75), während der Risalit des Großen Treppenhauses nur mit einer Achse aus dem Mauerverband hervortritt

117 Andrea Palladio, Kapitell vom Tempel des Castor und Pollux in Rom (früher gedeutet als Tempel des Jupiter Stator), Holzschnitt, 1570

118 Kleiner Schloßhof, Kapitelle der Kolossalsäulen am Risalit des Großen Treppenhauses

(Abb. 82). An beiden Stellen greifen sie das Gliederungssystem der Rücklagen auf: Das Abschlußgesims der Hofgalerien und das obere abschließende Kranzgesims laufen über sie hinweg, das dorische Gebälk mit seinen signifikanten Triglyphen scheint förmlich durch sie hindurchzuschießen (Kat. 142, 143). Bei den Risaliten der Schmalseiten wirkt die Anbindung der Galerie an die untere Flankenhälfte etwas holprig (Abb. 112), was wohl darauf zurückzuführen ist, daß Schlüter zunächst auch den Galerien kolossale Halbsäulen vorlegen wollte (Kat. 93). Auf diese Planung reagieren die später wieder beseitigte Viertelsäule an der inneren Risalitecke (Abb. 78) sowie die Halbsäule an der vorderen Ecke.

119 Kleiner Schloßhof, Westflanke des Obergeschosses des Rittersaal-Treppenkastens (Portal V). Unterhalb des Mezzaninfensters Relief der Allegorie der Schnelligkeit oder der Milde

Die obere Hälfte des Risalits findet in der Gliederung der Rücklagen ihre exakte Entsprechung: Fenster des Piano Nobile, Zwischenfeld, Mezzaninfenster. Dabei werden die Fensterformen im Risalit nüchterner. Die Rahmung und die plastischen Giebel sind hier verschwunden. Statt dessen sind die Fensteröffnungen einfach in die Wand geschnitten. Dafür treten hier plötzlich in den Zwischenfeldern figurale Reliefs auf. An der Vorderfront sind Sandsteinmedaillons antiker römischer Könige angebracht: am Lustgartenrisalit Romulus und Numa (Abb. 116), am Schloßplatzrisalit Hadrian und Titus (Abb. 78).[306] In die Zwischenfelder an den Flanken hat man am Lustgartenrisalit Reliefs mit den Allegorien von Stärke und Schnelligkeit (Abb. 117) eingelassen,[307] am Schloßplatzrisalit blieben die entsprechenden Felder leer (Abb. 78). Über den Mezzaninfenstern ziehen sich Girlanden. Die Stuckmedaillons römischer Könige erinnern an die Folge von Medaillons an der Gartenfassade von Schloß Wilanów (Abb. 10, 12). Dort gehen sie einher mit dem Motiv der dreifach fixierten und somit zweifach durchhängenden Girlande, das Schlüter in Berlin jeweils als Abschluß der Mittelachse der drei Hofrisalite verwendete.

Wie an den beiden Außenrisaliten wird auch an den Schmalseitenrisaliten die eigentliche Wand auf ein Minimum reduziert, so daß nur noch schmale Reststreifen bleiben. Die Fassade ist in ein Gerüst von Stützen zerlegt. Die Flächen dazwischen sind entweder wie in der Mittelachse weitgehend aufgerissen oder wie in den Seitenachsen nochmals in kleinere Öffnungen und Felderungen unterteilt. Schlüter arbeitete einen prägnanten, schon durch die Oberflächenstruktur wirkenden Gegensatz heraus, indem er die Stützen im unteren Bereich als Kolossalsäulen mit glatten Schäften, in den Obergeschossen hingegen als kannelierte Pilaster ausbildete. Die Mittelachsen weisen jeweils gekuppelte Ordnungen auf. Hier lösen sich die Kolossalsäulen selbstbewußt aus dem Fassadenverband, hinterlegt von korinthischen Pilastern. Die Vollsäulen besitzen ebenso wie die Halbsäulen an der Ecke gemeißelte Kapitelle von hoher Meisterschaft, die die Leistungskraft der Schlüter-Werkstatt eindrucksvoll demonstrieren (Abb. 118). Sie sind identisch mit denjenigen am Risalit des Großen Treppenhauses. Vorbild waren die Kapitelle vom Tempel des Castor und Pollux in Rom (Abb. 117).[308] Auf den Kapitellen ruht in wuchtigen Blöcken das sich verkröpfende Gebälk. Unter der Hängeplatte von deren Gesims sind neben herkömmlichen Konsolen in der Mitte die bereits erwähnten Maskenkonsolen angebracht (Abb. 115). Die Säulen klingen aus in Postamenten, auf denen Statuen stehen.[309]

Die Gebälkblöcke über den gekuppelten Kolossalsäulen verbindet Schlüter im Abschnitt des Gesimses durch eine Deckplatte miteinander (vgl. Kat. 116). Sie bildet einen Austritt für das obere Geschoß und zugleich die Verdachung des Eingangsbereichs. Dieser ist recht abstrakt gekennzeichnet und ergibt sich eher zufällig, als daß auf ihn hingearbeitet würde. Bei Schlüter werden Portal und Risalit nahezu eins. Das tektonische Denken obsiegt über das Bildhauerische. Schlüter, der Bildhauer, verzichtet auf ein eigens ausgearbeitetes Portal, wie es etwa an den Palästen Fischers von Erlach fast immer anzutreffen ist. Freilich gab es vor der Durchfahrt auch keine Türen, und die großen Öffnungen der Mittelachse dürften ursprünglich ebenfalls unverglast gewesen sein.[310]

In den Eingangsbereich stellte Schlüter kleine Stockwerksäulen dorischer Ordnung, die er allerdings – anders als an den Außenrisaliten – an den Hoffassaden nicht geschoßweise übereinanderstellen konnte. Sie fehlen an der Außenfassade des Mittelgeschosses, in das eine große rechteckige Fensteröffnung mit breiter Umrahmung eingelassen ist. Die Kapitelle der ionischen Stockwerksäulen hätten hier höher gelegen als die korinthischen Kapitelle der vorgelegten Kolossalsäulen. Dieser Regelverstoß war für Schlüter nicht akzeptabel. Im Korridor dahinter, also im Innern, sind die ionischen Säulen wieder vorhanden (Abb. 120). Im Piano Nobile hingegen tauchen die Stockwerksäulen auch an der Außenseite wieder auf. Hier tragen sie das Würdemotiv eines Rundbogens und sind zugleich Teil einer – wenn auch an den Seiten stark verkürzten – Serliana. Über dem Rundbogen kommt in einer geringen Restfläche die eigentliche Wand zum Vorschein. Die Aversion gegen glatte Flächen veranlaßte Schlüter, hier nochmals eine Vertiefung einzuzeichnen, die er mit einer prallen Girlande ausfüllte.

Im Obergeschoß tritt die Schichtung der Wand besonders hervor. Die Doppelpilaster liegen auf leichten Vorsprüngen, hinter denen die Seitenachsen wiederum zurücktreten – allerdings weniger stark als die Mittelachse. Diese Staffelung der Wand ist gut am Konsolgebälk ablesbar, das sich zum Hof hin in drei verschiedenen Ebenen bewegt. Auch die Flanken werden von dieser Rhythmik ergriffen (Abb. 73), denn die hintere Achse springt etwas nach vorne. Das Kranzgesims erinnert mit seinem Konsolfries und der Art, wie es sich um einen Kasten windet, an das Abschlußgesims am Aufsatz von Schloß Wilanów (Abb. 12). Dort enthalten die Füllungen der Metopen einzelne Trophäen und Helme. Am Berliner Schloß zeigen sie die Insignien der Königswürde.

120 Kleiner Schloßhof, Rittersaal-Treppenkasten (Portal V), Ausschnitt

121 Elisabethsaal-Treppenkasten (Portal I), Grundriß des Erdgeschosses, 1794

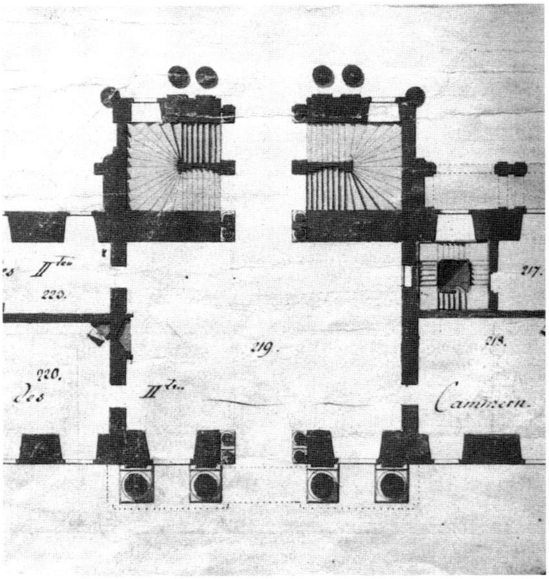

122 Grundriß des ersten Obergeschosses

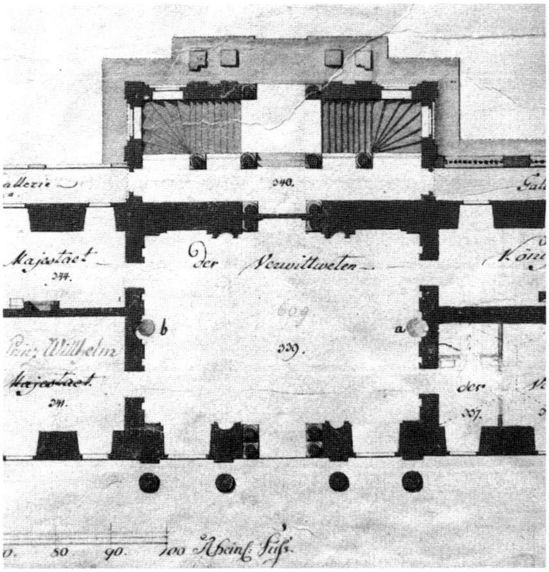

123 Grundriß des zweiten Obergeschosses

124 Grundriß des Mezzaningeschosses

Die Gliederung des Obergeschosses weist Parallelen zu den Seitenrisaliten der Louvre-Ostfassade (Abb. 170) auf. Die Gemeinsamkeiten beziehen sich auf die Dreiachsigkeit allgemein, auf das Rundbogenfenster in der Mittelachse bei allerdings kleinteiligerer Gliederung der Seitenachsen, auf die korinthische Ordnung mit kannelierten Schäften, auf die Kuppelung der Ordnung in den Mittelachsen (die am Louvre allerdings jeweils aus Pilaster und Vollsäule besteht) und auf den markanten Außenpilaster, der aufgrund seiner Eckstellung zu einem Pfeiler wird.

Die Seitenachsen hat Schlüter mit Türen, vertieften Feldern und Fenstern gänzlich ausgefüllt. Form folgt auf Form. Dabei sollten die Felder ursprünglich Reliefs, vielleicht auch Wandmalereien tragen (Kat. 142). Die Türen im Erdgeschoß weisen einen ausgeprägten Giebel auf, während die übrigen Fenster des Risalits einfach in die Wand eingeschnitten sind. An der Außenseite des Lustgartenrisalits verfuhr Schlüter ähnlich, denn auch dort sind die Erdgeschoßfenster durch eine besondere Giebelform hervorgehoben (Abb. 102). Während die Gliederung des Obergeschosses diejenige der Rücklagen übernimmt, ist die Struktur der unteren Geschosse gegen diese versetzt. Da sie dreiteilig ist, durchschneidet das Fenster die vorgegebene Geschoßgliederung, die sich erst in der Mittelachse wieder Bahn bricht. Für diese zunächst seltsam anmutende Gliederung der Seitenachsen gibt es eine einfache Erklärung: Dahinter liegt ein Treppenhaus, das seine eigenen Gesetze hat. Hier tritt das Äußere in Bezug zum Innern.

Schlüter ließ Risalit, Treppenhaus und Hauptsaal in eins fallen. Dies erforderte eigenwillige und aufwendige Konstruktionen. Üblich war, wie römische Beispiele zeigen, die Treppenläufe seitlich der Risalite anzulegen, was später auch Eosander bei den Risaliten des erweiterten Schlosses tat, insbesondere an Portal II und III (vgl. die Grundrisse). Schlüters Treppenhäuser sind dagegen singuläre Erscheinungen in der europäischen Barockarchitektur. Man hat den Eindruck, daß er die konstruktive Herausforderung geradezu suchte. Die Treppenläufe zogen sich

125 Elisabethsaal-Treppenkasten (Portal I), Vestibül

durch verwinkelte Gänge und Schächte, so daß es dem Besucher unmöglich war, von der gesamten Komposition eine klare Vorstellung zu erlangen. Aus diesem Grund gibt es auch kaum aussagekräftige Fotografien. Durch Goerd Peschkens akribische Suche nach erhaltenen Abbildungen (Abb. 126–129) sowie seine detaillierten Beschreibungen und Analysen sind die Vestibüle und die Treppen überhaupt erst in die Kunstgeschichte eingeführt worden.[311]

Zunächst fällt auf, daß die Treppenkonstruktionen der beiden Schmalseitenrisalite zumindest im Erdgeschoß nicht ganz identisch sind. Im Elisabethsaal-Treppenkasten (Portal I) liegen die Zugänge im Vestibül (Abb. 121). Jeweils zwei kurze Antrittsarme – von denen je einer im späten 19. Jahrhundert beseitigt wurde (Abb. 125) – führen auf ein quadratisches Mittelpodest (Abb. 121). Im Rittersaal-Treppenkasten dagegen liegen die untersten Arme in einem Schacht hinter dem Vestibül, der entweder von der Durchfahrt oder über Korridore im Lustgartenflügel zugänglich war (Abb. 107). Das Vestibül zum Garten hin wurde also nicht durch Treppen beeinträchtigt, was eine ursprüngliche Nutzung als Gartensaal nahelegt.[312] Hinter dem ersten Zwischenpodest gleichen sich die Treppenanlagen. Dort beginnt ein gerader Lauf in Richtung Hof (Abb. 103, 121). Er endet auf einem weiteren Wendepodest, der auf dem Niveau der erwähnten Fenster in den Seitenachsen liegt (Abb. 116, 126). Wer von außen kam und die Treppe erklomm, dem eröffnete sich hier ein überraschender Ausblick auf den Innenhof des Schlosses. Schlüter setzte ganz auf diesen Überraschungs-, ja Überwältigungseffekt. Aber noch ist der Besucher nicht am Ziel. Der weitere Weg gleicht

126 Rittersaal-Treppenkasten (Portal V), Blick auf den zweiten Zwischenpodest im Ostarm des Treppenhauses, Zustand 1950

127 Adolph Menzel, Blick vom zweiten Zwischenpodest im Westarm des Treppenhauses von Portal V zum ersten Stockwerkspodest

einem Aufstieg ins Ungewisse. Der nächste Lauf (Abb. 127) trägt ihn auf die Plattform im ersten Oberschoß (Abb. 104, 122), wo er entweder den Saal betreten oder die Treppe ins Piano Nobile wählen konnte (Abb. 128). Nun wird der Verlauf nicht mehr durch Zwischenpodeste unterbrochen. Die Stufen winden sich kontinuierlich nach oben und enden in einem atemberaubenden Raumschacht (Abb. 129). Dieser umfaßt in seiner Grundfläche den Risalitvorsprung in den Hof hinein (Abb. 105, 123). Er ist also extrem schmal und extrem lang und gleichzeitig extrem hoch, nämlich anderthalb Geschosse. Entlang der mittigen Längsachse dieses Schachts sind Freisäulen aneinandergereiht.

Den Höhepunkt in Schlüters architektonischem Werk bildet der Risalit des Großen Treppenhauses (Abb. 130). Er entstand einige Jahre nach den Schmalseitenrisaliten,[313] seine Architektur wirkt vollendeter und reifer. Schlüter zeichnete ihn besonders aus, da von dort der zeremonielle Zugang in die Paraderäume erfolgte. Bei allem Spannungsreichtum im einzelnen ist es Schlüter gelungen, den Risalit homogen an die Hofgalerien anzubinden. An den Schmalseitenrisaliten verhindern die kleinteilig gegliederten Seitenachsen in der unteren Hälfte schon optisch das Einfließen der Galerien in den Treppenkasten (Kat. 143). Praktisch bedeutete dies, daß die Risalite den Gang der Galerien abrupt unterbrechen (vgl. die Grundrisse). Am Risalit des Großen Treppenhauses gelang es Schlüter hingegen, die Hofgalerien über alle drei Etagen entlang der Fenster durch den Treppenkasten hindurchzufädeln (Kat. 107; Grundrisse); die dahinter liegenden Treppen- und Rampenläufe an der Hoffassade sind kaum noch ab-

128 Elisabethsaal-Treppenkasten (Portal I), Treppe im zweiten Geschoß, Zustand 1950

129 Rittersaal-Treppenkasten (Portal V), Blick vom Westarm der Treppe in den Vorsaal zum Rittersaal, Zustand 1950

130 Kleiner Schloßhof, Risalit des Großen Treppenhauses

131 Südliche Achsen der unteren beiden Geschosse

lesbar. Die horizontalen Tendenzen der Galerien und das vertikale Streben der Treppenkästen hat Schlüter ingeniös versöhnt. Dennoch gibt es einige wenige Stellen, an denen der Anspruch der Außenfassade und die Realität der Konstruktion nicht harmonieren. Dies zeigt sich in den äußeren Risalitachsen (Abb. 131): Hier wurde im Erdgeschoß eine niedrige Tür eingefügt. Die darüber liegende Fläche verdeckt den Zwischenpodest. Im nächsten Geschoß hat Schlüter auf diese Verkleidung verzichtet. Das Fenster ist im oberen Bereich blind. Auch das anschließende Fenster, also dasjenige in der zweiten und vierten Risalitachse, wird oben noch vom ansteigenden Lauf durchschnitten (Abb. 132). Erst die Ruinenfotos machen diese Holprigkeiten offensichtlich. Hinter der Fensterverglasung fielen sie zunächst nicht weiter auf.

Grundsätzlich übernimmt Schlüter von den Seitenrisaliten das Gerüst aus Kolossalsäulen in der unteren und Pilastern in der oberen Hälfte. Auf gekuppelte Ordnungen verzichtet er. Dafür setzt er konsequent Freisäulen ein. An den Schmalseitenrisaliten

132 Kleiner Schloßhof, Risalit des Großen Treppenhauses, südliche Achsen der Obergeschosse mit Statuen von Herkules, Merkur und Pax, Zustand 1950

sind die Ecken im Erdgeschoß von Halbsäulen besetzt. Diese vermitteln nach vorne und zur Seite. Beim Großen Treppenhaus löst Schlüter diese Zweideutigkeit auf und setzt zwei Säulen ein. Daher rühren die nach hinten versetzten Säulen an den Flanken. Jede Säule steht als skulpturaler Einzelkörper vor der Fassade. Mit ihrem stark verkröpften, ausladenden Gebälk, auf dem ein Postament mit einer Götterstatue (Abb. 130, 132, 133) steht, erinnern sie an antike Bildsäulen.[314] Wagemutig erscheint die Konstruktion des Balkons vor der Mittelachse, der lediglich von zwei schlanken Säulen geschultert wird, während an den Risaliten der Schmalseiten gekuppelte Säulen eine höhere Standfestigkeit suggerieren.

Die Gerüsthaftigkeit hat Schlüter ins Extrem gesteigert. Dies hatte auch praktische Gründe, denn er wollte möglichst viel Licht in seinen Treppenkasten hereinholen. Immerhin erfolgte die Belichtung des Schweizersaals (Abb. 138) ausschließlich über das Treppenhaus. Wiederum ist die Wand auf Reststreifen reduziert. In den unteren beiden Geschossen wird das Aufrißsystem der Galerien fortgesetzt (Abb.

133 Risalit des Großen Treppenhauses, mittlere Achsen der Obergeschosse mit Statuen von Antinous und Meleager, Zustand 1950

113, 131). Hier erweist sich auch der Sinn der seltsam abstrakten Volutenpilaster. Ihr triglyphenartiges Kapitell (Abb. 114) liegt oberhalb der korinthischen Kapitelle. Ein kanonisch ionisch geformtes Kapitell, wie er es an entsprechender Stelle im Innern vorführte (Abb. 81), hätte Schlüter hier nicht plazieren können. Die Stockwerksäulen, die in allen übrigen Risaliten nur der Mittelachse vorbehalten waren, dehnen sich im Erdgeschoß in die Breite aus. Dies gilt auch für das Geschoß des Piano Nobile. Hier führte Schlüter zusätzlich zu der für alle Risalite typischen Serliana in der Mittelachse ein außergewöhnliches, bislang noch nicht am Schloß verwendetes Motiv für die Seitenachsen ein: Die eingestellten korinthischen Säulen tragen ein reduziertes Gebälk, über dem das Mezzaningeschoß ansetzt. Dieses wiederum ist nahezu gänzlich durch ein Fenster ausgefüllt (Abb. 132, 133). Das Ganze wirkt, als würden die Säulen direkt den Fensterrahmen tragen.

Das Motiv der eingestellten Säulen geht auf Michelangelos Konservatorenplast zurück (Abb. 16). Bildfelder über Säulen finden sich auch in Wilanów in den Galerie zur Gartenseite (Abb. 17). Ihr Architekt Locci berief sich mehrfach auf Michelangelos Kunst.[315] In Wilanów tragen die eingestellten Säulen ein gerahmtes Feld, das mit gemalten Szenen ausgefüllt ist. In Berlin befindet sich an dieser Stelle dagegen das Mezzaninfenster. Für die Form dieses Fensters gibt es ebenfalls ein Beispiel in Wilanów, nämlich die Mezzaninfenster zum Hof (Abb. 7, 8). Hierzu ließ sich der Architekt Locci laut eigener Aussage vom Vorbild der Mezzaninfenster am Senatorenpalast (Abb. 15) auf dem Kapitol in Rom anregen.[316]

Mit den Berliner Fenstern haben die Mezzaninfenster von Wilanów einiges gemein: die Ohren an den oberen Ecken, die bei Schlüter allerdings nur seitlich ausbrechen; die Guttae an den beiden Füßen des Fensters, denen Schlüter die Form hängender Knospen gab; und die anschwellende Muschel auf dem Sturz. Für ein von Säulen getragenes Rahmenfeld gibt es jedoch auch ein prominentes Beispiel in Rom. Man findet es im Obergeschoß von Borrominis Fassade für San Carlo alle Quattro Fontane (1665 bis 1667; Abb. 134).[317]

Schlüter dürfte sich bei seiner Erfindung auf beide Bauten gestützt haben. Überhaupt wird ihn die Gerüsthaftigkeit, die Borromini an seiner Fassade

134 Rom, San Carlo alle Quattro Fontane, Fassade von Francesco Borromini, 1665–1667

demonstriert, fasziniert haben. Im zeitgleichen innerstädtischen Palastbau in Rom ist sie undenkbar. Für Schlüter bot sich bei den Schloßrisaliten jedoch die Möglichkeit, dieses Gerüsthafte weiter zu verfolgen. Er demonstriert hier einen Umgang mit dem Vokabular des römischen Hochbarock, wie er nur außerhalb Roms möglich war. Kolossale Freisäulen sind im römischen Palastbau des 17. Jahrhunderts tabu, während sie gleichzeitig an vielen römischen Kirchenfassaden ohne weiteres anzutreffen sind. Vielleicht bedurfte es der kulturellen Abgeschiedenheit Berlins, um die Formen derart unbelastet neu zu sehen und einzusetzen, wie Schlüter es tat.

Interessant ist auch der Blick auf die um 1680 im Umfeld der Accademia di San Luca in Rom entstandenen Lusthausentwürfe (Abb. 191), an deren Weiterentwicklung, vielleicht aber auch schon an deren Invention der junge Johann Bernhard Fischer von Erlach entscheidenden Anteil hatte.[318] Vergleichbar ist – am Berliner Schloß jeweils auf eine der Hof- oder Außenseiten bezogen – vor allem die auf Kontrast setzende Kombination aus zwei seitlichen Blöcken mit eher konventionell gehaltenem Fassadenaufriß und einem bedeutend aufwendiger gestalteten zentralen Risalit. Dieser Risalit sprengt das geordnete Gleichmaß der Rücklagen durch weit aufgerissene Wandöffnungen und eine Reduzierung seiner Substanz auf ein Gerüstsystem, das auf wandfüllende Partien fast ganz verzichtet. In gesteigerter Form findet sich dies am Berliner Schloß vor allem am Risalit des Großen Treppenhauses (Abb. 131).

Dem Lustgartengebäude wie dem Risalit des Großen Treppenhauses liegt die kreative Auseinandersetzung mit Michelangelos Konservatorenpalast (Abb. 16) zugrunde.[319] Schlüter bediente sich der großen Ordnung, in die wiederum eine kleine Ordnung, bestehend aus Freisäulen, eingestellt ist – und dies sogar zweifach übereinander, nämlich sowohl über die ersten beiden Geschosse hinweg als auch für das Piano Nobile zusammen mit dem Mezzanin. Ferner ist auch die Serliana, die beim Lustgartengebäude die Achsen des Obergeschosses füllt, bei Schlüter anzutreffen, wobei er sie ausschließlich für die Mittelachse reserviert. In beiden Fällen erweist sich das Motiv als Rezeption von Berninis erstem Louvre-Projekt (Abb. 163).[320]

Auch der Bezug des Risalits vom Großen Treppenhaus zum Mittelrisalit des Palais Krasiński (Abb. 19, 22) ist bereits erkannt worden.[321] Der Vergleich muß sich sinnvollerweise auf das jeweilige Obergeschoß beschränken. Gemeinsam ist beiden Risaliten die Fünfachsigkeit. Hohe Pilaster scheiden die Fensterbahnen. Während die Mittelachse ein Rundbogenfenster aufweist, besitzen die anschließenden Achsen hochrechteckige Fenster mit aufsitzendem Mezzanin. Gerade in den Unterschieden werden nochmals die Eigenheiten Schlüters offenbar. Bei ihm ist die gesamte Fassadenfront straff durchorganisiert und auf ihr Gliederungssystem reduziert. Füllende Wandflächen fehlen. Die Mezzaninfenster sind bei ihm direkt unter das Konsolgesims geschoben.

Das Innere des Treppenhauses (Abb. 135) gestaltete Schlüter wesentlich großzügiger als die verwinkelten Treppenhäuser in den Schmalseitenrisaliten. Vor allem strebte er eine stärkere Vereinheitlichung des Raums an. Dem Eintretenden bot sich hier eine prächtige Schauwand dar, gebildet aus gekuppelten und gestaffelten Säulen entsprechend den Ordnungen und der Geschoßgliederung der Außenfassade. Der Serliana im Obergeschoß ist ein schwerer Bal-

kon vorgelagert (Abb. 81). Kurioserweise führte der Weg auf die Schauwand zu ins Abseits. Hinter dem Portal lag nur ein unbedeutender Gang hinunter ans Spreeufer. Der Besucher mußte sich also scharf links oder rechts halten und entweder die Rampe oder die Treppe nach oben wählen.

Sanft ansteigend führen die Läufe, gewunden um zwei riesige Pfeilerblöcke und teilweise als kühne Brücken gespannt, hinauf. Die Pfeilerblöcke wirken, als seien sie von oben in den Treppenkasten getrieben worden. Wer dem Lauf folgte, mußte wie in den kleinen Treppenhäusern helle und verschattete Zonen durchmessen. Auch boten sich ihm unerwartete Ausblicke in den Hof (Abb. 84), und der

135 Eduard Gaertner, Das Große Treppenhaus, Öl auf Leinwand, 1828. Blick vom zweiten Zwischenpodest der Treppe nach Norden

136 Großes Treppenhaus (Raum 344), Blick auf den ersten Treppenarm nach Osten

Weg war ebenso ungewiß. Neu war jedoch, daß ihm im ersten Obergeschoß nochmals der Blick zurück auf den Treppenschacht und die Schauwand ermöglicht wurde (Abb. 135). Von dort hatte er eine sehr viel bessere Übersicht und konnte den zurückgelegten Weg nachvollziehen. Erst mit dem Erreichen des zweiten Obergeschosses hatte er endgültig die Treppenhalle hinter sich gelassen. Nun fand er sich in einem steilen Raumschacht wieder, vergleichbar den Vorsälen in den oberen Geschossen der Schmalseitenrisalite (Abb. 129), nur noch extremer in den Proportionen. Der Schacht war eine Achse breit, fünf Achsen lang und zum Teil mehr als anderthalb Geschosse hoch, wenn man berücksichtigt, daß die Läufe in ihn ja noch hineinstiegen (siehe den Grundriß des Nobelgeschosses).[322] Nur der abschließende Podest liegt in Höhe des Schweizersaals (Raum 814). Mit dem Schweizersaal betrat der Besucher einen Saal von geordneter Klarheit (Abb. 138). Aus dem Unsicheren, Schwankenden und vielleicht sogar leicht Bedrohlichen des Treppenhauses erlöste ihn dessen strenge Ordnung. Der Boden des Schweizersaals lag exakt über der Decke der unteren Treppenhalle (Abb. 84).

Die Bauplastik im Treppenhaus verdient besondere Aufmerksamkeit. Hier wurde der Sturz der Giganten inszeniert, den der Besucher von den Treppenarmen wie von einem Theaterrang aus betrachten konnte.[323] Der Blitze schleudernde Jupiter (Abb. 147) sowie Minerva mit Speer und Schild (Abb. 84) – Anspielungen auf Friedrich I. und seine Gemahlin Sophie Charlotte – stürzen vom Olymp herab, um die anrennenden Gegner zu vernichten. Organisch waren diese beiden stuckplastischen Gruppen an den gemalten Deckenhimmel angebunden und vermittelten somit zugleich dessen Aufgehen in

137 Großes Treppenhaus (Raum 344), Blick vom ersten Treppenarm auf die Schauwand

138 Schweizersaal (Raum 814), Blick nach Südosten

der Architektur. Im unteren Bereich des Treppenhauses, wo die Malerei keine Rolle mehr spielte, wies Schlüter der Skulptur konkrete Aufgaben innerhalb des architektonischen Systems zu. So schienen die beiden auf dem Abschlußgesims der dorischen Doppelsäulenstellung lagernden Giganten den »Fehler« verdecken zu wollen, daß der dorische Fries, der mit dem oberen Treppenarm sanft ansteigt, sich bis an den Fuß der ionischen Ordnung erhob (Abb. 135, 137).

Ironisch und souverän zugleich setzte Schlüter sich hier über das Regelwerk klassisch-antiker Architektur hinweg. An anderer Stelle gingen die besiegten Giganten förmlich in die Architektur ein und wurden ihr dienstbar gemacht, indem ihnen die Last von Stürzen und Architraven aufgeladen wurde und ihre Unterleiber sich in Pilastern verjüngten (Abb. 136). Die kanonische Unterordnung der Dorica unter die Ionica symbolisiert die Niederlage der Giganten.

Die Innenräume

Während der acht Jahre, die Schlüter Schloßbaudirektor war, hat er nicht nur das äußere Erscheinungsbild der Residenz grundlegend verändert, sondern nachweislich von 1700 an, vielleicht sogar schon 1699 einzelne Räume neu dekoriert. Jahr für Jahr kamen neue Zimmer und Säle hinzu. Noch in den Wochen des Münzturmunglücks im Sommer 1706 kümmerte er sich um die Ausstattung der kronprinzlichen Gemächer im Schloßplatzflügel.

Schlüters Raumdekorationen gehören zu den Höhepunkten barocker Innengestaltung. Die Außenarchitektur findet hier ihre konsequente Fortsetzung und Steigerung. Vor allem die Decken mit ihren reich stuckierten Vouten und bemalten Plafonds vermittelten bis zur Zerstörung des Schlosses ein authentisches Bild von Schlüters enormen Fähigkeiten als Innenarchitekt. Die Ornamentik sowie die stuckplastischen Figuren sind Ausdruck einer geradezu überbordenden Gestaltungskraft. Ferner lieferte Schlüter für die Fußböden, die Sockel- und Fensterpaneele, die Wandverkleidungen, die Türrahmen und Türblätter, die Kamine und nicht zuletzt für die mobile Ausstattung unablässig Entwürfe.[324] Leider ist hiervon bereits vor 1945 manches durch nachfolgende Renovierungen verlorengegangen.

Im Zentrum von Schlüters Tätigkeit standen die Appartements im zweiten Obergeschoß, im Piano Nobile: die Paradekammern sowie die Wohnräume Friedrichs III/I., seiner Gemahlin Sophie Charlotte und des Kronprinzen Friedrich Wilhelm. In den darunter liegenden Räumen finden sich dagegen nur wenige Belege für Schlüters Eingriffe.[325]

Ende 1706 hatte Schlüter die meisten der im nördlichen, östlichen und südlichen Hofflügel liegenden Gemächer des Piano Nobile umgestaltet. Völlig neu hinzugekommen waren die Paraderäume im aufgestockten Lustgartenflügel (Räume 795 bis 787), zu denen auch die Kunstkammerräume im Mezzaningeschoß (Räume 983–990) zu zählen sind. Ebenfalls neu waren der Elisabethsaal (Raum 844) und der Schweizersaal (Raum 814), denn sie lagen ja

139 Königszimmer (Raum 797), die Zeit enthüllt die Wahrheit in der Deckenkehlung über der Nordwestecke

in den Risaliten, die Schlüter als Neubauten in die alten Flügel einbrechen ließ. Die alten Zeremonialräume des Kurfürsten mit dem Konferenzzimmer (Raum 796) und der Audienzsuite (Räume 797 bis 799) wurden durch den Umbau in ihrer Grundsubstanz nicht angegriffen. Sie behielten auch nach 1701 ihre alten Funktionen, wurden von Schlüter aber völlig neu dekoriert. Hier dürften also alte Stuckdecken beseitigt worden sein. Das gleiche gilt für die südlich des Schweizersaals anschließenden Zeremonialräume der Kurfürstin und Königin (Räume 835 bis 837), allerdings blieb hier im Thronsaal (Raum 837) eine prachtvolle Decke erhalten, die erst wenige Jahre vor Schlüters Übernahme der Bauleitung entstanden war.

Im östlichen Bereich des Schloßplatzflügels lag damals der Oranische Saal, der um 1700 für wenige Jahre zum wichtigsten Festsaal im Schloß wurde. Über seine Gestalt ist nichts bekannt; bereits nach 1706 wurde er in einzelne Räume aufgeteilt.[326] In dem zwischen diesem und dem Elisabethsaal gelegenen Blaubartzimmer (Raum 834) sowie den westlich an den Elisabethsaal anschließenden sogenannten Prinzeß-Marie-Kammern (Räume 846–850) dürften Schlüters Stuckdecken ebenfalls ältere Ausstattungen in bereits vorhandenen Räumen ersetzt

haben. Aussagen zur Lage und Ausstattung der Räume im Schloßplatzflügel sind schwierig, da bald nach Schlüters Ausscheiden mehrere grundlegende Veränderungen vorgenommen wurden. Stand Kronprinz Friedrich Wilhelm zunächst ausschließlich die westliche Hälfte des Flügels zur Verfügung, so nahm er nach seiner Vermählung mit Sophie Dorothea von Braunschweig-Lüneburg im Jahr 1706 den gesamten Trakt in Beschlag.[327] In diesem Zusammenhang verschwand der Oranische Saal. Außerdem wurde mit der Errichtung der Marmortreppe und der Erweiterung des Schlosses nach Westen unter Johann Friedrich Eosander und Martin Heinrich Böhme auch in die am weitesten westlich gelegenen Räume eingegriffen. Dort mußte das Rondell weichen.

Während über die privaten Wohnräume der Kurfürstin und Königin, die sich über der Erasmuskapelle, im Grünen Hut und im Haus der Herzogin befanden (Räume 823–832), grundsätzlich nur sehr wenig bekannt ist, sind wir über die Wohnung Friedrichs III/I. im sogenannten Kurfürstenflügel (Räume 800–808) besser informiert. Hier nahm Schlüter nur punktuelle Eingriffe vor. Obwohl der König mit dem grundlegenden Umbau des Schlosses enorme Anstrengungen auf sich nahm, unterließ er

140 Rote Adlerkammer (Raum 795), Ausschnitt der Decke über der Nordostecke

141 Schwarze Adlerkammer (Raum 791), Monogramm Friedrichs I. in der westlichen Deckenkehlung

es, für sich selbst neue Privaträume anzulegen. Er blieb zeit seines Lebens in der Wohnung, die bereits sein Vater wenige Jahre vor seinem Tod eingerichtet hatte.[328] Friedrich tastete die Räume in ihrer Grundstruktur kaum an. Die um 1680 entstandenen Stuckdecken blieben bis zur Zerstörung des Schlosses allesamt erhalten (Abb. 61). In zwei Räumen, nämlich im Kronkabinett (Raum 805) und in der Kugelkammer (Raum 806), ließ Friedrich noch vor seiner Krönung aufwendig intarsierte Schmuckfußböden anbringen. Unter Schlüter kam der Kaminaufsatz in der Betkammer hinzu, den auch Pitzler bei seinem Berlin-Besuch 1704 zeichnete (Kat. 156). Nach Schlüters Ausscheiden nahm sein Nachfolger Johann Friedrich Eosander weitere kleinere Eingriffe vor, die die Brautkammer (Raum 803) und die Braunschweigische Galerie (Raum 810; Abb. 62) betrafen.[329] Daß Eosander gleichzeitig mit Schlüter im Schloß gearbeitet hat, dürfte nicht zutreffen.[330] Warum sollte Friedrich III/I. Eosander zugestanden haben, mit letztlich verhältnismäßig unspektakulären Projekten Schlüters künstlerische Autorität in Frage zu stellen?

Nur bedingt lassen sich die Schlüterschen Raumdekorationen datieren.[331] Bis zur Krönung im Jahre 1701 dürfte er sich vorwiegend mit dem Elisabethsaal (Abb. 77) und den alten Audienzräumen (Abb. 139) befaßt haben. Danach hat man bis etwa 1704 die Kräfte auf die Ausgestaltung der Paradekammern (Abb. 85, 140, 141, 143–146) und der Kunstkammer (Abb. 88, 142) im Lustgartenflügel gerichtet. Von 1703 an konnten hier die meisten Räume genutzt werden. Daneben widmete Schlüter sich den Audienzräumen der Königin und der Kronprinzenwohnung. Noch für 1706 sind Arbeiten in den Paradekammern im Lustgartenflügel überliefert. Damals wurde der sogenannte Klingelbeutel (Raum 788) neu dekoriert.

Unter den neugeschaffenen Räumen bilden die Paradekammern im Lustgartenflügel den künstlerischen und programmatischen Höhepunkt. Den Deckengemälden und Stuckdekorationen liegt ein Grundthema zugrunde: die Verherrlichung der frisch erlangten preußischen Königswürde.[332] Die Bestandteile des preußischen Wappens, allen voran der Adler, die einzelnen Insignien der Königswürde wie Krone, Zepter und Reichsapfel sowie Darstellungen des Herrscherpaares, sei es in Form von Porträtmedaillons, Allegorien oder ihrer Initialen (Abb. 141), finden sich in den meisten der neugestalteten Räume allenthalben in Stuck gearbeitet. In Samuel Theodor Gerickes Deckengemälde in der Brandenburgischen Kammer (Raum 795) präsentiert die Allegorie der Wahrheit den auf dem Olymp versammelten Göttern die preußische Königskrone. Augustin Terwestens Deckenbild in der Schwarzen Adlerkammer (Raum 791) hat die Erhöhung des preußischen Wappens und der preußischen Kroninsignien zum Gegenstand. Sie wird durch die Tugendallegorien im unteren Abschnitt des Gemäldes als unmittelbare Folge der guten und gerechten Herrschaft Friedrichs I. und seiner Gemahlin Sophie Charlotte gedeutet. Auch das zentrale Deckengemälde der Suite, das Johann Friedrich Wentzel im Rittersaal geschaffen hatte, demonstriert die segensreichen Auswirkungen des preußischen Regiments insbesondere für Künste und Wissenschaften. Die stuckplastisch gearbeiteten Allegorien der Kontinente, der Winde, der Tages- und Jahreszeiten (Abb. 143–146) machen die gute Landesherrschaft zum Bestandteil einer übergeordneten kosmologischen Ordnung.

Die Nutzung der Räume hing eng mit der Neu-

142 Kunstkammer, Blick aus der Modellkammer (Raum 992) in die Instrumentenkammer (Raum 991) erlangung der Königswürde zusammen. Die am Ende der Raumflucht gelegene Kapelle (Raum 787) etwa diente als Ordenskapelle für den am Tag vor der Königskrönung in Königsberg gegründeten Schwarzen Adlerorden. Fortan wurden hier alljährlich am 16. Januar die neuen Ordensritter eingeführt.[333] Anschließend fanden Feierlichkeiten im Rittersaal statt.[334]

Als Audienzsuite wurden die neuen Gemächer anscheinend nicht genutzt, denn es gibt kein stichhaltiges Indiz dafür, daß jemals ein Gesandter über die Rittersaaltreppe, den Rittersaal (Raum 792) und die Brandenburgische Kammer (Raum 795) in die Drap d'Or-Kammer (Raum 796) zur Audienz gelangte.[335] Die Möbel- und Silberinventare von 1702, 1713 und 1715 belegen vielmehr, daß die Drap d'Or-Kammer stets als Konferenzzimmer diente.[336] Als Audienzzimmer wurde während der gesamten Regentschaft Friedrichs III/I. und wohl auch schon unter seinem Vater das später so genannte Königszimmer (Raum 797) genutzt.[337] Selbstverständlich führte der Zeremonialweg stets über das schon äußerlich eindeutig hervorgehobene Große Treppenhaus (Abb. 79). Das Zeremoniell verlangte für den Gesandtenempfang einen großen Saal und im Anschluß daran zwei Kammern vor dem Audienzzimmer, in dem der Herrscher den Gesandten erwartete.[338] Diese Raumfolge ist im Spreeflügel mit seinen zwei Paradevorkammern (Räume 798, 799) vorhanden, während im Lustgartenflügel nur die Brandenburgische Kammer dazwischen zur Verfügung gestanden hätte.

Inwieweit die beiden Räume zwischen dem Rittersaal und der Ordenskapelle, die Schwarze Adlerkammer (Raum 791) und die Rote Samtkammer (Raum 790), als Wohnung genutzt wurden, bleibt unklar.[339] Es existieren Anhaltspunkte, daß Sophie Luise von Mecklenburg-Schwerin, die Friedrich 1708 schließlich als dritte Gemahlin nahm, diese Gemächer bewohnte.[340] Nachweislich stand in der Roten Samtkammer einige Jahre ein aufwendiges Paradebett.[341] Die erwähnten Silberinventare bezeichnen die Räume hingegen lediglich als »Gemächer vor der Kapelle«.[342] Eine Treppe im Anschluß an die Rote Samtkammer erschloß die Räume der Kunstkammer im Mezzaningeschoß. Acht neue Räume ermöglichten eine völlig neue Aufstellung der Kunst- und Naturaliensammlung des brandenburgisch-preußischen Hofes (Abb. 88, 142).[343]

Die Entwürfe zur Innenausstattung der Paradekammern und aller übrigen neuen Räume, und zwar sowohl der Stukkaturen als auch der Gemälde, sind vor allem Schlüter zuzuschreiben. Lediglich in Fragen der Raumprogramme wird er Vorgaben von Friedrich III/I. und seinen Beratern erhalten oder bisweilen selbst Rat gesucht haben. Die abstrakten inhaltlichen Vorgaben hatte Schlüter dann formal umzusetzen. Leider sind nur wenige Zeichnungen der Innenräume überliefert (Kat. 109, 126–128), und keine davon stammt von Schlüter selbst.

Um zu gewährleisten, daß seine Raumprogramme allgemein verstanden wurden, orientierte Schlüter sich an den um 1700 in Europa gebräuchlichen ikonographischen Standards. Der Rückgriff auf Pietro da Cortonas prominentes Deckenfresko der *Divina Providenza* im Palazzo Barberini in Rom, um nur ein Beispiel zu nennen, ist typisch für seinen Umgang mit internationalen Vorbildern.[344] Das – gemalte – architektonische Rahmensystem dieser Decke ließ er im Elisabethsaal wiederholen. Die Komposition der Verherrlichung des Barberini-Wappens im Zentrum des Gemäldes wurde im Deckenbild der Schwarzen Adlerkammer wiederholt. Der Gigantensturz in einer der schmalseitigen Vouten, insbesondere die Figur der kampfbereit herbeischwebenden Minerva, kehrt im Großen Treppenhaus wieder (Abb. 84).

Das enge Zusammenspiel von stuckplastischen und gemalten Abschnitten innerhalb der Deckensysteme verlangte eine präzise Abstimmung zwischen Malern und Stukkateuren (Abb. 140). Dies wird am Beispiel des Rittersaals deutlich (Abb. 85, 143–146). Er überragte die benachbarten Räume um ein Halbgeschoß. Dadurch stellte sich die Aufgabe, eine doppelt so hohe Voute zu gestalten. Schlüter bediente sich verschiedener Kunstgriffe, um zur Vereinheitlichung des Raums zu gelangen. Er wählte einen

143 Rittersaal (Raum 792), Ausschnitt der Deckenkehlung über der Nordostecke

Farbdreiklang aus Gold, Silber und Weiß, der den Raum unterhalb des Deckengemäldes bestimmt und die Glieder des architektonischen Systems sowie die skulpturalen Elemente gegen- und untereinander absetzt. Schlüter unterschied im Stuck zwei Realitätsebenen: Die weiß gefaßten Arbeiten sollten die Illusion unmittelbarer Gegenwärtigkeit erwecken, während in den vergoldeten Reliefs mit den Taten des Herkules der antike Bezug zu den Taten Friedrichs hergestellt wurde (Abb. 143, 144). Gold, Silber und Weiß verbanden sich zu einem ornamentalen Geflecht, das den gesamten Raum überzog und zu einer Einheit formte und das sich fortsetzte in den »macchie« des Deckengemäldes, also den rot bis gelb sowie den weiß gefaßten Farbpartien.

Schlüter führt die Tektonik der Voute sanft und unmerklich in das Fresko der Decke über. Daß er dabei die abschließende Balustrade nicht mehr dreidimensional in Stuck ausarbeitete, sondern bereits ins Medium der Malerei überführte, ist ein geläufiger Bestandteil der sich um 1700 auch nördlich der Alpen zunehmend ausbreitenden Quadraturmalerei. Entscheidend für die Raumvereinheitlichung ist das Überborden des Deckenfreskos aus seinem Rahmen. Die Malerei greift dabei weit in die plastisch gearbeitete Zone der Voute über. Schlüter bedient sich hier einer Technik, die in großem Maße erstmals Bernini anwendete und die Schlüter möglicherweise gar direkt an dessen Werken, etwa an der Cappella Cornaro in Santa Maria della Vittoria, studiert hatte.[345] Im Rittersaal waren den dreidimensionalen Partien der stukkierten Voute Putzfelder aufgelegt, die den Malgrund für die vom Himmel der Decke quellenden Wolken und herabsteigenden Figurengruppen bereiteten. So ist beispielsweise der Körper der Göttin Flora oberhalb des vergoldeten Abschlußgesimses noch ganz in der Fläche der Deckenwölbung gehalten (Abb. 144). Erst die Körper- und Gewandteile darunter liegen auf leicht modellierten Putzballen, die den Körperausschnitt exakt umreißen. Ihr nackter Fuß schließlich ist plastisch geformt. Daß es der zweidimensionalen Malerei auf diese Weise gelingt, echte Reliefs und architektonische Formen wie Konsole und Friese zu überdecken, verleiht ihr beim Betrachter auch in den Deckenpartien einen höheren Grad an Plastizität und Wahrscheinlichkeit. Auch in einem einzelnen Motiv wie der Blumengirlande der Flora, die von der Zweidimensionalität allmählich in stuckierte Rosetten übergeht, äußert sich das Bestreben, die Grenzen zwischen Malerei und Skulptur zu überwinden.

Die gemalten Figurengruppen an der Decke entwickeln die Dynamik von Kaskaden, die sich jeweils im mittleren Bereich der vier Seiten in den Raum zu ergießen scheinen. An der Nordseite setzt sich die

144 Rittersaal (Raum 792), Flora in der südlichen Deckenkehlung

Malerei zudem in einer stuckplastischen Gruppe fort, die den Deckenhimmel zu verlassen scheint. Dieser fallenden Bewegungsrichtung wirken die weißen Stuckplastiken in den Ecken des Saales entgegen (Abb. 85, 143). Die Gruppen der vier Kontinente über den Supraporten (Abb. 145) setzen sich fort in den Allegorien der Winde in den Eckkartuschen. Darüber lagern Paare, die Tageszeiten versinnbildlichend, abschließend drängen Putten in den gemalten Himmel vor. Die einheitlich weiße Farbgebung faßt die Einzelgruppen auf einer geschwungenen Linie zusammen, die energisch in den Deckenhimmel stößt. Im Rittersaal kommt der Skulptur – hier als tektonischer, figuraler und ornamentaler Stuck – die Vermittlerrolle bei der Vereinigung von Architektur und Malerei zu.

Das Beispiel des Rittersaals macht deutlich, wie eng die Vorgaben an die Malerei sein mußten, damit diese sich in das formale Gesamtkonzept einfügte. Darüber kam es denn auch zum Konflikt mit den Malern. Aus dem Zeitraum zwischen April 1700 und Februar 1701 sind allein fünf kurfürstliche und

145 Andreas Schlüter und Giovanni Simonetti, Allegorie Amerikas über der südwestllichen Tür im Rittersaal (Raum 792)

königliche Befehle überliefert sowie zwei Eingaben Schlüters, in denen es darum geht, die Maler Schlüter zu unterstellen und ihre handwerklichen Fertigkeiten in den Dienst der Schlüterschen Raumkonzepte zu stellen.[346] Das Datum legt nahe, daß es hier noch nicht um die Paradekammern im Lustgartenflügel ging, sondern womöglich um die Räume der Audienzsuite. Aus einem kurfürstlichen Befehl vom 26. April 1700 geht hervor, daß die Maler sich weigerten, ihre Fresken nach Schlüters Zeichnungen auszuführen.[347] Sie sahen sich zu bloßen Ausführenden und Handlangern degradiert und waren nicht gewillt, sich in Schlüters Gesamtkonzept einzufügen. Der barsche Ton, in dem die kurfürstliche Ordre gehalten ist, scheint die Maler wenig beeindruckt zu haben. Anfang Mai 1700 mußte der Kurfürst seinen Befehl wiederholen.[348] Allerdings scheint auch diese Anordnung nicht befolgt worden zu sein, denn bald darauf beschwert Schlüter sich erneut über die Maler.[349]

Diese Eingabe ist in mehrfacher Hinsicht aufschlußreich, unter anderem weil sie die Maler, mit

146 Andreas Schlüter und Giovanni Simonetti, Allegorie Afrikas über der nordöstlichen Tür im Rittersaal (Raum 792)

denen Schlüter sich im Konflikt befand, namentlich nennt. Sie lassen sich tatsächlich in den Paradekammern nachweisen. Joseph Werner, der Akademiedirektor, könnte für die Brunnenszenen in der Schwarzen Adlerkammer (Raum 791) verantwortlich sein, vielleicht auch für die kleinen Szenen in der zweiten Paradevorkammer (Raum 798). Das zentrale Deckenfresko stammt in beiden Räumen jeweils von Augustin Terwesten. Leugebel, das ist Paul Carl Leygebe, malte die Decke in der Roten Samtkammer (Raum 790). Von Johann Friedrich Wentzel stammte der Plafond im Rittersaal (Raum 792). Gerke, also Samuel Theodor Gerike, war für die Ausmalung der Brandenburgischen Kammer (Raum 795) verantwortlich. Lediglich Werkbeispiele der gleichfalls genannten Maler Michael Probener und Theodor Lubienietzky – letzterer ist bekannt durch seine Zeichnungen nach den Schlüterschen Zeughaus-Masken – lassen sich heute nicht mehr identifizieren.

Schlüter zeigt sich in seiner Eingabe kompromißbereit, denn es ist nicht mehr von fertigen »Desseins«, Zeichnungen, die Rede, die er als Diskussionsgrundlage einbringen will. »Die massgrösse und wass eigentlich die Historie seyn soll, will ich ihnen schrifftlich geben«, schreibt er. Danach sollen die Maler innerhalb von vier Wochen Abrisse, also eigene Entwürfe, vorlegen und in der Akademie diskutieren. Vielleicht sind in diesem Zusammenhang einige der überlieferten Zeichnungen entstanden (Kat. 109, 127, 128).[350] Schlüter verzichtete also nicht auf Vorgaben, aber er band die Maler in den Prozeß der Gestaltung ein, wohl in der Hoffnung, sie dadurch gefügiger zu machen.

Der Kurfürst genehmigte Schlüters Vorschlag und erteilte den entsprechenden Befehl.[351] Doch auch diesem haben die Maler keine Folge geleistet. Ende November, Anfang Dezember verfaßte Schlüter wieder eine Eingabe.[352] Diese ist vor dem Hintergrund des soeben erfolgreich abgeschlossenen Kronvertrags zwischen Berlin und Wien zu sehen. Am 24. November traf die Nachricht in Berlin ein, und von da an liefen die Krönungsvorbereitungen auf Hochtouren. Aus Schlüters Eingabe sprechen Zeitdruck und Ungeduld. Er scheint wieder dazu übergegangen zu sein, möglichst genaue Vorgaben zu machen. Das Dokument zeigt, an welchen Direktiven Schlüter vor allem gelegen war. Außer dem Thema gab er den Malern »maaß und größe« vor, was sich vor allem auf die Komposition der Gemälde beziehen dürfte. Wenige Tage vor seinem Aufbruch nach Königsberg erteilte Friedrich III., Schlüters Ersuchen voll und ganz unterstützend, den Malern einen weiteren Befehl.[353] Aber auch dieser dritte Befehl fand kein Gehör, wie aus einer letzten überlieferten, nunmehr königlichen Ordre hervorgeht, die im Februar 1701 in Königsberg erteilt wurde.[354]

Die Maler waren der wunde Punkt in Schlüters Streben nach Raumvereinheitlichung. Um seine Vorstellungen ohne Kompromisse ins Werk setzen zu können, mußte er darauf drängen, daß sich die Freskanten strikt an seine Vorgaben hielten. Letztlich, diesen Schluß legt das überlieferte Werk nahe, dürfte die Befehlsgewalt des absoluten Herrschers den Widerstand der Maler gebrochen haben.

Andreas Schlüter und die Bildhauer und Stukkateure am Schloß

Vom Entwurf zur Ausführung

Nur eine professionell organisierte Werkstatt konnte die gewaltige Aufgabe der Bauplastik am Schloß bewältigen. Viele der Arbeiten in Sandstein wie Kapitelle, Konsolen, Fenster- und Türgiebel, die Adler im Fries der Außenfassaden oder die Widderköpfe an den Mezzaninfenstern (Abb. 90, 96–99, 118) waren integraler Bestandteil der Architektur und mußten demnach paßgenau und fristgerecht geliefert werden. Allein von den Adlern benötigte man acht für die Stechbahnfront, vier für die Spreeseite und zehn für die Lustgartenfassade. Erst recht konnte die reiche Ausstattung der Innenräume nur mit einem Stab gut geschulter Kräfte ausgeführt werden. Es steht außer Frage, daß Schlüter diese Arbeiten dirigierte. Von ihm stammten sämtliche Entwürfe, die allerdings nicht in einer einzigen Zeichnung überliefert sind. Als Schloßbaudirektor trug er Verantwortung für das Ganze, daneben unterhielt er als Bildhauer eine eigene Werkstatt. Auch selbständige Meister wurden für die Arbeiten am Schloß engagiert, so daß man theoretisch zwischen der Schlüter-Werkstatt im eigentlichen Sinne und einer Art Schloßbauhütte unterscheiden muß, auch wenn beide unter Schlüters Leitung standen. Praktisch ist eine solche Trennung bei der dürftigen Quellenlage jedoch nicht möglich.

Als im Jahre 1700 die Abrechnungen für 1699 geprüft werden sollten, meinte die Schloßbaukommission, »da nun dieser Schlüter die meiste Bildhauer- und Stein Metze Arbeit durch seine Leuthe verfertigen läßt, und solchem nach seine eigene forderung nicht wohl attestiren noch selbst bedingen kan, über dem auch wohl nöthig, daß die considerablen außgaben beym bau, Von mehr alß einem allein examiniret und bedungen werden«.[355] Eine unabhängige Kontrolle wäre wahrlich nicht gegeben gewesen, wenn Schlüter als Schloßbaudirektor allein die von ihm selbst erstellten und eingereichten Rechnungen für Leistungen seiner Werkstatt abgezeichnet hätte. Die Kommission, der auch Schlüter angehörte, beauftragte daher den Amtskammerrat Merian, gemeinsam mit Schlüter die Rechnungen zu prüfen. Während Schlüter die täglichen Rechnungen der Maurer und Handwerker allein kontrollierte, wurden die Aufträge an Maler, Bildhauer und Stukkateure, also auch an seine eigene Werkstatt und seine eigenen Leute, von ihm und dem Amtskammerrat geprüft.[356] Schlüter, der nicht darauf erpicht war, mit den täglichen, wöchentlichen und jährlichen Abrechnungen befaßt zu werden, obwohl damit auch Macht verbunden war, drängte aber darauf, von den Verwaltungstätigkeiten ganz und gar entlastet zu werden. 1704 wurde er auf sein mehrmaliges Ansuchen hin tatsächlich von der Rechnungsführung befreit.[357]

Die Denkschrift, in der die Schloßbaukommission einen zweiten Rechnungsprüfer neben Schlüter forderte, enthielt noch weitere Vorschläge zur Verbesserung des Baubetriebs: »[...] so die Mauer= Zimmer= und Gipser=Arbeit bey dero Schloßbau, bißhero nach Tagelohn bezahlt worden, unsers unterthsten. Ermessens aber würde es Zuträglicher seyn, wann solche denen Meistern nach einem resolvierten Abriß [resolvierten Abriß nachträglich unterstrichen; am Rand der Vermerk: ›dießen abriß soll Schlüter machen‹; G. H.] hierfür auffs genaueste anverdungen würden.«[358] Man versprach sich also etwa bei der Stukkierung der Innenräume niedrigere Kosten und eine zügigere Fertigstellung, wenn man die Handwerker nicht nach Tagessätzen entlohnte, sondern den gesamten Auftrag, der beispielsweise eine Stuckdecke umfassen konnte, zu einem festen Preis an einen Meister gab. Vertraglich war dieser Meister an den Ausführungsentwurf gebunden, und den lieferte allein Schlüter.

Ähnlich wie die der Stukkateure organisierte Schlüter die Arbeit der Bildhauer. Auch hier dürfte er Zeichnungen vorgelegt haben. Überliefert ist, daß er den Meistern obendrein Tonmodelle als Arbeitsgrundlage bereitstellte: »Schlüter war gewohnt, nur Modelle von Thon ins Kleine zu machen, darnach die andern Künstler alsdann arbeiteten. Indessen werden diese Modelle, in welchen Geist und Leben ist, noch bis diese Stunde hochgeschätzet.«[359] Von den Köpfen der Sterbenden Krieger am Zeughaus haben sich einige dieser Modelle oder Abgüsse erhalten.[360] Schlüter stellte jedoch nicht nur die Vorlagen bereit, sondern achtete als Schloßbaudirektor auch penibel darauf, daß sie korrekt umgesetzt und ausgeführt wurden.

Für seine unzähligen Entwürfe brauchte Schlüter Ruhe und Konzentration, zugleich mußte er den kontinuierlich voranschreitenden Betrieb mit seinen vielen Mitarbeitern im Blick haben und ständig auf der Baustelle anwesend sein. Mit dem Beginn des Münzturmbaus 1702 wurde die Situation noch angespannter, und Schlüter suchte nach Lösungen, die ihm halfen, Zeit zu gewinnen und dieses Pensum zu bewältigen. Beschleunigung war eine dieser Lösungen: »[...] denn die Pferde muß ich haben, weil ich in der Stadt vor allem Überlaufen der Leute in meinem Hause nichts machen kann, und darum von der Stadt einen weit abgelegenen Ort mich suchen müssen, daß ich vor solchen in Ruhe was Rechtes inventiren, modelliren und zeichnen kann; so sind auch die Handwerksleute und Künstler, welche am Schlosse arbeiten, sehr weit von einander mit ihren Wohnungen; dieselben machen nicht das Geringste, was ich nicht bei ihnen zuweilen zwölfmal besehen, treiben und ändern muß. Dies Alles wäre mir zu Fuß unmöglich zu thun, weil ich Manches wohl in einem Tage 30 bis 40mal besuchen muß.«[361]

Diese Aussage Schlüters offenbart, welch ein Kraftakt die Ausstattung des Schlosses mit bildhauerischen und stuckplastischen Arbeiten war. Bei jedem Entwurf, den er verfaßte, mußte er alles daransetzen, ihn möglichst ohne Abstriche in die Wirklichkeit umzusetzen. Angesichts der Fülle seiner Aufgaben konnte er selten selbst Hand anlegen. Bei der Bauplastik des Zeughauses hat man untersucht, welche Arbeiten Schlüter eigenhändig ausführte.[362] Allerdings stand er da auch noch am Anfang seiner Berliner Karriere und war nur Bildhauer. Nun war er Schloßbaudirektor und das Spektrum seiner Aufgaben derart angewachsen, daß er nur mit einer perfekten Organisation seine Entwürfe in so kurzer Zeit umsetzen konnte.

Letztlich verwirklichte Schlüter seine Ideen, indem er seinen Willen an viele Talente weitergab, die ihn in seinem Sinne in Stein formten. Daniel Chodowiecki verwies in seiner Kritik am Zustand der Künste im ausgehenden 18. Jahrhundert auf die Leistung Schlüters und seiner Werkstatt: »Man sieht wohl daß jene Statuen auf dem Schlosse nicht von Künstlern der ersten Größe gemacht worden sind, aber es ist ein so edler Styl im Umriß, eine so schöne Zeichnung im gantzen, richtige Anatomie in den Muskeln und Charactere in den Köpfen und der ganzen Structur des Körpers wovon man heut zu Tage keinen Funcken mehr findet. Man sagt Schlüter habe den Arbeitern die Modelle vorbossirt, das kann wohl sein und es wäre zu wünschen daß heute auch jemand da wäre der es thäte, aber es muste doch damals Arbeiter geben die ihm zu folgen fähigkeit hatten.«[363]

Die Bildhauer und Stukkateure der Schlüter-Werkstatt

Am Dresdner Zwinger (Abb. 151) können den Bildhauern, die unter Balthasar Permoser arbeiteten, persönliche Arbeiten zugeschrieben werden.[364] Anders ist die Situation am Berliner Schloß: Wir kennen die Namen vieler Bildhauer und Stukkateure, einige wenige davon lassen sich sogar näher charakterisieren.[365] Und wir kennen das Gesamtergebnis ihrer Arbeit, entweder im Bild oder sogar noch im Original. Dennoch können die skulpturalen und stuckplastischen Arbeiten nur unter dem Oberbegriff der Schlüter-Werkstatt zusammengefaßt werden. Es ist von wenigen Ausnahmen abgesehen unmöglich, die Namen der Bildhauer konkreten Werken zuzuordnen. Schon die Neugierde Humberts und Heineckens stieß hier an die Grenzen einer dürftigen Überlieferung, so daß sie einmal ein wenig resignierend bemerkten: »Es waren zu dieser Zeit viele Künstler in Berlin, wiewohl man von wenigen jetzo Nachricht mehr hat, ja von etlichen so gar nicht den Namen mehr weiß. Zu der Zeit bekümmerte man sich mehr gut und wohl zu leben, als der Nachwelt Nachrichten zu hinterlassen.«[366]

Man muß sich daher darauf beschränken, die wichtigsten Bildhauer und Stukkateure vorzustellen, die im Bannkreis Schlüters standen. Nur wenige konnten sich aus diesem Bann lösen und Werke eigener Prägung hervorbringen, unter ihnen der Stukkateur Giovanni Simonetti sowie Balthasar Permoser, denen daher ein eigenes Kapitel gewidmet ist.

Zu den für Schlüter tätigen Bildhauern gehörte der aus Ulm stammende Georg Gottfried Weyhenmeyer.[367] Bereits 1690, also noch vor Schlüter, war er nach Berlin gekommen. Als selbständiger Meister arbeitete er im Laufe seines Lebens für mehrere Berliner Architekten. Gerade damit stellte er, so paradox dies klingt, seine Eigenständigkeit unter Beweis. Grünberg, vielleicht auch noch Nering, hatten ihn für die Schlösser in Oranienburg und Friedrichsthal Skulpturen anfertigen lassen, von deren Gestalt wir keine konkrete Kenntnis besitzen.[368] Nach Schlüters Ankunft in Berlin wurde er sogleich dessen Auftragnehmer. Ihm wird die Ausführung der Flußgötter an der Langen Brücke (1694/1696) zugeschrieben (Abb. 28).[369] Danach arbeitete er an der Bauplastik des Zeughauses mit. »Er hat auch einige Trophäen und Casquets am Arsenale gemacht.«[370] Mit den »Casquets« sind die Prunkhelme an den Schlußsteinen über den Erdgeschoßfenstern gemeint (Abb. 33). Aber auch an den weit berühmteren Köpfen der Sterbenden Krieger (Abb. 31, 32) im Innenhof war er beteiligt: »Les modelles des Bouclicrs, sur lesquels il y a des têtes d'Esclaves, qui servent de clés aux arcades d'une moitié de la cour, ont été faits par Mr. Schluter: ils sont d'une grande beauté, & ils ont été exécutés par Weimer, & autres Sculpteurs sous sa direction.«[371] Schlüter muß schon am Zeughaus eine Schar von Bildhauern (»& autres Sculpteurs«) um sich vereint haben. Ausdrücklich überliefert ist aber allein Weyhenmeyers Name.

Weyhenmeyer blieb am Zeughausbau, als Schlüter die Bauführung an Bodt abgab. Damit verkörperte er ein Stück Kontinuität innerhalb eines sich ansonsten neu formierenden Baubetriebs. Bodt bevorzugte bekanntlich französische Bildhauer, weshalb 1700 Guillaume Hulot die Position des leitenden Bildhauers übernahm.[372]

Weyhenmeyers Verbleib war für Bodt äußerst hilfreich, da der Zyklus der Sterbenden Krieger 1699 noch nicht vollendet war und an der rückwärtigen, nördlichen Hofhälfte infolge der Grundrißänderung überhaupt erst neu arrangiert werden mußte.[373] Viele der Kriegerköpfe auf der Nordhälfte sind leicht variierte, in der künstlerischen Ausführung merklich schwächere Repliken der seit 1696 entstandenen Köpfe auf der Eingangsseite. Der Hauptgrund für die nachlassende Qualität dürfte im Fehlen Schlüters zu sehen sein, der als lenkende, die Ausführung der Ideen kontrollierende Kraft nicht mehr zur Verfügung stand.[374] Die Entwürfe muß man allesamt Schlüter zuschreiben. Von den frühen Köpfen wird Weyhenmeyer schon den ein oder anderen gemeißelt haben, aber was nun fehlte, war der strikte Zugriff Schlüters, der allein die adäquate Umsetzung der Gipsbozzetti in Stein garantieren konnte.[375] Daneben übernahm Weyhenmeyer von 1699/1700 an Bildhauerarbeiten, die Bodt und Hulot entworfen hatten. Wie für Schlüter, so arbeitete er jetzt bei einigen Trophäen auf der Balustrade ganz im Sinne der beiden französischen Künstler, die ebenso streng über die Ausführung wachten.[376]

Am Schloß arbeitete Weyhenmeyer weiterhin für Schlüter. Viele Statuen und Vasen soll er nach dessen Modellen ausgeführt haben.[377] Ob er hier eine ähnlich exponierte Stellung wie beim Zeughaus einnahm, ist nicht zu klären. Ferner arbeitete er an Einzelaufträgen wie der Kanzel der Parochialkirche (1704).[378] Erst 1708 erreichte er seine Bestallung zum Hofbildhauer als Nachfolger Friedrich Gottfried Herferts.[379]

Über Schlüters angeblichen Lehrer Christoph Sapovius – es finden sich auch die Vornamen David und Johann – ist nur wenig Konkretes bekannt.[380] Er stammte ursprünglich aus der Pfalz, wie verschiedene Quellen, in denen er als »palatinus« bezeichnet wird, bestätigen.[381] Gegen 1680 soll er nach Danzig gekommen sein.[382] Dies ist in bezug auf Schlüter sehr spät, der zu diesem Zeitpunkt über zwanzig Jahre alt war und seine ersten Lehrjahre bereits hinter sich hatte. Ein Kontakt zu Schlüter bestand auf jeden Fall, denn dieser stellte im Sommer 1702 ein Gesuch um Pässe für insgesamt sechs Danziger Bildhauer, die er am Schloß beschäftigen wollte.[383] Namentlich genannt wird – neben dem nicht weiter bekannten Sigismund Beller – Sapovius. Bereits im November wird er erstmals in Berlin aktenkundig, und zwar im Kirchenbuch der Dorotheengemeinde anläßlich der Taufe eines Kindes, bei dem Schlüters Frau Elisabeth Patin war.[384] Über Sapovius' Berliner Werke oder gar seine Anteile an der Bauplastik des Schlosses fehlt jede Nachricht. Gurlitts Schluß – »sein Name ist somit für die Kunstgeschichte nur ein leerer Schall« – gilt noch immer.[385]

Sehr wahrscheinlich war einer der vier anonymen »Camerathen«, für die Schlüter Pässe besorgte, der in Augsburg geborene Andreas Haidt. Dieser lebte seit etwa 1685 in Danzig, wo er in den Folgejahren mehrfach bezeugt ist.[386] Im Gegensatz zu Sapovius läßt er sich in Berlin mit konkreten Werken in Verbindung bringen. Haidt war auf Arbeiten in Metall spezialisiert. Im März 1706, als der Münzturm seiner Vollendung entgegenging, erhielt er den Auftrag für die Statue auf der Turmspitze, die als Kupfertreibarbeit ausgeführt werden sollte.[387] Nach dem Münzturm-Unglück wurde das Projekt eingestellt. Die gleichfalls für Haidt bezeugte und 1711 vollendete (1943 vernichtete) Fortuna-Statue für den Kuppelturm von Schloß Charlottenburg könnte damit in Zusammenhang stehen.[388] Haidt scheint der Bruch, die Zäsur des Jahres 1706/07, die sich aus Schlüters Sturz ergab, wenig geschadet zu haben. Nicht nur in Charlottenburg, auch am Berliner Schloß war er für Eosander tätig.[389] 1712 wird er als Adjunkt an der Akademie geführt.[390] Er soll für die Ausstattung der Paraderäume mit silbernen Wandleuchtern verantwortlich gewesen sein.[391]

Vorwiegend für Schlüter arbeiteten die vier Bildhauer Cornelius Heintzy, Friedrich Gottfried Herfert, Johann Hermann Backer und Johann Samuel Nahl.[392] Man muß sie zusammen erwähnen, denn bekannt sind sie vor allem wegen ihrer Anteile an ein und demselben Werk: Jeder von ihnen modellierte 1707/08 nach Schlüters Vorlage einen der Sklaven vom Reiterdenkmal des Großen Kurfürsten (Abb. 29).[393] Sie waren sicherlich am Schloß tätig, auch wenn dies nicht für jeden explizit belegt ist.

Heintzy »hat nach Schlüterschen Modellen [...] gearbeitet«, wie Nicolai überliefert.[394] Von Herfert weiß er zu berichten, daß dieser »im Schlosse nach Schlüters Modellen arbeitete«.[395] Humbert und Heinecken führen zu Herfert aus: »Ein geschickter Bildhauer zu König Friedrich des Ersten Zeiten. Er war einer der besten Schüler des berühmten Andreas Schlüters, damaligen Hofbaumeisters und Bildhauers in Berlin, bey dem er viele Jahre gewesen, und ihm in seiner Arbeit geholfen.«[396] Als Einzelwerk wird aber nur einer der Sklaven genannt. Herfert bewarb sich 1702 mit Erfolg um die Hofbildhauerstelle des verstorbenen Michael Döbel d. J. In seiner Bittschrift bezog er sich ausdrücklich auf Schlüter, indem er angab, »bey E. K. M. Neuen Schlossbau nunmehro Sechs Jahr en maistre zu arbeiten, welches einige hohe kgl. Bediente so mich kennen, und absonderlich Dero Hoff Bau Director Schlüter bezeugen können.«[397] Will man die Zeitangabe nicht als Irrtum abtun, so arbeitete Herfert bereits 1697 als Bildhauer am Schloß.

Auch Johann Hermann Backer ist schon im 18. Jahrhundert nur noch im Zusammenhang mit Schlüter ein Begriff. Als »einer der besten Schüler des berühmten Andreas Schlüters« wird er gerühmt,[398] als »ein Bildhauer, der viel Bildsäulen nach Schlüters Modellen ausgeführet hat«.[399] Ihm lassen sich ebensowenig wie Johann Samuel Nahl konkrete Werke zuschreiben – außer eben einer der vier Sklaven.

Johann Samuel Nahl gehört zu den Künstlern aus der Zeit Friedrichs I., die ihre Profession weitervererbten.[400] Sein Sohn Johann August Nahl d. Ä. war als Bildhauer und Dekorateur einer der Protagonisten des friderizianischen Rokoko und hat so bedeutende Raumdekorationen wie das Konzertzimmer von Schloß Sanssouci geschaffen. Ähnliches gilt für Johann Georg Glume d. Ä., über den gesagt wird, er habe »lange Jahre unter Andreas Schlütern gearbeitet«.[401] Über sein Œuvre läßt sich sogar ein genauerer Überblick gewinnen.[402] Einer seiner Söhne war Friedrich Christian Glume, von dem beispielsweise die Hermenpilaster an der Weinbergfassade von Schloß Sanssouci stammen. Heinrich Rode, »welcher bei Schlüter gelernet hatte, und der auf seiner Reise in Italien zu Florenz gestorben«,[403] war der Onkel des Malers Christian Bernhard Rode, der einige der schönsten Bildwerke Schlüters wie die Köpfe der Sterbenden Krieger am Zeughaus oder die vier Erdteile aus dem Rittersaal des Schlosses zeichnete und radierte.

Georg Mattarnovy, der im Februar 1714 auf Veranlassung Schlüters nach Petersburg ging und dort fortan als »Grotten- und Fontänenmeister« wirkte, scheint hingegen nicht in Berlin tätig gewesen zu sein.[404] Sein Wirkungskreis beschränkte sich trotz der enormen Möglichkeiten, die Berlin damals bot, auf Stettin und vor allem auf Schwedt, wo er 1696 zum markgräflichen Hofbildhauer ernannt worden war.

Der Hofmaurer und Hofstukkateur Giovanni Simonetti

Zu Schlüters populärsten stuckplastischen Arbeiten zählen die vier Erdteile im Rittersaal (Abb. 145, 146), der Gigantensturz im Großen Treppenhaus (Abb. 147) und die Atlanten im Elisabethsaal (Abb. 148). Sie alle stammen in der Ausführung von dem seit 1682 in Berlin ansässigen Hofstukkateur und Hofmaurer Giovanni Simonetti. Humbert und Heinecken beschreiben in ihrer Kurzmonographie das Verhältnis zwischen entwerfendem und ausführendem Künstler, also zwischen Schlüter und Simonetti: »Schlüter bediente sich seiner, als eines künstlichen Stuccaturarbeiters, zu den Figuren über den Thüren des großen Rittersaals, und über der großen Treppe: als da sind der donnernde Jupiter; die Gruppen, so die vier Theile der Welt vorstellen; die Bildsäulen, und die tragenden Frauenzimmer; auch andere Zierrathen in den Zimmern des Schlosses, auf Art des

147 Andreas Schlüter und Giovanni Simonetti, Der Blitze schleudernde Jupiter über der Schauwand im Großen Treppenhaus (Raum 641)

farnesischen Palastes, welche alle von Schlüters Genie ein Zeugnis ablegen.«[405]

Aber Simonetti war nicht nur ein geschickter Gehilfe Schlüters, sondern ein selbständiger, unabhängiger Meister, der ein beachtliches eigenständiges Werk hinterließ. Lange vor Schlüter war er nach Berlin gekommen und dort 1694 bereits fest etabliert. Um so bemerkenswerter ist die Bereitwilligkeit, mit der er sich Schlüters Vorgaben angepaßt und sich in dessen Entwürfe eingefühlt hat. Das zeugt von einer leidenschaftlichen Aneignung. »Von Schlüters Genie ein Zeugnis ablegen« – das scheint sein Anliegen gewesen zu sein, und das überliefern sowohl die Werke selbst als auch die zeitgenössischen Quellen.

Leben und Werk Giovanni Simonettis sind verhältnismäßig gut erforscht, zumal er über Berlin hinaus auch in Sachsen und Anhalt tätig war, wo er ebenfalls das Interesse der Forschung weckte.[406] Simonetti wurde 1652 in Roveredo (Graubünden) geboren und womöglich in Oberitalien ausgebildet. Nach Abschluß seiner Lehrjahre zog er wie viele Künstler dieser südalpinen Regionen nach Norden, wo man nach dem Ende des Dreißigjährigen Krieges leicht Arbeit fand. In Prag ist Simonetti 1668 als Maurergeselle nachgewiesen.[407] Von dort gelangte er weiter nach Schlesien. 1680 stuckierte er im Breslauer Dom die Elisabethkapelle aus. 1682 kam er nach Berlin, wo er angeblich schon damals zum Hofstukkateur ernannt wurde.[408] Mit dem festen Gehalt des Hofstukkateurs war seine Tätigkeit in den Schlössern aber nicht abgegolten, wie erhaltene Einzelrechnungen belegen. Am 10. Oktober 1683 wurde er zusätzlich zum Hofmaurer bestallt, wofür er allerdings keine zusätzliche Vergütung erhielt (»er soll mit demjenigen, waß Wir ihn als einem Stucator gnädigst verordnet, vergnüget seyn«).[409] Als Hofmaurermeister war er laut Vertrag dem jeweiligen Architekten oder Bauleiter unterstellt, »daß er uns getreu, gehorsamb und gewärtig, auch schuldig seyn

148 Andreas Schlüter und Giovanni Simonetti, Atlanten über der nördlichen Tür der Ostwand im Elisabethsaal (Raum 844)

soll, sich unsers verordneten Bau=Directoris auch Baumeisters, oder wem Wir sonst die direction Unsers Baues aufftragen möchten, Geheiß und Verboht gemeeß zu verhalten«.[410]

Simonetti war in Berlin sowohl als Stukkateur als auch als Maurermeister tätig. Nachgewiesen ist er 1689 am Chor des Berliner Doms, gemeinsam mit dem Hofbildhauer Johann Michael Döbel d. J.[411] 1694 arbeitete er in Schloß Oranienburg, wie eine 1698 nachträglich von ihm eingereichte Liste verdeutlicht.[412] Aus dieser wird ersichtlich, daß ihm die verschiedenen Architekten und Bauleiter – neben Nering erwähnt Simonetti Grünberg und den »Baumeister Memert«, einen Sohn Johann Gregor Memhardts[413] – jeweils einzelne Aufträge verschrieben. Inwieweit er sich dabei verschiedenen künstlerischen Entwürfen – und Handschriften – anpaßte oder ob er freie Hand behielt, läßt sich heute nicht mehr entscheiden. Simonetti war in der Lage, selbständig zu entwerfen und zu arbeiten, besaß aber auch die Fähigkeit, sich zurückzunehmen und seine handwerkliche Fertigkeit ganz der Ausführung eines von fremder Hand stammenden Entwurfs zu widmen. Auf dem Gebiet der Architektur zeigt sich das besonders deutlich. Noch 1683 war ihm in seiner Bestallung zum Hofmaurermeister die Unterordnung unter »Bau=Directoris auch Baumeisters« auferlegt worden. Später trat er in Berlin mehrfach als verantwortlicher Bauleiter auf, etwa bei den von Grünberg entworfenen Kirchen auf dem Friedrichswerder (1699 bis 1701) und in der Friedrichsstadt (1701–1708).[414]

Aufschlußreich in dieser Hinsicht ist Simonettis Tätigkeit für Fürst Carl Wilhelm von Anhalt-Zerbst, die dank neuerer Forschungen genauer zutage getreten ist.[415] Man erkennt, daß es derselben Person erlaubt sein konnte, an verschiedenen Höfen im Status eines Hofkünstlers zu wirken. Aus dieser Auszeichnung leitete der Herrscher also nicht zwingend ein exklusives Zugriffsrecht auf den Künstler ab. Der Schwerpunkt von Simonettis Schaffen lag in Berlin.

149 Zerbst, Hoffassade des westlichen Seitenflügels, 1945 zerstört

Nach dem Thronwechsel von 1688 war seine Bestallung als Hofstukkateur von Friedrich III. bestätigt worden.[416] Die Berliner Aufgaben ließen ihm aber Luft für Aufträge von außerhalb. Man muß sich ihn als einen Unternehmer vorstellen, der eine eigene Werkstatt unterhielt, die auch während seiner Abwesenheit seinen Vorstellungen gemäß arbeitete. Bereits 1686/87 hat er die Decke in der Leipziger Börse stukkiert.

1690 oder 1691 reiste Simonetti erstmals nach Zerbst, wohl auf Wunsch des dortigen Hofes, denn er erhielt die Reisekosten erstattet.[417] Im Dezember 1692 kam es zu einem Vertragsabschluß über Stukkierungsarbeiten im 1681 begonnenen Corps de Logis des Schlosses, das zu diesem Zeitpunkt seiner Vollendung entgegenging.[418] Architekt und Bauleiter war Cornelis Ryckwaert.[419] Es ist nicht zu klären, ob Simonetti von Ryckwaert präzise Vorgaben erhielt. Die ausgeführten Werke legen aber nahe, daß Simonetti frei arbeiten konnte und auch die Entwürfe selbst lieferte. 1693 begann er mit der Ausführung. Seine Reputation muß groß gewesen sein, denn als Ryckwaert im selben Jahr verstarb, übertrug man Simonetti die gesamte Bauleitung. 1694 wurde er offiziell zum fürstlich-anhaltischen Baumeister ernannt. Im Vertrag wurden genaue Regelungen hinsichtlich seiner Arbeit in Zerbst getroffen, »zu welchem Behuf Er dann alle Frühjahr- und Herbstzeiten ordinairement einmal anhero zu kommen und das Bauwesen, was nehmlich von einer Zeit zur andern vorzunehmen sei wohlerwägen und mit höchstem Fleiße anzuordnen, auch mit denen Handwerksleuten die Arbeit aufs genaueste zu verdingen«.[420]

Simonetti dekorierte die wichtigsten Räume im Corps de Logis von Schloß Zerbst, darunter von 1694/95 an den Großen Saal im Zentrum des Gebäudes. Die Feinheit und die Präzision des modellierten Stucks sind bestechend. Simonetti verwendete kraftvolle, energiegeladene Formen. Einige markante Details finden sich in späteren Arbeiten Schlüters wieder, und hier nicht etwa nur bei den eingangs genannten figuralen Plastiken, die Simonetti ausführte (Abb. 145–148). Das läßt aufhorchen, da Schlüter ja in der Zeit, als Simonetti in Zerbst stuckierte, erst nach Berlin kam und Simonetti von seinem Werk noch nicht beeinflußt gewesen sein konnte. Bei der Kaminwand im Schlafzimmer von Schloß Zerbst zog Simonetti eine Fruchtgirlande durch mehrere Volutenschnecken (Abb. 150)[421] – ein Motiv, das Schlüter einige Jahre später in eigenwilliger Interpretation beim Grabmal Männlich wiederholte.

Umgekehrt zeigt sich in Zerbst später deutlich der Einfluß, den der Architekt Schlüter auf Simonetti ausübte. Als man in Zerbst 1703 die Ryckwaertsche Konzeption der Dreiflügelanlage weiter-

150 Zerbst, Kaminwand im Schlafzimmer des Schlosses von Giovanni Simonetti, 1694, 1945 zerstört

verfolgte, entwarf Simonetti für den neuen Westflügel einen weit hervorspringenden Mittelrisalit, der nun nicht mehr durch einen Dreiecksgiebel, sondern den geraden Abschluß einer Balustrade bekrönt wurde (Abb. 149). Zusammen mit der ionischen Pilasterordnung, die die beiden oberen Geschosse zusammenfaßte und auf einem rustizierten Sockel aufsaß, erinnert der Risalit entfernt an Schlüters Treppenkästen am Berliner Schloß. Von Schlüters Architektur beeinflußt waren in Zerbst ferner die Rücklagen der Seitenflügel. Hier finden sich die negativen Pilaster der Außenfassaden des Berliner Schlosses: schmale Wandstreifen, die als Spiegel in das Mauerwerk eingebrochen sind (Abb. 72, 101). Besonders die Bezüge zur Alten Post, mit deren Bau 1702 erst begonnen worden war, sind unübersehbar (Abb. 28), denn auch dort trifft man auf die Konstellation vertiefter Wandspiegel, die sowohl seitlich der Fenster als auch zwischen den Geschossen angeordnet sind und die Form eines Kreuzes bilden.

Simonettis Wirken in Zerbst beweist, daß er nicht nur Pläne ausführen, sondern auch entwerfen konnte. Zur selben Zeit führte er im Berliner Schloß mit seiner Werkstatt kongenial Schlüters Stuckplastiken aus. Er scheint die Leistungen des Neuankömmlings aus Warschau fraglos anerkannt zu haben. Am 11. August 1698 war Schlüter Taufpate bei einem Kind von Simonetti.[422] Damals schickte er sich gerade an, die lukrativste und anspruchsvollste Stelle zu erobern, die es in Berlin für einen Künstler gab: das Schloßdirektorat. Als Schlüter dann 1707 aus dem Amt ausscheiden mußte, war Simonetti nicht bereit, für den neuen Schloßbaudirektor Eosander zu arbeiten. 1712 zog er sich zurück, »weil er mit derjenigen neu ordinierten Arbeit, so der ietzige Pragadier H. von Eosander erfunden, nicht umgehen können«.[423]

Balthasar Permoser am Berliner Schloß

Der neben Andreas Schlüter bedeutendste deutsche Bildhauer des Barock, der seit 1689/90 in Dresden tätige Balthasar Permoser, hat möglicherweise am Berliner Schloß gearbeitet. Permosers Aufenthalt in Berlin ist in den Bauakten nirgends bezeugt, doch schon die Berliner Kunsthistoriographen des 18. Jahrhunderts widmen ihm einen Eintrag. Humbert und Heinecken gehen davon aus, daß Permoser nach seinem langjährigen Aufenthalt in Italien zunächst in die Dienste Friedrichs III./I. trat und erst später nach Sachsen zog.[424] Nicolai nennt dagegen als Zeitraum für Permosers Berliner Aufenthalt die Jahre von 1704 bis 1710.[425] Er kommt damit der Wahrheit näher: Tatsächlich verließ Permoser Florenz 1689/90 und arbeitete fortan für die sächsischen Kurfürsten. Zwischen 1698 und 1702 sowie von 1706 bis 1707/08 ist er in Dresden nicht nachweisbar. Womöglich sind dies die Jahre, in denen er sich in Berlin aufhielt.[426]

In Berlin schuf Permoser nachweislich das Epitaph für den 1703 verstorbenen Raimond Faltz, den

151 Dresden, Eingangsbereich des Wallpavillons im Zwinger

in Stockholm geborenen, lange in Paris geschulten und seit 1688 in Berlin tätigen Medailleur. Er war einer der hochqualifizierten Spezialisten, die Friedrich III. seit seinem Regierungsantritt für den brandenburgischen Hof hatte engagieren können. Über die Beziehung zwischen Faltz und Permoser ist nichts bekannt. Das Epitaph wurde 1730 beim Brand der Petrikirche, in der es aufgestellt war, zerstört. Glücklicherweise ist es im Stich überliefert, und dieser bestätigt zugleich inschriftlich Permosers Autorschaft und damit seine Anwesenheit in Berlin.[427] Auf diesem Wege gewinnen auch weitere Zuschreibungen an Plausibilität. Für die Petrikirche soll er die Kanzel geschaffen haben, und die kleine Marmorskulptur eines eine Schlange erwürgenden Herkules, die sich seit je in Schloß Charlottenburg befand (1943 bis auf den Kopf vernichtet), wird ihm mit Recht zugeschrieben.[428] Anderthalb Jahrzehnte später, gegen 1720, lieferte er Dachbalustradenfiguren für das Schloß des Markgrafen Albrecht Friedrich in Friedrichsfelde.[429]

Mit dem Berliner Schloß hat erst die neuere Kunstgeschichte Permoser in Verbindung gebracht. Es handelt sich um stilkritische Zuschreibungen. In den Dokumenten taucht Permosers Name nicht auf. Seine Beteiligung am Schloß ist aber insofern von besonderem Interesse, da sie bereits in die Phase der Weiterplanung und Vergrößerung fällt, die unmittelbar auf Schlüters Schloßbaudirektorat folgte. Bei den Permoser zugeschriebenen Werken handelt es sich einmal um die beiden Paare von Hermenpilastern, die jeweils im ersten Geschoß der Lustgartenportale die zentrale Wandöffnung flankieren und zugleich die Balkone des zweiten Stockwerks schultern (Abb. 102).[430] Sie sind als Zyklus der vier Jahreszeiten angelegt, woraus sich der Schluß ergibt, daß sie in dieser Form erst im Zuge der Schloßerweiterung entstanden sein können. Frühling und Sommer an Portal V haben ja nur Sinn im Hinblick auf Herbst und Winter an Portal IV. Tatsächlich zeigen Ansichten der Lustgartenfassade, die noch unter Schlüter entstanden sind, überhaupt keine Hermenpilaster an Portal V (Kat. 141). Doch Schlüter selbst kann ja noch kurz vor seiner Entlassung die Hermenpilaster konzipiert haben, die Eosander und Permoser dann in der Folge der Schloßerweiterung als Jahreszeiten umdeuteten und ausformten.[431] Motivisch, ikonographisch und stilistisch lassen sich die Hermen ohne Schwierigkeiten Permosers Œuvre zuordnen. Man denkt zunächst an die Hermenpilaster des Wallpavillons am Dresdner Zwinger (Abb. 151). Auch dort sind die sich verjüngenden Pilasterschäfte mit Gehängen aus Blüten, Früchten, Muscheln, Masken und Musikinstrumenten verziert. Die Zwingerhermen sind ein Jahrzehnt nach den Berliner Arbeiten entstanden. Permoser hat dieses Motiv aber bereits in seinem Erstlingswerk, zwei Hermen an der Gartenmauer des Palazzo del Grillo in Rom (1675/1677), aufgegriffen. Dem Thema der vier Jahreszeiten hat er sich immer wieder gewidmet, sei es in Form von Kleinplastiken aus Elfenbein, Holz und Porzellan oder als überlebensgroße freiplastische Gartenskulpturen in Sandstein.

Auch an der Ausstattung der Paradekammern könnte Permoser beteiligt gewesen sein. In der Drap d'Or-Kammer (Abb. 76) befand sich über dem Kamin, auf der großen Fläche einer stuckierten Kartusche, eine in Alabaster gearbeitete Gruppe zweier weiblicher Gestalten (Abb. 152, 153). Eine von ihnen, auf einer Wolke schwebend, trug eine Wappenkartusche mit dem königlichen Monogramm. Die zweite, eine Minerva, hielt das Modell der königlichen

Krone darüber. Stilkritische Beobachtungen, die lange akzeptiert wurden, führten zur Zuschreibung an Permoser.[432] Erst seit kurzem wird sie wieder in Frage gestellt.[433] Tatsächlich weist die Gruppe Eigenheiten auf, die für Schlüters Schaffen ungewöhnlich, für Permoser jedoch typisch sind. Boeck nennt zum Beispiel die »wie in einem Herbarium gepreßten Lockenendigungen« der unteren Figur oder den Werkstoff Alabaster.[434] Schlüter hat vergleichbare Arbeiten in den Schloßräumen stets in Stuck modellieren lassen.

Wann könnte Permoser die Arbeit angefertigt haben, die – anders als die Hermen an den Lustgartenportalen – stark von Schlüters Formen geprägt ist? Hier wird das Sophistische der Zuschreibungsfrage augenfällig: Ein Werk wird Schlüter abgeschrieben und im selben Atemzug auf die große Abhängigkeit von Schlüter verwiesen, der Permoser hier ausgesetzt gewesen sei. So schreibt Wilhelm Boeck: »[...] und an der Figur, die die Krone hält, wird es überdeutlich, daß die steife Atmosphäre um Friedrich I. auf den sonst allezeit geistreich aufgelegten Meister erkältend gewirkt hat.« Ähnliche Worte finden sich bei Siegfried Asche: »Permosers süddeutsches Temperament fügte sich dem Bannkreis Schlüters ein.«[435] Hat Schlüter Permoser den Auftrag erteilt? Bot er dem Dresdner Kollegen die Gelegenheit, sich in der Residenz des preußischen Königs mit einem eigenen Werk zu verewigen?

Eine Freundschaft zwischen Schlüter und Permoser wäre nicht ganz abwegig, zumal sie sich in ihrem künstlerischen Temperament und Selbstverständnis nicht unähnlich waren. Sie könnten sich in Italien, in Rom oder Florenz, begegnet sein. Schlüter reiste 1702 nach Dresden und Pirna, um Steinbrüche zu besichtigen.[436] Es ist möglich, daß er auf diesem Wege in Kontakt mit seinem sächsischen Kollegen kam. Andererseits ist es nicht abwegig, daß Permoser die Alabastergruppe erst unter Eosanders Leitung schuf.[437] Eosander ließ nämlich auch in Räumen, die bei seinem Amtsantritt bereits vollendet waren, Änderungen vornehmen. Nachträgliche, auf Eosander zurückgehende Eingriffe finden sich im Samtzimmer (Raum 837), in der Brautkammer (Raum 803), im Kronkabinett (Raum 805) sowie in der Braunschweigischen Galerie (Raum 810).[438] Das ist nicht ungewöhnlich, denn das Leben im Schloß ging weiter, und neue Anforderungen an die Nutzung forderten neue Raumgestaltungen. 1705 war

152 Berlin, Kamin in der Drap d'Or-Kammer (Raum 796) des Schlosses mit der Balthasar Permoser zugeschriebenen Alabastergruppe

Königin Sophie Charlotte verstorben, und Friedrich I. hatte 1708 ein drittes Mal geheiratet. Die Hochzeit mit Sophie Luise von Mecklenburg-Schwerin war Anlaß für Renovierungen und Umbauten, zumal die Königin nicht die Wohnräume Sophie Charlottes bezog.[439] Warum sollte gegen 1707/08 nicht auch die Drap d'Or-Kammer erneuert worden sein?

Für diese Vermutung spricht ein Indiz. Die Kaminumrahmung (Abb. 152) fügt sich nämlich gut in Eosanders Œuvre, während sie von Schlüters Kaminformen, etwa den ausgeführten im Rittersaal (Abb. 85) oder den geplanten im Schweizersaal (Kat. 138), deutlich abweicht. Der Kamin der Drap d'Or-Kammer repräsentiert den kühlen französischen Klassizismus, wie er in den für Ludwig XIV. geschaffenen Raumausstattungen von Versailles anzutreffen ist. Vor allem die beiden Festons, ausgehend vom Kopf des Sonnengotts Apoll, lassen in ihrer klassizistischen Strenge das Energiegeladene vermissen, das Schlüters Formensprache eigen ist.[440] Eosander war 1699 – wohl im Hinblick auf künftige Aufgaben in Charlottenburg – nach Paris geschickt worden.[441] Sollte Eosander also nach 1706 den Kamin nach seinen Vorstellungen erneuert haben, dann hat er in diesem Zusammenhang wahrscheinlich auch die Alabastergruppe anbringen lassen.

153 Balthasar Permoser (zugeschrieben), Präsentation von preußischer Königskrone und Wappen durch Minerva und einen weiblichen Genius in der Drap d'Or-Kammer (Raum 796)

Abbruch einer Karriere
Der Münzturm

Ist ein Werck mißlungen, so kan ein beßeres wieder gemacht werden, wenn es befohlen wird.
Schlüter an den Schloßhauptmann
Ludwig Marquardt von Printzen, 27. Juli 1706

Als der Münzturm sich Ende Juni 1706 zur Seite neigte, büßte Schlüter mit einem Schlag all sein Ansehen ein. Als Schloßbaudirektor wurde er entlassen und von seinen Pflichten entbunden. Immerhin blieb er als Hofbildhauer bestallt, was sein finanzielles Auskommen sicherte. Es gibt wohl keinen bedeutenden Architekten der Barockzeit, der so tief stürzte wie Schlüter. Aus seinem Tagesablauf schwand die Arbeitsfülle, die die dreizehn Jahre von 1694 bis 1706 beherrscht hatte, und an ihre Stelle trat, wenn man der spärlichen Überlieferung glaubt, eine große Leere. In den Jahren zwischen 1707 und 1713 erhielt er nur noch vereinzelt Aufträge. Er zog sich völlig aus dem künstlerischen Leben der Stadt zurück. Als besonders demütigend muß er empfunden haben, daß fortan ein Konkurrent den Schloßbau leitete.

Die Vorgeschichte

Die Baugeschichte des Münzturms läßt sich anhand der zahlreich überlieferten Dokumente recht detailliert nachzeichnen.[442] Schon auf den frühesten Berlin-Ansichten ist der später so genannte Münzturm abgebildet (Kat. 17, 20, 25, 45, 49, 51) und in der Stadtsilhouette durch seine Höhe leicht auszumachen. Zu Zeiten Friedrichs II. soll an dieser Stelle ein Kanonenturm gestanden haben,[443] der vielleicht schon im ausgehenden 16. Jahrhundert, spätestens jedoch im zweiten Jahrzehnt des 17. Jahrhunderts zur »newen Wasserkunst« erhöht wurde [444] und die Wasserspiele im Lustgarten speisen sollte. Zu diesem Zweck wurde ein Kanal durch den Turm geleitet und ein Wasserrad in seinem Innern installiert, das das Wasser in ein Reservoir im Obergeschoß des Turms beförderte.

Bei der Umgestaltung zur »Wasserkunst« blieb der alte Kanonenturm als Unterbau erhalten. Auf den überlieferten Ansichten sind Alt- und Neubau gut voneinander zu trennen: Der Unterbau des 15. Jahrhunderts von etwa zwölf Metern Höhe war merklich größer in seiner Grundfläche als der etwa achtzehn Meter hohe Turmaufsatz des 16. Jahrhunderts, so daß genügend Platz für einen Umgang vorhanden war. Noch in den Schnitten des von Schlüter ummantelten Münzturms (Kat. 171, 172) sind die Mauerschichten des alten Turms mit breiterem Unterbau und schmalerem Aufsatz deutlich zu erkennen.

Ein gänzlich stimmiges Bild von der Gestalt des Turms läßt sich anhand der überlieferten Darstellungen nicht gewinnen. Einige zeigen den Absatz zwischen Unterbau und Aufsatz in Höhe der Altangebäude, so daß von dort direkt der Zugang auf den Umgang möglich war (Kat. 17, 25, 45), andere zeigen den Absatz höher (Kat. 20, 49, 51). Sicher ist, daß der Umgang in der zweiten Hälfte des 17. Jahrhunderts durch eine Dachschräge abgedeckt wurde (Kat. 20, 49). Diese ist auch noch in Sturms Schnittzeichnung eingetragen (Kat. 172) und kam vielleicht 1677 hinzu, als man die Altangebäude mit kupfergedeckten Satteldächern versah.[445] Mit rund dreißig Metern (ohne Haube) erreichte der Turm die Höhe der Hauptflügel des Schlosses an Stechbahn und Spree.

Gegen 1680 verlegte der Große Kurfürst die Münze hierher, was die Bezeichnung Münzturm erklärt. Das Wasserrad, das bislang allein das Reservoir für die Wasserspiele im Lustgarten hatte füllen müssen, betrieb nun auch die Prägemaschinen. Hinter dem Turm entstanden Anbauten für die Prägewerkstatt. Schon 1703/04 wurde die Münze aber wieder verlegt, und zwar in ein Gebäude in der Unterwasserstraße.[446] Als der Turm verstärkt und schließlich abgetragen wurde, war er also gar kein Münzturm mehr.

Schlüter hat, als er 1694 in die Dienste des Kurfürsten trat, den Turm nicht mehr in der charakteristischen und hervorgehobenen Eckposition gesehen, da Friedrich III. im Jahre 1689 links an den Turm Boutiquen hatte anbauen lassen (Kat. 59). Diese waren auf einem winkelförmigen Grundriß angelegt und erstreckten sich vom Münzturm zum Ballhaus. Die Freifläche, die sie umschlossen und zum Binnenhof machten, läßt sich gut aus der Vogelperspektive erkennen. Es handelt sich um den von einem Staketenzaun umgebenen Garten neben dem Turm, der an seiner Ostflanke vom Ballhaus begrenzt wird (Kat. 49, 51). Bei dem Verbindungsbau zwischen Ballhaus und Turm sowie dem niedrigen Anbau an der Ostseite des Turms (Kat. 49) dürfte es sich um Gebäude für die Münze handeln.

Bereits 1693 war an eine Modernisierung des Münzturms gedacht worden.[447] Zunächst ging es um eine Instandsetzung von Bausubstanz und technischem Inneren, doch Nering scheint eine Erneuerung der Außenerscheinung propagiert zu haben. Durch einen glücklichen Zufall kennen wir seinen Entwurf (Kat. 162). In Konstruktion und Gestalt finden sich hier bereits entscheidende Merkmale von Schlüters erstem Münzturmentwurf (Kat. 129). Auf einem massiven Unterbau stehen zwei luftige, aus Kolonnaden gebildete Geschosse, darauf ruht der abschließende Turmhelm. Nerings Plan sah vor, den alten Turm bis zum Dachansatz in den neuen Entwurf zu integrieren. Dabei entspricht der Schaft des neuen Turms, dessen Höhe Pitzler mit neunzig Fuß (28,25 Meter) angibt, ziemlich exakt dem vorgefundenen Münzturm.[448] Dessen Unterteilung in breiteren Unterbau und schmaleren Aufsatz wäre durch auffüllendes Anmauern beseitigt worden. Nerings Entwurf sah eine Gesamthöhe von etwa 210 Fuß (65,5 Meter) vor und damit bereits zwei Drittel der Höhe von Schlüters Münzturmentwürfen. Aus unbekannten Gründen wurde Nerings Projekt nicht weiterverfolgt.

Die Baugeschichte

1698, als Schlüter sein Schloßmodell anfertigte, wurde die Aufmerksamkeit erneut auf den Münzturm gelenkt. Auch wenn Schlüter den Turm auf den offiziellen Stichen (Kat. 107) nicht mit ins Bild nehmen ließ, muß er sich schon damals Gedanken über dessen Einbindung in den römischen Vierkant gemacht haben. Man erkennt, daß er die Altangebäude in ihrer ursprünglichen Höhe beibehielt. Sie umfaßten die ersten beiden Geschosse des Schlosses. Darauf wollte er eine Kolonnade stellen. Der König und sein Gefolge hätten also direkt vom hintersten Raum der Paradekammern aus, der Kapelle (Raum 787), auf den Altan treten und unter der Kolonnade bis zum Dom schreiten können. Die Kolonnade hätte auf den Turm geführt und ihn gestreift.

Schlüters erster Münzturmentwurf (Kat. 129) reagiert auf diese Situation, denn das Gesims des Sockelgeschosses liegt genau auf der Höhe des Altans. Der obere Abschluß der Kolonnaden schlägt sich in der Gliederung des Turms hingegen nicht nieder. Daß Schlüter die Idee der Kolonnaden 1701/02, als er seine Münzturmentwürfe konkretisierte, noch ernsthaft verfolgte, ist kaum anzunehmen. Die – wenn auch kursorische – Ansicht des Modells von der Gartenseite (Kat. 106) zeigt die Kolonnaden jedenfalls nicht. Mit Broebes' Vogelschau (Kat. 136) existiert eine Ansicht, die den knapp hundert Meter hohen Turm als schlanke Nadel darstellt, da man sich seine Gestalt bei Baubeginn wohl so dachte. Der Aufriß des Turms entspricht weitgehend Schlüters Entwürfen (Kat. 129). Schön zu sehen ist seine Einbindung in den Münzhof. Die Kolonnaden fehlen.

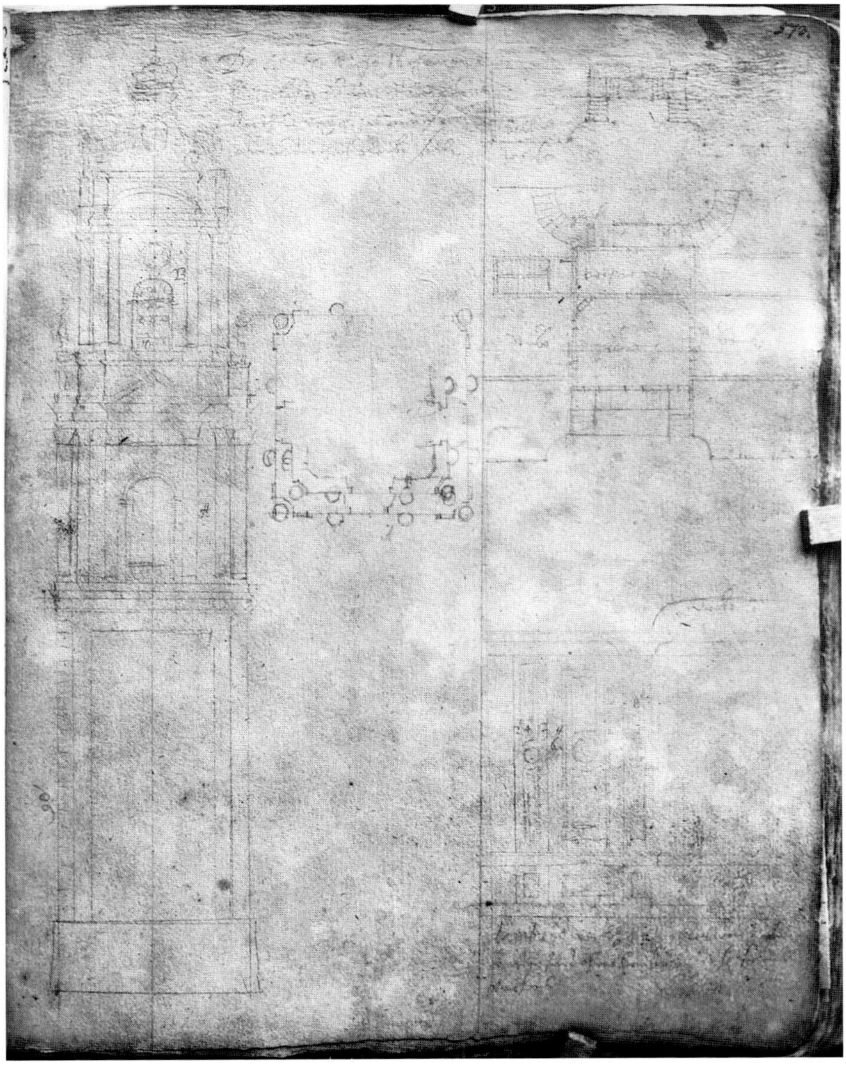

KATALOG 162
Christoph Pitzler, Skizzen des Münzturmentwurfs von Johann Arnold Nering von 1693, Aufriß und Grundriß des ersten Turmobergeschosses, 1704

Im Frühjahr 1701 kam der Münzturm ins Gespräch, als der Hofgrottenmeister Johann Damnitz den schlechten Zustand der Grotte und der Wasserkünste im Lustgarten beklagte.[449] Friedrich ordnete Instandsetzungsarbeiten an.[450] Schlüter und Grünberg sollten gemeinsam ein Gutachten erstellen.[451] Dabei sollten sie auch berücksichtigen, daß Jean de Bodt zugunsten seines neuen Gebäudes auf der Stechbahn den Münzkanal verengen wollte[452] und man die Wasserzufuhr zum Münzturm, der die Wasserkünste im Lustgarten speiste sowie den Antrieb der Münze besorgte, in Gefahr sah. Bodt, der eisern an seinem Entwurf festhielt, setzte sich schließlich durch. Mit der Ausführung – zumindest einem Teil davon – wurde dann am 7. Oktober 1701 Schlüter beauftragt: »Ihro Königl. Mayst. [...] befehlen hiermit den Schlüter den hierin benannten Canal bey dem Collegen Hauß ohne alle Zeitverlust verfertigen zulaßen und dahin zu sehen, daß derselbe noch vor bevorstehendem Winter zur perfection gebracht, beständig und gut gebauet werde.«[453]

Vermutlich brachte dies alles Schlüter auf die Idee, den Turm von Grund auf zu erneuern und ihm ein ganz neues Aussehen zu verleihen. In diesem Sinne läßt sich ein Bericht Schlüters von 1706 interpretieren, in dem er die Entstehung des Münzturmprojekts rekapituliert: »Anfänglich hat es nur ein kleines Werk abgeben sollen, welches unten in der Straßen mit einem Grottwerk und mit einer Wasser-Kunst geziehret werden solte«.[454] Daraus sei dann die Idee erwachsen, den alten Turm zu erhöhen: »biß man auf die Gedanken gekommen, den Thurm nicht nur allejn zum Garten-Wasser, sondern auch zu den Fontainen, so dem Schloß und der Stadt dienen können, zu gebrauchen.«[455] Demnach sollte der Wasserbehälter im Turm zukünftig auch das Schloß sowie mehrere Wasserstellen in der Stadt versorgen. Der Entwurf (Kat. 129) sah eine Gesamthöhe von dreihundert Fuß (94 Meter) vor.

Schlüter hat auf einem Kupferstich seines ersten Münzturmentwurfs nachträglich und eigenhändig die Funktionen des Bauwerks verzeichnet (Kat. 129). Das erste Säulengeschoß sollte die Glocke der Kapelle aufnehmen, das zweite die Glocke der Uhr. Das oberste Geschoß war einem Glockenspiel vorbehalten, dessen Spielwerk Friedrich I. im Jahre 1702 in Holland erworben hatte, während die Glocken später in Berlin von Jacobi hergestellt wurden.[456] Nimmt man sämtliche Funktionen des Turms zusammen – Uhr, Glocken, Glockenspiel, Brunnen, Standort der Mechanik für Wasserkunst und Münze, Wasserreservoir –, so ist die Inschrift unterhalb des Turms durchaus berechtigt: »in ornamentum urbis et utilitatem publicam«. Die Ikonographie der Bauplastik machte den Turm außerdem zum Symbol der neuerlangten preußischen Königswürde: Eine Krone hätte den Abschluß des Turms gebildet.

Ende 1701, spätestens 1702 ist mit dem Bau des neuen Münzturms begonnen worden.[457] Zunächst wurden Haube und Laterne des alten Bauwerks abgenommen (Kat. 59). Den Vorsprung, den der Wartturm des 15. Jahrhunderts gegenüber dem Schaft des 16. Jahrhunderts ausbildete, glich Schlüter durch Anstückung von Mauerwerk aus. Zugleich setzte er die Mauer auf der Kante des alten Turms nach oben fort. Ungewöhnlich war, daß er auch im Turm die Mauern verstärken ließ. Der Innenraum verjüngte sich nach oben zunehmend, während die Mauern dementsprechend dicker wurden. Der Mathematikprofessor und Architekt Christoph Leonhard Sturm, den Friedrich I. neben Eosander und Grünberg später mit der Suche nach den Ursachen für das Münz-

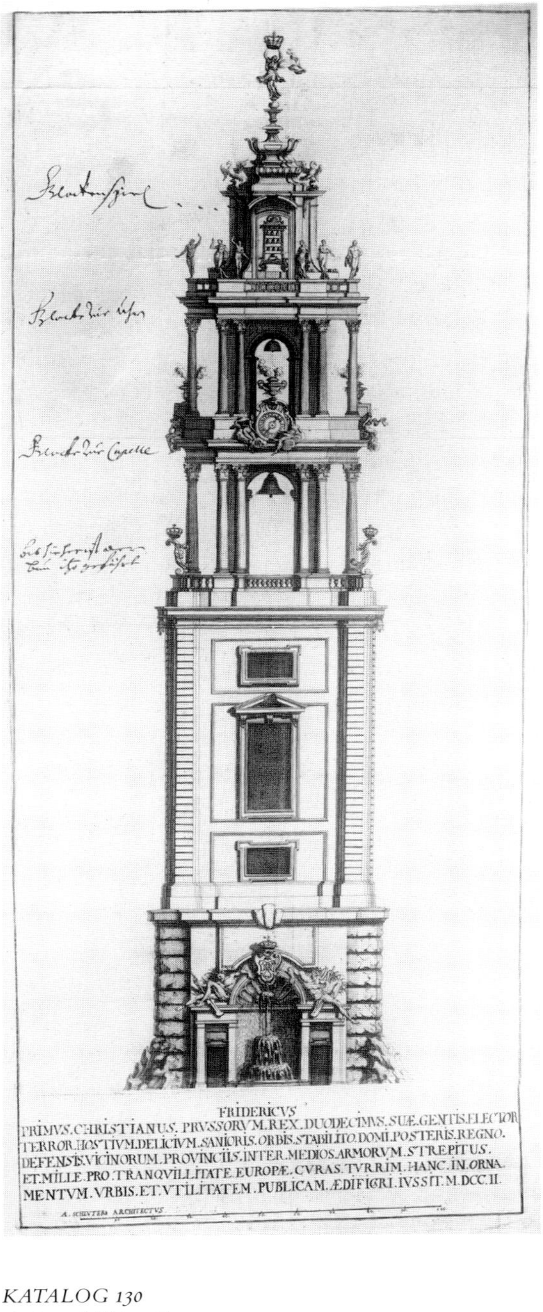

KATALOG 130
Andreas Schlüter, Erster Münzturmentwurf, Aufriß, Exemplar mit eigenhändigen Erläuterungen, 1702

turmunglück betraute, hat in seinen Untersuchungen diese Maßnahme entschieden kritisiert: »[...] ist etwas ungewöhnliches u. vielleicht niemals erhörtes, daß Herr Schlüter umb die enge Einziehung seiner Obergeschoße zu gewinnen die Mauer auffwärts verdicket.«[458]

Ein Jahr nach Baubeginn ließ Schlüter den Turm – vielleicht als erste Reaktion auf Schäden – auch im Sockelbereich verbreitern.[459] Die Folge war, daß der Mauer über dem erweiterten Sockel nochmals eine Schicht vorgelegt werden mußte. Die einzelnen Schichten wurden durch Eisenanker zusätzlich miteinander verbunden. Die 1706 von Sturm angefertigte Schnittzeichnung (Kat. 172) zeigt die genannten Erweiterungen (Buchstaben A und C). Ende 1703 war der Turmschaft vollendet.

Anfang 1704 sah Schlüter sich dann zu einem zweiten Entwurf veranlaßt (Kat. 163).[460] Die Untersuchungskommission vom Juli 1706 befragte nach dem Unglück die Bauleute, was ihn dazu bewogen habe, doch diese hatten dafür keine Erklärung. Einer von ihnen äußerte: »Weßhalb der Herr Bau Director Schlüter solche Verstärckung vorgenommen wiße er nicht.«[461] Die Kommission gab sich mit diesen Antworten nicht zufrieden, sondern wollte wissen, ob damals bereits eine Gefahr bestanden habe.[462] Jeder der sechs Handwerker verneinte oder erklärte zumindest, er habe keine Gefahr erkennen können. Nur von kleinen Rissen ist die Rede. Und Schlüter tat vor der Kommission gerade so, als hätte es überhaupt keinen Planwechsel gegeben. In seiner Schilderung der Unglücksursachen unterschied er nicht zwischen beiden Entwürfen: »[...] und weil solches [das ist das Turmprojekt überhaupt; G. H.] von Sr. Königl. Mayt. allergndgst approbiret worden, so hat man selbiges wegen der Höhe des Schloßes gleich

50 Fuß, wie von J bis K zu sehen, aufgeführet und mit großen Pfeilern verstärket.«[463] Der zugehörige Schnitt, auf den sich die Erläuterungen beziehen, ist erhalten (Kat. 171). Die erwähnte Erhöhung um fünfzig Fuß gehört dem ersten, die Verstärkung um die »großen Pfeiler« hingegen dem zweiten Entwurf an.[464]

Eosander beschrieb die Situation Ende 1703 nachträglich wie folgt: »Wie nun die Mauer so hoch auffgeführet/daß man die Piedestalen unter denen ersten Colonnen setzen wollte/da fieng der Thurn an sich mit Gewalt zusetzen/das Fundament wiche nicht alleine/sondern die neuere Mauer lösete sich von der alten. Der Baumeister aber verbarg solches in der Hoffnung/durch eine neuere Verstärckung/dem Übel vorzukommen/und um einen rechtmäßigen Schein zu bekommen/projectirte er den hiebey gefugten zweyten Abriß.«[465] Anscheinend hatten sich also an einigen Stellen die einzelnen dünnen und schlecht miteinander verzahnten Wandschichten voneinander gelöst. Eosander kritisierte vor allem Schlüters Idee, den alten Turm mit neuen Mauern zu ummanteln. Dies war Schlüters konstruktives Problem im Jahr 1703, das sich durch die weitere Mauerschicht zur Verstärkung des Turmschafts nur noch verschlimmern sollte. Schlüter versuchte es zu beheben, indem er Eisenanker einziehen ließ, die die einzelnen Wandschichten aneinanderhalten sollten. Keinesfalls neigte sich der Turm bereits Ende 1703 so stark nach der Hundebrücke hin, daß seine Spitze beträchtlich aus dem Lot wich. Das geschah erst im Sommer 1706 und ist der eigentliche Auslöser des Münzturmunglücks.[466] Schlüter scheint 1703 lediglich bemerkt zu haben, daß sich der Turm an dieser Ecke noch nicht endgültig gesetzt hatte.[467]

Von seinem zweiten Entwurf fertigte Schlüter ein Modell an. Überliefert ist es auf einem um 1720 erschienenen Kupferstich (Kat. 163). Ein weiterer Stich (Kat. 164) und eine Zeichnung (Kat. 165) zeigen eine Variante, die sich jedoch auf Abweichungen im bauplastischen und malerischen Dekor beschränkt und daher vernachlässigt werden kann. Gegenüber seinem ersten Entwurf, der ja bereits bis auf etwa 150 Fuß Höhe gediehen war, plante Schlüter nicht nur künstlerische, sondern vor allem konstruktive Neuerungen. Die zur Schloßfreiheit gerichtete Hauptfront des Schaftes etwa wurde neu gegliedert und gestrafft, indem das niedrige Sockelgeschoß fortfiel. Die Mauer des Turmschafts wurde um eine weitere Schicht verstärkt. Sturm hat diese Schicht auf seiner Schnittzeichnung (Kat. 172) mit dem Buchstaben D markiert. Außerdem wurde der Schaft an den vier Ecken noch durch je einen etwa hundert Fuß hohen Pfeiler ummantelt. Auch diese Pfeiler bezeichnete Sturm mit dem Buchstaben D.

Es ist unklar, wie die beiden an die Pfeiler anschließenden Schulterbauten zu interpretieren sind. Es gibt nämlich keine Anzeichen dafür, daß sie überhaupt ausgeführt wurden. In den zahlreichen Berichten und Briefen tauchen sie nur am Rande auf. Sturm nennt in seinem Gutachten an einer Stelle »reservoirs«, die Schlüter als Widerlager vorgesehen habe für die im Turmschaft liegenden Bogen, auf denen wiederum das Gewicht des gesamten Turmaufbaus lasten sollte: »Solchem nach würden auch an dem Neuen Thurm die großen Bögen die darauf liegende große Last nicht ertragen, sondern ihre Pfeiler zur seiten auss getrieben haben, welches auch Hr. Schlüter wohl gemerkt indehm er nicht nur diese Bogen mit doppelten Ankern durchzogen, sondern sie auch nach u. nach ausszumauern angefangen, und endlich gar die invention der zu beyden seiten an den Thurm liegende Flügel zu reservoirs dazu gethan.«[468] Schlüter erwähnt an einer Stelle die »Wasserkasten«.[469] Fast gewinnt man den Eindruck, daß es sich hier um einen weiteren Rettungsversuch Schlüters handelt, der ursprünglich gar nicht zum zweiten Münzturmentwurf gehörte und erst nachträglich mit diesem in Einklang gebracht wurde, denn es fällt auf, daß an diesen Reservoirs – betrachtet man die Grundrisse Schlüters und Sturms (Kat. 170, 172) – nicht gebaut wurde. Dies deutet nicht darauf hin, daß man bereits 1704 fest mit ihrem Entstehen rechnete.

Unabhängig von solchen Vermutungen bleibt offen, wie sich Schlüter den Turm mit diesen beiden massiven Schulterbauten im Kontext des Schloßareals vorstellte. Zunächst muß man sich im klaren darüber sein, daß sie die Höhe von Schlüters Schloß erreichen sollten und damit etwa doppelt so hoch wie die Altangebäude des äußeren Hofes waren, an die der Turm stieß. Schlüter muß sich also mit deren Anbindung an das Schloß beschäftigt haben. Vielleicht dachte er dabei an die Kolonnaden, die er in seinem Modell von 1698 angedeutet, aber nicht weiter ausgeführt hatte. Immerhin taucht 1706 im Zusammenhang mit dem Altangebäude mehrfach die Bezeichnung »Gallerie« auf.[470] Ob dies auf eine im Entstehen begriffene Kolonnade deutet, ist allerdings fraglich. Einige Blätter in dem jüngst aufgetauchten Nachlaß des Architekten T. Henry Reetz (Kat. 175, 177) zeigen, daß der Gedanke an eine Kolonnade durchaus aufgekommen ist.[471]

Alle Grundrisse bestätigen (Kat. 170, 171), daß sich die Brunnennische zur Schloßfreiheit hin öffnete. Sturm spricht von der »*Faciata* gegen den Haffen der Spree, woran die *Grotte* kommen solte, daran doch die große *Niche* außgemauert worden«.[472] Die Schulterbauten hätten demnach nördlich und südlich an den Schaft anschließen sollen. Ergibt dies einen Sinn? Der südliche Schulterbau wäre dann auf das Altangebäude an der Schloßfreiheit gesetzt worden (also dorthin, wo später der Weiße Saal [Raum 770] lag), der nördliche an die Stelle – zumindest eines Teils – der Boutiquen getreten, die nach wie vor die unmittelbare Nachbarschaft des Turms bildeten (Kat. 59).[473] Es fällt schwer, sich diese Anordnung ästhetisch befriedigend vorzustellen. Wahrscheinlich war die Konzeption noch nicht zur Ausführungsreife gediehen, weshalb jede weitere Spekulation müßig ist.

Bei dem östlich des Turms angefügten Block, der 1706 bereits ausgeführt war, kann es sich dagegen nicht um eines der beiden »reservoirs« handeln (Kat. 170–172).[474] In Sturms Zeichnung (Kat. 172) ist er als »letzte verstärkung durch einen überaus starcken pfeiler« bezeichnet (Buchstabe F). Dieser massive Mauerpfeiler sollte als Gewicht dienen und den sich neigenden Turmbau mit Ankern an sich binden. Diese Anker sind in Schlüters Grundriß und Schnitt

KATALOG 163
Johann August Corvinus
nach Andreas Majer,
Zweiter Münzturmentwurf,
Aufriß, nach Andreas
Schlüters Modell, 1715

(Kat. 170, 171) deutlich vermerkt. Auch Broebes zeigt den Pfeilerblock im Schnitt (Kat. 173). Er bildete ein unförmiges Mauermassiv, das allerdings durch seine Lage im Münzhof den Blicken entzogen war. Alle Abbildungen stimmen darin überein, daß dieser Pfeiler nicht einmal halb so hoch war wie die beiden geplanten Schulterbauten, also die Höhe der Altane nicht überschritt. In den Quellen wird er stets als einzelne Maßnahme angeführt und an keiner Stelle mit der Idee der Schulterbauten identifiziert.

Sturm beschreibt in seinem Gutachten die Situation wie folgt: »Ist auch dieses ein vielleicht noch niemahls practicirtes Remedium wider dass Sinken, (welches Herr Schlüter an der Ecke gegen der Hunde Brücke verspüret) wenn er noch den zweiten u. zwar noch weit stärkern Anbau gantz umbher vorgenommen sonderlich aber denselben hinten an dem Ballhause auf gleiche Höhe mit dem Altan des Schlosses bey 30 Fuß dick angeleget in der Meinung durch die Dicke dieses Pfeilers mit Hülffe der Anker die sinkung der gegenüberliegenden Mauer aufzuhalten, Maßen dieser Pfeiler wohl feste stehen u. doch die Anker börsten, oder die sinkende Mauer sich davon abreißen können.«[475] Die »invention der zu beyden seiten an den Thurm liegende Flügel zu reservoirs«[476] nennt Sturm dagegen erst im folgenden Punkt seiner Ausführungen. Nichts deutet darauf hin, daß sie mit dem östlichen Pfeiler identisch sein könnten, vielmehr handelt sich um unterschiedliche Maßnahmen zur Verbesserung der Statik: Der Pfeiler sollte Anker binden und den Turm halten, die »reservoirs« dagegen sollten den Druck von Bo-

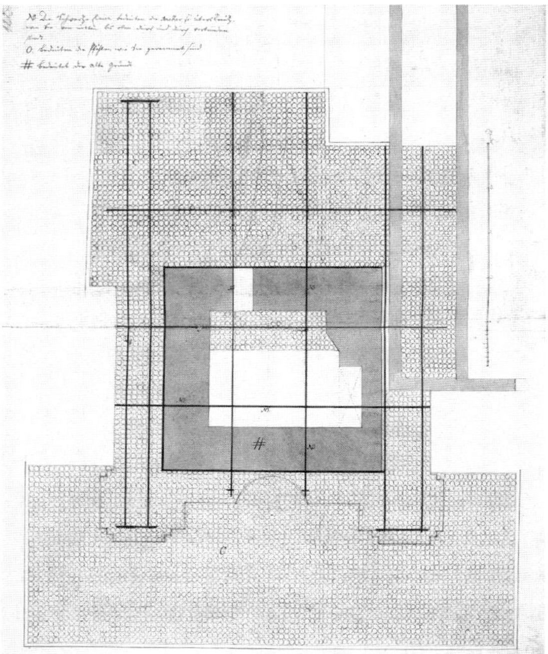

KATALOG 170
Andreas Schlüter, Zustand des Münzturms im Sommer 1706, Grundriß der Fundamente

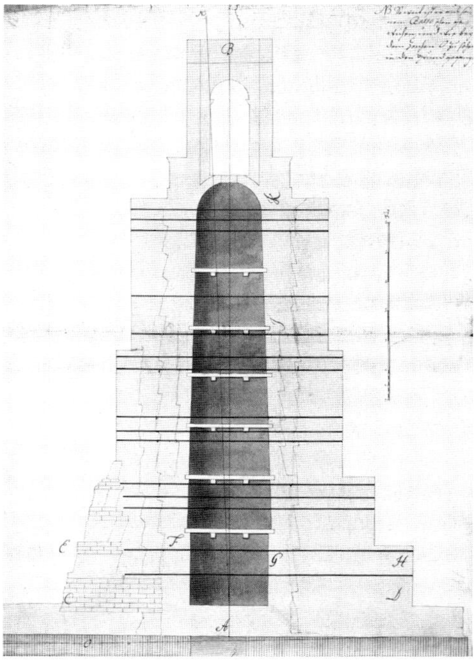

KATALOG 171
Andreas Schlüter, Zustand des Münzturms im Sommer 1706, Schnitt

gen auffangen. Der Pfeiler wurde auf Zug beansprucht, die beiden »reservoirs« dagegen wären auf Druck hin angelegt worden. Hier muß im Konjunktiv gesprochen werden, denn sie waren 1706 noch nicht realisiert, sondern eben nur »invention«.

Auch Eosander und Grünberg erwähnen den Pfeiler in ihrem Gutachten: »[...] auf der Seyte nach dem Ballhause oder Müntze hin ist ein starker Pfeiler angeleget, der oben wohl nur auf die bloße Pfähle stehet; dieser Pfeiler ist in der intention aufgeführet, umb den Thurm daran zu befestigen, mit starke eiserne Ancker, umb dadurch die Vorder Mauer Zu verwöhren, daß selbige sich nicht abgebe oder setze oder nach der Gaße hinweichen könne.«[477] Später schilderte Eosander nochmals den Sinn des Pfeilers: »[...] dahero nahm er die Resolution/auff der Seiten einen grossen Pfeiler/so breit als der Thurm und 40. Fuß lang/und über hundert Fuß/auffzuführen/ an diesem wolte er den Thurm/mit dicken eisernen Anckern von 6. a 7. Zoll ins gevierdte anklammern/dergestalt/daß der Pfeiler den Thurm an sich halten/und derselbe nicht nach der Gassen hin sincken solte.«[478] Auch hier ist nur von einem Pfeiler die Rede. Es ist aber verwirrend, daß Eosander dessen Höhe mit hundert Fuß, also derjenigen der Schulterbauten, angibt. Damit förderte er das Mißverständnis, diesen Pfeiler mit einem dieser beiden Baukörper gleichzusetzen.[479]

Der Pfeiler ist ein Teil des zweiten Entwurfs. Broebes datiert ihn in das Jahr 1704 (Kat. 173),[480] Sturm erwähnt ihn im Zusammenhang mit dem »zweiten u. zwar noch weit stärkern Anbau«.[481] Auch Eosander und Grünberg beschreiben ihn zusammen mit der »ander Versterckungs Mauer«.[482] Im Protokoll über die Befragung der Bauleute kommt der Pfeiler nur kurz vor und wird noch vor der zweiten Verstärkung des Turms genannt.[483] Ferner geht aus dem Protokoll hervor, daß dieser Pfeiler, der den Turm mit Ankern halten sollte, gegen zunehmend auftretende Risse angelegt wurde.[484]

Als letzte Maßnahme der Verstärkung ordnete Schlüter den Bau dreier riesiger Steinpfeiler von etwa fünfzig Fuß Höhe an. Diese sollten den Turm an seiner zur Schloßfreiheit hin gelegenen Hauptschauseite verstärken. Sie wurden als Felsformationen gestaltet, was sie ästhetisch überzeugend mit dem Turm verbinden sollte. In den Dokumenten tauchen sie deshalb stets als »Berge« auf. Einen der Berge setzte Schlüter in die Mitte, also direkt vor die Brunnenkaskade, je einen weiteren rechts und links davon auf die Ecke, vor die beiden Pfeiler, die als Teil des zweiten Entwurfs den Turmschaft einfaßten

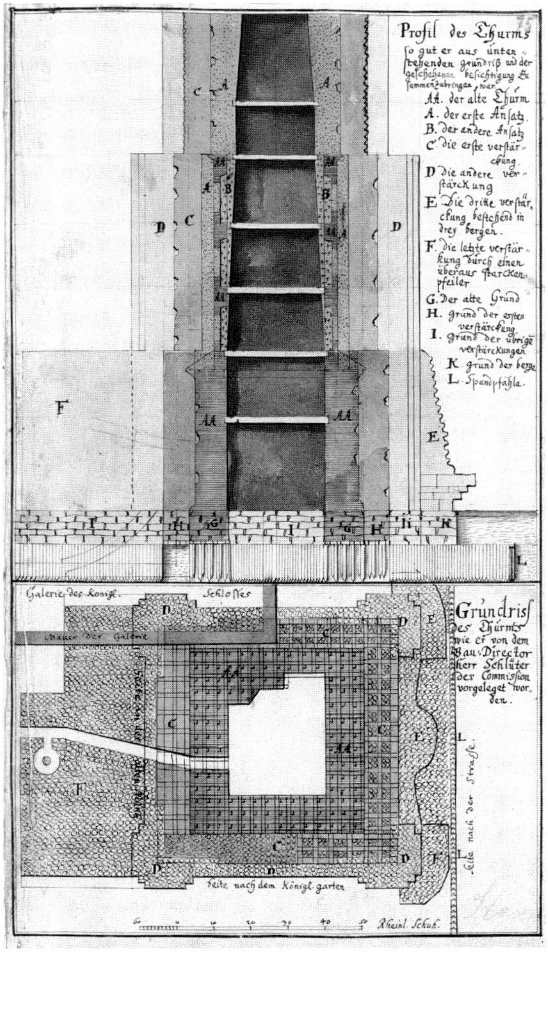

KATALOG 172
Leonhard Christoph Sturm, Zustand des Münzturms im Sommer 1706, Grundriß und Schnitt

(vgl. Kat. 172).[485] Der Berg an der Nordostecke des Turms entstand bereits im Herbst 1705.[486] Diese Stelle war die am meisten gefährdete. Schlüter mußte dies längst bemerkt haben, denn nur so läßt sich erklären, warum er bereits vor dem gefährlichen Absinken des Turms den großen Steinpfeiler mit den Ankern an dessen Rückseite und die Berge vorne an dessen Fuß gesetzt hatte. Die anderen Berge entstanden im Frühjahr 1706.[487]

Die auf dem Modell des zweiten Entwurfs dargestellten Felsformationen (Kat. 163) sind weder in der Höhe noch in der Anordnung identisch mit den Ende 1705 und 1706 hinzugefügten »Bergen«. So wird es sich um ein Fortleben der kleinen Felsen handeln, die bereits der erste Münzturmentwurf zeigt (Kat. 130).

Schlüters Münzturmentwürfe

Schlüters Münzturmentwurf sollte einschließlich der bekrönenden Fortuna-Statue etwa 300 Fuß (94 Meter) hoch sein (Kat. 131). Die Gesamthöhe von Nerings Turm (Kat. 162) hätte etwa 210 Fuß (66 Meter) betragen, also immerhin bereits gut zwei Drittel von Schlüters Turm. Schlüter mußte die Proportionen des Turms neu anlegen, so daß sein massiver Turmunterbau höher wurde als derjenige Nerings, der 90 Fuß (28,25 Meter) maß. Schlüter erhöhte ihn auf knapp 150 Fuß (47 Meter) und trennte innerhalb des Unterbaus einen Sockelbereich ab. Dieser war mit einer Höhe von knapp 50 Fuß (15,5 Meter) zwei bis drei Meter höher als der Unterbau des alten Münzturms. Schlüter ging damit also vom vorhandenen Bau aus (Kat. 59). Andererseits ist unübersehbar, daß einige der Grundideen seiner Erneuerung – insbesondere auch die Anlehnung an Vorbilder des römischen Hochbarock wie die Türme von Sant'Agnese und Berninis Turmprojekt für Sankt Peter (Abb. 154) – von Nerings Planung angeregt sind (Kat. 162).

Schlüter dürfte Berninis – schließlich ebenfalls gescheitertes – Turmprojekt für Sankt Peter ausführlich studiert[488] und sich vielleicht schon in Rom damit auseinandergesetzt haben. Seit 1694 lag zudem Carlo Fontanas monumentale Publikation über Sankt Peter vor.[489] Das prominente Werk mit den nach Fontanas Zeichnungen von Alessandro Specchi angefertigten Stichen kannte Schlüter, eventuell hat er es sogar besessen. Berninis Campanile ist hier detailliert wiedergegeben (Abb. 154). Schlüter übernahm von Bernini die dreiteilige Gliederung der oberen Turmhälfte durch luftige Säulengeschosse, während Nerings Entwurf nur einen zweiteiligen oberen Abschluß vorsah. An Berninis Entwurf dürfte Schlüter die radikale Freistellung der Säulen fasziniert haben (während Nerings Entwurf auch noch Halb- und Dreiviertelsäulen aufweist). Die Reduzierung des Baus auf das tektonische Gerüst, die Schlüter bei seinen Risaliten verfolgte, ist bei Berninis Türmen extrem weit getrieben. Füllmauerwerk sucht man vergebens. Die Säulen bilden einen Kranz auf der Außenkante des Grundrisses. Die statisch notwendigen massiven Pfeiler, die zudem die Treppenspindeln aufnehmen, sind ebenfalls nach außen verlegt, werden aber durch die Freisäulen weitgehend verdeckt. So wirkt der Turm nach außen vor allem durch das System von Stütze und Last, während der Gebäudekern völlig frei gehalten ist.

Wie Bernini verzichtete auch Nering auf einen inneren Mauerkern. Soweit konnte Schlüter aus konstruktiven Gründen nicht gehen. Seine Obergeschosse bauten auf dem alten Turm auf und besaßen einen massiven Kern, der als Arkade geöffnet war.

KATALOG 131
C. Albrecht nach Andreas Schlüter, Erster Münzturmentwurf, Aufriß, 1718

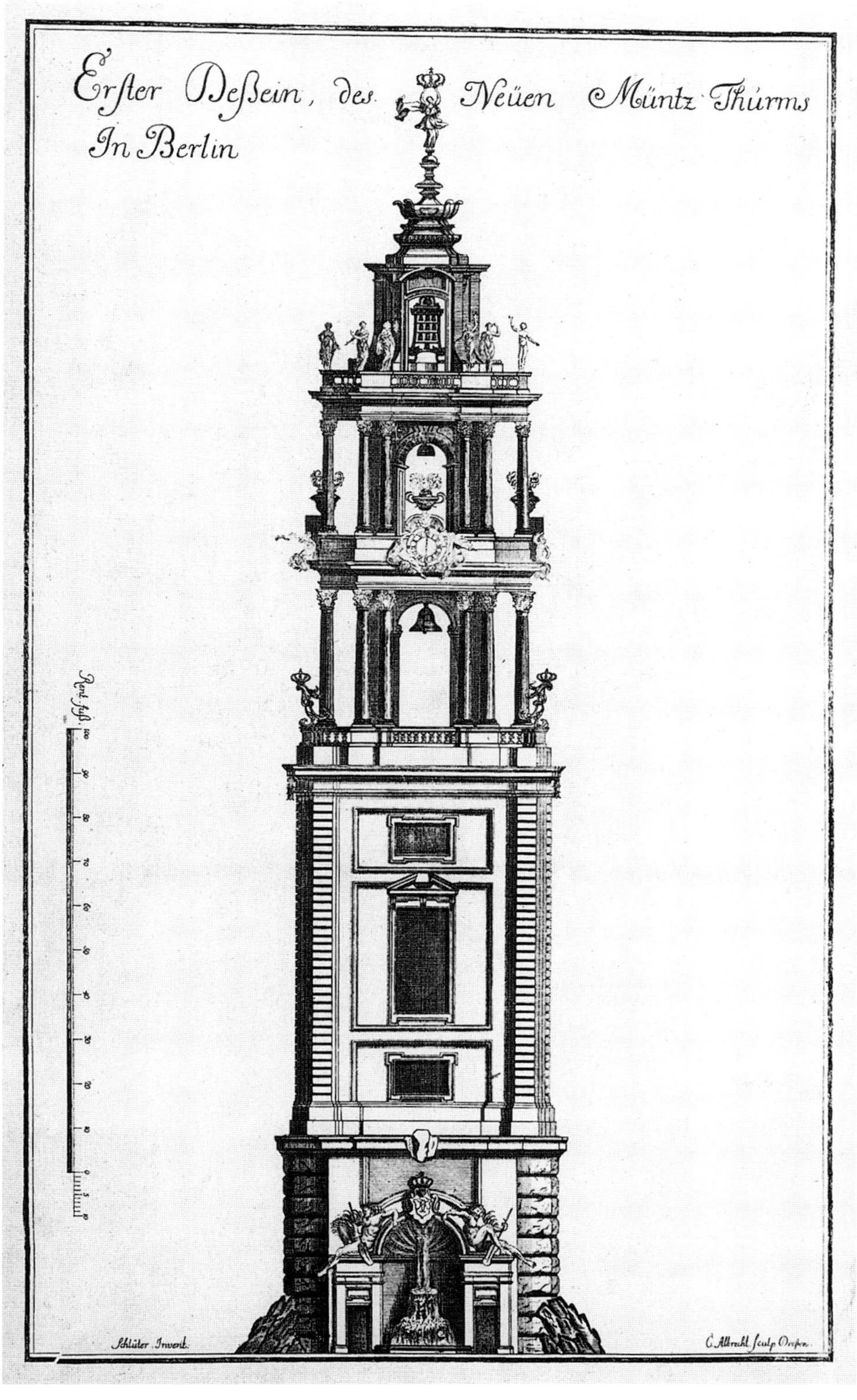
Erster Deßein, des Neüen Müntz Thurms In Berlin
Schlüter Invent.

Von Berninis Turmentwurf existieren Varianten, die im mittleren Geschoß ebenfalls eine Arkade – wenn auch nicht im Kern, sondern an der Außenseite – zeigen. Diese Form wurde dann auch ausgeführt, wohl weil Bernini sich infolge wachsender statischer Probleme zu dieser Maßnahme veranlaßt sah. Schlüter ordnete seine Säulen um den Gebäudekern an. Ihr Gebälk ist teilweise verkröpft. Die Arkade im mittleren Obergeschoß mit der sich scheinperspektivisch verjüngenden Nische ist unmittelbar von Bernini angeregt, etwa durch dessen Grabmal der Mathilde von Tuscien im Petersdom (Abb. 172).[490]

Sowohl bei Bernini als auch bei Schlüter ist das oberste Geschoß gegenüber den beiden darunter liegenden stark verjüngt. Deshalb ist es möglich, auf die Säulen des zweiten Geschosses Attikaskulpturen zu stellen. Den Kirchenvätern bei Bernini entsprechen bei Schlüter antike Gottheiten. Schlüter konnte jede Säule des zweiten Obergeschosses in einer Skulptur auslaufen lassen, während Bernini dies bei seinen eingestellten Säulen in der Mitte nicht möglich war. Unmittelbar auf ihnen sitzen wiederum Vollsäulen, die der Arkade des Obergeschosses vorgelagert sind. Schlüters Lösung für dieses Geschoß verrät erneut die eingehende Auseinandersetzung mit Bernini, ja ist ein geglückter Versuch der Weiterentwicklung von dessen Ideen. Bei Bernini werden die Außenkanten der vier Hauptansichtsseiten durch die besagten Vollsäulen markiert. Zudem wird der Aufbau durch schräg im Winkel von 45 Grad an den Kanten ansetzende Schmiegen stabilisiert, deren oberer Abschluß eine Schneckenkonsole bildet. Unten schieben sie sich zwischen je zwei der Postamente, auf denen die Kirchenväter stehen. Schlüter zieht Schmiegen und Säulen zusammen. Daraus ergeben sich die für sein Werk charakteristischen Volutenpilaster: Pilaster, die nicht kanonisch mit einer Basis, sondern mit einer Volute ansetzen. Am Münzturm löst sich sogar schon ihr Schaft schmiegenartig von der Wand. Bei Bernini waren die Ecken also aus der Folge von Säule – Schmiege – Säule gebildet. Schlüter setzte dagegen gekuppelte Volutenpilaster. Zwischen ihnen verbleibt ein leerer Mauerstreifen. Nur ganz oben wird er durch eine Konsole besetzt. Diese erscheint als ein Relikt der Schneckenkonsole, in der

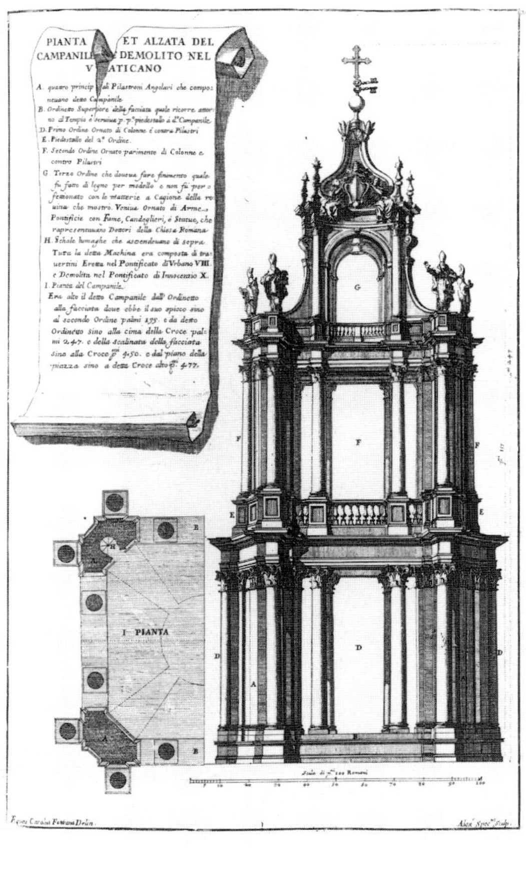

154 Carlo Fontana nach Alessandro Specchi, Grundriß und Aufriß von Gian Lorenzo Berninis Glockenturmentwurf für St. Peter in Rom, Kupferstich 1694

Berninis Schmiegen endeten, zumal die Konsole ebenfalls im Winkel von 45 Grad angebracht war.

In seinem zweiten Münzturmentwurf (Kat. 163–166), der vor allem im Bereich des Schaftes eine massive Verstärkung vorsah, veränderte Schlüter auch die Turmobergeschosse. Der verbreiterte Schaft erlaubte einen terrassenartigen Umgang um das erste Säulengeschoß. Auf der Brüstung plazierte Schlüter eine erste Folge monumentaler Skulpturen. An dem Prinzip, Kolonnaden um einen Mauerkern anzuordnen, änderte er nichts. Die Anzahl der Säulen wuchs. Anders als im ersten Entwurf war Schlüter nunmehr auch an einer konzentrierteren Erscheinung der Schrägansicht gelegen. Jetzt sollte der Betrachter auf ein Säulenpaar blicken.[491] Im obersten Geschoß wurden die im ersten Entwurf paarweise auf den Ecken sitzenden Volutenpilaster zu einem gemeinsamen zusammengezogen. Sie lehnen sich damit wieder stärker an die Schmiegen von Berninis Turmentwurf an. Auch dessen Säulen kehren zurück, aller-

KATALOG 164
C. Albrecht nach Andreas Schlüter, Zweiter Münzturmentwurf, Aufriß, 1718

dings nicht dem Mauerkern vorgestellt, sondern in diesen hinein.

Mit seinem zweiten Turmentwurf strebte Schlüter vorrangig eine konstruktive Verbesserung an. Zugleich war ihm an einer künstlerischen Fortentwicklung gelegen. Der zweite Entwurf wirkt sehr viel ausgereifter und in sich stringenter. Beim ersten Entwurf war die Sockelzone beispielsweise noch strikt geschieden von dem aufsitzenden Turmschaft. Das vorspringende Gesims trennte beide Abschnitte, und die tektonische Gliederung des Obergeschosses stand nur in losem Bezug zum Sockel. Beim zweiten Entwurf ist die Gliederung des Turmschaftes aus einem Guß. Dafür wurde zunächst die Brunnennische um das Doppelte erhöht. Sie sitzt auf Pfeilern, die direkt an die großen Eckpfeiler stoßen. Schlüter ist also auch hier bestrebt, füllende Wandflächen auf ein Minimum zu reduzieren oder gar ganz zu entfernen. Der obere Abschnitt des Schaftes legt sich als gerahmtes Feld geschmeidig um den abschließenden Bogen der Brunnennische. Ein großes Fenster sitzt im Mittelpunkt. Von ihm lösen sich die Profile eines komplexen Rahmens, der sich über den gesamten oberen Schaftabschnitt ausbreitet. Unterhalb des Fensters befindet sich das Wasserreservoir.

Gegenüber dem ersten Entwurf verfolgte Schlüter mit dem zweiten eine stärkere Dynamisierung der Architektur. Der mächtige Rahmen, der den oberen Schaftabschnitt bildet und auf dem Bogen der Nische »angedockt« hat, sitzt nämlich keineswegs stabil auf. Man könnte sich durchaus vorstellen, daß er nach unten »durchbricht« oder nach oben »abhebt«. Die beiden seitlichen Pfeiler wirken hier wie eine rahmende Schiene, auf der sich das Rahmenfeld gedanklich nach oben und unten schieben läßt. Diese Dynamisierung der Architektur wird nochmals gesteigert, vor allem aber motiviert durch die reiche skulpturale Ausstattung. Im ersten Entwurf erschien die Brunnennische noch wie ein dekoratives Versatzstück, das an diese Stelle des Turms eingepaßt wurde. Die überlebensgroßen Flußgötter wirkten ein wenig unmotiviert und standen in keinem engeren Verhältnis zur Fontäne. Beim zweiten Entwurf wird der Brunnen zur Bühne eines Gigantensturzes. Der preußische Adler mit einem Blitzbündel in den Klauen und Minerva mit dem Schild, auf dem das königliche Monogramm dargestellt ist, schleudern die anrennenden Giganten in die Tiefe des Brunnens hinab. Schlüter wollte also an den Fassaden des Turms die Ikonographie des Großen Treppenhauses (Abb. 135, 137) leitmotivisch wiederholen.

Die Situierung des Gigantensturzes in einen als Felslandschaft gestalteten Brunnen ist keine originäre Erfindung Schlüters. Im Nachlaß Nicodemus Tessins d.J. befindet sich ein Blatt, das einen solchen Brunnen zeigt (Abb. 155). Tessin dürfte hier eine Vorlage

155 Nicodemus Tessin d.J., Entwurf für einen Brunnen mit Darstellung des Gigantensturzes, Zeichnung, 1673/88

aus dem Bernini-Umkreis festgehalten haben. Diese wiederum könnte auch Schlüter gekannt haben. Das prominenteste Beispiel für die Kombination von Fels und Brunnen war in dieser Zeit fraglos Berninis Vierströmebrunnen (Abb. 173), dessen plastische Arbeiten Schlüter mehrfach als Anregung für eigene Entwürfe aufgriff.[492]

Auf sämtlichen Darstellungen des zweiten Entwurfs sind bereits die beiden Wasserreservoirs abgebildet. Der Stich im *Theatrum Europaeum* zeigt auf ihnen lagernde Flußgötter und Quellnymphen, womöglich bezogen auf Spree und Havel, wie das heimische Wappentier des Bären andeutet (Kat. 164). Es sind die Flußgötter, die im ersten Entwurf auf der Brunnennische saßen. Folgt man dem Stich von Andreas Majer (Kat. 163), so war Schlüter zuletzt auch hier daran gelegen, ungestaltete Wandflächen zu vermeiden. An den Schulterbauten fallen die großen Felder mit szenischen Darstellungen ins Auge, die wohl als Wandmalereien ausgeführt werden sollten.[493] Ihre Ikonographie erklärt sich aus der Bestimmung als Wasserbehälter. Rechts schlägt Moses das Wasser aus dem Felsen, links sollte die Taufe Christi stehen.[494] Hier wären also im Sinne der christlichen Typologie eine alttestamentarische und eine neutestamentarische Begebenheit präsentiert worden. Schlüter interessierte dabei einzig der Bezug zum Element des Wassers.

Das Unglück

Bis Sommer 1706 rechnete man mit der Vollendung des Turms.[495] Als der Turm sich Ende Juni 1706 plötzlich und unverkennbar in Richtung Nordwesten zu neigen begann – leichtere Setzungen hatte es schon zuvor gegeben –, war er ungefähr zweihundert Fuß hoch und hatte damit zwei Drittel seiner vorgesehenen Höhe erreicht. Schlüter schickte – wenn auch erst recht spät – einen Plan an den Schloßhauptmann Ludwig Marquardt von Printzen, der diesen Zustand im Schnitt zeigt (Kat. 171).[496] Außer dem massiv gemauerten Turmschaft war das erste Säulengeschoß komplett fertiggestellt. Inzwischen wurde schon am Stuhl für das Glockenspiel und an der Uhr gearbeitet. Bereits im März war die als Bekrönung gedachte Fortuna-Statue in Auftrag gegeben worden.[497] Für Juli 1706 war die Fertigstellung des obersten Turmgeschosses, das das Glockenspiel enthalten sollte, geplant.

Auf Broebes' Schnitt (Kat. 173) ist die Situation vor dem Abriß noch augenfälliger dargestellt, denn hier sind auch die Säulen eingezeichnet. Vor allem aber ist dieser Radierung zu entnehmen, daß eine Glocke bereits innerhalb des Schaftes hing. Das große rechteckige Fenster diente demnach als Schallöffnung. Es kann sein, daß es sich bei dieser Aufhängung um ein Provisorium handelte, weil man den Turm, der eine gewisse Höhe erreicht hatte, schon in seiner Bestimmung als Glockenturm nutzen wollte. Mit zunehmendem Wachstum hätte man die Glocke aus dem Schaft in eines der Säulengeschosse verlegt, denn an deren Disposition dürfte sich im Vergleich zum ersten Entwurf nichts geändert haben. Danach war im ersten Säulengeschoß die Glocke der Kapelle, im zweiten die der Turmuhr und im Turmhelm das Glockenspiel untergebracht (Kat. 130). Eosander bemerkte einige Jahre später, daß »dieser kostbahrer Bau Zu nichtes anders gedienet [habe]/als daß der höchst seligsten Königin Leich-Begängnüß prächtiger/durch Läutung der darauff gestellten Glocken zu machen«.[498]

Verschiedene Zeitgenossen haben das Unglück

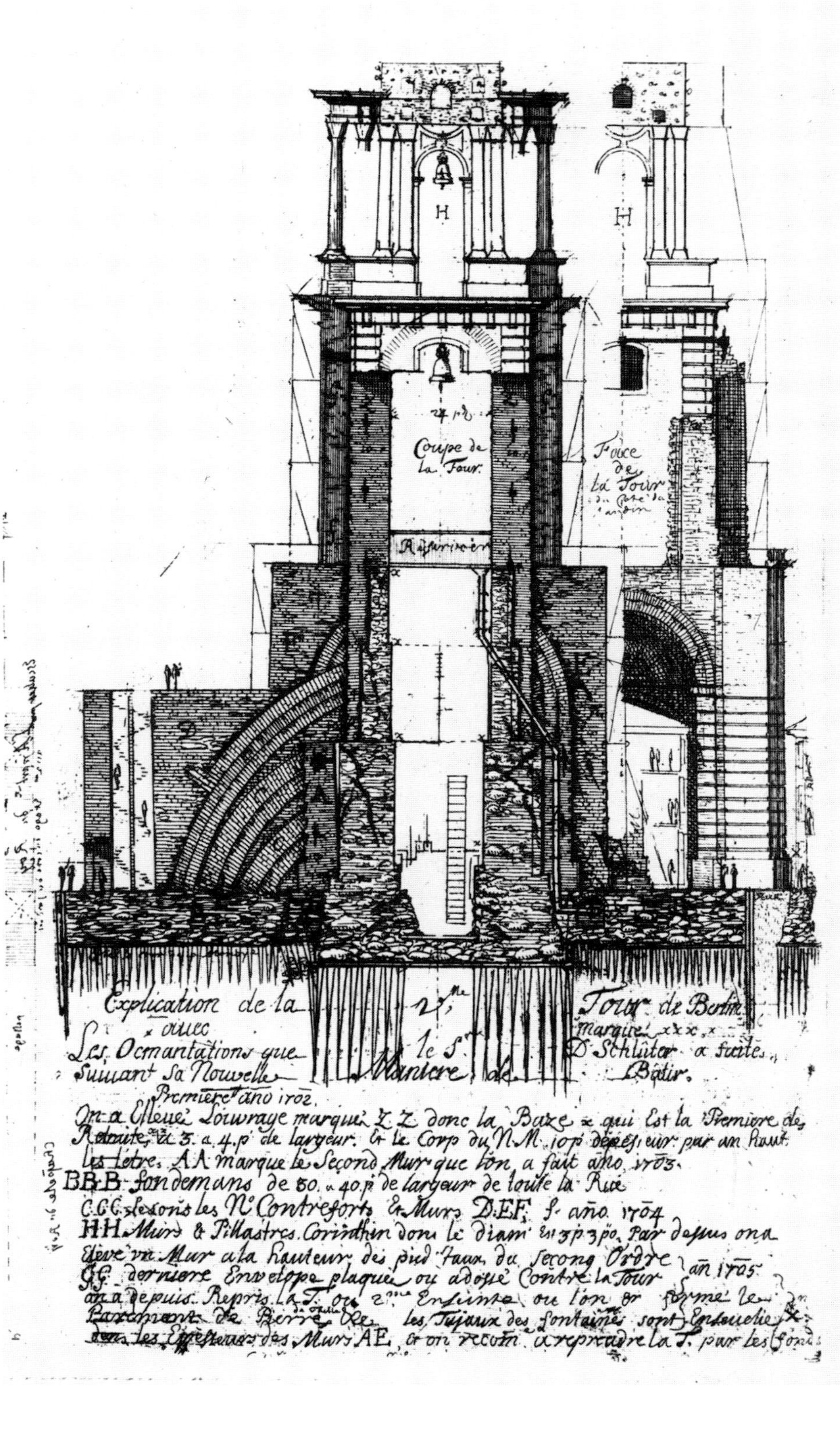

beschrieben, darunter der sichtlich betroffene Schlüter selbst: »Es hat mein Unglück beÿ diesem meinem Vornehmen auf mich gelauret, u. mich solcher Freude beraubet, indem beÿ meiner fleißigen u. mühsahmen Arbeit, wieder all mein Vermuthen beÿ dem Thurn ein Eck-Pfeiler zu sincken, wegen grundlosen Boden, die inwendige alte Mauer zu reißen, und der oberste Gipffel sich aus seinem *Centro* Zu geben sich angefangen, auch so geschwinde, daß ich dadurch gezwungen worden, das Obertheil abnehmen Zu laßen, damit das gantze Werck hierdurch nicht unbrauchbar gemacht würde.«[499] Der Turm neigte sich demnach plötzlich an seiner Nordwestecke und drohte in Richtung Zeughaus zu kippen. Alles deutet darauf hin, daß es sich um ein abruptes, einmaliges Ereignis handelte, das den Beteiligten schlagartig die drohende Gefahr vor Augen führte. Andererseits muß Schlüter aber schon lange vorher gemerkt haben, daß der Nordwestpfeiler des Turms eine der Schwachstellen der gesamten Konstruktion war. Wie sonst ließe sich erklären, daß er mit seinem riesigen Pfeiler an der Ostseite des Turms und den Bergen an der Westseite bereits auf ein Absinken des Turms in diese Richtung reagiert hatte? Vermutlich las er dies an den immer wieder auftretenden Rissen ab. Daß sich der Turm aber bereits früher massiv in diese Richtung geneigt hätte, ist unwahrscheinlich.

Eosander berichtete später, daß in einem plötzlichen Absinken der Beginn des eigentlichen Münzturmunglücks zu sehen sei.[500] Leonhard Christoph Sturm hat in seinem Gutachten die Schäden am Turm penibel aufgelistet:[501] Der Turm neigte sich in Richtung Zeughaus; auf allen Seiten waren Risse festzustellen; einzelne Steine waren ausgebrochen; die unterschiedlichen Mauerschichten waren teilweise voneinander abgesprungen oder hatten sich nach außen gewölbt; die Anker, die man zur Sicherung durch das Gebäude gezogen hatte, waren zum Teil geborsten oder stark verbogen.

Wir sind über das Unglück nicht zuletzt deshalb so gut informiert, weil der König sich zu diesem Zeitpunkt in Holland und Kleve aufhielt. Der leitende Minister Graf Wartenberg und der Schloßhauptmann von Printzen befanden sich in seiner Begleitung. In vielen Depeschen versuchte man nun die Krise zu bewältigen. Der König und seine Berater mußten informiert werden. Deren Beschlüsse gelangten per Post nach Berlin. Da die Post nur an bestimmten Tagen abging, wurden die Briefe gebündelt. Am 26. Juni verließen daher gleich vier Briefe Berlin: Markgraf Philipp Wilhelm, der als königlicher Statthalter in Berlin amtierte, und Schlüter hatten jeweils an Friedrich I., der Hofrat Mieg an Wartenberg und Printzen geschrieben.

Am 21. Juni hatte der Markgraf einen Hinweis auf den bedenklichen Zustand des Turms erhalten.[502] Bereits am folgenden Tag sandte er einen Bericht an den König.[503] Überhaupt war man in Berlin bestrebt, nichts zu beschönigen. Offen teilte man bald darauf mit, daß »nicht allein das Königl. Schloß durch die erschütterung großen Schaden würde erlitten, sondern auch das *arsenal* (auf welche Seite dem Vermuhten nach der thurm würde gefallen seÿn) große gefahr würde gehabt haben, zu geschweigen der Spree, welche durch die *rudera* würde seÿn gestopfet worden«.[504] Am 24. Juni wurden einige der beteiligten Handwerker vernommen.[505] Schlüter, dem man das verheimlicht hatte, war darüber erbost. Doch herunterspielen ließ sich der Schaden ohnehin nicht mehr. Ohne eine Ordre des Königs abzuwarten, ließ er die Turmobergeschosse abnehmen. Damit wurde am 25. Juni begonnen.[506] Schlüter han-

KATALOG 173
Jean Baptiste Broebes,
Zustand des Münzturms
im Sommer 1706, Schnitt
(hier seitenrichtig abgebildet),
1733

delte hier eigenmächtig,[507] aber ihm dürfte gar keine andere Wahl geblieben sein.

Schlüters Umgebung konstatierte das Verhalten des Schloßbaudirektors und seinen Zustand mit Befremden. Es wird das Bild eines Verzweifelten, gar eines Verwirrten gezeichnet, der hektisch reagierte und nicht mehr Herr der Lage war. Der Hofrat Mieg schrieb an Printzen, Schlüter sei »sehr consterniret und verwirret« und »verwichenen Mittwoch, alß Er zu des H.rn Markgrafen Königl. Hoheit berufen, von deroselben Selbsten in dero Zimmern betroffen worden, daß Er für ängsten die Hände ineinander gerungen«.[508] Der Bauschreiber am Schloß, Peter Jänicke, stellte nüchtern fest, »daß der H. Schlüter itzo, da ihn dieser Bau sehr beunruhigt, sich alleine nicht wirdt rathen oder helffen können«.[509] Schlüters Briefe aus diesen Wochen bestätigen dieses Bild. Seine Reaktionen, sein Handeln, seine Vorschläge zeugen nicht gerade von Souveränität. Das Unglück nahm ihn geistig und körperlich mit: »Alleine diese itzige *Troubles* haben mich wie leicht Zu dencken, in solchen *foeblen* Zustandt gesetzet, daß ich nicht allein etliche Tage zu Bette gelegen, sondern auch durch die graußame *Alteration* mein Geblüte so erreget, daß davon ein Zittern, absonderlich bekommen in meinen Händen, und nicht möglich ist einen gleichen Strich zumachen.«[510] Einmal bezeichnete er einen Brief, den er gerade verfaßt hatte, als »Schreiben/: welches ebenso *confus* wie jetzt mein Kopff ist«.[511] An anderer Stelle bekannte er, »daß ich nicht weiß, wie mir beÿ dieser Sache geschehen ist, das was meine Seele von Jugend an gehaßet, das muß ich nun selbst seÿn, ja ich weiß nicht was ich sagen soll, ob über mich dieses mahl der Himmel so beschloßen, daß ich mit aller meiner schrecklichen gehabten großen Mühe u. Arbeit so verfallen und blind lauffen müßen, oder ob es von sich selbst ein Zufall ist, denn ich hette wohl mein Leib und Leben, Ehr und Seeligkeit verpfändet, daß dieses Werck beÿ aller solcher *Praecaution* und Vorbauung sich nun nicht zum sincken begeben sollte«.[512]

Schlüter wurde schlagartig bewußt, daß der König ihn in Ungnade entlassen und sogar bestrafen konnte: »[...] und gestehe ich gar gern, daß Sie Uhrsache genug hetten mich noch anders, als auf solche höfliche Manier Zu begegnen.«[513] Er versuchte dies abzuwenden, indem er sich sogleich direkt an den König wandte. In den folgenden Wochen lag die Ungewißheit über sein Schicksal wie eine schwere Last auf ihm. Ungeduldig wartete er auf ein Zeichen, wie man in Holland auf das Unglück reagierte.[514] Den eher sachlichen Antworten konnte er lange nicht entnehmen, wie es beim König um seine Zukunft stand. »Ich kan vor Traurigkeit nicht schlaffen, vor Angst meiner Seelen, indem ich nicht weiß, wie es vor mir beÿ Hofe stehet [...]«, klagte er einmal.[515] Er bat Printzen, ihn erneut »mit einem rechten Schreiben zu verehren, daß ich dadurch einmahl erfahren möchte, was mit mir entlich werden soll«.[516]

Neben der Ungewißheit setzten ihm die Demütigungen durch seine Konkurrenten zu. Schlüter, der durchaus arrogant auftreten konnte, mußte in dieser mißlichen Lage auf einiges gefaßt sein. Der Maurermeister Leonhard Braun d.Ä., mit dem er schon mehrfach aneinandergeraten war, gab genüßlich zu Protokoll, daß Schlüter stets alle Warnungen in den Wind geschlagen habe, denn es »habe Herr Schlüter gesaget, Deponent habe da keinen Verstand von, könne es nicht in seinen Kopf kriegen. Hr Schlüter habe auch zu Depon: gesaget, er fordere von ihm keine Verantwortung, sondern er stünde vor alles«.[517] Zur Bekräftigung seiner Aussage fügte Braun hinzu, er »habe in dem Calender den Tag verzeichnet, an welchem Herr Schlüter gesaget, daß er keine Verantwortung von ihnen allen fordere, sondern er stünde vor alles«.[518] Eosander warf Schlüter vor, er habe »nicht alleine aus Ignorantz, sondern auch aus Muthwillen und arrogance gesündiget«.[519]

Bei den Arbeitern und Handwerkern am Schloß büßte Schlüter rapide an Autorität ein. Nur ein Schreiben des Schloßhauptmanns sicherte ihm nochmals deren Gefolgschaft. Schlüter bedankte sich dafür überschwenglich bei Printzen, denn »[...] würde ich keinen Menschen mehr an die Arbeit gebracht haben, weil sie allesamt an ihrer Zahlung zweiffeln, auch wegen ihrer rückstendigen Gelder und Rechnung, bald mit dem Hause weggetragen, und mir nicht menschliche, sondern Höllen Qual und Marter angethan, welches alles aber nun durch Ew: Hochwohlgeb. Excell. Schreiben gäntzl. wieder gehoben worden.«[520]

Der Sturz des angesehenen Schloßbaudirektors, der, vom König mit grenzenlos scheinender Machtfülle ausgestattet, das bedeutendste Bauvorhaben des Landes dirigierte, war tief. Plötzlich mußte er sich nach allen Seiten rechtfertigen. Auf ihm lastete nicht nur der Vorwurf der Inkompetenz, was ihn schon genug bedrückt haben dürfte, sondern auch der bewußten Irreführung des Hofes. Nicht nur seine Konkurrenten erhoben gegen ihn die Stimme, auch Subalterne erlaubten sich das. »[...] denn so thut ja ein jeder mit mir was er nur will, schicket Abriße und Berichte ab, und hört mich nicht erst darüber, ob es auch so seÿ«, stellte Schlüter resigniert fest.[521]

Der König ordnete schließlich an, daß die Architekten Eosander und Grünberg sowie der Mathematikprofessor und Architekt Christoph Leonhard Sturm aus Frankfurt/Oder einen Bericht über den Hergang des Unglücks anfertigen sollten. Er verlangte von den Architekten, »eines gewissen sich mit einander zu vereinigen« oder » [...] widrigenfalls aber, und wann Sie sich deshalb nicht vergleichen könten«, einzeln ihre Berichte einzusenden.[522] Schlüter wurde nicht sofort vom Dienst suspendiert, was dieser zu Recht als Gnadenerweis erachtete. Der König war zunächst an der Aufklärung des Unglücks interessiert. Schlüter schöpfte wieder Mut und versuchte sogar, Einfluß auf die Zusammensetzung der Untersuchungskommission zu nehmen.[523] Darauf ließ sich der König freilich nicht ein.[524] Er hatte Männer eingesetzt, von denen er ein klares Urteil erwartete.

Schlüter hatte versprochen, »Sr. Königl. Maÿt. allerhöchsten *Ordre* nachzuleben, und mich mit den vorgestellten *Architecten* zusammen zu kommen, umb der Sachen Beschaffenheit recht aus dem Grunde vorzunehmen«,[525] aber er hielt sich nicht daran. Eosander und Grünberg berichteten: »Nach geschehener Besichtigung haben wir uns mit dem H. Schlüter bereden wollen, wegen der Ursache dieser vorhandenen Gefahr, allein es hat der H. Schlüter die gantze *Commission* suspiciret und sonsten sich solcher Gestalt angelaßen, daß man mit Ihm Zu keiner richtigkeit gekommen.«[526] Schlüter reagierte höchst empfindlich und unterstellte, »es blickte beÿ dieser Sache der vollkommene Neid schon hervor, indem sie nicht allein heimlich vor sich alles Zu reden begunten, sondern auch mit allerhand Spöttischen Worten vom Babilonischen Thurm und andern anzüglichen Worten heraus kamen«.[527] Er kritisierte, daß »alles so heimlich und stille Zugieng, daß ich nicht wuste, ob die Sache Zum Leben oder Zum Tode gedeyen solte«.[528] Schließlich wurde er »mit

Zorn entzündet, und gieng davon«.[529] Schlüter warf den Architekten vor, »die Sache nicht nach Sr. K. Maÿt. allergdsten Befehl, sondern vielmehr nach ihrem verhaßten Willen/: wie ich mich denn wohl davor gefürchtet :/abgethan, und aus der Sache, welche eine Unterredung seÿn sollen, eine rechte *Inquisition* gemacht, welche mir Zum Fall dienen sollen«.[530] Wenig später bereute er seinen Wutausbruch. Mieg hatte anläßlich einer früheren Untersuchung schon einmal auf Schlüters »übereilung« hingewiesen.[531]

Immer wieder versuchte Schlüter, den König durch neue Vorschläge gnädig zu stimmen. »Ist ein Werck mißlungen, so kan ein beßeres wieder gemacht werden, wenn es befohlen wird.«[532] Lange hegte er die Hoffnung, den völligen Abriß des Turms verhindern zu können. Dazu verfolgte er eine doppelte Strategie. Zum einen spielte er das Ausmaß des Schadens herunter. Seine Ausführungen über die entstandenen Kosten und überhaupt über das Funktionieren einer Volkswirtschaft sind für einen Mann in seiner Position ziemlich naiv: »Es leiden auch S. K. M. darunter keinen so großen Schaden, denn die *Materialien* sind alle zu gebrauchen, und das Macherlohn ist meist in die *Accise* wieder eingekommen, und das übrige noch unter solchen Leuten, die es auch wieder geben müßen.«[533] Auf der anderen Seite schilderte er Kosten und Aufwand für einen vollständigen Abriß überaus drastisch, »[...] indem nicht allein wohl über 3 Jahr vergehen würden, ehe man diesen Klumpen von einander bringen könte, auch hier keinen eintzigen Orth ersehen, wo wir alle die *Materialien* davon laßen sollen, sondern auch der Schutt, der davon kommen, würde über die maßen viel kosten wegzuführen.«[534] Leonhard Christoph Sturm zog dagegen eine schonungslose Schadensbilanz. Er sprach vom »übeleingerichteten Thurmbau [...], der Ihro Königl. Majestät so viel Verdruß und vergebliche Unkosten verursachet, zu geschweigen, daß Ihro Königl. Majestät dadurch um so viele Jahre in dero Verlangen dergleichen Thurm zu haben weiter hinausgesetzet worden«.[535] Eosander bemerkte einige Jahre später in seiner Schilderung des Münzturmunglücks, daß allein die Eisenanker die Summe von 30 000 Talern verschlungen hätten.[536]

Schlüters Pläne zur teilweisen Rettung des Turms wurden eine Zeitlang durchaus ernsthaft diskutiert. Schon seinem Brief an den König hatte Schlüter eine Zeichnung mit einem ersten Verbesserungsvorschlag beigelegt. Sie hat sich leider nicht erhalten. »So will ich mich nicht allein mein Lebenlang angelegen seÿn laßen, mit stetem unverdroßenen Fleiß solches zu ersetzen, sondern auch dieses Werck/: ob es zwar nicht dem vorigen an Höhe ähnlich kommt :/in solchen guten Stand wieder bringen, daß Ew: Königl: Maÿt: doch ein allergnädigstes Vergnügen daran haben werden. Füge die Gestalt des Rißes Ew: Königl: Maÿt. bey.«[537] Den Unterbau wollte er retten, um darauf eine neue, sehr viel leichtere Konstruktion in Holz auszuführen. Dies geht aus einem Brief des Bauschreibers Jänicke hervor: »Vermeinet der Herr BauDirector Schlüter das übrige Vom Thurm Zu Conserviren, Undt darauf anstat des Steinernen ein Höltzernes Werck, wovon Er albereits Ein project übersandt Zu haben, Vorgiebet, aufzuführen.«[538]

Doch Schlüter scheint sich über den Ernst der Lage nach wie vor nicht recht im klaren gewesen zu sein, jedenfalls analysierte er die Ursachen des Unglücks nicht ausreichend und war schon bald – am 17. Juli 1706 – mit neuen Schäden konfrontiert: »[...] da wir aber in der besten Sicherheit wahren, da fing das gantze Werck wieder mit einmahl so starck Zu gehen, daß es dadurch nunmehr Zu einem Thurm-Bau gantz ungeschickt und unbrauchbar worden.«[539] Der Turm war also immer noch in Bewegung, denn »[...] sonst haben die Nachbahren schon vorlängst, wie auch noch immer im selbigen Thurm des Nachts ein Turnieren und Gedonner gehöret, daß sie von ihrem Schlaf davon aufgewecket worden.«[540]

Erst jetzt gab Schlüter die Turmidee explizit auf. Allerdings ist nicht ganz klar, ob er nur auf die geplante hölzerne Konstruktion verzichten wollte oder ob er beabsichtigte, auch die alten Turmmauern teilweise abzubrechen und die Höhe des alten Münzturms zu unterschreiten. Ganz abreißen wollte er den alten Turmschaft nicht, denn die Funktion als Wasserwerk für die Wasserspiele im Lustgarten sollte beibehalten werden. Auch das versuchte er dem König voller Begeisterung als wunderbare Lösung darzustellen: »[...] alß wehre nun dieses mein unvergreiflicher und unterthänigster Vorschlag, daß man nicht das gantze Gebäude abbreche, sondern nur soweit abnehme, biß es von sich selbst stehen müste, und daß solches denn Zu nichts anders, als wieder Zu den Waßer-Wercken allein gewidmet würde. Und damit solches doch der Stadt eine Zierde veruhrsachte, könte solches gar hübsch abgeputzet, glatt abgedecket, und darauf ein Geländer mit Bilder und einem *Sallet* gemacht werden, Zu welchem man mit einer bequemen Stiegen aus dem Schloße könte hinauf kommen. Solches könte dienen Zum Abblasen der 10ten oder 11ten Stunde, vor einen Wächter des Nachts, der aufs Feuer acht hette, und denn auch des Tages Zur Lust, daß man darvon die gantze Stadt über sehen könnte; Ja es könte ein rechtes *Belwidere* abgeben.«[541]

Auf den Glockenturm mußte also verzichtet werden, doch auch da hatte Schlüter eine überraschende und ungewöhnliche Lösung parat. »Damit aber S. K. Maÿt. wieder Zum Geleute der *Capellen* gelangen, und bald das Uhrwerck samt dem Glokkenspiel doch hören möchten; so habe den Thurm am Schloß über der alten *Capellen* besichtiget und befunden, daß selbiger sehr bequem Zu diesem Wercke seÿn kann.«[542] Auf dem Spreeflügel, über dem Turmstumpf der alten Kapelle, dort, wo das Schloßmodell noch das Belvedere vorgesehen hatte, sollte der neue Turmaufsatz entstehen. Schlüter legte sogar einen Riß bei, der dem König die neue Erfindung schmackhaft machen sollte (Kat. 174).[543] Besonders verwies er darauf, daß der Entwurf die bereits in Auftrag gegebenen oder vorhandenen Ausstattungselemente wie Glocken, Glockenspiel, Uhr und Fortuna-Statue aufnahm. Dem König sollte das Gefühl vermittelt werden, daß diese Ausgaben nicht umsonst geleistet worden waren.

Den neuesten Vorschlag Schlüters konnte der König noch gar nicht kennen, als er erste Anweisungen, datiert vom 6. Juli 1706, nach Berlin schickte.[544] Die mit der Untersuchung des Unglücks beauftragte Kommission sollte – gemeinsam mit Schlüter – nicht nur die Ursache für das Absinken des Turms ermitteln, sondern außerdem beurteilen, ob Schlüters Vorschlag mit dem Holzaufsatz durchführbar sei. Daß Schlüter davon inzwischen abgerückt war und den Bau lieber vollkommen abbrechen lassen wollte, um jedes Risiko zu vermeiden, wußte der König nicht.

Sturm kam in seinem Gutachten vom 22. Juli 1706 zu dem Schluß, daß der Turm nicht zu retten sei und gänzlich abgerissen werden müsse.[545] Ein Turmstumpf mit Wasserkunst schien ihm wenig praktikabel und außerdem immer noch riskant. Die Erhöhung des Kapellenturms (Kat. 174) lehnte er vor allem aus statischen, aber auch aus ästhetischen Gründen ab: Asymmetrisch an den Schloßkörper gefügte Türme behagten ihm nicht. Neben Sturm äußerten sich Eosander und Grünberg am 23. Juli 1706 gemeinsam zu Schlüters neuen Plänen. Beide zeigten sich verständlicherweise skeptisch, zumal Schlüter ihnen keine Zeichnungen vorgelegt hatte: »[...] alß daß es unsicher sey zu versichern, daß der übrige Rest von dem Thurm bestehen noch viel weniger etwas tragen könne. Waß übrigens daß Geläute betrifft, so Er über der alten Kappell bringen will, möchte wohl eine weitläuffige Untersuchung erfordern, dann es gefährlich, ein solch großes Geläute über ein altes Gebäude zu bringen.«[546] Mit diesen Urteilen hatte sich Schlüters Turmprojekt über der alten Kapelle erledigt. Dies kann man den Gutachtern nicht zum Vorwurf machen, denn wieso sollten sie ein zunächst noch gar nicht kalkulierbares Risiko decken, nachdem Schlüter gerade etliches Vertrauen verspielt hatte? Schlüter hatte Printzen gegenüber geäußert, er könne »in der Geschwinde wieder ein Werck verferttigen«.[547] Die Gutachter erkannten dagegen völlig zu Recht, daß auch dieses Projekt Probleme mit sich bringen könnte und vor allem ausreichende Voruntersuchungen nötig seien. Schlüter aber wollte davon nichts wissen, sondern sofort loslegen. Er bat sogar um den Befehl, »daß die Fr. *Crakauer* sich aus dem Thurm so lange in die nächsten Gemächer, sonderlich nach der langen Brücken in der Eck sich *reterire*, damit ich beÿ dieser schönen Zeit nicht aufgehalten werde«.[548]

Die am 22. und 23. Juli 1706 unterzeichneten Untersuchungsberichte von Sturm, Eosander und Grünberg kamen zu dem Schluß, daß der gesamte Turm nicht zu retten sei. Schlüter war dagegen der Meinung, daß der Turmstumpf noch verwendet werden könne.[549] Nun mußte sich der König zwischen beiden Standpunkten entscheiden. Es ist überraschend, welches Vertrauen er Schlüter nach wie vor schenkte, denn er machte sich exakt dessen Vorschlag zu eigen: »[...] jedoch würde Uns lieb seÿn, wen der alte Thurm, welcher jetzo mit dem newen umbgeben ist, wenigstens so weit conservirt werden könte, daß die waßerwercke im Schloßgarten dadurch im Stande blieben.«[550]

Wie leichtfertig es von Schlüter gewesen war, diesen Vorschlag zu unterbreiten, zeigte sich schon wenige Tage später in seiner Meldung an Printzen: »Der Thurm hat nach seinem stille stehen wieder einen solchen Satz gethan, daß ich mit allen Arbeits-Leuten darüber hertzlich erschrocken, und nunmehr kein Werck daran zu machen mich getröste.«[551] Damit hatte sich die Idee, zumindest die Wasserwerke an dieser Stelle beizubehalten, endgültig zerschlagen. Und wieder hatte Schlüter sofort eine neue Lösung parat: »Damit aber in keinerleÿ Sache das Gute verseumet werde, so habe vor die Waßer-Kunst gesorget, daß dieselbe dennoch den Garten, als auch das Schloß, beÿ Abbrechung des Thurms dienen kan, und einen bequemen Orth beÿm Schloße an der Spree, allwo sie den Augen nicht hindert, und dennoch einen Orth hat, so lange auch der Thurm-Bau wehren mag, zu bleiben, ausgesuchet.«[552] Es ist nicht bekannt, wie dieser Vorschlag aufgenommen wurde. Auf jeden Fall erhielt Schlüter jetzt die Ordre, den verunglückten Turmbau möglichst rasch zu beseitigen. Resigniert bemerkte Friedrich I.: »[...] damit Wir nicht allein beÿ Unserer Zurückkunft, dieses so übel gerathene Werk annoch vor Uns zu sehen, den Verdruß nicht haben, sondern auch der annoch zu besorgende einfall und unglück verhütet werden möge.«[553]

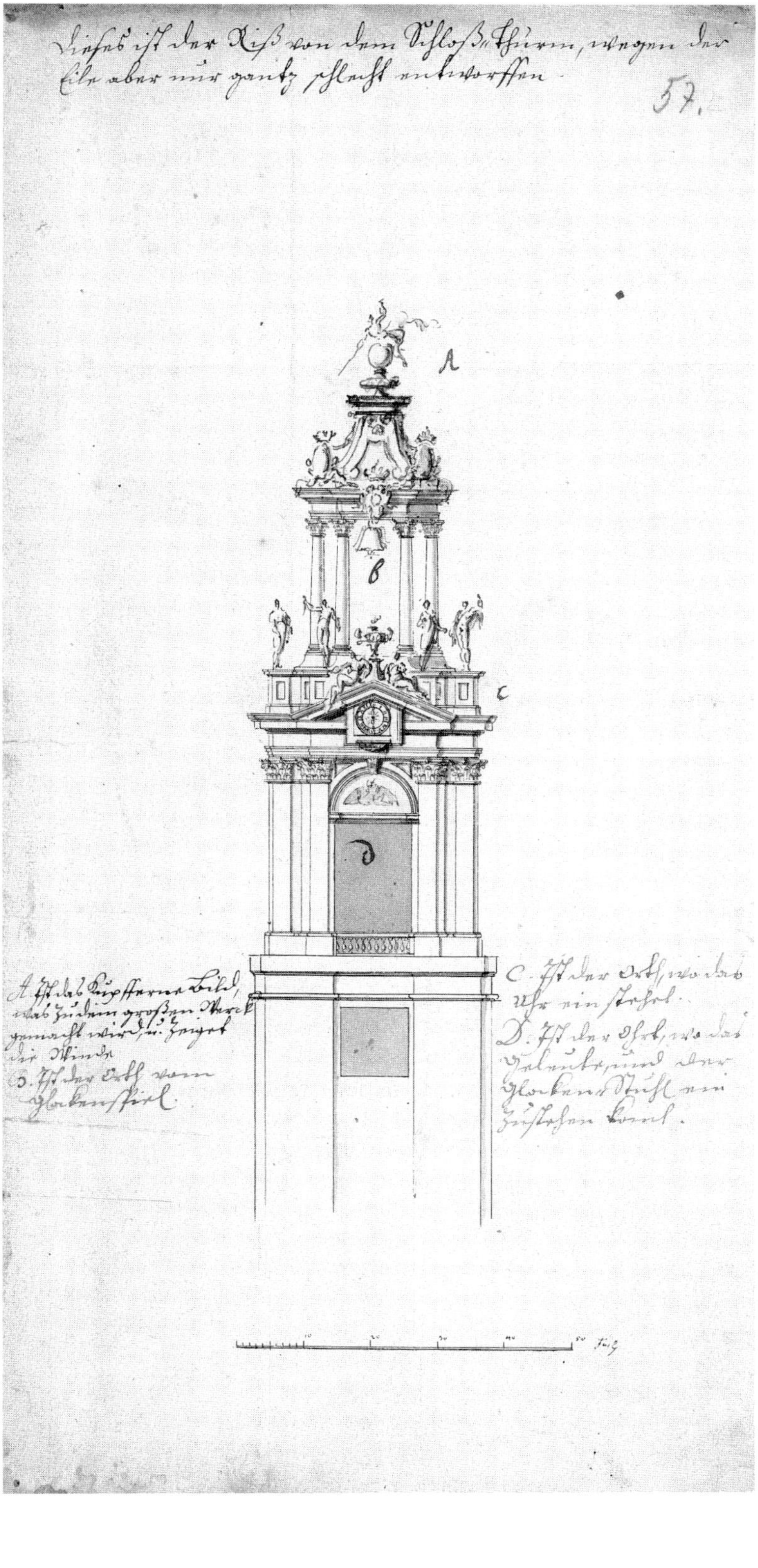

KATALOG 174
Andreas Schlüter, Entwurf für einen Turm über der alten Kapelle im Spreeflügel, Aufriß, 1706

Eine illustrative Facette am Rande des Geschehens bilden die Klagen des Kaufmanns Mangin, die den Turmbau von Beginn an begleiteten.[554] Sein Haus befand sich unmittelbar neben dem Turm. Es dürfte den südlichen Teil der von Nering 1689 errichteten Kaufläden umfaßt haben (Kat. 59). Die genaue Lage des Manginschen Hauses ist aber nicht zu ermitteln, da Einblicke aus der Vogelschau, wie sie aus der Zeit vor Errichtung der Boutiquen existieren (Kat. 49, 51), nach 1690 nicht mehr angefertigt wurden. Höfischer und privater Bereich scheinen sich hier regelrecht ineinander verkeilt zu haben. So ließ sich der Kaufmann über der Einfahrt in den Münzhof eine Stube errichten, die dann später den verstärkten Turmmauern weichen mußte. Es ist kaum zu fassen, daß Mangin während der gesamten Bauzeit an dieser Stelle wohnte. Schon 1703 hatte er angeführt, es »würde seinem Hauss und Hoff durch ein und anders als durch herabfallen der Steine Schaden zugefüget und wäre mann nicht sicher, über den Hoff und Gang zu gehen«. Je höher der Turm wuchs, desto größer wurde die Gefahr. 1705 erkannte Schlüter denn auch die Beschwerden in der Sache an: »Weill umb und über seinem Hausse stets gebauet worden, auch daß er in großer Lebensgefahr bissher gewesen, weill durch herunterfallung der steine und Bretter er nicht über seinen Hausse und Hoff gehen kann, Ja auch sein Licht durch die Verstärkung dieses Thurms benommen worden, und durch daß starck rammen so erschüttert daß es wie beyliegendes zeiget, den Mann ein großer Schaden ist.« Immerhin hat Mangin 1707 eine Entschädigung erhalten.[555]

Es ist offensichtlich, daß Schlüters Turmprojekt, als es eine gewisse Höhe überstieg, die Anwohner in Gefahr brachte. Mit den Gerüchten vom drohenden Einsturz des Turms wuchs deren Angst. Sie mußten den Eindruck gewinnen, daß der Schloßbaudirektor die Gefahr leugnete. Eher beiläufig und bereits ziemlich spät forderte er die Evakuierung der Anwohner.[556] Es ist daher kaum verwunderlich, daß diese Menschen Schlüter nicht eben wohlgesinnt waren. »Ich muß auch Hertzeleid von dem gemeinen Mann auf der Straße, und Nachrede in allen Häusern und Zechen leiden [...]«, klagte dieser.[557]

Schlüters Verantwortung für das Unglück

Als sich der Münzturm in den letzten Junitagen des Jahres 1706 langsam in Richtung Hundebrücke neigte, zeigte Schlüter sich der Lage nicht gewachsen. Er nahm das Unglück nicht in seinem ganzen Ausmaß zur Kenntnis und erst recht nicht dessen Ursachen. Vielmehr lenkte er von den tatsächlichen Problemen ab und versuchte, seine Stellung zu wahren und den König durch neue Projekte zu ködern. Dem hielt Eosander entgegen: »Es muß über dem die Mathesis und die Erfahrung einen vollkommenen Baumeister machen/welches er mehr bedarff als das zierliche und perspectivische Zeichnen.«[558]

Anstatt alles daranzusetzen, seine Unschuld stichhaltig zu beweisen, wartete Schlüter ständig mit unausgegorenen neuen Ideen auf, konnte der Untersuchungskommission für ihre Arbeit aber keine brauchbaren Pläne zur Verfügung stellen, was diese natürlich gleich von Beginn an gegen Schlüter einnehmen mußte. Sturm beschwerte sich, daß »ged: Hr. Schlüter, außer einem schlechten und unzulänglichen Grundriß, einem *profil* von dem alten Thurm, und den *orthographischen* Riß, wie des Thurms Gestalt werden sollen, keine *desseins* gegeben, da hingegen vielmehr nöthig gewesen, von dem grund selbst, und von jedem Stockwerk des Thurms ein besonderer *plan*, vornehmlich aber von dem Gantzen Werck einen deutlichen *profil* vorzuzeigen, daran man die Dicken und Höhen, wie auch die Verbindungen, und von Zeit zu Zeit geschehene Neüe ansetzungen abnehmen können.«[559] Eosander und Grünberg fügten hinzu, man habe Schlüters Idee, den Turm mittels einer leichten Holzkonstruktion immerhin optisch zu retten, nicht begutachten können, »weil Er noch kein Dessein vorgezeiget«.[560]

Schlüters Verhalten in der Krise wirft kein gutes Licht auf ihn. Den Gutachtern Sturm, Eosander und Grünberg kann man dagegen nicht vorwerfen, daß sie die wahren Ursachen für das Unglück nicht objektiv zu ergründen suchten. Bei der Unterstützung, die Schlüter von höchster Stelle erfuhr, konnten sie sich eine verzerrende oder gar bewußt unwahre Darstellung auch gar nicht erlauben. Sowohl Sturm als auch Eosander und Grünberg kamen zu dem Ergebnis, daß die Schuld an dem Unglück allein auf Schlüters Konstruktion zurückzuführen sei. Ihre Begründungen wirken auch nach dreihundert Jahren klar formuliert und einleuchtend.

Schlüter indes wies jede Verantwortung von sich. Bis zuletzt schien er von Konstruktion und Technik seines Turms überzeugt: »Was aber die Uhrsache, daß solch Werck gesunken ist, ist keine andere als daß die Erde unter dem festen Boden noch ein sumpfig und morrastig Erdreich haben muß, wie dieses denn ein vollkommenes Zeugniß ist weil nicht der Thurm allein sich in die Erde drücket, sondern auch die Pfähle und *Fundamente*, welche nicht unter der schweren Last stecken, gehen allesamt mit hinunter; denn es biegt sich unter der schweren Last mehr, als daß es einschneidet. Wenn nun solches hieraus deutlich genug zu sehen, daß die Schuld nicht an mir lieget, sondern ein Zufall ist, der auch viel hundert mahl andere Baumeistern mit betroffen; Ja wie in Straßburg noch zu sehen, ungeachtet dieselbe 10 Jahr mit 6000 Mann am *Fundament* allein gearbeitet, solcher Thurm doch nach einer Seite gesunken und also mit solchen schweren Wercken ein bloßes Wagen ist, weil man sich des Erdreichs nicht vollkommen versichern kan.«[561]

Auf die Gründe, die die drei Gutachter detailliert anführten, ging Schlüter nicht ein. Eosander und Grünberg etwa nannten als Hauptursachen »drey unterschiedene fundamenta und vier unterschiedene Mauern, so nicht zugleich, sondern eins nach dem andern gemacht worden«.[562] Sie kritisierten die Überladung des alten Turms durch die neuen Mauern; da das neue Mauerwerk sich erst noch setzen mußte, hätte es den alten Turm zwangsläufig verbogen und mit sich gerissen. Ihr Fazit lautete: [...] »daß nachdem daß fundament nicht zugleich gemacht, nicht ineinander, auch nicht mit dem alten verbunden worden, es auch nicht zugleich trage, und also der großen Last und des Drückens nicht wiederstehen kann, weilen eines dem andern nicht zu Hülffe kompt. Zudem sind die Mauern nicht zugleich, sondern eine nach und nach dem andern angemauert worden, und ob man gleich selbige mit starcke eiserne Ancker zusammengefaßt, so können doch keine eiserne Ancker in der Welt gemacht werden, die eine solche Last dergestalt anzuhalten vermögen, daß selbige nicht solle sinken können, wann daß fundament nachgiebt.«[563]

Auch in Sturms Gutachten, das noch weit ausführlicher ausfiel, kommt Schlüters Konstruktion sehr schlecht weg. Systematisch versuchte Sturm, den Problemen auf die Spur zu kommen: Um »die Urßach des Elenden Zustandes des Neüen Thurmes herzuleiten, ist Zu sehen auf die Natur des Grundes, auf die Beschaffenheit des Grundbaues und auf die erbauung der Mauren selbst.«[564] Die drei genannten Punkte, also den vorgefundenen Grund, die Fundamentierung und die Konstruktion des aufgehenden Mauerwerks, handelte er nacheinander ab: »Waß nun anbelanget [...] Die Natur des grundes, so lieget am Tage, daß der *Architect* dieselbe vor dem Bau nicht genugsahm und gebührend untersuchet, in dehme er nur einmahl nach längst angefangenem Bau erst Bohren lassen. [...] Betrachtet man beÿ dem Thurmbau ferner die Grundgebeüde, so haben sie die darauff gelegte Last auß vielen Ursachen nicht tragen können. [...] Aus allem diesem ist der gantze ohnfehlbare Schluß Zu machen daß der Thurm nothwendig, wiewohl vielleicht etwas später hätte sinken und bersten müssen, wenn er schon in den übrigen allem währe guht gebauet worden; allein [...] der Bau der Mauer über den Gründen ist in Wahrheit so beschaffen, daß wenn schon der grundt nicht gesunken, ja der beste Grund von der Welt vorhanden gewesen, dennoch derselbe nicht hätte bestehen können, Sintemahl nach außage der Bauleüte mit dem auffbauen der Mauren, nicht umb und umb gleich fortgefahren worden, daher auch die Last nicht umb und umb gleich schwer auff die Gründe gekommen, folgends Ungleiches setzen u. Drücken verursacht, welches man kaum glauben kann, wie viel schaden darauß entstehe.«[565]

Goerd Peschken, selbst ausgebildeter Architekt, hat jüngst Schlüters Konstruktion vehement verteidigt: »Schlüter ist als Konstrukteur also nicht an den Konstruktionen gescheitert, die seine Kollegen fehlerhaft fanden, sondern er hat einfach unvorhersehbares Unglück gehabt.«[566] Er hält Schlüter zum einen zugute, daß mit den damaligen Methoden die Unwägbarkeiten, die der Baugrund der Spreeinsel barg, nicht hätten beherrscht werden können. Der Turm habe am Rande eines Faulschlammkessels, eines sogenannten Kolks, der mit Bohrern nicht zu erreichen gewesen sei, gestanden und sei deshalb eingebrochen. Auf diesem Grund hätte die beste Fundamentierung versagt. Allerdings ist bis heute nicht erwiesen, ob an dieser Stelle tatsächlich ein solcher Kolk liegt, denn hier wurde nie wieder gebaut. An Schlüters Konstruktion findet Peschken nichts auszusetzen: »Die Kollegen und Konkurrenten konnten den Bau nur nach ihrer Schulweisheit beurteilen. Der Vorwurf, daß die Fundamente ungleich und nicht mit dem alten Fundament verbunden gewesen seien, ist solch eine Schulweisheit. Die Ungleichheit war Schlüters Kalkül.«[567] An anderer Stelle attestiert er Schlüters unterschiedlicher Fundamentierung gar »etwas von technischer Virtuosität«.[568] Hinter allen Maßnahmen, die die Gutachter kritisiert hatten, sieht Peschken nur Schlüters »stupende Intelligenz«.[569]

Damit wäre Schlüter entlastet. Problematisch an Peschkens Stellungnahme zugunsten Schlüters ist allerdings, daß er auf die Argumente der zeitgenössischen Kritiker Eosander, Grünberg und Sturm nur am Rande eingeht. Pech oder Unvermögen – das bleibt die Frage.

Andreas Schlüter und das Berliner Schloß im europäischen Kontext

Wie Michelangelo Buonarroti und Gian Lorenzo Bernini war auch Schlüter Bildhauer und Architekt zugleich. Aber nicht nur das hatte er mit diesen beiden universalen Künstlerpersönlichkeiten gemein. Er hat sich intensiv mit ihren Werken auseinandergesetzt und daraus viele Anregungen für sein eigenes Schaffen geschöpft. Nicht von ungefähr stellt Berninis Projekt für den Louvre den wichtigsten Vorläufer für den Vierkant des Berliner Schlosses dar. Der schwedische Hofarchitekt Nicodemus Tessin d. J. und der Architekt des Kaisers in Wien, Johann Bernhard Fischer von Erlach, sind dagegen Zeitgenossen Schlüters, von denen er Anregungen erfuhr, mit denen er sich aber auch hinsichtlich der Modernität seiner Werke zu messen hatte.

Michelangelo Buonarroti

Wie Schlüter 1698 Grünberg vom Zeughausbau verdrängte, so hatte Michelangelo 1517 Giuliano da Sangallo bei den Planungen für San Lorenzo in Florenz abgelöst. Auch der Bildhauer Michelangelo hatte zunächst einen Auftrag erhalten, der sich auf bauplastische Arbeiten beschränkte, nach und nach aber die Verantwortung des Architekten an sich gezogen. Für seinen Auftraggeber spielte es anscheinend keine Rolle, daß er auf diesem Gebiet noch über keine nennenswerte Erfahrung verfügte.[570] Die Reaktion der Architektenkollegen war dagegen weniger wohlwollend. Michelangelo wurde von Antonio da Sangallo und dessen Anhängern mehrfach vorgehalten, daß er kein Architekt sei,[571] und nachdem ihm 1546 die Bauleitung am erst halb vollendeten Palazzo Farnese übertragen worden war, warf man ihm schon im darauffolgenden Jahr Inkompetenz vor. Sein Wirken an Sankt Peter rief ebenfalls Kritik und Mißgunst hervor. Leonhard Christoph Sturm hat wohl an Schlüter gedacht, hätte aber ebensogut Michelangelo meinen können, als er Kritik an den Architekten übte, »denen ebenfalls die *importanteste* Wercke zu bauen anbefohlen worden/die sich selbst nicht hätten träumen lassen/daß die solten Baumeister werden/sintemahl sie ehemahls sich bloß auf das Zeichnen und die Bildhauer-Kunst oder wohl gar nur auf das Tischler Handwerck geleget hatten«.[572]

Schlüters Aufmerksamkeit und Interesse für Michelangelo ist schon in dem so überaus anregenden und kosmopolitischen Milieu des Baubetriebs am Hofe von Wilanów geweckt worden.[573] Die unmittelbare, alltägliche Erfahrung einer Michelangelo-Rezeption dürfte für den Bildhauer Schlüter prägend gewesen sein. Der Architekt von Schloß Wilanów, Agostino Locci, hatte sich eingehend mit dem Kapitol in Rom auseinandergesetzt. Dies wird durch eigene Aussagen Loccis belegt.[574]

Gerade hinsichtlich der Rezeption der Kapitolsbauten ist der Anteil von Stichen nicht zu unterschätzen. Sie konnten als wertvolle Musterblätter dienen. Michelangelos ionisches Kapitell, von dem sich auch Schlüter anregen ließ – etwa im Großen Treppenhaus (Abb. 81) oder bei den Stockwerksäulen im ersten Obergeschoß der schmalseitigen Risalite (Abb. 102) –, war bereits bei Vignola zu Beginn des 17. Jahrhunderts in mehreren Ansichten und mit genauen Maßangaben publiziert worden (Abb. 156).[575] Es war äußerst populär und fand noch 1691 Eingang in Augustin-Charles d'Avilers *Cours d'Architecture*.[576] Im Stichwerk *Palazzi di Roma* von Falda/Rossi (nach 1665) finden sich detaillierte Aufrisse sowohl des Senatoren- als auch des Konservatorenpalastes (Abb. 15, 16).[577] Michelangelos Konservatorenpalast war 1694, also zwei Jahre bevor Schlüter im Auftrag des Kurfürsten nach Rom reiste, wieder hochaktuell. Die Accademia di San Luca hatte in ihrem Concorso von 1694 in der dritten Klasse die Bauaufnahme einer Achse des Konservatorenpalastes verlangt, und zwar sowohl im Aufmaß wie im Grundriß.[578]

Der Konservatorenpalast wirkte im Formalen wie in seiner Struktur überaus anregend auf die Architektur Schlüters, den vor allem die hier praktizierte Skelettbauweise faszinierte. Diese geht bis an die Grenze, die das Material Stein erlaubt.[579] Michelangelo ließ die Wand entweder ganz fortfallen oder degradierte sie, wie im Obergeschoß, zur reinen Füllmasse. Diese konstruktiven Grundlagen befolgte Schlüter unübersehbar bei seinen Risaliten und hier insbesondere bei demjenigen des Großen Treppenhauses (Abb. 130). Gerade an den Risaliten kann man die im Schloßorganismus wirksamen Kräfte, die über weite Strecken hinter Fassaden verborgen liegen, ablesen. Hier offenbart sich, daß Schlüter bei seiner Reduktion der Baukörper auf ein Gerüst aus Horizontalen und Vertikalen ganz im Bann Michelangelos stand. Eine genuin nordische Komponente muß zur Erklärung dieser Architektur nicht bemüht werden.[580]

Werner Hager hat bereits 1942 auf die strukturellen Beziehungen zwischen Schlüters und Michelangelos Architektur hingewiesen. Mit Blick auf Schlüters Risalite zum Schloßplatz und zum Lustgarten (Abb. 89, 102) bemerkte er: »Die Fläche bildet also keine ruhende Einheit wie im römischen Barock, sie gefällt sich nicht in ihrer bloßen Ausdehnung, sondern ist in ein elastisch verspanntes Gegeneinander strebend aufwachsender und lagernd bindender Richtungen aufgelöst. Der Flächenbau ist insgeheim Gliederbau. Das aber war die Auffassung

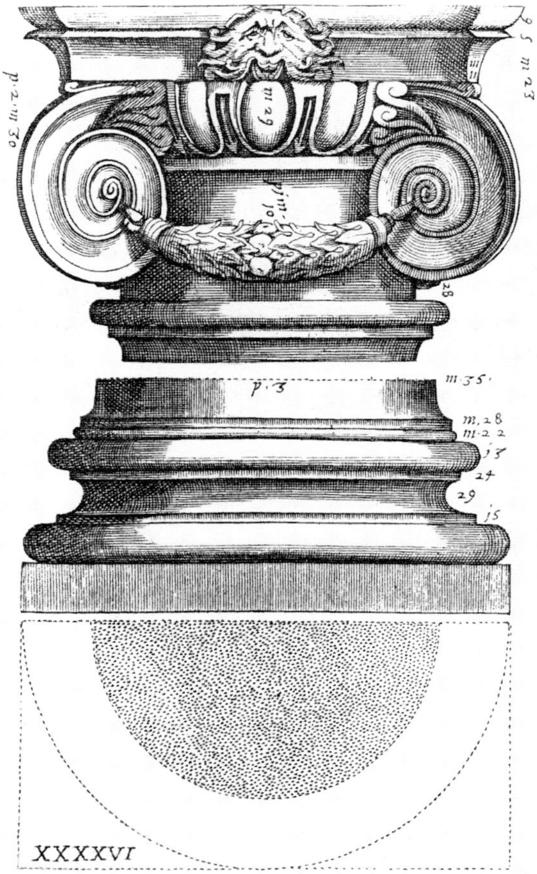

156 Giacomo Barozzi da Vignola, Kapitell im Portikus von Michelangelos Konservatorenpalast in Rom, Kupferstich, 1602

Michelangelos.«[581] James S. Ackerman charakterisiert die Architektur Michelangelos mit den Begriffen »Relief-Stil« (›relief‹ style) und »kinetischer Stil« (›kinetic‹ style).[582] Der erste Begriff beschreibt die Zerlegung der Wand in einzelne Schichten, der zweite die Veranschaulichung dynamischer Kräfte innerhalb der tektonischen Struktur. Beide Begriffe bezeichnen auch wesentliche Eigenheiten von Schlüters architektonischem Denken.

Auch zwischen Michelangelos Fassadenentwurf für San Lorenzo (1515–1520), der in Zeichnungen und einem hölzernen Modell (Abb. 157) überliefert ist, und Schlüters Hofrisaliten am Berliner Schloß (Abb. 112, 130) bestehen Parallelen. Diese setzen bereits damit an, daß Michelangelo in seinem abschließenden Entwurf davon absah, die Kirchenfassade direkt auf die Wand des Langhauses zu applizieren.

157 Michelangelo Buonarroti, Holzmodell für die Fassade von San Lorenzo in Florenz, 1520

Statt dessen erweiterte er das architektonische System der Fassadenfront um eine Achse in die Tiefe. Sein Vorschlag ging damit also über eine reine Fassade hinaus. Michelangelo entwickelte einen eigenständigen Baukörper, der im Innern als Narthex ausgestaltet worden wäre. In der Ausbildung raumgreifenden Volumens sind Michelangelos Fassadenentwurf und Schlüters Hofrisalite vergleichbar. Die Gemeinsamkeiten setzen sich im architektonischen Vokabular fort, denn auch Schlüter setzte im Erdgeschoß korinthische Vollsäulen und im Obergeschoß korinthische Pilaster ein. Die Ecklösung eröffnet jeweils den Einblick in die aus mehreren Schichten aufgebaute Wand.

Michelangelos Kirchenfassade ist ein Raster aus horizontalen und vertikalen Linien, was eben mit der Zerlegung der Wand in einzelne Schichten zusammenhängt. Leichte Vorsprünge werden ausgebildet, die der Wand aufgelegt sind. Auf diesen sitzen im Obergeschoß die korinthischen Pilaster auf. Bei Schlüters Risalit des Großen Treppenhauses sitzen die Pilaster dagegen direkt auf der Wand auf, die jedoch auf die Breite von Pfeilern reduziert ist. Ein Blick auf die Ecklösung macht den unterschiedlichen Aufbau deutlich: Michelangelo setzte der eigentlichen Wand zwei Schichten vor, Schlüter nur eine. Dafür bildete er mit den ionischen Freisäulen und dem Rahmen des Mezzaninfensters eine Schicht aus, die hinter der eigentlichen Wand liegt und deshalb an der Ecke auch nicht zutage tritt. Zwar gibt es Unterschiede im Detail, aber beiden Architekten gemeinsam ist das Denken in Wandschichten. An Schlüters großem Hofrisalit erscheint dies übrigens klarer und reifer als an den einige Jahre früher entstandenen schmalseitigen Risaliten.

In Michelangelos Neuer Sakristei von San Lorenzo (1520–1534) in Florenz, der sogenannten Medici-Kapelle, wird die Wandfläche zwischen den Pilastern aus Pietraserena nochmals durch eine Marmorarchitektur kleinteilig gegliedert – eine Architektur in der Architektur (Abb. 158). Beide Systeme gemeinsam bilden ein engmaschiges Netz aus vertikalen und horizontalen Linien aus. Die Zwickel oberhalb der Arkadenbogen werden gegliedert durch in das Mauerwerk eingelassene Felder zwischen schmalen Stegen. All dies entspricht den Vorstellungen Schlüters, der seine Schloßfassaden ebenfalls durch ein Netz aus Linien in eine feste Ordnung brachte. Die in Marmor ausgeführte Architektur in den schmalen Seitenachsen der Kapellenwände will sich kaum in den vorgegebenen Rahmen fügen. Die Segmentbogen der Ädikulen stoßen hart an die korinthischen Kapitelle. Ähnlich verfuhr Schlüter am Gießhaus (Abb. 44), wo die schweren Dreiecksgiebel über den Fenstern des Erdgeschosses sich ebenfalls Platz verschaffen und bis an die Lisenen stoßen. In beiden Fällen wird somit eine in Bewegung begriffene Architektur erzeugt. Michelangelo steigert den Effekt noch, indem die Formen aufbrechen und sich durchdringen. Er öffnet die Segmentbogengiebel an der Basis und erweckt so den Anschein, als habe er einem innerhalb der Nische herrschenden Druck nachgeben müssen, denn sofort dehnt sich die Nische bis weit in den Giebel hinein aus.

Auch im Motivischen finden sich Anknüpfungspunkte. Die Fenster im Obergeschoß der Neuen Sakristei werden von schweren Dreiecksgiebeln bekrönt. Solche strengen, disziplinierten Giebel, ob in der Form des Dreiecks oder des Segmentbogens, sind eine Konstante in Michelangelos Werk. Sie tauchen auch am Außenbau der Biblioteca Laurenziana auf, im zugehörigen Ricetto (Abb. 159) oder im Hof des römischen Palazzo Farnese. Diese strengen Formen gehen bei ihm einher mit unakademischen Lösungen, etwa an der Porta Pia (1561 bis 1565; Abb. 46). Ähnlich variiert Schlüter zwischen eigenwilligen, unkanonischen Fensterformen, etwa an den Außenfassaden des Schlosses, und klassischen Fensterformen für den Innenhof. Es gibt keinen Grund, die Hoffenster des Piano Nobile (Abb. 83; rechts und links des Risalits) nicht Schlüter zuzuschreiben. Gerade in ihrer ruhigen Erscheinung dürften sie Schlüter für das Nobelgeschoß angemessen erschienen sein, gleichzeitig setzen sie selbstbewußte plastische Akzente.

Auch das Innere von Schlüters Schloß offenbart seine Auseinandersetzung mit Michelangelo. Dessen Neue Sakristei ist insofern mit Schlüters Großem Treppenhaus vergleichbar, als hier wie dort der architektonische Rahmen sowie die in ihm agierende Skulptur von ein und demselben Künstler konzipiert

158 Florenz, Innenraum der Neuen Sakristei von San Lorenzo von Michelangelo, 1520–1534

wurden (Abb. 81, 137). Während Michelangelo die Grabplastiken jedoch vor oder in der Architektur präsentiert, aber immerhin im Kontrast zu deren Rahmensystem, zeigt Schlüter seine Giganten im direkten Kampf mit ihr. Sie drohen von den schmalen Gesimsen zu fallen, von den anrückenden Läufen verdrängt oder gar – wie die Hermenpilaster im Erdgeschoß – von der Architektur aufgezehrt zu werden. Hans Sedlmayrs Beschreibung von Michelangelos Verhältnis zum Stein läßt sich in ihrer Grundaussage ganz und gar auf Schlüters Gigantensturz im Großen Treppenhaus übertragen: »Der von höchster organischer Lebenskraft beseelte und bewegte menschliche Leib – der in der Renaissance der Antike entrissen wurde – wird im Hinauswachsen über die Renaissance von Michelangelo im Schwer-Werden, im Versteinern und im hoffnungslosen Sich-Wehren gegen diese Verwandlung erfahren.«[583]

Wie Michelangelo stellte Schlüter immer wieder Menschen im erregten Kampf mit ihren Leidenschaften, mit der Welt oder mit dem Tod dar. Die Sterbenden Krieger am Zeughaus (Abb. 31, 32) gehören ebenso dazu wie die angeketteten Sklaven am Sockel des Reiterdenkmals (Abb. 29), die stürzenden Giganten im Großen Treppenhaus oder die Atlanten im Elisabethsaal (Abb. 77), die in ihren eingezwängten und verdrehten Haltungen durch Michelangelos gemalte Ignudi an der Decke der Sixtinischen Kapelle inspiriert sind und die Schlüter in reale Körperlichkeit überführte.

Wer Michelangelos Ricetto der Biblioteca Laurenziana (1523–1559) betritt, sieht sich in einen Raum voller Spannungen versetzt, in dem er nicht ruhen und verweilen soll (Abb. 159). Die Wände scheinen in den Raum hineinzudrängen. Sie quellen hervor und scheinen die konstruktiv wichtigeren Säulen förmlich in Nischen zu verbannen. Mit der Überhöhung des Raums setzte Michelangelo starke vertikale Akzente, wie sie auch bei Schlüter, vor allem am Portal I des Schlosses (Abb. 72), zu finden sind. Im Ricetto der Biblioteca Laurenziana wird der Betrachter von Unruhe erfaßt. Er wird zum Aufstieg gedrängt, den er sich jedoch gegen die herabströmende Treppenkonstruktion erst erkämpfen muß. Ähnlich könnte der Besucher in Schlüters Treppenhaus empfunden haben, wo ihn die Blitze der Götter und die stürzenden Giganten zu erschlagen drohten.[584] Er mußte bestrebt sein, rasch die Rampe oder die Stufen nach oben zu erklimmen und so hinauf in die Sphäre des Göttlichen, des Königlichen, des Majestätischen zu gelangen.

Schlüter hat nicht nur Michelangelos Architektur studiert, sondern auch dessen Bildwerke in sich aufgenommen. Ein Beispiel dafür ist seine Figur des Großen Kurfürsten (Abb. 161), in die Michelangelos

159 Florenz, Vestibül der Biblioteca Laurenziana von Michelangelo, 1523–1559

Moses eingeflossen zu sein scheint (Abb. 160). Beide wenden den Kopf nach links, der Blick ist energisch, siegesbewußt, das lockige Haar wild, vor allem aber sind sie sich ähnlich in der Haltung des angewinkelten linken Arms, der Modellierung des nackten Unterarms und der Position von Daumen und Zeigefinger. Hier zeigt sich Schlüters Meisterschaft, der den Moses als partielle Anregung für einzelne Partien aufnimmt, ohne in sklavische Nachahmung zu verfallen. Und so ist denn auch die rechte Seite des Kurfürsten völlig unabhängig von Michelangelos Moses gestaltet. Schon im 18. Jahrhundert wurde die geistige und künstlerische Verwandtschaft zwischen Schlüter und Michelangelo gesehen. Die Berliner Architekturkritik würdigte Schlüter als »Michelangelo des Nordens«, als »Michel Ange du Nord«.[585] Gerne wüßte man, ob auswärtige Besucher das damals ebenso sahen.

Gian Lorenzo Bernini und seine Entwürfe für den Umbau des Louvre

Gian Lorenzo Berninis Entwürfe für die Stadtresidenz des französischen Königs, den Louvre, gehören zu den herausragenden Schöpfungen des europäischen Geistes im 17. Jahrhundert.[586] Berninis Tätigkeit für den französischen König war ein Politikum und sein Scheitern die endgültige Emanzipation der französischen Architektur von ihren römischen Grundlagen.

Berninis Mißerfolg tat seinen Louvre-Entwürfen keinen Abbruch. Sie wurden in der Folgezeit von bedeutenden Architekten intensiv studiert und in Auszügen auch immer wieder rezipiert. Der Louvre-Auftrag hatte dem Italiener die Chance eröffnet, seine Formensprache auf den Typus und die Ausmaße eines königlichen Palastes zu übertragen. Dazu fehlte ihm in Rom die Gelegenheit. Seine

160 Michelangelo Buonarroti, Moses in San Pietro in Vincoli in Rom, 1516

161 Andreas Schlüter und Johann Jacobi, Das Reiterstandbild des Großen Kurfürsten im Ehrenhof von Schloß Charlottenburg

Louvre-Pläne eigneten sich gut als Vorbild für königliche Residenzen wie die Schlösser in Stockholm und Berlin, gerade wenn sich deren Architekten in ihrer Formensprache eher dem römischen Hochbarock als der französischen Klassik verpflichtet fühlten. Schlüter dürfte präzise Kenntnisse von Berninis Louvre-Projekt besessen haben. Vielleicht begriff er sich in dessen Nachfolge, als er die Umformung des Berliner Schlosses in Angriff nahm. Vor allem dürfte er gesehen haben, daß er vor der Verwirklichung einer Aufgabe stand, die nur ganz wenigen Architekten jemals anvertraut wurde und an der Bernini in Frankreich gescheitert war.

Nachdem Jean Baptiste Colbert am 1. Januar 1664 zum Surintendant ernannt worden war, ließ er den gerade erst begonnenen Bau des Louvre-Ostflügels – Grundlage hierfür waren Pläne von Louis Le Vau[587] – aussetzen. Zunächst holte er mehrere Entwürfe französischer Architekten ein, darunter François Mansart, Jean Marot, Charles Lebrun und Claude Perrault. Im März 1664 schickte er die Entwürfe Levaus nach Rom zur Begutachtung. Außerdem erarbeiteten nunmehr römische Architekten eigene Entwürfe, nämlich außer Bernini noch Pietro di Cortona, Carlo Rainaldi und ein ansonsten unbekannter Architekt namens Candiani.[588] Bernini wurde bekanntlich der Vorzug gegeben. Sein im Mai und Juni 1664 ausgearbeiteter erster Entwurf (Abb. 162, 163) erreichte im Juli 1664 Paris. Colberts Mittelsmann in Rom, der Abbate Elpidio Benedetti, schrieb an Colbert: »L'idée est étrangère, et je ne crois pas qu'il existe en Europe un palais de cette architecture.«[589] Colbert hatte freilich einiges an dem Entwurf auszusetzen. Vor allem sah er gravierende Mängel hinsichtlich der Sicherheit und Funktionalität des Gebäudes.

Bernini hatte einen neuen Osttrakt konzipiert, um die Cour Carrée zu schließen. Die plastisch durchmodellierte Fassade mit konkav einschwingenden Loggien und konvex ausbauchendem Mittelrisalit darf als eine der folgenreichsten Ideen der Barockarchitektur gelten, auch wenn sie sich für den Typus eines innerstädtischen Palastes als extrem ungeeignet erwies. Im Piano Nobile findet sich über ein dutzendmal das Würdemotiv einer Serliana, das Schlüter ebenfalls mehrfach an prominenter Stelle im Berliner Schloß einsetzte, nämlich an allen drei Hofrisaliten, am Lustgartenrisalit und im Großen Treppenhaus. Außerdem sah Berninis erster Entwurf vor, den bereits existierenden Flügeln im Hof eine Galerie aus zweigeschossigen Arkaden vorzublenden. Damit wollte er die alten Renaissancefassaden im Hof verdecken, wo selbst nach den Erweiterungen des 17. Jahrhunderts immer noch die vor der Mitte des 16. Jahrhunderts entstandenen Entwürfe Pierre Lescots gültig waren. Doch während Bernini am Louvre das Motiv einer umlaufenden Hofgalerie erst einführte, hat Schlüter es am Berliner Schloß, wenn auch in fragmentarischer und disparater Form, bereits vorgefunden (vgl. Kat. 55). Schlüters Aufgabe bestand darin, die Bogengalerie Nerings und die Laufgänge und Arkadenstellungen des 16. Jahrhunderts zu einer homogenen Gesamtform zu verschmelzen (vgl. Kat. 93). Dennoch dürfte Bernini, der seinen Vorschlag auch in den nachfolgenden Varianten beibehielt (Abb. 167), Schlüter in seiner Entscheidung für Hofgalerien wenn nicht inspiriert, so doch bestärkt haben.

Im November 1664 erreichte Bernini die Kritik Colberts, und im Dezember wurde er aufgefordert, den Entwurf zu überarbeiten. Daraufhin legte er im Februar 1665 seinen zweiten Plan vor. Daß wir dessen Gestalt kennen, verdanken wir Nicodemus Tessin d.J.: In seinem Stockholmer Nachlaß befindet sich die Ansicht der Ostfassade, gezeichnet von Berninis Schüler und Assistent Mattia de' Rossi (Abb. 164). Tessin dürfte das Blatt in Rom erworben oder geschenkt bekommen haben.[590] Das Eklektische des ersten Entwurfs ist einer majestätischen Geschlossenheit gewichen. Noch immer haftet dem Aufriß mit dem nunmehr konkav eingezogenen Mittelrisalit zwischen ebenfalls konkav einschwingenden Rücklagen etwas Bizzares an – eine Eigenwilligkeit, die Bernini dem Bau in seinem dritten Entwurf auch noch nahm –, doch insgesamt wirkt der Fassadenaufriß nun gravitätischer.

In Paris erkannte man das Potential, das in dem Entwurf steckte. Es erfolgte der Beschluß, Bernini nach Frankreich einzuladen. Papst Alexander VII. war bereit, seinen bevorzugten Architekten an Ludwig XIV., den damals neben dem Kaiser in Wien mächtigsten Monarchen Europas, auszuleihen. Im Juni 1665 traf Bernini in der französischen Hauptstadt ein, um die Louvre-Pläne noch einmal umzuarbeiten. Bereits vier Tage nach der Ankunft machte er sich ans Werk. Jetzt entstanden nicht nur ein weiterer Entwurf für die Ostfassade (Abb. 166) und ein neuer Entwurf für die Hoffassaden (Abb. 167), sondern auch detaillierte Pläne für die West- und Südfront (Abb. 165). Bernini gab die Kurven und Schwünge auf. Im Oktober 1665 wurde mit den Fundamentierungsarbeiten begonnen. Der englische Architekt Christopher Wren, der sich 1665 in Paris aufhielt, besuchte Bernini und konnte dabei einen Blick auf dessen aktuelle Pläne werfen.[591] Bereits wenige Wochen nach ihrer Entstehung stach Jean Marot sie in Kupfer (Abb. 165–168), was die Verbreitung natürlich stark beförderte.

In Berninis drittem Entwurf dominieren klare kubische Formen. Ausgehend von den bereits bestehenden Risaliten und Pavillons der französischen Architekten des 16. und 17. Jahrhunderts weisen auch

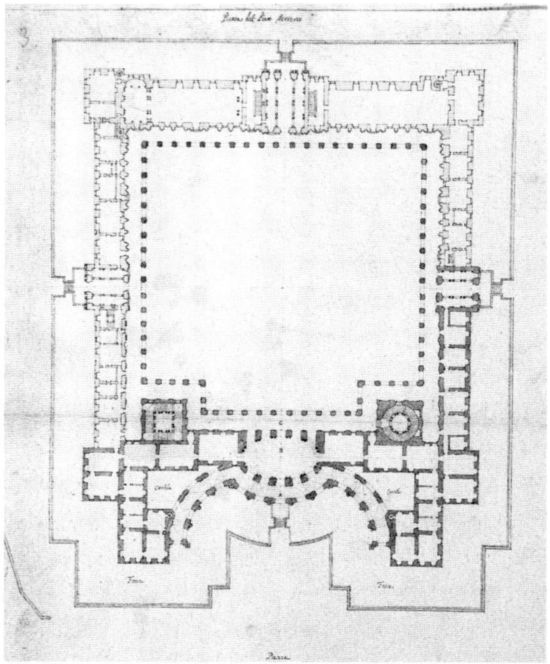

162 Mattia de' Rossi, Erster Entwurf Berninis für den Louvre, Grundriß des Erdgeschosses, lavierte Federzeichnung, 1664

163 Mattia de' Rossi, Erster Entwurf Berninis für den Louvre in Paris, Aufriß der Ostfassade, lavierte Federzeichnung, 1664

seine Louvre-Fassaden mehrfach tiefe Vor- und Rücksprünge auf (Abb. 165, 166). Eine derart plastische Durchmodellierung wäre bei einem innerstädtischen römischen Palastbau damals undenkbar gewesen. Dort ist die Ausbildung von Risaliten an sich schon eher die Ausnahme. Bernini hatte hier durchaus eine Vorreiterrolle. Doch sowohl am Palazzo Ludovisi (ab 1653) als auch am Palazzo Chigi-Odescalchi (1664–1666) treten die langgezogenen Mittelrisalite nur sachte aus dem Fassadenverband hervor (Abb. 45, 110).

Einerseits sind Berninis Fassadenentwürfe für den Louvre ohne die französischen Grundlagen gar nicht denkbar, andererseits hat er sie in seiner eigenen Formensprache radikal neu interpretiert. Hier fand eine gegenseitige Befruchtung statt. Bernini bewahrte die Autonomie der französischen Pavillons in bezug auf deren plastisches Volumen, während er sie in der Höhe vollständig kappte. Alle Bauabschnitte, Risalite wie Rücklagen, band er einheitlich unter Architrav, Konsolgesims und Balustrade zusammen. Dies trug entscheidend zum römischen Charakter seiner Fassadenentwürfe bei.

Schlüter übernahm von Berninis Louvre-Plänen die Kombination aus markanter Risalitbildung und einheitlichem, horizontalem Dachabschluß. Die Übereinstimmungen zeigen sich schön im Vergleich von Berninis Schnitt durch den Innenhof, der am linken und rechten Blattrand zugleich die Körperlichkeit der Außenrisalite veranschaulicht (Abb. 167), und der Ansicht von Schlüters Schloßmodell (Kat. 107, 122), die den nie realisierten Westrisalit ebenfalls von der Seite wiedergibt. In beiden Fällen ist der Risalit so tief, daß seine Flanken durch gekuppelte Halbsäulen und Pilaster gegliedert werden. Auch in seinem dritten Entwurf gliederte Bernini die Hoffassaden durch eine doppelgeschossige Arkadenstellung. Ihr sind nunmehr kolossale Halbsäulen vorgelegt, die anscheinend beim ersten Entwurf noch nicht vorhanden waren (Abb. 162). Eine recht ähnliche Lösung sahen auch Schlüters erste Entwürfe für den Innenhof des Berliner Schlosses vor (Kat. 93), die er aber zugunsten der späteren Lösung verwarf.

Bei allen grundsätzlichen Gemeinsamkeiten, die Schlüters Auseinandersetzungen mit Berninis Louvre-Plänen verraten, gibt es zugleich auch gravierende Unterschiede. Gerade in den Differenzen treten Schlüters Eigenheiten und Anliegen als Architekt besonders zutage. Schlüter ist an Straffung, Konzentration und Zuspitzung gelegen, während Bernini sich für die Wirkung des ungebrochenen Gleichmaßes interessierte.[592] Dies zeigt sich im Innenhof, wo Schlüter schließlich die umlaufende Kolossalordnung beseitigt und sie allein auf die Risalite konzentriert. Rücklagen und Treppenkästen werden deutlich voneinander abgesetzt. Das gleiche Phänomen läßt sich an den Außenseiten beobachten. An der Schloßplatzfassade kulminieren die Ausdrucksmittel – die vollplastischen Kolossalsäulen, das

164 Mattia de' Rossi, Zweiter Entwurf Berninis für den Louvre, Aufriß der Ostfassade, lavierte Federzeichnung, 1664/65

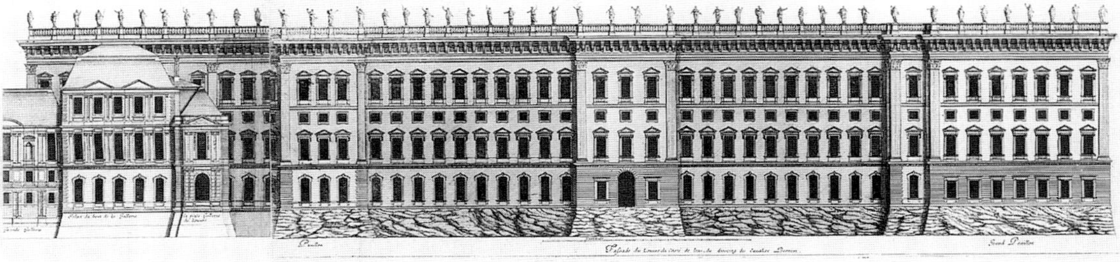

165 Jean Marot nach Gian Lorenzo Bernini, Dritter Entwurf Berninis für den Louvre, Aufriß der Südfassade, Kupferstich, 1665

166 Jean Marot nach Gian Lorenzo Bernini, Dritter Entwurf Berninis für den Louvre, Aufriß der Ostfassade, Kupferstich, 1665

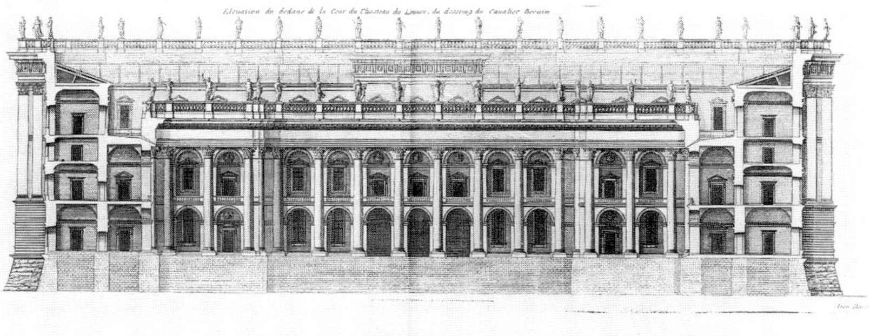

167 Jean Marot nach Gian Lorenzo Bernini, Dritter Entwurf Berninis für den Louvre, Schnitt durch den Hof und Aufriß der östlichen Hoffassade, Kupferstich, 1665

schwere Gebälk und die riesigen Fensteröffnungen – im Mittelrisalit. Bernini dagegen gliedert seine Fassaden jeweils in mehrere Risalite. Die Kolossalordnung wird über alle gleichmäßig verteilt, und es findet allenfalls eine Abstufung in Halbsäulen und Pilaster statt. Das schwere Gebälk schließt sowohl die Risalite als auch die Rücklagen ab und bildet somit ein einheitliches, umlaufendes Band. Die Fenster reihen sich gleichmäßig über die gesamte Länge der Fassade hinweg. Bernini macht in diesem Punkt anders als Schlüter keinen Unterschied zwischen Risalit und Rücklagen.

Weiterhin fällt auf, daß Schlüter die plastische Durchmodellierung des Baukörpers viel konsequenter verfolgt als Bernini. Schlüters Treppenkästen durchbrechen die Schloßflügel mit großer Wucht. Bei Bernini dringen die Mittelrisalite der Süd- und Nordfront an der Hofseite dagegen nicht durch die umlaufende Kolossalordnung. Diese ist stärker. Im Westen und Osten geht er sogar so weit, den Hofflügeln neue nach außen gelegene Trakte vorzublenden. Zwischen Hoffront und Außenfront geht die organische Beziehung verloren, da trennende Binnenhöfe zwischen ihnen liegen und die am Außenbau wirksamen Kräfte nicht mehr bis in den Hof vordringen, der ein Eigenleben führt. Auch mit dem Platz geht Bernini viel verschwenderischer um als Schlüter. Während dieser seine Treppen auf engem Raum in den Mittelrisaliten unterbringt, setzt Bernini kurzerhand vier neue Treppenhäuser in die Ecken des Hofes.

Berninis Gliederung der Außenfassaden unter-

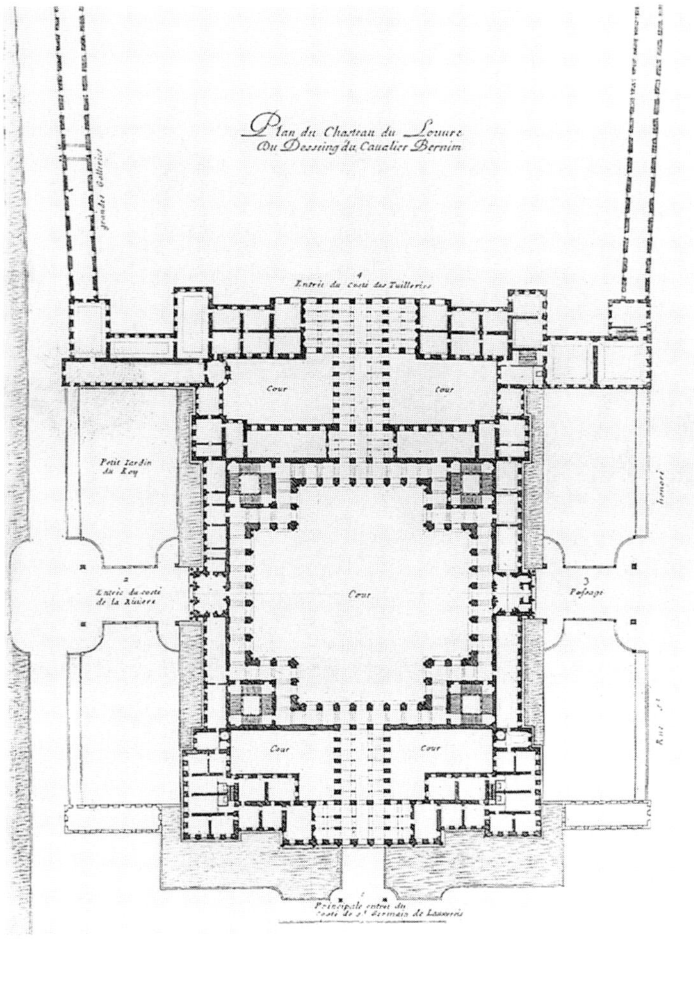

168 Jean Marot nach Gian Lorenzo Bernini, Dritter Entwurf Berninis für den Louvre, Grundriß des Erdgeschosses, Kupferstich, 1665

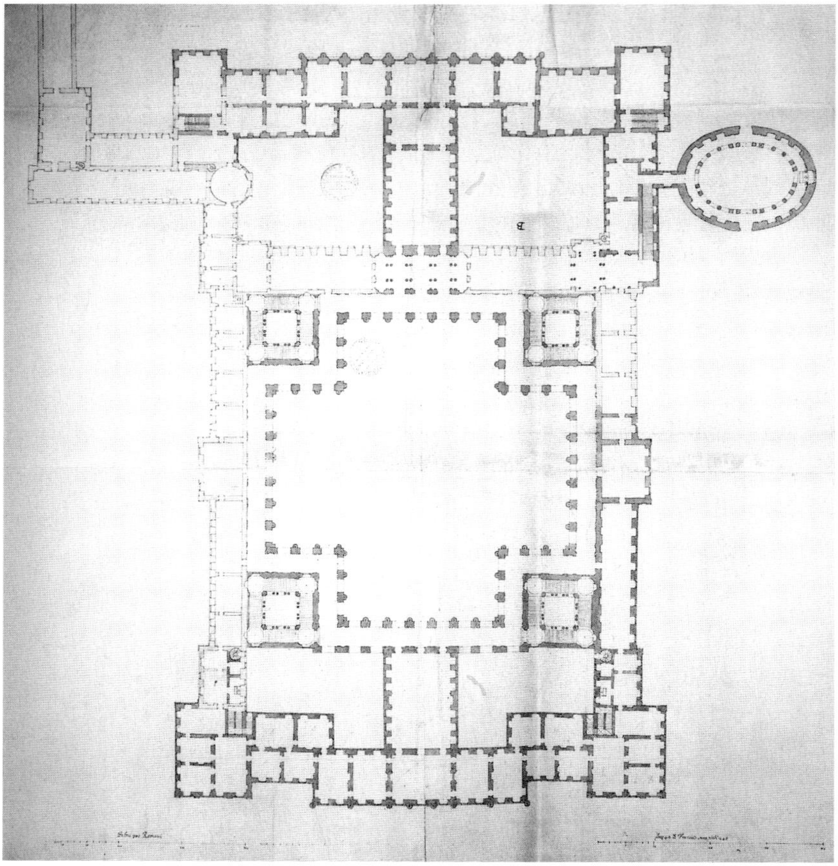

169 Bernini-Werkstatt, Vierter Entwurf Berninis für den Louvre, Grundriß des Erdgeschosses, lavierte Federzeichnung, 1666

170 Paris, Ostfassade des Louvre von Claude Perrault, 1667–1674

scheidet sich ebenfalls in einem ganz entscheidenden Punkt von Schlüters Fassaden. Schlüter ist bestrebt, leere, ungegliederte Wandflächen zu vermeiden. Ein Raster aus horizontalen und vertikalen Linien, das er durch die Schichtung der Wand evoziert, weist jedem Fenster seinen eng begrenzten Rahmen zu. Bei Bernini werden die Wandflächen – vor allem im rustizierten Sockelgeschoß – überhaupt nur durch die Reihung der Fenster gegliedert. Neben und über den Fenstern ist die Wand dagegen ungegliedert, es sei denn, die Begrenzung erfolgt durch eine der Kolossalstützen.

Kurz nach der Grundsteinlegung kehrte Bernini nach Rom zurück. Dort überarbeitete er die Pläne ein weiteres Mal. Im Mai 1666 kam sein Schüler und Gehilfe Mattia de' Rossi nach Paris, um zwei Modelle auf der Grundlage der neuesten Entwürfe, eines aus Holz und eines aus Stuck, anzufertigen. Gegenüber dem dritten Plan nahm Bernini – verglichen mit den früheren Planwechseln – nur geringe Änderungen vor (Abb. 169). Die Fassadenaufrisse und der Grundriß als Großform blieben weitgehend gewahrt. Er vergrößerte lediglich die kleinen Höfe hinter der Westfront, fügte im Nordwesten eine separate Ovalkirche an und scheint insgesamt die Höhe der Flügel reduziert zu haben, denn über den Fenstergiebeln blieb kaum noch Wandfläche stehen.

Ein Jahr blieb de' Rossi in Paris. Als er abreiste, war klar, daß Berninis Pläne nicht umgesetzt werden würden. Von Anfang an hatte man dessen Entwürfe in Frankreich mit Mißtrauen betrachtet. Schon seine ersten beiden Pläne hatte er korrigieren müssen, und noch vor seiner Abreise aus Paris war er zur Rechtfertigung seines dritten Entwurfs aufgefordert worden. Die endgültige Schließung der Cour Carrée um den Osttrakt übernahm erneut Le Vau. Für die Außenfassade gab der König erneut dem Entwurf Claude Perraults den Vorzug, der im Hauptgeschoß zwischen den Risaliten eine Galerie monumentaler gekuppelter Säulen vorsah (Abb. 170). Diese Fassade wurde nun auch realisiert. Sie übte bekanntlich ebenfalls einen großen Einfluß auf Schlüter und Berlin aus. Schlüters Risalite an den Schmalseiten des Hofes beziehen sich in der Aufrißgestaltung des Obergeschosses auf Perraults Formensprache.

Schlüters Ausgangsbedingungen waren ganz andere. Im Vergleich zu Bernini besaß er überhaupt keine Reputation. Letztlich hatte man in Berlin einen Mann zum Hofbildhauer gemacht, dessen polnische Werke kaum jemand kannte. Aber er scheint geradezu traumhafte Bedingungen vorgefunden zu haben, auch wenn er weder als künstlerisches Genie noch als Standesperson behandelt wurde. Seinen Ideen scheint sich niemand ernsthaft in den Weg gestellt zu haben. Die Planungen wurden rasch und zielstrebig umgesetzt. Planwechsel wie die Änderung der Hofgalerien scheint er selbst angeregt und dann auch durchgesetzt zu haben.

Schon im 18. Jahrhundert hat man die Geistesverwandtschaft von Schlüter und Bernini erkannt. In zahlreichen Skulpturen und bauplastischen Arbeiten Schlüters ist der Einfluß Berninis deutlich auszumachen: »Es erhellet wenigstens aus seinen Werken, daß er, sowohl in der Bildhauerey als in der Baukunst, den berühmten Bernini fleißig studirt habe.«[593] Die für Schlüters Werk charakteristischen ausgreifenden Wappenkartuschen, die von Posaune blasenden Ruhmesgöttinnen getragen werden, sind von Bernini angeregt. Während dieser sie allerdings ausschließlich in Innenräumen einsetzte, etwa an der Scala Regia (1663–1666; Abb. 109) oder über dem Eingang von Sant'Andrea al Quirinale, machte Schlüter sie häufig zu einem bestimmenden Element des Fassadendekors. Ausgeführt hat er sie am Lustgartenportal (Abb. 102) und gleich mehrfach in den Paradekammern des Schlosses sowie an der Spreefront der Alten Post (Abb. 28), immerhin geplant am Zeughaus (Abb. 39) und am Risalit des Großen Treppenhauses (Kat. 143). Das Motiv ist in der zeitgenössischen polnischen Architektur nicht selten, so daß es Schlüter zunächst dort rezipiert haben dürfte, vielleicht sogar noch ehe er in Rom die Originale sah. Es findet sich auch an den Gebäuden, an denen er beteiligt war: an der Königskapelle in Danzig (Abb. 2), am Palais Krasiński in Warschau (Abb. 19, 22) und am Schloß Wilanów (Abb. 7) – dort allerdings nach dem Neuarrangement ohne Kartusche. In allen drei Fällen führte Schlüter wohl die Konzeption des jeweils verantwortlichen Architekten aus.

Die Scala Regia, die als Hauptzugang zu den päpstlichen Gemächern diente, beeindruckte Schlüter über das bloße Motiv der von Famen gehaltenen Wappenkartusche hinaus.[594] Bernini hatte es hier mit der aufwendigen Konstruktion einer Serliana auf gekuppelten Säulen kombiniert, die er dann nach oben, in die Tiefe des Raumes hinein, als Kolonnade und geschlossene Tonnenwölbung fortführte (Abb. 109). So entstand am Schnittpunkt zweier Korridore und im Zusammenspiel mit der Darstellung der Vision Kaiser Konstantins eine herrschaftliche Schaufront, die zugleich den feierlichen Auftakt zum Aufstieg in das Palastinnere setzt. Schlüter dürfte das Werk bei seinem Rom-Aufenthalt 1696 eingehend studiert haben, wird es aber schon in Fontanas 1694 erschienenem Buch *Templum vaticanum et ipsius origo* gesehen haben, wo es in Aufriß, Grundriß und Schnitt recht anschaulich publiziert ist.[595] Am Lustgartenportal zitierte Schlüter diese Form am Mittelfenster des Piano Nobile (Abb. 102). Dahinter lag mit dem Rittersaal das Zentrum der neuen Staatsräume. Schlüter übernahm sogar die gekuppelten Säulen und den – wenn auch mit anderen Ornamenten – dekorierten Bogen. Ein Famenpaar präsentierte das große Wappen. Als Säulenordnung mußte

171 Andreas Schlüter und Werkstatt, Borussia vom Risalit des Großen Treppenhauses, rechts Apoll

172 Gian Lorenzo Bernini, Grabmal der Mathilde von Tuszien in St. Peter in Rom, 1633–1637

Schlüter angesichts der Lage im zweiten Stock freilich die korinthische wählen, während Bernini sich für die Ionica entschieden hatte.

In diesem Zusammenhang sei auf ein früheres Projekt Berninis hingewiesen. Seine 1653 entstandenen Entwürfe für den Palazzo Ludoviso auf der Piazza Montecitorio sahen in der Eingangsachse des Mittelrisalits im ersten Stock ebenfalls eine Serliana vor, die durch besagtes Motiv einer von Famen gehaltenen Wappenkartusche bekrönt werden sollte (Abb. 110).[596] Die Analogien zum Lustgartenportal gehen jedoch noch weiter, da Berninis Entwurf vor dem Fenster einen schmalen Balkon vorsah, der von überlebensgroßen Atlanten getragen werden sollte. Diese Atlanten sollten das Eingangsportal flankieren. Schlüter scheint diese so nicht realisierte Planung gekannt zu haben, denn er legte vor die Serliana des Lustgartenportals ebenfalls einen Balkon, der in diesem Fall von Hermenpilastern geschultert wurde.

In Schlüters Bildhauerarbeiten sind zahlreiche Rückgriffe auf Berninis Werk zu erkennen. Nicht immer ging er so weit wie bei seiner Skulptur der Borussia am Risalit des Großen Treppenhauses (Abb. 172), die er geradezu als Paraphrase auf Berninis Statue der Gräfin Mathilde von Tuszien (Abb. 171) ausführte. Tiara und Schlüssel, die diese im linken Arm trug, tauschte Schlüter gegen die preußische Königskrone aus. An die Stelle des Herrscherstabs in der Rechten trat das königliche Zepter. Schlüters Tierdarstellungen in den Erdteilallegorien im Rittersaal (Abb. 145, 146) verweisen in Stil und Ausdruck auf entsprechende Arbeiten Berninis, etwa den Elefanten auf der Piazza della Minerva oder den Löwen am Vierströmebrunnen. Auch die äußerst realistische Wiedergabe von Pflanzenwerk – bei Schlüters Erdteilen etwa die Darstellung des Lorbeerbaums und der Palmen – ist beiden Künstlern eigen. Die abwehrende Armhaltung der Figur des Rio de la Plata am Vierströmebrunnen (Abb. 173) inspirierte Schlüter möglicherweise zur Gestik eines der vier Sklaven am Kurfürstendenkmal (Abb. 29). Auf die Darstellung des Nils mit verhülltem Gesicht griff Schlüter konti-

173 Gian Lorenzo Bernini, Vierströmebrunnen auf der Piazza Navona in Rom, 1648–1651

nuierlich in seinen Afrika-Allegorien zurück (Abb. 146). Die Cathedra Petri wirkte als Vorbild für die Kanzel in der Marienkirche (Abb. 174, 175). Der schwere Corpus wird jeweils ohne Kraftaufwand an Bügeln gehalten, wodurch der Effekt des Schwebenden hervorgerufen werden soll. Eine von Engeln und Cherubinen umgebene Gloriole bildet beide Male die Bekrönung. Berninis Kirchenväter hat Schlüter durch Engel ersetzt, die ihrerseits auf ein anderes Werk Berninis verweisen, nämlich dessen Engel auf der Engelsbrücke. Berninis Papstgrabmäler für Urban VIII. und Alexander VII. lieferten Schlüter motivische Anregungen für die Gestaltung seiner Sarkophage für Sophie Charlotte und Friedrich I., nämlich für die Assistenzfiguren, den schreibenden Tod oder auch die schwere Decke.

Nicht zuletzt ruft Schlüters Desaster, das Münzturmunglück, die Erinnerung an ein Unglück wach, das Bernini sechzig Jahre zuvor mit seinem Glockenturmprojekt für Sankt Peter widerfahren war (Abb. 154).[597] Auch hier führten statische Schwierigkeiten schließlich dazu, daß die Türme abgetragen werden mußten. Fast scheint es so, als habe sich Schlüter mit seinem formalen Rekurs auf Berninis Türme, der in der Gestaltung der oberen Säulengeschosse deutlich hervortritt, auch deren Schicksal eingehandelt. 1641, als gerade das Abschlußgeschoß des Südturms von Sankt Peter in Form eines Holzmodells in Original-

174 Andreas Schlüter, Kanzel in der Marienkirche, 1703

175 Gian Lorenzo Bernini, Cathedra Petri in St. Peter in Rom, 1657–1666

größe aufgesetzt werden sollte, traten Risse in der Fassade und den Turmobergeschossen auf. Schon zwanzig Jahre zuvor hatten sich an dieser Stelle Probleme bei der Fundamentierung ergeben, da der Grund von Wasseradern durchzogen war. Bernini versuchte nun, das oberste Geschoß durch Verringerung seiner Größe leichter zu gestalten. Aber Urban VIII. mißfiel der neue Abschluß so sehr, daß er befahl, ihn abzunehmen. Der tiefgekränkte Bernini verfiel daraufhin in Depressionen. Wie Schlüter Jahrzehnte später mußte er sich der Kritik renommierter Architekten stellen, darunter Borromini sowie Carlo und Girolamo Rainaldi. Daß der Papst am Ende den völligen Abriß des Turms befahl, war für Bernini eine schwere Niederlage.

Nicodemus Tessin d. J. und der Umbau des Stockholmer Schlosses

Der Schwede Nicodemus Tessin d. J. ist ein Beispiel dafür, wie intensiv sich die nordalpinen Architekten mit italienischer und französischer Architektur auseinandersetzten. Der 1654 in Nyköping geborene Tessin unternahm bereits als Neunzehnjähriger seine erste lange Italienreise. Vier Jahre, von 1673 bis 1677, blieb er in Rom und bildete sich im unmittelbaren Umkreis von Gian Lorenzo Bernini und Carlo Fontana im Fach der Architektur weiter.

Aufgrund eines umfangreichen und wohlgeordneten schriftlichen und zeichnerischen Nachlasses sind wir über Tessins Bildungsweg sehr gut informiert. Erhalten blieb sein Tagebuch, dem sich entnehmen läßt, welche Städte er bereiste und welche Gebäude und Kunstwerke ihn dort interessierten.[598] Zahlreiche Studienzeichnungen vor allem italienischer Gebäude und Skulpturen geben Auskunft darüber, was dem jungen Architekten vorbildhaft und der genaueren Autopsie wert erschien.[599] In sein späteres Schaffen in Schweden sind diese Anregungen immer wieder eingeflossen. Neben vielen architektonischen Details finden sich unter den Blättern Nachzeichnungen von bedeutenden Skulpturen wie der Venus von Medici, Farneses Herkules oder Michelangelos Bacchus, aber auch hochpenible Zeichnungen antiker Monumente.[600] Gut dokumentiert ist außerdem seine eingehende Auseinandersetzung mit Bernini. In seinem Nachlaß liegt eine Fülle von Blättern, die er vor Berninis Originalen anfertigte oder von dessen Zeichnungen kopierte. Intensiv beschäftige sich Tessin mit dem Louvre.[601] Ihm verdanken wir, daß Berninis zweiter Louvre-Entwurf überhaupt überliefert ist (Abb. 164).

Die Rückreise von Italien nach Stockholm führte Tessin 1688 nach Berlin. Er suchte die bedeutendsten Bauten der Stadt auf – und tadelte sie.[602] Nachdem er schließlich nach Stockholm zurückgekehrt war, wurde er mit der Renovierung des Königsschlosses betraut, einem heterogenen Konglomerat, das von dem mittelalterlichen Bergfried Tre Kronor überragt wurde.[603] Tessin konzentrierte sich auf die Umgestaltung des Nordtraktes, den er bis zur Höhe der übrigen Flügel aufstockte und sowohl zum Hof als auch zur Stadt hin mit einer genuin römischen Palastfassade versah. Eine Medaille von 1692 und Kupferstiche machten dieses Projekt in Europa bekannt. Eine Modernisierung des gesamten Schlosses war damals noch nicht vorgesehen. Die moderne Fassade hätte die älteren Bauabschnitte lediglich nach einer Seite hin verdeckt.

Schon die Fassadengliederung des Stockholmer Nordtraktes (Abb. 176) unterscheidet sich merklich von der Architektur des Berliner Schlosses. Sie bildet weder zur Stadt noch zum Hof hin Risalite aus, statt dessen findet sich hier das typisch römische Einzelportal, das mit dem darüber liegenden Mittelfenster einen zarten Vertikalakzent setzt. Ganz klar dominiert die Horizontale. Dafür sorgen beispielsweise die durchlaufenden Sohlbank- und Stockwerkgesimse. Schlüter hingegen hatte diesen an seiner Schloßplatzfassade negative Pilaster entgegengesetzt (Abb. 101), die einen eigenen Vertikalakzent formulierten und zugleich dazu beitrugen, die übereinander stehenden Fensterachsen zu vertikalen Bahnen zusammenzufassen. Auch in der Behandlung der Mitte wird der Unterschied zwischen beiden Architekten deutlich: Bei Tessin eine schwächliche, zögerliche Portalachse, die schon das Fenster im obersten Geschoß gestalterisch nicht mehr zu beeinflussen vermag, bei Schlüter das dröhnende, überdimensionierte Triumphportal mit seinen kolossalen Vollsäulen. Dasselbe Bild bietet die rückwärtige Hoffassade, wo Tessin das Mittelportal allein durch eine reiche skulpturale Umrah-

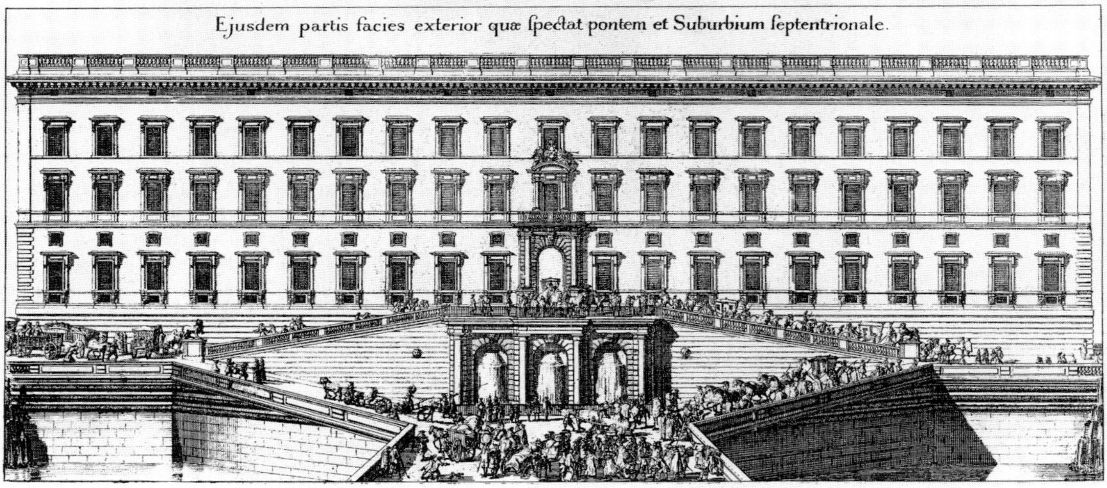

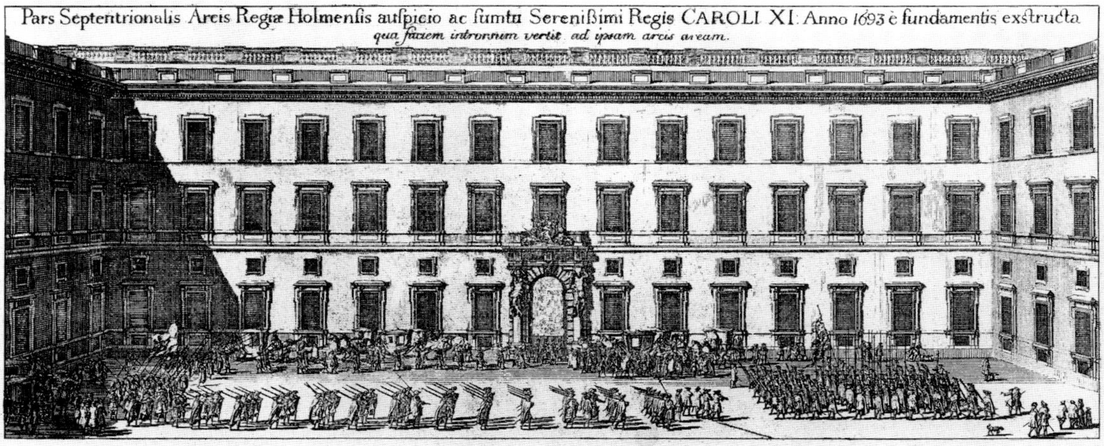

176 W. Swidde, Nordfassade des Stockholmer Schlosses, Radierung

177 W. Swidde, nördliche Hoffassade des Stockholmer Schlosses, Radierung

mung akzentuiert (Abb. 177, 179). Es ist ausgeschlossen, daß der Architekt dieses Portals derjenige ist, der am Berliner Schloß die Hofrisalite entwarf.

Johann Friedrich Eosander, Schlüters Nachfolger im Amt des Schloßbaudirektors, würdigte im 1720 erschienenen Band des *Theatrum Europaeum* Tessins Umbau des Stockholmer Schlosses. Dabei konzentrierte er sich auf den Nordflügel, auf die Stadt- wie auf die Hoffassade (Abb. 176, 177): »Obgleich Ihro Königl. Majest. von Schweden stets mit Krieges-Geschäfften überhäuffet und noch über dem ausser seinem Königreiche so viele Jahre her den Kriege geführet so gedachten sie dennoch wie Ihro Residenz als das Königl. Schloß in Stockholm möchte ausgebauet werden und liessen Befehl an dero Sur-Intendanten und Königl. Hoff-Marschal dem Baron von Tessin ergehen den Schloß-Bau bestens zu continuiren; als nun dieses Schloß ganz neu erbauet und von einem sehr berühmten Architecto entworffen worden als wird denen von der Civil

178 Stockholm, Ansicht des Königlichen Schlosses von Nordwesten

179 Stockholm, nördliche Hoffassade des Königlichen Schlosses

Bau-Kunst Liebhabern und Kennern der Dessein der einen Seiten gegen Norden welcher gantz auffgeführet ist hiemit communiciret. Es ist zwar simple aber sehr regulier, und nach der Antiquen ihrer Genie angeordnet welcher die Simplicität in der Architectur, für eine Majestätische Pracht geschätzet. Man siehet an diesem prächtigen Gebäude gar keine verkröpffete Pilastren, nach Colonnaden, nach Frontispicen, aber dahingegen fällt die gantze Ordonance und ihre Schönheit mit eins ins Gesichte. Das innerste Portail wird fürnemlich eine der kostbahresten in der Welt dann der an denselben stehende Hercules nebst der Minerva, so über dem Portal sitzen sollen von Bronze gegossen werden; an dem inwendigen Bau wird auch nichts gespahret und sind die Königl. Logimenter nebst der Gallerie von so guten Gusto und so kostbahr ordiniret als man jemahlen was in der Welt gesehen hat.«[604]

Eosanders Lob der Stockholmer Residenz enthält implizit, aber deutlich vernehmbar eine Kritik an Schlüters Architektur des Berliner Schlosses. Insbesondere ein Satz scheint direkt auf Schlüter gemünzt: »Man siehet an diesem prächtigen Gebäude gar keine verkröpffete Pilastren, nach Colonnaden, nach Frontispicen, aber dahingegen fällt die gantze Ordonance und ihre Schönheit mit eins ins Gesichte.« Verkröpfte Pilaster und Kolonnaden gab es in Berlin vor allem im Kleinen Schloßhof (Abb. 111). Mit den »Frontispicen« meint Eosander womöglich gar allgemein Risalite. Jedenfalls lassen sich angesichts dieser Kritik die Schmalseitenrisalite am Berliner Schloß auch in ihrer ersten, von Broebes überlieferten Form (Kat. 93) keinesfalls Tessin zuschreiben. Der strukturelle und stilistische Unterschied zwischen ihnen und den Risalitlösungen in Tessins Œuvre ist zu auffällig.

Tessin war ein kosmopolitisch geprägter Künstler und ein versierter Architekt. Sein Wirken am Stockholmer Schloß machte ihn in Europa berühmt und begehrt. Auch in Berlin zog man ihn zu Rate, als es um ein Treppenhaus für Schloß Charlottenburg ging.[605] Doch dann brannte im Mai 1697 das Stockholmer Schloß nieder, und Tessin fiel hier die Aufgabe seines Lebens zu. Bereits einen Monat nach dem Brand hat Tessin die Entwürfe für einen vollständigen Neubau unter Einbeziehung des erhaltenen Nordtrakts vorgelegt und diese genehmigt bekommen (Abb. 180). Fraglos begriff er den Brand als willkommene Gelegenheit, den ungeliebten Altbaubestand ganz zu beseitigen. Die daraufhin anlaufenden Arbeiten konzentrierten sich aber zunächst auf die Instandsetzung des Nordtraktes sowie den überaus aufwendigen Abbruch der Schloßruine. Während dieser Zeit arbeitete Tessin die einzelnen Fassadenentwürfe aus. Erst 1704 waren die Planierungsarbeiten des Baugeländes abgeschlossen. Eosander, der 1703/04 in Stockholm war, hat nur den Nordflügel

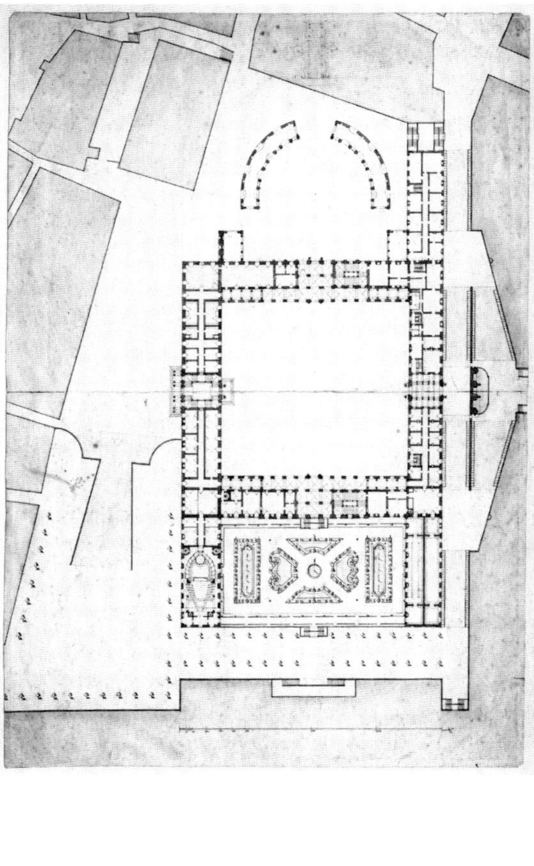

180 Nicodemus Tessin d. J., Entwurf für den Grundriß des Erdgeschosses des Stockholmer Schlosses, lavierte Federzeichnung, 1697

gesehen.[606] Bis 1707 waren der Ost- und der Westflügel erst bis zum ersten Stock aufgemauert. Wegen der Verwicklung Schwedens in den Nordischen Krieg gegen Rußland und der vernichtenden Niederlage Karls XII. in der Schlacht von Poltawa wurden dann 1709 die Bauarbeiten für viele Jahre ganz eingestellt. Der Osttrakt umfaßte damals zwei Geschosse, Süd- und Westflügel nur die Höhe des Erdgeschosses. Erst 1723 konnten die Arbeiten wieder aufgenommen werden. Die Vollendung des Baus erfolgte 1754. Im Vergleich dazu läßt sich der enorme Kraftakt ermessen, den man in Berlin mit dem Umbau und der Erweiterung des Schlosses vollbrachte. Man benötigte gerade einmal achtzehn Jahre, von 1698 bis 1716, bis der riesige Komplex, bestehend aus zwei Höfen, vollendet war. In Stockholm waren es 57 Jahre. Und auch in Paris war der Bau des Louvre wegen der Hinwendung Ludwigs XIV. nach Versailles nur langsam vorangeschritten.

Zwar bildete Tessin bei seinen neuen Fassadenentwürfen nunmehr überwiegend Risalite aus – an der Nordfassade hatte er sich noch auf eine Portalachse im Erdgeschoß beschränkt –, doch diese wirken, als seien sie der eigentlichen Wand nur vorgeklebt. Im Grundriß treten sie kaum in Erscheinung (Abb. 180). In diesem Punkt ist ihnen allein Schlüters gänzlich flach gehaltener Lustgartenrisalit vergleichbar, während seine anderen Risalite am Berliner Schloß vollplastisch aus dem Fassadenverband hervortreten. Auch im Aufgehenden ist Tessins Werk ganz anders. Während Schlüter bestrebt war, mit sämtlichen Risaliten deutliche Vertikalakzente gegen den horizontalen Fluß der Rücklagen zu setzen, agierte Tessin eher unentschieden. Sein Risalit der Südfassade etwa besitzt nicht die vertikale Kraft, die gesamte Fassadenhöhe zu ergreifen. Dort, wo das oberste Stockwerk ansetzt, endet der Risalit bereits und bildet seine Attika aus. So herrschen trotz der Kolossalsäulen die Horizontalkräfte vor. An der Westfassade, wo der Hauptzugang zum Schloß liegt, breitet sich ein neunachsiger Risalit aus (Abb. 181), so daß schon allein aufgrund dieser Ausdehnung die Horizontale überwiegt. Der weit in die Länge gezogene Risalit löste sich vom eigentlichen Eingangsbereich, den Tessin deshalb auf römische Manier nochmals als einachsige vorspringende Portalkonstruktion markierte. Die Hoffront des Ostflügels, die man beim Betreten des Hofes vom Westeingang her zuerst in den Blick nahm, zeichnete er ebenfalls durch einen neunachsigen Risalit aus. Trotz der jetzt im Sinne einer Effektsteigerung angewandten Kolossalpilaster dominieren auch hier die Horizontalkräfte. Letztlich will Tessin die Gegensätze vermeiden, die Schlüter geradezu sucht.

Sicherlich liegen dem Berliner und dem Stockholmer Schloß (Abb. 179) unterschiedliche Maßverhältnisse und Proportionen zugrunde. Der Hof des Stockholmer Schlosses weist 15 × 17 Fensterachsen

181 Stockholm, Westfassade des Königlichen Schlosses

auf, der des Berliner Schlosses dagegen 11 × 17. Tessin versuchte gar nicht erst, die sich dem Quadrat nähernde Form des Hofes in Spannung zu versetzen. Es dürfte aber, nach allem, was wir gesehen haben, auch nicht sein Anliegen gewesen sein. Schlüter kamen dagegen die gedrängten Proportionen des Schloßhofes, die die Vorgängerbauten vorgaben, gerade recht (Abb. 111). Indem er die Risalite als selbständige Körper förmlich gegen den Hof anrücken ließ, verstärkte er noch das subjektive Gefühl der Enge, und die umlaufenden zweigeschossigen Galerien, die vor die eigentlichen Hofwände gestellt waren, verkleinerten den vorhandenen Raum zusätzlich. Der Besucher fühlte die Risalite auf sich zukommen. Er fand sich in eine unruhige Raumsituation versetzt, die nicht eben zum Verweilen einlud. Ganz anders dagegen, nämlich in ausgeglichener Gelassenheit, umfängt der Hof des Stockholmer Schlosses die Menschen.

Als Eosander, der Schlüter indirekt kritisiert hatte in seiner Beschreibung des Stockholmer Schlosses, 1707 selbst Schloßbaudirektor in Berlin wurde, konnte er seine Auffassung von Architektur in baulicher Gestalt direkt derjenigen Schlüters entgegensetzen. Seine Lösung für den äußeren Schloßhof steht der Architektur Tessins nahe, womit sich der Kreis schließt. Es ist aufschlußreich zu beobachten, daß Eosander in der Gestaltung der Hoffassaden auf die Ausbildung von Risaliten und Kolonnaden verzichtete. Statt dessen rahmte er die jeweiligen Portalachsen durch eine Superposition der Ordnungen und schloß sie durch einen Giebel ab (Abb. 182). Dabei ist für den Stil Eosanders bezeichnend, daß er den Giebel vor das Mezzaningeschoß setzte und ihn somit in den großen Fassadenverband einband. Ähnlich war Tessin an der Südfassade des Stockholmer Schlosses mit der Attika des Risalits verfahren. Dominierende Vertikalakzente, wie Schlüter sie in seinem Schloßhof gesucht hatte, vermied Eosander. Das gleiche gilt sogar für den großen Risalit an der Schloßfreiheit, der sich als Triumphtor stark plastisch aus dem Fassadenverband herauslöst.

Der typologisch-stilistische Vergleich offenbart, daß die Risalitbildung im Kleinen Hof des Berliner Schlosses nicht auf Tessin zurückgehen kann. Diese Risalite, die ein wesentliches Charakteristikum des Schloßmodells (Kat. 107, 122) darstellen, sind ganz allein Schlüters Erfindung. Diese Auffassung wird durch den Blick auf weitere Schloßbauprojekte Tessins nochmals bestätigt. 1693, als am Stockholmer Schloß noch an der Ausstattung des Nordflügels gearbeitet wurde, erhielt Tessin vom dänischen König Christian V. den Auftrag für Schloß Amalienborg in Kopenhagen.[607] 1697 sandte der Baumeister ein großes Schloßmodell dorthin. Realisiert wurde es nicht. Wie die Entwürfe für das Stockholmer Schloß sind auch die Amalienborger Pläne annähernd gleichzeitig mit den Umbauplänen für das Berliner Schloß entstanden. Vergleicht man in beiden Fällen die Risalitbildung in den Höfen, so wird erneut deutlich,

182 Berlin, Portalrisalit in der Nordwestecke des Großen Schloßhofes

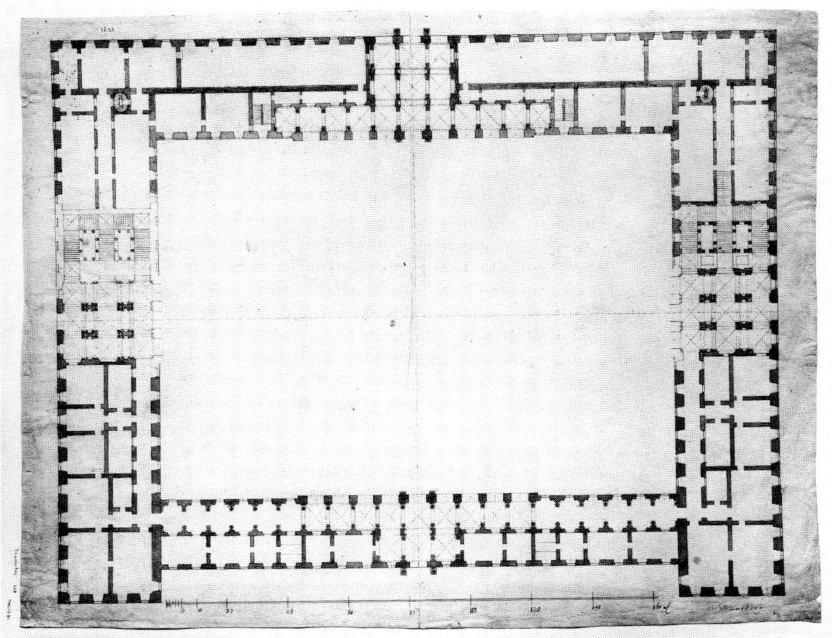

183 Nicodemus Tessin d. J., Entwurf für die Hauptfassade von Schloß Amalienborg in Kopenhagen, Kupferstich, 1693/1697

184 Nicodemus Tessin d. J., Entwurf für den Grundriß des Erdgeschosses von Schloß Amalienborg in Kopenhagen, lavierte Federzeichnung, 1693/1697

185 Nicodemus Tessin d. J., Entwurf für die Hoffassade des rechten Seitenflügels von Schloß Amalienborg in Kopenhagen mit Schnitt durch das Corps de Logis und die Hofgalerie, lavierte Federzeichnung, 1693/1697

daß die Berliner Risalite in keinem Fall von Tessin stammen können. Anders als am Stockholmer Schloß wagte Tessin in Amalienborg zwar Risalite, die das Abschlußgesims der Fassade durchbrechen und mit einer Balustrade abschließen (Abb. 183, 185), und die Risalite der Seitenflügel erscheinen aufgrund ihrer Dreiachsigkeit den Schlüterschen Risaliten am Berliner Schloß zunächst ähnlich, weil hier tatsächlich die Vertikalkräfte dominieren. Doch während die Berliner Risalite als dreidimensional durchgebildete Körper aus dem Fassadenverband hervorspringen, lösen sie sich in Amalienborg nur ganz sachte und kaum merklich aus der Fassadenflucht (Abb. 184) und sind darin den Risaliten am Stockholmer Schloß sehr ähnlich.

Schlüter kamen vorspringende Risalite nicht nur ästhetisch entgegen. Er bildete sie gleichzeitig als Treppenkästen aus, in denen er seine eigenwilligen, sich durch schmale Korridore nach oben windenden Treppenläufe unterbrachte. Solche verwinkelten, unüberschaubaren Konstruktionen – von keinem Punkt aus gewinnt man einen Überblick über den gesamten Verlauf der Treppenanlage – sind Tessin völlig fremd. Für Amalienborg und Stockholm entwickelte er jeweils seitlich der Durchfahrten große Treppenhäuser, in denen zweiläufige Treppen mit gemeinsamem Antrittsarm nach oben führten (Abb. 180, 184). Eine vergleichbare Treppe ordnete Eosander seitlich von Portal III als Zugang in den Weißen Saal an (Kat. 198). Indem Schlüter Risalit, Zufahrt und Treppenhaus in eins fallen ließ, zwang er sich zwar zu einer überaus komplizierten Anordnung der Treppenläufe, erreichte zugleich aber einen höheren Grad an Symmetrie.

Die Reise Johann Bernhard Fischers von Erlach nach Berlin im Jahr 1704

In der Einleitung zur zweiten Auflage seiner Fischer-Monographie schrieb Sedlmayr 1976: »An künstlerischer Begabung und Tiefe steht Schlüter gewiß nicht hinter Fischer zurück. An bildhauerischer Kraft und an tragischen Möglichkeiten übertrifft er ihn. In einem aber überragt Fischer Schlüter: er ist nicht nur ein großer Künstler und tiefer Geist wie jener auch, sondern er ist der Mann des Schicksals für die werdende neue deutsche Baukunst geworden und, da die Baukunst nun die Führung aller Künste übernimmt, für die deutsche Kunst dieses Zeitalters überhaupt. Mit Fischer übernimmt Österreich die Führung bei der Entstehung jener Strömung des deutschen Barock, die berufen war, zwischen allen anderen zu vermitteln und sie zu verbinden.«[608] Sedlmayr geht also von einer lenkenden Rolle Wiens aus. Die Rea-

186 Johann Ulrich Kraus nach Johann Bernhard Fischer von Erlach, Ausführungsentwurf von Schloß Schönbrunn, Radierung, 1700

lität, soweit sie sich anhand des überlieferten Quellenmaterials erfassen läßt, sieht freilich anders aus.

Berlin übte seit der Krönung Friedrichs III. zum König in Preußen im Jahr 1701 eine wachsende Ausstrahlung auf auswärtige Architekten aus. Fischer von Erlach übersandte noch im selben Jahr einen Kupferstich des »Königl. Lustgebeu, so under meiner geringen Direction schon meistentheils auffgebauet worden« an Friedrich I. (Abb. 186).[609] Mit dem erwähnten Lustgebäude ist der Ausführungsentwurf von Schloß Schönbrunn gemeint, den Fischer seit 1696 für Joseph I. realisierte.[610] Die konkrete Auswirkung des Kupferstichs, der sich in Berlin übrigens nicht erhalten hat, dürfte jedoch eher gering gewesen sein. Schlüter hatte sein Modell für den Umbau des Berliner Schlosses (Kat. 107, 122) bereits im Verlauf des Jahres 1698 vorgestellt. Im Herbst 1698 war mit dem Bau begonnen worden. Änderungen aufgrund des Schönbrunn-Entwurfs gab es keine, dafür waren auch die Bauaufgaben – Stadtresidenz auf der einen, ländliches Lustschloß auf der anderen Seite – zu unterschiedlich.[611]

1704 unternahm Fischer eine Studienreise nach Berlin. Der Kaiser empfahl seinen Architekten: »Nachdem uns unser hofingenieur, auch des reiches lieber getreuer Johann Bernhard Fischer alleruntertänigst zu vernehmen gegeben, wasmaßen er ein sonderbares verlangen habe, Euer Liebenden hof und berühmte gebäue, auch andere in seine profession laufende sehenswürdige sachen zu besichtigen, haben wir ihm nicht allein gerne erlaubt, eine reise dahin zu tun, sondern ihn auch mit gegenwärtigem schreiben begleiten wollen. Euer Liebdem freundoheimb- und brüderlich ersuchend, Sie wollen demselben gestatten, solcher seiner nicht unlöblicher curiosität ein genügen zu leisten und die güte für ihn haben, zu verordnen, daß demselben hierunter einige facilität erwiesen oder sonst mit nötiger Anleitung willfährig an hand gegangen werden möge.«[612] In diesem Brief klingt nicht mehr, aber auch nicht weniger als das Interesse Fischers an Berlin und seiner neuesten Architektur an. Er ist ein Zeugnis für die Strahlkraft der jungen Königsmetropole. In Fischers späterem Werk hat der Besuch dezente Spuren hinterlassen.

Fischer erarbeitete während seines Aufenthaltes in Berlin Pläne für ein königliches Lustschloß (Abb. 187).[613] Der Entwurf zeigt eine reduzierte Variante seines bereits fünfzehn Jahre zuvor vorgelegten ersten Vorschlags für ein Jagdschloß in Schönbrunn, der dem Ausführungsentwurf (Abb. 186) voranging. Das Schloß selbst liegt auf mächtigen Substruktionen. An den blockhaften Corps de Logis schließen halbkreisförmig ausschwingende Seitenflügel an, die

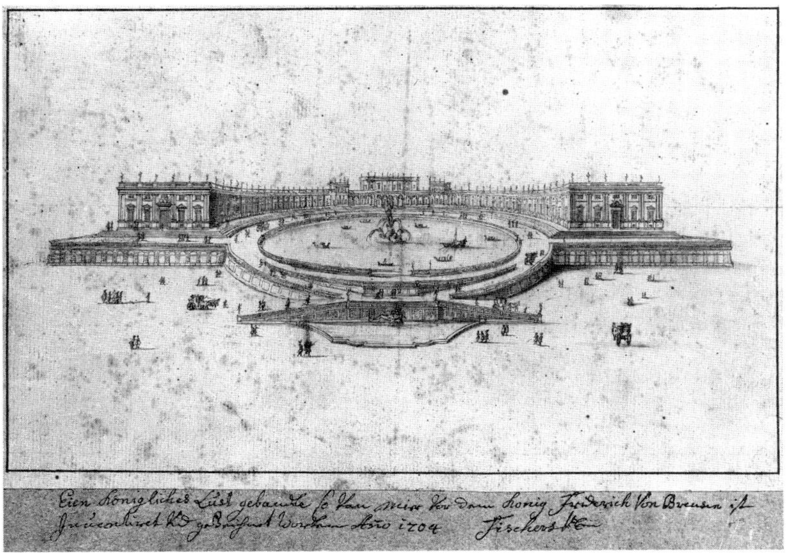

187 Johann Bernhard Fischer von Erlach, Entwurf für ein Lustgebäude für König Friedrich I., lavierte Federzeichnung, 1704

ein großes, schiffbares Becken umschmiegen. Als Standort sah Fischer wohl Schöneberg vor, denn auf einer der vorbereitenden Skizzen findet sich die Bezeichnung »schemberg«. In Schönbrunn hatte Fischer die ungewöhnliche Berglage auch wegen der damit verbundenen Aussicht über die Stadt Wien favorisiert. Ähnliche Überlegungen mögen sein Augenmerk auf Grundstücke in Schöneberg gelenkt haben, denn von dort hätte der König den Blick über seine Residenzstadt Berlin genießen können. Wahrscheinlich ging die Initiative für das königliche Lusthaus aber allein von Fischer aus, vielleicht war der Entwurf der Dank für die ihm erwiesene Gastfreundschaft. Das Projekt taucht ansonsten nirgendwo auf.

Daß Fischer hoffen konnte, in Berlin seine grandiose Idee eines Bergschlosses in Stein umzusetzen, ist wenig wahrscheinlich, zumal nach dem Tod Sophie Charlottes im Jahre 1705 Friedrichs Aufmerksamkeit ganz auf den Weiterbau von Schloß Charlottenburg gerichtet war. Sowohl Schönbrunn I als auch Schöneberg blieben ungebaut. Der Lusthausentwurf für Friedrich I. war in erster Linie ein neuerlicher, wenn auch erfolgloser Versuch, eine persönliche Lieblingsidee zu verwirklichen. Nicht einmal ein Jahrzehnt war es her, da hatte der Hof in Berlin intensiv nach einem auswärtigen Architekten gesucht und vergeblich um den in Wien tätigen Architekten Domenico Martinelli geworben. Jetzt erhielt nicht einmal der berühmte kaiserlich-königliche Architekt Fischer einen Auftrag. Um 1700 strahlten die Wiener Ideen nicht mehr nach Berlin aus, statt dessen, so ist schon lange erkannt worden, weist der Aufriß der seitlichen Risalite von Fischers Palais Clam-Gallas in Prag (Abb. 188), errichtet von 1713 an, eine formale und strukturelle Bindung an Schlüters Werk auf.[614] Wie bei Schlüters Lustgartenrisalit (Abb. 102) sind die Portal- und Fensteröffnungen zu einer vertikalen Einheit zusammengefaßt, wie in Berlin wird das Mittelgeschoß durch eine dreigeteilte Fensteröffnung mit geradem Gebälk aufgebrochen, und darüber setzt die ebenfalls dreiteilige Serliana an.

Anleihen an Schlüters Werk zeigen sich auch am Palais Trautson (Abb. 189).[615] So dürfen die Schlußsteine mit den Prunkhelmen über den Erdgeschoßöffnungen des Mittelrisalits als eine Anregung von Schlüters weit anspruchsvoller gearbeiteten Helmen an der Außenfassade des Zeughauses aufgefaßt

188 Johann Adam Delsenbach nach Johann Bernhard Fischer von Erlach, Hauptfassade des Palais Clam-Gallas in Prag (1713–1719), Radierung, 1721

werden. Fischer geht sogar so weit, im Hof Schlußsteine mit den Masken Sterbender Krieger einzusetzen, wodurch die Analogie zum Berliner Zeughaus noch deutlicher wird. Auffallend am Palais Trautson ist ferner die Gestaltung der Seitenportale am Mittelrisalit, die Fischers Auseinandersetzung mit Schlüters Schloßplatzrisalit (Abb. 89), den er ja 1704 während seines Berlin-Besuches im Original studieren konnte, verrät. Schlüters seitliche Portalumrahmungen wirken, als seien sie vor eine größere Wandöffnung gestellt. Diesen Effekt ruft das Oberlicht über dem ausladenden, gerade geführten Portalgesims hervor, das auf jegliche ausgearbeitete Rahmung verzichtet und sich dadurch einer artifiziellen Beherrschung scheinbar entzieht. Vergleichbar verfährt Fischer. Er setzt seine Portale in lichte, aus der rustizierten Wand herausgeschnittene Arkadenöffnungen, ohne daß sie die Öffnung füllen könnten. Die Abstände seitlich des Portals bis zum Gewände der Arkade werden durch Mauerwerk gefüllt, über dem Dreiecksgiebel öffnet sich, vergleichbar der Lösung Schlüters, das offene Oberlicht. Allerdings ist bei beiden Künstlern, bei Fischer sicherlich noch stärker als bei Schlüter, eine Beschäftigung mit Palladio zu berücksichtigen, etwa mit dessen Palazzo Iseppo Porto in Vicenza.

In der konkav eingezogenen Balustrade über der Mittelachse des Berliner Lustgartenportals, die der Stich Deckers zeigt (Kat. 141), hat man den Einfluß Fischers gesehen.[616] Sie wurde womöglich sogar ausgeführt, später jedoch einer geraden Attika geopfert. Dieses Motiv ist allerdings wenig aussagekräftig, und so kann man hier nicht von einem grundsätzlichen Einfluß sprechen. Markanter erscheint da das Motiv der aufgesockelten Kolossalsäulen vor der Fassade der Salzburger Dreifaltigkeitskirche[617] (ab 1694), das an Schlüters Schloßplatzrisalit erinnert, auch wenn dieser monumentaler und gewaltiger ausfiel. Trotz des schwer lastenden und durchgehenden Gebälks sollte man nicht übersehen, daß Schlüter die eigentliche Mittelachse regelrecht aufriß und nur horizontale Streifen in Höhe der einzelnen Etagen übrig ließ. Fischer beließ das Mauerwerk zwar weitgehend intakt, entschloß sich jedoch dazu, das Gebälk in der Mitte zu sprengen.

Schlüters Risalit des großen Treppenhauses (Abb. 130) und Fischers Risalit in seinen Lusthausentwürfen (Abb. 190–193) sind außergewöhnliche Architekturen. Vielleicht sind Fischer und Schlüter sich künstlerisch niemals so nahe gekommen wie hier. Fischers letztgültige Fassung eines Lustgartengebäudes, die er in seiner *Historischen Architektur* publizierte (Abb. 190), weist im konvex hervortretenden Mittelrisalit eine Gliederung aus Kolossalpfeilern auf, in die im Erdgeschoß eine kleine Säulenordnung mit durchgehendem Gebälk eingestellt ist.[618] Damit steht der Entwurf deutlich unter dem Einfluß von Michelangelos Fassade des Konservatorenpalastes (Abb. 16). Er ist ein wichtiges Zeugnis für die Rezeption der Architektur Michelangelos im

189 Wien, Hauptfassade des Palais Trautson, 1710–1716

190 Johann Adam Delsenbach nach Johann Bernhard Fischer von Erlach, Entwurf für ein Lustgartengebäude, Radierung, 1721

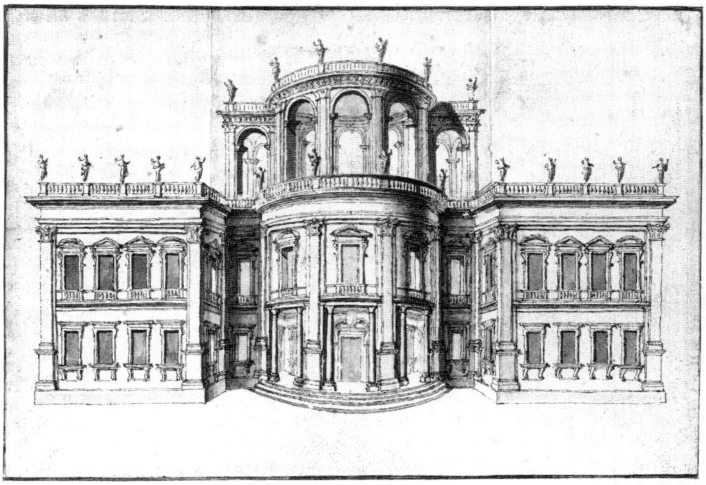

191 Römisch, Entwurf für ein Lustgartengebäude, lavierte Federzeichnung, um 1680

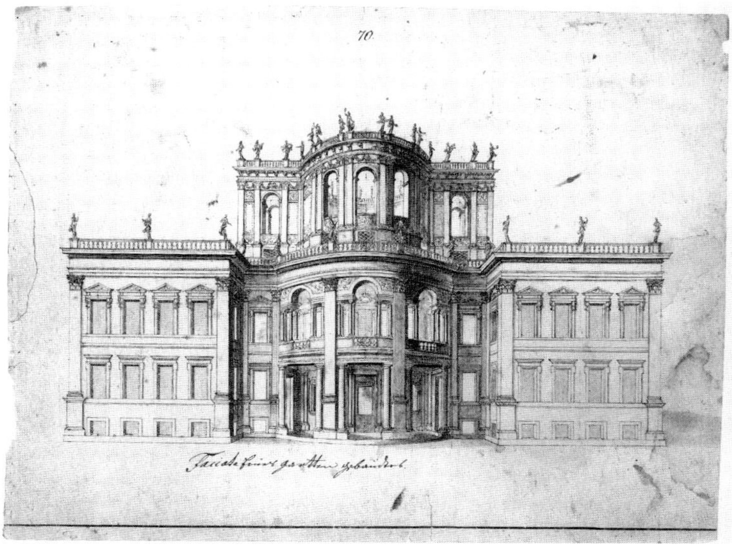

192 Johann Bernhard Fischer von Erlach, Entwurf für ein Lustgartengebäude, lavierte Federzeichnung

193 Johann Bernhard Fischer von Erlach, Entwurf für ein Lustgartengebäude, lavierte Federzeichnung

ausgehenden 17. Jahrhundert und steht damit an der Seite von Schlüters Risalit des Großen Treppenhauses. Wir haben es hier mit großer Wahrscheinlichkeit mit einem Parallelphänomen zu tun, dessen gemeinsame Wurzeln in Rom zu vermuten sind.[619] Eine gegenseitige Beeinflussung ist dagegen eher unwahrscheinlich, zumal die Erfindung des Typus »Lustgartengebäude«, auf dem Fischers Entwurf rekurriert, unmittelbar im Umkreis Berninis oder dessen Nachfolge anzusiedeln ist (Abb. 191).[620]

Fischer hat sich bei den Entwürfen für ein Lustgartengebäude so eingehend mit dem Problem von Stütze und Last auseinandergesetzt wie sonst selten in seinem Werk. Im römischen Entwurf waren die Kolossalpilaster noch vor schmale Wandstreifen gesetzt (Abb. 191). Dies entspricht Schlüters Lösung für die beiden oberen Geschosse beim Risalit des Großen Treppenhauses. In Fischers Agramer Entwurf werden dann Pilaster und Wand eins, das heißt, die Pilaster mutieren zu Pfeilern (Abb. 192). War bei dem römischen Entwurf im oberen Geschoß innerhalb der Kolossalordnung seitlich der Fensteröffnungen noch Füllwand übriggeblieben, so löste Fischer diese Wand nun mittels einer Serliana auf. Fischer griff also auf ein genuin bernineskes Motiv zurück, das allerdings im römischen, Bernini zugeschriebenen Urentwurf des Lustgebäudes noch gar nicht vorkam. Bei seinem endgültigen Entwurf für die *Historische Architektur* kam Fischer auf diesen Urentwurf insofern zurück, als er die Pfeiler aufgab und wieder Pilaster vor schmale Wandstreifen setzte (Abb. 190). Die Serliana behielt er bei.

Vor allem der Aspekt der Gerüsthaftigkeit, die von Michelangelo inspirierte Skelettbauweise, sind es, die die Risalite Fischers und Schlüters miteinander verbinden. Beide verzichten auf nahezu jegliches Füllmauerwerk. Vor diesem Hintergrund ist es unerheblich, daß sich der Risalit am Lustgartengebäude konvex nach vorne wölbt und beide Risalite sich in der Gliederung ihres Aufrisses auch wieder unterscheiden. Das Eigenwillige an Schlüters Treppenhausrisalit besteht darin, daß er das Aufrißsystem des Konservatorenpalastes in den oberen Geschossen wiederholt, es also in doppelter Form übereinander präsentiert. Darin zeigt sich der kreative Umgang Schlüters mit dem überlieferten Vokabular. Sollte Schlüter die Lusthausentwürfe gekannt haben, so dürfte ihm bewußt gewesen sein, daß diese wiederum eine Derivation von Berninis erstem Louvre-Entwurf darstellten (Abb. 163) und somit auch königlich konnotiert waren.

Fischer konnte sein Lustgebäude in dieser radikalen Form nicht verwirklichen. Es blieb auf dem Papier. Sein um 1688 entstandenes Projekt für Jo-

hann Adam Andreas Fürst Liechtenstein (Abb. 193) wurde bald zugunsten des erheblich konventionelleren Entwurfs von Domenico Egidio Rossi und Domenico Martinelli aufgegeben. Fischers Fassade der Kollegienkirche in Salzburg (Abb. 194), die sich wegen ihrer konvex vorbauchenden Eingangshalle prinzipiell mit seinem Lustgebäude vergleichen läßt, fehlt die tektonische Stringenz, die das Lustgebäude auszeichnet. Die Geschosse innerhalb der Kolossalordnung sind nicht mehr klar durch ein Gebälk getrennt, die Füllwand gewinnt wieder stärker an Bedeutung, die Einzelformen sind teigiger.

Teigige Formen, die für Fischer typisch sind, vermeidet Schlüter. Die amorphen, unter der Last des Balkons zerquellenden Konsolen, die Fischer am Portal des Stadtpalastes des Prinzen Eugen einsetzt, sind in Schlüters Œuvre undenkbar. Auch verwendet er an Balkonen und Galerien niemals Balustraden aus Stein, sondern feine filigrane Eisengitter. Die steinerne Balustrade ist bei ihm allein der Dachzone vorbehalten.

Im Vergleich zu Fischers Palastbauten fällt vor allem auf, mit welcher Kraft Schlüter am Schloß die Portale gestaltete. Hier wird der gesamte Risalit zum Ausdruck des Eingangs, und zwar über alle Geschosse hinweg. Dies unterscheidet ihn wesentlich von Fischers Palästen, wo sich meist – typisch römisch – im Erdgeschoßbereich eine Portalkonstruktion aus dem Mauerverband löst. Hier dürfte sich allerdings auch bemerkbar machen, daß das kurfürstlich-königliche Residenzschloß die Palais adliger Auftraggeber an Rang weit übertraf. Schlüter geht aber auch weiter als Tessin, an dessen Stockholmer Schloß sich ebenfalls nach wie vor das aus dem römischen Palastbau herrührende skulptural gestaltete Einzelportal findet (Abb. 179).

Auch in den Bauaufgaben, die ihnen anvertraut waren, unterscheiden sich Schlüter und Fischer erheblich voneinander. Soweit wir wissen, fehlt bei Schlüter völlig die Beschäftigung mit dem Sakralbau, sieht man einmal von seiner Mitarbeit an der Danziger Königskapelle ab. Überhaupt fällt der Katalog seines architektonischen Werkes insgesamt weitaus weniger umfangreich aus als derjenige Fischers. Mit dessen weitreichender Tätigkeit für den Wiener Adel kann Schlüter quantitativ nicht mithalten, da diese bedeutende Auftraggeberschicht in Berlin um 1700 weniger ins Gewicht fiel. Ein derart umfassendes und prestigeträchtiges Projekt, wie der Umbau des Berliner Schlosses eines darstellte, kann wiederum Fischer nicht aufweisen. Mit der Umformung eines fürstlichen Residenzschlosses in einen Palast von römischem Zuschnitt war Schlüter eine Aufgabe anvertraut worden, die in Europa nur wenigen Glücklichen zufiel.

194 Salzburg, Kollegienkirche, von 1696 an

KATALOG

Verzeichnis der Abkürzungen

Br.Pr.H.A.	ehemaliges Brandenburg-Preußisches Hausarchiv
GStA PK	Geheimes Staatsarchiv Preußischer Kulturbesitz, Berlin-Dahlem
HLHB	Hessische Landes- und Hochschulbibliothek Darmstadt
HStA	Sächsisches Hauptstaatsarchiv Dresden
SBB-PK	Staatsbibliothek zu Berlin – Preußischer Kulturbesitz
SLUB	Sächsische Landesbibliothek – Staats- und Universitätsbibliothek Dresden
SMB-PK	Staatliche Museen zu Berlin – Preußischer Kulturbesitz
SPSG	Stiftung Preußische Schlösser und Gärten Berlin-Brandenburg, Potsdam

Teil I

Zeichnungen, Druckgraphik, Gemälde und Medaillen (1593–um 1720)

Der Katalog enthält sämtliche Zeichnungen, Drucke, Gemälde und Medaillen zum Berliner Schloß und zum Lustgarten, die zwischen 1593 und etwa 1720 angefertigt worden sind. Ansichten des Äußeren und des Inneren sind ebenso berücksichtigt wie Darstellungen einzelner Gegenstände der mobilen Ausstattung. Hingegen wurden Abbildungen, die ausschließlich den Dom oder den weiteren Schloßbezirk ohne das Schloß selbst zeigen, nicht aufgenommen. Der Katalog umfaßt neben exakten Bauplänen, Skizzen und Repräsentationsansichten auch Veduten und Stadtgrundrisse, auf denen das Schloß nur beiläufig dargestellt ist. Ausgeführte Entwürfe sind ebenso enthalten wie unausgeführte Pläne oder Alternativplanungen.

Der Beginn des gewählten Zeitraums ergibt sich zufällig. 1593 erschien die erste Ansicht des Schlosses, also erst hundertfünfzig Jahre nach der Grundsteinlegung. Er reicht bis etwa 1720, in einigen begründeten Fällen bis 1730/40, denn Darstellungen, die Schlüters Bauleitung betreffen, erschienen bisweilen erst lange nach seinem Ausscheiden im Jahr 1706/07. Zudem wurden die wenigen Originalzeichnungen, die zur Schloßerweiterung unter Johann Friedrich Eosander gehören, aufgenommen, ebenso einige Blätter aus der Regierungszeit Friedrich Wilhelms I.

Grundsätzlich folgt der Katalog der Chronologie. Anders als Schriftquellen sind bildliche Überlieferungen oft aber nicht exakt datiert. Auch erschien es in einigen Fällen sinnvoll, innerhalb der Chronologie thematische Gruppen zu bilden. Dies betrifft etwa die Blätter zum Münzturm. Bei Drucken ergibt sich bisweilen das Problem, daß die Anfertigung der Vorlage und die Ausführung des Drucks zeitlich weit auseinander liegen. Dies gilt beispielsweise für die Radierungen von Jean Baptiste Broebes, die erst 1733 aus seinem Nachlaß herausgegeben wurden. Hier wurden die Blätter nicht nach dem Jahr ihrer Herstellung und Veröffentlichung (1733), sondern nach der wahrscheinlichen oder gesicherten Datierung der Darstellung eingeordnet. Die Bezeichnungen auf den Blättern wurden transkribiert. Zeilensprünge sind dabei durch / markiert. Bei druckgraphischen Blättern wird nur in Ausnahmefällen eine Sammlung angegeben, in der sich das Exemplar befindet.

Kat. 1

Ansicht von der Stechbahnseite mit Darstellung eines Ringrennens

aus: Jacobus Francus, Historicae relationis continuatio, S. 40–44

s. l. 1593

Kupferstich

Platte: 22,5 × 29 cm

Bez.: »Auffzuege Undt ring rennen so gehalten Worden nach des Churfürsten Von Brandenburg Kindtauffen Zu Collen an der Spree Vom 11. bis 15. Novemb: 92.«

Lit.: Geyer 1936, Textbd., S. 26, 88, Anm. 90; Bildbd., Bild 26; Kiewitz 1937, S. 108, Nr. 1428.

Kat. 2

Ansicht von der Stechbahnseite mit Darstellung eines Feuerwerks

aus: Jacobus Francus, Historicae relationis continuatio, S. 40–44

s. l. 1593

Kupferstich

Platte: 21,4 × 30,5 cm

Bez.: [o. l.] »C. F. B. PALLAST ZV:/COLLEN AHN DER/SPREE«; [u.] »Ware ab Conterfeÿung des herlichen freuden feurs so auf dem Christlichem Kindtauffen Johanns Greorgen Margrauen Von Brandenburg zu Collen an der Spree den 14. Dezem/Ano 1592 geholten worden.«

Berlin, Landesarchiv, F Rep. 250, B 1

Lit.: Geyer 1936, Textbd., S. 26; Bildbd., Bild 27; Kiewitz 1937, S. 108, Nr. 1427.

Kat. 3

Rochus Graf zu Lynar

Entwurf für den Kellergeschoßgrundriß des Quergebäudes

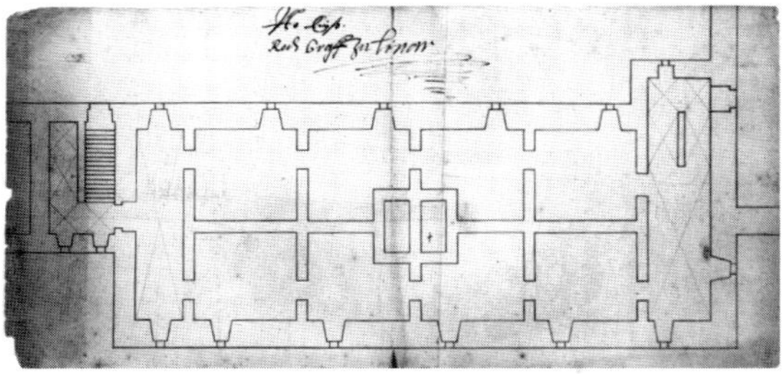

Berlin, 1593

Feder, Tusche, braune Tinte

23,8 × 51,5 cm

Bez.: »No Einß./Roch Graff zu Linar«

Berlin, Landesarchiv, F Rep. 270, Rissesammlung, C 67

Lit.: Geyer 1936, Textbd., S. 43; Bildbd., Bild 55.

Kat. 4

Rochus Graf zu Lynar

Entwurf für den Erdgeschoßgrundriß des Quergebäudes

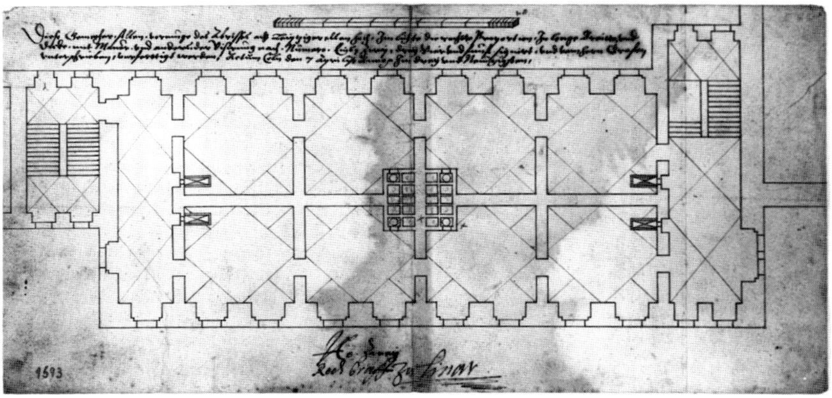

Berlin, 1593

Graphit, Feder, Tusche, braune Tinte

23,7 × 51,5 cm

Bez.: [o.] »Diese Gemecher sollen vermuge des Abrisses acht Leipziger ellen hoch, Im lichten die rechte Proportion, In lenge, Breitte und/Dicke und Mauer und anders der Visirung nach Numero Eins, Zwey, Dreÿ, Vier und Fünf signiret und vom Hern Grafen/unterschrieben, verfertigt werden. Actum Coln den 7. Aprilіß Anno p. Im drey und Neunzigsten.«; [u.] »No Zwey/Roch Graff zu Linar.«

Skala: 10 Einheiten = 30 ba (?) (= 15 cm)

Berlin, Landesarchiv, F Rep. 270, Rissesammlung, C 67

Lit.: Geyer 1936, Textbd., S. 36, 43; Bildbd., Bild 54, 55.

Kat. 5

Rochus Graf zu Lynar

Entwurf für den Grundriß des ersten Stockwerks des Quergebäudes

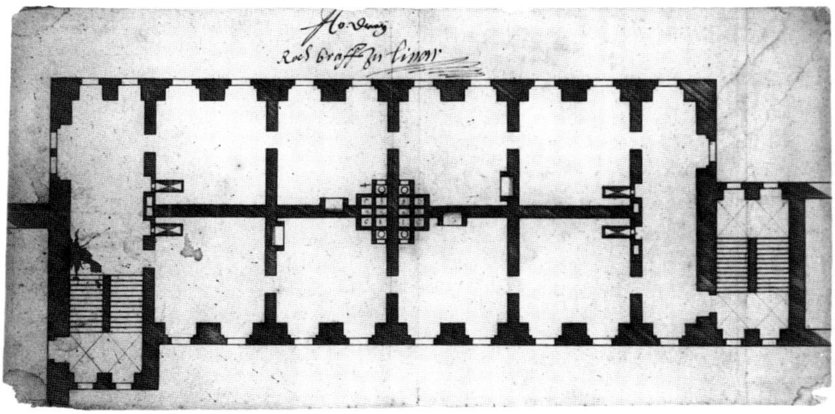

Berlin, 1593

Graphit, Feder, Tusche, braune Tinte

23,9 × 50,8 cm

Bez.: [o.] »No Dreÿ./Roch Graff zu Linar«

Berlin, Landesarchiv, F Rep. 270, Rissesammlung, C 67

Lit.: Geyer 1936, Textbd., S. 43; Bildbd., Bild 55.

Kat. 6

Rochus Graf zu Lynar

Entwurf für den Grundriß des zweiten Stockwerks des Quergebäudes

Berlin, 1593

Graphit, Feder, Tusche, braune Tinte

23,9 × 51,3 cm

Bez.: [o.] »No Vier./Roch Graff zu Linar«

Berlin, Landesarchiv, F Rep. 270, Rissesammlung, C 67

Lit.: Geyer 1936, Textbd., S. 43; Bildbd., Bild 55.

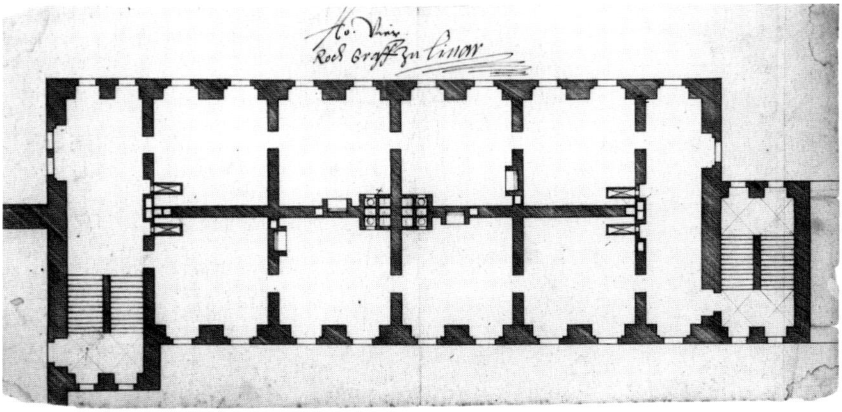

Kat. 7

Rochus Graf zu Lynar

Entwurf für den Grundriß des dritten Stockwerks des Quergebäudes

Berlin, 1593

Graphit, Feder, Tusche, braune Tinte

23,7 × 50,9 cm

Bez.: [o.] »No Funff./Roch Graff zu Linar«

Berlin, Landesarchiv, F Rep. 270, Rissesammlung, C 67

Lit.: Geyer 1936, Textbd., S. 43.

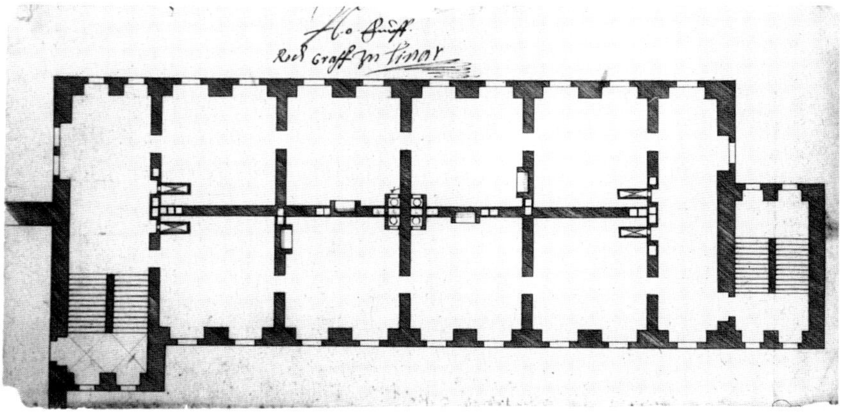

Kat. 8

Kursorische Ansicht der südwestlichen Seitenfront des Schloßplatzflügels mit dem Hölzernen Gang vom Großen Saal zum Dom

aus: Jacob Francus, Historicae relationis continuatio

s. l. 1595

Kupferstich

Bez.: [u.:] »Freudenfeuer so ihre C.F.G. zu Brandenburg ihr König: Wird. in Denmarck zu sondern ehren hat abgehn lassen zu Cölnn an der spre Anno 1595.«

Lit.: Geyer 1936, Bildbd., Bild 18.

Kat. 9

Albrecht Christian Kalle

Reiterbild von Kurfürst Georg Wilhelm mit Ansicht der Residenzstadt Berlin von Nordwesten

Berlin, um 1635

Kupferstich

Platte: ca. 32,2 × 27,3 cm (Blatt teilw. beschnitten)

Bez.: [o.] »Der Durchlauchtigster Hochgeborner Fürst unnd Herr, Herr GEORGE/ WILHELM Marggraffe zu Brandenburgk des Heÿl: Römischen Reichs ErtzCämmerer unnd Churfurst in Preußen zu/Gülich Cleve Berge Stettin Pommern, Der Cassuben, wenden, auch Schlesien, zu Crossen und Jägerndorff Hertzogk Burg=/ graff zu Nürnberg Fürst zu Rügen, Graff zu der Marck und Ravensbergk, Herr zu Ravenstein. etc.«; [im Wappen] »Au coeur vaillant rien impossible«; [im Blatt] »Churfurstliche Residents Städt Berlin und Cöln.« »Sanct Maria.«; »S. Nicolaus«; »Thumb zu der H: Dreÿfaltigkeit.«; »H: Geist.«; »Berlinis: Rhadthauß«; »Churf: Schloß«; »Wasserkunst«; »Cölnisch Rhadthauß«; »Sanct Peter«; »Reidthauß«; »Balhauß«; »Jägerhauß«; »Weg nach: Spandaw«; »Sprew fluß«

Berlin, Landesarchiv, F Rep. 250, B 152

Lit.: Faden 1927, S. 263; Nicolas 1937a, S. 29–32.

Kat. 10

Albrecht Christian Kalle

Bildnis des Großen Kurfürsten, im Hintergrund Ansicht des Schlosses von Osten entlang der Stechbahnfassade

Berlin, nach 1640

Kupferstich

24,9 × 16 cm

Bez.: [Inschrift um das Medaillon] »NOTAM FAC MIHI VIAM QUA AMBULATURUS«; [u.] »Serenissimus & Potentissimus Princeps & Dominus Dominus/Fridericus Guilielmus [...]«; [u. r.] »Kalle fecit«

Wien, Nationalbibliothek, Porträtsammlung, Pg 101 91/2 in Ptf 236:(3)

Lit.: Geyer 1936, Textbd., S. 13, 111; Bildbd., Bild 8.

Kat. 11A

Ansicht des Kleines Hofes von Westen

Seite 67

aus: Johann Berkow, Agapeti, Sanctæ & Magnæ Dei Ecclesiæ Diaconi Paraenesis, Titelkupfer (6. von 6 Vignetten)

Berlin, 1643

Kupferstich

Gesamtstich,
Platte: 18 × 14,4 cm;
Vignette: 6,7 × 7,1 cm

Bez. Vignette: [Rahmenleiste, im Uhrzeigersinn] »Magnificet Dominus Domini solium SALOMONIS/MARCHIACI supra solium prælustre Parentis,/Ut sceptro adsurgat gens assignata potenti/nobiscum dextras jungens in fædere firmas.«; [im Blatt] »Gloria Domini in te videbitur«; »super domum hanc sint oculi tui aperti«; »Coram me sunt semper muri tui.«; »Iustitiæ Pacisq. fides mea regna fovebit«; »Obseqvium fidum Princeps Friderice Wilhelme/sacramus Tibi nos â longa in pace guberna./Vivat Vivat F. W. EL Prin Gloriosus«; »6«

Stiftung Stadtmuseum Berlin, Bibliothek, Sign. 17. Jh. 1/3/6

Lit.: Peschken 1992, S. 95, 105–107, Abb. 92.

Kat. 11B

Kursorische Ansicht des Schlosses

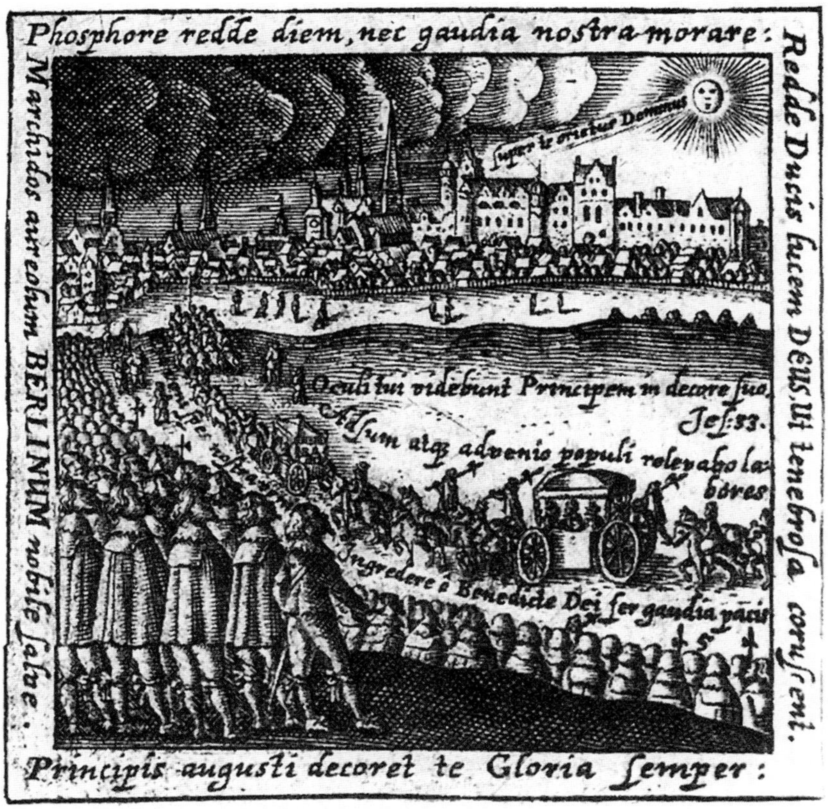

aus: Johann Berkow, Agapeti, Sanctæ & Magnæ Dei Ecclesiæ Diaconi Paraenesis, Titelkupfer (5. von 6 Vignetten)

Berlin, 1643

Kupferstich

Gesamtstich,
Platte: 18 × 14,4 cm;
Vignette: 6,7 × 7,1 cm

Bez. Vignette: [Rahmenleiste, im Uhrzeigersinn] »Phosphore redde diem, nec gaudia nostra morare:/Redde Ducis lucem DEUS, Ut tenebrosa coruscent./Principis augusti decoret te Gloria semper:/ Marchidos aureolum BERLINUM nobile salve.«; [im Blatt] »super te orietur Dominus«; »Oculi tui videbunt Principem in decore suo. Jes: 33.«; »Adsum atq. advenio populi relevabo labores«; »Eja veni spes nostra veni Ingredere â Benedicte Dei fer gaudia pacis«; »5«

Stiftung Stadtmuseum Berlin, Bibliothek, Sign. 17. Jh. 1/3/6

Lit.: Peschken 1992, S. 95, 105–107, Abb. 92.

Kat. 12

Christoph Friedrich Schmidt

Situationsplan mit Teil des Cöllnischen Werders zwischen Spreegraben (Kupfergraben) und Lustgarten

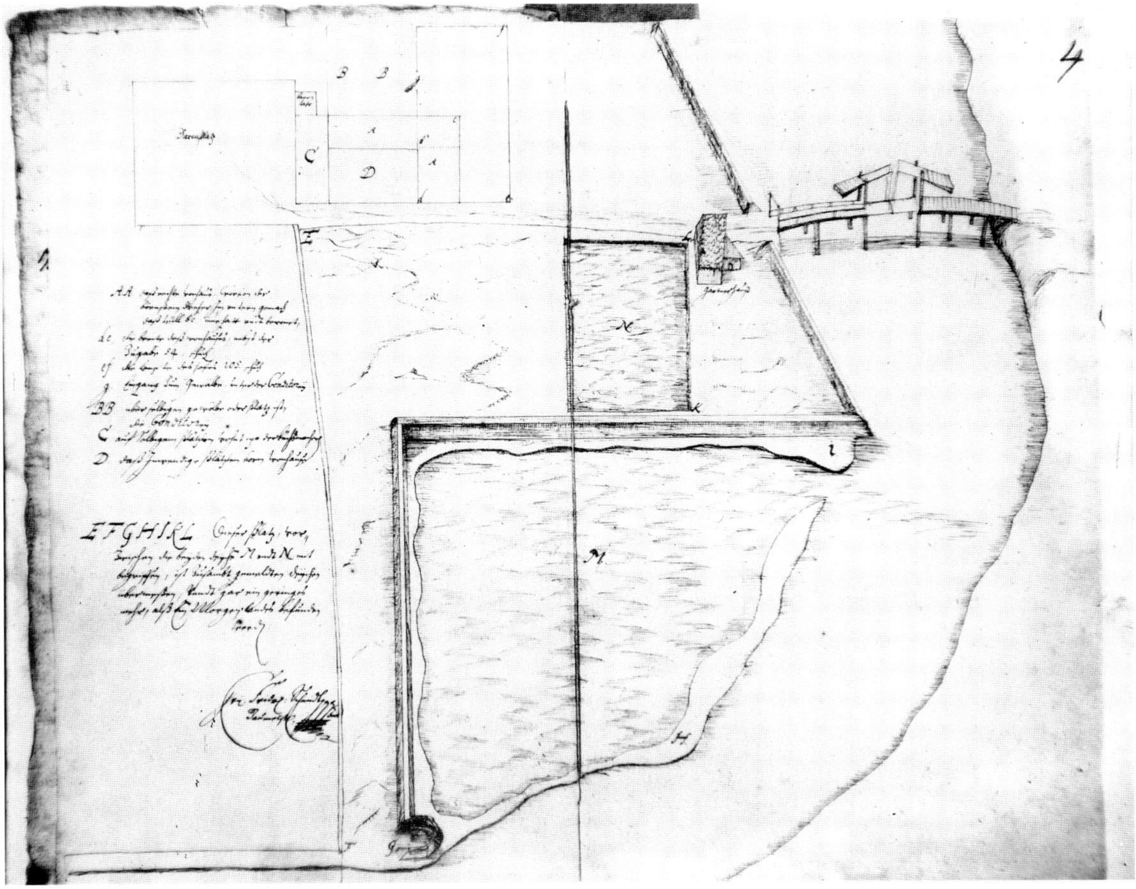

Berlin, 1643

lavierte Federzeichnung

Bez.: [l.] »AA. Daß rechte Wonhaus, worvon der/börnstein dreher Im untern gemach/daß teill bc. Inne hatt undt bewonet,/de, die breite deß wonhauses, nebst der/Zugabe 54. schuh./ef die lengte des Hofes 105. schuh/g. Eingang zum Gewölbe, unter der Conditoreÿ/BB über selbigen gewölbe oder Platz ist,/die Conditoreÿ/C auf Selbigem Plätzchen wohnt izo der büchsmacher/D. daß Inwendige Plätzlein vorm wonhause/EFGHIKL Dieser Platz, wor=/zwischen die beÿden deÿche M undt N mit/begriffen, ist Zusambt gemeldten deÿchen/übermeßen, Undt gar ein geringes/mehr, alß Ein Morgen landes befunden/worden/Chri: Fridr: Schmidt/Baumeist:«; [Buchstaben und Kurzbezeichnungen im Plan]

GStA PK, I. HA Geh. Rat, Rep. 21, Nr. 191 b, Fasz. 15, Bl. 3v/4r

Lit.: Peschken 1992, S. 76f., Abb. 76; Schachinger 1993.

Kat. 13A

Christoph Friedrich Schmidt (?)

Entwurf für die Erhöhung des Wendelsteins am Spreeflügel

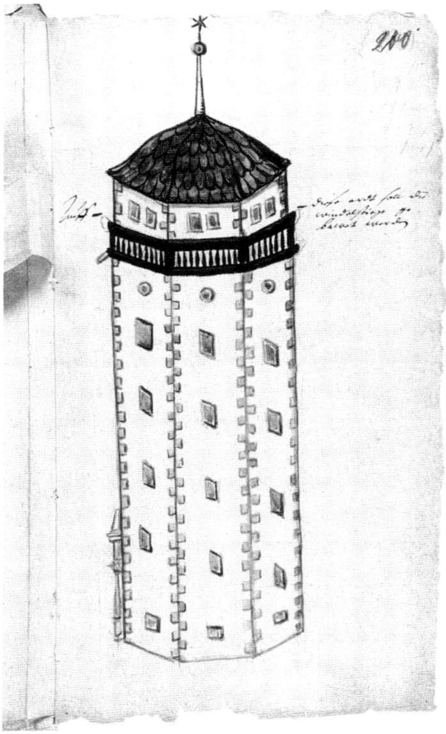

Berlin, 1645

lavierte Federzeichnung

32,2 × 18,2 cm

Bez.: »Auff diese ardt soll die/windelstiege ge/bawet werden«

GStA PK, I. HA Geh. Rat, Rep. 36, Nr. 2875, Bl. 200

Vgl. Kat. 14

Lit.: Borrmann 1893, S. 266, Anm. 2 lks.; Geyer 1936, Textbd., S. 28f., S. 88, Anm. 100.

Kat. 13B

Christoph Friedrich Schmidt (?)

Entwurf für die Erhöhung des Wendelsteins am Spreeflügel

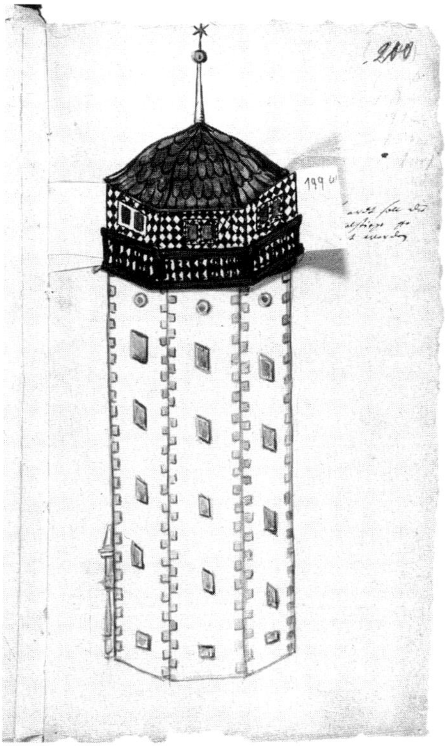

(Tektur zu Kat. 13A)

Berlin, 1645

lavierte Federzeichnung

Tektur: ca. 5 × 13,7 cm (unregelmäßiger Umriß)

GStA PK, I. HA Geh. Rat, Rep. 36, Nr. 2875, Bl. 199a/200

Lit.: unveröffentlicht. – Borrmann 1893, S. 266, Anm. 2 lks.; Geyer 1936, Textbd., S. 28f., S. 88, Anm. 100.

Kat. 13C

Christoph Friedrich Schmidt (?)

Entwurf für die Erhöhung des Wendelsteins am Spreeflügel

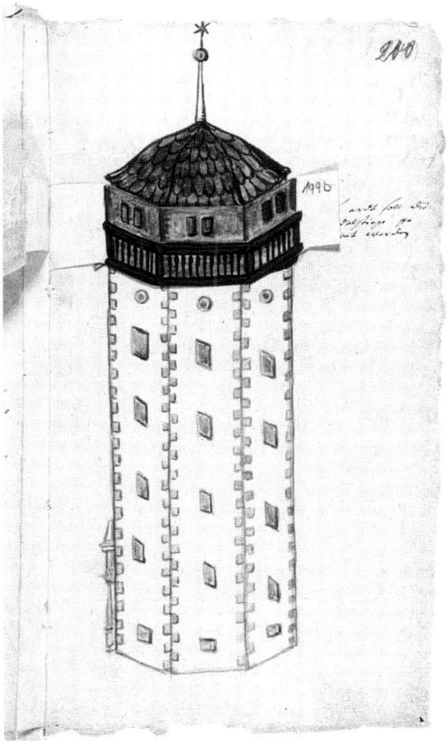

(Tektur zu Kat. 13A)

Berlin, 1645

lavierte Federzeichnung

Tektur: ca. 5 × 19,4 cm (unregelmäßiger Grundriß)

GStA PK, I. HA Geh. Rat, Rep. 36, Nr. 2875, Bl. 199b/200

Lit.: unveröffentlicht. – Borrmann 1893, S. 266, Anm. 2 lks.; Geyer 1936, Textbd., S. 28f., S. 88, Anm. 100.

Kat. 14

Kopie nach Christoph Friedrich Schmidt (?)

Entwurf für die Erhöhung des Wendelsteins am Spreeflügel

Berlin, 2. Hälfte 18. Jahrhundert (?)

Graphit, Feder, Tusche, farbig laviert

32,3 × 12,8 cm

Bez.: »die Windelsteige im Schloßhofe«

Berlin, Landesarchiv, F Rep. 250, C 161; ehem. Berlin, Stadtarchiv, B I Nr. 6 [B I Nr. 7]

Vgl. Kat. 13A, 43

Kat. 15

Perspektivische Skizze des Reithauses auf dem Schloßareal

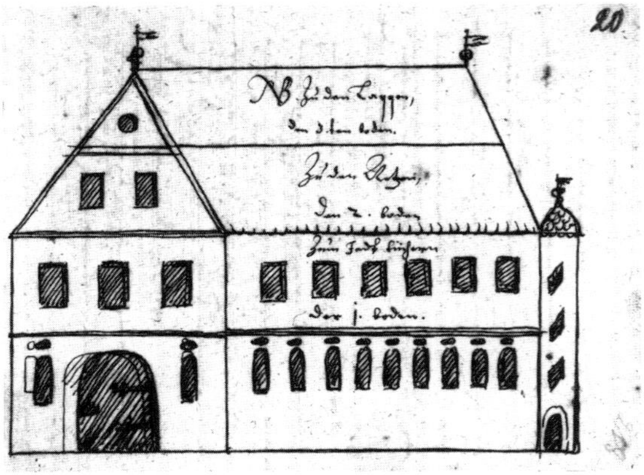

Berlin, 1648

Feder, Tusche

GStA PK, I. HA Geh. Rat, Rep. 36, Nr. 2876, Bl. 20.

Kat. 16

nach *Johann Gregor Memhardt*

Grundriß der Residenzstädte Berlin und Cölln (Memhardt-Plan)

Seite 68

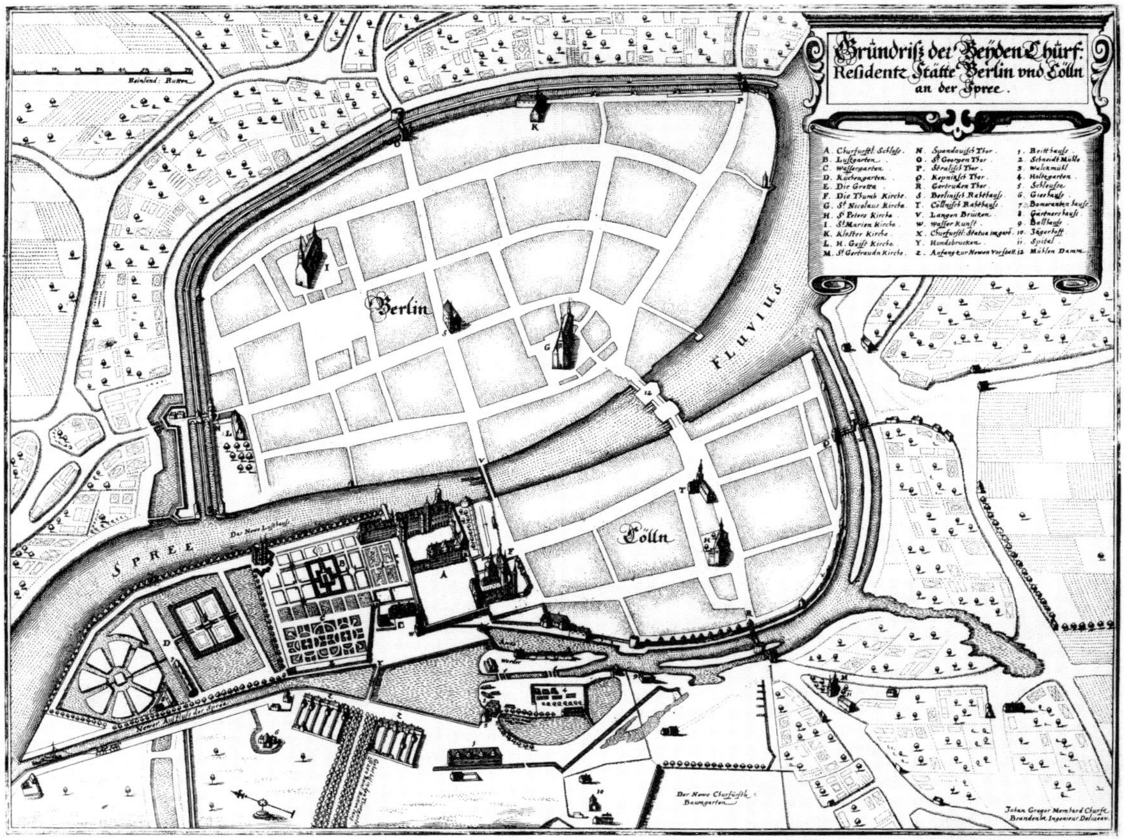

aus: Martin Zeiller, Topographia Electoratus Brandenburgici et Ducatus Pomerianiae, nach S. 26.

Frankfurt am Main, 1652

Kupferstich

Platte: 27 × 36,5 cm

Bez.: [o. r.] »Grundriß der Beÿden Churf:/Residentz Stätte Berlin und Cölln/an der Spree«; [darunter ausführliche Legende]; [u. r.] »Johan Gregor Memhard Churfl/Brandenb Ingenieur Delineav.«; [Buchstaben und Bezeichnungen im Plan]

Skala: 10 + 70 »Reinländ: Rutten« (= 5,8 cm)

Lit.: Geyer 1936, Bildbd. Bild 2; Schulz 1986, S. 12–16, 175, PV 1; Schulz 1998, S. 95, Nr. 1; Ausst.-Kat. Onder den Oranje Boom 1999, Katalogbd. S. 231, Kat. Nr. 8|29.

Kat. 17

Caspar Merian

Blick auf Berlin von Nordwesten mit Ansicht des Schlosses und des Lustgartens

Seite 65

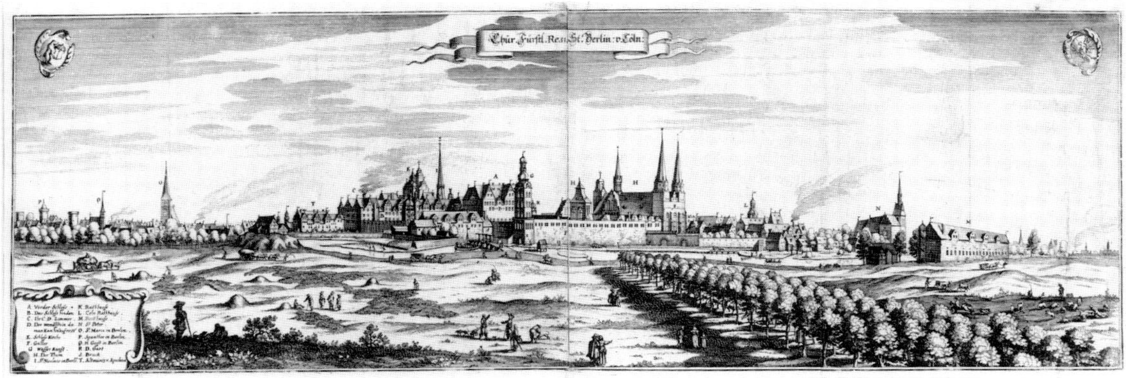

aus: Martin Zeiller, Topographia Electoratus Brandenburgici et Ducatus Pomeraniae, nach S. 26.

Frankfurt am Main, 1652

Kupferstich

Platte: 25,4 × 72 cm

Bez.: [o.] »Chur. Fürstl. Resi. St. Berlin: v. Cöln:«; [u. l. Legende]; [außerdem Buchstaben in der Ansicht]

Vgl. Kat. 113

Lit.: Kiewitz 1937, S. 60, Nr. 843; Nicolas 1937a, S. 32–35.

Kat. 18

Johann Gregor Memhardt

Erdgeschoßgrundriß des Lusthauses im Lustgarten

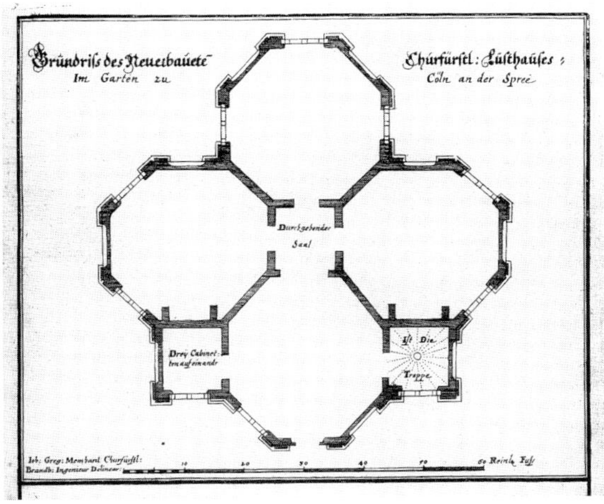

aus: Martin Zeiller, Topographia Electoratus Brandenburgici et Ducatus Pomeraniae, nach S. 26.

Frankfurt am Main, 1652

Kupferstich

Platte: 13,8 × 17,1 cm

Bez.: [o.] »Grundriß des Neuerbauetē Churfürstl: Lusthauses:/Im Garten zu Cöln an der Spree«; [im Grundriß] »Durchgehender/Saal«; Dreÿ Cabinet-/ten aufeinandr«; »Ist Die/Treppe«; [u.] »Ioh: Greg: Memhard Churfürstl:/ Brandb: Ingenieur Delineav:«

Skala: 60 »Rheinl. Fuß.« (= 10,8 cm)

Berlin, Landesarchiv, F Rep. 270, Rissesammlung, C 69

Vgl. Kat. 151.

Lit.: Geyer 1936, Bildbd., Bild 95–97; Ausst.-Kat. Onder den Oranje Boom 1999, Katalogbd., S. 232f., Kat. Nr. 8|31.

Kat. 19

Johann Gregor Memhardt

Aufrisse von Haupt- und Rückfassade des Lusthauses im Lustgarten

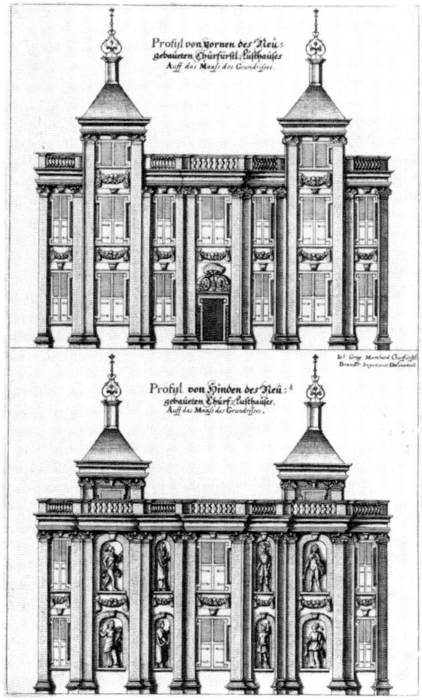

aus: Martin Zeiller, Topographia Electoratus Brandenburgici et Ducatus Pomerianiae, nach S. 26.

Frankfurt am Main, 1652

Kupferstich

Platte: 29,3 × 17,5 cm

Bez.: Hauptfassade: [o.] »Profyl von vornen des Neu=/ gebaueten Churfürstl. Lusthauses/Auff das Maass des Grundrisses.« – Rückfassade [o.] »Profyl von hinden des Neu=/gebaueten Churf: Lusthauses. / Auff das Maass des Grundrisses.«; [o. r.] »Ioh: Greg: Memhard Churfürstl:/ Brandb. Ingenieur Delineavit«

Lit.: Geyer 1936, Bildbd., Bild 95–97; Ausst.-Kat. Onder den Oranje Boom 1999, Katalogbd., S. 232f., Kat. Nr. 8 | 31.

Kat. 20

Jan Ruijscher (zugeschrieben)

Blick auf Berlin von Nordwesten mit Ansicht des Schlosses und des Lustgartens

Seite 70

Berlin, um 1655

Öl auf Leinwand

SPSG, Schloß Charlottenburg (GK I 2880); ehem. Hohenzollern-Museum; eine moderne Kopie befindet sich im Märkischen Museum (Berlin, Stiftung Stadtmuseum)

Lit.: Seidel 1910; Geyer 1936, Bildbd., Bild 117; Ausst.-Kat. Der Große Kurfürst 1988, S. 106, Kat. Nr. IV. 4.

Kat. 21

Johann Gregor Memhardt
(zugeschrieben)

Grundriß der Festung Berlin (»Dresdner Plan«)

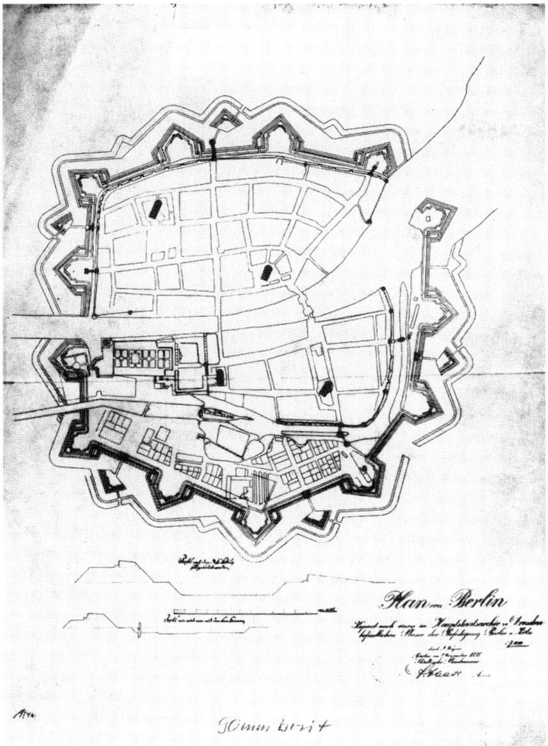

Berlin, 1656

Feder, Tusche, laviert

66 × 50 cm

Bez.: [u.] »Profil nach dem diese Festung soll gebauet werden«; »Profil wie weit man mit dem Baw kommen.«

Skala: »Rheinl Ruthen«

ehem. Dresden, Hauptstaatsarchiv, heute verschollen

Zwei zeitgenössische Kopien werden im schwedischen Kriegsarchiv in Stockholm aufbewahrt (Schulz 1986, S. 176, PV 8, 9).

Lit.: Schulz 1986, S. 21–26, 176, PV 7; Schulz 1998, S. 96, Nr. 9.

Kat. 22

Johann Sigismund Elsholtz

Portal des Laubenquartiers im Lustgarten

aus: Johann Sigismund Elsholtz, Hortus Berolinensis (Manuskript), S. 24

Berlin, 1657

Kupferstich

14,5 × 20 cm

Bez.: [im Wappen] »1652«

SBB-PK, Handschriftenabteilung, Ms. Boruss. qu. 12

Lit.: Wiesinger 1989, S. 90, Abb. 43.

Kat. 23

Johann Sigismund Elsholtz

Statuen von Flora und Bacchus im Lustgarten

aus: Johann Sigismund Elsholtz, Hortus Berolinensis (Manuskript), S. 37

Berlin, 1657

Feder, braune Tinte, grau laviert

16,3 × 21,7 cm

SBB-PK, Handschriftenabteilung, Ms. Boruss. qu. 12.

Kat. 24

Johann Sigismund Elsholtz

Brunnen im Lustgarten (»Fons artificiosus«)

aus: Johann Sigismund Elsholtz, Hortus Berolinensis (Manuskript), S. 40

Berlin, 1657

Feder, braune Tinte, grau laviert

21,8 × 16,3 cm

SBB-PK, Ms. Boruss. qu. 12

Lit.: Geyer 1936, Bildbd., Bild 101.

Kat. 25

Johann Sigismund Elsholtz

Ansicht des Schlosses von Norden mit Vorschlag für die Gestaltung der südwestlich gelegenen Partien des Lustgartens (»Piscina«)

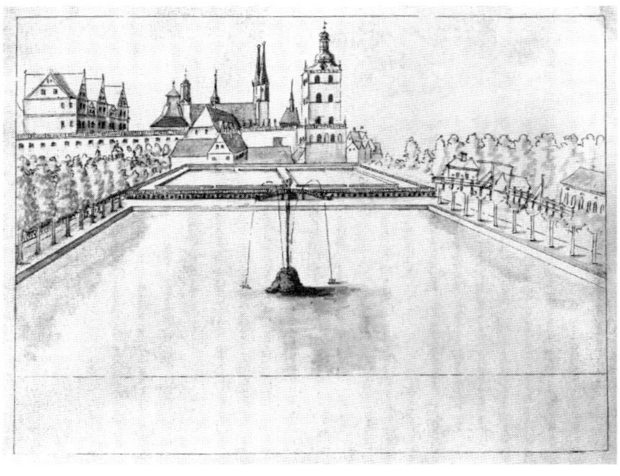

aus: Johann Sigismund Elsholtz, Hortus Berolinensis (Manuskript), S. 44

Berlin, 1657

Feder, braune Tinte, grau laviert

16,3 × 21,7 cm

SBB-PK, Handschriftenabteilung, Ms. Boruss. qu. 12

Lit.: Geyer 1936, Textbd., S. 57; Geyer 1936, Bildbd., Bild 85.

Kat. 26

Johann Sigismund Elsholtz

Volière (»Aviarium«) im Lustgarten

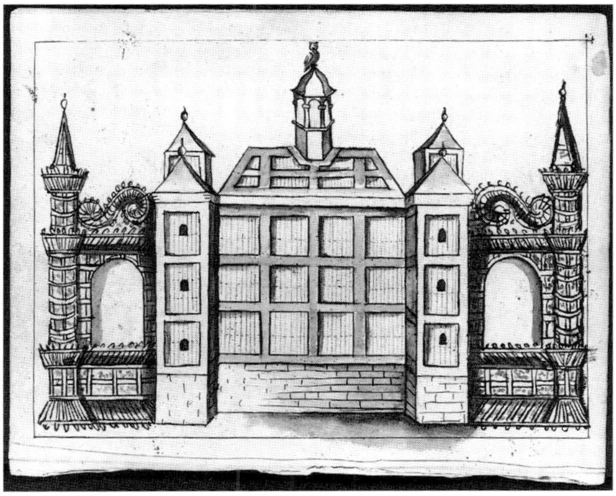

aus: Johann Sigismund Elsholtz, Hortus Berolinensis (Manuskript), S. 48

Berlin, 1657

Feder, braune Tinte, grau laviert

16,3 × 21,7 cm

SBB-PK, Handschriftenabteilung, Ms. Boruss. qu. 12.

Kat. 27

Johann Sigismund Elsholtz

Brunnen mit Neptunstatue (»Colossus Neptuni«) im Lustgarten

aus: Johann Sigismund Elsholtz, Hortus Berolinensis (Manuskript), S. 51

Berlin, 1657

Kupferstich

Platte: 14,6 × 19,7 cm

SBB-PK, Handschriftenabteilung, Ms. Boruss. qu. 12

Lit.: Wiesinger 1989, S. 91, Abb. 44.

Kat. 28

Johann Sigismund Elsholtz

Statue des Großen Kurfürsten von François Dieussart (»Statua augusta«) im Lustgarten

Seite 69

aus: Johann Sigismund Elsholtz, Hortus Berolinensis (Manuskript), S. 54

Berlin, 1657

Feder, braune Tinte, grau laviert

21,7 × 16,3 cm

SBB-PK, Handschriftenabteilung, Ms. Boruss. qu. 12

Lit.: Geyer 1936, Bildbd., Bild 102.

Kat. 29

Johann Sigismund Elsholtz

Marmorstatuen von Neptun und Hirtenknabe im Lustgarten (»Statuæ aliæ tredecim marmoreæ«)

aus: Johann Sigismund Elsholtz, Hortus Berolinensis (Manuskript), S. 59

Berlin, 1657

Kupferstich

Platte: 14,5 × 20 cm

SBB-PK, Handschriftenabteilung, Ms. Boruss. qu. 12.

Kat. 30

Johann Sigismund Elsholtz

Marmorstatuen von Kleopatra und Lukrezia im Lustgarten (»Statuæ aliæ tredecim marmoreæ«)

aus: Johann Sigismund Elsholtz, Hortus Berolinensis (Manuskript), S. 63

Berlin, 1657

Kupferstich

Platte: 14,5 × 20 cm

SBB-PK, Handschriftenabteilung, Ms. Boruss. qu. 12.

Kat. 31

Johann Sigismund Elsholtz

Marmorstatuen von Aktäon und Diana im Lustgarten (»Statuæ aliæ tredecim marmoreæ«)

aus: Johann Sigismund Elsholtz, Hortus Berolinensis (Manuskript), S. 65

Berlin, 1657

Kupferstich

Platte: 14,5 × 20,1 cm

SBB-PK, Handschriftenabteilung, Ms. Boruss. qu. 12.

Kat. 32

Johann Sigismund Elsholtz

Zwei Putten und zwei Büsten im Lustgarten (»Statuæ plumbæ viginti novem«)

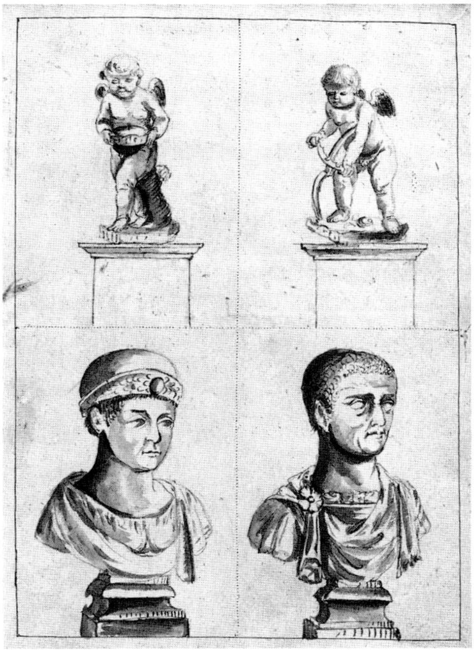

aus: Johann Sigismund Elsholtz, Hortus Berolinensis (Manuskript), S. 67

Berlin, 1657

Feder, Tusche, grau laviert

21,7 × 16,3 cm

SBB-PK, Handschriftenabteilung, Ms. Boruss. qu. 12.

Kat. 33

Johann Sigismund Elsholtz

Statue des Apoll vom Belvedere im Lustgarten (»Statuæ plumbæ viginti novem«)

aus: Johann Sigismund Elsholtz, Hortus Berolinensis (Manuskript), S. 69

Berlin, 1657

Feder, braune Tinte, grau laviert

27,7 × 16,3 cm

SBB-PK, Handschriftenabteilung, Ms. Boruss. qu. 12

Lit.: Ausst.-Kat. Onder den Oranje Boom 1999, Katalogbd., 233–235, Kat. Nr. 8 | 32, Abb.

Kat. 34

Johann Sigismund Elsholtz

Statue der Diana im Lustgarten (»Statuæ plumbæ viginti novem«)

aus: Johann Sigismund Elsholtz, Hortus Berolinensis (Manuskript), S. 71

Berlin, 1657

Feder, braune Tinte, grau laviert

27,7 × 16,3 cm

SBB-PK, Handschriftenabteilung, Ms. Boruss. qu. 12

Lit.: Ausst.-Kat. Onder den Oranje Boom 1999, Katalogbd., 233–235, Kat. Nr. 8 | 32, Abb.

Kat. 35

Johann Sigismund Elsholtz

Statue des Bacchus im Lustgarten (»Statuæ plumbæ viginti novem«)

aus: Johann Sigismund Elsholtz, Hortus Berolinensis (Manuskript), S. 73

Berlin, 1657

Feder, braune Tinte, grau laviert

27,7 × 16,3 cm

SBB-PK, Handschriftenabteilung, Ms. Boruss. qu. 12.

Kat. 36

Johann Sigismund Elsholtz

Statue des Merkur im Lustgarten (»Statuæ plumbæ viginti novem«)

aus: Johann Sigismund Elsholtz, Hortus Berolinensis (Manuskript), S. 75

Berlin, 1657

Kupferstich

Platte: 20,5 × 14,7 cm

SBB-PK, Handschriftenabteilung, Ms. Boruss. qu. 12.

Kat. 37

Johann Sigismund Elsholtz

Zwölf Putten, die zwölf Monate symbolisierend, im Lustgarten

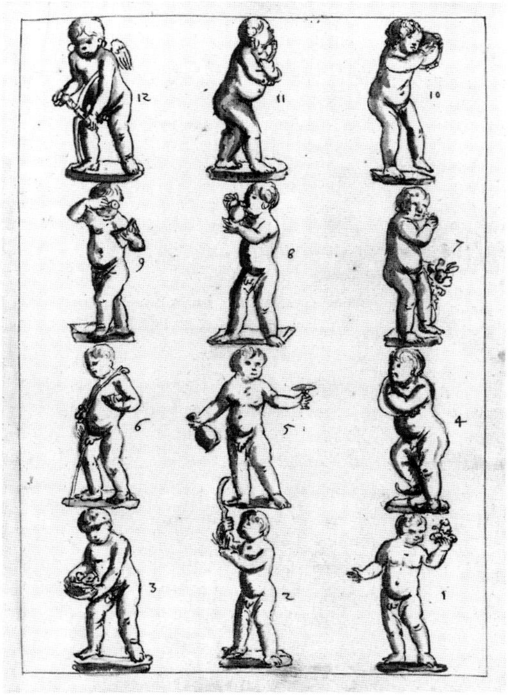

aus: Johann Sigismund Elsholtz, Hortus Berolinensis (Manuskript), S. 77

Berlin, 1657

Feder, braune Tinte, grau laviert

27,7 × 16,3 cm

SBB-PK, Handschriftenabteilung, Ms. Boruss. qu. 12.

Kat. 38

Johann Sigismund Elsholtz

Zwölf Putten, die zwölf Tierkreiszeichen symbolisierend, im Lustgarten

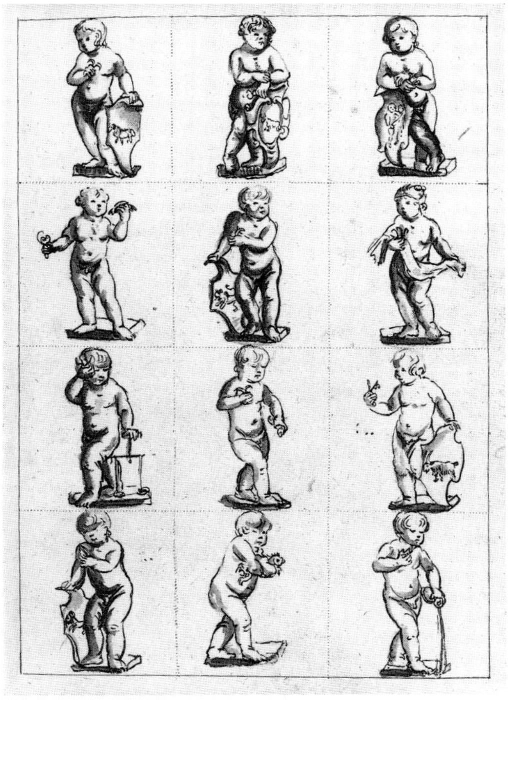

aus: Johann Sigismund Elsholtz, Hortus Berolinensis (Manuskript), S. 79

Berlin, 1657

Feder, braune Tinte, grau laviert

27,7 × 16,3 cm

SBB-PK, Handschriftenabteilung, Ms. Boruss. qu. 12.

Kat. 39

Johann Sigismund Elsholtz

Vier Statuen (»Statuæ quatuor Saxeæ«) im Lustgarten

aus: Johann Sigismund Elsholtz, Hortus Berolinensis (Manuskript), S. 81

Berlin, 1657

Kupferstich

Platte: 20 × 14,7 cm

SBB-PK, Handschriftenabteilung, Ms. Boruss. qu. 12.

Kat. 40

Grundriß der Festung Berlin (»Lindholzscher Plan«)

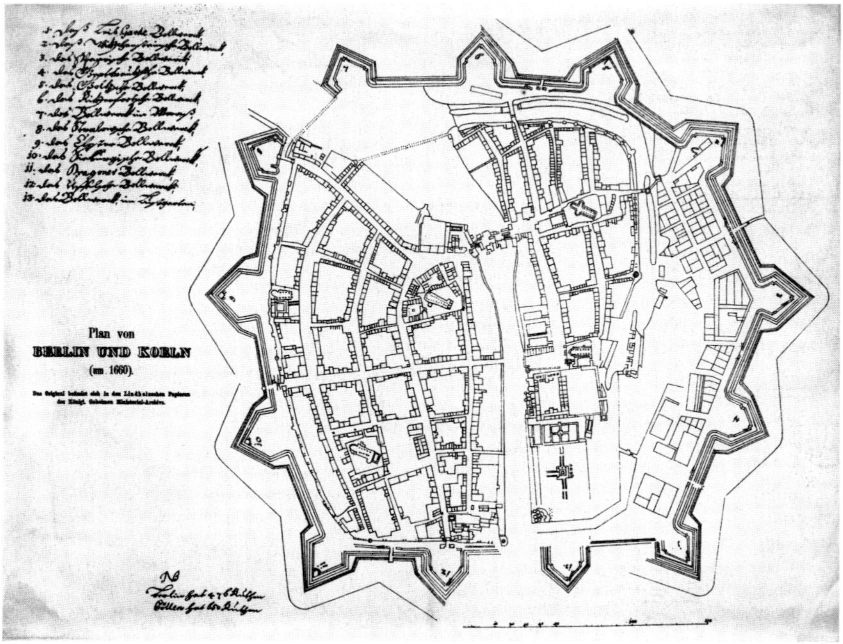

Berlin, 1657/1658 (Reproduktion 1886)

urspr. wohl Feder, Tusche (Reproduktion 1886 als Zinkotypie)

35 × 47 cm

Bez.: [o. l. Bildlegende mit Bezeichnung der Bollwerke]; [u. l.] »NB/Berlin hat 476 Ruthen/Cöllen hat 650 Ruthen«; [Ziffern im Plan]. – zusätzliche Bez. der Zinkotypie: »Plan von/ BERLIN UND KOELN/(um 1660). Das Original befindet sich in den Lindholzschen Papieren/des Königl. Geheimen Ministerial-Archivs.«

Skala: 10 + 350 »Rheinl. Ruthen«

ehem. in den Lindholzschen Papieren des Königl. Geheimen Ministerial-Archivs; heute verschollen

Lit.: Geyer 1936, Bildbd., Bild 5; Schulz 1986, S. 24–26, 176, PV 10.

Kat. 41

Johann Sigismund Elsholtz

Blick von der Schloßterrasse auf den Lustgarten

aus: Johann Sigismund Elsholtz, Plantae Singulares Horti Electoralis Brandenburgici COLONIENSIS (Manuskript), Titelblatt

Cölln/Spree, 1659

Feder, Tusche, farbig laviert

54 × 41,5 cm

Bez.: »Plantæ Singulares/ Horti Electoralis Brandenburgici/COLONIENSIS/pro/ Eystettensis Appendice./Abbildung/Etlicher sonderbahren Gewächse des Churfl. Brandenb./Lustgartens zu Cölln an der Spree, welche im ge=/druckten Eystettischen nicht zu/finden/M DC LIX.«

SBB-PK, Handschriftenabteilung, Ms. Boruss. fol. 450

Lit.: Ausst.-Kat. Der Große Kurfürst 1988, S. 53, 107, Kat. Nr. IV. 8.

Kat. 42

Johann Gregor Memhardt

Entwurf für eine Galerie zwischen dem südwestlichen Runderker des Stechbahnflügels und dem Altangebäude

Berlin, 1659

Feder, Tusche, laviert

Bez.: »profyl des ganges«; »Die Seite gegen dem Schloßplatz des ganges, als im grundriß A B«; »Grundriß des ganges«

Skala: 10 + 130 [Rheinl. Fuß]

GStA PK, I. HA Geh. Rat, Rep. 36, Nr. 2876, Bl. 55

Vgl. Kat. 43

Lit.: Kloeden 1855, S. 102; Geyer 1936, Bildbd., Bild 20; Viergutz 2002, S. 43.

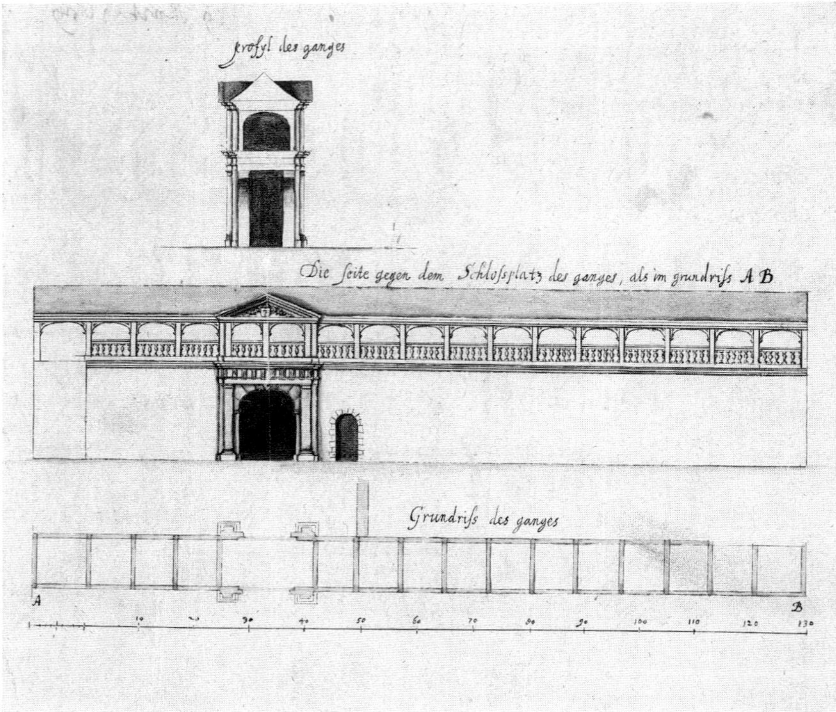

Kat. 43

Kopie nach Johann Gregor Memhardt (?)

Entwurf für eine Galerie zwischen dem südwestlichen Runderker des Stechbahnflügels und dem Altangebäude

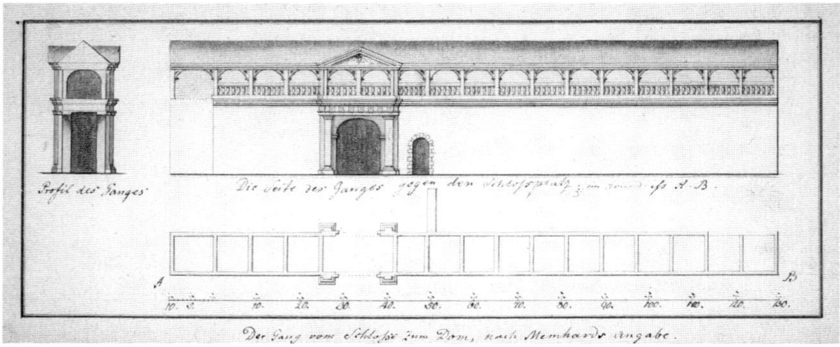

Berlin, 2. Hälfte 18. Jahrhundert (?)

Feder, Tusche, farbig laviert

11 × 27,1 cm

Bez.: »Profil des Ganges«; »Die Seite des Ganges gegen den Schloßplatz, zum grundriß A. B.«; »Der Gang vom Schloße zum Dom, nach Memhards angabe.«

Skala: 10 + 130 [Rheinl. Fuß] (= 19, 4 cm)

Berlin, Landesarchiv, F Rep. 250, Nr. C 1; ehem. Berlin, Stadtarchiv, B I Nr. 5 [B I Nr. 6]

Vgl. Kat. 14, 42

Lit.: Viergutz 2002, S. 43.

Kat. 44

Christian Mentzel

Ansicht des Schlosses vom Lustgarten

aus: Christian Mentzel, Theatrum Rerum Naturalium Brasiliae, Bd. 4, (Manuskript), Titelblatt

Berlin, 1660

Feder, Tusche, laviert

Bez.: »THEATRI/RERUM NATURALIUM/BRASILIÆ/TOMUS IV,/EXHIBIENS/ICONES/VEGETABILIUM,/quib. Supremi JOVIS indultu PAN & FLORA Tutelares præsident./NUTU/SERENISSIMI & POTENTISSIMI PRINCIPIS/AC DOMINI,/DN: FRIDERICI WILHELMI/MARCHIONIS BRANDENB:/S. R. IMP: ARCHICAMERARII/atg. ELECTORIS PRINCIPIS/&c: &c: &c:/adornavit opus. ac/perfecit/Christianus Mentzelius D.«

ehem. Berlin, Preußische Staatsbibliothek; seit 1945 Krakau, Jagiellonenbibliothek

Lit.: Peschken 1992, S. 83, Abb. 83.

Kat. 45

Johann Sigismund Elsholtz (wohl nach Johann Gregor Memhardt)

Entwurf für den Umbau des Schlosses zu einer um den Lustgarten angeordneten Dreiflügelanlage

Seite 75

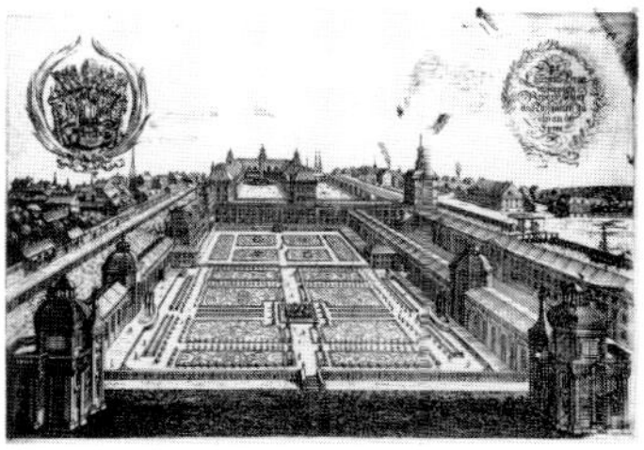

aus: Johann Sigismund Elsholtz, Vom Garten-Baw, S. 2

Cölln an der Spree 1666

(2. Aufl. Berlin/Leipzig 1672; 3. Aufl. Berlin/Leipzig 1684; weitere Aufl. Frankfurt am Main/Leipzig 1690)

Kupferstich

Platte: 21,7 × 33,4 cm

Bez.: »Das/Churfrstl: Bran= / denburgische/Residens Schlos/und Lustgarten zu/Cöln an der/Spree«; [o. r.] »pag: 2.«

Spätere Auflagen zeigen über der nur unwesentlich veränderten Ansicht Kurfürst Friedrich Wilhelm und seine Gemahlin als Apoll und Diana in einem Viergespann

Lit.: Dohme 1889, Sp. 474f.; Voß 1908a, S. 303; Ausst.-Kat. Onder den Oranje Boom 1999, Katalogbd., S. 235, Kat. Nr. 8 | 33.

Kat. 46

Albrecht Kalle

Ansicht auf Berlin von Nordwesten (Ausschnitt)

aus: Thomas Pankow (Thomas Pancovius), Herbarium, oder Kräuter- und Gewächs-Buch, darinn so wol Einheimische als Außländische Kräuter zierlich und eigentlich abgebildet zufinden, Titelkupfer

Cölln/Spree, 1673

Kupferstich

Darstellung: 15,9 × 11,8 cm (Platte beschnitten)

Bez.: [in der Darstellung:] »Th: Pancovy D. HeRBA-RIUM Portatile«; »Berlien«; »Cöllen«; »weg nach Spando«; »sprea«; »panca«; »Kalle fec.«

Stiftung Stadtmuseum Berlin, Bibliothek, Sign. 17. Jh. 1/5/3

Lit.: Ausst.-Kat. Herrliche Künste und Manufacturen 2001, S. 10, Abb. 1.

Kat. 47

Johan Teyler

Ansicht des Schlosses von der Langen Brücke

Berlin, um 1683

Farbkupferstich

Platte: Dm.: 19,6 cm;

Blatt: 22,4 × 20,9 cm

Amsterdam, Rijksmuseum, Rijksprentenkabinet, RP-P-1939-844

Lit.: Wiesinger 1980, Abb. 4; Wiesinger 1989, S. 51, Abb. 24; Ausst.-Kat. Sophie Charlotte und ihr Schloß 1999, S. 214, Kat. Nr. I. 60.

Kat. 48

Johan Teyler

Blick über die Stechbahn nach Osten entlang dem Schloß

Berlin, um 1683

Farbkupferstich

Platte: Dm.: 19,6 cm;
Blatt: 22 × 20,9 cm

Amsterdam, Rijksmuseum, Rijksprentenkabinet, RP-P-1939-845

Lit.: Wiesinger 1980, Abb. 5; Ausst.-Kat. Sophie Charlotte und ihr Schloß 1999, S. 214, Kat. Nr. I. 61.

Kat. 49

N. la Vigne

Plan von Berlin und Umgebung mit Vogelschau des Schlosses von Osten

Seite 82

Berlin, 1685

Feder, Tusche, laviert

140 × 252 cm

Bez.: [o.] »Berlin«; [o. l.] »DONET TOTVM/IMPLEAT/ORBEM«; [o. r., über der Vogelschau] »VEVE DV CHATEAU DE BERLIN COSTÉ DV GRAND PONT«; [u. r., über der Legende] »PLAN GEOMETRAL DE/BERLIN E DES ENVIRONS/1685«; [u. l.] »N. la Vigne Ingenieur fecit.«; [Buchstaben, Ziffern und Bezeichnungen im Plan]

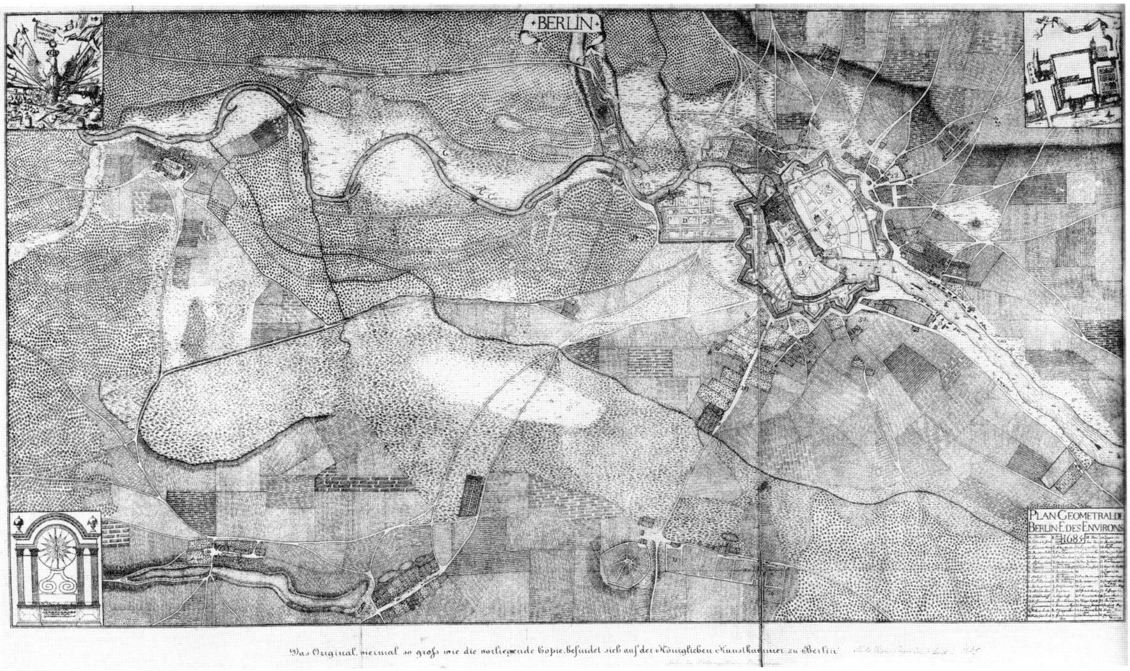

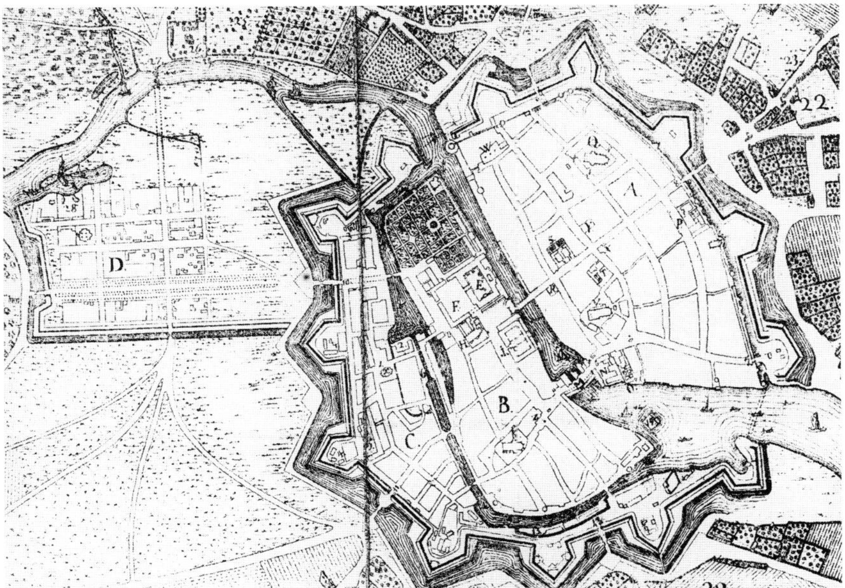

Skala: »Rheinländische Ruthen«; »Französische Klafter«

ehem. Berlin, Kunstkammer; seit 1876 Hohenzollern-Museum; heute verschollen

Es existieren eine handgezeichnete Kopie des Gesamtplans aus dem 19. Jahrhundert (Berlin, Landesarchiv Kartenabt., A 2003), verkleinerte Nachdrucke des Gesamtplans sowie Nachdrucke des Ausschnitts mit der Vogelschau auf das Berliner Schloß (Berlin, Landesarchiv, F Rep. 250, B 21/1+2).

Lit.: Dohme 1876, S. 2; Seidel 1910; Geyer 1936, Bildbd., Bild 88; Schulz 1986, S. 27–32, 176, PV 11; Schulz 1998, S. 98, Nr. 16.

Kat. 50

Christian Kauxdorff

Grundriß der Festung Berlin

Berlin, 1687

Feder, Tusche, aquarelliert

Bez.: »Christ. Kauxdorff, Inven.«; [Bezeichnungen im Plan]

Skala: 90 »Ruhten«

Berlin, Landesarchiv, F Rep. 270, Rissesammlung, A 25

Lit.: Geyer 1936, Textbd., S. 11, 13; Bildbd., Bild 3; Schulz 1986, S. 33f., 177, PV 13; Schulz 1998, S. 99, Nr. 20; Schulz/Matschenz 2002, S. 14f., Nr. Taf. 1.

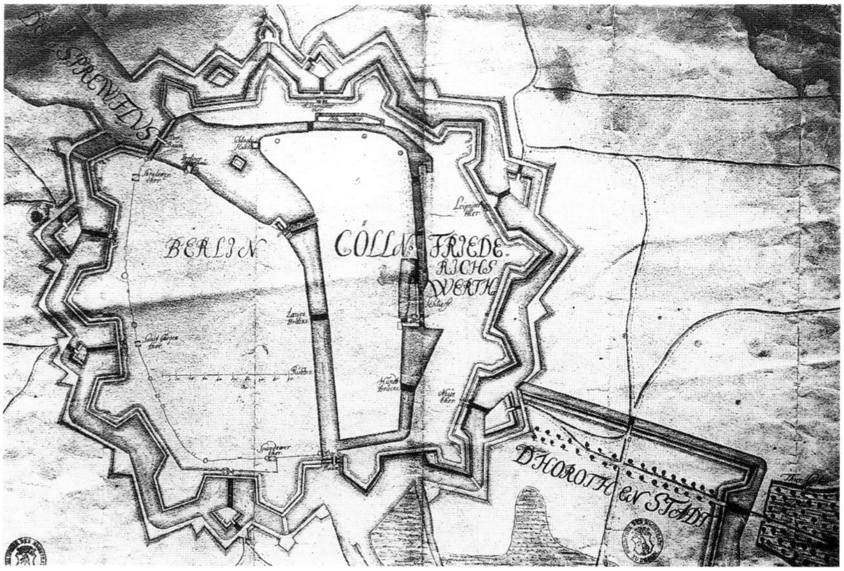

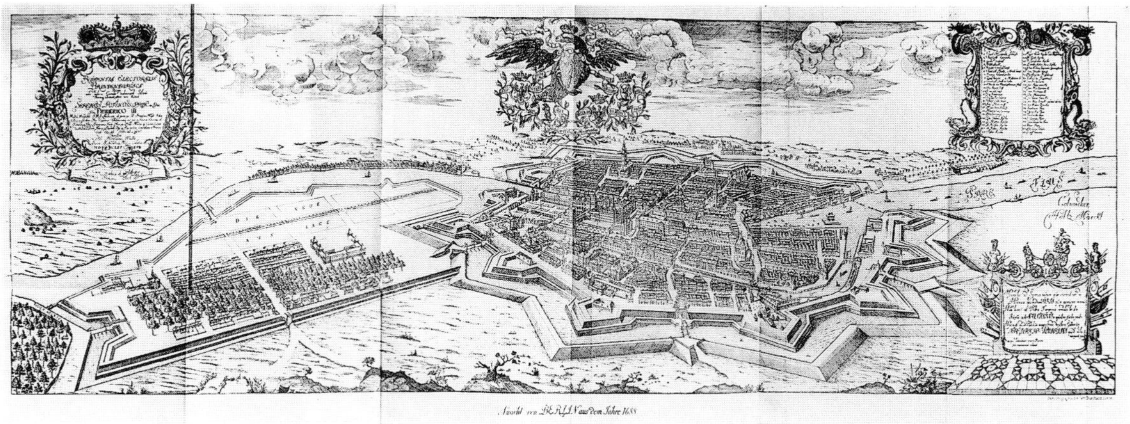

Kat. 51

Johann Bernhard Schultz

Vogelschauplan von Berlin

Seite 85

Berlin, 1688 (2. Aufl. 1695)

Kupferstich (3 Platten)

48,8 × 143 cm

Bez.: [o. l.] »Residentia Electoralis Brandenburgica [...] Friderico III. [...] dedicat et offert [...] Joh: Bernhardus Schultz Seren: S. Architect Milit: et Caelator MDCLXXXVIII«; [M.] »Insignia Quatuor Urbium Residentiae Electoralis – Friederichs Werder – Berlien – Cölln an der Spre – Dorothee Stadt«; [o. r. Legende]; [u. r.] »Mars hic ad Sprevi nuper quaesiverat undas/Moenia quondam URSI quae posuere manus/Non haec! at Video Tarpejis aemula tecta/Iussu ait AUGUSTI qualia facta puto:/ Hoc nisi quod validum magis nec dextra Gallorum/FREDRICH-WILHELMI quod mihi/rumpet opus/qui lateritiam invenit Romam/sed marmoream reliquit«; [Ziffern und Bezeichnungen in der Vogelschau]

Es existiert eine Variante dieser Vogelschau mit einer unterschiedlichen Darstellung der Dorotheenstadt (2. Aufl. 1695); zu den zahlreichen Nachdrucken und Kopien der Folgezeit siehe Schulz 1986, S. 42–48, S. 177f., PV 16–22.

Kat. 52

Die Aufbahrung des Großen Kurfürsten im Schloß 1688

Berlin, 1688

Öl auf Leinwand

72 × 84 cm

SPSG, GK I 1077

Lit.: Ausst.-Kat. Der Große Kurfürst 1988, S. 36, Kat. Nr. I. 53. – Baer 2000b, S. 167, Abb. 8.

Kat. 53

Johann Stridbeck d. J.

Ansicht von der Spreeseite

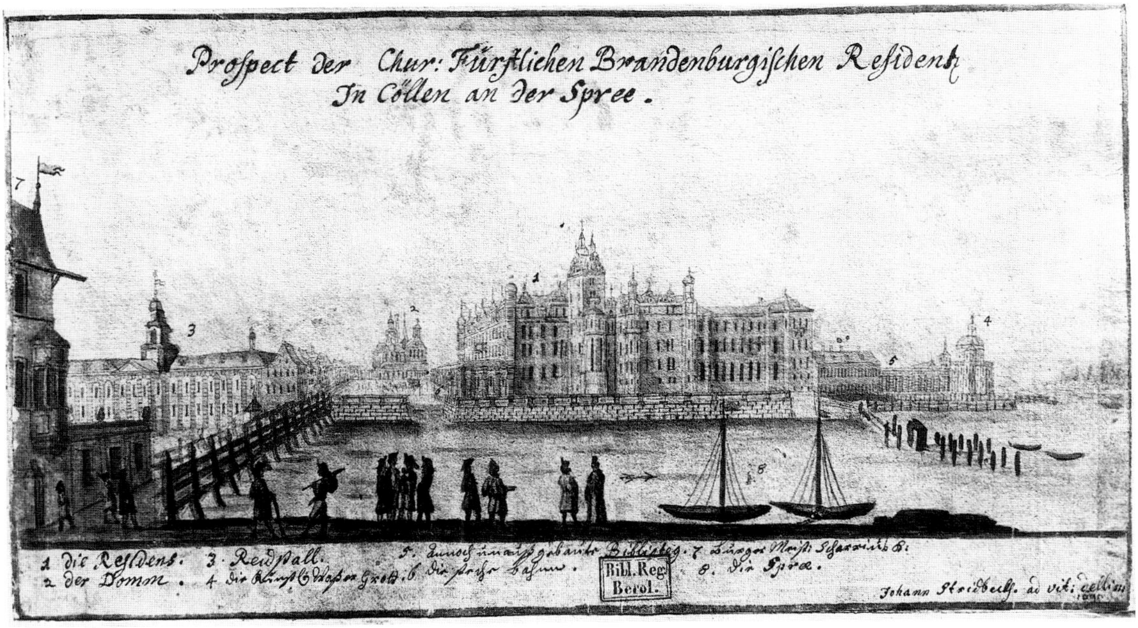

Berlin, 1690

Feder, Tusche, aquarelliert

16,1 × 30,8 cm

Bez.: [o.] »Prospect der Chur: Fürstlichen Brandenburgi-schen Residentz/In Cöllen an der Spree.«; [u.] »1 die Residens. – 2 der Domm. – 3. Reidstall. – 4 die Kunstl. Waßer Grott. – 5. annoch unaußgebaute Biblioteg. – 6 die steche bahn. – 7 Burger Meist: Schardius H: – 8. die Spree.«; [u. r.] »Johann Stridbeckh. ad vit: dellin/1690«

SBB-PK, Handschriftenabteilung, Ms. Boruss. qu. 9, Bl. 4

1796 fertigte Andreas Ludwig Krüger von allen zwanzig Berlin-Aquarellen Stridbecks Kopien an (Berlin, Stiftung Stadtmuseum, GHZ 64/3.1 – 3.20). – Moderne Reproduktionen wurden 1881 und 1981 herausgegeben.

Lit.: Erman 1881; Geyer 1936, Bildbd., Bild 28; Löschburg 1981.

Kat. 54

Johann Stridbeck d. J.

Ansicht von der Stechbahnseite

Seite 83

Berlin, 1690

Feder, Tusche, aquarelliert

16,1 × 25,8 cm

Bez.: [o.] »Die Dom=Kirch Sampt der Stech=Bahan in Cöllen an der Spre.«; [u.] »1 die Dom=kirch. – 2 die Stechbann. – 3 der eingang in die Resitenß. – 4 die Spre. – 5 der Marienthurn. – 6 vorter seyten von der Residens.«; [u. r.] »Johann Stridbeck. Jun. ad vivum del./1690«

SBB-PK, Handschriftenabteilung, Ms. Boruss. qu. 9, Bl. 8

Lit.: Erman 1881; Geyer 1936, Bildbd., Bild 25; Löschburg 1981.

Kat. 55

Johann Stridbeck d. J.

Ansicht des Kleinen Schloßhofes

Seite 88

Berlin, 1690

Feder, Tusche, aquarelliert

16,1 × 25,2 cm

Bez.: [o.] »Prospect des Ineren: Hoffes, Ihrer Chur: Fürstlich: Durchl./von Brandenburg in Cöllen an der Spree.«; [u.] »1 Chur Fürst: gemächer. – 2 die Capelle. – 3 die Wendel Dreppe«; [u. r.] »Johann Stridbeckh. ad vit: del:«

SBB-PK, Handschriftenabteilung, Ms. Boruss. qu. 9, Bl. 7

Lit.: Erman 1881; Geyer 1936, Textbd., S. 74f.; Löschburg 1981; Peschken 1992, S. 105 bis 116; Ausst.-Kat. Preußen 1701. Eine europäische Geschichte 2001, Katalogbd., S. 236, Kat. Nr. IX. 19.

Kat. 56

Johann Stridbeck d. J.

Ansicht des Großen Schloßhofes

Seite 65

Berlin, 1690

Feder, Tusche, aquarelliert

16,3 × 25,5 cm

Bez.:[o.] »Prospect des Vor=Hoffes im Schloß, Ihrer Chur=Fürstl:/Durchl: von Brandenburg: zu Cöllen an der Spree.«; [u.] »1 das Schloss. 2 der Scheene Saal. – 3 Eingang in Inneren Hoff. – 4 der Eingang oder Porten. – 5 die Dom Kirch. – 6 die Latern.«; [u. r.] »Johann Striedbeckh. del: ad vit:/1690«

SBB-PK, Handschriftenabteilung, Ms. Boruss. qu. 9, Bl. 6

Lit.: Erman 1881; Geyer 1936, Bildbd., Bild 80; Löschburg 1981.

Kat. 57

Johann Stridbeck d. J.

Ansicht des Schlosses vom Lustgarten

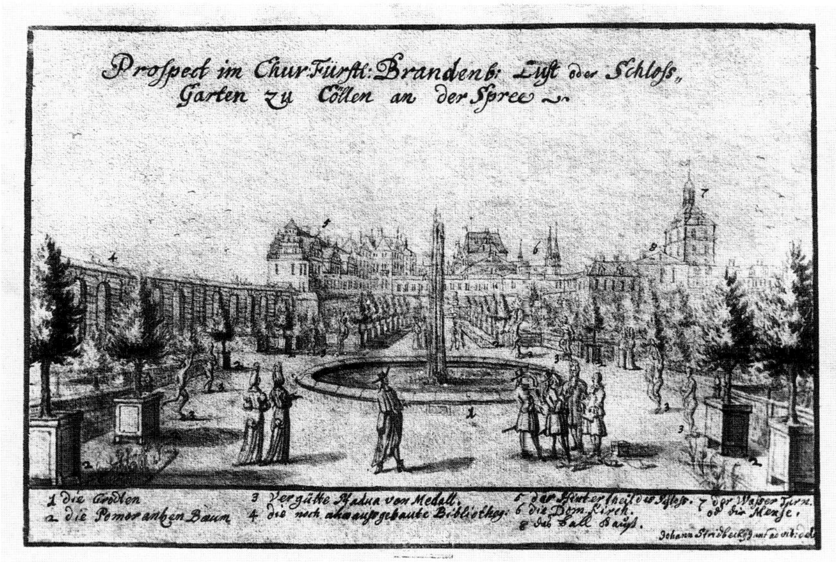

Berlin, 1690

Feder, Tusche, aquarelliert

16,1 × 25,1 cm

Bez.: [o.] »Prospect im Chur: Fürstl: Brandenb: Lust oder Schloß=/Garten zu Cöllen an der Spree.«; [u.] »1 die Grodten – 2 die Pomerantzen Baum – 3 vergülte Stadua von Medall. – 4 die noch ahnauß-gebaute Bibliotheg: – 5 der Hintertheil des Schloss. – 6 die Dom. Kirch. – 7 der Wasser Turn od die Mense. – 8 das Ball Hauß.«; [u. r.] »Johann Stridbeckh jun. ad vit: del:«

SBB-PK, Handschriftenabteilung, Ms. Boruss. qu. 9, Bl. 18

Lit.: Erman 1881; Geyer 1936, Bildbd., Bild 93; Löschburg 1981; Ausst.-Kat. Onder den Oranje Boom 1999, Katalogbd., Kat. Nr. 8 | 36; Ausst.-Kat. Preußen 1701. Eine europäische Geschichte 2001, Katalogbd., S. 243, Kat. Nr. IX. 29.

Kat. 58

Johann Stridbeck d. J.

Ansicht des Lustgartens mit Orangerie und Lusthaus

Berlin, 1690

Feder, Tusche, aquarelliert

16,1 × 25,2 cm

Bez.: [o.] »Prospect der Grotten sampt dem Pomorantzen: Hauss im/Chur: Fürstl: Brandenb: Lust: Garten zu Cöllen an der Spree.«; [u.] »1 die Grotten – 2 das Pomorantzen Hauss – 3 Galleri u. Brig über die Spree – 4 Lenter von Rare Creuter.«; [u. r.] »Joh: Stridb: ad vit: del:«

SBB-PK, Handschriftenabteilung, Ms. Boruss. qu. 9, Bl. 19

Lit.: Erman 1881; Geyer 1936, Bildbd., Bild 92; Löschburg 1981; Ausst.-Kat. Onder den Oranje Boom 1999, Katalogbd., Kat. Nr. 8 | 36; Ausst.-Kat. Preußen 1701. Eine europäische Geschichte 2001, Katalogbd., S. 243, Kat. Nr. IX. 28.

Kat. 59

Johann Stridbeck d. J.

Ansicht des Berliner Schlosses von Nordwesten

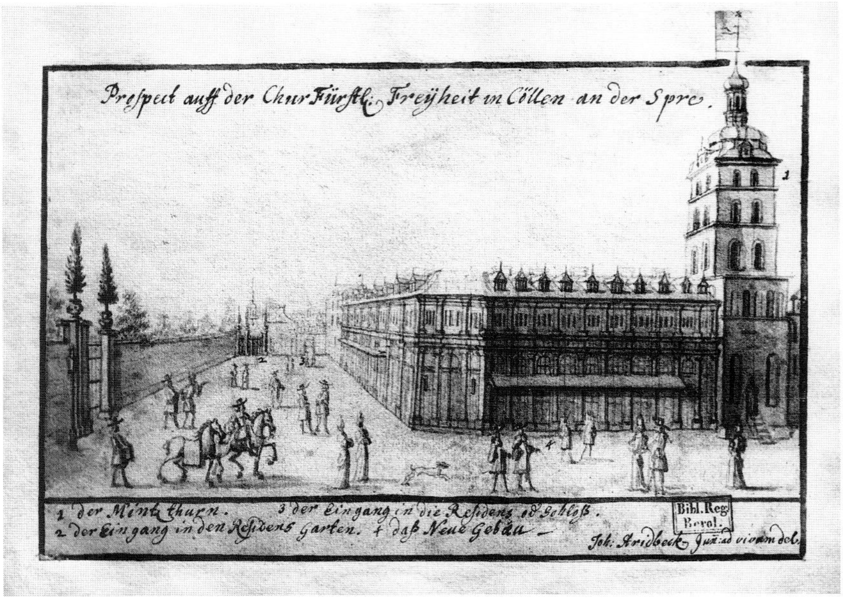

Berlin, 1690

Feder, Tusche, aquarelliert

16,1 × 25,1 cm

Bez.: [o.] »Prospect auff der Chur Fürstl: Freÿheit in Cöllen an der Spre«; [u.] »1 der Mintzthurn. – 2 der Eingang in den Resitens Garten. – 3 der Eingang in die Residens od Schloß. – 4 daß Neue Gebäu.«; [u. r.] »Joh: Stridbeck Jun: ad vivum del:«

SBB-PK, Handschriftenabteilung, Ms. Boruss. qu. 9, Bl. 9

Lit.: Erman 1881; Geyer 1936, Bildbd., Bild 100; Löschburg 1981; Ausst.-Kat. Preußen 1701. Eine europäische Geschichte 2001, Katalogbd., S. 244, Kat. Nr. IX. 31.

Kat. 60

Johann Arnold Nering (?)

Entwurf zu einem Verkaufspavillon vor der Langen Brücke

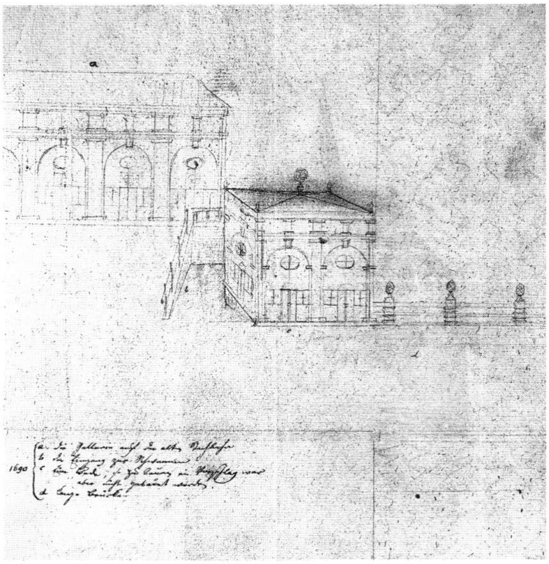

Berlin, 1690

Graphit

Bez.: »1690 – a die Gallerie auf der alten Stechbahn – b der Eingang zur Schwemme – c Eine Bude, so zu Bauen in Vorschlag war, aber nicht gebauet worden. – d Lange Brücke«

ehem. Berlin, Magistratsbibliothek, Nicolaische Mappe; heute verschollen

Lit.: Hirzel 1924, S. 7f.

Kat. 61

Jan van Call d. Ä.

Ansicht von der Stechbahnseite

Berlin, um 1690

Feder, Tusche, farbig laviert

24,3 × 24,3 cm

Amsterdam, Rijksmuseum, Rijksprentenkabinet, RP-P-1921-5

Lit.: Wiesinger 1980, Abb. 1; Wiesinger 1989, S. 33, Abb. 12; Ausst.-Kat. Sophie Charlotte und ihr Schloß 1999, S. 214, Kat. Nr. I. 62.

Kat. 62

Abraham Jansz. Begeyn (zugeschrieben)

Ansicht von der Stechbahnseite

Seite 120

Berlin, um 1690

Öl auf Leinwand

164 × 188 cm

Berlin, Stiftung Stadtmuseum, GEM 89/10.

Das Original bis 1945 in gräflich Schwerinschem Besitz in Schloß Tamsel bei Küstrin, seitdem zunächst verschollen, evtl. identisch mit der 1991 vom Berlin-Museum erworbenen Fassung. Zudem gab um 1845 Friedrich Wilhelm IV. eine Kopie in Auftrag, die sich bis 1945 im Hohenzollern-Museum (heute SPSG) befand.

Nach dem Exemplar im Hohenzollern-Museum wurde um 1900 eine Photolithographie (Verlag Gebr. Burchard) angefertigt (Berlin, Landesarchiv, F Rep. 250, A 1).

Lit.: Dohme 1876, S. 4, Anm.; Geyer 1936, Bildbd., Bild 24; Gramlich 1991; Ausst.-Kat. Preußen 1701. Eine europäische Geschichte 2001, Katalogbd., S. 237, Kat. Nr. IX. 21.

Kat. 63

Abraham Jansz. Begeyn (zugeschrieben)

Ansicht von Berlin von Süden

Berlin, um 1690

Graphit, Feder, Tusche, laviert

38,7 × 246,5 cm

Bez.: »Berlin. vande Rÿcxdürfer dam.«

Berlin, Landesarchiv, F Rep. 250, A 2005/2

Lit.: Ausst.-Kat. Der Große Kurfürst 1988, S. 113, Kat. Nr. IV. 23; Ausst.-Kat. Onder den Oranje Boom 1999, S. 273f., Kat. Nr. 8|65.

Kat. 64

Abraham Jansz. Begeyn
(zugeschrieben)

Ansicht von Berlin von Norden

Berlin, um 1690

Graphit, Feder, Tusche, laviert

39,2 × 195 cm

Berlin, Landesarchiv, F Rep. 250, A 2005/1

Lit.: Ausst.-Kat. Der Große Kurfürst 1988, S. 113, Kat. Nr. IV. 22; Ausst.-Kat. Onder den Oranje Boom 1999, S. 273f., Kat. Nr. 8|65.

Kat. 65

Raimond Faltz

Medaille auf die Grundsteinlegung der Langen Brücke; [Vorderseite] Brustbild Friedrichs III.; [Rückseite] Ansicht der Langen Brücke und des Schlosses von Südosten

Berlin, 1692

Silbermedaille

D 4,8 cm

Bez.: Rückseite: »VTILITATI · PVBLICÆ«; »PONS · AD · SPREAM · IN · VRBIS/ SPLENDOREM · MEDIO · BELLO/BEROLINI · ERECTVS ·/M · DC · XCII ·«

Berlin, SMB-PK, Münzkabinett

Lit.: Menadier 1901, Nr. 198; Peschken 1992, S. 104, Abb. 98; Brockmann 1994, S. 220f., Nr. 345, 346; Ausst.-Kat. Preußen 1701. Eine europäische Geschichte 2001, Katalogbd., S. 229, Kat. Nr. IX. 4.

Kat. 66

Christoph Pitzler

Skizzen und Aufzeichnungen zum Alabastersaal, ferner zum Marstall in der Dorotheenstadt

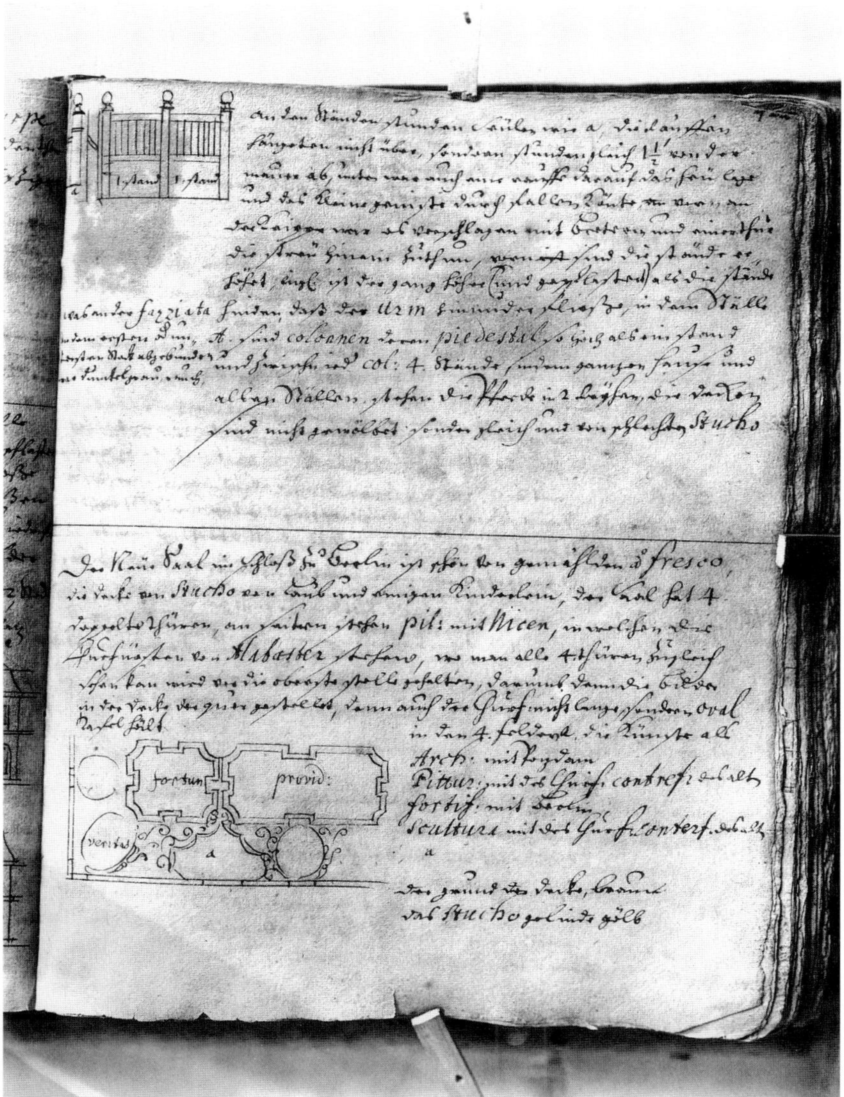

aus: Christoph Pitzlers Reysebeschreibung (Manuskript), Bl. 423

Berlin, 1695

Graphit, Feder, Tusche

Bez. betr. Alabastersaal: [untere Blatthälfte] »Der Neüe Saal im Schloß zu Berlin ist schön von gemählden al fresco,/die Decke von Stucko von Laub und einigen Kinderlein, der Saal hat 4/doppelte Thüren, an seiten stehen pil. mit Nicen, in welchen die/Churfürsten von Alabaster stehen, wo man alle 4. Thüren zugleich/sehen kann wird vor die oberste stelle gehalten, darumb denn die Bilder/in der Decke die quer gestellet, denn auch der Churf. nicht lange sondern oval/Tafel hält.«; [in der Deckenskizze] »fortun«, »provid:«, »veritas«; »a«; [rechts] »in den 4 feldern a die Künste als/Arch. mit Pozdam/Pittur. mit des Churf. contref. des alten/fortif. mit Berlin/Scultura mit des Churf. conterf. Des alten/der grund der Decke braun/das Stucko gelinde gölb«

ehem. Berlin, Bibliothek der Technischen Hochschule Charlottenburg; seit 1945 verschollen

Lit.: Lorenz 1998, S. 32f.; 130–132.

Kat. 67

Christoph Pitzler

Skizzen und Aufzeichnungen zum Alabastersaal und zum Lustgarten, ferner zum Hetzgarten

aus: Christoph Pitzler, Reysebeschreibung (Manuskript), Bl. 424

Berlin, 1695

Graphit, Feder, Tusche

Bez. betr. Alabastersaal: [o.] »Der Fußboden schwarz und weißer marmel von quadri 18″ in □«. – Bez. betr. Lustgarten: [u.] »Der Lustgartten nechst am Schloß ist gar fein angeleget, mit Waßer umbfloßen/und mit Statuen wohl gezieret, wie auch mit Waßerwerckn, so legte man auch/plantages an zu Boscages von Weißbüchenholtz, in der mitten Waßerwercke/beÿ a eine terrasse mit parterre, b. parterre, c. waßer oder jet d'au, d parterre/de gaçon, d boscage, e, orangerie, f waßer, g grotte, h. Brücke, i. Bäume,/not. x sollte ein breiter gang seyn und an der seite auch abgetheilte boscage, das Waßer/zum Waßerwercken wird durch machinen gehoben.« [Diese Legende bezieht sich auf die Skizze der folgenden Seite Bl. 425; siehe Kat. 68]

ehem. Berlin, Bibliothek der Technischen Hochschule Charlottenburg; seit 1945 verschollen

Lit.: Lorenz 1998, S. 34f.; 130–132, 137f.

Kat. 68

Christoph Pitzler

Skizze des Plans des Lustgartens, ferner Skizzen und Aufzeichnungen zur Langen Brücke, zum Mühlendamm, zur Sebastianskirche und zur Parochialkirche

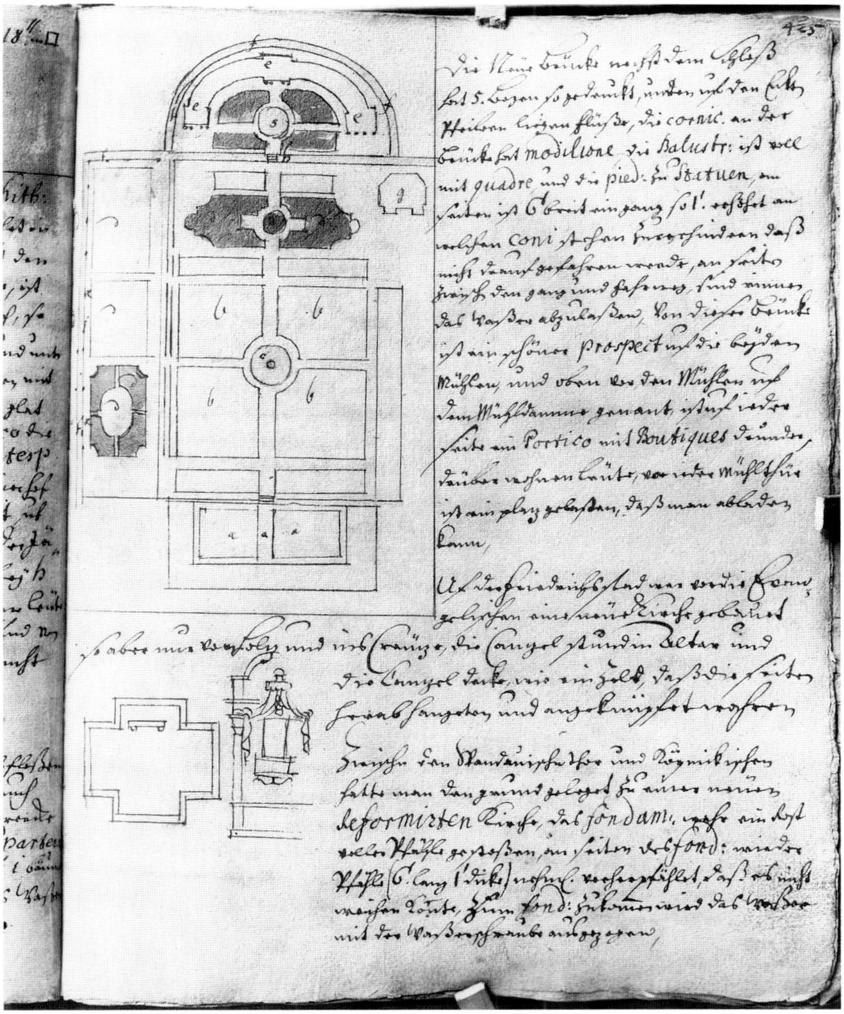

aus: Christoph Pitzler, Reysebeschreibung (Manuskript), Bl. 425

Berlin, 1695

Graphit, Feder, Tusche

Bez. betr. Lustgarten: [Buchstaben im Lustgartenplan; die zugehörige Legende befindet sich auf der vorigen Seite Bl. 424; siehe Kat. 67]

ehem. Berlin, Bibliothek der Technischen Hochschule Charlottenburg; seit 1945 verschollen

Lit.: Lorenz 1998, S. 36f., 137f.

Kat. 69

Christoph Pitzler

Skizzen und Aufzeichnungen zum alten Schloßtor, ferner zur Parochialkirche, Marienkirche und zur Schleuse

aus: Christoph Pitzler, Reysebeschreibung (Manuskript), Bl. 426

Berlin, 1695

Graphit, Feder, Tusche

Bez. betr. Schloßtor: »Schloßthor«

ehem. Berlin, Bibliothek der Technischen Hochschule Charlottenburg; seit 1945 verschollen

Lit.: Lorenz 1998, S. 38f.; 129f.

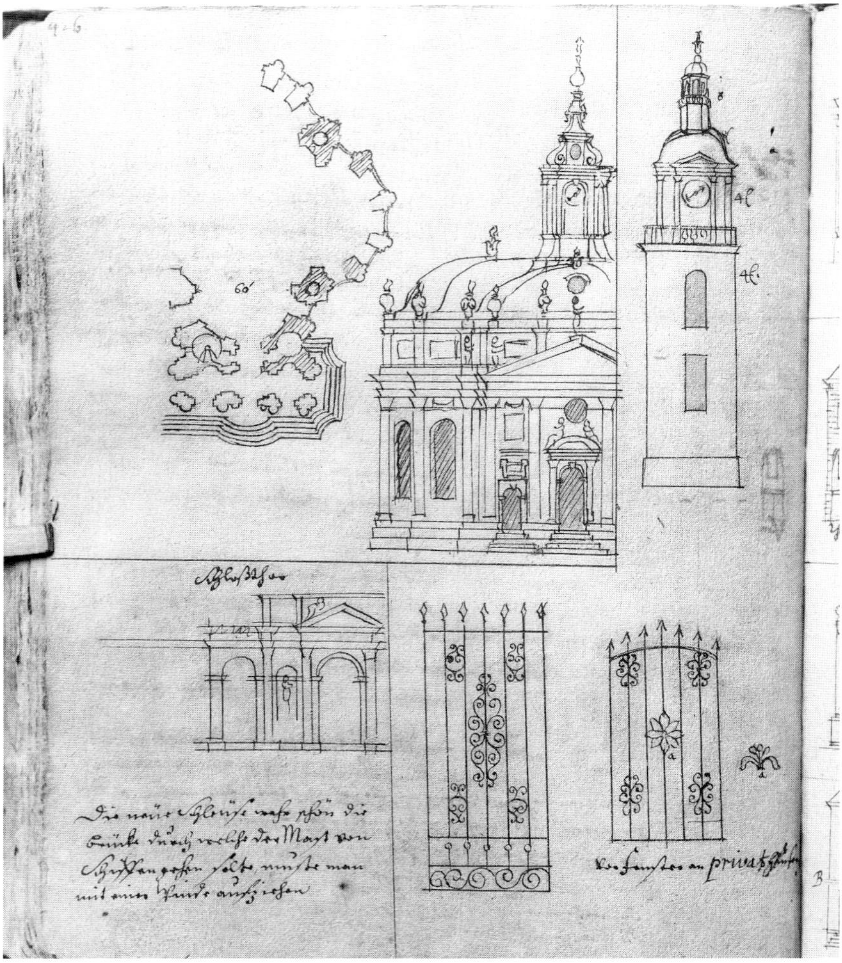

Kat. 70

Samuel Blesendorf

Ansicht der Kunstkammer

aus: Lorenz Beger, Thesaurus Brandenburgicus Bd. 1, zwischen S. 2 und 3

Cölln/Spree, 1696

Kupferstich

Platte: 20,7 × 32,5 cm

Bez.: »S. Blesendorf. delin: et Sculp:«

Lit.: Budde 1981; Gröschel 1989; Ausst.-Kat. Preußen 1701. Eine europäische Geschichte 2001, Essaybd., S. 336; Katalogbd., S. 192f., Kat. Nr. VIII. 46.

Kat. 71

Samuel Blesendorf

Ansicht der Residenzstadt Berlin von Westen

aus: Lorenz Beger, Thesaurus Brandenburgicus Bd. 1, S. 1

Cölln/Spree, 1696

Kupferstich

Platte: 8,7 × 17,6 cm

Bez.: »S. B. f:«

Lit.: Budde 1981; Gröschel 1989.

Kat. 72

Vogelschau des Schlosses von Westen

aus: Lorenz Beger, Thesaurus Brandenburgicus Bd. 1, S. 5

Cölln/Spree, 1696

Kupferstich

Platte: 8,6 × 18 cm

ohne Bez.

Lit.: Budde 1981; Gröschel 1989.

Kat. 73

Samuel Blesendorf

Ansicht der Stechbahn und des Schlosses von der Spreeseite

aus: Lorenz Beger, Thesaurus Brandenburgicus Bd. 1, S. 169

Cölln/Spree, 1696

Kupferstich

Platte: 9,2 × 18,1 cm

Bez.: »SB«

Vgl. Kat. 111

Lit.: Budde 1981; Gröschel 1989.

Kat. 74

Ansicht des »geheimsten Kabinetts« Friedrichs III.

aus: Lorenz Beger, Thesaurus Brandenburgicus Bd. 1, S. 226

Cölln/Spree, 1696

Kupferstich

Platte: 11,7 × 14,6 cm

ohne Bez.

Lit.: Budde 1981; Gröschel 1989; Hinterkeuser 1999/2000 [2002], S. 85f., Abb. 11.

Kat. 75

Johann Carl Schott nach Constantin Friedrich Blesendorf

Ansicht des Alabastersaals

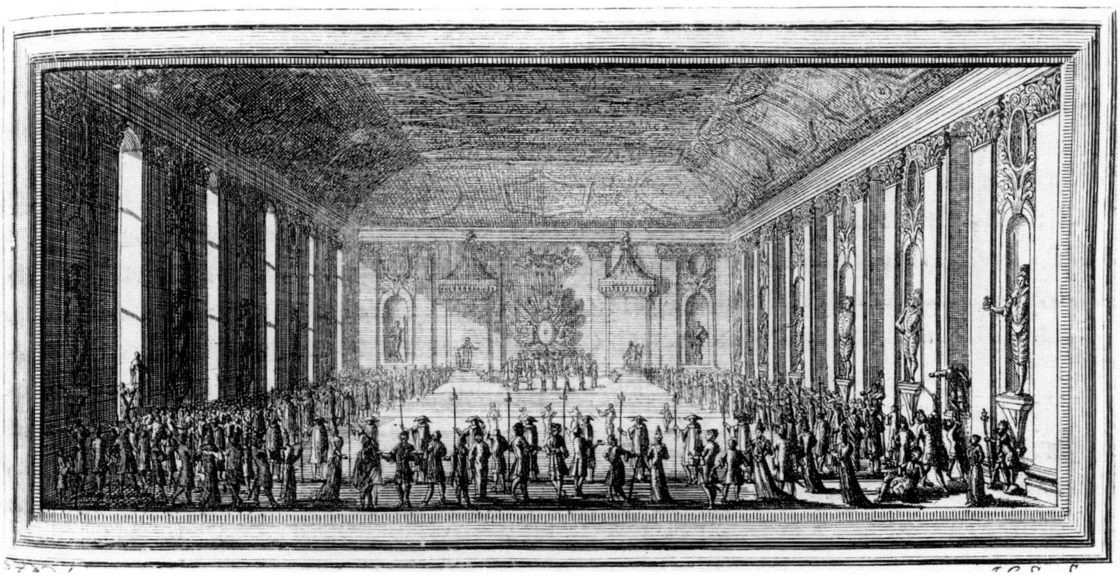

aus: Lorenz Beger, Thesaurus Brandenburgicus Bd. 1, S. 227

Cölln/Spree, 1696

Kupferstich

Platte: 8,7 × 17,6 cm

Bez.: »C. F. B. del.«; »J. C. S. Sc.«

Lit.: Budde 1981; Gröschel 1989.

Kat. 76

Johann Carl Schott nach Constantin Friedrich Blesendorf

Ansicht des Lustgartens

aus: Lorenz Beger, Thesaurus Brandenburgicus Bd. 1, nach S. 524

Cölln/Spree, 1696

Kupferstich

Platte: 8,6 × 17,3 cm

Bez.: [u.] »C. F. B. del.«; »J. C. S. Sc«; [Schriftband im Stich] »ET ORDO ET COPIA RERVM:«

Lit.: Budde 1981; Gröschel 1989.

Kat. 77

Christian Eltester

Entwurf für einen Kamin

Berlin, 1697/98

Feder, Tusche, laviert

42,8 × 28 cm

Bez.: [Inhaltsverzeichnis] »Ein Camin mit Spiegeln und anderen Ornamenten«

SMB-PK, Kupferstichkabinett, 79 D 25, Bl. 23, Nr. 19 (Nr. 17)

Lit.: Keller 1985, S. 556; Peschken/Wiesinger 2001, S. 71, Abb. 18.

Kat. 78

Christian Eltester

Entwurf für den Fürstenstuhl in der Schloßkapelle

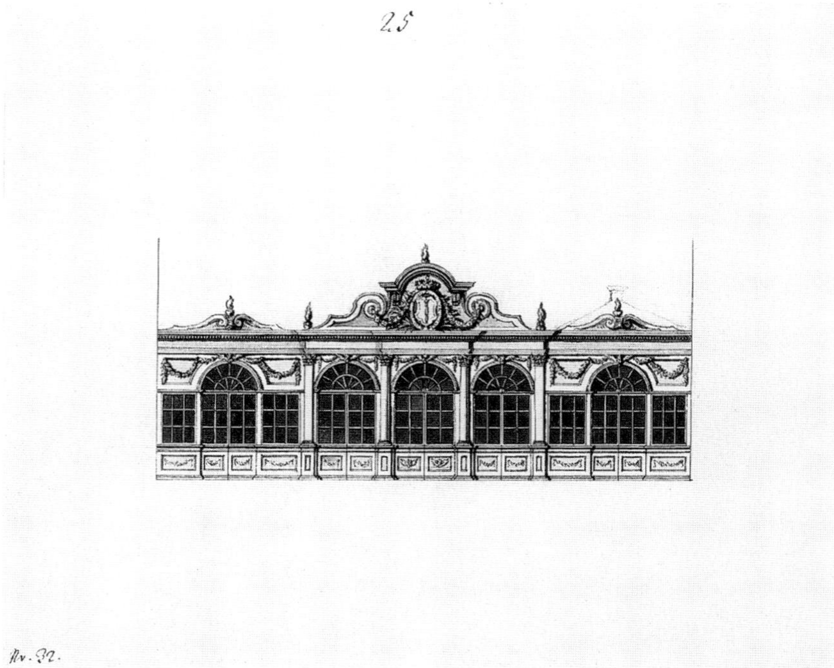

Berlin, 1697/98

Feder, Tusche, laviert

22,7 × 28,8 cm

Bez.: [Inhaltsverzeichnis] »Entwurff eines Churfl. Chors in der Neuen Capelle des berlinisch. Schlosses«

SMB-PK, Kupferstichkabinett, 79 D 25, Bl. 32, Nr. 32 (Nr. 25)

Lit.: Keller 1985, S. 542, Abb. 2, S. 557.

Kat. 79

Christian Eltester

Silbernes Handfaß mit Wanne vom Silberbuffet

Berlin, 1698

Feder, Tusche, laviert

28,6 × 22 cm

Bez.: [Inhaltsverzeichnis] »der Kessel samt der Vase des großen Churfl. Buffets«

SMB-PK, Kupferstichkabinett, 79 D 25, Bl. 38, Nr. 43 (Nr. 33)

Lit.: Keller 1985, S. 557. – Keisch 1997, S. 31, Abb. 15.

Kat. 80

Christian Eltester

Buffetschrank im Tafelgemach

Berlin, 1697/1699

Feder, Tusche, farbig laviert

29 × 22,5 cm

Bez.: [Inhaltsverzeichnis] »Ein Buffet im Churfl. Tafelgemach zu Berlin«

SMB-PK, Kupferstichkabinett, 79 D 25, Bl. 40, Nr. 47 (Nr. 36)

Lit.: Keller 1985, S. 557f. – Keisch 1997, Tafel 4; Göres 2001, S. 368f., Abb. 2; Peschken/Wiesinger 2001, S. 68, Abb. 16.

Kat. 81

Christian Eltester

Kachelofen im Tafelgemach

Berlin, 1697/1699

Feder, Tusche, laviert

29,2 × 22,7 cm

Bez.: [Inhaltsverzeichnis] »Kachelofen in eben dem selben gemache«

SMB-PK, Kupferstichkabinett, 79 D 25, Bl. 40, Nr. 48 (Nr. 37)

Lit.: Keller 1985, S. 558. – Peschken/Wiesinger 2001, S. 68, Abb. 17.

Kat. 82

Christian Eltester

Wappen für den Kachelofen im Tafelgemach

Berlin, 1697/98

Feder, Tusche, laviert

22,2 × 22,8 cm

Bez.: [Inhaltsverzeichnis] »Ein anderes Wappen im selbigen frontispice«

SMB-PK, Kupferstichkabinett, 79 D 25, Bl. 40, Nr. 49 (Nr. 38)

Lit.: Keller 1985, S. 558.

Kat. 83

Christian Eltester

Thronsessel

Berlin, 1697/1700

Feder, Tusche, laviert

29,2 × 22,4 cm

Bez.: [Inhaltsverzeichnis] »Ein Audienz=Stuhl«

SMB-PK, Kupferstichkabinett, 79 D 25, Bl. 41, Nr. 51 (Nr. 40)

Lit.: Niemann 1926, S. 78, Abb. 8. – Keller 1985, S. 558. – Ausst.-Kat. Preußen 1701. Eine europäische Geschichte 2001, Katalogbd., S. 177f., Kat. Nr. VIII. 14; Göres 2001, S. 368f., Abb. 2.

Kat. 84

Christian Eltester

Entwurf für den Hecken- und Boskettgarten im westlichen Teil des Lustgartens

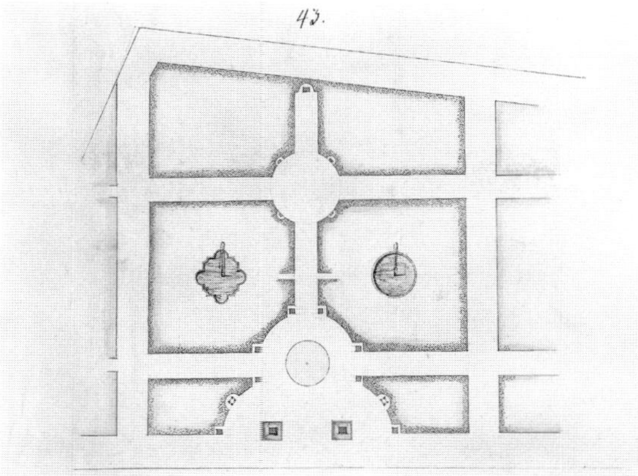

Berlin, 1697/1700

Feder, Tusche, laviert

22,3 × 28,9 cm

Bez.: [Inhaltsverzeichnis] »Grundriß der Plantage im Churfl. lustgarten zu Berlin«

SMB-PK, Kupferstichkabinett, 79 D 25, Bl. 43, Nr. 54 (Nr. 43)

Lit.: Keller 1985, S. 558. – Wimmer 2001, S. 299.

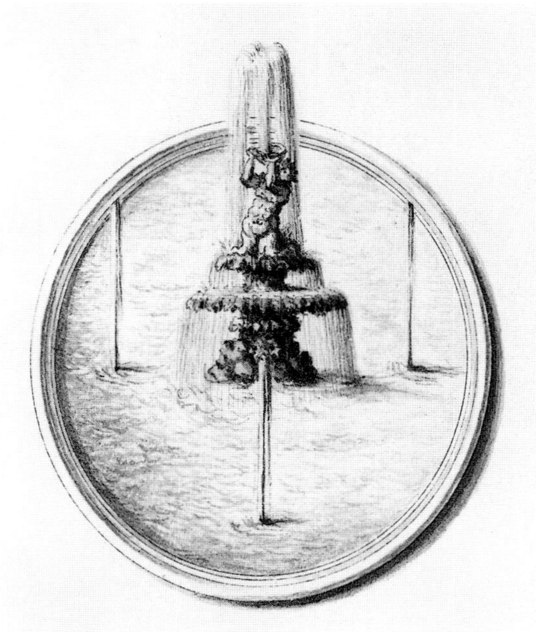

Kat. 85

Christian Eltester

Entwürfe für zwei Springbrunnen im Hecken- und Boskettgarten im westlichen Teil des Lustgartens

Berlin, 1697/1700

Feder, Tusche, laviert

22,6 × 28,7 cm

Bez.: [Inhaltsverzeichnis] »die beijede Bassins in derselben plantage«

SMB-PK, Kupferstichkabinett, 79 D 25, Bl. 43, Nr. 55 (Nr. 44)

Lit.: Keller 1985, S. 558. – Wimmer 2001, S. 299.

Kat. 86

Christian Eltester

Grundrißentwurf für die Erweiterung der Paradekammern

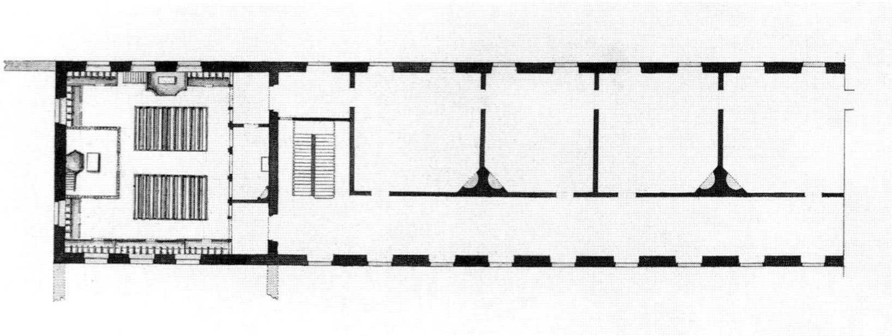

Berlin, 1697/98

Feder, Tusche, laviert

28,9 × 43,2 cm

Bez.: [Inhaltsverzeichnis] »Erster entwurff eines grundrisses von denen Gemächern, nebst der Capelle, über die königl. Gemächer im Schlosse zu Berlin«

SMB-PK, Kupferstichkabinett, 79 D 25, Bl. 44, Nr. 58 (Nr. 46)

Lit.: Keller 1985, S. 541, Abb. 1, S. 559.

Kat. 87

Christian Eltester

Entwurf für eine Schloßkapelle, Längsschnitt

Berlin, 1697/98

Feder, Tusche, laviert

26,6 × 38,4 cm

Bez.: [Inhaltsverzeichnis] »der durchschnitt von selbiger Capelle«

SMB-PK, Kupferstichkabinett, 79 D 25, Bl. 45, Nr. 59 (Nr. 47)

Lit.: Niemann 1928, S. 78, Abb. 7. – Keller 1985, S. 543, Abb. 3, S. 559.

Kat. 88

Christian Eltester

Entwurf für eine Schloßkapelle, Querschnitt

Berlin, 1697/98

Feder, Tusche, laviert

22,4 × 28,7 cm

SMB-PK, Kupferstichkabinett, 79 D 25, Bl. 45, Nr. 60 (Nr. 48)

Lit.: Keller 1985, S. 543, Abb. 4, S. 559.

Kat. 89

Christian Eltester

Wandlaterne aus dem Schweizersaal

Berlin, 1697/1700

Feder, Tusche, laviert

25,4 × 22,6 cm

Bez.: [Inhaltsverzeichnis] »Abriß der Laternen im Schweitzer=Saal.«

SMB-PK, Kupferstichkabinett, 79 D 25, Bl. 50, Nr. 73 (Nr. 61)

Lit.: Keller 1985, S. 560.

Kat. 90

Christian Eltester

Wandlaterne, womöglich aus dem Schloß

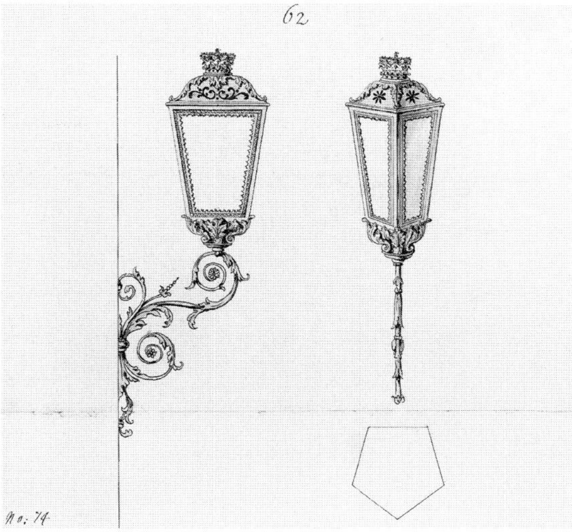

Berlin, 1697/1700

Feder, Tusche, laviert

25,8 × 29 cm

Bez.: [Inhaltsverzeichnis] »Noch eine andere ahrt von laternen.«

SMB-PK, Kupferstichkabinett, 79 D 25, Bl. 50, Nr. 74 (Nr. 62)

Lit.: Keller 1985, S. 560.

Kat. 91

Christian Eltester

Wandlaterne, womöglich aus dem Schloß

Berlin, 1697/1700

Feder, Tusche, laviert

24 × 29 cm

SMB-PK, Kupferstichkabinett, 79 D 25, Bl. 50, Nr. 75 (Nr. 63)

Lit.: Keller 1985, S. 560.

Kat. 92

Christian Eltester

Holzpodium und Orangenbäume im Lustgarten

Berlin, 1697/1700

Feder, Tusche, laviert

22,6 × 25 cm

Bez.: [Inhaltsverzeichnis] »Profil des Amphitheatri der Orangen=bäume im Churfl. Schloßgarten zu Berlin.«

SMB-PK, Kupferstichkabinett, 79 D 25, Bl. 50, Nr. 76 (Nr. 64)

Lit.: Keller 1985, S. 560.

Kat. 93

Jean Baptiste Broebes

Entwurf für die Fassade der Schmalseite des Kleinen Schloßhofes; nach Schlüters Schloßmodell

Seite 99

aus: Jean Baptiste Broebes, Vues des Palais et Maisons de Plaisance, Taf. 2a

Augsburg, 1733

Radierung

Platte: 17 × 30,5 cm

Bez.: »Cour du/f. d. Palais Royal de Berlin p. d. l. C.«; [u. l.] »Cum Priv. S. C. Maj.«; »I. G. Mertz exc. Aug. Vind./ 2a«

Lit.: Broebes 2000, S. 8. – Peschken 1992, S. 123–125.

Kat. 94

T. Henry Reetz

Entwurf für die Fassade der Schmalseite des Kleinen Schloßhofes

Berlin, nach 1698

Feder, Tusche, laviert

19,2 × 28,6 cm

Bez.: »du Coté de la Cour«

Hannover, Wehrbereichsbibliothek, 25601 R, Bl. 21a

Vgl. Kat. 93.

Kat. 95

T. Henry Reetz

Entwurf für den halben Grundriß des Schlosses

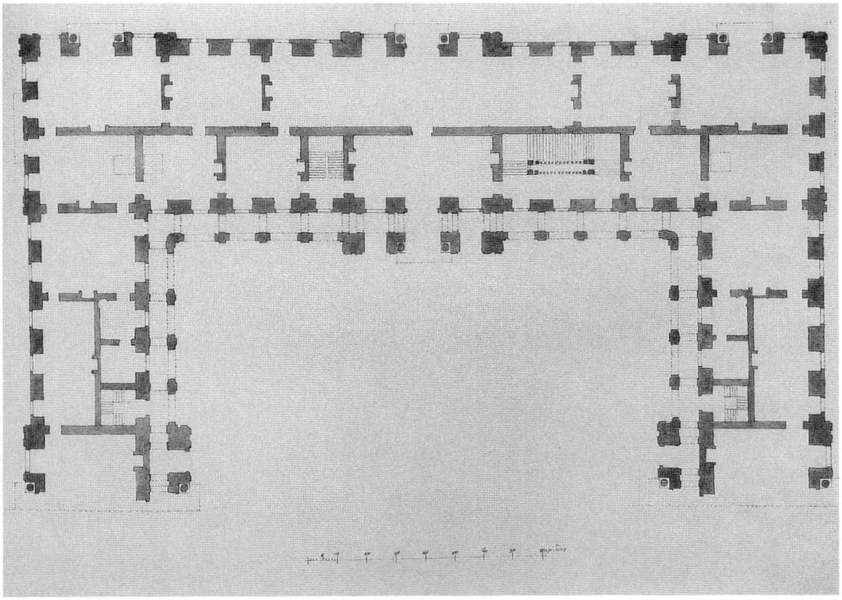

Berlin, nach 1698

Feder, Tusche, laviert

28,7 × 40,3 cm

Skala: 80 »piedes« (= 10,8 cm)

Hannover, Wehrbereichsbibliothek, 25601 R, Bl. 21b

Vgl. Kat. 94. – Beide Pläne haben in die reale Bauplanung nicht eingegriffen.

Kat. 96

Jean Baptiste Broebes

Entwurf für die Stechbahnfassade

aus: Jean Baptiste Broebes, Vues des Palais et Maisons de Plaisance, Taf. 2b

Augsburg, 1733

Radierung

Platte: 16,2 × 36,7 cm

Bez.:[u. l.] »Profil«; [u.] »Cum Priv. S. C. Maj.«; »G[ran]de Fac[ad]e du Palais Royal de Berlin. du Cote du Pont«; »p. Schlüter A.«; »I. G. Mertz exc. A. V.«; »b.2«

Lit.: Broebes 2000, S. 8. – Peschken 1992, S. 123–125.

Kat. 97

Plan von Berlin und Umgebung

Berlin, 1698 (Kopie 1893)

Feder, Tusche, laviert

136,5 × 78 cm

Bez.: »Eigentlicher Grundris Der Churfürstl. Residenz-Städte Berlin, Cölln, Fridrichs=Werder Dorotheen= und Fridrich=Stadt mit deren Vorstädten und umliegender Gegend So wie es im Sommer ano 1698 erbauet gewesen.«; [Legende]

Berlin, Landesarchiv, F Rep. 270, Rissesammlung, A 2004

Eine wohl kurz nach 1698 angefertigte Kopie dieses Planes befindet sich in der Österreichischen Nationalbibliothek in Wien, Kartensammlung und Globenmuseum, Alb. 225–10 (Ausst.-Kat. Sophie Charlotte und ihr Schloß 1999, S. 213, Kat. Nr. I. 58). Allerdings fehlt hier die Binnengliederung der Städte Berlin, Cölln und Friedrichswerder vollständig und somit auch der Grundriß des Schlosses. – Zwei moderne Kopien von 1843 bzw. 1893 werden ebenfalls im Landesarchiv Berlin aufbewahrt (Schulz 1998, S. 103f., Nr. 39f.).

Lit.: Schulz 1986, S. 49–52, 178, PV 23; Schulz 1998, S. 103f., Nr. 39f.

Kat. 98

Augustin Oldenburgh

Ansicht des Audienzgemachs

aus: Lorenz Beger, Thesaurus Brandenburgicus Bd. 2, Widmung

Cölln/Spree, 1699

Kupferstich

Platte: 9,6 × 18,3 cm

Bez.: »oldenburgh. sculp«

Lit.: Budde 1981; Gröschel 1989.

Kat. 99

Ansicht des Gerichtssaals

aus: Lorenz Beger, Thesaurus Brandenburgicus Bd. 2, S. 689

Cölln/Spree, 1699

Kupferstich

Platte: 8,6 × 17,2 cm

Bez.: [o.] »SUUM CUIQUE«

Lit.: Budde 1981; Gröschel 1989.

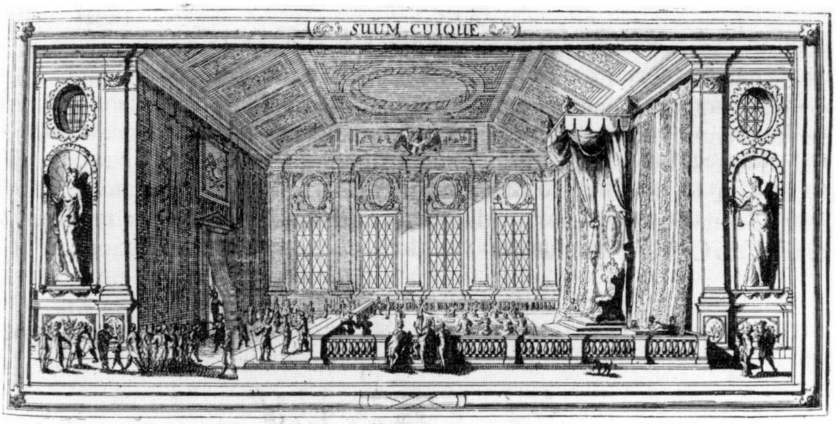

Kat. 100

Jean Baptiste Broebes

Vogelschauplan von Berlin (Ausschnitt)

Berlin, 1699

Kupferstich (3 Platten)

32,3 × 90,7 cm

Bez.: »Die Churfürstl.ᵉ Brandenburglᵉ Residentz Stätt Berlin, Cöln, und Friedrichs Werder«; [o. l. und o. r. Legenden]; [außerdem Buchstaben, Ziffern und Kurzbezeichnungen im Plan]

Entstanden in enger Anlehnung an den Vogelschauplan von Johann Bernhard Schultz (Kat. 51); erschienen in der zweiten Auflage der Zeiller-Merianschen Topographie nach 1703

Lit.: Schulz 1986, S. 53–60, 178f., PV 24f.; Peschken 1992, S. 119–122; Ausst.-Kat. Preußen 1701. Eine europäische Geschichte 2001, Katalogbd., S. 228f., Kat. Nr. IX. 2.

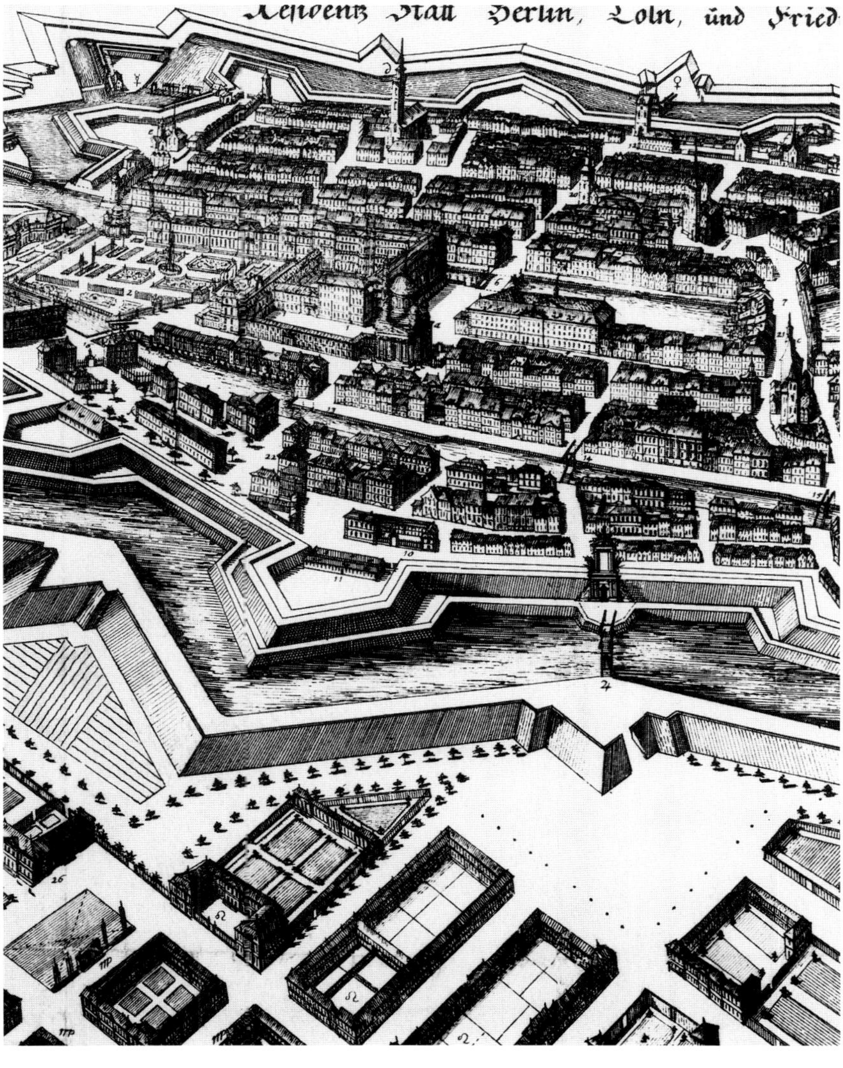

Kat. 101

Augustin Oldenburgh nach Michael Maddersteg

Berlin als Seestadt; im Hintergrund Silhouette Berlins mit dem Schloß in Gestalt von Schlüters Modell

Berlin, 1699

Kupferstich

Platte: ca. 33,3 × 53,7 cm (Blatt beschnitten)

Bez.: [u. l.] »M. madderstegh: pinx«; [u. r.] »A. oldenburgh. sculp. 1699«; [u.] »Berolinum Residentia Electoralis Brandenburgica«; in der Rahmenleiste u. a. Hosenbandorden (o.) und kurfürstliche Devise (u.).

Berlin, Landesarchiv, F Rep. 250, A 115.

Kat. 102

Raimond Faltz

Medaille mit einem Grundriß der fünf Teilstädte Berlins; [Vorderseite] Brustbild Friedrichs III.; [Rückseite] Grundriß der fünf Städte

Berlin, 1700

Silbermedaille

D 6,3 cm

Bez.:[Rückseite] »ORNAVIT · ET · AVXIT ·«; »R. F./1700«; »POMOERVS · AEDIFICVS ·/CIVIBVS · ARTIBVS ·/COMMERCVS ·«

Berlin, SMB-PK, Münzkabinett

Lit.: Menadier 1901, Nr. 204; Schulz 1986, S. 61–63, S. 179, PV 26; Brockmann 1994, Nr. 366; Ausst.-Kat. Europäische Medaillenkunst 1995, S. 30f., 181, Kat. Nr. 96; Ausst.-Kat. Preußen 1701. Eine europäische Geschichte 2001, Katalogbd., S. 229, Kat. Nr. IX. 3.

Kat. 103

Grundriß der fünf Teilstädte Berlins auf einer Medaille

aus: Lorenz Beger, Thesaurus Brandenburgicus Bd. 3

Cölln/Spree, 1701

Kupferstich

Platte: 8,7 × 17,3 cm

Bez.: [Medaille o.] »ORNATA ET AVCTA«; [Medaille u.] »POMŒRIIS. AEDIFICIIS./ CIVIBVS ARTIBVS COMMERCIIS./1700. «; [im Grundriß] »DOROTHEENSTAT«; »FRIDERICHSSTAT«; »FRIDRICHSWERDER«; »CÖLN«; »BERLIN«.

vgl. Kat. 102

Lit.: Budde 1981; Schulz 1986, S. 61–63, PV30; Gröschel 1989.

Kat. 104

Ansicht des Antikenkabinetts

aus: Lorenz Beger, Thesaurus Brandenburgicus Bd. 3, Titelblatt

Cölln/Spree, 1701

Kupferstich

Platte: 9,6 × 16 cm

Lit.: Budde 1981; Gröschel 1989; Ausst.-Kat. Preußen 1701. Eine europäische Geschichte 2001, Katalogbd., S. 196, Kat. Nr. VIII. 53.

Kat. 105

Kunstkammerschränke

aus: Lorenz Beger, Thesaurus Brandenburgicus Bd. 3, Vorwort

Cölln/Spree, 1701

Kupferstich

Platte: 6,3 × 6,4 cm

Lit.: Budde 1981; Gröschel 1989.

Kat. 106

Ansicht von Schlüters Schloßmodell von der Lustgartenseite

aus: Lorenz Beger, Thesaurus Brandenburgicus Bd. 3, S. 2

Cölln/Spree, 1701

Kupferstich

Platte: 12,4 × 14,5 cm

Bez.: [o.] »PALLAS HAS CODIDIT ARCES«

Lit.: Budde 1981; Gröschel 1989; Peschken 1998, S. 182 bis 188, Abb. 121.

Kat. 107

Johann Ulrich Kraus nach Constantin Friedrich Blesendorf

Ansicht von Schlüters Schloßmodell aus der Vogelschau von der Stechbahnseite

Seite 117

aus: Lorenz Beger, Thesaurus Brandenburgicus Bd. 3, S. 3

Cölln/Spree, 1701

Kupferstich

Platte: 9 × 17,1 cm

Bez.:[o.] »REGIA BEROLINENSIS.«; [u.] »Instaurante SCHLÜTERO Architect. Directore.«; [u. l.] »C. F. Blesendorff ad vivum del«; [u. r.] »J. U. Kraus. scul:«

Vgl. Kat. 122, 150. – Schlüters Schloßmodell wurde auch bald als Motiv für Gläser und Glaspokale verwendet (vgl. Ausst.-Kat. Preußen 1701. Eine europäische Geschichte 2001, Katalogbd., S. 236, Kat. Nr. IX. 18). Drei Gläser mit dem Motiv des Schlosses befanden sich ehemals im Hohenzollern-Museum (HM 1620, HM 1702, HM 1705).

Lit.: Kiewitz 1937, S. 4, Nr. 44; Ausst.-Kat. Barock in Deutschland. Residenzen, 1966, S. 83, Kat. Nr. 113; Budde 1981; Gröschel 1989; Geyer 1992, Bildbd., Bild 5; Peschken 1992, S. 259f., Abb. 217; Keisch 1994, S. 155, Anm. 13.

Kat. 108

Baubetrieb am Schloß

aus: Lorenz Beger, Thesaurus Brandenburgicus Bd. 3, S. 3

Cölln/Spree, 1701

Kupferstich

6,1 × 6,2 cm.

Kat. 109

Augustin Terwesten

Entwurf für die Rittersaaldecke (Raum 792)

Berlin, 1700

Feder, braune Tinte, laviert

96 × 74,3 cm

Bez.: [auf der Tafel in der Mitte rechts] »A. Terwesten fec. A. 1700«

SPSG, Plankammer, Plansammlung

Lit.: Ausst.-Kat. Götter und Helden für Berlin 1995, S. 140, Kat. Nr. 2. 12.

Kat. 110

Pieter Schenk

Kopie der Vogelschau von Johann Bernhard Schultz; darunter Ansicht von Berlin als Seestadt mit dem Schloß in Gestalt von Schlüters Modell

Amsterdam, vor 1701

Kupferstich

Platte: 49,7 × 58,8 cm

Bez.: [u.] »RESIDENTIA ELECTORALIS BRANDENBVRGICA/Quam magna cura delineatam et aeri incisam./SERENISSIMO AC CELSISSIMO PRINCIPI/FREDERICO WILHELMO/D. G. MARCHIONI BRANDEBURGICO. S. R. I. ARCHICAMERATUS ET ELECTORALIS DIGNITATIS HAEREDI ETC. ETC. ETC./Eo. quo par ea, obsequio D. D. D./PETRUS SCHENK./Sculptor Amstelae damensis«; [u. l.] »Pet. Schenck exc: Amstelodami«; [u. r.] »cum Privil: ord: Holland. et West Fris:«; [u. l. und u. r. Legenden]

Stiftung Stadtmuseum Berlin, Graphische Sammlung, GDR 72/3

Vgl. Kat. 51, 101, 121, 187

Lit.: Kiewitz 1937, S. 78, Nr. 1091; Schulz 1986, S. 42 bis 48, 178, PV 20.

Kat. 111

Pieter Schenk

Ansicht der Stechbahn und des Schlosses von der Spreeseite

aus: Conspectus Berolini et Cliviae qvos serenissimo ac celsissimo Principi Friderico Wilhelmo D. G. Marchioni Brandeburgico, S.R.I. Archicameratvs et Electoratvs Haeredi etc. etc. etc. hvmillime offert et inscribit Petrvs Schenk Scvlptor Amstelaedamensis, Bl. 1

Amsterdam o. J. (um 1700)

Radierung

Platte: 17,3 × 19,9 cm

Bez.: »Conspectus pontis Longi accedenti ad Templum/cathedrale, Aula Electoralis et Stabulum. – Gezicht van de lange Brug naer de Domkerk, nevens/het Keurvorstelyk Hof, en Stal in Cölln.«; (u. l.) »Pet. Schenk exc: c. P. Amstelod:«

SMB-PK, Kunstbibliothek, OS 2086

SBB-PK, Kartenabteilung, Y 44215

Vgl. Kat. 73, 168.

Lit.: Kiewitz 1937, S. 78, Nr. 1092; Gorissen 1964, S. 103f.; Wiesinger 1980, S. 46f.; Keyes 1981, S. 287, Kat. Nr. 1205–1225; Völkel 2001, S. 81–83, 320, Kat. Nr. 6.

Kat. 112

Pieter Schenk

Ansicht des Lustgartens mit Blick zur Orangerie

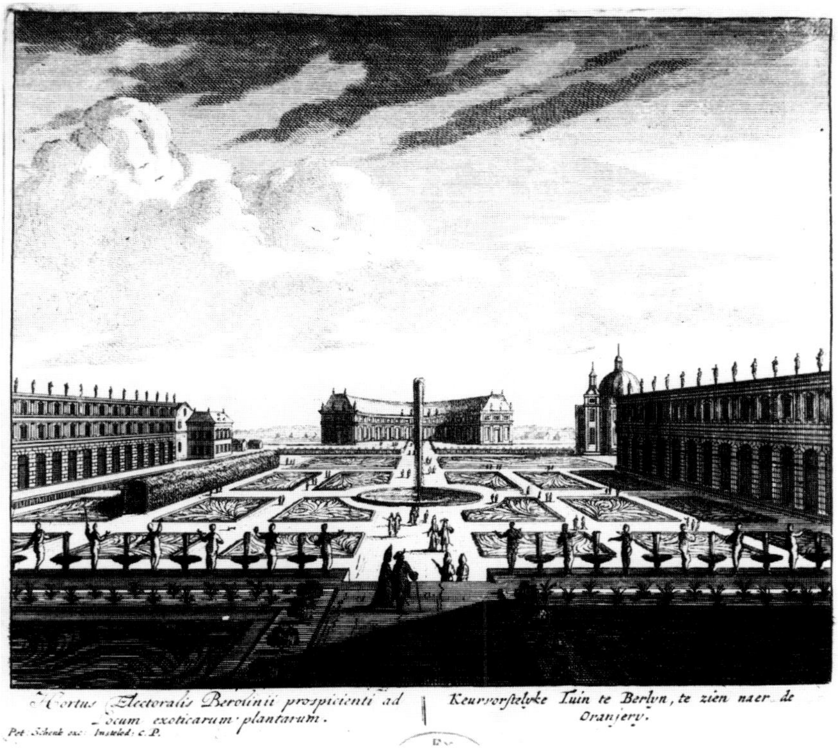

aus: Conspectus Berolini et Cliviae qvos serenissimo ac celsissimo Principi Friderico Wilhelmo D. G. Marchioni Brandeburgico, S.R.I. Archicameratvs et Electoratvs Haeredi etc. etc. etc. hvmillime offert et inscribit Petrvs Schenk Scvlptor Amstelaedamensis, Bl. 2

Amsterdam o. J. (um 1700)

Radierung

Platte: 17,2 × 19,8 cm

Bez.: »Hortus Electoralis Berolinii prospicienti ad/Locum exoticarum plantarum. – Keurvorstelyke Tuin te Berlyn, te zien naer de Oranjery.«; (u. l.) »Pet: Schenk exc: Amstelod: C. P.«

SMB-PK, Kunstbibliothek, OS 2086

SBB-PK, Kartenabteilung, Y 44215

Vgl. Kat. 76, 169

Lit.: Kiewitz 1937, S. 78, Nr. 1093; Gorissen 1964, S. 103f.; Wiesinger 1980, S. 46f.; Keyes 1981, S. 287, Kat. Nr. 1205–1225; Völkel 2001, S. 81–83, 320, Kat. Nr. 6.

Kat. 113

Pieter Hendricksz. Schut (?)

Ansicht von Berlin von Nordwesten

Leiden, um 1700

Radierung

von zwei Platten gedruckt; innere Platte mit der Darstellung: 21,9 × 27,2 cm; äußere Platte mit Schmuckleiste: 34,7 × 42,2 cm

Bez.: [o.] »BERLIN et. CÖLN/Capitale de Prusse.«; [in der Rahmenleiste] »a Leide, Chez Pierre vander Aa, Avec Privilege.«

Berlin, Landesarchiv, F Rep. 250, A 114/1

Von dieser Radierung existieren verschiedene Varianten, die sich vor allem in der Gestaltung der Vordergundszenen unterscheiden (Stiftung Stadtmuseum Berlin, Graphische Sammlung, VII 60/1118w, VII 63/1014w und VII 84/414w)

Vgl. Kat. 17

Lit.: Kiewitz 1937, S. 24, Nr. 400, S. 87, Nr. 1192.

Kat. 114

Christoph Pitzler

Skizzen und Aufzeichnungen zum Ballhaus, ferner zu Berliner Wohnhäusern und der Straße Unter den Linden

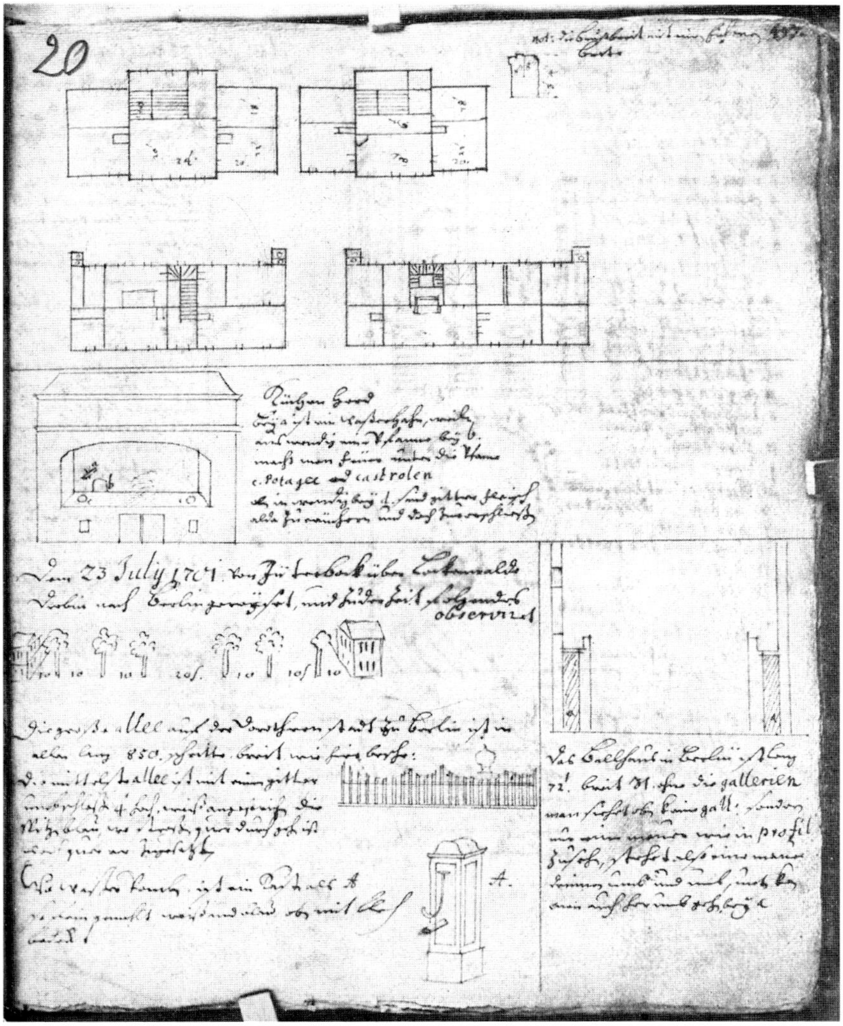

aus: Christoph Pitzler, Reysebeschreibung (Manuskript), Bl. 497

Berlin, 1701

Graphit, Feder, Tusche

Bez. betr. Ballhaus: [Buchstaben »a« in der Skizze]; »das Ballhaus in Berlin ist lang/ 72.′ breit 31. ohne die gallerien/man siehet oben keine gall: sondern/nur eine mauer wie in profil/zusehn, stehet also eine mauer/drinnen umb und umb, unten kan/man auch herumb gehen beÿ a.«

ehem. Berlin, Bibliothek der Technischen Hochschule Charlottenburg; seit 1945 verschollen

Lit.: Lorenz 1998, S. 66f., 142f.

Kat. 115

Christoph Pitzler

Erdgeschoßgrundrisse von Portal I und Portal V

Seite 141

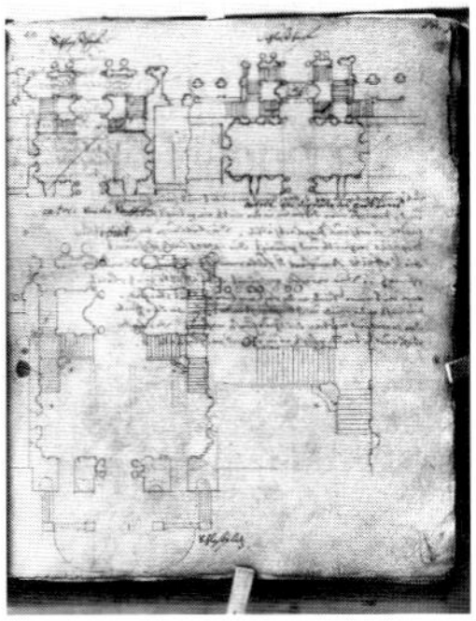

aus: Christoph Pitzler, Reysebeschreibung (Manuskript), Bl. 501

Berlin, 1701

Graphit, Feder, Tusche

Bez.: [o. l.] »Schloßhof« »entree von der Stechbahn«; [o. r.] »Schloßhof«, »entree von der seite des garttens«; [u.] »1. Stock«, »Schloßplatz«; [außerdem Buchstaben, Ziffern und Kurzbezeichnungen in den Skizzen]

ehem. Berlin, Bibliothek der Technischen Hochschule Charlottenburg; seit 1945 verschollen

Lit.: Peschken 1992, S. 173, Bl. 143; Lorenz 1998, S. 74f., 131.

Kat. 116

Christoph Pitzler

Obergeschoßgrundrisse von Portal I

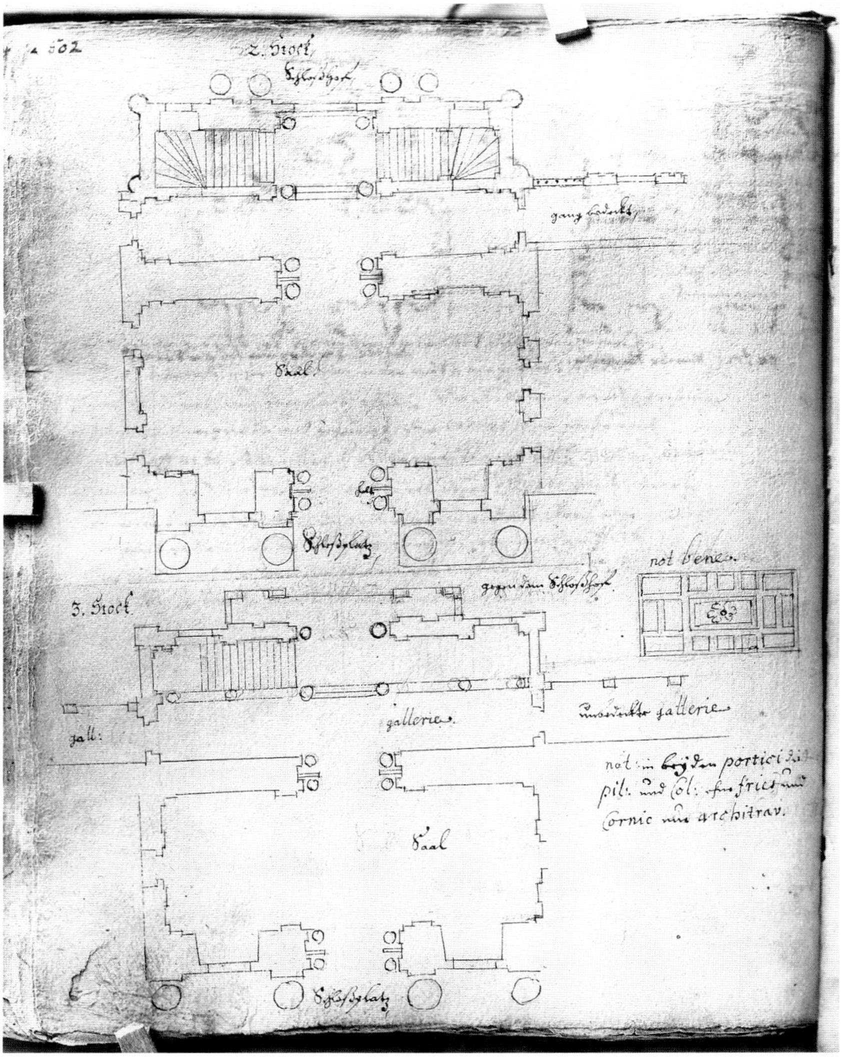

aus: Christoph Pitzler, Reysebeschreibung (Manuskript), Bl. 502

Berlin, 1701

Graphit, Feder, Tusche

Bez.: [o.] »2. Stock«, »Schloßhof« »gang bedeckt«; »Saal«, »holtz«, »Schloßplatz«; [u.] »3. Stock«, »gegen dem Schloßhof«; »gall:«; »gallerie«; »unbedeckte gallerie«; »Saal«; »Schloßplatz«; »not: in beÿden portici die/pil: und Col: ohne fries und/Cornic nur architrav.«; [Balkonplatte] »not bene.«

ehem. Berlin, Bibliothek der Technischen Hochschule Charlottenburg; seit 1945 verschollen

Lit.: Peschken 1992, S. 175, Abb. 144; Lorenz 1998, S. 76f., 131.

Kat. 117

Christoph Pitzler

Obergeschoßgrundrisse von Portal V; Skizzen von zwei Türgewänden

aus: Christoph Pitzler, Reysebeschreibung (Manuskript), Bl. 503

Berlin, 1701

Graphit, Feder, Tusche

Bez.: [o. l.] »2. Stock«, »Schloßhof«, »gallerie«, »gallerie«, »Saal«, »gegen den Schloßgartten«; [u. l.] »3. Stock«, »Schloßplatz«, »x«, »Saal«, »gegen den garten«; »beÿ x. sind die Plätz vor und mit der treppe 2. Stock hoch/ schön à fresco gemahlet, die col: stehen aber nur 1 stock/ hoch, und tragen eine gallerie.«; [o. r.] »auf der treppe«, »thürgestelle«

ehem. Berlin, Bibliothek der Technischen Hochschule Charlottenburg; seit 1945 verschollen

Lit.: Peschken 1992, S. 176, Abb. 145; Lorenz 1998, S. 78f., 131.

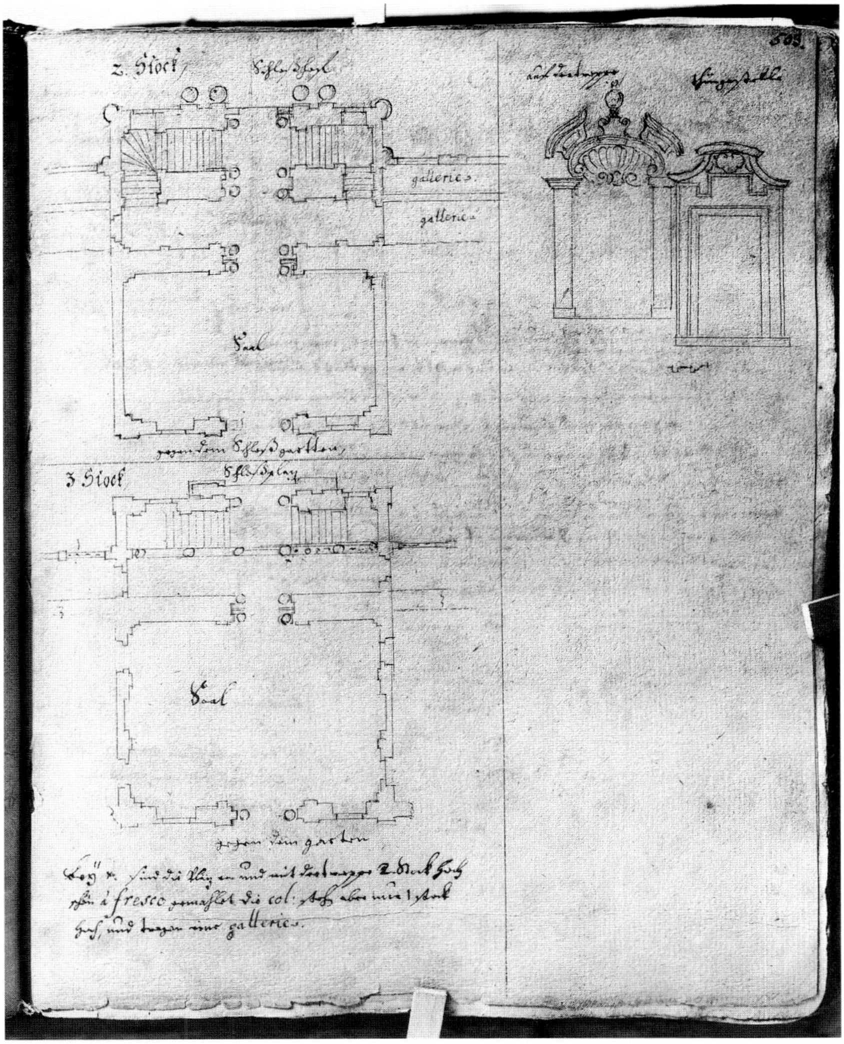

Kat. 118

Christoph Pitzler

Obergeschoßgrundrisse und Aufrisse des Großen Treppenhauses

Seite 148

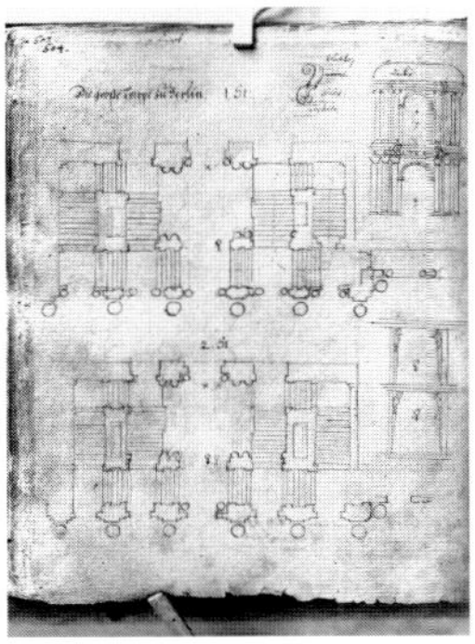

aus: Christoph Pitzler, Reysebeschreibung (Manuskript), Bl. 504

Berlin, 1701

Graphit, Feder, Tusche

Bez.: [o. l.] »Die große Treppe zu Berlin.«, »1. St.«; [u. l.] »2. St.«; [o. r.] »Platte/ cornic/fries/architr:«, »Decke«

ehem. Berlin, Bibliothek der Technischen Hochschule Charlottenburg; seit 1945 verschollen

Lit.: Keller 1987, S. 56, Anm. 39; S. 58, Anm. 44; Peschken 1998, S. 131, Abb. 75; Lorenz 1998, S. 80f., 131, 136, Anm. 5.

Kat. 119

Christoph Pitzler

Grundriß des Schweizersaals mit angrenzendem Treppenhaus; Skizze einer Ofennische

Seite 149

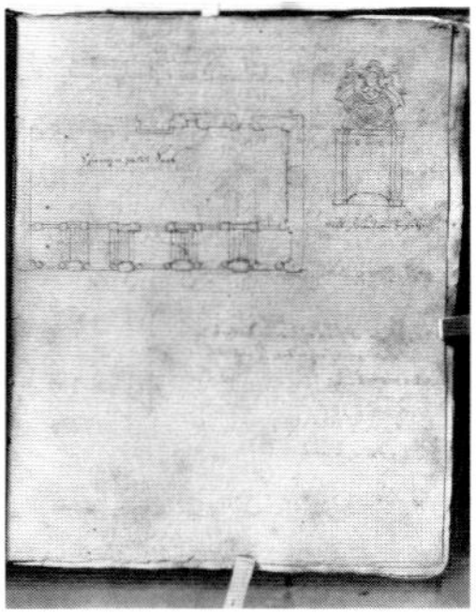

aus: Christoph Pitzler, Reysebeschreibung (Manuskript), Bl. 505

Berlin, 1701

Graphit, Feder, Tusche

Bez.: [o. l.] »Schweitzer garde Saal«; [o. r.] »nice Öfen darin zusetzen«

ehem. Berlin, Bibliothek der Technischen Hochschule Charlottenburg; seit 1945 verschollen

Lit.: Peschken 1998, S. 164, Abb. 107; Lorenz 1998, S. 82f., 131, 136, Anm. 5.

Kat. 120

Christoph Pitzler

Skizzen von Plafond und Wandgliederung in den Vestibülen von Portal I und Portal V

aus: Christoph Pitzler, Reysebeschreibung (Manuskript), Bl. 506

Berlin, 1701

Graphit, Feder, Tusche

Bez.: [o. l.] »Platfont in Portico gegen dem garten,«; [o. r.] »prof:«, »ohne fries/und cornic«; [u. l.] »Platfont in Portico gegen dem Schloßplatz«, »ohne fries und/cornic«

ehem. Berlin, Bibliothek der Technischen Hochschule Charlottenburg; seit 1945 verschollen

Lit.: Peschken 1992, S. 177, Abb. 146; Lorenz 1998, S. 84f., 131.

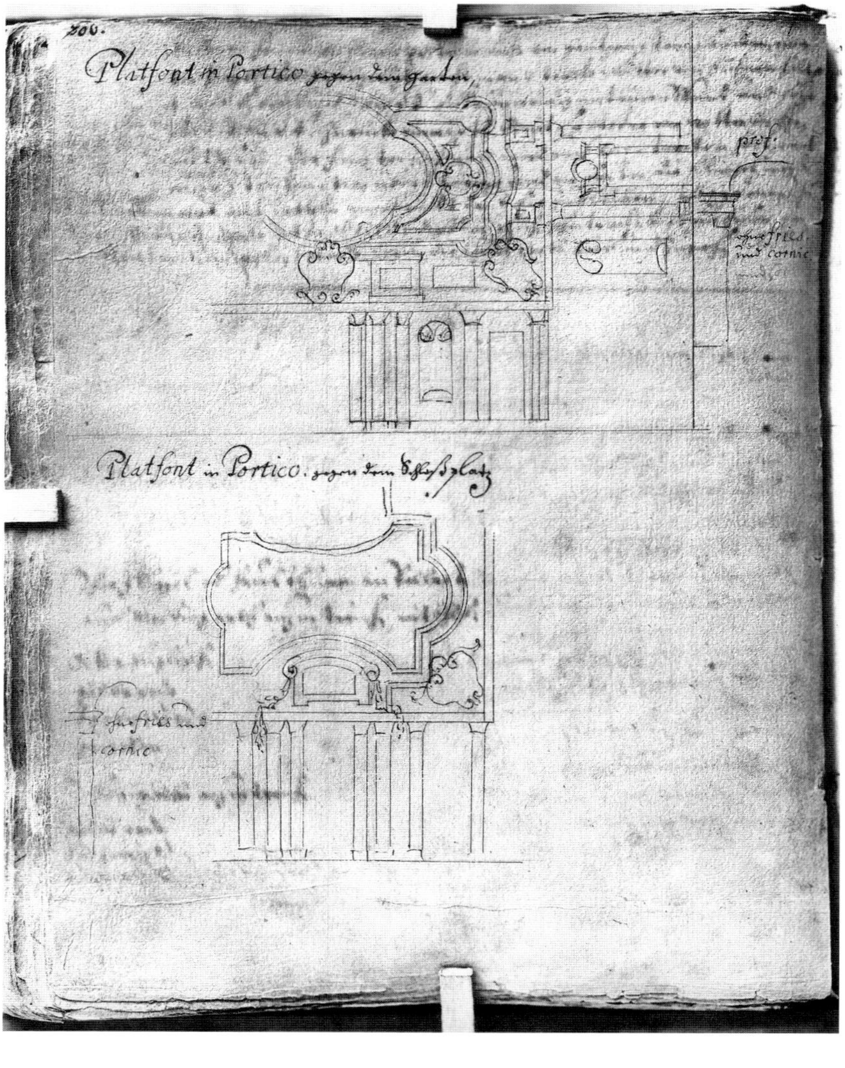

Kat. 121

Pieter Schenk

Ansicht von Berlin als Seestadt, im Hintergrund das Schloß in Gestalt von Schlüters Modell

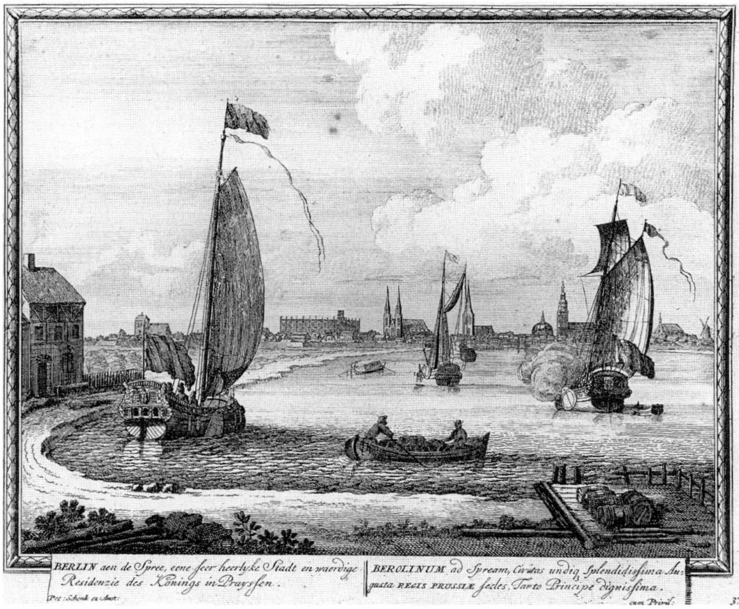

aus: Pieter Schenk, Hecatompolis [...], Bl. 37

Amsterdam, 1702

Radierung

Platte: 21,4 × 26,7 cm

Bez.: »BERLIN aen de Spree, eene seer heerlyke Stadt en waerdige/Residenzie des Konings in Pruyßen. – BEROLINUM ad Spream, Civitas undiq splendidissima Au=/gusta REGIS PRUSSIAE fedes, Tanto Principe dignissima.«; [u. l.] »Pet: Schenk ex: Amst:«; [u. r.] »cum Privil:«; »37«

Stiftung Stadtmuseum Berlin, Graphische Sammlung, VII 62/651w

Vgl. Kat. 110.

Lit.: Voigt 1917, S. 525f., Abb. 1; Kiewitz 1937, S. 78, Nr. 1097; Ausst.-Kat. Zwischen Oberspree und Unterhavel 1985, S. 18, Abb. 8; Ausst.-Kat. Stadtbilder 1987, S. 20, Abb. 8.

Kat. 122

Pieter Schenk

Ansicht von Schlüters Schloßmodell aus der Vogelschau von der Stechbahnseite

Seite 121

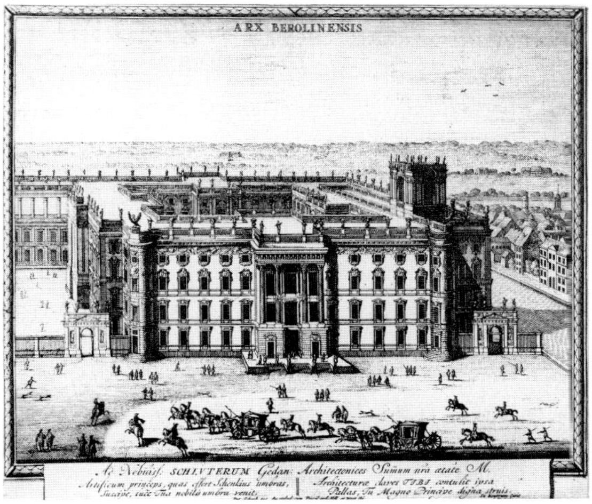

aus: Pieter Schenk, Hecatompolis [...], Bl. 38

Amsterdam, 1702

Radierung

Platte: 21,1 × 26 cm

Bez.:[o.] »ARX BEROLINENSIS«; [u.] »Ad Nobiliss. SCHLVTERUM Gedan: Architectonices Sumum nra. aetate M./Artificium princeps, quas offert Schenkius umbras,/Suscipe, luce Tua nobilis umbra venit./Architecturae claves TIBI contulit ipsa/Pallas, Tu Magno Principe digna struis.«; »Pet: Schenk exc. Amstelod: cum Privil: ord: Holl: et West Fri:«; [u. r.] »In honorum Civis/ S. V. Ged:«

SBB-PK, Kartenabteilung, Y 50486

Vgl. Kat. 107, 150.

Lit.: Geyer 1936, Bildbd., Bild 68; Kiewitz 1937, S. 78, Nr. 1094; Hubala 1965, S. 342, Anm. 21; Keyes 1981, S. 286, Kat. Nr. 1202; Ausst.-Kat. Kunst in Berlin 1987, Kat. Nr. B 17.2.; Peschken 1992, S. 255–266; Ausst.-Kat. Preußen 1701. Eine europäische Geschichte 2001, Katalogbd., S. 235, Kat. Nr. IX. 16.

Kat. 123

Pieter Schenk

Ansicht der Stechbahnfassade anläßlich des Krönungseinzugs

aus: Pieter Schenk, Hecatompolis [...], Bl. 39

Amsterdam, 1702

Radierung

Platte: 21,5 × 26,7 cm

Bez.: »Intrede des Konings van Pruißen in de Stadt/en't Kasteel van Berlyn. – Ingressus Serenissimi Regis Borussiae in urbem Arcemque Berolinensem.«; [u. l.] »Pet: Schenk exc: Amstelod:«; [u. r.] »cum Privil:«; »39«

Stiftung Stadtmuseum Berlin, Graphische Sammlung, VII 64/102w

Berlin, Landesarchiv, F Rep. 250, B 16 (koloriertes Exemplar)

Lit.: Kiewitz 1937, S. 78, Nr. 1096; Keyes 1981, S. 286, Kat. Nr. 1203.

Kat. 124

T. Henry Reetz

Aufriß des Belvederes auf Schlüters Schloßmodell

Seite 123

Berlin, nach 1698

Graphit, Feder, Tusche, laviert

22 × 20,7 cm

Hannover, Wehrbereichsbibliothek, 25475 R, Bl. 26 d

Lit.: Adam 1999b, S. 385, Abb. 5.

Kat. 125

Johann Friedrich Wentzel

Schlüters Schloßmodell (Ausschnitt aus dem Deckengemälde im Rittersaal [Raum 792])

Berlin, um 1702

Öl auf Putz (1945 zerstört)

Lit.: Berckenhagen 1963; Wiesinger 1992, Taf. 75, S. 173; Peschken 1998, S. 33, Abb. 15.

Kat. 126

Augustin Terwesten

Entwurf für den Plafond im Roten Zimmer (Raum 835)

Berlin, 1702

Rötel, weiß gehöht

35 × 51 cm

Hannover, Wehrbereichsbibliothek, 6007 R, Bl. 10

Vgl. Kat. 127. – Die Stukkaturen im Roten Zimmer gehen auf einen Entwurf Schlüters zurück, so daß es sich hier um eine Nachzeichnung Terwestens handeln dürfte. Terwesten füllte die freigelassenen Felder mit seinen Malereien.

Kat. 127

Augustin Terwesten

Studie zu einer weiblichen Figur aus dem Deckengemälde im Roten Zimmer (Raum 835)

Berlin, 1702

Rötel, weiß gehöht

46,8 × 59,6 cm

Bez.:[u. r.] »A Terwesten«

SPSG, Plankammer, Plansammlung ZK-5206

Die Deckenmalereien im Roten Zimmer (Raum 835) stammten von Augustin Terwesten (inschriftlich signiert und datiert 1702). – Vgl. Kat. 126

Lit.: Ausst.-Kat. Götter und Helden für Berlin 1995, S. 177, Kat. Nr. 4. 11.

Kat. 128

Augustin Terwesten

Studie zu einer weiblichen Figur aus dem Deckengemälde in der Schwarzen Adlerkammer (Raum 791)

Berlin, 1703

Rötel

60,7 × 49,7 cm

Bez.: [u.] »A Terwesten«

SPSG, Plankammer, Plansammlung ZK-5205

Das Deckengemälde in der Schwarzen Adlerkammer (Raum 791) stammte von Augustin Terwesten (inschriftlich signiert und datiert 1703).

Lit.: Ausst.-Kat. Götter und Helden für Berlin 1995, S. 174, 176, Kat. Nr. 4. 9.

Kat. 129

Andreas Schlüter

Erster Münzturm-entwurf, Aufriß

Berlin, 1702

Kupferstich

Bez.: [u.] »FRIDERICVS/ PRIMVS. CHRISTIANUS. PRVSSORVM. REX. DUODECIMVS. SUÆ. GENTIS. ELECTOR/TERROR. HOSTIVM. DELICIVM. SANIORIS. ORBIS. STABILITO. DOMI. POSTERIS. REGNO. DEFENSIS. VICINORUM. PROVINCIIS. INTER. MEDIOS. ARMORVM. STREPITUS./ET. MILLE. PRO. TRANQVILLITATE. EUROPÆ. CVRAS. TVRRIM. HANC. IN. ORNA=/MENTVM. VRBIS. ET. VTILITATEM. PUBLICAM. ÆDIFICARI. IVSSIT. M. DCC. II.«; [u. l.] »A. SCHLVTER ARCHITECTVS«

Skala: 100 [Rheinl. Fuß]

Kat. 130

Andreas Schlüter

Erster Münzturmentwurf, Aufriß, mit eigenhändiger Beschriftung Schlüters

Seite 235

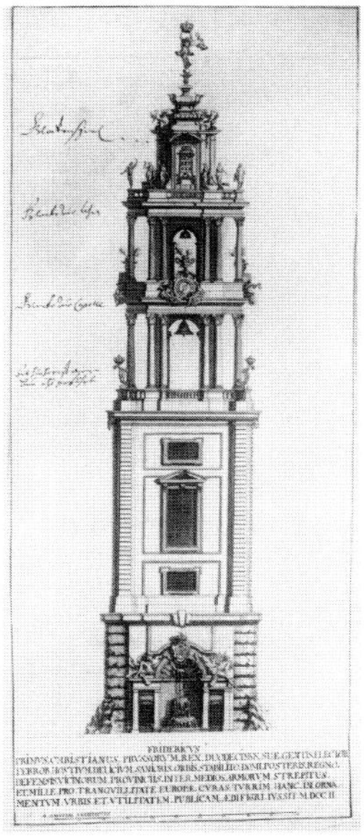

Berlin, 1702

Kupferstich

Bez.: wie Kat. 129; [außerdem handschriftlich] »Glockenspiel«, »Glocke zur Uhr«, »Glocke zur Capelle«, »bis hirher ist der bau itzo geführt«

Skala: 100 [Rheinl. Fuß]

Dresden, SLUB, Archit. 263, Bl. 10

Lit.: Ladendorf 1935, S. 42 u. Tafel 17; Peschken 1998, S. 3–5, Abb. 1.

Kat. 131

C. Albrecht nach
Andreas Schlüter

Erster Münzturmentwurf, Aufriß

Seite 241

aus: Theatrum Europaeum, Bd. 17, 1718 (1706), S. 102f.

Frankfurt am Main, 1718

Radierung

Platte: 32,3 × 19,7 cm

Bez.: [o.] »Erster Deßein, des Neüen Müntz Thurms/In Berlin«; [u. l.] »Schlüter. Invent.«; [u. r.] »C. Albrecht. sculp. Dresten.«

Skala: 10+100 »Rent. Fuß« (= 11,3 cm)

Berlin, Landesarchiv, F Rep. 270, Rissesammlung, C 65

SBB-PK, Kartenabteilung, Y 50940

Lit.: Ausst.-Kat. Preußen 1701. Eine europäische Geschichte 2001, Katalogbd., S. 244f., Kat. Nr. IX. 33.

Kat. 132

Schlüters erster Münzturmentwurf, Aufriß

Berlin, 1. Hälfte 18. Jahrhundert

Radierung

Darstellung: 21 × 11,1 cm (Plattenrand nicht erkennbar)

Berlin, Landesarchiv, F Rep. 270, Rissesammlung, C 64.

Kat. 133

Schlüters erster Münzturmentwurf, Aufriß

Berlin, um 1740/1750

Feder, Tusche, graublau und ockergelb laviert

21 × 9,3 cm

SPSG, Plankammer, Pk 5356/2, Bl. 25 (sogenanntes Knobelsdorff-Skizzenbuch); ehem. Hohenzollern-Museum, HM 3827

Lit.: Streichhan 1932, S. 87; Eggeling 1980., S. 35, Anm. 123.

Kat. 134

T. Henry Reetz

Zwei Entwürfe für den Münzturm, Aufriß

Berlin, nach 1702

Graphit, Feder, Tusche, laviert

die Entwürfe auf jeweils einem Blatt

linker Entwurf: 48,5 × 14,6 cm

rechter Entwurf: 49,6 × 14,8 cm

Hannover, Wehrbereichsbibliothek, 25601 R, Bl. 44.

Bei beiden Entwürfen handelt es sich um Variationen zu Schlüters erstem Münzturmentwurf.

Kat. 135

T. Henry Reetz

Entwurf für den Münzturm, Aufriß und Grundriß

Berlin, nach 1702

Graphit, Feder, Tusche, laviert

32,2 × 20,3 cm

Bez.: »Tour d'une eglise«

Hannover, Wehrbereichsbibliothek, 25475 R, Bl. 11.

Das Blatt ist eine Variation zu Schlüters erstem Münzturmentwurf.

Kat. 136

Jean Baptiste Broebes

Entwurf für die Umgestaltung des Schloßplatzes und des Domes, Ansicht aus der Vogelschau von Osten

aus: Jean Baptiste Broebes, Vues des Palais et Maisons de Plaisance, Taf. 1

Augsburg, 1733

Radierung

32,0 × 56,2 cm

Bez.: Bez.: [u.] »Place Royal de Berlin/Suivant le dessein de Broebes I[ngenieur] A[rchitecte] de S[a] M[ajesté] P[russienne]«; [u. l.] »Auec. Priuilege du Roy.«; »Cum Privil. Sac. Cæs. Maj.«; [Legende l.] »A. Palais Royal./ B. Dome./C. Grande Ecurie./ D. Arsenal.« ; [Legende r.] »e. Dortheé Statt/f. Les petites Ecuries/g. L'Observatoire/ h. Friderich Statt.« ; [u. r.] »1« ; »Iohann Georg Mertz excud. Aug. Vind.«

Lit.: Broebes 2000, S. 8. – Geyer 1992, Bildbd., Bild 64; Ausst.-Kat. Preußen 1701. Eine europäische Geschichte 2001, Katalogbd., S. 247, Kat. Nr. IX. 38.

Kat. 137

Jean Baptiste Broebes

Entwurf für den Dom; rechts im Schatten Darstellung des Umbaus der Schloßplatzfassade

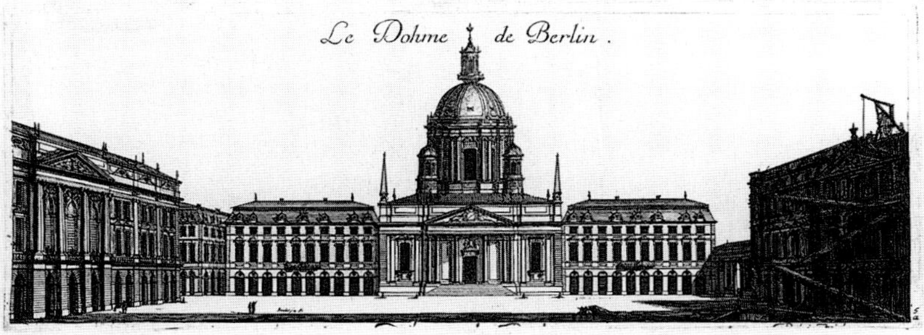

aus: Jean Baptiste Broebes, Vues des Palais et Maisons de Plaisance, Taf. 5a

Augsburg, 1733

Radierung

Platte: 14,7 × 41,5 cm

Bez.:[o.] »Le Dohme de Berlin«; [im Blatt] »Broebes in fc« ; [u. r.] »5a«.

Lit.: Broebes 2000, S. 8.

Kat. 138

Jacob Wilhelm Heckhenauer nach Andreas Schlüter

Längsschnitt durch das Große Treppenhaus

Seite 150

Berlin, 1701/1703

Kupferstich

Bez.: [u. l.] »Andreas Schlüter Architectus.«

Skala: 60 [Rheinl. Fuß]

Lit.: Peschken 1998, S. 31, Abb. 14.

Kat. 139

Jacob Wilhelm Heckhenauer nach Andreas Schlüter

Querschnitt durch das Große Treppenhaus

Seite 150

Berlin, 1701/1703

Kupferstich

Bez.: [u. l.] »Andreas Schlüter. Architectus et Infint.«; [u. r.] Iacob Wilhelm Heckhenauer. sc: Berlin

Skala: 40 [Rheinl. Fuß]

Lit.: Peschken 1998, S. 30, Abb. 13.

Kat. 140

Paul Decker d. Ä. nach Andreas Schlüter

Entwurf für die Schloßplatzfassade

Seite 161

Berlin, 1703

Kupferstich, von zwei Platten gedruckt

Platten insgesamt: 34,5 × 106 cm

linke Platte: 34,6 × 58,4 cm

rechte Platte: 34,5 × 49,8 cm

Bez.: [u. l.] »A: Schlütter Architectus.«; [Mitte] »REGIAE QVAM · A · MDCXCIX · PR · OPT · MAX · FRIDERIC · ELECTOR · ERIGI· AC · SVBSTRVUI · IVSSIT · NOVAM · FACIEM · IDEM · BORVSS · REX · DEO AVSPICE · CORON · PERFECTAM · INVENIT · MDCCI . REG · M · REDVX.« »Cum Privileg. Sac. Cas. Maj.«; [u. r.] »P. Decker sculpsit Berolini. 1703«; »Ieremias Wolff excud. Aug. Vind.«

Skala: 150 [Rheinl. Fuß]

Lit.: Peschken 1992, S. 267 bis 276; Kutscher 1995, S. 280f., Kat. Nr. 2a, Abb. 38a; Peschken 1998, S. 26–35, Abb. 9; Ausst.-Kat. Preußen 1701. Eine europäische Geschichte 2001, Katalogbd., S. 237f., Kat. Nr. IX. 21.

Kat. 141
Paul Decker d. Ä. nach Andreas Schlüter
Entwurf für die Lustgartenfassade
Seite 129

Berlin, 1703
Kupferstich, von zwei Platten gedruckt
Platten: 33,5 × 80,5 cm
Skala: 100 [Rheinl. Fuß]

Lit.: Peschken 1992, S. 267 bis 276; Kutscher 1995, S. 281, Kat. Nr. 2b, Abb. 38 b; Peschken 1998, S. 26–35, Abb. 10; Ausst.-Kat. Preußen 1701. Eine europäische Geschichte 2001, Katalogbd., S. 237f., Kat. Nr. IX. 21.

Kat. 142
Paul Decker d. Ä. nach Andreas Schlüter
Entwurf für die Fassade der Schmalseite des Kleinen Schloßhofes
Seite 186

Berlin, 1703
Kupferstich
Platte: 34,5 × 45 cm
Bez.: [u. l.] »A: Schlüter Architectus«; [u. r.] »P. Decker sculpsit Berolini.«
Skala: 100 [Rheinl. Fuß] (= 25,3 cm)

Lit.: Peschken 1992, S. 267 bis 276; Kutscher 1995, S. 281f., Kat. Nr. 2d, Abb. 38 d; Peschken 1998, S. 26–35, Abb. 11; Ausst.-Kat. Preußen 1701. Eine europäische Geschichte 2001, Katalogbd., S. 237f., Kat. Nr. IX. 21.

Kat. 143
Paul Decker d. Ä. nach Andreas Schlüter
Entwurf für die Fassade des Spreeflügels des Kleinen Schloßhofes mit dem Risalit des Großen Treppenhauses
Seite 146

Berlin, 1703
Kupferstich
Platte: 34,8 × 71,8 cm
Bez.: [u. l.] »A: Schlüter Architect.«; »Cum Privileg. Sac. Cas. Maj.«; [u. r.] »P. Decker sculpsit Berolini.«; »Ieremias Wolff excud Aug. Vind.«
Skala: 140 [Rheinl. Fuß] (= 33,5 cm)

Lit.: Peschken 1992, S. 267 bis 276; Kutscher 1995, S. 281, Kat. Nr. 2c, Abb. 38c; Peschken 1998, S. 26–35, Abb. 12; Ausst.-Kat. Preußen 1701. Eine europäische Geschichte 2001, Katalogbd., S. 237f., Kat. Nr. IX. 21.

Kat. 144

Martin Engelbrecht nach Johann Friedrich Eosander

Das große Silberbuffet aus dem Rittersaal (Raum 792)

aus: Theatrum Europaeum, Bd. 16, 1717 (1703), S. 252f.

Frankfurt am Main, 1717

Radierung

ca. 50,5 × 30 cm (Blatt beschnitten)

Bez.: »Dessein du grand Buffet de vermeil d'oré, dressé dans la Sale des chevalliers/ au chateau Royal de Berlin«; [u. l.] »Eosander de Göthe invent:«; [u. r.] »M: Engelbrecht sculps: Berlin.«

Lit.: Keisch 1997; Holland 2002, S. 303, Abb. 19.

Kat. 145

Jean Baptiste Broebes

Entwurf für die Fassade des Spreeflügels des Kleinen Schloßhofes mit dem Risalit des Großen Treppenhauses

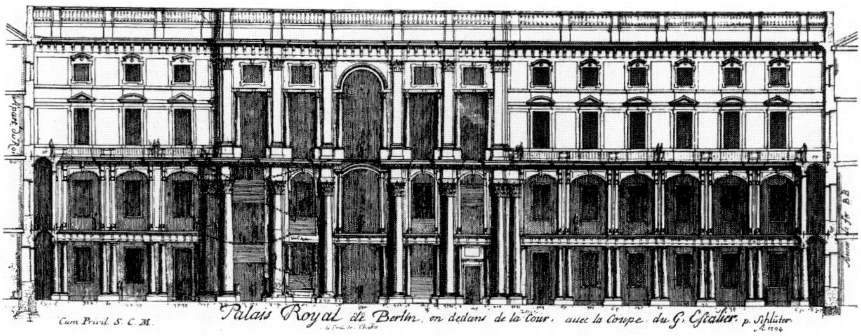

aus: Jean Baptiste Broebes, Vues des Palais et Maisons de Plaisance, Taf. 3

Augsburg, 1733

Radierung

Platte: 13,5 × 34,8 cm

Bez.: »Palais Royal, en dedans de la Cour, auec la Coupe du G Escalier. p Schlüter A 1704.«; »du Dessin du S. Cheutter« (überdeckt die Worte: »o ntenc […] de Sch […]«); [u. l.] »Cum Privil. S. C. M.«

Lit.: Broebes 2000, S. 8. – Peschken 1998, S. 36, Abb. 16.

Kat. 146

Jean Baptiste Broebes

Entwurf für die Lustgartenfassade

aus: Jean Baptiste Broebes, Vues des Palais et Maisons de Plaisance, Taf. 4b

Augsburg, 1733

Radierung

Platte: 15,7 × 41,9 cm

Bez.: [u. l.] »avec Privilege du Roi de Prusse«; [u. M.] »F[açade] d[u] Palais Roial de Berlin du Coté du jardin/ Cum Pr. S. C. Maj./I. G. Mertz excud. A. V.«; [u. r.] »du Dessein du S[eigneu]r D. Schlüter Archit[ecte] Et Sculpteur de S[a] M[ajesté] P[russienne] 4. b. / A[nno] 1704«; [darüber] »Baronini«.

Vgl. Kat. 147.

Lit.: Broebes 2000, S. 8. – Geyer 1992, Bildbd., Bild 7; Peschken 1992, S. 245–249, Abb. 211.

Kat. 147

Jean Baptiste Broebes

Entwurf für die Lustgartenfassade

Druck avant la lettre der Tafel 4b aus Broebes 1733 (Kat. 146) mit handschriftlichen Erläuterungen

Berlin, 1704

Radierung, Beschriftungen mit Feder und Tusche

Platte: 15,7 × 41,9 cm

Bez.: [o.] »FACADE DU PALAIS ROIAL: DE BERLIN/ DU CÔTÉ DU JARDIN./ Par Schlüter. ano 1704.«; [u. r.] »du dessein du S. Schleuter P. Arch./du Roi«; [u.] »il est a remarquer: que tout le grand. Corps de Masonnerie de 4 Etages de hauteur. Sur 4. a 5. p. dépesur/ na pour. Baze. que les vieux fondements H. qui navain Eté faits que pour deux Etages de hauteure, sur 2 1/2 pd. dépessure. de Mur/il ne faut pas dimaginer. que les deux Placages quon a fais. a droit et a gauche/du vieux fondement H. serve de beuacoup. a soutenir cete Mason, dont le poys. Excédent la force du v. f: H/partie ruinnè.«

SPSG, Plankammer, BA 3124

Vgl. Kat. 146.

Lit.: Broebes 2000, S. 8. – Peschken 1992, S. 245–249, Abb. 212.

Kat. 148

Friedrich Wilhelm Weidemann

König Friedrich I. vor dem Hintergrund der Lustgartenfassade

Berlin, 1702/1705

Öl auf Leinwand

240 × 155 cm

Hessische Hausstiftung, Schloß Friedrichshof, Kronberg im Taunus

Lit.: Ausst.-Kat. Sophie Charlotte und ihr Schloß 1999, S. 220, Kat. Nr. I. 83; Ausst.-Kat. Preußen 1701. Eine europäische Geschichte 2001, Katalogbd., S. 141f., Kat. Nr. VI. 38.

Kat. 149

Georg Paul Busch nach Johann Friedrich Wentzel

Allegorie auf das Jahr 1704 mit einer Ansicht der Schloßplatzfassade auf dem Reißbrett

aus: Theatrum Europaeum, Bd. 17, 1718 (1704)

Frankfurt am Main, 1718

Radierung

Bez.: [u. l.] »Wentzel. pinxit.«; [u. r.] »G. P. Busch. fecit. Berolini.«; [u. M.] »Exigit à Gallis tristes Concordia poenas,/ Magna Iovis Volucris Danubiusque Pater. / At dum Marte ferox Germania conterit hostes,/Regificam Brennus condit Apollo Domum.«

Lit.: Peschken 1992, S. 257f., Abb. 216.

Kat. 150

Christian Wermuth

Medaille auf den Neubau des Schlosses; [Vorderseite] Brustbild Friedrichs I.; [Rückseite] Schlüters Schloßmodell

Seite 119

Berlin, 1704

Silbermedaille

D 6,3 cm

Bez.: (Rückseite) »FRIDERICO REGI BORVSSIAE RESTAURATORI/REGIAE BEROLINENSIS«; »INSTAURANTE SCHLUTERO ARCHITECT DIRECTORE«; »PIO IVSTO FELICI OPT. PRINCIPI/ARTIVMQVE LIBERALIVM/STATORI«; «CHRISTIAN WERMVTH./ A. MDCCIV«

Berlin, SMB-PK, Münzkabinett

Vgl. Kat. 107, 122.

Lit.: Menadier 1901, Nr. 215; Geyer 1992, Bildbd., Bild 6; Peschken 1992, S. 261, Abb. 219; Brockmann 1994, S. 260, Nr. 415, 416; Ausst.-Kat. Europäische Medaillenkunst 1995, S. 32f., Kat. Nr. 52; Ausst.-Kat. Preußen 1701. Eine europäische Geschichte 2001, Katalogbd., S. 236, Kat. Nr. IV. 17.

Kat. 151

Johann Bernhard Fischer von Erlach

Grundrißskizze des Memhardtschen Lusthauses im Lustgarten

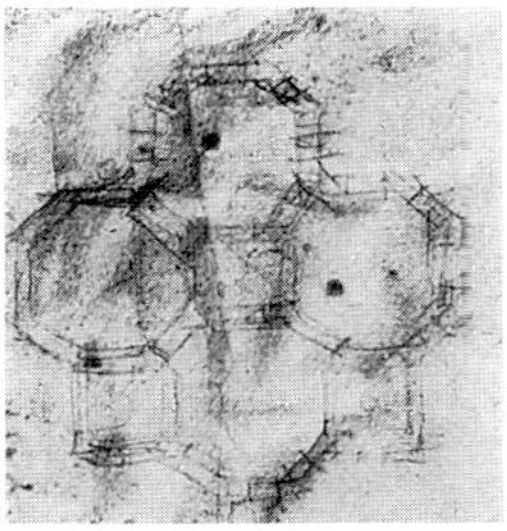

aus: Codex Montenuovo (Klebeband), Bl. 3

Berlin, 1704

Graphit

9,5 × 9,5 cm

Wien, Graphische Sammlung Albertina, Codex Montenuovo

Vgl. Kat. 18, 19.

Lit.: Sedlmayr 1976, S. 88, 116, 312, Nr. 121.

Kat. 152

Samuel Theodor Gericke (zugeschrieben)

Idealansicht des Antikenkabinetts

aus: Lorenz Beger, Numismata Modernorum Cimeliarchii Regio Electoralis Brandenburgici Sectio Prima, continens Numismata Pontificum Romanorum [...], S. 1

Cölln/Spree, 1704

Kupferstich

Platte: 16,1 × 19,9 cm

Bez.: [o.] »NOVIS ANTIQVA CORONAT.«

Lit.: Geyer 1992, Bildbd., Bild 45; Ausst.-Kat. Preußen 1701. Eine europäische Geschichte 2001, Katalogbd., S. 193f., Kat. Nr. VIII. 47; Peschken/Wiesinger 2001, S. 212, Abb. 92.

Kat. 153

Samuel Theodor Gericke
(zugeschrieben)

Ansicht der Schloßkapelle gegen Süden

aus: Lorenz Beger, Numismata Modernorum Cimeliarchii Regio Electoralis Brandenburgici Sectio Prima, continens Numismata Pontificum Romanorum […], S. 3

Cölln/Spree, 1704

Kupferstich

Bez.: [o.] »AVGVSTA PIETATE NITET.«

Lit.: Geyer 1992, Bildbd., Bild 30; Ausst.-Kat. Preußen 1701. Eine europäische Geschichte 2001, Essaybd., S. 60, Abb. 3; Peschken/Wiesinger 2001, S. 160, Abb. 62.

Kat. 154

Ansicht der Schloßkapelle gegen Osten

Berlin, 1704

Feder, Tusche

GStA PK, Acta betreffend Kunstsachen Rep. Reg. 1854–1855 Vol. XVIII, Bl. 122.

Lit.: Gurlitt 1891, S. 151f., Fig. 37; Geyer 1897, S. 164, Abb. 24; Geyer 1992, Textbd., S. 10–12; Bildbd., Bild 32; Peschken/Wiesinger 2001, S. 160, Abb. 63.

Kat. 155

T. Henry Reetz

Entwurf für die Orgel in der Schloßkapelle (?)

Berlin, um 1704

Graphit, Feder, Tusche, farbig laviert

47 × 37,4 cm

Hannover, Wehrbereichs-bibliothek, 25397 R, Bl. 15

Vgl. Kat. 153.

Kat. 156

Christoph Pitzler

Skizzen von Details der Innenausstattung (Türen, Kamine, Wandpaneele)

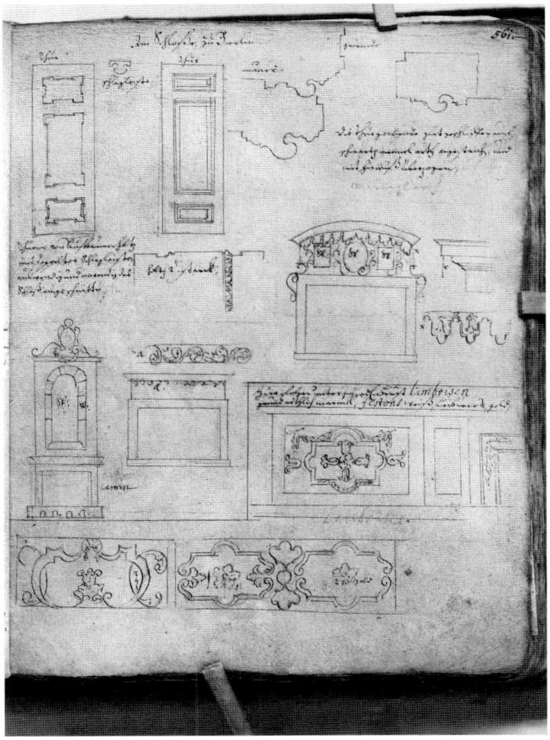

aus: Christoph Pitzler, Reysebeschreibung (Manuskript), Bl. 561.

Berlin, 1704

Graphit, Feder, Tusche

Bez.: [o. l.] »Im Schloße zu Berlin«; »Thür«, »schlagleiste«, »Thür«; »Thüren von Nußbaumen holtz/mit doppelter Schlagleisten/auswendig und inwendig das/Schloß eingeschnitten«, » holtz 2« starck«; [o. r.] »mauer«, »gewände«, »die Thürgewende glat geschliffen auf/schwartz marmel arth angestrichen, und/mit firnüß überzogen«; [u. l.] »camin«; [u. r.] »hier folgen unterschiedl. Brust lambrisen/grund röthlich marmel, festons weiß, Laibwerck gold«; [außerdem Buchstaben und Kurzbezeichnungen in den Skizzen]

ehem. Berlin, Bibliothek der Technischen Hochschule Charlottenburg; seit 1945 verschollen

Lit.: Lorenz 1998, S. 92f., 134–136; Peschken/Wiesinger 2001, S. 81, Abb. 19.

Kat. 157

Christoph Pitzler

Skizzen von Wandpaneelen

aus: Christoph Pitzler, Reysebeschreibung (Manuskript), Bl. 562.

Berlin, 1704

Graphit

ehem. Berlin, Bibliothek der Technischen Hochschule Charlottenburg; seit 1945 verschollen

Lit.: Lorenz 1998, S. 94f., 134–136; Peschken/Wiesinger 2001, S. 82, Abb. 20.

Kat. 158

Christoph Pitzler

Skizzen von Wandpaneelen und Supraporten

aus: Christoph Pitzler, Reysebeschreibung (Manuskript), Bl. 563.

Berlin, 1704

Graphit

ehem. Berlin, Bibliothek der Technischen Hochschule Charlottenburg; seit 1945 verschollen

Lit.: Lorenz 1998, S. 96f., 134–136; Peschken/Wiesinger 2001, S. 83, Abb. 21.

Kat. 159

Christoph Pitzler

Skizzen von Details der Innenausstattung (Stuck des Plafonds in der Roten Samtkammer; Fürstenstuhl, Orgel und Kanzel in der Kapelle)

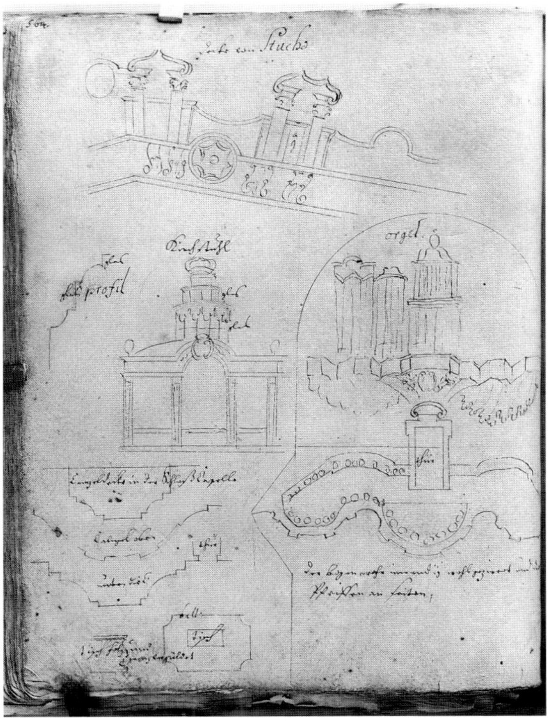

aus: Christoph Pitzler, Reysebeschreibung (Manuskript), Bl. 564.

Berlin, 1704

Graphit, Feder, Tusche

Bez.: [o.] »Decke von Stucho«; [M. l.] »Kirchstuhl«, »glas«, »glas«, »profil«, »glas«, »glas«; [u. l.] »Cantzeldecke in der Schloß Capelle«; »Cahnzel oben«, »Thür«, »unter die C.«, »Tisch holtz und/ganz vergüldet«, »ball:«, »Tisch«; [u. r.] »orgel«, »Thür«, »der bogen wahr inwendig wohl gezieret und mit/Pfeiffen an Seiten,«

ehem. Berlin, Bibliothek der Technischen Hochschule Charlottenburg; seit 1945 verschollen

Lit.: Lorenz 1998, S. 98f., 134–136; Peschken/Wiesinger 2001, S. 161, Abb. 64.

Kat. 160

Christoph Pitzler

Skizzen von Kaminen im Schloß sowie Vasen und Postamenten im Lustgarten; ferner zum Hetzgarten

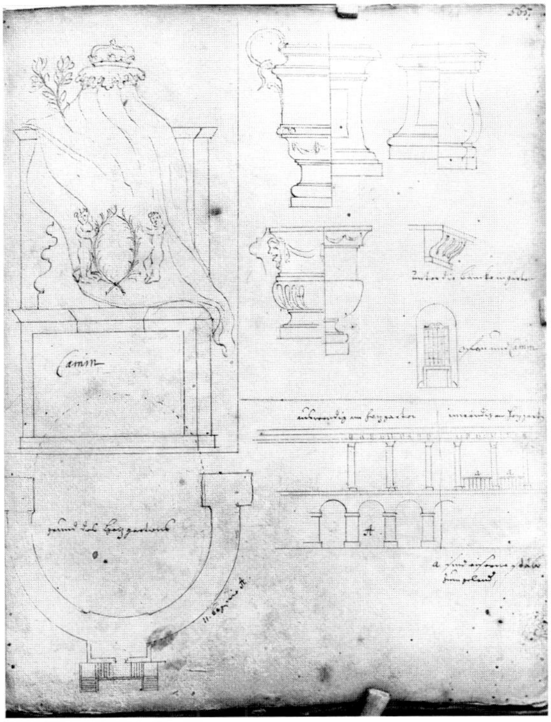

aus: Christoph Pitzler, Reysebeschreibung (Manuskript), Bl. 565.

Berlin, 1704

Graphit, Feder, Tusche

Bez.: [o. l.] »Camin«; [o. r.] »unter die bänke im garten«, »ofen und Camin«

ehem. Berlin, Bibliothek der Technischen Hochschule Charlottenburg; seit 1945 verschollen

Lit.: Lorenz 1998, S. 100f., 134–136.

Kat. 161

Christoph Pitzler

Skizze des Plans des Lustgartens; ferner zum Hetzgarten

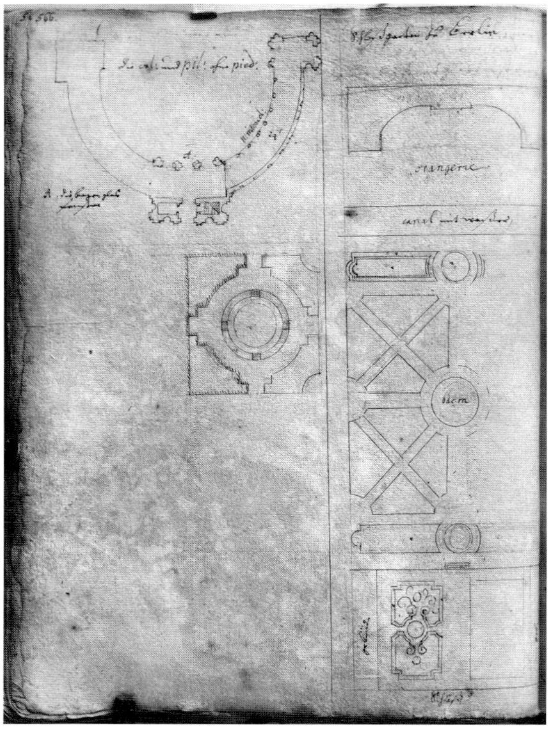

aus: Christoph Pitzler, Reysebeschreibung (Manuskript), Bl. 566.

Berlin, 1704

Graphit, Feder, Tusche

Bez.: [r.] »Schloßgarten zu Berlin«, »orangerie«, »canal mit waßer«, »bacin«, »gebäude«, »Schloß«

ehem. Berlin, Bibliothek der Technischen Hochschule Charlottenburg; seit 1945 verschollen

Lit.: Lorenz 1998, S. 102f., 137f.

Kat. 162

Christoph Pitzler

Skizzen des Münzturmentwurfs von Johann Arnold Nering (Aufriß und Grundriß des ersten Turmobergeschosses), ferner Skizzen zweier unbekannter Gebäude und eines unbekannten Innenraums

Seite 233

aus: Christoph Pitzler, Reysebeschreibung (Manuskript), Bl. 573.

Berlin, 1704

Graphit, Feder, Tusche

Bez.: [o. l.] »Dessein von Hr. Nehring/hinderlaßen zu dem Müntzthurm/der Thurm von 90' hat zum stuck/oder untertheil bleiben sollen«; [außerdem Buchstaben in den Skizzen]

ehem. Berlin, Bibliothek der Technischen Hochschule Charlottenburg; seit 1945 verschollen

Lit.: Lorenz 1998, S. 116f., 139–141; Peschken 1998, S. 10, Abb. 7.

Kat. 163

Johann August Corvinus nach Andreas Majer

Zweiter Münzturmentwurf, Aufriß; nach Andreas Schlüters Modell

Seite 237

Augsburg, 1715

Kupferstich

Platte: 41,3 × 28,6 cm

Bez.: [o.] »Der von dem hoch-berühmten Hr. Bau=Directorn Andreas võ Schlütern/Seel. inventirte und in ein unvergleichlich schönes Modell verfertigte so genandte/Müntz=Thurn in Berlin.« [u. l.] »Andreas Majer del.«; »Ioh. Aug. Corvinus sculp.«; [u. M.] »Cum Privil. Sac. Cæs. Majest.«; [u. r.] »Ieremias Wolff exudit Aug. Vind.«; »2«

Berlin, Landesarchiv, F Rep. 270, Rissesammlung, C 48

SMB-PK, Kunstbibliothek, OS 2103

Lit.: Peschken 1998, S. 86f., Abb. 62.

Kat. 164

C. Albrecht nach Andreas Schlüter

Zweiter Münzturmentwurf, Aufriß

Seite 243

aus: Theatrum Europaeum, Bd. 17, 1718 (1706), S. 102f.

Frankfurt am Main, 1718

Radierung

33,1 × 19,7 cm

Bez.: [o.] »Zweÿter Deßein des Neuen Müntz Thurms/ in Berlin; welcher breiter in der Anlage/gemachet ward, als der Erste war, in der Hoffnung / das Fundament dadurch zu Verstärcken.«; [u. l.] »Schlüter. Invent.«; [u. r.] »C. Albrecht. Sculp:«

Skala: 10 + 100 »Rent: Fuß« (= 11,3 cm)

Berlin, Landesarchiv, F Rep. 270, Rissesammlung, C 66

SBB-PK, Kartenabteilung, Y 50943

Lit.: Ausst.-Kat. Preußen 1701. Eine europäische Geschichte 2001, Katalogbd., S. 244f., Kat. Nr. IX. 33.

Kat. 165

Jean de Bodt (nach Andreas Schlüter)

Zweiter Münzturmentwurf, Aufriß

Berlin oder Dresden, nach 1718 (?)

Feder, Tusche, laviert

80,8 × 48,9 cm

Skala: 100 Fuß

Dresden, SLUB, Archit. 263, Bl. 11

Vgl. Kat. 164.

Lit.: Ladendorf 1935, S. 43, Anm. II, 53 u. Tafel 18; Peschken 1998, S. 83–86, Abb. 61; Hinterkeuser 2002, S. 113; Kuke 2002a, S. 137f., Abb. 136; Kuke 2002b, S. 143–145, Abb. 8.

Kat. 166

Nachzeichnung des Stichs von Johann August Corvinus mit Schlüters zweitem Münzturmentwurf

Neapel, 1785

Graphit, Feder, braune Tinte, Tusche, laviert

54,9 × 36,7 cm

Bez.: »1785«

New York, Smithsonian Institution, Cooper-Hewitt Museum, 1938-88-3455

Vgl. Kat. 163

Lit.: Ausst.-Kat. The Two Sicilies, S. 38, Kat. Nr. 70; DaCosta Kaufmann 1993, S. 204, 208, Anm. 42, 211, Abb. 3; Peschken 1998, S. 88; Hinterkeuser 2002, S. 118, Anm. 38.

Kat. 167

D. D. de Mouchy la Móte

Grundriß der Festung Berlin

Berlin, 1705

Feder, Tusche, koloriert

26,2 × 19,7 cm

Bez.: [u.] »Plane de Berlin par D. D. de Mouchy la Móte le 15 Juilly anno 1705.«

Berlin, Landesarchiv, F Rep. 270, Rissesammlung, A 35

Lit.: Schulz 1986, S. 64–66, 179, PV 31.

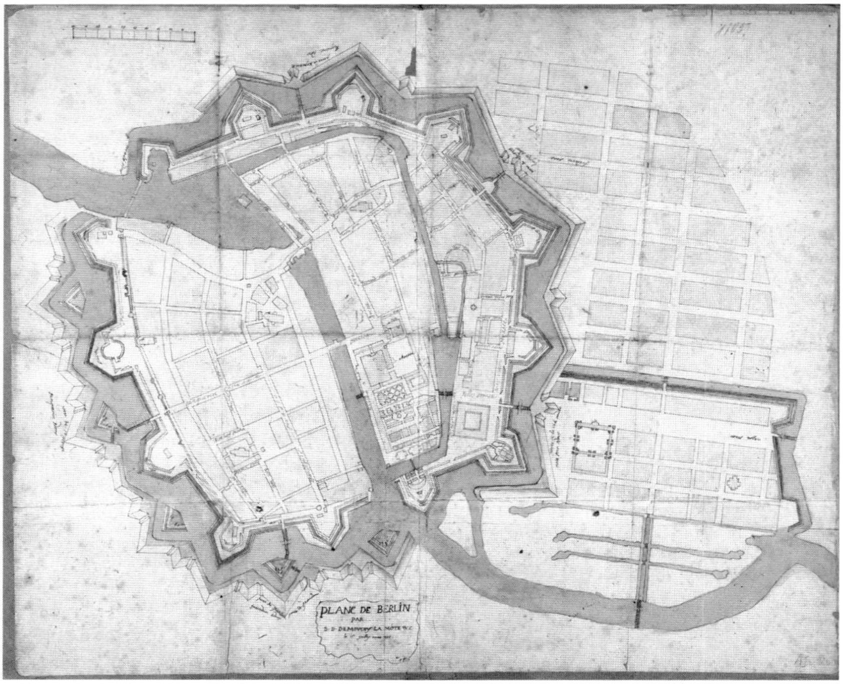

Kat. 168

Ansicht der Stechbahn und des Schlosses von der Spreeseite

aus: John Toland, Relation des Cours de Prusse et de Hanovre, S. 22

Den Haag, 1706

Kupferstich

Bez.: »Veue du grand Pont, du Palais des Ecuries, & de la Cathedrale«

Vgl. Kat. 73, 111.

Kat. 169

Ansicht des Lustgartens mit Blick zur Orangerie

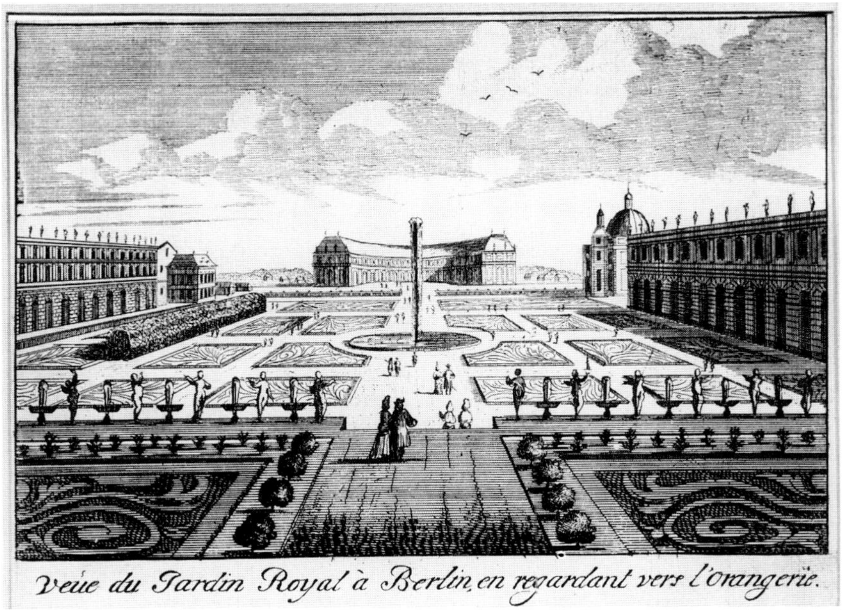

aus: John Toland, Relation des Cours de Prusse et de Hanovre, S. 33

Den Haag, 1706

Kupferstich

Bez.: [u.] »Veue du Jardin Royal à Berlin en regardant vers l'orangerie.«; [u. r.] »pag. 33«

Vgl. Kat. 76, 112.

Kat. 170

Andreas Schlüter

Zweiter Entwurf des Münzturms, Grundriß

Seite 238

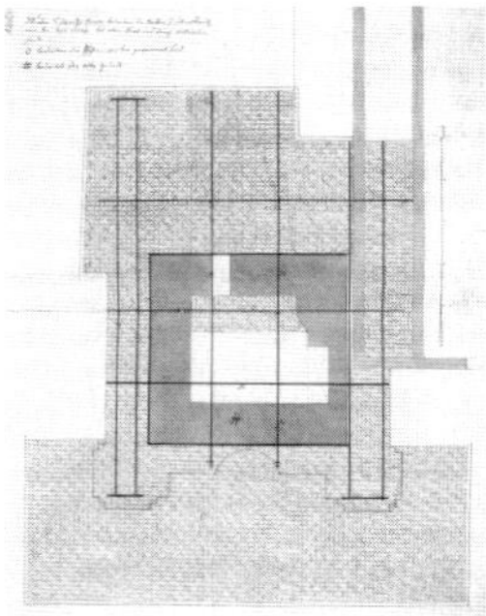

Berlin, 1706

Graphit, Feder, Tusche, grau laviert

38,2 × 31,9 cm

Bez.: [o. l.] »NB: Schwartze Linien bedeuten die Ancker, so über Kreutz,/wie sie von unten bis oben, durch und durch verbunden sindt./ O bedeuten die Pfähle, wie sie gerammet sind./# bedeutet der alte Grundt.«; [Buchstaben und Zeichen im Plan]

Skala: 50 pied (= ca. 12,9 cm)

GStA PK, I. HA Geh. Rat, Rep. 36, Nr. 2888, Bl. 121v/122r

beigegeben einem Brief Schlüters vom 3. August 1706 (siehe Katalog IV: 1706, 3. August [a]).

Lit.: Geyer 1992, Bildbd., Bild 306; Peschken 1998, S. 88–91, Abb. 63; Hinterkeuser 2002, S. 111–113, Abb. 8.

Kat. 171

Andreas Schlüter

Zweiter Entwurf des Münzturms, Schnitt

Seite 238

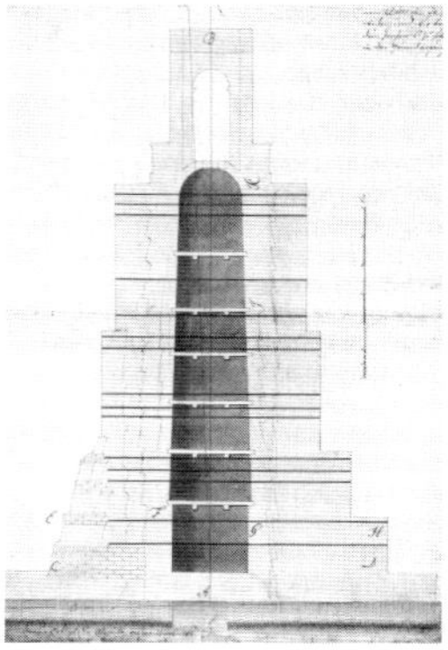

Berlin, 1706

Graphit, Feder, Feder, Tusche, grau laviert

46,1 × 32,4 cm

Bez.: [o. l.] »NB So weit ist er von sei=/nem Centro schon ge=/wichen, und wie beÿ/ dem Zeichen O zu sehen,/ in den Grund gegangen.«; [im Fundament:] »Dieser Orth ist die Uhrsache alles Unglücks«; [Buchstaben im Plan]

Skala: 50 »Fus.« (= 11,9 cm)

GStA PK, I. HA Geh. Rat, Rep. 36, Nr. 2888, Bl. 124 beigegeben einem Brief Schlüters vom 3. August 1706 (siehe Katalog IV: 1706, 3. August [a]).

Lit.: Geyer 1992, Bildbd., Bild 307; Peschken 1998, S. 88–91, Abb. 64.; Hinterkeuser 2002, S. 111–113, Abb. 9.

Kat. 172

Leonhard Christoph Sturm

Zweiter Entwurf des Münzturms, Schnitt und Grundriß

Seite 239

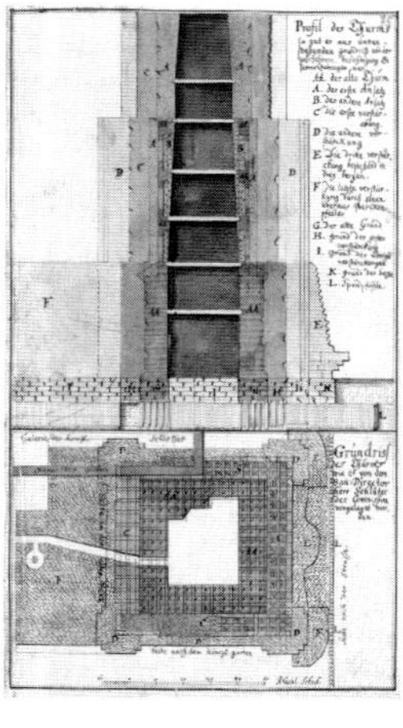

Berlin, 1706

Graphit, Feder, Tusche, grau laviert

32,1 × 18,7 cm

Bez.: [o. r.] »Profil des Thurms/so gut er aus unten=/stehenden grundriß und der/ geschehenen besichtigung zu/ sammenzubringen, war./ AA. Der alte Thurm/A. der erste Ansatz./B. der andere Ansatz/C. die erste verstär=/ckung./D die andere ver=/ stärckung/E Die dritte verstär=/ckung bestehend in/ drey bergen./F. die letzte verstär=/kung durch einen/ überaus starcken/pfeiler/ G. der alte Grund/H. grund der ersten/verstärckung./ I. grund der übrige/verstärckungen/K. grund der berge L. Spundpfähle«; [Buchstaben im Schnitt]; [u. r.] »Grundriß/des Thurms/ wie er von dem/Bau=Director/herr Schlüter/der Commission/vorgeleget wor=/ den.«; [im Grundriß] »Galerie des Konigl. Schlosses«; »Mauer der Galerie«; »Seite nach der Strasse«; »Seite nach dem Königl. garten«; »Seite an der alten Münz«; [Buchstaben im Grundriß]

Skala: 10 + 50 »Rheinl. Schuh.« (= 7,6 cm)

GStA PK, I. HA Geh. Rat, Rep. 36, Nr. 2888, Bl. 75 (siehe Katalog IV: 1706, 22. Juli).

Lit.: Peschken 1998, S. 112, Abb. 72.

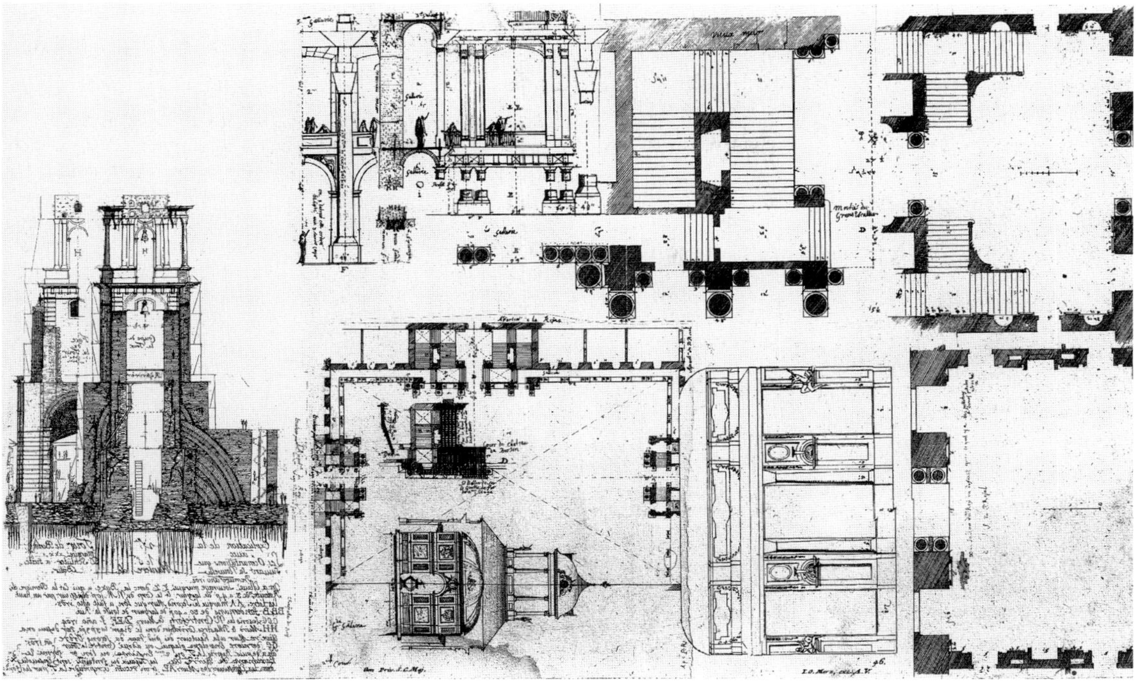

Kat. 173

Jean Baptiste Broebes

Verschiedene Skizzen zum Schloß: Schnitt durch den Münzturm, Grundriß des inneren Schloßhofes, Schnitt durch die Oranienburger Kapelle, Grundriß und Aufriß des Elisabethsaales, Aufriß und Schnitt der Hofarkaden vor und nach dem Umbau, Teilgrundriß des Großen Treppenhauses, Grundriß des Vestibüls von Portal I

Seite 105, 246

aus: Jean Baptiste Broebes, Vues des Palais et Maisons de Plaisance, Taf. 46

Augsburg, 1733

Radierung

Platte: 32,3 × 56,4 cm

Bez.: [unter dem Schnitt durch den Münzturm] »Explication de la v[iei]lle Tour de Berlin/avec marquire x x x x/ Les Ocmantations que le S[ieu]re D[e] Schlüter a faites/ suivant sa Nouvelle Maniere de Bâtir./Premiere ano 1702 / On an Ellevé L'ouvrage marquè ZZ donc la Baze x qui Est la Premiere des/Retraites xx d[e] 3. A 4 p[ieds] de largeur. Et le Corps du N[ouveau] M[ur] 10 p[ieds] d'epesseur par en haut./les lètres AA marque le Second Mur que l'on a fait ano 1703./BBB fondemans de 30 a 40 p[ieds] de largeur de toute la Rue/ CCC Cesont les No[uveaux] Contreforts Et Murs DEF, f[aites] ano 1704/HH Murs & Pillastres Corinthin dont le diam[etre] Est 3 P[ieds] 3 po[uces]. Par dessus ona/ Elèvè un Mur ala hauteur des piedestaux du secong Ordre an 1705/GG derniere Envelope plaquée ou adossè Contre la Tour [an 1705]/on a depuis Repris la T[our] ou 2me Enseinte ou l'on et fermè les/ Pavements de Pierres de Taille etc. les Tujaux des fontaines sont Ensevelies/dans les Epésseurs des Murs AE, Et on recom[menc]e a reprendre la T[our] par les fond[emen]s.« [Buchstaben, Ziffern und Bezeichnungen in den Zeichnungen]. Das Blatt ist spiegelverkehrt gedruckt.

Lit.: Broebes 2000, S. 15f. – Geyer 1992, Bildbd., Bild 17; Peschken 1998, S. 112–115, Abb. 73.

Kat. 174

Andreas Schlüter

Entwurf für einen Turm über der alten Kapelle im Spreeflügel, Aufriß

Seite 253

Berlin, 1706

Graphit, Feder, Tusche, zart grau laviert, Legende in brauner Tinte

32,9 × 16,9 cm

Bez.: [o.] »Dieses ist der Riß von dem Schloß=Thurm, wegen der/Eile aber nur gantz schlecht entworffen.«; [u. l.] »A. Ist das kupfferne Bild,/was zu dem großen Werck/gemacht wird, u. zeiget/die Winde/B. Ist der Orth vom/Glockenspiel.«; [u. r.] »C. Ist der Orth, wo das/Uhr einstehet./D. Ist der Ohrt, wo das/Geleute, und der/Glocken=Stuhl ein/zustehen komt.«; [Buchstaben im Aufriß]

Skala: 50 »Fuß« (= 7,4 cm)

GStA PK, I. HA Geh. Rat, Rep. 36, Nr. 2888, Bl. 57 beigegeben einem Brief Schlüters vom 17. Juli 1706 (siehe Katalog IV: 1706, 17. Juli).

Lit.: Foerster 1935/1936; Geyer 1992, Bildbd., Bild 305; Peschken 1998, S. 205–210, Abb. 138; Hinterkeuser 2002, S. 110–114, Abb. 7.

Kat. 175

T. Henry Reetz

Entwurf für den Münzturm, anschließend eine Galerie und eine Schloßfassade

Berlin, nach 1706 (?)

Graphit, Feder, Tusche, laviert

39,2 × 39,3 cm

Hannover, Wehrbereichsbibliothek, 25475 R, Bl. 8

Vgl. Kat. 176, 177. – Alle drei Entwürfe haben in die tatsächliche Planung nicht eingegriffen.

Lit.: Ausst.-Kat. Preußen 1701. Eine europäische Geschichte 2001, Katalogbd., S. 244, Kat. Nr. IX. 32.

Kat. 176

T. Henry Reetz

Ausschnitt aus dem Grundriß eines Palastes (evtl. Nordwestecke des erweiterten Berliner Schlosses)

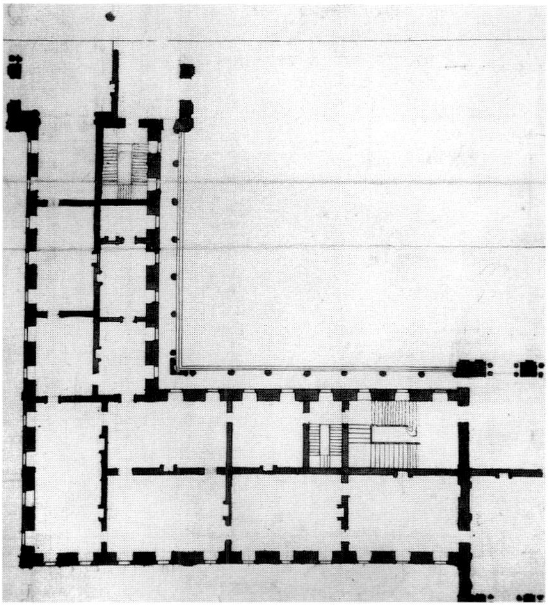

Berlin, nach 1706 (?)

Graphit, Feder, Tusche, laviert

45,2 × 30,1 cm

Hannover, Wehrbereichs-bibliothek, 25475 R, Bl. 9.

Vgl. Kat. 175, 177.

Kat. 177

T. Henry Reetz

Entwurf für einen Münzturm mit anschließender Galerie

Berlin, nach 1706 (?)

Graphit, Feder, Tusche, laviert

37,7 × 38,8 cm

Hannover, Wehrbereichs-bibliothek, 25475 R, Bl. 10

Vgl. Kat. 175, 176

Lit.: Adam 2001, S. 292, Abb. 3.

Kat. 178

Jean Baptiste Broebes

Entwurf für die Westfassade und für einen Münzturm

aus: Jean Baptiste Broebes, Vues des Palais et Maisons de Plaisance, Taf. 6b

Augsburg, 1733

Platte: 19,9 × 55,6 cm

Skala: 25 Einheiten

Bez.: [u.] »Arsenal Royal de Berlin«; [am Sockel links neben dem Brunnen] »J B B. i«

Lit.: Broebes 2000, S. 8f.

Kat. 179

Carl Rembshardt nach Leonhard Christoph Sturm

Erster Entwurf für einen Münzturm, Aufriß

aus: Leonhard Christoph Sturm, Prodromus Architecturae Goldmannianae, Tab. 16

Augsburg, 1714

Radierung, zusammengesetzt aus zwei im *Prodromus* getrennt abgebildeten Platten

Bez.: [o.] »AUFFRISS DES ERSTEN THURMS.«; [darunter Legende]; [o. r.] »Tab. XVI.«; [Buchstaben im Blatt]; [u.] »L. C. Sturm inv. et del.«; »Cum Priv. Sac. Cæs. Maj.«; »Ieremias Wolff excud. Aug. V.«; »C. Rembshardt Sculps.«

Skala: 60 [Rheinl. Fuß]

Sämtliche Entwürfe Sturms (Kat. 179–186) haben in die tatsächlichePlanung nicht eingegriffen.

Lit.: Küster 1942, S. 142–147; Schädlich 1990, S. 99; Lorenz 1995, S. 135–139, Abb. 17.

Kat. 180

nach Leonhard Christoph Sturm

Erster Entwurf für einen Münzturm, Schnitt

aus: Leonhard Christoph Sturm, Prodromus Architecturae Goldmannianae, Tab. 17/18

Augsburg, 1714

Radierung, zusammengesetzt aus zwei im *Prodromus* getrennt abgebildeten Platten

Bez.: [o.] »PROFIL DES ERSTEN THURMS.«; [darunter Legende]; [o. r.] »Tab. XVII.«; [Buchstaben im Blatt]; [Mitte] »Tab: XVIII.«; [u.] »L. C. Sturm inv. et del.«; »Cum Priv. Sac. Cæs. Majest.«; »Ieremias Wolff excud. Aug. Vind.«

Skala: 60 [Rheinl. Fuß]

Lit.: Küster 1942, S. 142–147; Lorenz 1995, S. 135–139, Abb. 16.

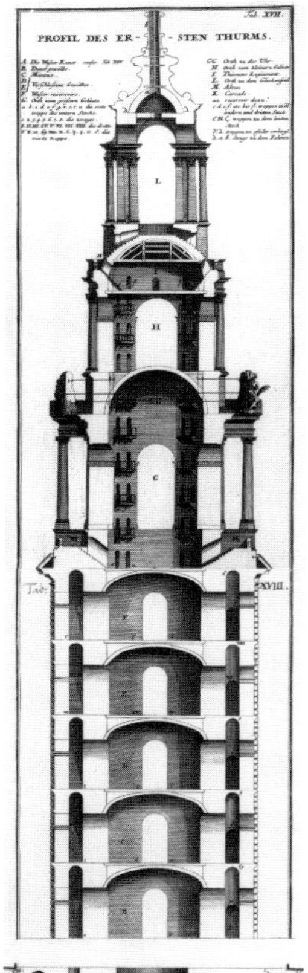

Kat. 181

Carl Rembshardt nach Leonhard Christoph Sturm

Zweiter Entwurf für einen Münzturm, Aufriß

aus: Leonhard Christoph Sturm, Prodromus Architecturae Goldmannianae, Tab. 20

Augsburg, 1714

Radierung, zusammengesetzt aus zwei im *Prodromus* getrennt abgebildeten Platten

Bez.: [o.] »AUFFRISS DES ZWEITEN THURMS.«; [darunter Legende]; [o. r.] »Tab. XX.«; [Buchstaben im Blatt]; [u.] »L. C. Sturm inv. et del.«; »Cum Priv. Sac. C. Maj.«; »Ieremias Wolff exc. Aug. Vind.«; »Carl Rembshardt Sculps.»

Skala: 60 [Rheinl. Fuß]

Lit.: Küster 1942, S. 142–147; Schädlich 1990, S. 99; Lorenz 1995, S. 135–139, Abb. 20.

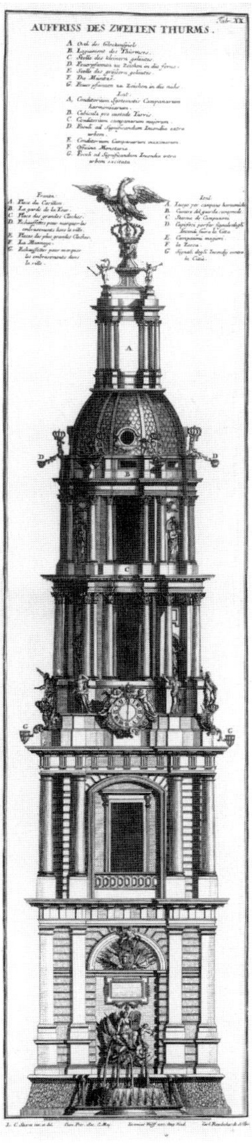

Kat. 182

nach Leonhard Christoph Sturm

Zweiter Entwurf für einen Münzturm, Schnitt

aus: Leonhard Christoph Sturm, Prodromus Architecturae Goldmannianae, Tab. 21

Augsburg, 1714

Radierung, zusammengesetzt aus zwei im *Prodromus* getrennt abgebildeten Platten

Bez.: [o.] »PROFIL DES ZWEITEN THURMS.«; [darunter Legende]; [o. r.] »Tab. XXI.«; [Buchstaben im Blatt]; [u.] »L. C. Sturm inv. et del.«; »Cum Privil. Sac. Cæs. Majest.«; »Ieremias Wolff exc. Aug. Vind.«

Skala: 60 [Rheinl. Fuß]

Lit.: Küster 1942, S. 142–147; Lorenz 1995, S. 135–139.

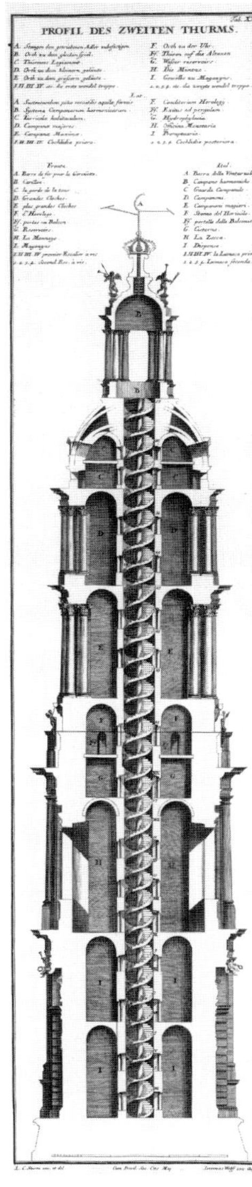

Kat. 183

nach Leonhard Christoph Sturm

Erster und zweiter Entwurf für einen Münzturm, Grundrisse

aus: Leonhard Christoph Sturm, Prodromus Architecturae Goldmannianae, Tab. 15/19

Augsburg, 1714

Radierung

Bez.: [linke Hälfte:] [o.] »Grundriß des ersten Thurms durch alle Etagen.«; [darunter Legende]; [o. r.] »Tab. XV.«; [Buchstaben im Blatt]. – [rechte Hälfte:] [im Blatt] »Plan/des zweÿten Thurm.«; [o. r.] »Tab. XIX.« – [u.] »L. C. Sturm inv. et fec.«; »Cum Priv. S. C. Maj.«; »I. Wolff exc. Aug. Vind.«

Skala: 60 [Rheinl. Fuß]

Lit.: Küster 1942, S. 142–147; Lorenz 1995, S. 135–139.

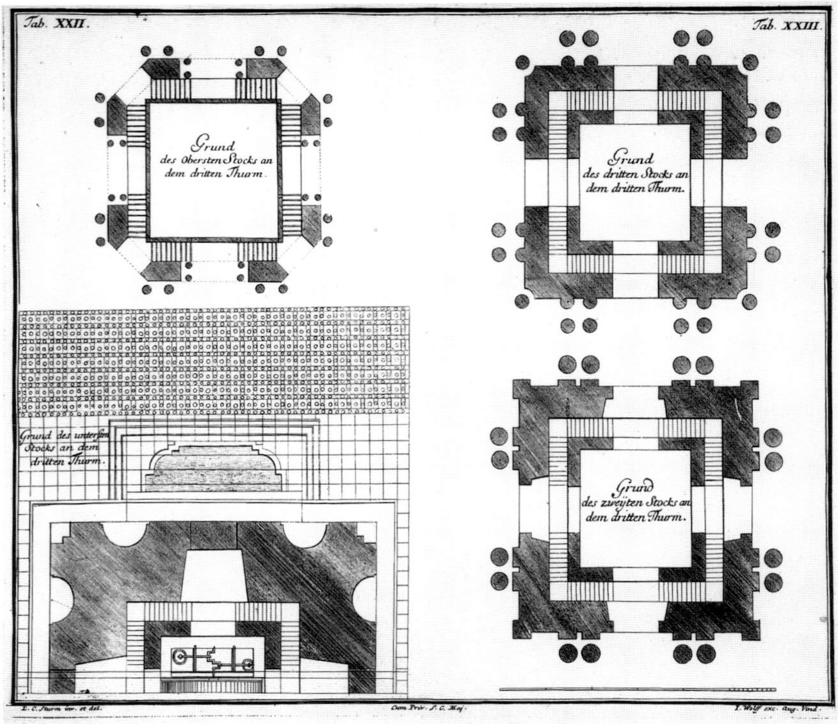

Kat. 184

nach Leonhard Christoph Sturm

Dritter Entwurf für einen Münzturm, Grundrisse

aus: Leonhard Christoph Sturm, Prodromus Architecturae Goldmannianae, Tab. 22/23

Augsburg, 1714

Radierung

Bez.: [linke Hälfte:] [o. l.] »Tab. XII.«; [im Blatt] »Grund/des Obersten Stocks an/dem dritten Thurm.«; »Grund des untersten/Stocks an dem/dritten Thurm.« – [rechte Hälfte:] [o. r.] »Tab. XXIII.«; [im Blatt] »Grund/des dritten Stocks an/dem dritten Thurm.«; »Grund/des zweÿten Stocks an/dem dritten Thurm.« – [u.] »L. C. Sturm inv. et del.«; »Cum Priv. S. C. Maj.«; »I. Wolff exc. Aug. Vind.«

Skala: 60 [Rheinl. Fuß]

Lit.: Küster 1942, S. 142–147; Lorenz 1995, S. 135–139.

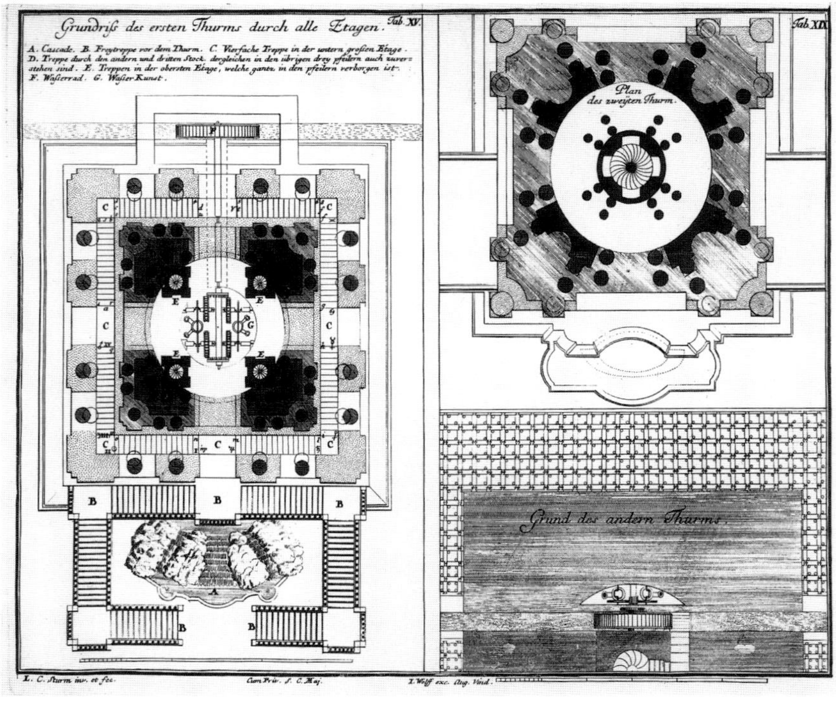

Kat. 185

Johann August Corvinus nach Leonhard Christoph Sturm

Dritter Entwurf für einen Münzturm, Aufriß

aus: Leonhard Christoph Sturm, Prodromus Architecturae Goldmannianae, Tab. 24

Augsburg, 1714

Radierung, zusammengesetzt aus zwei im *Prodromus* getrennt abgebildeten Platten

Bez.: [o.] »AUFFRISS DES DRITTEN THURMS.«; [darunter Legende]; [o. r.] »Tab. XXIV.«; [Buchstaben im Blatt]; [u.] »L. C. Sturm inv. et fec.«; »Cum Priv. S. C. Maj.«; »Ieremias Wolff exc. Aug. V.«; »I. A. Corvinus. sculps.«

Skala: 60 [Rheinl. Fuß]

Lit.: Küster 1942, S. 142–147; Schädlich 1990, S. 99; Lorenz 1995, S. 135–139.

Kat. 186

nach Leonhard Christoph Sturm

Dritter Entwurf für einen Münzturm, Schnitt

aus: Leonhard Christoph Sturm, Prodromus Architecturae Goldmannianae, Tab. 25

Augsburg, 1714

Radierung, zusammengesetzt aus zwei im *Prodromus* getrennt abgebildeten Platten

Bez.: [o.] »PROFIL DES DRITTEN THURMS.«; [darunter Legende]; [o. r.] »Tab. XXV.«; [Buchstaben im Blatt]; [u.] »L. C. Sturm inv. et del.«; »I. Wolff exc. Aug. Vind.«

Skala: 60 [Rheinl. Fuß]

Lit.: Küster 1942, S. 142–147; Lorenz 1995, S. 135–139.

Kat. 187

Johann Georg Wolfgang

Königliche Jacht auf der Spree, im Hintergrund Silhouette Berlins mit dem Schloß in Gestalt von Schlüters Modell (Ausschnitt)

Berlin, 1707

Kupferstich

Platte: 37,3 × > 54 cm (Blatt beschnitten)

[o. r.] »SERENISSIMO,/AC/POTENTISSIMO/PRINCIPI./FREDERICO/D. G. BORUSSIÆ/REGI / &c. &c. &c./Dedicat/Joan Luder/v. Wolfgang.«; [u. r.] »LIBURNICA/REGIS BORUSSIÆ/A°. 1707. AMSTELODAMI/CONSTRUCTA.«; »Joan Luder v. Wolfgang fecit«; [unter der Darstellung] »Quas regit, exornat terras FREDERICUS, et inde,/Quale decet Regem, nobile nomen habet./Nunc etiam fluviis Splendorem et portubus addit,/Miranti immensas gurgite Regis opes./Insolita en prodit facie pretiosa Phaselus,/En cultu prodit conspicienda novo.//Aurea tota venit: auro radiare videtur/Fluctus, et auratas findere puppis aquas./Naïades errant circum, plausumque cientes/Commemorant laudes, Rex FREDERICE, tuas./Votaque dum faciunt pariter, tibi laeta precantur/Tempora, cum lusu, quo releveris, eges://Cum tua regnorum curis mens esse soluta/Gestit, ut ad solitum lætior iret opus./Nempe animus requiem fessus desiderat: illa/Corporibus vires donat habere novas./Exsultant hilares luduntque in flumine pisces:/Iamque movent Zephyri, jam tua vela Noti.//Iam tibi tempestas fremitum deponit et iras,/Iam fugiunt nubes, cunctaque tuta Silent./Sic etiam optata vigeant tua regna quiete,/Et tua victuro erescat honore Domus./David Hoogstratanus«

Berlin, Landesarchiv, F Rep. 250, A 91

Der Hintergrund scheint von den Stichen Schenks (vgl. Kat. 101, 110, 121) seitenverkehrt übernommen.

Lit.: Seidel 1902, S. 259; Ausst.-Kat. Zwischen Oberspree und Unterhavel 1985, S. 13, Abb. 3.

Kat. 188

Johann Georg Wolfgang nach Michael Maddersteg

Die Königliche Jacht »Friedrich« auf der Spree, im Hintergrund die Lustgartenfassade

Berlin, 1708

Kupferstich

Platte: 62,5 × 51,2 cm

Bez.: [u.] »Liburnica LXXXI pedes Longa, Lata XXIII, Tormentis bellicis aeneis XXII armata, omnis generis instrumento navali,/et supellectile splendidissima instructa, aplustribus allisque ornamentis decorata, et Primi Borussiae Regis nomine jure/superbiens, quam FRIDERICUS, Augustissimus Borussiae Rex, Regni sui Conditor, ad exemplar à se probatum in/Belgio aedificari, et relicto Oceano Suevum fluvium subire iussit, ut illa animi causa uteretur, et maritimae/navigationis imagine et voluptate inter Marchici coeli oblectamenta frueretur«; [u. l.] »Aedificavit et Pinxit Madersteg Archite. et Picte. Reg.«; [u. r.] »Aeri incidit Johann Georg Wolffgang Sculpt. Reg.«

Stiftung Stadtmuseum Berlin, Graphische Sammlung, VI 61/651w

Lit.: Seidel 1902, S. 256f.; Voigt 1917, S. 533–535, Abb. 6; Geyer 1936, Bildbd., Bild 99; Kiewitz 1937, S. 106, Nr. 1395a; Ausst.-Kat. Zwischen Oberspree und Unterhavel 1985, S. 15, Abb. 5.

Kat. 189

Ansicht der Stechbahn und des Schlosses von der Spreeseite mit feierlichem Einzug einer hohen Standesperson

Berlin, 1708

Kupferstich

17,5 × 19 cm

Bez.: [Exemplar SBB-PK mit handschriftlichem Zusatz:] »Einzug der Königin Sophie Louyse, Prinzeßin von Meklenburg. November 1708. aus dem curieusen Etranger.«

SBB-PK, Handschriftenabteilung, YB 280 kl

Vgl. Kat. 111, 168.

Lit.: Peschken 1992, S. 316, Abb. 273; Ausst.-Kat. Preußen 1701. Eine europäische Geschichte 2001, Katalogbd., S. 256, Kat. Nr. IX. 58.

Kat. 190

Johann Georg Wolfgang nach Johann Friedrich Wentzel

Plan des Postverkehrs von und nach Berlin mit Darstellung der Langen Brücke, der Alten Post und der Südostecke des Schlosses mit dem Belvedere; zudem auf dem Fahrplan Ansicht Berlins von Norden mit dem Schloß in Gestalt von Schlüters Modell

Berlin, 1708

Radierung

102 × 68 cm

Bez.: »Verzeichniß/wie seiner Königlichen Majestät in Preußen Posten/In Dero Residentz-Stadt Berlin ein und ablauffen«; [Fahrplan]

Berlin, SBB-PK, Handschriftenabteilung, YB 2208gr

Lit.: Ausst.-Kat. Preußen 1701. Eine europäische Geschichte 2001, Katalogbd., S. 257, Kat. Nr. IX. 60.

Kat. 191

Johann Georg Wolfgang nach Johann Friedrich Wentzel

Wandkalender von 1708 mit Landkarte von Brandenburg-Preußen und Stadtansichten von Berlin und Königsberg

Berlin, 1708

Radierung

105 × 66 cm

Bez.: »CONTOIR Calender 1708«

Berlin, SBB-PK, Handschriftenabteilung, YB 2180gr

Lit.: Ausst.-Kat. Preußen 1701. Eine europäische Geschichte 2001, Katalogbd., S. 294f., Kat. Nr. X. 65.

Kat. 192

Ansicht Berlins von Norden mit dem Schloß in Gestalt von Schlüters Modell und dem Münzturm

aus: David Faßmann, Der, Auf Ordre und Kosten Seines Kaysers, reisende Chineser,

Leipzig, 1721

Kupferstich

Platte: 14,8 × 18,3 cm

Bez.: [o.] »Berlin.«

SBB-PK, Kartenabteilung, Y 44360.

Lit.: Peschken 1998, S. 5–8, Abb. 3.

Kat. 193

Christian Ludwig Kaulitz

Ansicht von Berlin aus der Vogelschau von Norden; im Vordergrund das Schloß

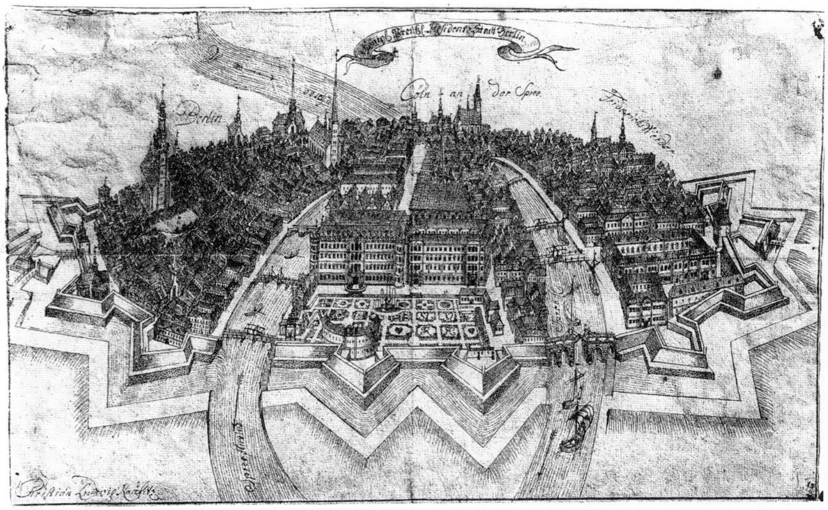

Berlin, 1708

Feder, braune Tusche

31,6 × 18,4 cm

Bez.: [o.] »Königl: Preußl. Residentz Stadt Berlin.«; [u. l.] »Christian Ludwig Kaulitz«; [Bezeichnungen im Plan]

Nürnberg, GNM, SP 25, Kapsel 1077.

Lit.: Schneider 1938, S. 53, Abb. 3; Schulz 1986, S. 67 bis 69, 179, PV 32; Schulz 1998, S. 105, Nr. 49; Holland 2002a, S. 357, Abb. 113.

Kat. 194

Paul Decker d. J.

Ansicht des Schlosses vom Lustgarten

Berlin, um 1710

Feder, Tusche, grau laviert

27,7 × 44 cm

Bez.: [u. l.] »Decker jun: deli:«; [u. M.] »Prospect des Königl. Gartens und Schlosses zu Berlin«

Nürnberg, GNM, SP 6561a, Kapsel 1077.

Lit.: Schneider 1938; Ausst.-Kat. Sophie Charlotte und ihr Schloß 1999, S. 288, Kat. Nr. IV. 23; Ausst.-Kat. Preußen 1701. Eine europäische Geschichte 2001, Katalogbd., S. 244, Kat. Nr. IX. 30; Holland 2002a, S. 357, Abb. 112.

Kat. 195

Paul Carl Leygebe

Das Tabakskollegium Friedrichs I. in der Drap d'Or-Kammer (Raum 796)

Berlin, um 1710

Öl auf Leinwand

133 × 166 cm

Bez.: [r. u.] »P. C. Leygebe inv: et pinx:«

SPSG, GK I 1556

Lit.: Ausst.-Kat. Preußen 1701. Eine europäische Geschichte 2001, Katalogbd., S. 181f., Kat. Nr. VIII. 21.

Kat. 196

Louis Remy Delafosse (?)

Entwurf für den Grundriß von Portal III

Berlin, 1707/1713

Feder, Tusche

36 × 55 cm

Bez.: [Ziffern im Plan]; [Rückseite] »pour SASLD [Son Altesse Serenissime Landgrave de Darmstadt]«

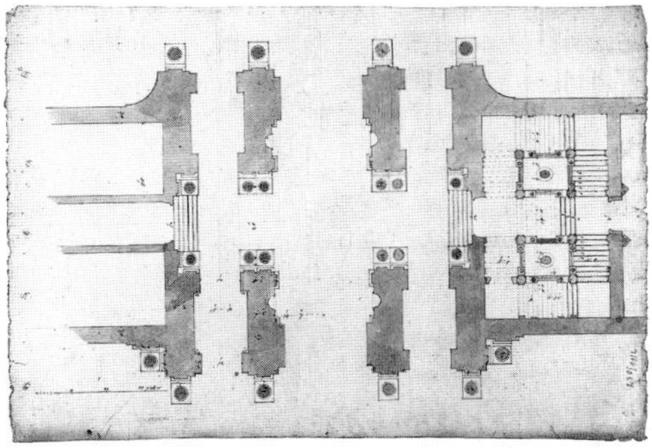

Skala: 30 »pieds« (= 9 cm)

Auf der Rückseite hier und von Kat. 197 befindet sich ein Aufmaß der Hauptfassade des Berliner Zeughauses, was den Schluß erlaubt, daß beide Blätter ursprünglich in einem Album bewahrt wurden.

Darmstadt, HLHB, Darmstadt Mappe 230/11/2

Lit.: Haupt 1952, Bd. 1, S. 212; Wolf 1980, S. 45, Anm. 20.

Kat. 197

Louis Remy Delafosse (?)

Entwurf für den Aufriß von Portal III

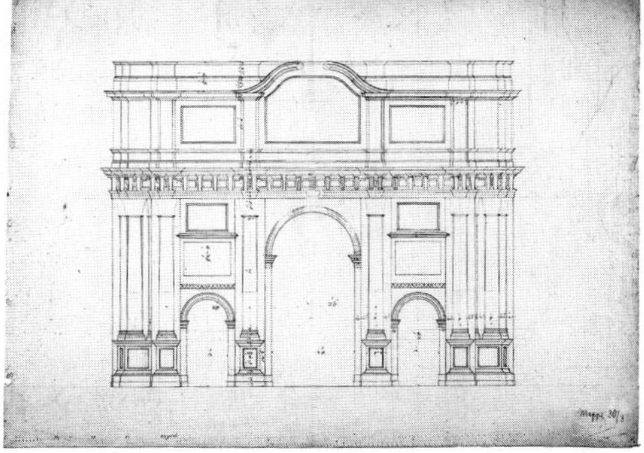

Berlin, 1707/1713

Feder, Tusche

38,5 × 52,5 cm

Bez.: [Ziffern im Plan]

Skala: 42 »pieds« (= 12,5 cm)

Darmstadt, HLHB, Darmstadt Mappe 30/3

Vgl. Kat. 196

Lit.: Wolf 1980, S. 45, Anm. 20.

Kat. 198

Johann Friedrich Eosander

Entwurf zum Treppenhaus nördlich von Portal III, Querschnitt mit Blick auf die Nordwand und Grundriß

Berlin, 1707/1713

Feder, Tusche, grau, rosa und blau laviert

66 × 36 cm

Skala: 10 + 30 Rh. Fuß (= 20,2 cm)

Das Blatt aufgezogen auf Pappe; außerdem zwei um die Mittelachse symmetrisch angeordnete Aufklebungen

SPSG, Plankammer, ohne Nummer

Lit.: Geyer 1992, Bildbd., Bild 46; Ausst.-Kat. Sophie Charlotte und ihr Schloß 1999, S. 302, Kat. Nr. IV. 48; Holland 2002a, S. 364, Abb. 121; Holland 2002b, S. 126f., Abb. 7; Schendel 2002, S. 193.

Kat. 199

Johann Friedrich Eosander

Entwurf für einen Turmaufbau über Portal III in perspektivischer Ansicht

Berlin, um 1713

Feder, Tusche, grau laviert

27 × 19,3 cm

Bez.: [o. r., leicht in Graphit, später] »Münzthurm auf dem Schloß zu Berlin«

SPSG, Plankammer, Mappe 140 B a I

Lit.: Schneider 1938, S. 50 bis 52; Geyer 1903, S. 259–261, Abb. S. 259; Geyer 1992, Bildbd., Bild 35; Ausst.-Kat. Sophie Charlotte und ihr Schloß 1999, S. 301f., Kat. Nr. IV. 47; Holland 2002a, S. 362, Abb. 118; Holland 2002b, S. 127f., Abb. 8.

Kat. 200

C. L. Mescher nach Johann Friedrich Eosander

Entwurf für einen Turmaufbau über Portal III

Berlin, 1728

Feder, Tusche und braune Tinte, grau und grün laviert

36,3 × 21,8 cm

Bez.: »Project des neuen Müntz-Thurms/wie solcher auf den Schlosse zu Berlin angeleget werden soll«; [o. r.]: »No.= 41«;[u. r., in brauner Tinte] »C. L. Mescher«; [in Tusche] »den 27ten April 1728.«

Skala: 10 + 200 »Fuß Reinl.« (= 18,1 cm)

SPSG, Plankammer, Pk 2647

Lit.: Schneider 1938, S. 50 bis 52, Abb. 2; Geyer 1903, S. 259–261, Abb. S. 258; Geyer 1992, Bildbd., Bild 37; Ausst.-Kat. Sophie Charlotte und ihr Schloß 1999, S. 301, Kat. Nr. IV. 46; Ausst.-Kat. Preußen 1701. Eine europäische Geschichte 2001, Katalogbd., S. 246, Kat. Nr. IX. 35; Holland 2002a, S. 361, Abb. 117.

Kat. 201

Jean Baptiste Broebes

Grundriß des Königsberger Schlosses; darin Grundrißskizze des Berliner Schlosses sowie Längsschnitt und Grundriß des Westflügels

aus: Jean Baptiste Broebes, Vues des Palais et Maisons de Plaisance, Taf. 45

Augsburg, 1733

Radierung

Platte: 30,2 × 46,3 cm

Bez.: »Plan du Palais Royal de Conigsberg. 1701«; »Plan E[t] Elevation du palais Roial de Berlin s[ur] l[a] franchise p[ar] l[e] S[ieu]r d'Osander. a[nno] 1712«; [Buchstaben und Bezeichnungen im Plan]

Lit.: Broebes 2000, S. 14f. – Geyer 1992, Textbd., S. 20f.; Bildbd., Bild 45.

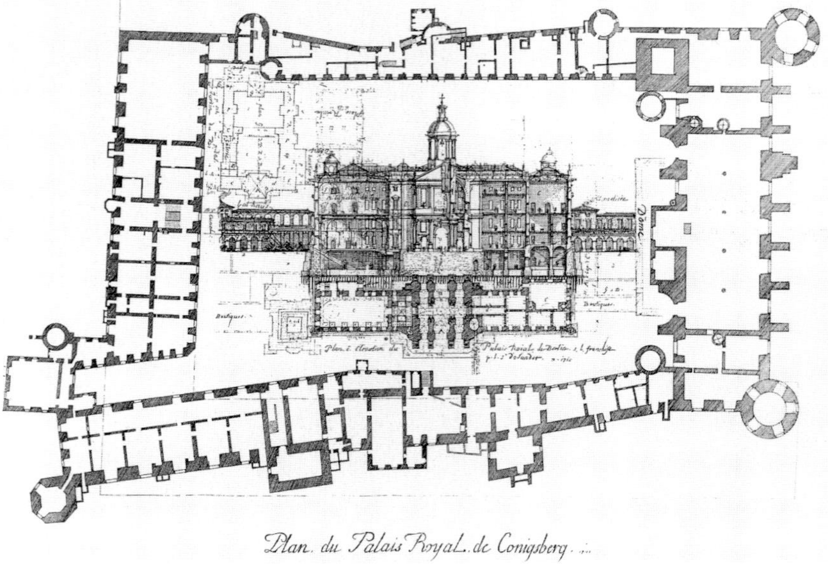

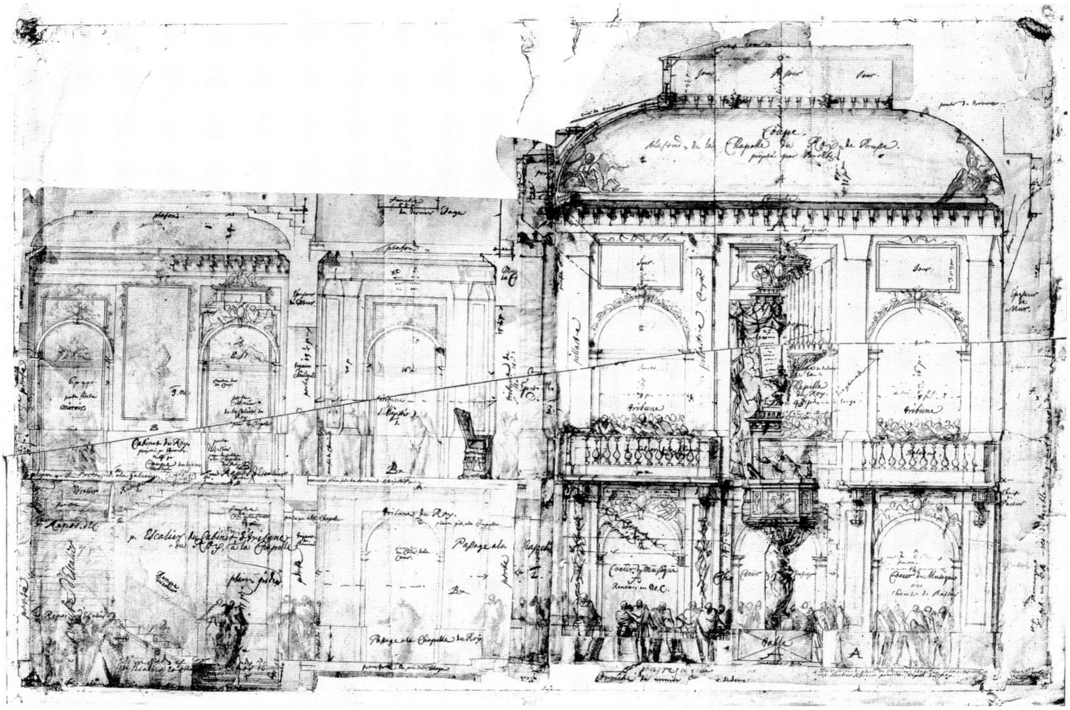

Kat. 202

Jean Baptiste Broebes

Entwurf für die Kapelle und das angrenzende Treppenhaus, Schnitt

Berlin, 1707/1713

Graphit, Feder, braune und schwarze Tusche, farbig laviert

Bez.: »[...] Chapelle du Roy de Prusse projeté par Broebes«; [Bezeichnungen im Entwurf]

SPSG, Plankammer, Pk 2670

Lit.: Geyer 1992, Textbd., S. 12f., Bildbd., Bild 39; Peschken 2002, S. 151f., Abb. 2.

Kat. 203

nach *Johann Friedrich Eosander*

Grundriß des Erdgeschosses mit einem Entwurf für eine Galerie zwischen den Höfen

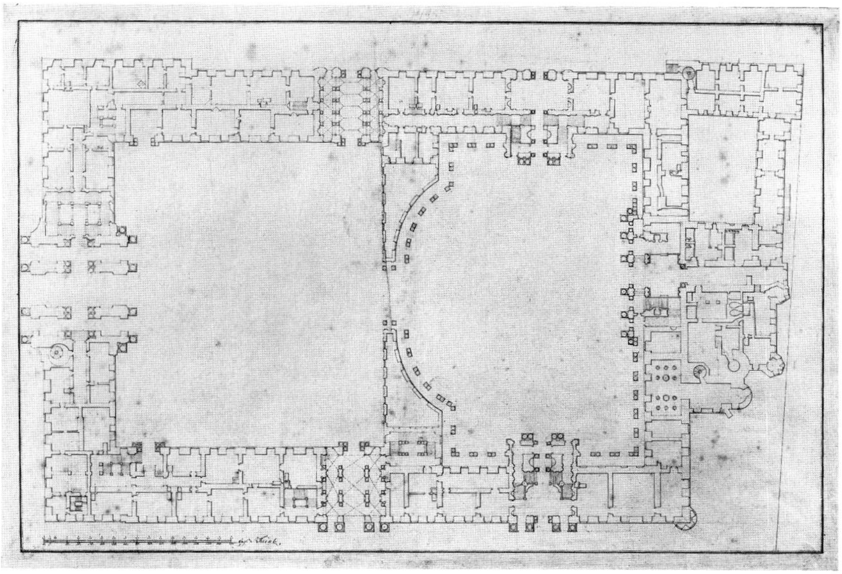

Berlin, 18 Jh. (1706/1713)
Graphit, Feder, Tusche
35,3 × 53,3 cm

Skala: 10 + 150 »Fuß. Rheinl.« (= 11,95 cm)
SPSG, Plankammer, Pk 2659
Vgl. Kat. 204

Lit.: Peschken/Klünner 1982, S. 57f. (»Böhmes Plan«); Wiesinger 1989, S. 213, Abb. 112; Geyer 1992, Bildbd., Bild 27; Holland 2002, S. 358, Abb. 114.

Kat. 204

nach *Johann Friedrich Eosander*

Grundriß des ersten Obergeschosses mit einem Entwurf für eine Galerie zwischen den Höfen

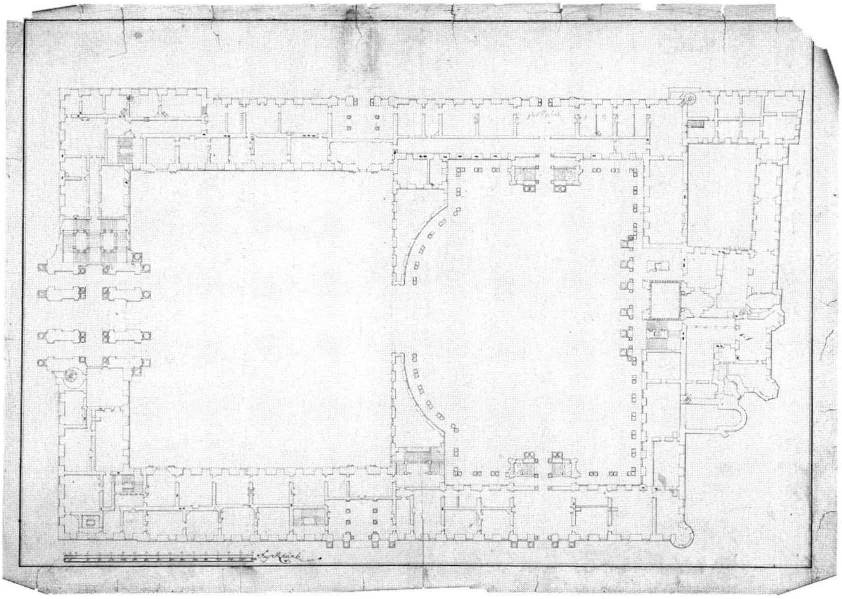

Berlin, 18 Jh. (1706/1713)
Graphit, Feder, Tusche

34 × 51 cm
Berlin, Landesarchiv, F Rep. 270, Rissesammlung, C 68
Vgl. Kat. 203

Lit.: Ausst.-Kat. Die Hand des Architekten 2002, S. 307, Kat. Nr. 143.

Kat. 205

Pieter Schenk

Friedrich I. auf dem Totenbett im Berliner Schloß am 25. Februar 1713

aus: Theatrum Bellicum […]

Amsterdam, nach 1713

Radierung

15,9 × 18,8 cm

Bez.: [u. l.] »FREDERIK de I. Koning van Pruisen den 25 van Sprokkel=/maent des jaers 1713. overleden in den ouderdom van 56 ja=/ren: waer op aenstonts de Koninglyke Lyfwachten en Bur=/gers gelast zyn op den volgenden dagh den eedt van getrou/heit aen den nieuwen Koning af te leggen.«; [u. r.] »FREDERICUS I. Borussorum Rex 25 Feb. 1713. fato/functus, anno aetatis suae 56: et eadem hora Satellites/Regii una cum civibus iussi in diem seguentem se/sacramento fidei novo Regi obstringere.«; [u.] »P. Schenk exc: Amst: Cum Priv:«

Lit.: Ausst.-Kat. Preußen 1701. Eine europäische Geschichte 2001, Katalogbd., S. 316, Kat. Nr. XII. 4.

Kat. 206

Martin Engelbrecht nach Johann Friedrich Eosander

Das Castum Doloris Friedrichs I. in der Erasmuskapelle

aus: Theatrum Europaeum, Bd. 20, 1734 (1713), S. 282f.

Radierung

33,5 × 32 cm

Bez.: [u. l.] »Dessein du Catafalque de la Chapelle du Chateau, ou/le Corps du feu Roy etoit depose jusqu'au tems/du Pompe funebre. à. Berlin l'an 1713.«; [darüber] »Eosander de Göthe invent:«; [u. r.] »Entwurf des Castri Doloris in der alten Schlos/Capell, alwo die Königl: Leiche niedergesezt worden/bis zu dem Leichbegängnus. Berlin im Jahr 1713.«; [u.] »M. Engelbrecht sculpsit.«

Lit.: Ausst.-Kat. Preußen 1701. Eine europäische Geschichte 2001, Katalogbd., S. 317, Kat. Nr. XII. 5.

Kat. 207

Martin Heinrich Böhme

Entwurf für die Schloßplatzfassade

Berlin, 1714/1716

Feder, Tusche, laviert

ca. 48 × 170 cm

Bez.: »[...]TA DES KÖNIGLICHEN SCHLOSSES ZU BERLIN NACH DER BREITEN STRASSE, DVRCH DEN FRIDERICVM DEN ERSTEN KÖNIG VON PREVSSEN, GLORWÜRDIGSTEN GEDÄCHTNÜS ANGEFANGEN, VND DVRCH DEN FRIDERICH WILHELM IETZO REGIERENDEN KÖNIG VON PREVSSEN HÖCHST [...]«

SPSG, Plankammer, Dr. K. – Nr. 29

Lit.: Wiesinger 1989, S. 210, Abb. 110.

Kat. 208

Entwurf für den Aufriß der Längswand des Weißen Saales (Raum 770)

Berlin, nach 1728

Graphit

53,1 × 75 cm

Skala: 10+70 »Fuß Rheinl.« (= 51,3 cm)

Berlin, Landesarchiv, F Rep. 270, Rissesammlung, C 71

Vgl. Kat. 209

Lit.: Peschken/Wiesinger 2001, S. 201, Abb. 90.

Kat. 209

Entwurf für den Aufriß der Längswand des Weißen Saales (Raum 770)

Berlin, nach 1728

Graphit, Feder, Tusche, aquarelliert

Bez.: [u.] »Profil von der Langen Seite, darin zusehen, wie die kleine Schildereÿen, und die Marmorne Statuen der Churfürsten ordoniret sein.«

Skala: 10 + 70 »Fuß Rheinl.«

ehem. Berlin, Hohenzollern-Museum; heute verschollen

Vgl. Kat. 208

Lit.: Geyer 1992, Bildbd., Bild 84.

Kat. 210

Entwurf für den Aufriß der nördlichen Schmalwand des Weißen Saales (Raum 770)

Berlin, nach 1728

Graphit

40,5 × 37,1 cm

Skala: 10 + 30 »Fuß Rheinl.« (= 25,5 cm)

Berlin, Landesarchiv, F Rep. 270, Rissesammlung, C 71

Vgl. Kat. 211

Lit.: Peschken/Wiesinger 2001, S. 201, Abb. 91.

Kat. 211

Entwurf für den Aufriß der nördlichen Schmalwand des Weißen Saales (Raum 770)

Berlin, nach 1728

Graphit, Feder, Tusche, aquarelliert

Skala: 10 + 50 »R. Fus«

ehem. Berlin, Hohenzollern-Museum; heute verschollen

Vgl. Kat. 210

Lit.: Geyer 1992, Bildbd., Bild 83; Seelig 1999, S. 191, Abb.

Kat. 212

C. H. Horst, Umkreis

Grundriß des zweiten Obergeschosses

Berlin, 1730/1740

Graphit, Feder, Tusche, rosa laviert

57,3 × 42,7 cm

Bez.: [im zweiten Schloßhof] »Plan du troisiéme Étage du Palais Royal à Berlin«; [im Grundriß] »Vieux Bâtiment«; »Sale des Suisses.«; »Sale d'Orange.«; »Sale des Chevaliers.«; »Vieux Bâtiment«; »Sale blance.«

Skala: 10 + 130 »Piez de Rhynl.« (= 11,8 cm)

Stiftung Stadtmuseum Berlin, Graphische Sammlung, GHZ 84/6

Lit.: Engel 1993, S. 159, 295, Anm. 35.

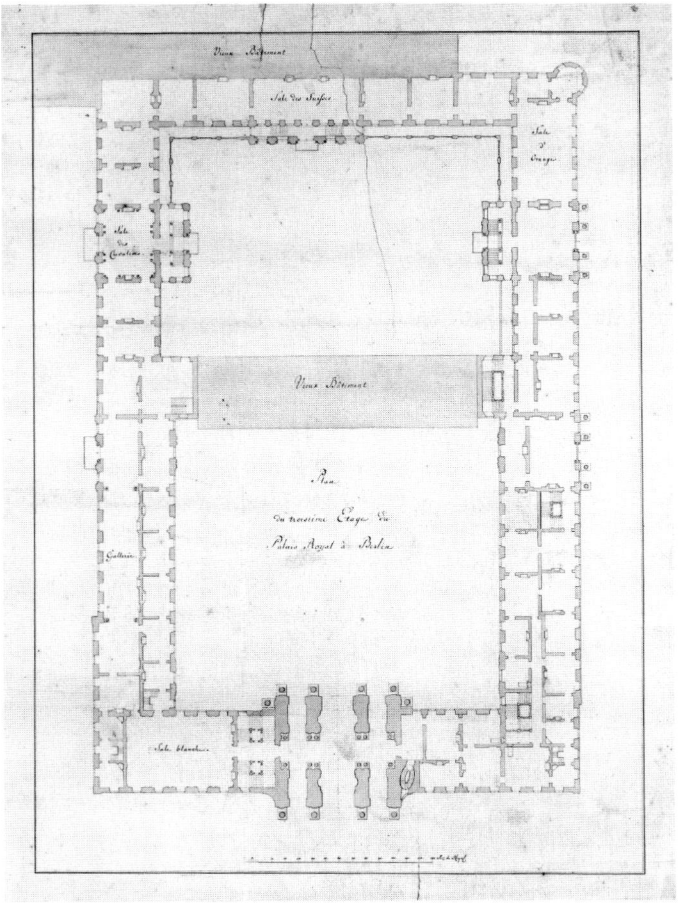

Kat. 213

C. H. Horst (?)

Vogelschau mit Idealentwurf für die Schloßplatzfassade

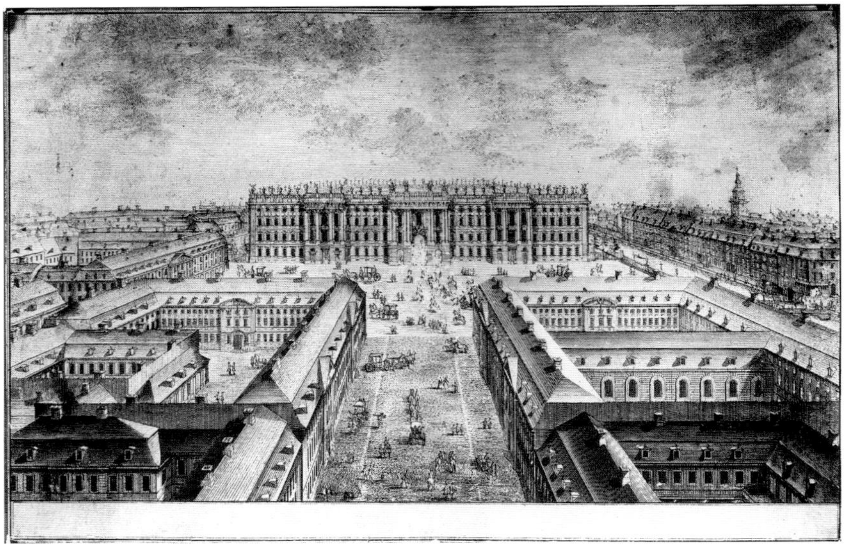

Berlin, 1730/1740
Feder, Tusche, laviert
31,6 × 50,4 cm

Bez.: [nicht exakt zu entziffern] »Horst fecit« (?)

SPSG, Plankammer, Pk 2613; ehem. Hohenzollern-Museum

Lit.: Peschken/Klünner 1982, S. 57–69; Thiel 1987, S. 131f.; Wiesinger 1989, S. 196f., Abb. 103; Geyer 1992, Bildbd., Bild 70; Engel 1993; Peschken 1998, S. 86.

Anmerkung zu den Teilen II bis IV

Der Teil II des Katalogs enthält in chronologischer Anordnung die für die Baugeschichte des Schlosses zwischen 1687 und 1707 relevanten Schriftquellen. Er verzeichnet überwiegend archivalische Dokumente, daneben auch Bauinschriften und Texte aus Publikationen der Zeit. Bei der Zusammenstellung der Regesten wurde Vollständigkeit angestrebt. Allerdings wurden Vorgänge, die zwar mit dem Baubetrieb in Verbindung standen, für die eigentliche Baugeschichte aber ohne Bedeutung sind – etwa Bittgesuche untergeordneter Handwerker –, nicht aufgenommen.

Als Zeitraum wurden die Jahre zwischen 1687 und 1707 gewählt. 1688 bestieg Friedrich III. den Thron. Er ordnete Umbauten am Berliner Schloß an, die allmählich in Schlüters Tätigkeit mündeten. Noch 1687 hatte sein Vater mit dem Bau des Bibliotheksflügels im Lustgarten begonnen. Zu dieser Maßnahme mußte Friedrich III. Stellung nehmen. Schlüter trat zwar erst 1698 am Schloß in Erscheinung, doch sind seine Entwürfe nicht zu würdigen ohne Kenntnis der vorangegangenen Bauentwicklung. 1707 schied Schlüter infolge des Münzturmunglücks wieder aus dem Amt des Schloßbaudirektors aus. Die folgende Erweiterung des Schlosses durch Johann Friedrich Eosander ist nicht mehr Gegenstand dieses Buches. Neben der Signatur der Quellen ist angegeben, wo die Dokumente bereits früher ganz oder in Auswahl zitiert wurden.

Im Teil III sind die insgesamt sieben bekannten Dokumente zum sogenannten Malerstreit zusammengestellt. Eine Auflistung aller Dokumente befindet sich bereits in: Ladendorf 1935, S. 171, III, Anm. 99. Grundsätzlich gehören die Dokumente zu den im Teil II enthaltenen Quellen zur Berliner Schloßbaugeschichte, wo sie ebenfalls in Kurzform verzeichnet sind. Es schien jedoch ratsam, sie nochmals gesondert und im Zusammenhang zu publizieren, um so den Konflikt und die Dynamik des Streits klarer hervortreten zu lassen.

Schlüters Deckenplafonds in den Wohn- und Paraderäumen des Berliner Schlosses weisen im allgemeinen sowohl stuckplastische Elemente als auch Malereien auf. Meist gehen beide Gattungen eine enge Symbiose ein. Als Hofbildhauer und Leiter einer eigenen Bildhauerwerkstatt hatte Schlüter direkten Zugriff auf die Herstellung der Stukkaturen. Auf diesem Gebiet wurde seine Kompetenz nicht in Frage gestellt. Anders verhielt es sich mit der Anfertigung der Deckengemälde. Hier mußte er der Autonomie der Akademiemaler Grenzen setzen, wenn er seine Gesamtentwürfe der Plafonds unverfälscht realisieren wollte. Die Maler mußten auf seine Konzepte verpflichtet werden und sich inhaltlich wie formal dem vorgegebenen Rahmen anpassen. Gegen diese Reglementierung lehnten sie sich auf. Sie verzögerten die Ausführung oder verweigerten sie ganz. Angesichts des Zeitdrucks, unter dem Schlüter als

Schloßbaudirektor stand, sah er zur Lösung des Konflikts nur die Möglichkeit, sich an den Kurfürsten zu wenden. Dessen Befehlsgewalt sollte seine Autorität als Schloßbaudirektor bekräftigen.

Die Planungs- und Baugeschichte des Münzturmes verlief weitgehend unabhängig vom übrigen Baubetrieb am Schloß. Deshalb werden die zugehörigen Dokumente im Teil IV des Katalogs gesondert und im Zusammenhang publiziert. Der Großteil der Quellen stammt aus einer Akte im Geheimen Staatsarchiv, die ausschließlich Dokumente zum Münzturm enthält (I. HA Geh. Rat, Rep. 36, Nr. 2888). Hier mußten die wichtigsten Quellen ausgewählt werden.

Teil II

Die Dokumente und Inschriften zu Bau, Ausstattung und Nutzung (1687–1707)

1687, 6. April

Vertrag zwischen Kurfürst Friedrich Wilhelm und Michael Matthias Smids über die Errichtung des Bibliotheksflügels im Lustgarten

»Zu wissen sey hiemit, daß Seine Churfürstliche Durchlauchtigkeit zu Brandenburg etc. Unser Gnädigster Herr, Nachdem Sie gnädigst entschlossen im Lustgarten zu Cöln an der Spree zwischen dero Hoffapotheke und Grotte, alwo das alte Pommerantzen Hauß stehet, eine Bibliothec bauen zu lassen, solche dero Hoffbaumeister, Michel Matthias Schmidten überhaupt anvordungen, der gestalt, wie folget, daß

1. Zum ersten soll und will der Annehmer das Fundament zu solchem Gebäude, welches vierhundert, drey und viertzig Reinländische fuß die außen Kante lang, und Sechs und viertzig fuß breit seyn soll, so tieff alß solches nöhtig zu seyn erachtet wird, bis auff einen guten Sandichten grundt ausgraben, und nachgehends acht fuß starck gleich der Erde ausmauren auch da ein Weiher oder Sumpffichter grundt gefunden werden möchte, mit einem tüchtigen Röste und darüber geschlagenen Erdbogen solchen versehen lassen.

2. Zum andern muß er auff sothanen Fundament die Hauptmauren im ersten Stock vier fuß, acht zoll starck vom untersten Basiment Stücke bis an die Leiste oberwärts zwey und zwantzig fuß hoch rustic aufmauren. Im andern Stock wird die Mauer drey fuß acht zoll dicke ohne den Vorsprung von denen Pilaren, die höhe hievon ist Siebentzehn fuß und Neun zoll.

In der dritten Verhöhung alwo die attique kömpt wird die Mauer drey fuß dicke und zehen fuß hoch ohne die Leisten aufgeführet, daß also die ganze höhe vom Fundament ab bis unter die oberst Leist vier und funffzig fuß kömpt.

3. Zum dritten, soll er die Mauer, worauff die drey Pavillon zustehen kommen, weill selbige vor den andern Mauren wegen Ihrer Verkröppung vorspringen, umb anderthalb fuß stärcker machen.

4. Zum vierdten müssen die Bassimenten, Capitale, Köpffe und Schlußstücken, welche vorne an die Pilaster und Bogen kommen von harten Sandstein nach Ienischen ordre und Zierrathe ausgehauen werden.

5. Fünfftens müssen auch die zwey gesümbßer umb die drey Pavillons alß eines über dem untersten Stockwerk und das ander unter der attique von dergleichen Sandtstein wohl gehauen, die andern Gesümbser aber, so an der Standtzeichnung zu sehen, können wohl von Mauersteinen gemachet werden.

6. Zum Sechsten soll der Annehmer auch schuldig seyn, die Kappe über diesem Gebäude mit einem liegenden verschwellten Dachstuhl und gebrochenem Dache: die drey Pavillons aber mit einem Kreutzkappel, wie solches die Zeichnung anweiset zu verbinden, auch inwendig mit Brettern zu wölben, und daß daran kan gegipset werden, zu verfertigen, auch nachgehends selbige mit einem doppeltem Dache von Rathenowischen Steinen versehen und in Summa alle Arbeit, alß Maurer-, Zimmer-, Steinmetzer-, Tischer-, Glaser-, Schmiede-, Lehmerarbeit und wie die mehr Nahmen haben mögen wie auch alle dazugehörigen materialien, die zu diesem gantzen Gebäude erfordert werden, nach anweisung des dazu gemachten Grund und Standrisses dergestalt zur perfection bringen lassen, damit selbige zierlich tücht- und beständig seyn mögen.

7. Zum Siebenden muß der Annehmer auch gehalten seyn, den untersten Fluhr in dieser Bibliothec mit Rathenowischen Fluhrsteinen oder Klincker auspflastern zu lassen, die zwey obren Boden aber mit guten Spundtbrättern von viertzig fuß lang und zwey zoll starck zu belegen.

8. Achtens was anbetrifft die Statuen und Bilder, so auff die Pavillons zu stehen kommen ingleichen die Stuckatur- und Gipserarbeit, auch wenn etwas an Mahlerarbeit darinnen solte vorfallen, wollen Sr: Churfürstl. Durchl. über sich nehmen und dafür absonderliche Zahlung thuen lassen.

9. Zum Neundten haben Seine Churfürstl. Durchl. dem Annehmer vor sothaner arbeit undt Baw ingesambt Sechsundzwantzig Tausendt Thaler nach und nach, wie die arbeit fortgesetzet wird, zahlen auch das dazu benöhtigte bawholtz und Sägeblöcke in dero nächst angelegenen Heiden ohne entgeldt abfolgen auch die in Möggelin und Glindow gelegenen Ziegelscheunen, so lange diese arbeit wehret einräumen und dann den Kalck und die Kalcksteine vor die gewöhnliche Unkosten, alß des Bren- und Brecherlohnß liefern zu lassen, gnädigst versprochen. Und damit desto geschwinder mit diesem baw der anfang gemachet werde: So schencken höchstgemelte Se. Churfürstl. Durchl. gedachtem dero Hoffbawmeister, alß Annehmern dieses bawes gnädigst, das alte Pommerantzen-Hauß mit allen darin vorhandenen materialien alß Steinen, Brettern, Holtz, und was daran befindlich, solche zum Fundament und Gerüsten zu gebrauchen, doch daß er solches auff seine eigene Kosten abbrechen lasse. Und soll er auch gehalten seyn, dieses Gebäwde, dem gnädigst beliebten Abrisse vom 2. April 1687 gemäß ohntadelich zu verfertigen.

Uhrkundlich ist dieser Baw Contract in duplo ausgefertiget und von höchstgemelten Seiner Churfürstl. Durchl. eigenhändig unterschrieben und mit dero Churfürstlichem Insiegel bedrückt auch vom Annehmer obgedachten Gebäudes unterthänigst vollzogen worden.

So geschehen und geben zu Potßdamb, den Sechsten Aprilis des Eintausendt, Sechßhundert, Sieben undt Achtzigsten Jahres.

[gez.] Friedrich Wilhelm [gez.] michel mattyß Smidts«

in: GStA PK, I. HA Geh. Rat, Rep. 9 (AV), F. 5 Fasz. 2, Bl. 10r–13v

zitiert in: Pick 1913, S. 213f.; Geyer 1936, Textbd. S. 96, Anm. 224.

1687, 19. Dezember

Brief des Baron von Dobrzynski aus Venedig an Kurfürst Friedrich Wilhelm

»[...] Sonsten habe ich gestern die Bibliotheque von St. George Major welche ihrer einwendig Structur wegen vor die schönste von gantz Italien gehalten wird, gesehen, und weil Ihro Churf. Durchl. anjetzo eine in Berlin ufbauen als lassen habe den Abriß von dieser bestellet und sobald selbiger verfertiget und Mir nachgeschicket, Ihn Ihro Ch. D. zu übersenden ...].«

in: GStA PK, I. HA Geh. Rat, Rep. 11, 249 b Fasz. 1

zitiert in: Ladendorf 1936a, S. 163f.

1688, 9. Mai/13. Juli

Nach dem Tod von Kurfürst Friedrich Wilhelm am 9. Mai bittet Bartholomäus Eggers um den Auftrag für die noch fehlenden Marmorstatuen im Alabastersaal

»Bey des Churfl. würcklichen Geheimen Etats Rath, Herren von Dankelmanns Excellence erinnert der Holländische Bildhauer Eggers gehorsamst Bittende Ihm anzu Verdingen nachfolgende Statuen:

1. Sr. Churfürstl. Durchl. Statue für	700 Rthl.
2. Julius Cäsar mit einem Adler für	700 Rthl.
3. Constantiny Magnus mit einem Kinde oder Engel	700 Rthl.
4. Carolus Magnus auf einem Drachen stehend	700 Rthl.
5. Rudolphus die Welt haltend	700 Rthl.«

In: GStA PK, I. HA Geh. Rat, Rep. 9 (AV), E 16^{I} Fasc. 1, Bl. 55.

zitiert in: Galland 1891, S. 95f.; Ausst. Kat. Onder den Oranje Boom 1999, Katalogbd., S. 275, Kat. Nr. 8–69.

1688, 13. Juli

Vertrag zwischen Bartholomäus Eggers und Kurfürst Friedrich III. über die Anfertigung der fehlenden Statuen für den Alabastersaal

»Demnach Seine Churfürstliche Durchleuchtigkeit zu Brandenburg etc. Unser gnädigster Herr, gnädigst wollen, daß gewiße Statuen verfertiget werden sollen, als haben Sie solche dem holländischen Bildhauer Bartholomaeus Eggersen folgender gestalt anverdungen, als

I. Es nimbt derselbe auf und über sich zu verfertigen:

1. Seiner Churfürstl. Durchl. Statue für	700 Rthlr.
2. den Julius Caesar mit einem Adler	700 Rthlr
3. Constantinus Magnus mit einem Kinde oder Engel für	700 Rthlr.
4. Carolus Magnus auf einen Drachen stehend für	700 Rthlr.
5. Rudolphus die Weldt haltend für	700 Rthlr.
Summa	3500 Rthlr.

Alle in lebensgröße, Jedes von Sechs Reinländischen Fuß hoch, vom besten Italiänischen weißen Marmor (welchen Er auf seine Kosten anschaffen muß) nach denen hievon gemachten Modellen, und zwar ein Jegliches aus einen gantzen stücke, dergestalt, daß solche von Jedermänniglichen, sonderlich denen Kunstverständigen, gelobet und sonder tadel befunden werden sollen;

II. Zum andern verpflichtet er sich zu ende dieses Jahres zwo, und im Julio des künftigen 1689 Jahres, die übrigen drey Statuen wolgemacht anhero zu liefern.

III. Dahingegen und wan solche Fünf Statuen versprochnermaßen, gleich einen Erlichen aufrichtigen Bildhauer und Künstler gebühret, nach denen modellen aufs Zierlichste verfertiget sein werden, wollen Höchstgdl. Seine Churfürstliche Durchl. dem besagten Eggerßen für solche fünf Statuen die obbeschriebene und versprochene 3500 Thl. an Holländischen Sorten wie die Vorige gnädigst zahlen laßen, und sollen Ihm im anfange zu einkauffung des Marmors Eintausendt Rth., das übrige nach und nach so wie die arbeit wirdt gefordert werden, und von statten gehen, gereichet werden, Die Unkosten, welche zu überbringung derselben von Amsterdam bis hieher erfordert werden, wollen Seine Churfürstl. Durchl. gleichfalls zahlen laßen, Uhrkundtlich seind hievon zwei gleichlautende Exemplaria ausgefertiget, und von mehrhochstgndl. Sr. Churfurstl. Durchl. wie auch von ernanten Bartholomaeus Eggersen unterschrieben worden. So geschehen und gegeben zu Cölln den 13. July 1688. Bertholomaeus Eggers.«

in: GStA PK, I. HA Geh. Rat, Rep. 9 (AV), E 16^{I} Fasc. 1, Bl. 57f.

zitiert in: Seidel 1890b, S. 137f.

1688, 13./23. August

Die allgemeine Oberaufsicht des Obermarschalls Joachim Ernst von Grumbkow über das Zivilbauwesen wird bestätigt. Jedoch untersteht das Berliner Schloß dem Schloßhauptmann.

[Kabinettsordre:]

»Der OberMarschall von Grumkow wird bey der Oberaufsicht des civil-bauwesens continuiret.

Wir Friderich der IIIte [...] thun kund und fügen hiemit zu wissen Demnach Wir in gdster Consideration gezogen was gestalt Unser p. der von Grumbkow das, von Unseres in Gott ruhenden H. Vatters gnd. Ihm seit einigen Jahren gdst committirtes civil-Baw-Wesen bey Unserm hiesigen Schlos, Residentz und Städten mit sonderbahren untgsten fleis und sorgfalt respiciret, daß Wir daher bewogen worden in solcher von Ihm bishehr respicirten Ober-aufsicht und Direction des hiesigen Civil-Bawwesens Ihn auch ferner gdst zu continuiren, gestalt Wir den hiemit und krafft dieses gedachten den von Grumkow in gn. anbefehlen, solch Civil-Baw-Wesen bey vorgedachten Unserm hiesigen Schlos, Residentz und Städten wie bishehr also auch ferner trewlich zu beobachten, in specie aber alles das Jenige, was Wir allhier von Newen zu bauen entweder bereits verordnet haben oder künftig noch weiter anordnen werden nach Unserer Intention und dehnen darüber verfertigten Abrißen auf eine beständige, dauerhaffte und zierliche Art zur perfection bringen zu lassen, wegen anschaffung der materialien und anderer Nohtwendigkeiten behörige sorge zu tragen, die dazu erforderte Kosten so vil müglich zu menagiren, auch, wan Er zu Unserer und des publici commodität oder aufnahme dieser Residentz wegen anfertigung einiger fernern Gebawde etwas zu erinnern haben solte, Uns darüber seine unthgste Gedancken zu eröfnen und ins gemein alles das Jenige hierunter zu thun und zu beobachten was diese function, dergestalt, wie Er dieselbe bishehr exerciret/außer die reparation des Schlosses welche unserm Schloßhauptmann nach wie vohr bleibet/von Ihm erheischet und mit sich bringet, Wir wollen auch zu solchem Ende alle Unsere Baw-Meister, Architectos, Handwercker und andere Leute, welche mit dem Baw-Wesen zu thun haben und von Uns dazu bestellet sein an ermelten den von Grumkow hiemit verwiesen und Ihnen sambt und sonders gdst anbefohlen haben, Ihm in diesen seinen Verrichtungen trewlich an hand zu gehen und, was Er Ihnen desfals anbefehlen wird, gebührend zu beobachten und ins Werk zu richten [...].

Cölln, 13./23. Aug. 1688.«

in: GStA PK, I. HA Geh. Rat, Rep. 9 (AV), H. 8 Fasz. 4, Bl. 2r–3r

zitiert in: Schiedlausky 1942, S. 186, Anhang II, Nr. 1.

1688, 2. Hälfte

Bericht Nicodemus Tessins d. J. über Umbauten am Schloß

»Im Schloss wird repariret; einen grossen neüen Sahl siehet man verfertiget, worinnen 12 grosse marmerne statuen aufgerichtet seijndt, welche H. Eggers in Amsterdam gemacht hat von so vielen Churfürsten. 700 Rhdl. hat er vor jede bekommen, seijndt aber nicht sonderlich. Ihre dracht ist im harnisch mit hengenden thalarröcken darbeij, welche aber sehr miser vorgestellet wahren. Imgleichen wahr ein grosser fehler, dass vor dhenen, die den arm in der seiten hielten, hat man müssen ein styck auss der Nichen ausshauen, ehe man sie hat können placieren, welches auch mit des sehligen Churfürsten Statüe geschehen wahr. Im gewelb wahr alless aufgefüllet von grossen gibsseren laubwerken undt darzwischen eine mengde von verdorbenen mahlereijen; hinten wurde eben im hoffe gebaut, alwor es zwart mit arcaden wirdt, aber von einer sehr slechten Ordonnance. Auf der rechteren seiten vom garten wirdt ein gebeüde von 225 ellen lang undt von drejen Estagen hoch in der längde vom Schloss herunter aufgeführet.In der einen Estage sollen Schildereijen wie in einer langen Gallerei kommen, in der andern Wohnungszimber, umb auss dem Schloss appartement hineinzugehen in eine Svite, alwor am ende den Ministern die Audience soll gegeben werden. Im dritten soll die Bibliotheque werden; unten im garten ist eine grotte gebauet, welche aber gantz in keine simmetrie antwortet undt auch slecht angeleget ist. Ein neües ZeÜchhauss ist eben Umb einhunderttausendt Rdhl. aufzubauen verdungen. Der Architect heist Nähring, hat etwas exterIeur, ist aber in seinen zeijchnen undt ordonniren über die massen simple.

Von Schildereijen haben wir oben eine Gallerei undt unterschiedliche zimber gesehen, welche recht hübsch wahren, undt von einer grossen anzahl. Vom van Dyck wahren der besonders schöne pourtraeitten unter, undt wie der Sehlige Churfürst ein liebhaber ist gewesen, so hat er auch viele in diesen sujecten gesamlet, hat auch geflegt zu sagen, dass er sie nicht umb einen million geben wolte, wie wohl die meisten darunter doch nur von Brabandern wahren. Seine Medaillen wie auch die Biblioteque, seijndt auch considerabel. In dess Regierenden Churfürsten Appartement sahe ich eine kleine sehr propre invention, umb die lichtcronen mitt grosser behendigkeit auf undt nieder zu ziehen, wenn man die lichter putzen will. Wenn man die crone herunter zog, gieng dass contrepoids mit seinen bedeckten bändern wieder hinauf, undt hielte just die balance mit der cronen, so baldt man nur die crone loss liesse.«

in: Reisebericht von Nicodemus Tessin d. J.

zitiert in: Sirén 1914, S. 227f.

1688

Bericht über Kalksteinlieferungen für den Bau des Bibliotheksflügels im Lustgarten

»Summarischer Extract waß in den Rüderstorffschen Kalckbergen an Kalcksteine gebrochen, und wieder außgegeben worden alß von Luciae ao. 1687 biß wieder dahin 1688.

[erwähnt wird bei den Ausgaben u. a.]

[Maßangabe:] Landtrehme [?]

zum Churfürstl. Berlinischen Hoff= undt Festungs Bau	669 1/2
Zum Churf. Bauw nacher Cöpenik	6
Zum Churf. Neüen Marstall auff der DorotheenStadt	147 1/2
Der Churfürstl. Hoffbaumeister zur Neuen Bibliotheck	44 1/2«

in: GStA PK, I. HA Geh. Rat, Rep. 9 (AV), E 17, Acta betr. Bauschreiber, Bausachen, Baucommissare 1639–1703, nicht paginiert

---

1689, Sommer

Errichtung von Läden am Münzturm

»In diesem Sommer ward der Platz bei der Wasserkunst durch die Frantzosen bebauet.«

in: Chronik von Wendland [1689]

zitiert in: Fidicin 1865, S. 79. – Vgl. ferner: Nicolai 1786b, S. 57: »16 steinerne Kaufläden mit davorstehender Bogenlaube«.

1689

Erlaß Friedrichs III. über den Bau von 16 »Kramladen« und »Boutiques« zwischen Münzturm und Ballhaus

in: GStA PK, I. HA Geh. Rat, Rep. 36, Nr. 2886, Bl. 1f.

zitiert in: Geyer 1936, Textbd., S. 98, Anm. 287.

1690, 13./23. April

Anweisung Friedrichs III. an Grumbkow, Nering und Smids wegen noch auszuführender Arbeiten am »Berlinischen Hofbau« und der Anweisung von Geldern

»[...] daß bey Unserm Berlinischen Hofbau, dasjenige waß in Bey geschloßener Specification enthalten, zu arbeiten fürgenommen, undt verfertiget, auch das darzu benötigte geldt verordnet undt ausgezahlet werden soll. Alß befehlen wir Euch hiermit in gnaden, Euch darnach Unterthänigst zu achten, undt die Vorsehungen zu thun, damit die darzu behörige Materialien [...] angeschaffet, woll angewendet undt alles guth, auch beständig verfertiget werden möge [...] Königsberg«

in: GStA PK, I. HA Geh. Rat, Rep. 36, Nr. 2876, Bl. 100.

1690, 11. Juni

Investitur des Hosenbandordens im Alabastersaal

in: Theatrum Europaeum Bd. 13, 1698 (1690), S. 1198.

1690, 20. Juni

Anweisung Friedrichs III. an Grumbkow, Nering und Smids

»wegen unseres alhiesigen Hofbaus«; Beschleunigung des Schloßbaus

»[...] waß wir Euch de dato 20/10. April dieses Jahres wegen Unseres alhiesigen Hofbaus gdst. commitieret; Wann wir dann nun gdst. wollen, daß nicht alleine dasjenige waß in der damahls bey geschlossenen Specification enthalten, besonderes auch, waß wir vermöge des itzo beygehenden Aufsatzes gdst. Verlangen, in Unser abwesenheit mit allem fleiße befordert undt verrichtet werden soll alß befehlen wir Euch hiermit in gnaden, dahin zu sehen, damit solches alles woll überleget waß darzu nöhtig angeschaffet undt sobaldt es immer seyn kann [...] verfertiget werden möge [...]. Cölln.«

in: GStA PK, I. HA Geh. Rat, Rep. 36, Nr. 2876, Bl. 99

1690

Notiz von Nering über von Handlangern geleistete Dienste

in: GStA PK, I. HA Geh. Rat, Rep. 36, Nr. 2876, Bl. 98.

1691, 9. April

Beförderung Nerings zum »OberBaudirector aller Unserer Gebeude«; seitdem jährlich 200 Tlr. für zwei jüngere Hilfsarbeiter

»[...] wenn Wir einige New Gebeude anrichten oder in dehnen Vorigen etwas ändern lassen wollen die abriß und Zeichnungen davon verfertigen Unsere deshalb führenden intention und Willensmeinung durch Unseren [...] Eberhard von Danckelmann sich bei Uns erhohlen, auch was er dabey zu erinnern haben wird durch dieselbe an Uns bringen bey Ausführung solcher Gebewde und daß dieselben dehnen gemachten dessins und Abrissen gemaes zierlich und dauerhafft angerichtet.«

in: GStA PK, I. HA Geh. Rat, Rep. 36, Nr. 3590

teilweise zitiert in: Geyer 1936, Textbd., S. 79. – Vgl. Nicolai 1786b, S. 57.

1692, 1./11. April

Protokoll des Wirklichen Geheimen Rats:

Nering soll einen gewölbten Gang zwischen der »Lehns-Cantzeley« und der »Windel-stiege« errichten

»Lehns=Cantzley Gebäude.« – »H. v. Fuchs; Eß soll Nehringen befohlen werden, das gebäude von der Lehns-Cantzeley zu wölben, it: auff einen bedeckten gang von dar nach der Windel=stiege bedacht sein.«

in: GStA PK, I. HA Geh. Rat, Rep. 21. 127, Nr. 40

zitiert in: Schiedlausky 1942, S. 92.

1693

Specification über die Forderungen und den Nachlaß des 1692 verstorbenen Hofbaumeisters Michael Matthias Smids

»Specification was der Churf. Hoffbaumeister Mich. Math. Schmidts wegen ein und anderer verfertigter Arbeit an den Churf. gebewden annoch zu fohdern hat.

Was hinter die dem alhiesigen Churf. Schlosse an die Spree Noch aufgeführte Gallerey und die darinnen außerhalb Contract Verfertigte Arbeit Betrifft, so halten Commissary dafür, daß ihm wegen der gewölbten Källere, welche er auf 350 tal. anrechnet, gebühren würden	300 tal.
Wegen des von Hardtstein verfertigten Wolstes, so er auf 80 tal. angibt	70 tal.
Vor die ümb die Fenster verfertigten Hardtsteine und daß hinter die Küche aufgeführte gebewde anstadt 450 tal.	400 tal.
Vor die Fußbodens in der Obersten Gallery und denen dabey vorhandenen beyden Cabinetten zu belegen anstadt 100 tal.	90 tal.
Vor das gantze gebewde außerhalb mit Oehlfarbe anzustreichen undt zu marmoriren, dafür der Hoffbawmeister 180 tal. praetendiret seind gewilliget	160 tal.
Weilen nun der Hoffbawmeister den Fußboden in der Mittelsten Gallerey mit Schwedischen Fließen belegen sollen, derselbe aber nurdten von Brettern begehret und gedinget worden, also gehen hiervon ab	120 tal.

[...]

An geschriebenen Büchern und andern Brieffllichen Uhrkunden

Ein von Churfürst Friedrich Wilhelm Höchstseel. Gedächtnis eigenhändig unterschrieben Dessein oder Abriß der Churfürstl. Bibliothek. So dem Hn. Advocato Fisci extradiret. Grundtriß des Churfürstl. Cöllnischen Pomerantzen Hauses. Dem Hn. Advocato Fisci extradiret.

Prospect des Potsdammischen Pomerantzen Hauses nebst dem Grundtrisse. Extradiret.

Der Baw Contract mitt dem Defuncto seel. wegen des Pomerantzen Hauses vom 18.III.1685 in originali.

Ein Prospect des Cöllnischen Pomerantzen Hauses. Dem Hn. Advocato Fisci extradiret.

Der Baw Contract wegen der Churfürstl. Bibliothec vom 6. IV. 1687 in originali.

Der Baw Contract des Churfürstl. Potstammischen Pomerantzenhauses vom 18.III.1685 in originali.«

in: GStA PK, I. HA Geh. Rat, Rep. 9 (AV), BBB 18. 1692–1693

zitiert in: Ladendorf 1935, S. 160f., Anm. III, 4.

1694, Frühjahr

Schreiben Schlüters an Kurfürst Friedrich III. mit dem Ersuchen um eine offizielle Bestallung und um ein Jahresgehalt von 1200 Tlr.

»Weil Seine Kurfürstliche Durchlaucht gnädigst beliebet, mich aus Polen hierher zu verschreiben, auch zu Dero Bildhauer mich bestellen zu lassen, in Gnaden entschlossen; als habe unterthänigst erinnern wollen, daß es nöthig sein würde, mich desfalls mit einer förmlichen Bestallung gnädigst zu versehen, auch mir darin ein gewisses jährliches Gehalt zu verschreiben. Und wie ich mir in Unterthänigkeit werde angelegen sein lassen, mich ganz und gar zu Sr. Kurfürstlichen Durchlaucht Diensten mit meiner durch Gottes Gnade erlangten Wissenschaft zu widmen, also habe ich das unterthänigste Vertrauen, Se. Kurfürstliche Durchlaucht werden mir nicht allein dasjenige (nämlich 1000 Thaler, was Ihro Königliche Majestät in Polen, dafern ich mich Deroselben hätte verbindlich machen wollen, welches aber aus gewissen Ursachen nicht thun können) zu geben mir allergnädigst versprechen, gleichfalls zum jährlichen Gehalt verordnen, sondern auch in Ansehung, daß dieses Orts Alles sehr theuer und kostbar, noch 200 Thaler gnädigst hinzuthun, und also meinen Gehalt auf 1200 Thaler setzen. Weil ich auch auf meiner Herüberreise nicht allein ziemliche Kosten aufwenden, sondern auch weil ich hier bin, aus meinem Eigenen ein Merkliches zusetzen müssen, als habe gleichfalls das unterthänigste Vertrauen, Ew. Kurfürstliche Durchlaucht, mein gnädigster Herr, werden zur Ersetzung dieser Kosten eine Ergötzlichkeit mir in Gnaden zufließen lassen.«

in: GStA PK, I. HA Geh. Rat, Rep. 36, Nr. 2743, Bl. 32

zitiert in: Klöden 1855, S. 12f.; siehe auch: Geyer 1992, S. 5.

1694, Juni

Abriß der beiden Türme des Doms

»Im Junio wurden die beiden Thürme von der Thum-Kirchen herunter gebrochen. Waß an deren Stelle wird wieder hingesetzt werden, lehret die Zeit.«

in: Chronik von Wendland [1694]

zitiert in: Fidicin 1865, S. 90.

1694, 25. Juli/4. August

Konzept der Bestallungsurkunde Schlüters

»Wir Friedrich der III:te von Gottes gnaden, Marggraf und Churfürst zu Brandenburg, cum tot: tit: Urkunden und Bekennen hiermit; Nachdem Uns *Andreas Schlüters* gute Wißenschaft und erfahrenheit in der Bildhauer=Kunst unthst. gerühmet, daß Wir dannenhero bewogen worden, denselben zu Unserm Hofbildhauer gndst. zu bestellen und anzunehmen.

Thun solches auch hiermit und kraft dieses, dergestalt und also, daß Unß und Unserem Churfürstl. Hauße derselbe getreu, gehorsam und gewärtig seÿn, unsern nutzen und Bestes seinem Vermögen nach befordern, schaden und nachtheil dahingegen, so viel an Ihm ist, wehren, verhüten und abwenden, ohne Unsere *spezial* schriftliche *permission* für niemanden, wer es auch seÿ, alß für Unß arbeiten, waß Wir von Bildhauer=arbeit, es seÿe von Stein, Marmor, Elfenbein, Alabaster oder Holtz von Ihm verlangen werden, seiner besten Wißenschaft nach verfertigen, in der anzurichtenden *Academie* von Bildhauern, damit die Jugend in dieser Kunst soviel möglich angeführt und/*perfection*iret werden möge, allen möglichen fleiß anwenden, und sich überall dergestalt treü, fleißig und aufmerksam bezeigen und verhalten solle, wie es einem ehrliebenden und erfahrenen Hofbildhauer eignet und gebühret, auch seine Unß geleistete Eides=Pflicht erfordert.

Dahingegen haben Wir Ihm deßhalb 1200 tal: Jährliche Besoldung, weil Ihm so viel auch vom Könige in Pohlen versprochen ist worden, quartaliter an 300 Thaler, als 600 Thl. aus Unserm Licentgefälle, die biß dahin Unsere Familia gehabt, und 600 Thaler aus der Chatulle zu empfangen, in Gnaden versprochen und zugesaget, allermaßen wir denn Unserm [...] Happe und [...] Victor hiermit gnädigst anbefehlen, sich hiernach gehorsamst zu achten, Ihm sothane 300. tal: quartaliter, jeder mit 150 Thr., geg. quitung auszuzahlen, und damit von Trinitatis biß Crucis dieses Jahres den anfang zu machen. Urkundlich haben Wir diese Bestallung eigenhändig unterschrieben. Cölln den 25. Julÿ 1694.«

in: GStA PK, I. HA Geh. Rat, Rep. 36, Nr. 2743, Bl. 32.

zitiert in: Klöden 1855, S. 13f.; siehe auch: Gurlitt 1891, S. 47.

1695, 26. Oktober/5. November

Kurfürst Friedrich III. ernennt Martin Grünberg zum Nachfolger des verstorbenen Johann Arnold Nering

»An die Herren Geh. Räte

[...] haben wir auß Eurem so eben eingelaufenem PSto vom 22. Octb. den unvermuhteten Todesfall Unseres Ober Bau-Directori Nehringen, und was Ihr so woll wegen versiegelung seiner Sachen alß auch seiner Beerdigung halber vor Anstalt gemachet ersehen; Wir lassen unß solches in gn. Gefallen und beklagen im übrigen den frühzeitigen Verlust dieses in seiner Profession sehr geschickten Dieners nicht wenig, befehlen Euch auch, den Ingenieur Grünbergen vor Euch zu fordern und ihm anzudeuten, daß er die Auffsicht über Unsere dortige Gebäude, zu Berlin, Oranieburg, Potstam und Lietzeburg, woran jetzo gearbeitet wird, über sich nehmen und damit so lange es das Wetter zulässet, auff den fuß wie der Abgelebte thun sollen fleißig continuiren lassen solle [...]«

zitiert in: Schiedlausky 1942, S. 198, Anhang II, Nr. 6.

1695, 1. November

Vorladung Grünbergs vor den Geheimen Rat

»[...] haben Wir sofort nach empfehlung Ew. Churfürstl. Durchl. gnädigsten Post-Scripti Vom 26. Oct./5. huius den Ingenieur Grünenbergen in den Geheimen Raht Vorfordern lassen, und ihn dessen inhalt wegen der Aufsicht über die angefangenen gebäude eröffnet, auch, umb solchem desto genauer nachzukommen, abschrift davon vertheilet, welchen er dan gehorsambst nachzuleben angelobet.«

in: GStA PK, I. HA Geh. Rat, Rep. 36, Nr. 2876, Bl. 113.

1696, 6. Juni

den »Hof- und Oranienburgischen Bau« nach und nach 14 566 Tlr. 16 gr. auszuzahlen

in: GStA PK, I. HA Geh. Rat, Rep. 9 (AV), EEE, 1694–1696

zitiert in: Schiedlausky 1942, S. 93.

1696, 25. Juli/4. August

Brief Friedrichs III. an Chwalkowsky und Lindholz, die Bauarbeiten am Schloß zu beaufsichtigen

»[...] Es ergeht hiemit an Euch Unser gdster Befehl, wehrender dieser Unserer abwesenheit von dort auf das Schlos über-

all so tages als Nachts fleißige acht geben und alle gehörige mügliche Sorgfalt anwenden zu lassen, damit daran so wenig durch feuer oder sonst kein Schaden geschehe, Wir wollen daß alles was an dem Schlos und andern unsern dortigen Gebauden zu bauen anbefohlen ist, welches ihr von unserem p. Gruneberg vernehmen werdet, fleißig continuiret und so viel sich thun lassen will, noch vor unserer Rückkehr zum stande gebracht werde ...
An H. Chawalkowsky und H. Lindholtz conjunctim.«

in: GStA PK, I. HA Geh. Rat, Rep. 36, Nr. 2876, Bl. 114

zitiert in: Schiedlausky 1942, S. 93.

1696, 7./17. September

Protokoll des Wirklichen Geheimen Rats:

Vermerk über den Bau »bey der Cammer«

»Nöhtiger bau hier auff dem schloße bey der Cammer zu erinnern.«

in: GStA PK, I. HA Geh. Rat, Rep. 21. 127, Nr. 44, Bl. 101r

zitiert in: Schiedlausky 1942, S. 227, Anm. 458.

1696, 28. Oktober

Bericht eines sächsischen Spions, der überprüfen soll, ob der verbilligt abgegebene Pirnaische Sandstein tatsächlich nur zum Bau der kurfürstlichen Schlösser verwendet wird.

erwähnt unter den Werksteinarbeiten die »Änderung der Schloßfenster«

in: HStA, Loc. 35768, Bl. 36–38

zitiert in: Ladendorf 1935, S. 68, S. 161, Anm. III, 9.

1696 [a]

Erwähnung des Galeriegebäudes längs der Spree und der Kolossalsäulen im Hof

»Magna est Friderici Tertii, cujus nos sub Tutela feliciter agimus. Hujus enim opera sunt excelsae illae Porticus, quae impositis sibi invicem lapideorum fornicum ordinibus versus fluvium exsurgunt: Hujus sunt sublimes illi Columnarum nexus, quos interior aula ostentat, plane ut Gloriosissimus Princeps Tritavum suum non tantum sequi, sed et aemulari videatur.«

in: Beger 1696, S. 5

zitiert in: Geyer 1936, Textbd., S. 97, Anm. 267.

1696 [b]

Würdigung des Alabastersaals (»ingentem illam Basilicam«) u. a. [deutsche Übersetzung]

»Ich habe den dem königlichen Thron nahegestellten kurfürstlichen Thron gesehen (Regio Solio contiguum Solium Electorale), auf welchem dem ruhmreichen Erzkämmerer des heiligen römischen Reiches Friedrich III. die Auszeichnung des goldenen Hosenbandes verliehen wurde. [...]

ich bewunderte den weiträumigen Saal, ich bewunderte die außerordentliche Eleganz der Gemälde, aber mehr noch bewundere ich die erhabene Reihe der brandenburgischen Kurfürsten, welche in den Statuen auf beiden Seiten strahlt, aus Marmor auf das kunstreichste ausgemeißelt.«

in: Beger 1696, S. 226f.

zitiert in: Geyer 1897, S. 146.

1696 [c]

Erwähnung des kurfürstlichen Geheimkabinetts

»quatuor pyramides [...] quae intimum Electoris Conclave exornant«

in: Beger 1696, S. 226

zitiert in: Heres 1977, S. 100. – Deutsche Übersetzung in: Geyer 1897, S. 146: »Hast Du auch die vier Pyramiden gesehen, die das innerste Gemach des Kurfürsten schmücken?«

1696 [d]

Erwähnung des Bibliotheksflügels im Lustgarten

»Neben einem Teile des Gartens erblickt man ein im Bau begriffenes Gebäude, das zur Bibliothek bestimmt ist, und zwar in dem Teile unterhalb der Galerie und des Korridors.«

in: Bichi 1891 [1696], S. 27.

1697, 20. Februar

Befehl Friedrichs III. an den Schloßhauptmann von Printzen, die Räte Lindholz und Sohre, sowie an Grünberg, dem Bauschreiber Jänicke die Rechnung für 1696 und Anfang 1697 abzunehmen

[dem Bauschreiber Jänicke]

»die bei unserem allhiesigen Hofbau vom Jan. 1696 bis dahin 1697 geführte Rechnung« [abzunehmen]

in: GStA PK, I. HA Geh. Rat, Rep. 9 (AV), EEE. 1697–1700

zitiert in: Schiedlausky 1942, S. 93.

1697, 24. Dezember

Brief von Leonhard Christoph Sturm an Gottfried Wilhelm Leibniz; daraus geht hervor, daß der Berliner Hof mit seinem Architekten, wahrscheinlich Grünberg, unzufrieden ist

»HochEdler Vester und Hochgelahrter Insonders Hochgeneigter Herr
und ge*Ehrter Patron*!

Daß Ew: *Excellenz* mein letztes wunderlich vorkommen ist, habe aus dero geneigten Schreiben ersehen; des wegen vor nöthig erachtet, meine *intention* in gegenwärtigen Zeilen deutlicher vorzustellen. Weil demnoch mein Verlangen sehr dahin stehet, aus Wolffenbüttel hinweg, und in andere dienste zu kommen, als habe mein Absehen auf verschiedene örther gerichtet, da einige Hoffnung Vor mich seÿn mögte.

Erstlich habe gehoffet in Hanover als Baumeister, und zugleich als *Professor Matheseus*, sonderlich beÿ dem jungen Printzen, gute und nützliche dienste thun zu können.

Zum andern will mir auch Hoffnung anscheinen, zu der *Employ* noch einmahl zugelangen, welche mir in Berlin vor vierthalb Jahren versprochen worden, sonderlich weil man itzo daselbst mit dem baumeister nicht zum besten zufrieden ist.

Wenn nun unter beiden Keines angehen wolte, so habe endlich wegen der Ruhe und Beständigkeit Lust zu dem *universität* Leben bekommen, und mein Absehen entweder auf Helmstadt, oder Auf Altorff, allwo mein Vatter nächst ab= und nach Tübingen ziehen wird gerichtet.

In solchem Vorhaben gelanget nun an Ewr: Exc: mein bitten, Ihrem mir geneigt gethanen Versprechen nach sich meinet wegen in Hanover wegen obgemeldeter baumeisterstelle, oder im fall diese nicht angehen wolte, wegen Helmstätt ferner zu bemühen, auch darauff, wie weit es zu bringen seÿn mögte, mir, so ferne es ohne Ihre beschwehrde geschehen kann, geneigte antwort zu ertheilen. Ich werde vor solche gütigkeit beflißen seÿn, mich in allen gelegenheiten nach meinem Vermögen würklich zu erweißen,
als Ew Excellenz gehorsamer diener Leonh: Christ: Sturm. Math: Pr. P. Wolffenbl. dn 24 st. Dec: 1697.«

in: Hannover, Niedersächsische Landesbibliothek, LBr. 910, Bl. 7–8

zitiert in: Hinterkeuser 1999/2000 [2002], S. 73f. – Auszüge in: Küster 1942, S. 25.

1698, 4. Mai

Die Sammlung Bellori trifft in Berlin ein

in: Ledebur 1831, S. 20f.

1698, 30. Juni

Zahlungsanweisung über 500 Tlr. für Sandstein an Schlüter

»S. Ch. D. wollen dass aus denen zum Berlinischen Schlossbau destinirten geldern dem Baumeister Schlütern zum Hallischen Steinbruch, weil solche steine zum Berlinischen Schlossbau angewand werden sollen, 500 Rthlr. gezahlet werden und befehlen dero Kriegsraht Kraut hiemit erwehnten Schlüter aus obgedachten geldern solche 500 tal. forderlichst zahlen zu lassen.«

in: GStA PK, I. HA Geh. Rat, Rep. 9 (AV), EEE

zitiert in: Ladendorf 1935, S. 70.

1698, 1. September

Friedrich III. ist unzufrieden mit Grünberg

»Il [d. i. der Kronprinz] me dit sur cela que je lavertissoit qu'il étoit indigne d'un Prince de s'emporter jamais, il me dit que Mr. L'El, sétoit pourtant emporté contre Mr. Gruneberg parce qu'il n'avoit pas achevé les batiments comme il le devoit; mais je donnai a cela le tour qu'il luy falloit donner.«

in: Aufzeichnungen von Johann Philipp Rebeur

zitiert in: Borkowski 1904, S. 229.

1698, Herbst

Abtragung der alten Dächer

»In diesem Herbst hat man angefangen, das Schloß alhier abzubrechen, um selbiges höher und in besserer Form zu bringen. Wird Zeit und Geld erfordern.«

in: Chronik von Wendland [1698]

zitiert in: Fidicin 1865, S. 98.

1698, 19./29. Dezember

Protokoll des Wirklichen Geheimen Rats:

Pläne für den Abriß der Stechbahnarkaden

»Schlüter soll einen Riß wegen Abriß und Neubau der Bouthiquen beim Schloß machen«

in: GStA PK, I. HA Geh. Rat, Rep. 21. 127, Nr. 51, Bl. 100

1698

Zur Bestreitung der laufenden Kosten des Jahres 1698 werden 8000 Tlr. angewiesen

in: ehem. Pr.G.St.A., Heeresarchiv, Rep. 7, IIIa, Gen.-Militärkasse Bd. 80 (1698), S. 222

zitiert in: Schiedlausky 1942, S. 227, Anm. 445, 448.

1699, 6. Januar

Befehl zum Abriß der Bogenlauben an der Schloßplatzseite

in: GStA PK, I. HA Geh. Rat, Rep. 9, D 4, Fasz. 8

erwähnt in: Borrmann 1893, S. 269.

1699, 29. Januar/1. Februar

Bericht des russischen Gesandten Andrej Matvěevič Apraksin

»Wir fuhren [ab Hamburg] 7 Tage nach Berlin. Diese Stadt ist groß, sie ist die Hauptstadt des brandenburgischen Kurfürsten. Ich war im Haus bei ihm: ich ging durch alle Gemächer und sah seine Frau. Auch in seinen Schlafgemächern war ich und sah die Tochter – ein junges Mädchen, und sein Sohn ist 9 Jahre alt. Er spricht lateinisch, französisch und deutsch. Die Gemächer sind gut (schön) ausstaffiert; zwei mit Wandbehängen (Tapisserien), ein drittes mit purpurfarbenem Samt mit goldenen Verbrämungen, viel (an) Jaspis, Gold, Diamanten und genügend sonstiger (Edel-) Steine. Die Gemächer seines Gesandten [?] sind mit ausgezeichneten Schriftzeichen ausgestattet. Es gibt noch ein Gemach, in dem stehen kleine Schränke; einer mit Kristallgefäßen, der zweite mit Glasgefäßen, der dritte mit Jaspisgefäßen, 4 goldenen, viele mit Diamanten. Es gibt noch ein Gemach, in dem steht [!] eine Person, aus Wachs gefertigt, in seiner [= des Kurfürsten] Größe – wie lebendig, daß es kaum glaublich ist, daß [dies] ein Mensch gefertigt hat; er sitzt im Sessel und je näher man schaut, desto mehr erscheint er lebendig. Silbernes Geschirr, silberne Stühle, silberne Kronleuchter, viele (wilde) Tiere, ich sah einen Auerochsen, einen großen, er geht auf Menschen los.

Aus Berlin fuhren wir am 1. Februar nach Danzig [...]«

[deutsche Übersetzung: Prof. Dr. Fred Otten, Berlin]

in: Žurnal putešestvija po Germanii, Gollandii i Italii v 1697–1699 gg., vedennyj sostojavšim pri Velikom posol'stvě russkom, k viaděteljam raznych stran Evropy [Journal der Reise durch Deutschland, Holland und Italien in den Jahren 1697–1699, geführt von einem Teilnehmer der russischen Großen Ambassade zu Herrschern verschiedener Länder Europas], in: Russkaia starina 25, 1879, S. 101–132.

1699, 7. Februar

Protokoll des Wirklichen Geheimen Rats:

Betr. Häuser auf der Stechbahn

»Häuser auf der Stechbahn, wie zu bauen? Schlüter P. nach 1. bau-Verständiger examiniren P. berichten, ob nach dem 1 sten makl. oder nach dem neuen.« »Eine Seithe von Dorotheen-Stadt p tendiret schloß-freyheit! Kon o. sein.«

in: GStA PK, I. HA Geh. Rat, Rep. 21. 127, Bd. 52, Bl. 33v

1699, 28. Februar

Protokoll des Wirklichen Geheimen Rats:

Zur Bestreitung der laufenden Kosten des Jahres 1699 werden 8000 Tlr. angewiesen

»8 [000] Thl. zum schloßbau alhier aus den stempel-geldern! Diß Jahr wieder daraus zu zahlen!«

in: GStA PK, I. HA Geh. Rat, Rep. 21. 127, Bd. 52, Bl. 40v

zitiert in: Schiedlausky 1942, S. 227, Anm. 445.

1699, 23.März

Erlaß Friedrichs III. auf Bitten Schlüters an Geheimrat Lindtholz und Amtsrat Weise, die Qualität der Steine aus dem Steinbruch in Halle untersuchen zu lassen

»[...] Es hatt bey Uns, Unser Hoffbaumeister p. Schlüter in angeschloßenen Supplicato unterthst angehalten Wir wolten gnädigst geruhen gewiße Commissarios zu verordnen, welche gebührendt untersuchen köndten, was vor Bewandtnis es habe mitt denen Hallischen Steinen, welche derselbe zum vorhandenen SchloßBau zu employren willens gewesen, absonderlich da man itztgerade Steine Bey Unserem Neuen Zeugk Hause nicht allerdings guth undt tüchtig befunden haben solle.

Won Wir nun solchem seinem unterthgsten Suchen in gnaden stathgegeben; undt gnädigst gemeint seindt, wie alle andere Unsrer Gebäude, also auch insBesondere daß Schloß Unser Principaleste Residentz mit tauglichen und dauerhafften materialien aufführen zu laßen; alß committiren undt befehlen Wir euch hiermitt in gnaden, Euch sonder den geringsten Zeithverlust zusammen zu thun die Steine quaestionis selbst in augenschein zu nehmen, deren güthe oder fehler wohl zu examiniren, undt zu überlegen, ob selbige zu ged. SchloßBau füglich undt sonder schaden gebrauchet werden können, oder nicht, auch Uns nachgehends von allen dem, umbständlichen undt flichtmäßigen Bericht zu fernerer gnädigster Verordnung forderlichst abzustatten; Wornach ihr euch also gehorsambst zu achten habt; undt seindt euch [...] Gegeben zu Friedrichsfelde, d. 23. Martij anno 1699.«

in: GStA PK, I. HA Geh. Rat, Rep. 36, Nr. 2876, Bl. 116f.

zitiert in: Geyer 1992, Textbd., S. 143, Anm. 21; bereits erwähnt von Dohme 1876, S. 29, Anm.

1699, 24. März

Offizieller Rücktritt Grünbergs von der Bauleitung

»Entbindung vom Hofbau in und außerhalb der Residenzen«

in: GStA PK, I. HA Geh. Rat, Rep. 92, lange Nr. 55.

zitiert in: Schiedlausky 1942, S. 21, S. 210, Anm. 86.

1699, 22. April

Protokoll des Wirklichen Geheimen Rats:

Betr. Häuser auf der Stechbahn

»Bau auff der Steche-Bahn, oppositiones, daß o nach dem project bauen wollen oder können!«

in: GStA PK, I. HA Geh. Rat, Rep. 21. 127, Bd. 52, Bl. 55r.

1699, 2. November

Bestallung Schlüters zum Schloßbaudirektor

»Wir Friedrich III. von Gottes Gnaden, Markgraf und Kurfürst zu Brandenburg etc. Urkunden und fügen hiermit zu wissen. Demnach unser bisheriger Hofbildhauer Andreas Schlüter den bei unserm hiesigen Kurfürstlichen Residenzschlosse angefangenen Bau bisher zu Unserm gnädigsten Vergnügen geführt, und wir dabei dessen in dem Bauwesen erlangte gute Wissenschaft, wie nicht weniger seinen bei solchem Werke bezeigten sonderbaren Fleiß und Sorgfalt in gnädigste Consideration gezogen, daß Wir dannenhero bewogen worden, denselben zu Unserm Schloßbau-Direktor in Unserer hiesigen Residenz zu bestellen und anzunehmen. Thun solches auch hiermit und kraft dieses, und bestellen ihn zu Unserm Schloßbau-Direktor, also und dergestalt, daß Uns derselbe wie bishero, also auch noch ferner getreu, gehorsam und gewärtig sein, Unsern Nutzen und Bestes nach seinem äußersten Vermögen suchen und befördern, Schaden und Nachtheil dahingegen verhüten und abwenden, insonderheit aber auf Unsern Schloßbau und die dabei arbeitenden Handwerker fleißig Acht haben, daß alles denen gemachten Desseins und Abrissen gemäß zierlich und dauerhaft verfertigt, die Materialien zu rechter Zeit und in den wohl-feilsten Preisen angeschafft, und wohl zu Rathe gehalten, auch die Unkosten gebührend menagirt werden, pflichtmäßige Sorge tragen, wenn wir einige neue Gebäude anrichten, oder an den vorigen etwas ändern lassen wollen, die Abrisse und Vorzeichnungen, so wir deshalb von ihm verlangen werden, seinem besten Verstand nach verfertigen, Unsere gnädigste Intention und Willensmeinung darüber in Unterthänigkeit einholen, und im Übrigen Unsers Schloßhauptmanns, an welchen er hiermit verwiesen wird, Befehls leben, nebst demselben, oder falls dieser abwesend sein möchte, ohne ihn, Unser allhiesiges Residenzschloß zum wenigsten alle 14 Tage aller Orten besichtigen, demselben sowohl mündlich als schriftlich darin referiren, und wenn etwas schadhaft befunden wird, solches sofort repariren lassen, auch in Summa sich überall dergestalt bezeigen und verhaltebn solle, wie es einem geschickten und treu-fleißigen Hofbaudirektor wohl ansteht, eignet und gebühret, auch seine Pflicht, womit er sich uns unterthänigst verbunden, erfordert. Dahingegen haben wir ihm für solche seine unterthänigsten Dienste jährlich Eintausend Thaler aus den Baugeldern zu erheben, in Gnaden versprochen und zugesaget, jedoch, daß er davon die erforderlichen geschickten und tauglichen Personen zum Zeichnen und Messen, und was sonst bei solchem Werke erfordert wird, unterhalten, auch die Materialien für selbige anschaffen solle, gestalt wir denn Unserm ? Mathiassen hiermit gnädigst anbefehlen, sich hiernach gehorsamst zu achten, und Unserm Hofbaudirektor Schlütern sothane Eintausend Thaler quartaliter an 250 Thaler gegen Quittung auszuzahlen, auch den Anfang der Zahlung, wann das Quartal Luciae nächstkünftig fällig sein wird, zu machen.

Urkundlich etc. Kölln an der Spree, den 2. November 1699.

Sign. Graf von Wartenberg«

in: GStA PK, I. HA Geh. Rat, Rep. 9 (AV), EEE

zitiert in: Klöden 1855, S. 120f.; Geyer 1992, S. 144, Anm. 42.

1699, ab 26. November

Bericht des russischen Gesandten Andréj Artamónovič Matvěev

»Danach war er, der Gesandte, beim Kurfürsten auf dem Empfang dreimal privat (privatno). Auf diesem seinen, des Gesandten, Empfang in seinem, des Kurfürsten, Schloß begrüßten ihn, den Gesandten, bei der Freitreppe einige Personen von den Kammerherren, und in der Antichambre von den vorher genannten Ministern Herr von Fuchs und weitere fünf Personen; und bei der allernächsten kurfürstlichen Kammer sein ›oberkamerger‹ (Oberkammerherr) oder erster Kammerherr Graf von Vantemberg [Wartenberg], der einen goldenen Schlüssel bei sich trug und ihm, den Gesandten, begrüßend, die Tür öffnete, wo der Kurfürst, unter einem Baldachin hervortretend und zur Tür schreitend, ihn, den Gesandten, bewillkommnete und nach der Gesundheit seiner zarischen Majestät und seines gesamten großmächtigsten zarischen Hauses mit großem und beflissenem Wunsch und Ehrerbietung fragte.«

[deutsche Übersetzung: Prof. Dr. Fred Otten, Berlin]

in: Michail Michajlovic Bogoslovskij, Petr I. Materialy dlja biografii [Peter I. Materialien für eine Biographie], IV., Leningrad 1946, S. 374–360 (= Slavistic Printings and Reprintings, 205/4).

1699, Dezember

Der Maler Johann Friedrich Wentzel bittet um einen Zuschuß für eine Italienreise und verspricht, Ostern 1700 wieder in Berlin zu sein

»[...] gleiches der Hofbau Director Herr Schlitter umb einiges alhier auf dem Schlosse zu verfertigen, verlanget.«

in: GStA PK, I. HA Geh. Rat, Rep. 76 alt III, Nr. 22, Bl. 10

zitiert in: Ladendorf 1935, S. 80.

1699, 18. Dezember [a]

Befehl Friedrichs III. an Oberkämmerer Wartenberg, daß Aufträge jeweils dem Handwerker mit dem günstigsten Angebot anzuverdingen seien

»Demnach Wir Unserem hohen Interesse zu träglich befinden, daß der Bau so Wir so woll in Unserer hiesigen Residentz alß auch außerhalb an Unseren Schloßern und Lusthäusern führen laßen, jedesmahl mit denen Arbeithern verdungen werde, Dieß ergehet hiermit an Euch Unser gnädigster Befehl dahin zu sehen, daß solches bey vorgedachten Unsern Lustschlössern und außwertigen Schlössern künfftig also beobachtet werde und sofern sich Leuthe finden solten die die arbeit wollen feiler und umb geringeren Preiß alß Unsere bestallete Hoff-Handwerker übernehmen wolten; so habt Ihr sie denenselben zu überlassen und auff das genaueste mit ihnen zu verdingen.«

in: GStA PK, I. HA Geh. Rat, Rep. 36, Nr. 2876, Bl. 120.

1699, 18. Dezember [b]

Erlaß des Oberkämmerers Wartenberg an Schloßhauptmann von Printzen, daß Aufträge jeweils dem Handwerker mit dem günstigsten Angebot anzuverdingen seien

»[...] befehlen euch [...], wan (?) etwaß in unserem alhiesigen Residentz-Schloß wie auch Fürsten- und Collegienhauß in unseren hiesigen Residentzien zu repariren und zu erbauen vorfället, solches jedesmahls denen Handwerks-Leühten aufs genauste zu Bedingung, und falss unserem Hofmaurer oder andern Hofearbeiter solches für den Bedingung gemäß machen wollen, Ihnen alsdan sothane arbeith zuzuwenden, sonsten aber selbige demjenigen, welcher sie für den aufs genauste Bedingung gemäß verfertigen will, zu überlaßen, [...]«

in: GStA PK, I. HA Geh. Rat, Rep. 36, Nr. 2876, Bl. 119.

1700, 7. April

Befehl von Wartenberg an Schloßhauptmann von Printzen und Amtskammerrat Merian, dem Bauschreiber Jänicke die Rechnungen abzunehmen

in: GStA PK, I. HA Geh. Rat, Rep. 36, Nr. 2876, Bl. 125.

1700, 26. April

MALERSTREIT:

Befehl Friedrichs III. an die Hof- und Akademiemaler, auch fremde Entwürfe auszuführen.

(Siehe Katalog III)

1700, 7. Mai

MALERSTREIT:

Befehl Friedrichs III. an die Akademiemaler, fremde Entwürfe »für Plat-fonds oder Tapeten« zu begutachten.

(Siehe Katalog III)

1700, 31. Mai

Feierlichkeiten anläßlich der Hochzeit zwischen Luise Dorothea Sophie, der Tochter Friedrichs III., und Erbprinz Friedrich von Hessen-Kassel 1700; dabei Beschreibung des im Umbau begriffenen Schlosses

[S. 354] »Der gantze Train von Kutschen und Hand=Pferden muste queer über den Schloß=Platz abziehen, wie ingleichen auch die nachkommende Regimenter; die Gendarmes und Grands=Musquetaires aber setzten sich im Eingange der breiten Strasse, und die Gardes du Corps in dem innersten Schloß=Platze: da denn, als Seine Churfl. Durchl. an der grossen Stiege mit der fremden Herrschafft angelanget, und den Herrn Landgrafen und die Frau Landgräfin in die Ihnen bestimmte Gemächer begleitet: alle die Gardes mit einer dreymahligen Salve sich hören liessen, und darinnen zwar unter einander wie um den Vorzug eyferten; aber doch alle durchgehends die bekante Fertigkeit der Brandenburgischen Kriegs=Ubungen nicht wenig bewehrten.

Denselben Abend so wohl, als auch die meisten übrigen Tage, ward in dem Oranien-Saal gespeiset, welcher gar groß, schön und bequem ist, und seinen Namen eigentlich daher führet: daß Seine Churfl. Durchl. Ihrer aus dem Hauß Oranien entsprossenen höchstseligsten

[S. 355] Frau Mutter zum Andencken, diesen Saal mit lauter Tapeten von den Geschichten des Oranischen Hauses behängen, und unter andern auch oben an der Decke, das Bildniß zu Pferd itziger Majest. von Groß=Britannien, König Wilhelms, vorstellen lassen: als des Allerwürdigsten und Grösten der Nachkommen dieses Purpur- und Helden=reichen Stammes. Die Tafel war länglicht und in die queer am

Ober=Ende des Saales gesetzet, auf einem über den gantzen Boden reichenden Teppicht, und unter einem Carmesin=Sammeten Himmel mit Gold und silbernen Crepinen. Gegen über, am andern Ende, stand der Schenck=Tisch, mit denen von Augspurg nicht längst angekommenen theils gantz weissen, theils auch vergüldeten überaus grossen silbernen Gefässen, von unten biß oben zu aufgethürmet; und deren Reichthum und Schönheit, an Gewicht, Zeichnungen und getriebener Arbeit, nebst dem darzu gehörigen gantz vergüldeten Tisch=Geschir, allbereits in der Fremde so viel Geschreyes gemacht: daß nunmehro enig Reisende allhier durchziehen, ohne diesen Schatz, wie sie es nennen, vorher zu besehen. Der Herr Ober=Hof=Marschalck, nebst dem Hof=Marschalck, hohlten mit ihren silbernen gantz vergüldeten Marschalcks=Stäben die fremde Herrschaft aus ihren Gemächern, die zwar wegen des itzigen grossen Schloß-Baues, nicht eben die allerbesten des Churfürstlichen Pallastes, und weniger diejenigen seyn konten, die man sonsten die Königlichen Zimmer nennet; aber doch alle sehr wohl gelegen und aufgeputzet waren.

[...]

[S. 358] In dem grossen Saal, wo außer der schönen Decke von Stucaturarbeit und Mahlerei in Fresco, auch noch die Statuen von weißem Marmor, der zwölf Kurfürsten des Brandenburgischen Hauses, in so viel künstlichen Bogen, und in Lebensgröße zu sehen, ward die Trauung vollzogen und hatte man an dem Ober-Ende, über dem Camin, einen sehr breiten Thron unter einem gantz neuen und mit sonderlichen Zierrathen geschmückten Carmesin-Sammeten Himmel, drei Stuffen hoch aufgerichtet und vor demselben, einige Schritte davon, auf gleicher Erden einen Tisch für den Prediger, vor den Tisch aber einen Trauschemel hingesetzet: die beyde mit einem Persianischen Gold-Stücke, gleich wie der Boden des Saales und des Thrones mit einem Türckschen Teppicht, bedecket waren. Zur Rechten des Thrones, gantz an der Wand, stunden erhöhte und mit Carmesin-Tuche bezogene Bäncke für die Herren Gesandten: auf welche der Ceremonienmeister sie nöthigte, und sich hernachmahls, wie bräuchlich, zu Ihnen setzte. Zur Lincken standen dergleichen Bäncke für die Herren Staats-Ministern, und nach diesen auch noch einige erhobene Tritte, von beyden Seiten, für die Zuseher; dahingegen man unten, von des Predigers Tisch an, biß fast zum Ende des Saals, drey Reyhen Stühle von jedweder Seite, für die Dames und Hofleute mit Ketten fest machen und den Boden gleichfalls mit einem Teppicht belegen lassen. Sonsten ward der Saal mit einer unzehligen Menge weißer Wachs-Lichter, auf silbernen Girandolen und dergleichen Gueridons erleuchtet, und an dem Unter-Ende in der mitten zum Raum für den großen Schenck-Tisch, auf der Rechten für die Kammermusik, und zur Linken für die Paucker und Trompeter abgeheget. Die Gardes du Corps und die Schweitzer stunden nicht allein um den Thron herum, sondern hatten sich auch im Eingange und die gantze neue Galerie herunter, durch welche man in den Saal gehen muß, von beiden Seiten im Gewehr gestellet.

[...]

[S. 362] Bey Uebergebung und Wechselung der Ringe wurden die Stücken auf dem Schloß-Platz und allen Wällen dreimahl gelöset: die Trompeten und Paucken gerühret, und die ganze Gesellschaft gieng nach vollbrachter Trauung, unter diesem allgemeinen Freuden-Tumult in der Printzessin Gemach; biß man in itzt verlassenen Saal aufgeräumet, und zur Tafel zugeschicket hatte.

[...]

[S. 364] Nach aufgehobener Tafel verfügten sich die Fürstlichen Personen in das Gemach der Frau Landgräfin, und sobald sie sich zusammen in den unter dessen gantz neu erleuchteten grossen Saal wieder eingefunden, ward der Braut-Tantz mit den brennenden Fackeln gehalten.«

in: Johann von Besser, Beschreibung dieses Beylagers, nebst allen dabey vorgefallenen Festen und Lustbarkeiten, in: Besser 1711, S. 338–382

auszugsweise zitiert in: Geyer 1897, S. 151–154; Keller 1985, S. 544; Hahn 1998, S. 42.

1700, 8. Juni

Dem Bauschreiber Jänicke werden zweijährige Rechnungen des Schloßbaus abgenommen; daraus geht hervor, daß die Rechnungsführung 1698 noch Grünberg, 1699 aber bereits Schlüter oblag; außerdem Vorschläge zur Organisation des Baubetriebs

»[...] haben Wir die, Von dem Bauschreiber Peter Jänicke, über den hiesigen Schloßbau, geführte zweyjährige Rechnungen, Vom ersten January 1698 biß außgang Xbris 1699 gebührend abgenommen, und befunden, daß sich die Einnahme auff 64087 thlr., die außgabe auf 63867. thlr. 10. gl. 3 ch. und der Bestand 219 thlr. 13 gl. 9 ch. sich belauffen, unter der Außgabe sind begriffen 416 thlr. 10 gl. an *reparations* kosten, welche an den ehemaligen Schwerin- und Danckelmannischen Häusern verwendet worden.

Die Tage- und Wochen Zettul der Handwercksleute, wie auch die Rechnungen der erkaufften materialien, sind in dem ersten Jahr, von dem Baumeister Grünbergen attestiret und bedungen worden, in dem letzten Jahr aber, hat solches der Hoffbau-Director//[fol. 127 v.] Schlüter also continuiret da nun dieser Schlüter die meiste Bildhauer- und Stein Metze Arbeit durch seine Leuthe verfertigen läßt, und solchem nach seine eigene forderung nicht wohl attestiren noch selbst bedingen kan, über dem auch wohl nöthig, daß die considerablen außgaben beym bau, Von mehr alß einem allein examiniret und bedungen werden; So halten Wir unterthst. davor, daß Jemanden [jemanden nachträglich unterstrichen; am Rand der Vermerk: AmbtsCammerraht Merian; G. H.] commission ertheilt werde, der nebst besagtem Schlüter, die particulier-Baurechnungen und LohnZettul, wochentlichen, mit allem fleiß durchsehe, bedinge und attestiere. Eure Churf. Dchtl. unterthst. anheim stellende, wann Sie solches in gnade wollen aufftragen lassen.

[...] so die Mauer= Zimmer= und Gipser=Arbeit bey dero Schloßbau, bißhero nach Tagelohn bezahlt worden, unsers unterthsten. Ermessens aber würde es Zuträglicher seyn, wann solche denen Meistern nach einem resolvierten Abriß [resolvierten Abriß nachträglich unterstrichen; am Rand der Vermerk: dießen abriß soll Schlüter machen; G. H.] hierfür auffs genaueste anverdungen würden.

Wir haben auch angewendet, daß über die Bau-Instrumente und angeschaffte *machinen*, kein Inventarium, noch weniger eine Rechnung//[f. 128] über die Bau-materialien in natura, sowohl von dem Kupffer, Bley, Eisen und Steinen, welches bey Abbrechung der Schloßgebäuden erübrigetm alß dessen so zum neuen Schloßbau erfordert und zu gekaufft worden, verfertiget ist, so doch künfftig unb guter Richtigkeit willen, nothendig durch einen besonderen BauVerwalterm, der dazu verpflichtet werden müßte, zu bewerckstelligen were [am Rand der Vermerk: dieses Inventarium soll verfertiget werden von dem Schloßhauptmann, Ambtsraht Merian und Schlüter]; Wir haben dieses alles Ew. Churfstl. Durchl. gndst. resolution in Unterthänigkeit anheim gestellt, und indessen den Bauschreiber Jänicke über seine justificierte geld-Rechnungen des hiesigen Schloßbaues gehörig quitiret, die Wir ersterben in Unterthänigkeit«

in: GStA PK, I. HA Geh. Rat, Rep. 36, Nr. 2876, Bl. 127f.

1700, 28. Juni

Protokoll des Wirklichen Geheimen Rats:

Petition Schlüters, wohl im Zusammenhang mit dem Malerstreit

»Wegen des Baus am Schloß zu Berlin etc. durch Schlüter petite.«

in: GStA PK, I. HA Geh. Rat, Rep. 21, Nr. 127, Bd. 57

Frdl. Mitteilung von Ines Elsner/Berlin.

1700, vor 30. Juni

MALERSTREIT:

Memorial Schlüters an Friedrich III., er möge den Historienmalern befehlen, nach seinen Vorgaben Entwürfe für Deckengemälde anzufertigen.

(Siehe Katalog III)

1700, 30. Juni

MALERSTREIT:

Befehl Friedrichs III. an die Akademie- und Historienmaler, nach Schlüters Vorgaben Entwürfe für Deckengemälde anzufertigen.

(Siehe Katalog III)

1700, 4. Juli

Wartenberg an Printzen und Merian

Abschließende Genehmigung der Bauabrechnungen für die Jahre 1698 und 1699.

Dem Amts-Kammerrat Merian wird die Attestierung und Führung der partikularen Baurechnung zusammen mit Schlüter aufgetragen

»[...]

1. Wegen der bey dem Schloßbau-Directore, Schlüter, attestirten Wochen= und Tage=Zettul der arbeitsleüthen ist unser gndst. Wille, daß [...] unser AmbtsCammerRaht Merian, nebst Beamtem, Schlüter die particulier=Baurechnungen und Lohn=Zettul wochentlich mit allem fleiß durchsehen, bedingen und attestieren solle, [...]

2. die Maurer=, Zimmer= und Gipser=Arbeit bey dem Schloßbau [...], daß solche denen Meistern nach einem [...] abriß bedungen werden solle, [...] weßhalb Ihr den sothanen abriß durch Schlüter verfertigen zu laßen, und sothane arbeith darnach zu bedingen habt [...]

3. Inventarium [...] Alß habt Ihr beyderseits mit zuziehung mehrgedachten Schloß=Bau=Directoris, Schlüterns, selbiges [...] zu verfertigen.«

in: GStA PK, I. HA Geh. Rat, Rep. 36, Nr. 2876, Bl. 129.

1700, 20. Juli

Gesuch von Printzen und Merian, Askanius Christian Wagner als zusätzlichen Kondukteur zur Führung eines Inventars der Baumaterialien einzustellen

»Weil es aber eine solche Verrichtung ist, die, so lange der Schloßbau wehret, einen Eigenen Menschen beständig erfordert. So halten Wir dem Schloßbau sehr nützlich zu seyn, daß nebst dem jetzigen Bau=Schreiber Jänicken, der mit dem Bau zu Lützenburg und dem hiesigen fortifications=Bau, Viel zu thun hatt, und also den Schloß=Bau nicht gantz vollkommen abwarten kann, ein Bau=Conducteur bestallet werde, der nicht nur ein richtiges Inventarium [...] verfertigen, und über alle Bau=Materialien in natura [...] rechnung führen, sondern auch auf den Schloß bau fleißige Obacht haben müßte.«

in: GStA PK, I. HA Geh. Rat, Rep. 36, Nr. 2876, Bl. 131f.

Vgl. Geyer 1992, Textbd., S. 145, Anm. 65.

1700, 29. August

Genehmigung des Kurfürsten, Askanius Christian Wagner als zusätzlichen Baukondukteur einzustellen

in: GStA PK, I. HA Geh. Rat, Rep. 36, Nr. 2876, Bl. 133

Vgl. Geyer 1992, Textbd., S. 145, Anm. 65.

1700, August

Genaue Beschreibung der Tätigkeit des Kondukteurs Wagner

»Instruction vor dem Conducteur Wagener wegen des Churfürstl. Schloßbaues«

in: GStA PK, I. HA Geh. Rat, Rep. 36, Nr. 2876, Bl. 134–136.

1700, 4. September

Wartenberg an den Amtskammerrat und Postamtsmeister Johann Thomas Matthias

Die eingeplanten Gelder für den Schloßbau aus den Provinzen sind nur teilweise eingegangen

»[...] daß bey denen aus den Provincien von Trinitatis 1699 biß dahin 1700 zu dem hiesigen Schloß= und anderen Civil-Bau angewiesenen m/101 tal: nur 59880 tal: 10 gr. 6 ch. erfolgen, und 41119 tal. 13 gr. 6 ch. in rückstand verbleiben würden.«

in: GStA PK, I. HA Geh. Rat, Rep. 36, Nr. 2876, Bl. 130.

1700, 12. September

Bestallung Wagners zum Kondukteur für ein Monatsgehalt von 10 Tlr.

in: GStA PK, I. HA Geh. Rat, Rep. 36, Nr. 2876, Bl. 138–140.

1700, 21. September

Bericht der Untersuchungskommission über den im August 1699 aufgetretenen Riß im Lustgartenflügel

»Durchlauchtigster Grossmächtiger Churfürst etc.

Euer Churfürstl. Durchl. haben auf unterthänigstes Suppliciren des bissherigen Hoffmaurers Leonhard Brauns, Uns gnädigst anbefohlen, die sowohl wegen der eingefallenen reformirten Parochial-Kirche, als auch wegen des Baues am Arsenal und des alhiesigen Residenz-Schlosses, wider denselben eingekommenen gravamina mit Zuziehung der Hauptmanns und Architectens Bode zu untersuchen, den Hoff-Baumeister Schlütern und wer sonsten wider den Supplicanten sich zu beschweren habe, vor Uns zu bescheiden, sie deshalb zu vernehmen, den Supplicanten mit seiner Nothdurft dagegen zu hören, und davon nebst Unserm unvorgreifflichen Gutachten, zu fernerer Verordnung unterthänigsten Bericht abzustatten. Wir haben uns darauff soforth zusammen gethan, und alss wir gleich anfangs befunden, dass die puncta sowohl wegen der eingefallenen reformirten Kirchen, alss der gewölbe im hiesigen Arsenal, durch dero Hoffkammer bereits gründlich untersuchet, und davon Bericht eingesandt worden, haben wir überflüssig zu sein erachtet, desshalb eine nochmalige Untersuchung vorzunehmen.

So viel aber den hiesigen Schlossbau anbetrifft, da hat dero Hoff-Baumeister Schlüter alss Kläger sich gestellet, und vorgetragen, wie dass sich im Augusto vorigen Jahres ein Riss in der neuen Mauer des Schlosses, nach dem Lustgarten hin, bey dem mittelsten Saal in der zweiten Estage, oben an dem Bogen des seitenfensters, eräuget, denselben habe er sofort mit einem Höltzernen Striffen also verwahren lassen, damit der halbe Fenster Pfeiler nicht über einen Hauffen fallen können.

Von diesem Riss und seiner Ursache, habe er dem Schlosshaubtmann Herrn von Printzen sogleich Nachricht gegeben, und umb besichtigung angehalten, welche auch erfolget, Er habe darauff bey Ew. Chr. Dl. Ansuchung gethan, dass der Hoff-Maurer Leonhard Braun, alss ein widerspänstiger der ihme nicht folgen wolte, von der Arbeit weggenommen und ein anderer an seine statt gestellet werden möchte, und dieses seye ihm zugestanden worden.

Der Hoff-Maurer Braun hat hierwieder expliciret, Er were eben den Tag da sich der Riss oben am Fensterbogen geäussert hab, beständig bey dem Schlossgebäude gegenwertig gewesen, es habe aber der Hoff-Baumeister Schlüter weder ihm noch seinem polirer von diesem Riss nichts gesaget, sondern sie hetten es erst den dritten Tag nachher von andern erfahren, da sie doch, wenn es ihnen in Zeiten were gesagt worden, diesem Werk leicht hetten helffen können. Die rechte Ursache dieses Risses rühre daher, dass unten bey der ersten Etage an dem Portal, der grade Bogen nicht fertig und geschlossen gewesen, desshalb hatte man unten an dem Fenster-Pfeiler eine starke Verzahnung lassen müssen und den Pfeiler in die länge nur halb aufführen können, darum Herr Hoff-Baumeister Schlüter ihm befohlen, dass er an solchem Pfeiler das Fenstergewölbe schliessen solte, habe er dagegen erinnert, dass man vorher den graden Bogen bey dem portal in der untersten Estage, alss auff welchem der Fenster-Pfeiler ruhen müsste, einsetzen, und durch aussfüllung der Verzahnung den besagten Pfeiler befestigen und gantz aufführen müsste, umb desto sicherer den Fensterbogen daran zu schliessen; Allein diesem ohngeachtet habe der Hoff-Baumeister darauff bestanden, dass man mit der schliessung des Fensterbogens dennoch fortfahren und Ew. Chr. Dl. sehen lassen solte, dass der Bau wohl avancire. Wir haben darauff den Orth selbsten in Augenschein genommen und so viel befunden, dass dieser Riss leicht were zu redressiren gewesen, wann der Hoff-Baumeister Schlüter mit dem Hoff-Maurer Leonhard Braun were in besserm Vernehmen gestanden; Wir erachten aber unterthänigst unmassgeblich davor, dass, weil dieser Riss eigentlich keinen Schaden gethan, die redressirung desselben auch von geringer importantz ist, denen beiden Theilen aufferleget werden könte, wo sie künfftig beiderseiths an einem Orth von Ew. Chr. Dl. in Bau solten gebrauchet werden, sich besser als bishero zu begehen und Ew. Chr. Dl. interesse conjunctim zu beobachten.

Wir ersterben etc.

O. v. Schwerin J. S. Schlundt Merian«

in: GStA PK, I. HA Geh. Rat, Rep. 36, Nr. 2876, Bl. 142f.

zitiert in: Dohme 1876, Textbd., S. 31f.

1700, 5. Oktober

Wartenberg an den Kurfürsten von Sachsen

Gesuch um Ausstellung eines Passierscheins für die zollfreie Einfuhr von 4000 Hartsteinen aus Sachsen

in: Privatbesitz Peter Goslar-Carstens, Hanau.

1700, vor dem 11. Dezember

MALERSTREIT:

Memorial Schlüters an Friedrich III., er möge den Historienmalern befehlen, nach seinen Vorgaben zu arbeiten.

(Siehe Katalog III)

1700, 11. Dezember

MALERSTREIT:

Befehl Friedrichs III. an die Akademie- und Hofmaler, Schlüters Entwürfe für Deckengemälde nach kurzer Begutachtung zügig auszuführen.

(Siehe Katalog III)

1701, 7. Februar

MALERSTREIT:

Friedrich I. unterstellt von Königsberg aus seine Hofmaler erneut den Anordnungen Schlüters.

(Siehe Katalog III)

1701, 2. April

Relation des kaiserlichen Gesandten von Heems über den Umbau des Schlosses und den Empfang von Gesandten

»[...] alldieweils aber das hiesige Schloß wegen des daran geschehenen Baues bekanntlich noch nicht im Stande ware, daß der König sich allda aufhalten und residieren könnte/: Gestalten auch so wohl aus= als inwendig darinnen viel geändert, und solches nach der italienischen Art mit einem platten Dach eingerichtet wird:/[...]«

in: Wien, Reichskanzlei, Berichte aus Berlin, Fasz. 7b

Transkript in: SPSG, Nachlaß Kühn.

1701, 23. April

Beim Hinaufwinden einer Statue reißt das Seil; das herabstürzende Bildwerk verletzt sechs Personen

in: König 1795, Bd. 3, S. 112.

1701, vor 6. Mai

Bis zum Krönungseinzug Vollendung von Portal I

[in der Mitte:]

REGIAE. QVAM. PR. O. M. FRIDERICVS. EL. ERIGI AC. SUBST. IVSS. NOV. FACIEM. IDEM. BORVSS. REX DEO. AVSP. CORONAT. PERFECTAM. INVENIT.

[links:]

INCHOATA ANNO. ORBIS. REPARATI MDCXCIX

[rechts:]

PERFECTA. ANNO NOVI. SECVLI. REGNI PRVSSICI. PRIMO.

in: Inschrift an Portal I

zitiert in: Geyer 1992, Textbd., S. 8. – Siehe auch Müller/Küster III, 1756, S. 10.

1701, 2. August

Resolution Friedrichs I. an Johann Damnitz

»wegen der verfertigung der nötigen zierrathen in der allhiesigen Grotte, reparation und verbesserung der allhiesigen Wasserwercke, und anrichtung einer neuen Machine in dem Münzthurm«

in: GStA PK, I. HA Geh. Rat, Rep. 36, Nr. 2879, Bl. 148

zitiert in: Ladendorf 1935, S. 161, Anm. III, 13.

mit angehängtem Konzeptentwurfszettel:

»fiat deshalb Decretum an den bau Directorem Schluyter wegen hehrgebung der hierzu verordneten Materialiis.«

in: GStA PK, I. HA Geh. Rat, Rep. 36, Nr. 2879, Bl. 145

zitiert in: Ladendorf 1935, S. 161, Anm. III, 13.

1701, 9. September

Schlüter bittet um einen Paß für den Freskanten Franz Anton Meyer, damit dieser nach Berlin reisen und eine Probe ablegen könne

»Nachdem sich ein Künstlicher fresco Mahler von Breslau zur hiesigen Schloss-arbeit zu kommen willig erbothen, ümb seine probe hieselbst vor I. K. M. abzulegen, zur sicherheit seiner reise aber mit einem Königl. Paass versehen seyn will, Als wird hierdurch weil selbiger zu hiesigen Schloßbau höchst nöthig, gehorsambst ümb einen Paass gebehten damit Nahmens franciscus Andreas Meyer mit seinen bey sich habenden Sachen und Leuthen ungehindert von Bresslau bis Berlin überkommen kan.

A. Schlüter.«

in: GStA PK, I. HA Geh. Rat, Rep. 9 (AV), EE 16

zitiert in: Ladendorf 1935, S. 80.

1701, 11. Oktober

Schlüter und Merian sollen den Beschwerden Gérard Daglys nachgehen, der im Schloß Vergolderarbeiten anfertigte

»[...] befehlen Dero Merian und Schlüter hiermit in Gnaden, dero Intendanten der Meublen, Daglys, übergebene Rechnung von der vergüldeten Arbeith, so Er auff dem Königl. Schloße zu Cölln an der Spree vefertigen laßen, zu examinieren und zugleich die Klagten, so Er wieder den Bauschreiber Janicke führet zu untersuchen auch nachgehendts von allem Ihren unterthänigsten Bericht zu fernerer allergnädigster Verordnung abzustatten.

Signatum Potsdam den 11 Octb. 1701. [gez. Wartenberg]«

in: GStA PK, I. HA Geh. Rat, Rep. 36, Nr. 2876, Bl. 158

Dem Befehl ging ein Beschwerdebrief von Daglys Hand voraus:

»[...] de plainte que J'ay Contre le bau Schreber Jennike Comme aussy pour examiner le Comte des Dorrur des apartemant de vostre majesté [...]«

in: GStA PK, I. HA Geh. Rat, Rep. 36, Nr. 2876, Bl. 159.

1701, 17. November

Audienz des russischen Gesandten; die alten Wendeltreppen im Spreeflügel scheinen noch zu bestehen

»Demnach auch der Moscowitis. Gesandte Alexander Petrowitz von Ismaloff sich der Residentz Berlin genähert/so werde derselbige durch den Herrn General-Lieutenant von Smettau/in einer Königl. Carosse/mit 6. Pferden bespannet/deme noch einige Ministres folgten/unter Begleitung der Dragoner und 3mahliger Lösung 7. Canons den 14. November eingeholet/und in das Königl. Hauß auff dem Friedrichswerder einlogiret. Den 17. dito kam Er zur öffentlichen Audienz/darbey es dergestalt zugieng. Seine Excellentz/der Herr General-Lieutenant von Brand/holten Ihn mit zwey Königlichen Carossen ab/und stunden 1. auff dem andern Schloß-Platz von der Guarde zu Fuß 2. Bataillons in Reihen gestellet. 2. Auff dem innern Schloß-Platz die Guarde Granadierer in gleichmässiger Ordnung. 3. Die Grand-Musquetiers waren am Eingang im Schloß postiret. 4. Waren die Leib-Guardes vor und in denen ersten Schloß-Saalen gestellet. Und 5tens stunden die Schweitzer-Guardes in denen innern Gemächern/und umschlossen den Königlichen Thron. Als nun solchergestalt alles in sothaner und prächtiger Ordnung gestellet ware/hatten 21. Königliche worunter auch der vornehmste Ministrorum Kutschen mit begriffen/vor des Groß-Gesandtens Logiament sich rangiret/da Er sich dann in eine prächtige Kutsche/welche von 6. der schönsten braunen Hengsten gezogen wurde/gesetzet. Es wurden vorher/durch verschiedene Unter-Officiers die Praesenten getragen/und zwar etwas abgerollet/und sahe man unter andern 10. Stücke der vornehmsten Indianisch- und Persianischen Sätins/von unterschiedlichen Farben/ingleichen einen grossen Persianischen kostbaren Teppich/verschiedene Hermelinpelz-Futter/absonderlich aber einen Pelz nebst einigen Zimmern [sic!] schöner Zobeln/darauff folgten die Kutschen in ihrer Ordnung/und ritte vor des Groß-Gesandtens Kutsche ein Moscowitischer Bedienter/in Teutscher Kleidung/welcher des Czaars Creditiv auff einem roth Atlassen Tuch/mit auffgedrucktem grossen Majestäts-Siegel hoch empor hielt/und wurde sein Pferd durch 2. Stall-Bedienten geführet/der Groß-Gesandte wurde im innern

Schloß-Platz vor der Windel-Treppen durch den Königl. Ceremonien-Meister und einigen andern Grandes empfangen/und solchergestalt durch die vor specificirte Guardes in den Königlichen Audienz-Saal geführet/da dann/bey abgelegten Curialien/der Groß-Gesandte seines Principalen Schreiben an Se. Kön. Maj. behändigte/welches mit gnädiger Mine angenommen wurde.«

in: Theatrum Europaeum 16, 1717 (1701), S. 141.

1701

Der Schloßumbau währt noch keine drei Jahre (»ante triennium meminite«)

»Regiam Electoralem ante triennium memini Te et vidisse, et laudasse; an autem eandem hôc schemate (schema simul porrigebat) delineatam agniturus sis, vehementer dubito. Haeccine Regia Electoralis? infit Archaeophilus; At licet magnifica ea fuerit, opere tamen vetustiore fuerat exstructa. At haec Palatia ad novissimas juxta, et exquisitissimas artis Architectonicae regulas video elaborata. Quid magnificentius aequali undique, Marmoreisque statuis non tam coronatô, quam praecinctô vertice? Quid augustius, quam Portae ingentibus et columnis et colossis suffultae? quam Latera artificiosissimis lapidum caelaturis ornata? Magnificentissimis Deorum, Heroumque et Virtutum simulacris distincta? Verbo dico, non Regia haec, sed divina videntur! adeò nihil video, quod non vel maximas laudantium vires excedat. Et intra triennium tantam Metamorphosin vix ac ne vix quidem praesumerem. Triennium, inquit Dolodurus, ex quô mutatio coepta est, nondum effluxit: Et licet, quod equidem haud invitus largior, nondum omnia perfecta sint, eam tamen in molem jam opus excrevit, ut ei absolvendo Triennium non videatur requiri. Sed ne vanis picturis Te distineam, ad Antiquitatis Gazas Te riducam, ubi rem ipsam etiam in transitu videbis. Nihil jucundius Archaeophilo accidere potuisset. Libenter igitur Dulodorum comitatus, cùm Regiae appropinquaret, editissima tanti Palatii culmina, cultissimas imagines, statuasque, statuae similis et ipse, aliquantisper aspexit; Tandem autem: Quantum corporibus minor est, quae spargitur umbra, tantum, exclamat, et ostensa mihi pictura vilescit, ubi venustissimam hanc divinae omninò potentiae molem auspicio!«

in: Beger 1701, S. 3f.

Deutsche Übersetzung in: Geyer 1992, Textbd., S. 7.

1702, 17. Januar

Relation des kaiserlichen Gesandten von Heems

»[...] übrigens wird am morgigen Tage, auf welchem vor einem Jahr die königl. preuß. Krönung zu Königsberg vor sich gegangen, alhier dieserwegen ein solemnes Dankfest gehalten, und dabei in der neuen Hof- oder HausCapell zum ersten mahl geprediget werden.«

in: Wien, Reichskanzlei, Berichte aus Berlin, Fasz. 7b

Transkription in: SPSG, Nachlaß Kühn.

1702, 8. August

Friedrich Gottfried Herfert sucht in einer Bittschrift um die freie Hofbildhauerstelle des verstorbenen Michael Döbel d.J. nach und verweist auf seine sechsjährige Tätigkeit am Schloß

»[...] nicht allein in Preussen, in meinem Vaterland, sondern auch in frembden Landen mich zu perfectionieren gesucht. [...] Da ich die Gnade gehabt, bey E. K. M. Neuen Schlossbau nunmehro Sechs Jahr en maistre zu arbeiten, welches einige hohe kgl. Bediente so mich kennen, und absonderlich Dero Hoff Bau Director Schlüter bezeugen können. Nachdem nun die satisfaction, dass man mit meiner Arbeit bisshero zufrieden gewesen, mich bewogen, mein etablissement alhier zu machen [...]«

in: GStA PK, I. HA Geh. Rat, Rep. 36, Nr. 2743, Bl. 41f.

zitiert in: Ladendorf 1935, S. 133, Anm. 135.

1702, 22. September

Befehl von Wartenberg an Schloßhauptmann Printzen, Amtskammerrat Merian und »Bau=Director Schlüter«, dem Bauschreiber Jänicke die zweijährigen Rechnungen abzunehmen

»Commissii zu abnahme der baurechnungen von dem bauschreiber Jänicken des ais. 1700 et 1701«

in: GStA PK, I. HA Geh. Rat, Rep. 36, Nr. 2876, Bl. 168.

1702, 10. November

Erstellung eines Möbelinventars; darin wird das Schloßmodell erwähnt

[»Dass ander Gemach Neben an«]

»Ein höltzern formlar vom hiesigen Königs Residentz Schloss«

[späterer Vermerk:] »ist in die bau Kamer geben worden«

in: Specification der Meublen welche den 10ten November ao: 1702 in den Königlichen Preuss. Residentz=Schlosse befunden worden [...], S. 31 (SPSG, Plankammer, Neues Palais, Inventar Nr. 20).

1702, 15. Dezember

Schloßhauptmann Printzen, Geheimer Rat Merian und Schlüter nehmen dem Bauschreiber Jänicke die zweijährigen Baurechnungen für die Jahre 1700 und 1701 ab

»[...] Solchen zu gehorsamster folge, haben wir diese Rechnungen vorhero gebührend durchlegen laßen, und sind darauf zur Abnahme derselben geschritten, da sich denn befunden, daß

Anno 1700	
die gantze Einnahme auf	77684 Tlr. 19 Gr. – Ch.
die Außgabe auf	78926 Tlr. 9 Gr. 10 Ch.
und der Vorschuß auf	1235 Tlr. 14 Gr. 10 Ch.
sich belaufen.	
Anno 1701	
ist die Einnahme	75145 Tlr. 10 Gr. – Ch.
die Außgabe	78534 Tlr. 12 Gr. 10 Ch.
und der Vorschuß	4392 Tlr. 2 gr. 3 Ch.
gewesen.	

Alle Einnahmen dieser beyden Jahren, sind mit richtigen vorgezeigten attestatis justificiret worden, und bey der Ausgabe habe ich, der Hoffbau Director Schlüter, alle particulier Wochen Rechnungen und Lohnzettul jedesmahl eigenhändig bedungen und unterschrieben, die großen Rechnungen aber der Mahler, Bildhauer Gipser und anderer considerablen Arbeit sind von der sämbtlichen Commission, nach Anleitung Euer Königl. Mayst. allergndst. Rescripts unterm 4. July. 1700 zu rechter Zeit bedungen und unterschrieben worden.

Das Auffzieherlohn der Baumaterialien durch die machine ist denen Leuten nicht nach tagelohn, sondern jeder Zug mit 4 gr. bezahlt weil ich Schlüter observieret habe, dass die Arbeiter dabey sich viel embsiger alss bey dem tagelohn erweisen. Denen Maurern und tagelöhnern, seind auf mein des Bau Directoris Veranlassung, das sogenannte Scharwercken nach denen Stunden so sie extraordinarie gearbeitet, apart bezahlt damit die//Mauer Arbeit desto besser avanciret und fortgesetzet werden könne.

[...]

Es hat sonsten auch der Hoffbauschreiber Peter Jänickem Beygehendes Memorial übergeben, und darin alleruntgst. vorgestellt, wir daß er nicht nur über den hiesigen weitläuftigen Schloßbau, sondern auch über den Bau der fortification, und den zu Lützenburg, große Rechnung führen, und dazu verschiedene Leute halten müßte [...]«

[gez. Printzen, Merian, Schlüter]«

in: GStA PK, I. HA Geh. Rat, Rep. 36, Nr. 2876, Bl. 176f.

1702

Anfertigung der Voutenmalereien im Roten Zimmer (Raum 835) mit der Darstellung eines Bacchanals durch Augustin Terwesten

»A. Terwesten inv. et fec. A° 1702«

zitiert in: Wiesinger 1995, S. 92, Anm. 53.

1703, 15. Januar

Audienz des dänischen Gesandten im Schloß

»Wie Dähnischer Seits ein neues Ceremoniel, nach anderweitig vermeldeten eingeführet worden war/also geschahe ein gleichmässiges auch am Berlinischen Hofe/und bequemte sich der Dähnische Gesandte am ersten darzu/in seiner den 15. Jan. gehabten Audienz/zu welcher er durch den geheimbden Rath und Ceremonien-Meister/Besser/in zwey Kutschen mit 6. Pferden bespannt/abgeholet wurde. Vor der Thüer des ersten Gemachs empfieng ihn der Ober-Hof-Marschall und führte ihn zum Könige/der unter einem Baldachin saß mit bedecktem Haupt/und allein den Huth beym Ein- und Austritt des Gesandtens abthat/der im Gegentheil die gantze Zeit der Audientz über unbedeckt stund.«

in: Theatrum Europaeum 16, 1717 (1703), S. 244

Vgl. Lünig 1719/20, Bd. 2, S. 643.

1703, 18. Januar

Beschreibung des Ordensfestes in der Ordenskapelle und im Rittersaal

»Und hielten Se. Königl. Majestät offentliche Tafel/mit denen sämtlichen Hn. Rittern/in den prächtigen Ritter-Sahl/allwo unter andern fürnemlich das sehr kostbare Buffett auffgerichtet/und mit Verwunderung anzusehen war/wovon der curieuse Leser aus begehenden accuraten Dessin, sich ein vollkommenes Idei machen kan. Das Piedestal/welches die Tafel der Schencke machete/war Lapislasuli; die Ornementen/Glantz-Gold. Die beede äussersten und unten aneinander gesetzte grosse Spühl-Wannen/mit ihren Vasen, waren von massiven Silber/von dem habilsten Gold-Arbeiter in dem Haag verfertiget/selbige ware von Sr. Höchstsel. Königl. Majestät von Engelland zum Paaten-Geschenck verehret worden. Die übrige Spühl-Wannen/Hand-Becken und Gieß-Kannen/waren alle insgesamt d'emaille oder masiv Silber/starck im Feuer verguldet/das Arbeits-Lohn dieses Buffets, war mehr als das Silber werth/dann selbiges/von denen allergeschicktesten Künstlern in Augspurg verfertiget/und viele Jahre daran gearbeitet worden. Es ward die Invention von der Ordonanz und Rangierung sonderlich admiriret/wodurch das Silber-Geschirr/nicht allein mehr prangend gemachet/sondern auch durch den Grund/welcher von Spiegeln war/vermehret worden.«

in: Theatrum Europaeum 16, 1717 (1703), S. 244.

1703, 20. Januar

Relation des kaiserlichen Gesandten von Heems; Beschreibung des Ordensfestes

»[...] übrigens hat man am verwichenen Donnerstag die jährliche Gedächtnus der Krönung allhier mit großer Solemnität unter dreimaliger Lösung der Stücke gehalten und ist die Stadt des abends illuminiert gewesen [...]. Am Freytag oder gestern ist die sogenannte Einsegnung des kgl. preuß. Ritterordens in der Hofkapelle geschehen [...] man ist hernach in Prozession zur Mittagsmahlzeit gegangen, und war die Tafel des Königs drei Stufen hoch erhoben, worauf er auch allein gegessen, die andern Tafeln für die 13 Ritter stunden gegenüber auf ebener Erd, an derer einen Seite der Kronprinz nebst den fürstlichen und anderen Standspersonen.«

in: Wien, Reichskanzlei, Berichte aus Berlin, Fasz. ?

Transkription in: SPSG, Nachlaß Kühn.

1703, 8. März

Protokoll des Wirklichen Geheimen Rats:

Paul Decker d. Ä. ersucht um Bezahlung für seine Schloß-Stiche

»umb bezahlung vor das in Kupffer gestochene Schloß.«

in: GStA PK, I. HA Geh. Rat, Rep. 21, Nr. 127

zitiert in: Schiedlausky-Aktennotizen, S. 15.

1703, 15. Mai

Bericht des sächsischen Legationssekretärs Wolter

»Königliche Majestät in Polen haben ohnlängst an den hiesigen Oberbaudirektor Schlüter schreiben lassen und die Grundrisse vom hiesigen Schlosse verlangt. Selbige habe erhalten und sie dem Herrn Generalmajor Grafen von Fleming, welcher heute von Dresden hiedurch passieret, um nach Polen zu gehen, zugestellt. Sobald die übrigen von denen anderen Palais auf dem Lande fertig sein, will solche zu übersenden nicht vergessen.«

in: HStA, Loc. 2988, vol. I.

zitiert in: Gundlach 1905, Bd. 2, S. 231.

1703, 12. Juli

Festakt zur Einweihung von Schlüters Reiterstandbild des Großen Kurfürsten; Friedrich beobachtet die Parade vom Oranischen Saal aus

»Beyde Königl. Majestäten/imgleichen deß Cron-Printzen und der gesambten Herren Marggrafen Königl. Hoheiten observirten den Marsch aus dem Oranien-Saal/so nach der Spree liget/und als der Train sich wieder näherte um den äussersten Schloß-Platz zu traversiren/begaben sich Ihr. Majest. und Ihr. Königl. Hoheiten nach der andern Ecke des Schlosses so nach der Thum-Kirche zu liget [...] hierauff und nachdem alle Corps außeinander gegangen waren/gieng der Gottesdienst in der Schloß-Capelle und im Thum an [...].«

in: Theatrum Europaeum, 16, 1717 (1703), S. 248.

1703, 3. August [a]

Die Kunst-, Antiquitäten- und Naturalienkammer bezieht die neuen Räume im 3. Stock des Lustgartenflügels

»den 3ten Augusti 1703 seind auff allergnädigsten Befehl Sr Majestät die Antiquitäten in das neue Gebau, und die dazu aptirte gemächer transferiret worden«

in: Verzeichnis der [...] Antiquiteten- und Rariteten-Cammer, 1688 (SMB-PK, Münzkabinett)

zitiert in: Heres 1977, S. 101.

1703, 3. August [b]

Bitte Schlüters um Anweisung von 8000 Tlr. zur Bezahlung von sächsischem Sandstein

»An H. von Berchem Schlittern zu bezahlung der zum Schloßbau zu Cölln an der Spree verschriebenen Steine 8000 Thlr. vorzuschießen.«

in: GStA PK, I. HA Geh. Rat, Rep. 36, Nr. 2876, Bl. 180

Vgl. Klöden 1855, S. 186f.; Ladendorf 1935, S. 71.

1703, 29. Oktober

Gesuch Schlüters um Freistellung von der Rechnungsführung

»Ewer Königl. Mayest. erinnern sich allergndst. und habe Deroselben schon vorhin allerunterthgst zuerkennen gegeben, welcher gestalt ich bißhero mit censurirung hier vorgekommener Königl. arbeitsRechnungen und deren Behandlung beladen gewesen. Wenn aber, allergnädigster König und Herr, ich wegen täglich mehr zunehmenden und überhauffen anderwertten Hohen Herrschaffts Verrichtungen Bey Ewer Königl. Mayst. hiesigen Neuen Schloßbau und ohne offtmahlige Hindansetz- und Verhinderung derselben, obgedachtes negotium vorerwehnter Rechnunge ferner unmöglich über mir behalten noch solchem länger füglich vorstehen Kan. Alß gelanget an Ewer Königl. Majestät mein nochmaliges allerunthst. bitten Sie geruhen allergnädigst auß angeführten uhrsachen mich davon auß Hoch-Königl. Gnaden hinfüro gäntzlich zudispensiren und zubefreyen, hingegen nach Allergnädigsten gefallen solches einigen Dero Herren Geheimbten HoffCammerRäthen hinwiederumb allergndst zu committiren und auffzutragen [...]«

in: GStA PK, I. HA Geh. Rat, Rep. 36, Nr. 2876, Bl. 185f.

zitiert in: Geyer 1992, Textbd., S. 145, Anm. 65; Ladendorf 1935, S. 163, Anm. III, 31.

1703, 26. November

Anmerkung Schlüters zu seinem Gesuch vom 29. Oktober 1703

»Beylage ist die Copia der S. K. M. überreichten Supplic, worauf allergnädigst resolviret worden, daß die zwey Hhn. Cammerräthe Merian und Stein inskünfftige die Rechnungen bedingen sollen. Weil aber hierüber mein unterthänigstes Gutachden, auf was weise es am füglichsten geschehen könne, verlanget worden, sind dieses meine unmaßgebliche Gedanken, daß die Hhn. Räthe alles, was von dem Bau dependirt, verdingen und unterschreiben möchten, es wäre denn eine Sache, darinnen Sie zweyfelhafftig und meiner dabey nöhtig hätten. Wie denn auch die großen Summen und gar importanten kosten ohne Zuziehung Sr. Excell. dem Hn. Schloßhauptmann nicht zuverdingen sind, wird deshalb ein expresser schriftlicher Befehl von E. K. M. allergnädigst ertheilet worden.

Berlin den 26. 9br. 1703. A. Schlüter«

in: GStA PK, I. HA Geh. Rat, Rep. 36, Nr. 2876, Bl. 184

Teilweise zitiert in: Ladendorf 1935, S. 72.

1703, 28. November

Kronprinz Friedrich Wilhelm gibt ein Essen in seinen gerade vollendeten Räumen

in: Johann von Besser, Journal und Ceremoniel-Acta von Anno 1701 bis 1706 Aulae Berolinensis (Dresden, Sächs. HStA, Zeremonienmeister, Sect. I, XIV. Preußen, 26), Bl. 66r

erwähnt in: Hinrichs 1941, S. 99.

1703 [a]

Anfertigung des Deckengemäldes in der Schwarzen Adlerkammer (Raum 791) mit der Verherrlichung des Preußischen Wappens durch Augustin Terwesten

»A. Terwesten. inf. et fec. A° 1703«

zitiert in: Wiesinger 1995, S. 91, Anm. 33.

1703 [b]

Anfertigung des Deckengemäldes in einem Raum der Kronprinzenwohnung (Raum 847) mit der Verherrlichung des Kronprinzen Friedrich Wilhelm (I.) durch Augustin Terwesten

»A. Tervesten. inv. et fec. Anno 1703«

zitiert in: Wiesinger 1995, S. 84.

1704, 26. Februar

Königliche Verfügung, Schlüter von der Abnahme der Rechnungen zu entlasten

erwähnt in: Klöden 1855, S. 188.

1704, 2. März

Befreiung der an den königlichen Schlössern arbeitenden Handwerker vom Kriegsdienst

»Verordnung, daß die an dem Königl. Schloßbau und Lust Häusern arbeitende Handwerksleuthe nicht zu Krieges

Diensten geworben werden sollen. Item ein Paß für den Marmorierer Angermann«

in: GStA PK, I. HA Geh. Rat, Rep. 36, Nr. 2876, Bl. 187.

1704, 15. März

Anordnung der Wappenschilder in der Kapelle

in: SPSG, Acta Generalia Kunstsachen der Schlösser, Rep. Reg. 1854–1855, vol. 18, Bl. 122

Erwähnt in: Geyer 1992, Textbd., S. 10, S. 148, Anm. 90.

1704, 31. März

Abnahme der Baurechnung für das Jahr 1702

Einnahmen:	80106 Tlr. 7 Groschen 6 Ch.
Ausgaben:	82851 Tlr. 19 Gr. 3 Ch.
Vorschuß:	2745 Tlr. 11 Gr. 9 Ch.

»[...] finden sich 1087 Thlr. 17 Gr. 6 Ch., welche dem Orgelbauer Johann Netten auf abschlag der an der Orgel in der Hoff Capelle verfertigten Arbeit sind bezahlet worden [...]«

[gez. Printzen, Merian, Schlüter]

in: GStA PK, I. HA Geh. Rat, Rep. 36, Nr. 2876, Bl. 190f.

erwähnt in: Klöden 1855, S. 188f.

Eine detaillierte Auflistung aller Ausgabenposten (»General-Extract«)

in: GStA PK, I. HA Geh. Rat, Rep. 36, Nr. 2876, Bl. 192f.

1704, 27. Mai

Einsturz eines Gerüstes vor dem Schloß mit zehn Arbeitern

»Den 27ten Mai fiel das Gerüste vor dem neuen Schlosse mit großem Krachen ein, und weil eben zehen Bauleute auf demselben befindlich waren, so stürzten diese zugleich mit demselben herunter. Drei davon blieben auf der Stelle todt, der vierte starb noch am Abend dieses unglücklichen Tages, und die übrige waren sehr beschädiget, und unbrauchbar. Der König war darüber äußerst gerührt, und bewies sich gegen die Witwen und Kinder der Erschlagenen sehr mitleidig, ließ ihnen auch ihren künftigen Unterhalt versichern. Durch diesen Einsturz hatten ohnedem die Statuen und Bildhauerarbeiten viel gelitten.«

in: König 1795, Bd. 3, S. 142.

1704, 7. Juli

Supplikat des Teppichmachers Pierre Mercier

»umb Arbeit in Tappessiers auf dem Königl. Schloße«

in: Protokolle in causis privatorum vom 07. Juli. 1704, (GStA PK, I. HA Geh. Rat, Rep. 21. 127, Nr. 123, S. 302 [Nr. 2543])

zitiert in: Schiedlausky-Aktennotizen, S. 36.

1704, 22. Oktober

Brief der Liselotte von der Pfalz an Kurfürstin Sophie

»Ich glaube, der König in Preußen hat die pierre philosophale gefunden, wegen aller Magnificenz, so sie haben in alles; denn bauen ist kein Vexirerei, es kost viel.«

zitiert in: Gundlach 1905, Bd. 2, S. 239.

1704, 23. November

Brief der Liselotte von der Pfalz an Kurfürstin Sophie; darin wird der Schweizersaal erwähnt

»Wie E. L. mir La Sale des Gardes von Berlin beschrieben, mus er schir so groß sein, wie mein Sala zu Montargis, so vor einen von den größten in der Welt passirt.«

zitiert in: Gurlitt 1889a, Sp. 337.

1704, 26. November

Befehl an Printzen, Berchem, Bartholdi und Schlüter, dem Bauschreiber Jänicke die Schloßbaurechnung für 1703 abzunehmen

»Commissio zu abnahme des bau Commissarii Jänicken baurechnung 1703«

in: GStA PK, I. HA Geh. Rat, Rep. 36, Nr. 2876, Bl. 201

erwähnt in: Ladendorf 1935, S. 163, Anm. III, 33.

1704, 27. November

Bericht Schlüters über die neue Orgel in der Kapelle

»Der Oberbaudirector Schlüter stattet Bericht ab wegen d. v. Joh. Netten hieselbst erbauten Orgel in d. Schloß Capelle.« – [resolutio] »Weil H. Schl. des Orgelbauers Rechn. billig findet, so sollen demselben die noch rückständige 2112 Tlr. an d. H. v. Stosch aßigniret werden.«

in: Protokolle in causis privatorum, (GStA PK, I. HA Geh. Rat, Rep. 21. 127, Nr. 123, S. 526 [Nr. 4989])

zitiert in: Schiedlausky-Aktennotizen, S. 40, 49.

1704, 29. November

Befehl an Printzen und Bartholdi, Schlüter die Rechnungen abzunehmen

»Commissio zu abnahme des bauDirectoris Schlüter baurechnung«

in: GStA PK, I. HA Geh. Rat, Rep. 36, Nr. 2876, Bl. 200

vgl. Ladendorf: »Befehl, aus dem zu schließen ist, daß Schlüter eine selbständige Dispositionskasse für besondere Ausgaben beim Schloßbau führte.« (Ladendorf 1935, S. 72).

1704 [a]

Der Geheime Rat Christian Friedrich von Kraut besorgt einen Kredit von 24000 Tlr.

erwähnt in: Klöden 1855, S. 189.

1704 [b]

Anfertigung des Deckengemäldes in einem Raum im ersten Stock, dem ehemaligen Arbeitszimmer Wilhelms II. (Raum 669), mit der Einführung der Pandora in die Götterversammlung durch Augustin Terwesten

»A. Terwesten inv. et fec. 1704«

zitiert in: Borrmann 1893, S. 298; Wiesinger 1995, S. 90.

1705, 2. Mai

Bittbrief Schlüters an den König; darin erwähnt er, daß er seit sieben Jahren am Schloßbau tätig ist

»Des Ober-Baudirektors Schlüter Memorial d. d. Berlin, den 2. Mai 1705.

Nachdem es Ew. Königlichen Majestät allergnädigst gefallen, mich zu dem Werk des Berlinischen Schloßbaues zu ernennen, so habe ich bei solchem und schon bis in die sieben Jahre verharret, und alle andere Weltlust in der Zeit vermieden, diese meine aufgetragene Arbeit emsig und fleißig fortgesetzt, auch dabei weder auf Geld, Kind und Weib gesehen, sondern einzig und allein dieses mein Ziel sein lassen, wie Ew. Königlichen Majestät ich bis an mein Ende treu-fleißig arbeite, und dadurch ein allergnädigstes Vergnügen schaffen möchte. Da nun der allerhöchste Gott seinen Segen auch dazu so verliehen, daß das Werk nicht allein bis hierher glücklich geführt, sondern überdies weit und breit in der Welt ein großer Ruhm erhalten, ich aber wegen der hierbei vielfältigen Ausgaben schier ganz zurückgekommen, als lebe ich in dem allerunterthänigsten Vertrauen, Ew. Königliche Majestät werden allergnädigst geruhen, mich endlich auch mit ein Theil der so lang allergnädigst versprochenen Königlichen allerhöchsten Gnade theilhaftig zu machen, damit ich mit den Meinigen mich ferner unterhalten, und aus meinen schweren Sorgen geholfen werde. Solche Königliche allerhöchste Gnade wird mich zu fernerem allerunterthänigsten Dienste ewig verbinden, und zu meinen Werken einen neuen Geist und Lust erwecken, und recht erweisen, daß einem arbeitsamen und tugendbegierigen Menschen, was Rechtes und Großes in der Welt auszurichten, die Königliche allerhöchste Gnade das Allernöthigste und Vornehmste ist. Getröste mich einer allergnädigsten Erhörung, und ersterbe Ew. Königlichen Majestät allerunterthänigster treu gehorsamster Knecht. Berlin, den 2. Mai 1705.

Schlüter.«

in: GStA PK, I. HA Geh. Rat, Rep. 9 (AV), DDD.6.7.

zitiert in: Klöden 1855, S. 192f.

1705, 11. Mai

Audienz des schwedischen Gesandten; Benutzung des Großen Treppenhauses

»Unten an der Stiege des Schlosses ward er empfangen durch den OberSchencken Herr Erlach/mitten auff der Stiege durch den Schloß-Hauptmann Hn. von Printz/an der Guarde Saal-Thür durch den General-Lieutnant von Tettau/ und durch den Ober-Cammer-Herren an der Thür der letzten Anti-Camera welcher den Ambassadeur zu Ihr. Königl. Maj. geführet: Diese sind nach einiger Relation auff Ihren Thron gesessen/nach andern Bericht aber stehend und bedeckt gewesen: Der Gesandte hat seine Glückwünschung zur Königl. Cron/und Condolenz/wegen der Königin Absterben in Schwedischer Sprache abgelegt/auch sich dabey bedeckt. Als der Ceremonien-Meister dessen Ubersetzung Teutsch abgelesen/hat der König darauff höflich geantwortet/und ist der Gesandte auff gleiche Art zuruck geführt worden.«

in: Theatrum Europaeum 17, 1718 (1705), S. 136

zitiert in: Keller 1987, S. 59, Anm. 45. – Vgl. Lünig 1719/20, Bd. 2, S. 643.

1705, 2. Juni

Schlüter erhält vom König 8000 Taler

»Demnach Se. Königliche Majestät in Preußen, unser allergnädigster Herr, in allergnädigster Erwägung der allerunterthänigsten treuen Dienste, so Deroselben der Schloßbau-Direktor Schlüter zu Dero besonderem Vergnügen bei Dero hiesigem Schloßbau und auch sonst vielfältig geleistet, wie auch zu Ersetzung des vielfältig erlittenen Schadens und der aufgewendeten Kosten, und zur Bezeugung der ihm zutragenden Königlichen Huld und Gnade demselben Acht Tausend Thaler allergnädigst geschenkt und zugewendet. Als befehlen Sie Dero v. Benken hiermit in Gnaden, sich hiernach gehorsamst zu achten, und ihm solche aus dem dem Schloßbau assignirten Gelde ohne Abzug der Marinen-Jura, welche Se. Königliche Majestät thun erlassen, hierauf und gegen Quittung auszuzahlen.

Kölln, den 2. Juni 1705.«

in: GStA PK, I. HA Geh. Rat, Rep. 9 (AV), DDD.6.7.

zitiert in: Klöden 1855, S. 193.

1705, 8. Juni

Erwähnung der Verbindung zwischen Dom und Schloß

»nachdem Se. Königl. Maj. und Dero Königl. Haupt über den Altan weg nach dem Schlosse in ihre Gemächer sich erhoben hatten.«

in: Theatrum Europaeum 17, 1718 (1705), S. 127.

1705

Die »Raritäten- und Kunstkammer« befindet sich wegen des Schloßbaus noch in beengten Verhältnissen

»[...] allwo wir zwar die Königliche Raritäten-Kammer noch in dem Ansehen nicht finden als man sie mit nächsten wiederum haben wird/massen nicht nur vor einigen Jahren ein unglücklicher Brand viel davon verzehret/sondern auch itzo die in großer Zahl vorhandene sonderbahre Raritäten/noch in einem gar engen Raum wegen des Schloß-Baues ohne sonderliche Ordnung eingezwänget stehen.«

in: Sturm 1705, Bd. 3, S. 141

zitiert in: Theuerkauff 1981, S. 21.

1706, 18. Januar

Ernennung neuer Ritter in der Ordens-Capelle, anschließend Festmahl im »großen Saal«

»Der abermahl eingefallene Crönungs-Tag [...]

Nach der Vormittags-Predigt versammleten sich die gesammte Ritter des grossen Ordens bey seiner Königl. Majest. und hielten das Capitul, da dann Seine Königl. Majest. allergnädigst declarirten/wie sie/da einige Plätze bey hochgedachten Orden vacant zu Besetzung derselben folgende als Ritter angenommen haben wolten:

[...].

Heute früh zwischen 9. und 10. Uhr wurden diese vier nominirte Ritter von des Herrn Ober-Marschalls hochgräfflichen Excellenz, juengsten Ritter/und dem Obersten Ceremonien-Meister von Besser/einer nach dem andern/in einer mit 6. Pferden bespannten Königlichen Kutschen auf das Schloß gehohlet/und in die Conferenz-Cammer von Seiner hochgräfflichen Excellenz dem Herren Ober-Cämmerer eingeführet/welcher dann/als Ordens-Cantzler/ihnen die Ordens-Kleider anlegen liesse/und das Schwerdt umgürtete. um 10. Uhr wurden die vier neue Ordens-Ritter/welche zwey Herolds/dann der Herr Hoffrath von Stosch/als Ordens-Schatzmeister/und des Herrn von Ilgen Excellenz, als Ordens-Secretarius vorher giengen/hinter sich aber des Herrn Ober-Marschalls und des Herrn Ober-Cämmerers hochgräffliche Excellenz hatten/zu seiner Königlichen Majest. geführet; worauff also fort das Zeichen zum Geläute gegeben/und die Procession in gewöhnlicher Ordnung nach der Ordens-Capelle gehalten/auch alldar der Ritterschlag selbsten bey einer Music so aus mehr dann 80. Stimmen und Instrumenten bestanden/vollzogen ward.

Nach geendigter Ceremonie ward in dem großen Saal offentlich Tafel gehalten/da dann Seine Königliche Majestät in selbigem Saal an einer erhabenen Tafel/gantz allein/der Cron-Prinz/die Herren Marggrafen und übrige Ritter aber auff einer nicht weit davon gesetzten Tafel/in ihrem Habit/ und Ihre Königl. Hoheiten die Marggräfinen mit denen Dames in einem andern Gemach speiseten.«

in: Theatrum Europaeum 17, 1718 (1706), S. 101

1706, 9. April

Audienz des englischen Gesandten; Erwähnung der »großen Treppe«

»[...] und am 9. Vormittags hatte dieser seine öffentliche Audience mit folgenden Solennitäten:

[...]

Diese Suite passirete über die Schleusse und Freyheit, und fand auf dem äußern Schloß-Platz eine Bataillon Fusiliers, auf dem innern aber eine Bataillon Grenadiers, welche beyderseits mit fliegenden Fahnen und klingendem Spiel die Parade machten.

Bey dem Absteigen vor dem grossen Portal wurde des Herrn Ambassadeurs Excellenz von dem Herrn Ober-Schencken und denen Hof-Junckern empfangen, und die große Treppe, welche von beyden Seiten mit 100. Schweitzern in ihren Parade-Kleidern besetzet war, hinauf geführet; oben wartete des Herrn Schloß-Hauptmanns, und in dem ersten Vorgemach des Herrn Ober-Marschalls Excellenz mit denen Cammer-Junckern, in dem Gemach vor dem grossen Audienz-Saal aber Se. Hochgräfl. Excellenz der Herr Obriste, als welcher mit denen gesamten würcklichen Cammer-Herrn umgeben des Herrn Ambassadeurs Excellenz, die sie in der Mitte sothanen Gemachs empfiengen und complimentireten, auch in den Audienz-Saal einführeten.«

in: Lünig 1719/20, Bd. 2, S. 643f.

1706, Mitte Juni

Specification Schlüters an den König

»[...]

In dem Monath Augusti, wird nicht allein am Thurm, sondern auch im Schlosse fleißig an dem Cabinet bey der Schloß-Capellen, und die übrigen Zimmer, so wegen der geschwindigkeit nicht haben können zur rechten perfection kommen gearbeitet. [...]«

in: GStA PK, I. HA Geh. Rat, Rep. 36, Nr. 2888, Bl. 2 (Vollständiger Text siehe Katalog IV)

1706, 29. Juni

Schreiben Schlüters an Schloßhauptmann von Printzen; darin wird die Arbeit an Innenausstattungen angekündigt

»[...] Ich hoffe soviel Kräffte zu haben morgen in denen Gemächern nach Ew. Exzell. ordre den Anfang zumachen, und nichts zu unterlassen was zu Königl. Majte hohen Gefallen gereichen mag. [...]«

in: GStA PK, I. HA Geh. Rat, Rep. 36, Nr. 2888, Bl. 23f. (Vollständiger Text siehe Katalog IV)

1706, 10. Juli

Schreiben Schlüters an Schloßhauptmann Marquardt Ludwig von Printzen; darin wird die Arbeit an Innenausstattungen erwähnt

»[...] anitzo berichte nur gehorsamst, daß ich mit denen Gemächern im Schloße beschäfftiget bin, und so vil mögl. selbige arbeit Zu beschleunigen mir angelegen seyn lassen.«

in: GStA PK, I. HA Geh. Rat, Rep. 36, Nr. 2888, Bl. 44. (Vollständiger Text siehe Katalog IV)

1706, 17. Juli

Schreiben Schlüters an Schloßhauptmann Marquardt Ludwig von Printzen; darin wird die Arbeit an Innenausstattungen erwähnt

»[...] Sonst gehet es beym Schloße mit der Arbeit sehr wohl von statten, Die Escalier de robe wird auf den Dinstag schon gesetzet, und die andern Sachen auch so gemacht, daß Ew. Hochgeb. Excell. ein gnädiges Vergnügen daran finden werden.«

in: GStA PK, I. HA Geh. Rat, Rep. 36, Nr. 2888, Bl. 55f. (Vollständiger Text siehe Katalog IV)

1706, 3. August [a]

Schreiben Schlüters an Schloßhauptmann Marquardt Ludwig von Printzen

»[...] In den Crohn-Printzl. Gemächern/: umb alles zu rechter Zeit zum Stande zubringen,:/wird fleißig gearbeitet, nur daß nunmehr die Rentey die Gelder sehr knap dazu auszahlet, welches mir eine sehr große Plage bey den Arbeits Leuten verursachet [...].«

in: GStA PK, I. HA Geh. Rat, Rep. 36, Nr. 2888, Bl. 118f. (Vollständiger Text siehe Katalog IV)

zitiert in: Adler 1863, Sp. 394f.; Geyer 1992, Textbd., S. 140, Nr. 9.

1706, August

Bericht des Bauamtes über Arbeiten:

»*Specification* derer Arbeiten, so nun beim Schloß=Bau unter Händen sind.

In der Crohn-Printzessin Gemächer wird das *Cabinet*, welches in dem *Rundel* nach der Ecke des Duhmes ist, vollends verferttiget, wie denn auch das Zimmer samt der *Alcove*, so dichte daran ist. Neben diesen die *Escalier de robe*, mit denen *Cabinet*tern, Ofens, Caminen, Thüren und Fenster=Bekleidung.

In dem Vor-Sahl, so zugleich das Vorhaus abgiebt, die Camine, Thüren und Fenster Bekleidung.

Die Treppe und *Vestibiel*, so von der alten Stece=-Bahn zum Schloß herauf gehet, wird auch abgeweisset, und einiger wegen noch fertig gemacht.
Die *Gallerien*, so im inwendigen Schloß=Platz neu aufgeführet, gantz fertig gemacht, an der großen Treppe die Bilder auf die *Postementer* gesetzt.
Inwendig in der Stiegen wird die platte Windel=Stiege, wo auch die Pferde herauf gebracht werden, mit Steinen recht ausgepflastert, die Gelender angemacht, Thüren, Fenster und alle Zubehörige *ornamenten* noch angemacht, und so gantz fertig gemacht.
Beim *Orangen*=Saal, das Zimmer mit den zweÿ *Cabinetten*, welches dichte an dem Chron=Printzl. Saal an ist, wird auch verferttiget.
Die Königl: Gemächer, so von der Eisernen Thüren, biß an den Schweitzer Sahl reichen, darin werden die *Blafonds* gereiniget und ausgebeßert.
In dem grossen Sahl, was darin nicht gantz hat können fertig gemacht werden, wird nun auch alles verfertiget, und zur rechten *Perfection* gebracht, wie denn auch in den neben-Gemächern, die Camine, die Seiten an den Fenstern, die Fuß=Bodens, *Ornamente* über den Thüren, sammt dem *Cabinet*, so beÿ der *Capellen* und Schlaf Gemach an ist.
Die Zimmer, wo ihre Hoheit Marggraff *Philip logi*ren soll, sind so gut, wie man es nun vor dieses mahl machen konnen, zum Bewohnen fertig.
Diese und noch viele andere Sachen, sind nun unter Händen, wobeÿ viele Leute von allerleÿ Handtierungen arbeiten, und weil man sie sehr antreibet, so wird alles mit Gottes gnädiger Hülffe zu rechter Zeit fertig gefunden werden.«

in: GStA PK, I. HA Geh. Rat, Rep. 36, Nr. 2888, Bl. 120r/v

zitiert in: Dohme 1876, S. 27, Anm. – Erwähnt in: Ladendorf 1935, S. 83, 173, Anm. 125.

1706, 28. November

Hochzeit des Kronprinzen Friedrich Wilhelm »in der Capell«, abends Festmahl im »grossen Sahl«

»Sontags/zu Mittag auff der Serviette gespeiset/Nachmittage die Copulations Ceremonie in der Capell nach dem Reglement begangen/im grossen Saal Abends en Ceremonie gespeiset/nach dem Essen der gewöhnliche Fackeln-Tanz gehalten.«

in: Theatrum Europaeum 17, 1718 (1706), S. 107.

1707, 18. Januar

Hinweis auf die geplante Schloßerweiterung

»Des Morgens ward Ordens Capittel gehalten, dabey S.M. den Rittern andeuteten, dass ins Künfftige das Ordens-Fest wegen allzu engen Raums der Ordens-Capelle in dem Dohme gehalten werden solte, bis man die vorhabende neue Ordens Capelle verfertiget haben würde.«

in: Johann von Besser, Journal und Ceremoniel-Acta von Anno 1707 bis 1712 Aulae Berolinensis, Manuskript (Sächs. HStA, Zeremonienmeister, Sect. I, XIV. Preußen, 27), Bl. 2v

zitiert in: Ladendorf 1935, S. 90.

1707, 24. Januar

Schlüter veranlaßt noch eine Bestellung von Holz für den Schloßbau

»Vier fuhder Stellmacher Holtz an birken und Buchen zu allerhande Nothwendigkeit bey hiesigem Königl. Schloßbau«

in: ehem. Pr.G.St.A., Rep .Gen. Dir., Forst. Depart. Kurmark. Tit. 30 B.

zitiert in: Ladendorf 1935, S. 90.

1707, 28. Januar

Übertragung der Leitung und Fortsetzung des Schloßbaus an Eosander

»Friderich König [...]

Nachdem Wir aus allergnedsten Euch zutragenden Vertrauen gutgefunden, Euch die Direction unsers alhiesigen SchloßBaues aufzutragen; Alß habt Ihr Euch derselben gehorsamst zu unterziehen und dahin zu sehen, daß sothaner Bau unserer intention gemaes und nach denen mit Unserer allergndsten approbation von Euch verfertigten rißen fortgesetzet, die materialien rähtlich gebrauchet, davon nichts abhanden gebracht, unser nutzen und Bestes dabey Beobachtet, schaden und nachtheil aber in alle wege verhütet werden möge.

Seind [...]
Cölln an der Spree den 28. Januarij 1707
gez. v. Hamraht
an den Obristen von Eosander.«

in: GStA PK, I. HA. Geh. Rat, Rep. 36, Nr. 3604, Bl. 2.

zitiert in: Geyer 1992, Textbd. S. 174, Anm. 72.

1707, 3. Februar

Anweisung von Bauholz

in: ehem. Pr.G.St.A., Rep. Gen. Dir., Forst. Depart. Kurmark. Tit. 30 B.

zitiert in: Ladendorf 1935, S. 176, Anm. IV, 7.

1707, 19. März

erstes eigenes Gesuch Eosanders um Holzanweisung

in: ehem. Pr.G.St.A., Rep. Gen. Dir., Forst. Depart. Kurmark. Tit. 30 B.

zitiert in: Ladendorf 1935, S. 176, Anm. IV, 7.

1707, 30. Oktober

Die Kapelle (Raum 787) ist noch in Benutzung

»Sonnabends gingen S.M. in der Schlosskapelle zur Vorbereitung und Sonntags zur Communion.«

in: Johann von Besser, Journal und Ceremoniel-Acta von Anno 1707 bis 1712 Aulae Berolinensis, Manuskript (Sächs. HStA, Zeremonienmeister, Sect. I, XIV. Preußen, 27), Bl. 28r

zitiert in: Ladendorf 1935, S. 178, Anm. IV, 28.

1707, 4. Dezember

Die Taufe des Prinzen Friedrich Ludwig findet im Dom statt

in: Johann von Besser, Journal und Ceremoniel-Acta von Anno 1707 bis 1712 Aulae Berolinensis, Manuskript (Sächs. HStA, Zeremonienmeister, Sect. I, XIV. Preußen, 27), Bl. 30v

erwähnt in: Geyer 1903, S. 251.

1707, 8. Dezember

Audienz des russischen Gesandten

in: Lünig 1719/20, Bd. 2, S. 644f.

NACHHALL

1708, Ende Juni

Brief Friedrichs I. an Kurfürstin Sophie von Hannover; darin werden Schlüter und der Abriß der Kapelle erwähnt

»[...] Daß mein Capel wieder abgebrochen wirdt, solches muhs geschehen, weil die balcken verfaullet seint, und hat solches gemacht der Scluter, der schelm, der den turm so verdorben gebauet. [...]«

in: Berner 1901, S. 142

zitiert in: Ladendorf 1935, S. 97.

Teil III

Die Dokumente zum Streit zwischen Schlüter und den Berliner Malern (1700/01)

1700, 26. April

Befehl Friedrichs III. an die Hof- und Akademiemaler, auch fremde Entwürfe auszuführen

»Er habe mit besonderm Missfallen vernommen, dass sowol seine Hofmaler wie die bei der Akademie bestellten Maler difficultieren, die eine oder andere Arbeit bei Seinem Schloss zu verfertigen unter dem Vorwand, dass das Dessein von Jemanden Ihres Mittels inventiret worden; deshalb befehle er, selbige insgesammt aufzufordern und ihnen solches ernstlich zu verweisen, ihnen auch dabei anzudeuten, dass sie sich dergleichen nicht ferner gelüsten lassen, sondern alles und jedes, es sei die Plat-fonds oder sonsten, was ihnen vom Kurfürsten zu verfertigen anbefohlen würde, es sey die Desseins von ihnen selbst oder andern inventirt, bei Vermeidung der Cassation und Einziehung des Gehaltes unweigerlich mit höchstem Fleiss verfertigen sollen.

Cölln 26. April 1700. gez. von Fuchs«

in: ehem. Akademie der Künste [bereits 1935 vermißt]

zitiert in: Müller 1896, S. 55. – Vgl. Ladendorf 1935. S. 171, Anm. 99.

1700, 7. Mai

Befehl Friedrichs III. an die Akademiemaler, fremde Entwürfe »für Plat-fonds oder Tapeten« zu begutachten

»[...] allemal, wan ihnen von des Kurfürsten Schlosshauptmann ein Dessein wird communiciret werden, so zu des Kurfürsts Diensten zu verfertigen, es seye denn für Platfonds oder Tapeten, sie sich darüber in der Akademie versammeln, selbiges genau examiniren und ein Jeder nach seinem besten Wissen und gewissen sein gutachten und Erinnerung davon schriftlich abfassen und selbiges gehorsam einsenden soll.

Cölln 7. Mai. gez. v. Fuchs.«

in: ehem. Akademie der Künste [bereits 1935 vermißt]

zitiert in: Müller 1896, S. 56. – Vgl. Ladendorf 1935. S. 171, Anm. 99.

1700, vor 30. Juni

Memorial Schlüters an Friedrich III., er möge den Historienmalern befehlen, nach seinen Vorgaben Entwürfe für Deckengemälde anzufertigen

»Weil es nunmehro mit den Bau des Schlosses so weit gekommen daß die Zimmer ohne Verzug müssen verfertiget werden, unter welchen der Sahl daß aller nothwendigste und auf daß Künstlichste gemachet werden muß, so wird höchst nöhtig seyn daß ein Befehl an die Hn. Mahler dergestalt erginge, dass allesambt so viel alß sich nur *Historien* mahler nennen, ein jeder besonders davon einen abriss machte, damit solche auf der *Academie* können *examinir*et werden und Sr. Churflst. Durchl. darvon eine rechte außführliche relation abgestattet werde, diese abriße müßen aber innerhalb 4. wochen unfehlbar fertig seyn, die maaß, größe, und waß eigentlich die Historie seyn soll, will ich ihnen schrifftlich geben, auf die Weise, wie es Hochgedachte Sr. Churflst. Durchl. gnädigst beliebet haben.

Vor alle den andern aber müßen die darzu Benennet werden alß H. Werner, Probener, Terwesten Lubienitzky Leugebel, wentzel und Gerke.«

[nicht unterzeichnet; nach einer Randbemerkung von Schmettau:]

»H. Schluyter hatt dis memorial gegeben«

in: GStA PK, I. HA. Geh. Rat, Rep. 36, Nr. 2876, Bl. 124

zitiert in: Ladendorf 1935, S. 79. – Geyer hat dieses Memorial übersehen (Geyer 1992, Textbd., S. 16).

Vielleicht ist dieses Memorial identisch mit der am 28. Juni 1700 erwähnten Petition Schlüters:

»Wegen des Baus am Schloß zu Berlin etc. durch Schlüter petite.«

in: GStA PK, I. HA Geh. Rat, Rep. 21, Nr. 127, Bd. 57 (Protokoll des Wirklichen Geheimen Rats vom 28. Juni 1700).

1700, 30. Juni

Befehl Friedrichs III. an die Akademie- und Historienmaler, nach Schlüters Vorgaben Entwürfe für Deckengemälde anzufertigen

»[...] Nachdem es nunmehro mit dem Bau des Schlosses so weit gekommen ist, daß die Zimmer ohne Verzug verfertiget, und unter selbigen der Saal, als das allernothwendigste und künstlichste gemacht werden muß; als befehlen wir Euch hiermit gnädigst zuvordrist dem *Directori* Unserer Kunst *Academie*, *Werner*, dann denen *Rectoribus* derselben *Terwesten* und *Probner* und ferner allen und jeden Unseren *Historien*mahlern insbesondere an *Gericke*, *Lubenietsky*, Leügebel und Wentzel von Unsertwegen und in Unserm nahmen anzudeuten, daß ein jeder von ihnen absonderlich einen abriß, wovon die maaß und größe, auch was eigentlich die Historie seyn soll, Unser p. Schluyter, von Uns empfangenen Befehl gemaes, ihnen schriftlich zustellen wird, längstens innerhalb 4 Wochen verfertigen und bey Euch einbringen solle, damit solcher auf der *Academie* examiniret und Uns davon eine außführliche *relation* unterthst. abgestattet, auch von Uns alßdan, wie die arbeit außzurichten, resolvirt werden könne.«

[Kurfürst Friedrich III. an Schmettau; gez. v. Berchem:]

in: GStA PK, I. HA. Geh. Rat, Rep. 36, Nr. 2876, Bl. 123

teilweise zitiert in: Geyer 1992, Textbd., S. 16.

1700, vor 11. Dezember

Memorial Schlüters an Friedrich III., er möge den Historienmalern befehlen, nach seinen Vorgaben zu arbeiten

»Nachdem Ew. Churfürstl. Durchlaucht mier gnädigst anbefohlen die Blafonds von dero gemächer auf daß schleunigste zu verfertigen, welchen hohen und gnädigsten Befehle nachzukommen mich auf daß äuserste bemühe; weil aber zu diesen wercken nicht allein Stuccatori, sondern auch Mahler höchst nötig seyn müßen, so gelanget derentwegen mein unterthäniges Bitten an Ew. Churfürstl. Durchlaucht, dieselbe wollen gnädigst geruhen, denen sämbtlichen Herren Mahlern anbefehlen zulaßen, daß dieselbe, wen sie zur der arbeit nöthig seyn, ungesäumht und ohne allem Verzug alles daß waß ihnen von mir zu machen angewiesen werden wird verfertigen sollen, ich werde hierbey meinen fleiß nicht ermangeln laßen, alles so zu ordiniren, daß Ew. Churfürstl. Durchlaucht ein gnädigstes Belieben und gefallen daran finden werden, ich getröste mich gnädigster erhörung und ersterbe Ew. Churfürstl. Durchl.

Unterthänig gehorsamster Andreas Schlüter.«

in: GStA PK, I. HA. Geh. Rat, Rep. 36, Nr. 2876, Bl. 147

zitiert in: Geyer 1992, S. 148f., Anm. 126. – Geyer datiert dieses Memorial fälschlich vor das kurfürstliche Schreiben vom 30. Juni 1700 (IV.).

1700, 11. Dezember

Befehl Friedrichs III. an die Akademie- und Hofmaler, Schlüters Entwürfe für Deckengemälde nach kurzer Begutachtung zügig auszuführen

»Friedrich III., Kurfürst etc. Unsern etc. Demnach Unser gnädigster Wille ist, daß bei währender Unserer Reise in Preußen hiesiger Schloßbau mit allem Fleiß, absonderlich in den Gemächern fortgesetzt, und die Plafonds auf das Schleunigste verfertigt werden sollen; als befehlen Wir euch hiemit in Gnaden, den sämmtlichen Hof- und bei Unserer Akademie engagirten Malern von Unsertwegen anzuzeigen, daß sie Unserm Schloßbau-Direktor Schlüter dabei unweigerlich an die Hand gehen, und diejenigen desseins, so er Unserer gnädigsten Intention gemäß zu verfertigen, schriftlich anweisen wird, ohne allen Verzug, bei einer Conferenz in der Akademie nach den Regeln der Malerkunst examiniren, und darüber ihr Gutachten mit Bescheidenheit schriftlich geben, auch sodann mit ihm, dem Schlüter, daraus communiciren, und was darauf mit seiner Approbation resolvirt werden wird, ohne allen Verzug zum Effect bringen sollen. Damit auch die Arbeit desto besser von statten gehen und jeder Maler für die seinige stehen, auch einer die Schuld, wenn Fauten darin geschehen, nicht auf den andern schieben möge, so halten Wir für dienlich, daß die Gemächer unter die Hofmaler ausgetheilt, und jedem seine Arbeit absonderlich angewiesen werde. Sind etc. Kölln, den 11. Dezember 1700,
W. von Schmettau.«

in: GStA PK, I. HA. Geh. Rat, Rep. 36, Nr. 2876, Bl. 146

zitiert in: Geyer 1992, S. 149, Anm. 128.

1701, 7. Februar

Friedrich I. unterstellt von Königsberg aus seine Hofmaler erneut den Anordnungen Schlüters

[Friedrich I. an Schmettau, gez. v. Wartenberg]

»Nachdem Se. Königl. Mayst. Unser Allergnädigster Herr mißfällig vernommen, daß dero vor Ihro Abreiße aus Berlin, wegen der Mahlerey in dero Newen Königl. Gemächern auf dem Schlos, an die Academie ergangene Ordre, unter allerhand praetexten anderwerts aufgegebener arbeit und sonsten schläfrig von statten gehe, Alß befehlen Ihro Königl. Mayst. dero p. von Schmettau als Protectori dero Academie hiemit allergnädst. allen dero Hoff-Mahlern, welche zu dießer Arbeit geschickt und Glieder der Academie seind, den Hoff-Mahler Gerike allein außgenommen, welcher der ihm zu Oranienburg anbefohlenen arbeit obliegen soll, anzudeuten, daß Sie bey vermeydung Ihro Königl. May. ungnade und mit hindansetzung aller anderen Arbeit, auch mit möglichstem Fleiß, in obged. dero Königl. Gemächern diejenige Deßeine werkstellig machen sollen, welche Ihro Mayst. durch dero Ober-Schloß-Baumeister Schlüter Ihnen haben aufgeben lassen, dan bey Ihro Königl. Mayst. sich allergndst. versehen, ged. Ihro Hoff-Mahler werden eingangs gemeldter Ordre gemäs sothane desseins vorher Collegialiter nach denen reguln der Kunst examinirt und nach befinden Ihre erinnerungen dabey gethan auch deßhalb mit ged. Herrn Schlüter conferiret haben; Uebrigens sollen Sie Ihre arbeit dergestalt beschleunigen auch mit solcher accuratesse verrichten, daß Ih. Königl. Mayst. bey dero Gott gebe glückliche wiederkunfft ein allergdst. gefallen daran haben mögen.

(gez.) Graf Wartenberg«

in: GStA PK, I. HA. Geh. Rat, Rep. 36, Nr. 2876, Bl. 155

zitiert in: Dohme 1876, S. 32f.; (teilweise) Geyer 1992, S. 16.

Teil IV

Die Dokumente zum Bau und Abbau des Münzturms (1693–1707)

1693, 19./29. Juni

Protokoll des Wirklichen Geheimen Rats:

Nering soll sich um die Instandsetzung der Münze kümmern

»Das hiesige Müntzhaus und Wasserwercke währen sehr baufällig und schadthafft! Rx zu besichtigen, mit zuziehung H. Nehrings, und alsdann remediren.«

in: GStA PK, I. HA Geh. Rat, Rep. 21, Nr. 127.

1701, 8. April

Bericht des Johann Damnitz über den schlechten Zustand der Grotte und der Wasserkünste

»[...] damit aber dem Wercke nicht an Waßer mangele, so muß das Canahl nebst der Mündung auch wohl geöffnet, ingleichen der Münzthurm mit tüchtigen Reservoiren und boden, worauff dieselbe stehen können versehen werden.«

in: GStA PK, I. HA Geh. Rat, Rep. 36, Nr. 2879, Bl. 146/147

zitiert in: Seidel 1890a, S. 121f. – Siehe auch: Geyer 1936, Textbd., Anm. 231.

1701, 2. August

Resolution Friedrichs I. an Johann Damnitz

»wegen der verfertigung der nötigen zierrathen in der allhiesigen Grotte, reparation und verbesserung der allhiesigen Wasserwercke, und anrichtung einer neuen Machine in dem Münzthurm«

in: GStA PK, I. HA Geh. Rat, Rep. 36, Nr. 2879, Bl. 148

zitiert in: Ladendorf 1935, S. 161, Anm. III, 13.

mit angehängtem Konzeptentwurfszettel:

»1) Die in den Grotten noch übrigen Zierrahten sollen vorgeschlagenermaßen verfertiget werden.
2) deren Waßerwercken, nahmentlich die Machine im Muntz:thurm soll auch dergestalt gefertigt werden.
fiat deshalb Decretum an den Grottier Damnitz:
Item an den bau: Directorem Schluyter wegen hehrgebung die hier benandten materialien.«

in: GStA PK, I. HA Geh. Rat, Rep. 36, Nr. 2879, Bl. 145

zitiert in: Ladendorf 1935, S. 161, Anm. III, 13.

1702

Friedrich I. erwirbt in Holland das Spielwerk für ein Glockenspiel für 12000 Gulden

in: Nicolai 1786a, S. 18, Anm. ***)

vgl. Adler 1863, Sp. 15 (nennt 20000 Gulden); Ladendorf 1935, S. 65 (nennt »eine bedeutende Summe«); Wiesinger 1989, S. 152 (jeweils ohne Quellenangabe).

1703, 21. Mai

Bericht Schlüters über die Schäden am Haus Mangin

»Allerunterthänigster Bericht wegen des Kauffmanns Mangée Hauses am Münzturm gelegen.
Die Incommodité und Schaden, worüber sich der Kauffmann Manchée wegen des Münzthurmes beschweret, ist ihm folgender Gestalt zugewachsen: Es hat der Kauffmann, welchen ich itz erwehnet, über dem Thor, welches zum Münzhoffe führet, ein Stübgen bauen lassen, welches er solange zu seiner Wohnung gebrauchd, biß man dem Münzthurme wegen der Höhe einer Plinthe oder Absaz hat geben müssen, und dadurch ist geschehen, daß obgedachtes Stübgen über dem Thor, welches zum Münzhoffe führet, auf die Helffte wege und verloren gehet. Wie er nun dieses ohne Permission und allergnädigste Genehmhaltung I. K. M. gethan und dieses Logiament aufgeführet, also hat er desto weniger ursache, über dessen Zernichtung sich zu beschweren. Was er aber sonst vor querelen anführet, ob würde seinem Hauss und Hoff durch ein und anders als durch herabfallen der Steine Schaden zugefüget und wäre mann nicht sicher, über den Hoff und Gang zu gehen, kann ihm leicht zugestanden werden, weil das Haus an dem Münzthurm allzunahe gelegen, Dass aber die Münze sollte können verlegt werden, hat weiter keine raison, als daß dadurch ihr und dem Schlosse mehr Platz zuwachsen würde. Soviel ists, was von der Sachen Beschaffenheit einen allerunterthänigsten Bericht hat abstatten können. Andreas Schlüter.«

zitiert in: GStA PK, I. HA Geh. Rat, Rep. 122, 7. B. II. 191

Ladendorf 1935, S. 91f., 176f., Anm. IV, 11. – Dort weitere Akten zu diesem Fall genannt.

1703

Verlegung der Münze in die Unterwasserstraße

in: GStA PK, II. HA, Rep. Gen. Dir. Münz-Dep. Tit. 20, Nr. 2

erwähnt in: Ladendorf 1935, S. 157, Anm. II, 100.

Nicolai nennt das Jahr 1704 (Nicolai 1786a, S. 153).

1705, 22. Januar

Eigenhändiges Schreiben Schlüters an Friedrich I.

»Aller Durchlauchtigster, Großmächtigster König
Allergnädigster Herr

Auff Ew Königl *Majestät* allergnädigsten Befehl habe sambt andern Bauverständigen des frantzösischen Kauffmans Loüis Mangins Hauß auffs genaueste über seine geführte Klage untersuchet, und befunden daß sich alles seinem Auffsatz gemäß verhält, wie er es Ew. Königl. *Majestät* allerunterthänigst vorgestellet hat, Nehmlich daß ihm viel von seiner Nahrung hat nothwendig entgehen müßen, Weill umb und über seinem Hauße stets gebauet worden, auch daß er in großer Lebensgefahr bißher gewesen, weill durch herunterfallung der steine und Bretter er nicht über seinen Hauße oder Hoff gehen kan, Ja auch sein Licht durch die Verstärckung dieses Thurms benommen worden, und durch daß starcke rammen so erschüttert daß es/wie beÿliegendes zeiget/den Mann ein großer Schaden ist, Ich ersterbe Ew. Königl. Majestät Allerunterthanigster, Treuer, gehorsambster Knecht A. Schlütter«

in: GStA PK, I. HA Geh. Rat, Rep. 36, Nr. 2886, Bl. 25

zitiert in: Ladendorf 1935, S. 91f., 176f., Anm. IV, 11.

1706, Februar

Specifacation von Schlüter und Printzen

»Auffsatz

Wass an Kienen Bau-Holze benötiget ist, zu Einer Brücke, welche an dem kgl. Neuen Thurm auff der Schloß Freyheit gemachet werden soll, die Werck Stücke hinauff zu fahren wie auch zu Pfahlen in den Grundt hinein zu rammen und wird erfordert erstl. zu der Brücke an Mittel Kienen Bau Holtz 1 Schock 30 st. Noch wird an Starcken Kienen Bauholze erfordert 2 Schock und an Lager Eichen werden erfordert 1 Schock.«

in: ehem. Pr.G.St.A., Rep .Gen. Dir., Forst. Depart. Kurmark. Tit. 30.13

zitiert in: Ladendorf 1935, S. 148, Anm. II, 57.

1706, Mitte Juni

Planungen Schlüters für die weiteren Arbeiten am Münzturm

Eigenhändige Specifikation

»Was eigentlich vor Arbeit dieses Jahr 1706 zu lievern verhoffe, ist in nachfolgenden zu ersehen.

In diesem Monaht *Junÿ* wird kein ander Werck gemacht, als was zur fortsetzung des Thurmes, des Freÿenwaldischen Baues, und des Potstdamschen Saales vonnöthen.

Erstlich beÿ dem Thurm.

Wird gearbeitet an dem Berge zum Waßerfall nach der Straßen. An den *fundament*ern, so zur Verstärkung des Thurms und der Waßer=Kasten kommen, die gemauerten Eck=Pfeiler und was sonst zur Verstärckung dienen kan. Von Zimmer=Arbeit, die Gerüster die Winden, die Tritz=Kloben, die Strebe=Pfeiler, die Rammen, die Pfähle, das Gehäuse zum Uhr, der Klocken=Stuhl zum Glockenspiel, die Anker und Eisenwerck, die Steine=Anfuhren, die Steinmetz=Arbeit die Zeiger zum Uhr, und das Uhrwerk komt auch noch diesen Monat darauf zu stehen.

In Freÿenwalde.

Wird mit 60 Mann wochentlich an dem Berg=abkarren gearbeitet, an dem Königl. Waldhause mit Macht gearbeitet, und das Brunnen=Hauß verfertiget, und die Quellen samt ihren *Canälen* alle gefaßet und überdecket, wie auch der gantze Thal eben gemacht.

In Potstdam

Wird der Saal gestaffieret, die Rahmen vergüldet, und die nohtwendigsten Dinge, so noch dazu gehören, heraus angeschaffet.

In dem zukünftigen Monat *July*, werden beim Thurm die Seulen gesetzet, die Mauer samt dem Gehäuse zum Klockenspiel gesetzet, die Klocken hinauf gebracht, die Steinmetz=Arbeit versetzet, und so viel möglich; das Klockespiel, samt andern nothwendigen Dingen befordert.

Beim Freÿenwaldischen Bau die Zimmer inwendig gezieret, und oben das Dach zur *perfection* gebracht.

Der Potsdammsche Saal vollends verfertiget, und die Tischern Arbeit samt den Schildereÿen angemacht.

In dem Monat *Augusti*, wird nicht allein am Thurm, sondern auch im Schloße, fleißig an dem *Cabinet* beÿ der Schloß=*Capellen*, und die übrigen Zimmer, so wegen der geschwindigkeit nicht haben können zur rechten *perfection* kommen, gearbeitet. Und hoffe ich in diesem Monat *Augusti* durch Gottes Hülffe das Klockenspiel auf den Thurm zum wenigsten anstimmen zu hören.

Zu welcher Zeit aber die *Sclaven*, so an die lange Brücken kommen, erst angefangen werden.

Diese obengedachte Arbeit vom Thurm und Schloß samt den *Sclaven* auf der langen Brücke *continuir*en durch die übrigen Monathe nun so lange, biß das alles nach Ew. Königl. Maÿt. allergnädigsten Gefallen vollendet wird.«

in: GStA PK, I. HA Geh. Rat., Rep. 36 Hofverwaltung, Nr. 2888, Bl. 2–3

teilweise zitiert in: Adler 1863, Sp. 17; Dohme 1876, S. 39.

1706, 22. Juni

Brief von Markgraf Philipp Wilhelm an Friedrich I.

»Durchlauchtigster, Großmächtigster König, Höchstgeehrter und Höchstgeliebter Herr Bruder.

Nachdem mir gestern hinterbracht, ob solte der von Ew: Königl. Maÿt. alhier angelegte Neüe Müntz=Thurm seÿn schadhafft worden, und sich daran einiger mangel verspühren laßen; So habe Ich nicht ermangelt, davon erkundigung einzuziehen, und dero hiesigen Schloß-Bau-*Director* darüber zu vernehmen, welcher mich dann berichtet, daß zwar für einigen tagen sich etliche riße von ungefehr zweÿ Finger breit sich geeüßert, solche aber heüt und gestern nicht weiter überhand genommen, es geschehe woll, daß ein neües gebäude, welches mit dem alten so gleich sich nicht verbinde, etwas sinken thäte, er wäre im werck begriffen, die Ecken aufzuführen, und verhoffe, daß alles außer gefahr gesetzet/und es keine noht haben sollte, welches Ew: Königl. Maÿt. her durch zu berichten nicht ermanglen sollen, was sonsten mit der Post an Ew: Königl. Maÿt. alhier eingelauffen, solches übersende deroselben hierbeÿ unerbrochen und verbleibe Ew: Königl: Maÿ. Unterthänigster Gehorsambster getrewster Bruder und Diener Philipp Wilhelm.«

in: GStA PK, I. HA Geh. Rat., Rep. 36 Hofverwaltung, Nr. 2888, Bl. 5.

1706, 26. Juni [a]

Schreiben Schlüters an Friedrich I.

»Allerdurchlauchtigster Großmächtigster König, Allergnädigster König und Herr.

Ew. Kgl. Maÿt. haben vor mich, als Ihren allerunterthsten Knecht, viel hohe und Königl. Gnade gehabt, mir nicht allein den mächtigen Bau Ihres Königl. und anderer Häuser aufgetragen, sondern auch allezeit das allergnädigste Vertrauen in meine Person gesetzet, ich würde beÿ diesem meinem aufgetragenen Werck, durch Treu und Fleiß alles so ausrichten, daß es zu Ew. König. Maÿt. allerhöchsten Ehren und Wohlgefallen ausschlagen möchte, ich habe mich auch durch unermüdeten Fleiß und unaufhörliche Arbeit, Tag und Nacht, solchen Zweck Zu erreichen befließen, daß vor Ew. Kgl. Maÿt. ich ein solcher treuer Diener erfunden werden möchte, und dienet mir zur *consolation*, daß durch meine Hände, was verfertiget worden, das zu Ew. Königl. Maÿt. hohen Vergnügen gereichet hat. Dachte nun durch den Thurn-Bau Ew. Kgl. Maÿt. mehrer Vergnügen Zu verursachen, es hat aber dasjenige Werck seÿn müßen, wodurch mich in allerhöchste Königl. Ungnade stürtzen kan. Es hat mein Unglück beÿ diesem meinem Vornehmen auf mich belauret, und mich solcher Freude beraubet, indem beÿ meiner fleißigen und mühsahmen Arbeit, wieder all mein Vermuthen beÿ dem Thurn ein Eck-Pfeiler zu sincken, wegen grundlosen Boden, die inwendige alte Mauer zu reißen, und der oberste Gipffel sich aus seinem *Centro* Zu geben sich angefangen, auch so geschwinde, daß ich dadurch gezwungen worden, das Obertheil abnehmen Zu laßen, damit das gantze Werck hierdurch nicht unbrauchbar gemacht würde, Nun ist es dem höchsten Gott und der Welt bekant, daß ich alle Sorge getragen, und vorgebauet, daß ich in solches Übel nicht gerathen möchte. Weil aber doch in dieses Unglück fallen müßen, und nicht der erste bin, den dergleichen *fatalitet* betrifft, so bekenne, daß durch diesen Verdruß, der Ew. Kgl. Maÿt. hierdurch entstehet, die Königl. allerhöchste Ungnade verdienet. Wann aber Ew. Königl. Maÿt. allergnädigst geruhen wolten, nach Ihrer allerhöchsten Königl. und angebohrenen Gütigkeit mir solches Zu *pardoni*ren, worumb ich allerunterthgst bitte; So will ich mich nicht allein mein Lebenlang angelegen seyn laßen, mit stetem unverdroßenen Fleiß solches zu ersetzen, sondern auch dieses Werck/: ob es zwar nicht dem vorigen an Höhe ähnlich kommt:/in solchen guten Stand wieder bringen, daß Ew. Königl. Maÿt. doch ein allergnädigstes Vergnügen daran haben werden. Füge die Gestalt des Rißes Ew. Königl. Maÿt. bey, und so selbige Ew. Königl. Maÿt. beliebig, erwarte ich hierauf in tiefster Demuht Ew. Königl. Maÿt. allerhöchsten Befehl, v. lebe der unterthänigsten Hoffnung, es werden Ew. Königl. Maÿt. mich Ihren alleruthgsten Knecht, Dero allerhöchsten Königl. Gnade, in diesem meinem allerbetrübtesten Zustande mir nicht entziehen, ich ersterbe Allerdurchlauchtigster Großmächtigster König, Allergnädigster König und Herr, Ew: Königl: Maÿt: allerunterthgst: treu=gehorsahmster Knecht, A. Schlüter.

Berlin 26. Juny

Ao. 1706.«

in: GStA PK, I. HA Geh. Rat, Rep. 36, Nr. 2888, Bl. 17v/18r

zitiert in: Adler 1863, Sp. 22f.; Geyer 1992, Textbd., S. 137, Nr. 1.

1706, 26. Juni [b]

Brief von Markgraf Philipp Wilhelm an Friedrich I.

»Post-Scriptum.

[...] Durchlauchtigster, Großmächtigster König,

Höchstgeehrter und Höchstgeliebter Herr Bruder, habe Ew: Königl. Mÿt. Ich mit letzter Post gehorsambst berichtet, was wegen des alhiesigen Neüen Müntz-Thurmes an mich gebracht worden, wie Ich den Ober=Bau=*Director*, Schlüter, darüber vernommen, und was derselbe mir darauf vorgestellet. Nachdem nun inzwischen der ruff wegen androhender gefahr sich vermehret, er auch selbsten seine *consternation* und bestürzung nicht bergen können; So habe Ihm ernstlich zureden laßen, daß er mir nicht alleine die eigentliche bewandnüß entdecken, sondern auch den H. von *Eosander* zur besichtigung *admittiren* möchte; er hat hierauf *resolviret*, den Thurm bis auf die glocken wieder abzubrechen, wie denn auch damit gestern würcklich der anfang gemachet und bis umb 1. Uhr nach Mitternacht damit *continuiret* worden: er giebet sonsten die schuld dem vielen rammen der Pfähle und dem geläute auf dem Thurm, welches demselben schaden zugefüget, wie woll andere dafür halten, daß im *fundament* gefehlet seÿe; Ich laße aber alles Ew: Königl. Mÿt. allergnädigsten *disposition* gehorsambst anheim gestellet seÿn. Datum ut in literis den 26.ten Junÿ 1706.

Philipp Wilhelm«

in: GStA PK, I. HA Geh. Rat, Rep. 36, Nr. 2888, Bl. 8.

1706, 26. Juni [c]

Brief von Hofrat Mieg an Schloßhauptmann Marquardt Ludwig von Printzen

»Hochwolgebohrener Herr, Hochgebiehtender Herr geheimder Staatsraht.

Gnädiger Herr; Ich habe mit voriger Post wegen des alhiesigen Neüen Müntz=Thurms an des Herrn OberCammer-H.rn Hochgräfl. Excell: unterthänig *referiret*, und zweifle nicht, daß E:r Excell: davon werden *part* seÿn gegeben worden; Seithero ist es mit dem Werck immer schlimmer worden, so daß H. Schlüter gestern resolviret, selbigen wenigstens biß auf die unterste glocken abbrechen zu laßen, und man daran fast die gantze nacht durch gearbeitet hatt, man kann hinter die eigentliche Bewandnuß der Sache nicht kommen, weilen der Herr Schlüter alle untersuchung *decliniret*, sonsten aber sehr *consterniret* und verwirret ist, wie Er mir dan auch selbsten, alß Ich Ihm wegen des verlangten abrißes der auf den alhiesigen S:t Peterschen Kirchthurm zu setzenden Spitze erinnert, gesaget, daß Er beÿ itziger Verwirkung darzu nichts thun könne, sondern solches einem anderen aufgetragen werden müße; Ich beziehe mich übrigens auf dasjenige, waß Ich gleich itzo auch an des H.rn OberCammerH. Hochgräfl. Excell: Berichte, an welchen Ich auch die abhörung einiger Bau=leüte schicke, die aber die wahrheit nicht ausgesaget, welches unter anderen daraus abzunehmen, daß, da Ich heüth diesen Vormittag den HoffZimmermann M. Niclaß von Abbrechung des Thurms befraget, Er mir Zur Antworth gegeben, daß nicht geringe gefahr vorhanden seÿe, welches durch des H. Schlüters consternation befestiget wird, und selbige daraus erhellet, daß Er nicht nur den Thurm ohne *ordre* abbrechen läßet, sondern auch verwichenen Mittwoch, alß Er zu des H.rn Markgrafen Königl. Hoh.t berufen, von deroselben Selbsten in dero Zimmern betroffen worden, daß Er für ängsten die Hände ineinander gerungen; Ew: Exc: verdenken mir nicht, daß Ich die Sache so freÿ von Hertzen schreibe, den wen erwogen wird, daß, falls ein unglück wider alles vermuthen hette geschehen soll, nicht allein das Königl. Schloß durch die erschütterung großen Schaden würde erlitten, sondern auch das *arsenal* (auf welche Seite dem Vermuhten nach der thurm würde gefallen seÿn) große Gefahr würde gehabt haben, zu geschweigen der Spree, welche durch die *rudera* würde seÿn gestopfet worden, So ist dieses eine Sache von solcher *importantz*, welche nichts *dissimuliren* läßet, Ich überlaße aber alles höherem *judicio* und verbleibe mit unterth. *respect*

hochwolgebohrener Herr Ew. Excell.
unterthänigster gehorsamer Diener Mieg.«

in: GStA PK, I. HA, Rep. 36, Nr. 2888, Bl. 19–20

teilweise zitiert in: Adler 1863, Sp. 21.

1706, 27. Juni

Brief von Hofrat Mieg an Schloßhauptmann Marquardt Ludwig von Printzen

»[...]

Der H. Schlüter ist gestern bey mir gewesen und scheint mißvergnügt zu seyn, daß erwehnte Berichte so geschwind fortgesendet worden; Ich sehe aber keine ursache, warumb selbige aufgehalten werden sollen; hätte er Jemanden von denen Persohnen, wovon Ew. Excell. erwehnet, mit bey der untersuchung verlanget, und es an Hand gegeben, man würde Ihm darunter so forth gefueget haben; Er begreiffet aber anitzo von selbsten, daß es nunmehr zu späth sein, und hatt dasjenige, wass seinerseits bey der untersuchung vorgegangen, mit einer übereilung excusiret.«

in: GStA PK, I. HA Geh. Rat, Rep. 36, Nr. 2888, Bl. 21/22

zitiert in: Adler 1863, Sp. 392.

1706, 28. Juni

Protokoll von Lonicer

[am 28. Juni erschien Kaufmann Coullet, um sich]

»im Auftrage der sämmtlichen Einwohner der Freyheit gründlich zu erkundigen, ob Gefahr zu besorgen und ob der Thurm etwa einfallen würde«

Bericht der Handwerker

in: GStA PK, I. HA Geh. Rat, Rep. 36, Nr. 2888, Bl. 37

zitiert in: Adler 1863, Sp. 24f.

1706, 29. Juni

Schreiben Schlüters an Schloßhauptmann Marquardt Ludwig von Printzen

»Hochgebohrner Freyherr Gnädiger Herr,

Ich habe zwar mit letzterer Post Ew. Excellentz versichert eine Zeichnung nachzusenden, wie etwann künfftig der Thurn dennoch zu Sr. Königl. Majté hohen Vergnügen köndte ausgeführet werden. Allein diese itzige Troubles haben mich wie leicht Zu dencken, in solchen foeblen Zustandt gesetzet, daß ich nicht allein etliche Tage zu Bette gelegen, sondern auch durch die graußame Alteration mein Geblüte so erreget, daß davon ein Zittern, absonderlich bekommen in meinen Händen, und nicht möglich ist einen gleichen Strich zumachen: überdieses wil auch abwarten, bis das oberetheil so auff die alte Mauer auffgesetzet worden folgends abgenommen ist, worüber Tag und Nacht arbeiten lasse, umb eigentl zusehen, was dabey alsdann kan gemachet werden, maßen ich nichts projectiren noch zeichnen wil, was sodann nicht kondte practicable gemachet werden. Den Chagrin, welchen ich bey diesen alten und unglücklich Bau habe, ist leicht zuermessen, und wird umb so viel mehr verdoppelt, wenn ich an die fast unerträgliche Sorge und Mühe gedencke, die bey dieser unglücklich arbeit gehabt habe.

Ich zweifle nicht, es werden 100 Brieffe einlauffen, so alle das Werck zu meiner Disavantage, und dennoch mit keinen rechten fondement, wie ich es in meinem Gewissen am besten weiß, vorstellen werden. Ich bitte aber Ew. Excell. umb Gotteswillen, dennoch mein hoher patron zu verbleiben, vernünfftig selbst viele Dinge zuerwegen, die ohne mein Verschulden, Zu diesem Unglücke contribuiren, und dahin sich zubearbeiten, daß Königl. Majté mir Dero Gnade dieses Unglücks wegen, nicht gantzlich entziehen möge, es werden Sr. Kgl. Majté der allergrößte Schaden dadurch nicht zuwachßen, zumalen wenn ich das Werck nach hohen Vergnügen wo Gott will redressiren werde. Ich hoffe soviel Kräffte zu haben morgen in denen Gemächern nach Ew. Exzell. ordre den Anfang zumachen, und nichts zu unterlassen was zu Königl. Majte hohen Gefallen gereichen mag. Ew. Excell. werde ich alle ersinnliche obligation haben, unterthänigsten Dank abstatten, und bis ins Grab verharren, Hochgebohrner Herr [...]

A. Schlüter.«

in: GStA PK, I. HA Geh. Rat, Rep. 36, Nr. 2888, Bl. 23r–24v

zitiert in: Adler 1863, Sp. 24; Geyer 1992, Textbd., S. 137, Nr. 2.

1706, 3. Juli [a]

Schreiben von Hofrat Mieg an Schloßhauptmann Marquardt Ludwig von Printzen

»Hochwolgebohrener Herr, Hochgebiehtender Herr geheimder Etats=Raht

Gnädiger Herr; Mit Ew: Excell: gnädiger erlaubnuß übersende deroselben hierbeÿ, waß Ich auf gutfinden des Herrn Hoffraht Bergÿ, auf des H. Präsidenten von Sturm überreichtes *supplicatum* [...] *projectir*et, und laße deroselben hocherlauchtem gutbefinden anheim gestellet seÿn, ob Sie solches ausfertigen zu laßen, oder waß Sie sonsten deßhalb zu verordnen guth befinden. Im übrigen hoffe Ich nicht, daß Ew. Excell: meine neulich [d.i. 26. Juni] überschriebene Nachricht wegen des Müntz Thurmes ungnedig solten aufgenommen haben, maßen Ich dabeÿ eine redliche und aufrichtige *intention* gehabt, daß aber meine nachricht gegründet gewesen, zeiget nicht allein der augenschein, indem annoch würklich mit abbrechung des thurmes tag und nacht *continuir*et wird, sondern auch abschriftlich beÿgefügtes *Protocollum* von dem Hrn. Hauß Voigt, auf welches mich beziehe und mit unterthänigem respect verbleibe Hochwolgebohrener Herr, Gnädiger Herr, Ew: Excell: Unterthänig gehorsamster Diener Mieg«

in: GStA PK, I. HA Geh. Rat, Rep. 36, Nr. 2888, Bl. 27r/28r

teilweise zitiert in: Adler 1863, Sp. 27.

1706, 3. Juli [b]

Bericht des Bauschreibers Peter Jänicke an Schloßhauptmann Marquardt Ludwig von Printzen

»[...] Vermuthlich werden Ew: *Excellence* auch vom dem H. Baw *Directore* Schlüter benachrichtiget seyn, wie Er zu Verhütung schweren Unglücks, so denen Einwohnern beÿ dem Thurm begegnen können, resolviret hat, ein theil davon wieder abzunehmen, gestalt dem Das Oberste über den Glocken, welches 18 Fuß hoch aufgemauert gewehsen albereits heruntergebrochen, Vndt Voritzo ist mann Beschäfftiget das Zweite Stück, worinnen die Glocken/: so bereits heruntergebracht:/gehangen Vndt welches 30 Fuß hoch ist, auch abzunehmen; Wann nun dieses, welches noch woll an 14 Tagen anlauffen möchte, indem dieses Stück mit Vielen Quader-Steinen besetzet Vndt mit Starken Eysernen Balcken Ankergn Vndt Clammern Versehen, geschehen ist, Vermeinet Herr BauDirector Schlüter das übrige Vom Thurm Zu Conserviren, Vndt darauf anstat des Steinernen ein Höltzernes Werck, wovon Er albereits Ein project übersandt Zu haben, Vorgiebet, außzuführen. Ob aber auch dieses Bestandt haben möchte, ist, wann es biß dahin abgenommen, Vndt mann darüber Verständige Vndt erfahrne Architectos führen wirdt, alsdann am Besten zuerwegen, Vorgedachter Herr Grüneberg [...] vermeinet, Daß mann im Anfange dieses Thurmbaus, nicht genugsahme praecaution genommen, Wie zu Einem so importanten Wercke, billig hätte gehören sollen.

Der Mauerer bericht nach, setzet oder weichet das Werck zwartten nunmehro, Da woll bey 10000 Centner schwere last, abgenommen nicht mehr so sehre, doch aber ist es zu mercken, Daß solches noch nicht gäntzlich Nachläßet, Welches aber zuhoffen seyn möchte, Wann das übrige herrunter gebracht sein wirdt; hiernegst werden Ew. Excellence sich auch gnädig erinneren, daß am 30. Martij dieses jahres, dem Goldtschmidt Haidt die kupferne Figur so auf den Thurm kommen sollen, Vor 2700 Thlr. arbeitslohn an Verdung worden; Ob nun derselbe mit solcher anfertigung Continuiren oder auch Eine Zeitlang, biß man siehet, ob solche auch Emploiret werden kann, Einhalten soll, werden Ew. Excellence zubefehlen gnädig geruhen.

Inmittest beklage vndt betrübe mich von Hertzen, Daß dieser kostbare Bau nicht Beßer avanciren wollen, Wündschende Daß [...]

P. Jänicke.«

[Nachschrift:] »[...] daß es woll nöthig wehre, durch die hiesigen Architektos, nämlich Herrn Eosander, Grüneberg und Behren das Werk besichtigen und wie solchem zu helfen, überlegen zu lassen, zumahl zu besorgen, daß der Herr Schlüter itzo, da ihn dieser Bau sehr beunruhigt, sich alleine nicht wird rathen oder helffen können.«

in: GStA PK, I. HA Geh. Rat, Rep. 36, Nr. 2888, Bl. 29r–30v

zitiert in: Adler 1863, Sp. 26; Geyer 1992, Textbd., S. 138, Nr. 3.

1706, 6. Juli

Königliches Reskript an Markgraf Philipp Wilhelm

»Friderich König in Preüßen p.

Uns ist vorgetragen, was Ew. Liebden wegen des Neuen Müntz Thurmes abermahl unterm *26. Juny* an Uns berichtet; weil nun der Ober-Bau *Director* Schlüter ged. Thurm wieder abzubrechen *resolvir*et, auch damit wirklich den Anfang gemacht hat, so nehmen Wir solches vor eine sichere *probe*, daß er selbst dafür halte, es könne dieser Bau nicht bestehen. Damit aber wegen dessen künftiger Einrichtung nicht abermahl ein fehlschlag gethan werde, so finden Wir gut, daß Ew. L. gedachten Schlüter befehlen, Er solle sich mit Unsern übrigen dortigen *Architectis* und *in specie* mit dem von *Eosander* und Grünebergen wie auch mit dem *Mathematico Sturmen* zu Frankfurth an der Oder, welcher deshalb *expresse* verschrieben werden muß, zusammen thun, die Uhrsachen, warumb der Thurm sich so stark gesetzet, auch Risse bekommen und den Einfall drohet, woll überlegen, auch was er nunmehr vor ein Gebäude daraus zu machen gedenket, Ihnen eröffnen, da sie dann deshalb, und ob solches sicher und mit Bestande geschehen könnte, eines gewissen sich mit einander zu vereinigen, auch Uns die Zeichnung einzusenden, widrigenfalls aber, und wann Sie sich deshalb nicht vergleichen könten, ein Jeder von Ihnen Seine Meinung absonderlich in Schrifften abzufassen und selbige Ew. L. zuzustellen, umb sie Uns einzuschicken. Ew. L. haben auch gedachten Unsern *Architecten* insgesambt, und den Schlüter absonderl. zu bedeuten, daß dieser Thurm auf eine beständige und *durable* Art gebauet werden müsse, und daß Wir denselben Jetzo so fort bis auf den Grund abbrechen lassen, alß die Gefahr lauffen wolten, daß derselbe künfftig, wann er nach des Schlüter's Jetzo etwan *formir*enden *Dessein* gebauet, nachgehends gleichwohl noch sinken oder gar über'n Haufen fallen möchte.

Wir erwarten hierauf Eurer Lbden. umbständlichen Bericht mit dem ehesten und verbleiben übrigens, Cleve den 6. *Julÿ 1706.*«

in: GStA PK, I. HA Geh. Rat, Rep. 36, Nr. 2888, Bl. 40 r/v

zitiert in: Adler 1863, Sp. 28.

1706, 10. Juli

Schreiben Schlüters an Schloßhauptmann Marquardt Ludwig von Printzen

»Hochgebohrener Freyherr, Gnädiger Herr

Ew: Excellentz werden hoffentl. meine vorige wol sind geliefert worden, anitzo berichte nur gehorsamst, daß ich mit denen Gemächern im Schloße beschäfftiget bin, und so vil mögl. selbige arbeit Zu beschleunigen mir angelegen seÿn lassen. Den Thurm belangend so stillet sich selbiges Werck Von Tage Zu Tage mehr, maßen die ober Etage schon weit abgenommen, auch damit fleißigfortgefahren wird. InZwischen habe ich Zeithero mit Schmertzen Von Ew. Excellentz einige Zeilen erwartet, stehe auch in der Hoffnung, mit dieser abend Post etwas zuerhalten, welches mich sehr consoliren köndte, habe also voritzo nichts mehr, als mich Zu Ew. Excellentz hohen faveur und Protection unterthänig Zuempfehlen verharrend

Ew. Hochfreiherrl. Excell. Meines hochgebiethenden Patrons unterthänigster Knecht

A. Schlüter.«

in: GStA PK, I. HA Geh. Rat, Rep. 36, Nr. 2888, Bl. 44 r/v

zitiert in: Adler 1863, Sp. 27; Geyer 1992, Textbd., S. 138, Nr. 4.

1706, 13. Juli [a]

Kabinettsordre an Sturm

»Friedrich, König in Preußen, pp.

Nachdem Wir in gewissen angelegenheiten etwaß mit Euch zu überlegen haben, alß Befehlen Wir Euch hiemit in gnaden, Euch alsoforth nach empfang dieses anhero zu begeben, und Euch annoch vor ablauf dieser wochen ohnfehlbar alhier einzufinden, auch hieselbst unsere fernere Willensmeinung zu erwarten.

Seynd p. Cölln den 13. Julÿ 1706.«

in: GStA PK, I. HA Geh. Rat, Rep. 36, Nr. 2888, Bl. 51.

zitiert in: Oelrichs 1796, Bd. 1; Adler 1863, Sp. 29.

1706, 13. Juli [b]

Schreiben Schlüters an Schloßhauptmann Marquardt Ludwig von Printzen

»Hochgebohrner FreHochgebohrner FreHerr, gnädiger Herr

Ew. Hochwohlgeb. *Excellentz* bin als Dero geringster Diener Zu unterthgsten Danck verbunden, daß dieselbe mir die hohe Gnade erwiesen, und mich mit einem Schreiben von Dero selbst eigenen hohen Hand gewürdiget, welches mir recht wie ein Himmlisches Geschenke gewesen, denn wenn selbiges zu der Zeit nicht gekommen, würde ich keinen Menschen mehr an die Arbeit gebracht haben, weil sie allesamt an ihrer Zahlung zweiffeln, auch wegen ihrer rückstendigen Gelder und Rechnung, bald mit dem Hause weggetragen, und mir nicht menschliche, sondern Höllen Qual und Marter angethan, welches alles aber nun durch Ew: Hochwohlgeb. *Excell.* Schreiben gäntzl. wieder gehoben worden. Daß aber Ew. Hochwohlgeb. *Excell.* beliebet mich Ihre so gnädige und so offt wohlmeinende Erinnerung und Warnung vorzustellen, nehme ich nicht allein vor ein höchst nothwendiges aber noch gnädiges *Repromande* an, denn es sich alles mehr, als nur zu wahr so befindet, wie es Ew. Hochgeb. *Excell.* dadurch abgebildet, und gestehe ich gar gern, daß Sie Uhrsache genug hetten mich noch anders als auf solche höfliche Manier Zu begegnen. Doch kan ich Ew. Hochgeb. *Excell.* versichern, daß ich nicht weiß, wie mir beÿ dieser Sache geschehen ist, das was meine Seele von Jugend an gehaßet, das muß ich nun selbst seÿn, ja ich weiß nicht was ich sagen soll, ob über mich dieses mahl der Himmel so beschloßen, daß ich mit aller meiner schrecklichen gehabten großen Mühe und Arbeit so verfallen und blind lauffen müßen, oder ob es von sich selbst ein Zufall ist, denn ich hette wohl mein Leib und Leben, Ehre und Seeligkeit verpfändet, daß dieses Werck beÿ aller solcher *Praecaution* und Vorbauung sich nun nicht zum sincken begeben solte, sonderlich, da wir durch das Rammen einen solchen festen Grund gefunden, daß wir die Pfähle nicht tieffer haben treiben können. Weil ich aber nun doch solches erleben müßen, so habe in dieser meiner so großen Traurigkeit mich doch wieder aufgericht, da ich vernommen, daß Sr. Kgl. Maÿt. in dieser Sache, als ein gerechter und allergütigster König und Herr sich so *generos* erzeiget, daß Er mich nicht nach seinem Zorn, sondern nach Seiner allerhöchsten Gnade allergdst geurtheilet; Ich versPreche von nun an mein Lebenlang solches alleZeit mich vorzustellen, und mit allem Fleiß u. Begierde mit Treu und Arbeit nicht aufzuhören, biß ich dieses alles wieder völlig ersetzet habe, wobey ich vors erste nicht ermangeln werde, Sr. Königl. Maÿt. allerhöchsten *Ordre* nachzuleben, und mich mit den vorgestellten *Architecten* zusammen zu kommen, umb der Sachen Beschaffenheit recht aus dem Grunde vorzunehmen. Weil aber besorge, daß wir allein nicht zum rechten Schluß kommen werden, als gelanget an Sr. Kgl. Maÿt. mein alleruthstes Bitten, dieselbe wollen allergdst geruhen, noch einige andere unpartheyische *Commißarien* dazu zu ernennen, welche solchem mit beywohnen. Und weil ich bey solcher Gelegenheit alles erweisen will, daß ich an diesem Unglücke nicht Schuldt habe, so wolte umb so vielmehr/alleruthgst gebethen haben, daß 3 *Hoff-Cavalier* und 2 Geheimbde Rähte, welche sich nun hier befinden/: doch unmaßgebl.:/als nehmlich den Herrn von Osten, dem *General Major* von Hake, und der Oberschenck von Erlach, der Herr von Heugel, der Herr von Gräwen, und von den Bau-Räthen, der Herr Raht von Pein, allergdst verordnet werden möchten. Bey welchen denn auch ein *Notarius* fast vonnöthen. Wenn ich denn nun unter dieser Sache nichts anders, als Sr. Königl. Maÿt. allerhöchstes *Intereße* und gute Ordnung suche, so getröste mich hierinn einer allergdsten Erhörung, und empfehle Ew. Hochgeb. *Exzell.* in Gottes gnädigsten Schutz und Schirm, mich aber in der hohen gnade und hohen *Protection*, und verharre

Hochgebohrener Freÿherr, gnädiger Herr

Ew. Hochgebohrenen *Excellentz*, unterthänigster Knecht

A. Schlüter

Berlin, den 13. Julÿ 1706.«

in: GStA PK, I. HA Geh. Rat, Rep. 36, Nr. 2888, Bl. 52r–53r

zitiert in: Adler 1863, Sp. 30f.; Geyer 1992, Textbd., S. 138, Nr. 5.

1706, 14. Juli

Kabinettsordre an Schlüter, Eosander, Sturm und Grünberg

»Friedrich König in Preußen,

Wir *communiciren* Dir vermittels beÿgehender abschrift, waß Wir wegen des Neüen Müntz=Thurms an Unsres Bruders und hiesigen Stadthalters des Printzen *Philipp Wilhelm rescribiret*, und befehlen dir dabeÿ in gnade dich danach gehorsamst zu achten, mit dem von *Eosander*, Grünebergen und *Professore* Sturmen dich so forth zusammenzuthun, und sothaner Unserer in dem Beyschluß enthaltenen allergnädigsten willensmeinung in allem exacte nachzuleben. Seind p. Cölln, den 14.ten Julÿ 1706«

»An Hr Bau=*Director, Schlüter* et mut: mutand: H von *Eosander*, Prof: Sturm und Grünebergen.«

in: GStA PK, I. HA Geh. Rat, Rep. 36, Nr. 2888, Bl. 54

zitiert in: Adler 1863, Sp. 33.

1706, 17. Juli

Schreiben Schlüters an Schloßhauptmann Marquardt Ludwig von Printzen

»Hochgebohrner FreHochgebohrner Freÿ=Herr,
gnädiger Herr,

Ew. Hochgeb. *Excellenz* gebe hierdurch unterthgst zu vernehmen, wie daß Wir hier beÿ unserm Wercke des Müntz=Thurms bis Zu dem vergangenen Sonnabend, als den 10t dieses, in guter Hoffnung gelebet , es würde das Werck, indem es sich Tag täglich immer beßer zur Ruhe bequemet, endlich mit dem Setzen ein Ende machen, da wir aber in der besten Sicherheit wahren, da fing das gantze Werck wieder mit einmahl so starck Zu gehen, daß es dadurch nunmehr Zu einem Thurm=Bau gantz ungeschickt und unbrauchbar worden, Es ist etwas sonderliches, was wir allesamt beÿ diesem Wercke *observiret*, daß nehmlich die Ritzen und Spalten, welche sich beÿ diesem Wercke gewiesen, des Tages so lange an dem Wercke gearbeitet worden, nicht weiter aufgethan, sondern wie man sie des Morgens gefunden, so sind sie auch geblieben; des Nachts aber, ob selbige beÿ dieser Zeit schon gantz kurtz, dennoch die Fugen so weit aufgerißen, daß man sie allemahl wieder offen gefunden; sonst haben die Nachbahren schon vorlängst, wie auch noch immer im selbigen Thurm des Nachts ein Turnieren und Gedonner gehöret, daß sie von ihrem Schlaf davon aufgewecket worden. Weil aber dieses alles nun die Sache ferner nicht helflen kan, so wolte Ew. Hochgeb. *Excell.* geruhen gnädigst Zu vernehmen, was ich bei diesem schlechten Zustande vor ein unmaßgebliches Werck erfunden, damit Sr. Königl. Maÿt. das verdrießliche Ding nicht gar Ihr Allerhöchstes Vorhaben zunichte machen möchte, sonderlich da ich vernommen, wie daß Sr. Kgl. Maÿt. allergdst *resolvir*et wehren, daferne dieses Gebäu nicht mehr worzu tüchtig, solches biß auf den Grund abbrechen Zu laßen, welches dann wohl geschehen könte, aber eine viel größere Verdrießlichkeit nach sich Ziehen würde als nun die jetzige ist, indem nicht allein wohl über 3 Jahr vergehen würden, ehe man diesen Klumpen von einander bringen könte, auch hier keinen eintzigen Orth ersehen, wo wir alle die *Material*ien davon laßen sollen, sondern auch der Schutt, der davon kommen würde über die maßen viel kosten wegzuführen; die Waßer-Künste im Garten und Schloß samt dem Waßer, müsten so lange verlohren gehen; ja die Röhren samt der Grotten, würden alle verderben und Zu nichte werden, und würde hierdurch auch nicht eine geringe Hinderniß dem Schloß-Bau zuwachsen, indem die Gelder meist Zum abbrechen aufgehen, und wenn denn solches alles geschehen, so würde doch solches nur umbsonst seÿn, maßen keiner sich unterstehen wird, mehr auf selben Grund ein solches wichtiges Gebäu zu setzen, nachdem man nun erfahren, was das vor ein schlimmes Erdreich ist. Und weil solches Ew. Hochgeb. *Excell.* nach Dero hohen Verstande weißlich genug beÿ sich Selbst überlegen werden, daß daraus nichts anders kommen würde; alß wehre nun dieses mein unvergreiflicher und unterthänigster Vorschlag, daß man nicht das gantze Gebäude abbreche, sondern nur soweit abnehme, biß es von sich selbst stehen müste, und daß solches denn Zu nichts anders, als wieder Zu den Waßer= Wercken allein gewidmet würde. Und damit solches doch der Stadt eine Zierde veruhrsachte, könte solches gar hübsch abgeputzet, glatt abgedecket, und darauf ein Geländer mit Bilder und einem *Sallet* gemacht werden, Zu welchem man mit einer bequemen Stiegen aus dem Schloße könte hinauf kommen. Solches könte dienen Zum Abblasen der 10ten oder 11ten Stunde vor einen Wächter des Nachts, der aufs Feuer acht hette, und denn auch des Tages Zur Lust, daß man darvon die gantze Stadt über sehen könnte; Ja es könte ein rechtes *Belwidere* abgeben. Damit aber S. K. Mayt. wieder Zum Geleute der *Capellen* gelangen, und bald das Uhrwerck samt dem GlockensPiel doch hören möchten; so habe den Thurm am Schloß über der alten *Capellen* besichtiget und befunden, daß selbiger sehr bequem Zu diesem Wercke seyn kan, daß man nicht allein in der Geschwinde wieder ein Werck verferttigen könte, daß Sr. K. Maÿt. ein allergdgstes Vergnügen daran haben könten, sondern es würde auch an der langen Brücken dem Schloße ein schön Ansehen machen, und die Glocken werden einen beßern *Resonantz* von sich geben. Der Glocken-Stuhl, das Bild, die Kupfernen Krohnen, und viel andere Dinge, können alle Zu diesem Thurm auch gebraucht werden, und wird nicht viel fehlen, daß wir nicht dieses Jahr damit zum Stande kommen.

Wann solches Ew. Hochgeb. *Excell.* vor genehm halten, und Sr. K. Maÿt, dieses auch allergdst. *approbir*en werden, so bitte Ew. Hochgeb. *Excell.* unterthgst, mich nach Ihrer hohen Gnade mit einer baldigen Antwort Zu würdigen, und dabeÿ auch die *Ordre* Zu ertheilen, daß die *Fr. Crakauer* sich aus dem Thurm so lange in die nächsten Gemächer, sonderlich nach der langen Brücken in der Eck sich *reterire*, damit ich beÿ dieser schönen Zeit nicht aufgehalten werde. Sonst gehet es beÿm Schloße mit der Arbeit sehr wohl von statten, Die *Escalier de robe* wird auf den Dinstag schon gesetzet, und die andern Sachen auch so gemacht, daß Ew. Hochgeb. *Excell.* ein gnädiges Vergnügen daran finden werden. Empfehle mich hiermit in Ew. Hochwohlgeb. *Excell.* fernern hohen und gnädigen *Patrocinium*, und verharre
Hochgebohrener Freÿ=Herr, gnädiger Herr
Ew. Hochgeb. *Excellenz*, unterthänigster Knecht
A. Schlüter
Berlin, den 17. July 1706«

in: GStA PK, I. HA Geh. Rat, Rep. 36, Nr. 2888, Bl. 55r–56v

zitiert in: Adler 1863, Sp. 33–35; Geyer 1992, Textbd., S. 139, Nr. 6.

1706, 20. Juli

Protokoll über die Vernehmung der Bauleute

»Actum Cölln an der Spree den 20ten Julÿ 1706 in Beÿseÿn der zu Untersuchung des Schloßthurms verordneten *Commissarien*

Nachdem die Herren *Commissarii* vor nöthig befunden, diejenige Meister, und *Polir*er, so an dem Thurm bißhero gearbeitet, ingleichen die *Conducteurs* Böhmen und Wagenern über einige *puncta* eÿdtlich abzuhören; So sind folgende Personen heüt früh erschienen, und haben *praevia admonitione de vitando periurio* nachstehenden Eÿdt abgeleget.

Ich N: N: schwehre zu Gott den allmächtigen in dem Himmel einen cörperlichen Eÿdt, daß ich auf diejenige *Articul*, so mir sollen vorgehalten werden, die reine pur lautere Wahrheit/nach meinen besten wißen und gewißen außagete, und solches nicht unterlaßen wolle, weder aus gunst oder ungunst, freündschaft oder feindschaft, Eigennutz noch einiger andre Ursache wegen, so mich von der Warheit abhalten könnte oder möchte. So wahr helfe mir Gott, und sein heiliges Worth, umb Christi Jesu willen zur ewigen Seeligkeit!

Nomina Deponentium

Depon:

1. Meister Leonhard Braun, der ältere, Maurermeister.
2. Meister Leonhard Braun, der jüngere, Maurermeister.
3. Meister *Niclas* Reichmann, Hof Zimmermann.
4. Jürgen *Donat*, Polirer beÿ denen Mauern.
5. *Ascanius Christian Wagener, Conducteur.*
6. Martin Heinrich Böhme, *Conducteur./*

Hiernechst sind vorstehende 6. Personen über *Articul* vernommen, und haben ausgesaget, wie folget.

Artic: I^{mus}

Wann das erste *fundament* angefangen worden?

ad Artic: I^{mum}

Depon:

1^{mus} Ihm düncke, es sey Ao 1701 gewesen.

2. Da wisse er nicht von, etwa 3. Wochen oder 14. Tage vor Pfingsten im vorigen Jahr sey er zu der Arbeit gekommen.
3. Er wisse es nicht, aus denen Bau Rechnungen würde man es am besten nehmen können.
4. Es gehe ins 5te Jahr, daß der Thurm wäre angefangen zubauen, und zwar wäre auf den Absatz des alten Thurmes gleich angefangen zu mauern.

Depon:

5. Es geht ins 5. Jahr.

Depon:

6. Das Jahr wisse er nicht, er sey gleich im Anfang nicht dabey gewesen.

Artic: 2

Ob das Fundament unter dem alten thurm anfänglich visitiret worden?

ad 2

Depon:

1. Nein, sie hätten oben auf des alten Thurms Absatz zuerst zu arbeiten angefangen, beynahe 3° Fuß hoch, und zwar nur auf 2 Seiten, nachdem aber weil der Thurm des Herrn Schlüters Angaben nach zu schmal würde, so hätte er unten was anbauen lassen, und deßhalb hätten sie das Fundament damahls visitieret.
2. Da wisse er nichts von.
3. Dabey sey Deponent nicht gewesen, sey auch nicht dazu gerufen worden.
4. Das wisse er nicht, sey nicht dabey gewesen.

Depon:

5. Davon wisse er nicht, sey nicht dabey gewesen.
6. Nescit.

Artic: 3

Welchergestalt solches bey der Besichtigung befunden worden?

ad 3

Dep:

1. Das Fundament sey von guten Kalcksteinen auf einen Eichen Rost worunter Pfäle gestanden, gewesen, die Tiefe sey nicht erforscht worden wegen des vielen Wassers, so damahls gewesen.

2.–6. *cessat*

Artic: 4

Ob dazu gerammet? oder

ad 4

1. Ja.

2.–6. [Klammer, dahinter frei]

Artic: 5

Auf was Arth es sonst verwahret, und versehen gewesen?

ad 5

Depon:

1. *uti ad Artic:* 3.

2.–6. *cessat*

Artic: 6

Ob der alte Thurm Borsten gehabt?

ad 6

1. Ja, auf der Seite von Wasser zu, welche Borsten er, auf ordre Herrn Schlüters, als sie angefangen zu rammen, verstreichen lassen, welche dann nicht wieder aufgegangen. Bey der Schütze hätte der alte Thurm auch eine sehr kleine Ritze gehabt. Die Ritzen wären durch die Mauer gegangen, aber nur wenig, und oben wären sie garnicht zu sehen gewesen.
2. Nescit.
3. Ja, soviel er sich erinnere, habe der alte Thurm eine Borste bey der alten Thüre gehabt.

Depon:

4. Ja, eine vornen heraus nach der Gaße zu, es habe aber dieselbe alß sie gerammet, sich weiter nicht gesetzet.
5. Eine Borste sey drinnen gewesen nach der Gasse werths hin.
6. Wisse es nicht, er sey erst vor 3. Jahren bey dem Bau gekommen.

Artic: 7

Ob unter der ersten angebaueten Mauer ein Fundament gemachet worden ?

ad 7

1. Ja.
2. Das sey vor seiner Zeit gewesen, wisse es also nicht.
3. So viel alß er gehöret, sey unter der ersten Verstärckung gerammet und eine Roste geleget worden. Depon: selbst sey zu der Zeit mit Herrn Grünberg bey dem Hallischen Schleusenbau und auch nach Gatersleben gewesen, der verstorbene Polirer Lehmann habe den hiesigen Thurmbau unter Händen gehabt.

Depon:

4. Ja, es sey die Vorderseite an der Gasse, und die beyden Ecken mit einer Roste geleget, und die Fächer mit Pfählen ausgeschlagen worden; zwischen dem Altan und dem Thurm habe er biß unten auf die volle Mauer wegräumen, und darauf mauern müssen, unterm Altan aber sey alles ausgerammet, und auf die Pfähle ohne Rost gemauert worden, wo die Müntze gestanden, sey eine Rost geleget ohne Pfähle zu schlagen, von dar an biß an Mangins Hause sey wieder gerammet, und auf die Pfähle ohne Rost gemauert worden.

Depon:

5. Ja.
6. Da wisse er nicht von.

Artic: 8

Auf was Arth solches angeordnet worden ?

ad 8

1. Es sey an der Seite nach der Gasse und umb beyde Ecken gerammt, auch ein Rost geleget worden, dje Pfähle wären, wie ihn düncke, 8 à 9 Fuß lang gewesen, in der Mitten sey es schwächer gemachet worden, die Seite nach der Müntze zu habe Herr Schlüter nicht wollen rammen lassen, sondern habe einen Rost legen, und solchen mit Kalcksteinen ausmauern lassen, die

Seite nach dem Ballhause hin sey auch auf einen Rost gebauet, das übrige umb die Ecke herumb sey nur stückweise mit einem Rost beleget.

Int: [Zwischenfrage] Ob zu gleicher Zeit rund umher das Mauerwerk gleich auffgeführet worden?

R: Nein, solches sey nicht geschehen.

Depon:

2. Cessat.
3. Weiß es nicht.
4. Dixit.
5. Nach der Gasse zu sey ein Rost mit Pfählen ausgeschlagen. Die Seite nach dem Altan sey so viel er sich erinnere, mit Pfählen ohne Rost ausgeschlagen, Depon: sey viel kranck gewesen, so daß er nicht eben von allen Wißenschafft habe, so viel erinnere er sich, daß unterm Altan gerammt worden, nach der Müntze und dem Ballhause hin sey auch gerammet, und auf die Pfähle gemauert worden, von dem übrigen nach Mangins Hause wisse er eben nichts zu sagen.

   Erinnert dabey, daß das Stück von Altan biß an die Müntze auf einer Rost mit Steinen ausgeschlagen gemachet sey, er könne sich nicht recht besinnen, wie der Bau fortgesetzet worden, weil er niemahls einen gantzen Riß gesehen, sondern Herr Schlüter habe nur Stückweise die Risse gegeben.

Dep.

6. Cessat.

Artic: 9

Ob auch der Grund vorhero visitiret worden?

ad 9

1. Ja, es sey gebohret, und eitel Morast gefunden worden, es habe aber Herr Schlüter nicht wollen rammen lassen, sondern habe vermeinet, es solte die Mauer sich daselbst setzen, und dann wolte er mit denen Anckern den vordern Theil zurück halten, zu welchem Ende er noch einen starcken Pfeiler anmauern lassen.
2. Nescit.
3. Wisse es nicht.
4. Im andern Jahre hätten sie inwendig nach der Müntz Seite hin das Fundament visitieret, und gebohret 9 Fuß tief, und oben Schleim, tiefer aber Lehmen und Sandt, alß Bett gefunden.

Depon:

5. Er wiße es nicht, ob der Grund gebohret worden, das rammen aber habe er gesehen, und wären die Pfähle, so eingeschlagen worden, nicht egal gewesen.
6. Nescit.

Artic: 10

Durch wen solches geschehen?

ad 10

1. Durch den Polirer im Beyseyn des Deponenten, Herrn Schlüters, und der Zimmermeister. Deponent habe zuweilen erinnert, es könte so und so besser gemachet werden, es habe aber Herr Schlüter darnach nicht hören wollen.
2. Cessat.
3. Wisse es nicht.
4. Meister Leonhard der ältere mit dem Herrn Bau=Director, Depon: sey auch dabey gewesen, und hätten sie an verschiedenen Orten gebohret, ein Jahr danach hätten sie auch auswendig an der Gasse werths beym Fundament gebohret, und es eben so alß inwendig befunden.

5. 6. cessat.

Artic: 11

Wie starck dieses Fundament angeleget worden?

ad 11

1. Des könne er sich eben nicht mehr erinnern.
2. Cessat.
3. an einem Orth 5. fuß und nach der Freyheit hin 7. Fuß.
4. Bey der ersten Verstärckung wäre es hinten und vornen 7. Fuß breit angeleget, an der Seite beym Altan wäre alter Grund gewesen.
5. Besinne sich dessen nicht.
6. Weil er nicht dabey gewesen, so wisse er es nicht.

Artic: 12

Weßhalb diese erste Mauer zum andernmahl verstärcket worden?

ad 12

1. Das wisse er nicht, Herr Schlüter habe die Ursach nicht gesaget.
2. Er wisse es auch nicht, weil er nicht bey dem Bau gebrauchet worden.
3. Das sey ihm unbewußt, alß die andere Verstärckung geschehen, habe Herr Schlüter vorgegeben, er wolte machen, daß die Erde von dem Fundament oder Mauer sich nicht abgeben solte, deßhalb habe Deponent eine Reihe Spund=Pfähle biß an den Rönnstein einschlagen, und hernach den ganzen Platz biß an die Mauer mit Pfählen ausschlagen lassen, es wäre aber gleich hinterher gemauert, ohne daß ein Rost geleget, oder das Neue mit dem Alten verbunden worden, Bey dieser andern Verstärckung, wäre auch der Pfeiler, der jetzt am meisten sincket, mit einer großen Ramme noch einmahl nachgeschlagen worden, da denn die Pfähler auch fort gegangen, es wären die längsten Pfähle 12 Fuß lang gewesen.
4. Weil Herr Schlüter eine andere Zeichnung gemachet gehabt.
5. Weßhalb der Herr Bau Director Schlüter solche Verstärckung vorgenommen wiße er nicht.
6. Das wiße er nicht, weil er auch bey der anderen Verstärckung nicht gewesen, sondern er sey erst dazu gekommen, wie schon die Mauern biß an die imposten fertig gewesen.

Artic: 13

In welchem Jahre solche Verstärckung geschehen ?

ad 13

1. Im dritten Jahre etwa nach dem Anfang des Baues.
2. Er erinnere es sich nicht.
3. Das würde 3. Jahre im Winter gewesen seyn.
4. Vor 2. Jahren sey es geschehen, wie es ihm düncke.
5. Vor etwa 2 1/2 Jahren.
6 Nescit.

Artic. 14

Ob etwa einige Gefahr obhanden gewesen, weßhalb man die Verstärckung vornehmen müßen?

ad 14

1. Nein, es wäre eben keine Gefahr, doch unten einige kleine Risse in der Mauer gewesen, Herr Schlüter hätte vorgegeben, eine Gallerie zu machen, und deßhalb vier Pfeiler aufzuführen.
2. Das wisse er nicht.
3. Davon wäre ihm nichts offenbahret, hätte es auch selbst nicht eben in Acht genommen, außer daß er wol gesehen, daß bey der dritten Verstärckung einige Grundsteine gespalten, alß die Mauer etwas hoch aufgeführet worden.
4. Er habe keine Gefahr bemercket, sondern weil Herr Schlüter eine andere Zeichnung gehabt, so habe Deponent auch nach derselben die Mauer anlegen müssen.

Depon:

5. Das wiße er nicht, es habe Herr Schlliter ein ander dessein vorgehabt.
6. Das wisse er auch nicht.

Artic: 15

Ob zum Fundament dieser Verstärckung gerammet?

oder ad 15

Depon:

1. Ja.
2. Da wisse er nicht darumb, es sey solches vor seiner Zeit geschehen.
3. Dixit.
4. Ja.
5. Es sey gerammt, auch bey denen Pfeilern eiserne Knie, und auf diese Quader geleget worden.
6. Cessat.

Artic: 16

Wie es sonst angeordnet, und verfertiget worden?

ad 16

1. Es wäre rund umbher gerammt, und auf die Pfähle 3. Reihen Quader Steine geleget worden, es wäre aber kein Rost auf die Pfähl gemachet worden, oben denen Werck Stücken aber wären eiserne Winckel geleget, und unter den ersten Anbau gesezet worden, denselben mit helfen zu tragen.
2. Uti ad praeced:
3. Dixit.
4. uti ad praeced.
5. Dixit.
6. Cessat.

Artic. 17

Wann die so genandte Berge an denen Ecken angebauet worden?

ad 17

1. Davon wäre im vorigen jahre einer, und in diesem jahre die anderen angeleget, auch einer verstärcket worden, mit solchen Anbau aber habe Deponent nichts zu thun gehabt, dann alß er gesehen, daß der Thurm unten Risse bekommen, habe er dem Herrn Schloßhaubtmann solche gewiesen, da es denn dazu gekommen, daß dem Deponenten die Arbeit genommen, und seinem Vetter gegeben worden, doch wäre sein Polirer, und die Leuthe dabey geblieben, Herr Schlüter habe nicht leiden wollen, daß man davon reden solte.
2. Der eine Berg nach der Hundebrücke zu sey im Herbst des vorigen jahres angefangen, das Fundament habe Deponent schon fertig gefunden, und darauf habe er mauern lassen, der andere Berg sey dieses Frühjahr gemachet worden, da das Fundament aufgerißen und die Pfähle nachgerammet worden, etliche wären tief gegangen, etliche aber nicht, die Pfähle wären nicht abgekappet worden, weil sie mehrenteils durch das nachrammen wieder gleich geworden, und darauf sey nachdem die Mauer gesezet, und die Werckstück mit scharfen Kalck gantz genau zusammen gefügt, auch mit Ackern zusammen gefaßet worden, der mittlere Berg sey auch nachgeschlagen, und Bolen darüber geleget, auf diese aber eine Schicht allerhand große Steine trucken gelegct worden, und nachgehendts wäre mit andem Steinen die Mauer fortgeführet worden.
3. In diesem Frühjahr.
4. Im vorigen Herbst sey der Anfang dazu gemachet, und dieses Jahr vollenführet worden.
5. Vergangenen Herbst sey der Anfang dazu gemachet, dieses Frühjahr aber das meiste daran geschehen.
6. Im Herbst vorigen Jahres wäre der eine nach Mangins Hause angeleget, die andern aber in diesem Frühjahr gemacht worden.

Artic: 18

Auf was Arth das Fundament darunter gemachet worden?

ad 18

1. Nescit.
2. uti ad praeced:
3. Die zwey Eckberge stehen bloß auf Pfählen, der mittelste aber sey mit Bolen woll 6 Zoll dicke beleget.
4. Es wäre aufgerissen, und mit einer schwehren Ramme nachgeschlagen, hiernechst auf die Pfähle fort gemauert worden, es wären aber auff die Pfähle zuforderst Quader=Stücke geleget, und auf eisernen Knien Werck=Stücke unter das ander Fundament geschoben worden.
5. Es wären Pfahl an Pfahl gerammt, ohne Rost.
6. Es wäre voller Pfähle gerammt ohne Rost.

Artic: 19

Ob dieses Fundament mit dem vorigen verbunden sey ?

ad 19

1. Das glaube er nicht, doch würde der Polirer solches wissen.
2. Die Pfähle wären dichte dran geschlagen, weil aber auf die Pfähle keine Rost gekommen, so hätten auch die Fundamente nicht verbunden werden können.
3. Nein.
4. Weiter nicht, alß mit Unterschiebung der Werckstücke.
5. Es stießen die Pfähle an die Pfähle des anderen Grundes, verbunden wären sie nicht.
6. Es sey keine andere Verbindung, alß daß Pfahl bey Pfahl geschlagen sey.

Artic: 20

Ob Spundpfähle umbher gerammet worden?

ad 20

1. Ja, so wie er gehöret vom Polirer und dem Zimmermann, aber nicht gantz umbher, sondern nur von der Gassen her biß an den Canal.
2. Bey seiner Zeit sey es nicht geschehen, ob es vorher geschehen wiße er nicht.
3. Auswendig herumb, auff zwey Seiten, der Straße lang, und auch nach dem Ballhause hin.

Depon:

4. Ja, auff der Seite nach der Gasse, und auff dem Hoff.
5. Ja, von der Schlitze an nechst der Gasse her umb die Ecke herumb.
6. Wisse es nicht.

Artic: 21

Auff welcher Seite solches geschehen?

ad 21

1. uti ad praeced:
2. Nescit.
3. Dixit.
4. Dixit.
5. Dixit.
6. Cessat.

Artic: 22

Ob selbige außer oder innerhalb den Pfählen geschlagen worden?

ad 22

1. Außerhalb der Pfähle, wie weit davon, wiße er nicht, vermutlich 2 biß 3 Fuß.
2. Wisse es auch nicht?
3. Außerhalb.
4. Außerhalb.
5. Außerhalb.
6. Cessat.

Artic: 23

Wie tief die Fundamenta insgesambt angeleget worden?

ad 23

1. So wie das alte, ungefehr 8 Fuß tief.
2. Er habe es eben so accurat nicht gemessen, es wäre aber eins so dief wie das andere, ob es 5 Fuß oder tieffer sey, wisse er eben nicht.
3. Nach dem alten Thurm habe er nicht gemessen.
4. Acht Fuß tief ohne das gerammte.
5. Er habe es Zwar nicht gemessen, er halte aber, daß sie wol 12 Fuß haben würden.
6. Er habe es nicht gemessen.

Artic: 24.

Ob große Feldsteine mit in das Fundament gebracht worden?

ad 24

1. Nein, sondern Quadersteine.
2. Zu dem Fundament zu denen Bergen, wären unten Quader Stücke auch Kalck=Steine geleget.
3. Wisse davon nicht.
4. Nein, sondern große Kalcksteine.
5. Unter die Berge wären eitel Quader, unter dem andern aber mehrenteils Kalcksteine.
6. Er habe eitel Kalck=Steine bey auffreißung des mittleren Berges gefunden.

Artic: 25

Wann die Borsten Zum erstenmahl in der Mauer verspühret worden?

ad 25

1. Bey der andern Verstärckung wären bereits Risse verspühret.
2. Alß er zu dem Bau gekommen, habe er in der alten Mauer einen Riß gefunden, welcher auch des Polirers Aussage nach dem Herrn Schloßhaubtmann von Herrn Schlütern gewiesen worden.
3. Das sey ihm unbewußt, vorm Jahr habe Deponent erst Borsten gemercket, alß er einmahl oben gewesen, man hätte aber gemeinet, es hätte nichts zu bedeuten.
4. Im dritten Jahr, alß unten wieder gerammet worden, hätten sich Borsten hervor gethan, welche auch Deponent so gleich dem Meister, und Herrn Schlüter gewiesen; welcher befohlen, fleißig darauf Acht zu haben, und ihm zu sagen, wann sie weiter giengen, dieses sey auch allezeit geschehen.
5. Vor 2. Jahren glaube er.
6. Alß Deponent bey dem Bau gekommen, habe ihm Meister Leonhardt die erste Borste nach der Straße zu inwendig gewiesen.

Artic: 26

Ob und was gebrauchet worden, um das Bersten zu verhindern?

Depon:

1. Da wären große Ancker gemachet worden, und oben

in dem alten Thurm die Thüren und Fenster vermauert und Ancker darein geleget worden.

2. Es wären nur kleine Risse alß ein Haar gewesen, welche zugeschmieret worden. Herr Schlüter aber habe davor gehalten, daß sich die Mauer müste sezen, und es hätte keine Gefahr.

3. Das wisse er nicht.

4. Sie hätten die Borsten verschmieret, und die Ancker gebrauchet.

5. Es wären je höher mit dem Bau gekommen, Ancker in die Mauer geleget.

6. Man habe die Borsten zugeschmiert, und in dem fort mauern Ancker geleget.

Artic: 27

Weßhalb Deponent die Gefahr nicht so fort gehörigen Orts angezeiget?

ad 27

1. Er und der Polirer hätten es Herrn Schlütern allezeit gesaget, er habe aber gesaget, es hätte keine Noth, und als er dem Herrn Schloßhaubtmann es gewiesen, habe Herr Schlüter gesaget, Deponent habe da keinen Verstand von, könne es nicht in seinen Kopf kriegen. Hr Schlüter habe auch zu Depon: gesaget, er fordere von ihm keine Verantwortung, sondern er stünde vor alles.

2. Es sey Herrn Schlütern allemahl gesaget worden, wann ein neuer Riß verspühret worden, und habe er so dann entweder selbst es besehen, oder den Conducteur Böhmen geschicket auch befohlen, demselben in seiner Abwesenheit, wann er etwa nach Potstam oder Freienwalde verreiset zu gehorchen, alß ob er selbst da wäre.

3. Er habe von keiner Gefahr gewußt.

4. Er habe die Risse gleich dem Meister und Hrn Schlüter angezeiget, mehr habe er alß ein Knecht nicht thun können.

5. Er habe, wann etwas verspühret, solches dem Herrn Schlüter gesaget, mehr habe er nicht thun können, weil er ein Subaltern gewesen.

6. So offt alß er was gemercket, auch das allergeringste habe er es dem Hrn Schlüter gesaget, an denselben sey er gewiesen.

Artic: 28

Ob die Maurermeister nicht gefunden, daß die Ecken, so die großen Bogen von 45. Fuß breit unterstützen sollen, zu schwach seyen?

ad 28

1. Deponent habe die Bogen wol 14. Tage zu arbeiten auffgehalten, weil er wol gesehen, daß keine proportion dabey wäre, dem aber ungeachtet, habe der Condukteur Böhme dem Polirer die Arbeit anbefehlen müßen. Dieser würde es ausführlicher sagen können. Es habe Herr Schlüter den obersten Pfeiler bey der Gallerie übersetzen lassen bis auf 5 1/2 Fuß, mit diesem habe er wollen den gantzen Thurm halten. Deponent habe auch Herrn Schlüter widerrathen, das gewölbe zu schließen über die große Glocke, es habe aber Herr Schlüter den Conducteur Mergen hingeschicket zum Polirer, welcher denselben zu schließung des Gewölbes nöthigen müssen, und zwar habe er das gewölb aus freyer Hand machen sollen, welches aber noch nachgeblieben, in dem der Polirer 2 Creutzbogen drin gemachet, worüber er noch ausgescholten worden. Deponent habe in dem Calender den Tag verzeichnet, an welchem Herr Schlüter gesaget, daß er keine Verantwortung von ihnen allen fordere, sondern er stünde vor alles.

2. Alß Deponent dazu gekommen, wären die Bogen schon alle geschlossen gewesen, und habe er Herrn Schlütern von dem Bogen an Mangins Hause remonstriret, daß der Bogen zu weit wäre, und die Pfeiler drückte, wäre also am besten, daß das Haus wegkähme, und der Bogen unter mauert würde, welches doch er nicht so gleich geschehen, sondern sie hätten über den Bogen noch andere Bogen drüber schließen, und auf diese noch einen Spitz=Bogen zulegen müssen, wie solcher noch itzt zu sehen, Deponent habe thun müssen, was ihm der Herr Schlüter befohlen, dann es sey derselbe ihm vorgestellet.

3. Davon könne er nichts sagen, es wäre der Maurer Arbeit.

4. Er wisse wol, daß Meister Leonhard sich wider den Bogen gesezet, es habe aber Mons. Böhme denselben Bogen aufgezeichnet, und habe derselbe dem Deponenten befohlen, solchen nach der Zeichnung zu machen. Deponent habe nicht urtheilen können, ob der Pfeiler zu schwach sey, weil er nicht gewußt, was vor eine Last darauf kommen sollen, in dem er keine gantze Zeichnung gesehen, nunmehro aber könte man wol sehen, daß die Pfeiler zu schwach wären.

5. Cessat.

6. Cessat.

Nachdem vorstehender maßen ein jeder seine Außage beschlossen, sind allerseits nach auferlegten Stillschweigen *dimittir*et worden. ut supra C. L. Lonicer mprf [= manu propria fecit]«

in: GStA PK, I. HA Geh. Rat, Rep. 36, Nr. 2888, Bl. 77–98.

zitiert in: Oelrichs 1796, Bd. 1; Bd. 2, S. 810–823; Peschken 1998, S. 116–120.

1706, 22. Juli

Bericht von Leonhard Christoph Sturm

»Allerdurchlauchtigster und gnädigster König
allergnädigster König und Herr
Ew: Königl: *Majestät*

Allergnädigsten Befehl, daß ich zu einer gewißen überlegung in Ew: Königl: *Majestät Residen*tz Berlin unverzüglich mich einfinden solle, habe allerunterthänigst nachgelebet, und mich gleich den folgenden Tag hierselbst eingefunden. *Montags* darauf, war der 19te, habe mich nebst Ew: Königl: *Majestät Architectis*, denen Herrn von Eosänder, grünebergen und Schlüter zu Besichtigung des Neüen Müntz Thurms begeben; hierauf der von Herrn von *Eosander* an Herrn *Schlüter* gethane Befragung beÿgewohnet, deßen Beandwortung fleißig *notiret*, und weil dieselbe, sonderlich waß den Ersten Punkt, nehmlich die Ursache des Sinkens und Reißens betrifft, uns nicht genung Licht, auch ged: Hr. Schlüter, außer einem schlechten und unzulänglichen Grundriß, einem *profil* von dem alten Thurm, und den *orthographi*schen Riß, wie des Thurms Gestalt werden sollen, keine *desseins* gegeben, da hingegen vielmehr nöthig gewesen, von dem grund selbst, und von jedem Stockwerk des Thurms eine besondere *plan*, vornehmlich aber von dem Gantzen Wercke einen deutlichen *profil* vorzuzeigen, daran man die Dicken und Höhen, wie auch die Ver=Bindungen, und von Zeit zu Zeit geschehene Neüe ansetzungen abnehmen können; alß haben wir ferner der Eÿdlichen Befragung der Bauleuthe auf gewiße von Hr. v. *Eosander formirte* Punkte *assistiret*, auß allen diesen aber den grund, zu folgenden allerunthänigsten Bericht gezogen.

Erster Hauptpunkt
von den ursachen, warumb daß gebäude sincket.

In der Besichtigung des Baues, welche wir von unten biß oben, umb und umb, so wohl innen alß außen, an den Thurm verrichtet, haben Wir folgende Mängel befunden, (a) daß der gantze Thurm sich nach der Ecke, welche gegen dem Zeüghause stehet, hingezogen, ohne die Ecke gegen über an der *Gallerie*, welche von grund auß bis oben an daß Ende des alten Thurms fest stehen geblieben, darüber aber recht verwundersahm, recht nach einer geraden *Linie*, alß abgeschnitten umb ein Merckliches verrücket, und ohne die Ecke an den Ballhause, die aber nur an eine geringen Stück von unten aufrecht stehen geblieben, alles übrige dahingegen auch sinken laßen.

(b) Haben wir über den Ersten Neüen Anbau, der ringsumb den Thurm in einer Dicke von 5 fuß gemachet worden, und daß erste *dissein formiret*, noch einen Neuen Anbau gefunden, der den Ersten ganz zu gedecket, ohne den mittlern Theil der *Faciata* gegen den Haffen der Spree, woran die *Grotte* kommen solte, daran doch die große *Niche* außgemauert worden. Dieser Neüe Anbau war ungleicher Dicke, doch über alle dicker als der erste, sonderlich an den beÿden Ecken, gegen gedachten haffen, dahingegen derselbe an der gantzen seÿte, gegen der *Gallerie* am allerstärkesten gewesen, und zum *exempel* wie außdem *profil* und grundriß beÿ *Litt: F.* zu ersehen auf eine ziemliche Stärke von 39 Fuß Dicke betragen.

(c) Ueber diesen haben wir noch an der Seite gegen den Haffen, einen dritten anbau gefunden, der in dreÿ über Maßen großen strebe, oder steinern Bergen bestanden, vid: *Lit. E.*

(d) An diesen fast entsetzlichen starken Gebäude, haben wir auf allen seiten, viel verstrichene, aber wiederumb aufgerißene Borßten gefunden, deren ein guter Theil von grund auß biß oben zu Ende des alten Thurms durch die ganze Dicke der Mauer gehet.

(e) *Notabel* war, daß der Neüe Bau nur geborßten und gesunken, aber nicht gesacket oder *pliiret* hat, da hingegen an dem alten Thurm etwas weniger Sinkens verspüret worden; hingegen die Mauer gegen der Waßerseite, an zweÿen ohrten starck *pliiret* und große bäuche bekommen, auch an der am meisten gesunkenen Ecke, einige steine gar außgeschoben, und herunter geworffen.

(f) Ferner scheine Merklich, daß oben an dem bloß Neüen Bau über den alten Thurm der Erßte anbau sonderlich keine Riße gezeiget, aber die zu dem Neü *formir*ten *dissein*, angelegte Neüe und sehr Starke Eck=Pfeiler sich sämtlich abgelöset.

(g) Wie an Stärke des Mauerwerks, also ist auch an Eÿsernen Ankerstangen Nichts gespahret worden, deren fünff Reihen Creützweise durch die Mauern, und den gantzen Thurm in die Dicke von 4 biß 6 Zoll ohngefehr, fünfzehn Reihen ringsumb den Thurm herumb, und zweÿ reihen Eine unter die ander über den Bogen, gezogen worden, unter diesen haben wir Zweÿ so sich nur Von ein ander gegeben, eine die geborßten und eine die sich alß eine schlange Krumm gezogen *observiret*.

(h) Daß die große Last die auf den unter großen Boden gelegen, darein die *Niche* Kommen sollen, Wie auch auf den Bogen, der den Waßer *Canal* unter dem Thurm *formiret*, an solchen Bogen gewalt verübet oder deren Wiederlager bersten gemachet, habe ich Keine Spuhr finden können.

(i) des Tages nach der Besichtigung haben Wir gefunden, daß sich alte Riße wiederumb zu gesetzet, hingegen Viel größerer Neüe herforgetahn, die auch Stücken von der Mauer Merklich ausgedrücket, Ja es hat sich umb und umb an allen ohrten und enden außgewiesen, daß schon daß ganze Mauer-Werck durch und durch *dissolviret* seÿ und bloß noch an den Ankern halte.

(k) Es scheinet auch nicht undienlich zu sein zu berichten, daß Herr Schlüter scheine seinen Bögen selbst nicht viel zugetrauet zu haben, in dehm Er nach Verspürtem Sinken der mauer einen derselben gantz außgemauret, und die übrigen Weil in der Eÿle dieses nicht geschehen kunte, mit spitzbogen unterfahren ja den gegen Eüwr. Königl. *Majest.* garten dahin die Senkung am allerstärkesten ging, über dieses mit Sechs stützen, jede von dreÿ fachen sehr starken Bäumen unterstützet.

2) Belanget nun die Verandtwortung Herrn Schlüters gegen alle diese *importante* gebrechen, des Neüen Baues, ginge dieselbe beständig dahin: nach dehme er weder an Grund noch an Mauer dicke, noch an eÿsern Ankern gespahret, in dem grunde aber die Pfähle Rammen laßen, biß sie auf 100 schläge nichts mehr gewichen, so seÿ nichts übrig, alß daß an der Ecke des Thurmes, so gegen dem Zeüghause siehet, unter dem festen grund ein Schlack [?] verborgen lieget, etwa von Weichendem Triebsand oder von quellen, Wie Er dan erfahren habe, daß ehemahls die Spree daselbst solle gefloßen sein.

3) Die Außage der darzu beeÿdigten *Conducteurs*, und Bauleute hat in folgenden Stücken übereingestimmet.

a) Im anfang habe Hr.Schlüter bloß außen auf den absatz des alten Thurms gemauert, und die Mauer gleich auch verdicket wie an dem *profil.* (ved: profil [siehe Kat. 172; G. H.]) An den Stücken A. zu sehen; innen hat man die Mauer aufwärts so verdicket wie die Stücke B. andeüten, wodurch zugleich die Fenster des Thurms außgefüllet worden, da denn diese angesetzte Verdickung an der alten Mauer des Thurmes (AA) Kein Haltens hat ohne mit den Stücken, Welche die Fenster außfüllen; dergleichen ahrt Mauer anzusetzen wohl niehmahl erhöret worden.

b) Hernach seÿ der Thurm zu dreyen unterschiedliche mahlen Verdicket worden, da vor Erst an den gründen eine *variation* gewesen, sonderlich dero grund zu dem Ersten Anbau C. (besiehe den grundriß).

c) ist Von des Frantzosen *Magians* hause umb die ecke an der gaße hin biß umb die ander ecke an die Schütze des *Canals* mit einem Rost beleget, und dieser mit Pfälen außgeschlagen; Zwischen der alten Mauer und *Gallerie* von schloße, ist unten alt *fundament* gefunden, und darauf gemauret, unter der *Gallerie* hingegen ist alles mit Pfählen außgerammet worden. An dem Ballhause von der *Gallerie* biß an die Müntze ist ein bloßer Rost geleget, aber nicht mit Pfälen beschlagen, der über=Rost hat nur hin und wieder ein Stück Rost ohne Pfähle, bekommen; die gründe der übrigen Mauren sind mit Pfaal an Pfahl aber ungleicher Länge gerammet und Vor denselben her ist an dem Rinstein der gaße eine Reihe spund Pfähle geschlagen worden; nachdem ist auch der gantze Platz im Thurm mit Pfhaal beÿ Pfahl außgerammet worden, an zweÿ ohrten hat man den grund Wiederumb aufgerißen, und nachgerammt, hernach darauf eisen und *quader*steine mit unter die Weiter in liegende Gründe geschoben.

d) auf diesen nach und nach gemachten Grund sind auch Nach und nach in eben der ordnung zu dreÿ unterschiedlichen und der Zeit nach von ein ander ziemlich entfernten mahlen, dreÿerleÿ Verstärkung des Ersten Baues aufgeführet worden, nehmlich die erste C. und die ander D. gerade Von unten biß oben auff; die dritte E. hingegen nur an der seite gegen die Gaße in dreÿ sogenanden Bergen bestehend, und ist in *Spetie* außgesaget, daß Herr Schlüter die erste Verstärkung mit Fleiß so schwach gegen den ballhause zu gegründet, daß sie sich senken, und dadurch die ecke nach der Gaße, desto beßer mit den Anker an sich ziehen solle, welches doch von einen *Architecto* unglaublich jst, hernach ist an eben dem ohrt die andere Verstärkung. D. beÿ 29 fuß Dicke angeleget worden, damit die durch solche dicke Mauer gezogene Anker solten die gegen der gaßen sinkende Ecken anhalten.

e) Unten sind durch diese Mauer nicht Viel Anker gezogen worden, weil der *Architect* dem Bau noch getrauet (ved: profil. [siehe Kat. 172; G. H.]), nach dehme Man aber Bersten Verspüret, sind diese verstrichen, oben aber in großer anzahl ringsumb und Creützweise durch den gantzen Thurm Anker gezogen worden, 4. 5. biß 6 Zoll dick jns gevierte, welches nicht nur die bauleüte außagen, sondern auch beÿ der Besichtigung der augenschein giebet.

4) Hierüber nun zu *Resonniren*, und darauß die ursach des Elenden Zustandes des Neüen Thurms herzuleiten, ist Zu sehen auf die Natur des grundes, auf die Beschaffenheit des grundbaues, und auf die erbauung der Mauren selbst. Wass nun anbelanget:

a) Die Natur des Grundes, so lieget am Tage, daß der *Architect* dieselbe vor dem Bau nicht genugsahm und gebührend untersuchet, in dehme er nur ein mahl nach längst angefangenen Bau Erst Bohren laßen, und solches bloß mit Bohrern der bauleüte Außage nach von nur 9 Fuß lang, hingegen hätte noch vor der *Resolution* des baues, ja ehe noch einiges *Dessein* dazu gemachet worden, der grund an vielen Ohrten, des vorgenommenen Platzes sollen mjt moglichstem fleiß untersuchet werden. Nun sind die Bohrer dazu nicht *sufficient*, in dehme sie auß jeder Tiefe die daselbst befindliche erde nicht recht reine heraußbringen, sondern vermenget, wie es die erfahrung sonst und in *Specie* in obiger außage der bauleüte bekräfftiget, dahero man nicht gewiß schließen kan, Wie hoch jeder satz von Erdreich seÿ, also ist beÿ oben angeführter untersuchung, Leim mit sand untermischet gefunden worden, die doch *revera* in der Erden nicht pflegen mit ein andern vermischet zu sein, übrigens müssen die Bohrer nicht von 9 Fuß länge, sondern solche, die man durch angesetzte dreyschuhige Stücke biß auf 40. â. 50 Fuß verlängert kan, gebraucht werden. Außer diesen aber sollte man billig, auch mjt eisernen spitzen beschuhete und längs durch mit eisen gefaßet starcke Picken oder dünne Pfäle mit gantz gleichen schlägen einer kleinen ramme so tief als möglich in die Erde getrieben und wie weit sie gegangen beÿ jedwedem schlag *notiret* haben; wo nun solcher gestalt ein unterscheidt an Boden gefunden worden, wäre vielleicht nicht undienlich gewesen, erst Löcher zu graben, damit die absätze des Erdreichs gemessen, recht untersuchet, und wo hin sie auf oder abwärdts reichen, hätte *observiret* werden können; solchem nach vermuhte ich, daß etwa sich sand, unter dem sand aber Leim gefunden habe, über oder unter dem gewiß quellen streichen und können alß dan die darunter streichende erforschet werden, wenn durch einen Runden und wohlbeschwerten stein gebohret worden.

b) Betrachtet man beÿ dem Thurmbau, ferner die Grundgebeüde, so haben sie die darauf gelegte Last auß vielen Ursachen nicht tragen können. Denn

1) Kan nicht gebilliget werden, daß da nach außage der Bauleüte gleich anfangs ein kleiner Riß an dem alten Thurm seÿ gefunden worden, dennoch sowohl auf den eüsern absatz an zweÿ seiten des Thurms die Stücke. A. alß auch innen an allen Vier seiten die kleine Stücke. B. angebauet worden, ob es schon *per accidens* geschehen daß der alte grund so fest gewesen, und solcher last nichts nachgegeben, denn in dem nach außage der Bauleüte der alte Thurm damahl schon einen Borsten gehabt, war es anzeige genug, daß der alte grund schon seine volle Last hatte, und mit nichts weiters mußte beschweret werden.

2) Ist gar nicht außzudenken, warumb der *Architectus* unter den Ersten an Bau. C. einen sowohl sehr schwachen alß auch über auß ungleichen grundt angeleget; viel zu schwach ist der Grundt gewesen, weil Er nicht viel breiter alß die Mauer selbst angeleget worden, und nicht tieffer als 8. biß 9. Fuß; nun pfleget ein verständiger Baumeister den grund zu einem gemeinen Bürgerhauß nicht weniger alß $1^1/_2$ mahl so breit weder die darauf stehende Mauer anzulegen, hätte demnach dieser grundt zu einem vorhabenden so großen Thurm Billig sollen aufs wenigste, dreÿ mahl so breit angeleget worden, alß die dicke der Mauer C. Was Die Tieffe des Grundes belanget, hätte man vor allen Dingen sollen nachsuchen, ob in denselben ein leimichter Boden vorhanden, und ob ein solcher leimichter Boden tieff in die Erde *continuire*, denn in diesem fall war daß Pfähle schlagen mehr eine gefährliche als nützliche Sache, weil bekanter erfahrung und gesunder Vernunfft nach solcher Grund wegen seiner Dichte und Zähigkeit und steten *Fermentirung* keinen Zwang verträget, derowegen nothwendig würde gewesen sein, einen bloßen Rost dahin zu legen, aber von großer Stärke und Breite, denselben mit dicken Eichenen Bohlen durch höltzerne Starcke Nägel zu beschlagen und einen recht breiten Steingrund darauf zu legen, wo sich aber Pfähle zu schlagen geschicket, hätte solches nicht mit einer *ordinairen* ramme geschehen sollen, Weil man keinen *ordinairen* Bau vorhatte, sondern mit der größten Ramme, die man haben konnte oder zu haben pfleget, weil auch die Stärcke und Höhe des Baues so groß im Vorschlag war alß man ins Werck zu führen pfleget.

3) Hat die untüchtigkeit und schwäche dieses grundbaues der Herr *Architect* selbst erkandt und damit verrahten, weil beÿ anlegung des grundes zu dem andren Anbau der Grund des Erstern mit eÿsen und Steinen unterfahren worden.

4) Ist beÿ diesem grund des andern und dritten anbaues,

nicht recht und kunstmäßig verfahren denn (1) fehlet demselben ebenfalß eine genugsahme Tieffe. 2. ist gleichergestalt derbeÿ verseümet worden, zu erforschen ob der grund daß Pfhälschlagen vertragen, 3) hat man die grund Mauer nicht tieff und breit genug angeleget und nicht starck genug gerammt, 4) aber war sonderlich zu bedencken, daß es neben, einem Neüen, doch bereits sehr hoch auffgeführten, und auf einem Schwachen Grund stehenden Bau gefährlich seÿ, zu Rammen, weil durch solche erschütterung, die selbe Last aufs Neüe in unruhe gebracht wird; Endlich hat (5). auch beÿ diesem grundbau, eine doppelte, Merckliche Ungewißheit des H. *Architecti* hervorgeleuchtet, in dehm er sothanen Grundt wiederumb auf Reißen, und hernach Rammen laßen; denn vors Erste war dadurch zuerkennen gegeben, man wüste die rechte *terminos* nicht, wenn genug gerammet seÿ, vors ander so war daß bloße nachrammen, nicht daß jenige, waß da geschehen sollen, denn nach außagung der Bauleüthe haben einige Pfähle sich weiter treiben laßen, einige nicht, und nach dehm dieses geschehen, habe man die nicht weiter getriebenen Pfähle nicht abgeschnitten, derowegen ist nohtwendig beÿ diesem Nachrammen ein fehler begangen worden. Denn so die noch einmahl gerammte Pfähle, hernach Erst mit den feste stehenden gleich gekommen, so würde entweder daß erste mahl der Pfahl Grund ungleich gelaßen seÿn, welches ein großer fehler des *Architecti* wär, oder so er in anfang gleich gewesen, und beÿ Aufreümung des grundes einige wiederumb höher und lückerer [?] befunden worden, alß die andern, so muß die Grundt Erde dieselbige in die Höhe gestoßen haben; in diesem fall aber wäre es ein großer Fehler gewesen, wo man da mit nach rammen helffen wollen; Vielmehr solte darauß geschloßen worden sein, der grund sey so beschaffen, daß er keine *pilotage* vertrage.

Aus allem diesem ist der gantze ohnfehlbare Schluß Zu machen daß der Thurm nohtwendig, wiewohl vielleicht etwas später hätte sinken und bersten müßen, wenn er schon in den übrigen allen währe guht gebauet worden; allein

(1) der Bau der Mauer über den Gründen ist in Wahrheit so beschaffen, daß wenn schon der Grundt nicht gesunken, ja der beste grund von der Welt vorhanden gewesen, dennoch derselbe Nicht hätte bestehen können, Sintemahl nach außage der Bauleüte mit dem auffbauen der Mauren, nicht umb und umb gleich fortgefahren worden, daher auch die Last nicht umb und umb gleich schwer auff die Gründe gekommen, folgends Ungleiches setzen und Drücken verursachet, welches man kaum glauben kann, Wie viel schaden darauß entstehe.

(2) sind gantz alte Mauren mit Neüen, und diese nachdehme sie etliche Jahr sind alt geworden, wiederumb mit Neüen verbunden worden, Welches Nimmermehr guht thun kann; jene Mauer hat sich nohtwendig schon gesetzet, diese aber muß sich erst setzen; folget also ohn wiedersprechlich, daß sie sich wiederumb von ein ander *Separiren* müßen. Neüe Fenster, Maüerstücken, gesimse und dergleichen laßen sich wohl in alte Mauren versetzen; man kan auch wohl gantze Neüe gebäude an alte durch zweÿ Mauren, mit Verzahnung sicher verbinden, daß man aber alte Mauren mit Neüen verdicken könne, hat Niemals ein *Architectus* geglaubet, sonderlich wo sie gar hoch werden und eine große Last tragen sollen.

(3.) Diese alte Mauren hat man Nicht Einmahl Mit den Neüen rechtmäßig verbunden, denn die ansätze A. und B. sind bloß durch Vermittelung der fenster Löcher in die alte Mauer versetzet, beÿ Zusammensetzung aber der übrigen anbaue ist nur hier und dar die ältere Mauer auffgehauen, und die Neüe in diese Löcher verbunden worden.

(4) Die Anker würden weder zu rechter Zeit, noch zu dem Rechten Ende in die Mauer geleget; nicht Zu dem rechten Ende, weil des Hr. *Architecti* absehen gewesen, dadurch den ferneren Sinken vorzukomrnen. Dagegen doch die anker nicht nur nichts zu thun vermögen sondern wenn ein gebäude in daß Sinken kompt, so helffen sie viel mehr die Mauer zerreißen, wie es die Vernunfft giebet, und anitzo beÿder an den Neüen Thurm, auch die traurige erfahrung, alß welchen ich in Wahrheit, vor kein Maur=Werck mehr halten kann, sondern bloß durch und durch vor einen zerrißenen Klumpen, kümmerlich an ein ander hängender Steine; derowegen Weil Viel mehr der entzweck der Anker ist, daß die Mauren wenn sie noch frisch sind; oder erschitterung etwa vom Erdbeben leiden, sich nicht schieben können, so ist beÿ den Thurm Bau mit einlegung derselben, auch die rechte Zeit nicht beobachtet worden, Maßen gleich von unten auff ordentlich nacheinander die Anker hätten eingeleget werden müßen.

(5.) ist es etwas ungewöhnliches, und vieleicht niemahls erhörtes, daß Herr Schlüter umb die enge einZiehung, seiner obergeschoße zu gewinnen, die Mauer auffwarts verdicket; denn die alte Thurm Mauer (besiehe den *profil* [siehe Kat. 172; G. H.]) gehet allein und gerade in die Höhe 42 fuß, daselbst ist sie mit beÿden innen und außen angesetzten Stücken 6. fuß 6. Zoll dicke, in der Höhe aber ist eben dieselbe auß dreÿerleÿ stücken bestehende Mauer, 9. fuß dicke und gehet wiederumb in solcher Dicke gerade auff biß an die höhe 109. fuß 9. Zoll; Von da sie noch ein mahl an der Dicke zunimmet, daß sie in der Höhe von 133. fuß 9 Zoll 11 fuß dicker wird. Ich bin versichert, daß wenn ein solches gebäude nicht von außen hehr ungemein starke Wiederlage, und sonderlich sehr breite gründe bekömpt, es unmöglich bestehen könne, ob es schon in die runde angeleget wäre.

6.) Ist auch dieses ein vielleicht noch niemahl *practicirtes Remedium* wieder daß Sinken (welches Herr Schlüter an der Ecke gegen der Hunde Brücke verspüret) wen er noch den zweiten, und zwar weit stärckeren anbau gantz umbhehr vorgenommen, sonderlich aber denselben hinten an den Ballhause auf gleiche Höhe mit dem Altan des Schloßes beÿ 30. Fuß dick angeleget, in der Meinung durch die Dicke dieses Pfeilers mit Hülffe der Anker die sinkung der gegenüberliegenden Mauer aufzuhalten, Maßen dieser Pfeiler wohl feste stehen und doch die Anker börsten, oder die sinkende Mauer sich davon abreißen können. Entlich

(7.) Sind an dreÿ seiten dieses gebäudes, bogen beÿ. 45. Fuß weit in Lichten, die Pfeiler aber, welche die Wiederlage abgeben, halten 15. fuß an der Dicke. Sonst ist die *regul* die Breite der Wiederlager zu finden, wie beistehende Figur zeiget [auf die Abbildung der Skizze wird hier im Katalog verzichtet; G. H.], daß der gantze Bogen abcd in dreÿ gleiche theile getheilet, und ein theil a.b. in gleicher länge *Continuiret* wird (wie ae), so gäbe ef. die behörige dicke der Widerlage; allein dieses ist zu verstehen bloß von der Widerlage des Bogens an sich selbst, und in solchem fall, wenn über Hr. Schlüters Bögen keine gar große Last wäre zu liegen gekommen; wären die Pfeiler wohl vor stark genug zu achten gewesen, weil sie mehr aIß jene *Regul* erforderte, Nehmlich den dritten Theil der bögen-Weite Zur Dicke bekommen.

Es tragen ja bekanter maßen, die runde Kuppeln der *Italianischen* Kirchen gewölbte Dächer, ohnerachtet die Wiederlage noch nicht den dritten Theil der Bogenweite hält. Die Ursach ist wie sie außer dieser Kuppel und einer leichten *Laterne* nichts zu tragen haben, hingegen Würden die große Bögen in der Kirchen, solche Kuppeln wegen der großen Last nicht tragen, wofern sie nicht mitten in der Kirchen stünden, und also nebst ihren Pfeilern, noch andere umbher dagegen liegende gewölber zugleich Zur wiederlage hätten, Solchem nach würden auch an dem Neüen Thurm, die großen bögen, die darauf liegende große Last nicht ertragen, sondern ihre Pfeiler zur seiten auß getrieben haben, welches auch Hr. Schlüter wohl gemerkt, in dehm er nicht nur diese Bogen mit doppelten Ankern durchzogen, sondern sie auch nach und nach außzumauren angefangen, und Entlich gar die *invention* der zu beÿden seiten an den Thurm liegende flügel zu *reservoirs* dazu gethan, indeßen ist auch kein Zweiffel, daß auch diese Bögen daß ihrige zu der *dissolution* der Maur beÿgetragen.

Beschluß

Auß allen diesen erhellet nun, daß beÿ den Thurm Bau, welchen Hr. Schlüter oben berichteter Maaßen geführet, nichts anders, alß waß Bereits würklich sich geeüsert habe, erfolgen können, nehmlich die gäntzliche *Dissolution* des gebäudes, Von grund auß biß an den gipfel, sehe ich demnach kein Mittel, wie nur daß geringste an dem Thurm zu *Conserviren* seÿ, sondern besorge, daß er werde biß auf den Grundt, müßen abgetragen werden, wie solches weitläufftiger weise der zweÿte Hauptpunkt erhellen wirdt.

Zweÿter Hauptpunct:
waß von Hr. Schlüters Dessein zu halten.

Es haben nehmlich Ewr: Königl: *Majest.* allergnädigst befohlen, wir solten den H. Bau=*Director* Schlütern vernehmen, waß er nunmehro vor ein gebäude darauß zu machen gedenke, und wie dann deßhalb und ob solches sicher und mit Bestande geschehen könte eines gewissen uns mit ein ander vereinigen, auch Ewr. Königl. *Majest:* die Zeichnung davon einsenden solte.

So hat unß nun auf bescheidene Befragung Herr Schlüter zur Andwordt gegeben, daß er sinnes sei, daß werck all dem Neüen thurm soweit abtragen Zu lassen, daß Er noch zu dehme dienlich seÿ, wozu Er vorhehr gebrauchet worden, nehmlich zur Müntze und Waßerkunst, daß ist, so hoch zuvor der alte Thurm gewesen, darauf wolte Er etwaß gantz leichtes von Holtze setzen, damit der Bau doch zierlich herraußkäme, hernach wolte Er hinter Ewr: Königl. *Majest:* Schloß an der Spree und über der alten *Capelle* einen Thurm zu dem geläute und Glockenspiel bauen, Weiter hat Er sich nicht heraußgelaßen, auch keine Riße von solchen *Dessins* vorgezeiget, vielmehr aber beÿ der *Conferentz* sich fast wunderlich *emportiret*, die gesampte *Commission*, da man doch über auß höflich und behudsam mit demselben verfahren, und Ihn nicht anders alß einen *Con Commissarium tractiret*, mit *Suspition* der feindschaftl. Partheÿlichkeit, und unfähigkeit gar deutlich beleget, daß wir in deßen Beÿsein unsere pflichtmäßige untersuchung Ewr: Königl: *Majest.* allergnädigsten Befehl nach, nicht ordentlich, freÿ und ungestöhrt fortsetzen können. Wie wohl nun solcher gestalt sehr schwer Ewr. Königl. *Majest.* allergnädigsten Befehl nach ein gewißen Schluß abzufaßen; ob solche *dessins* Herrn Schlüters, sicher und mit Bestande geschehen könne, habe doch meiner Pflicht und schuldigkeit gemäß erachtet; nach Vermögen mein Weniges guhtachten, darüber außzustellen belanget nun:

1) die frage, ob der übrige Thurm, wann Er so weit abgetragen würde, alß zuvor der alte gereichet, noch könne Zur Waßer Kunst füglich gebraucht werden, getraue ich mich dieselbe mit Ja Keines Weges zu beandtworten, denn (a) ist daß gantze Mauer=Werck, von grund auf durch und durch gerißen, daß obschon die Gründe alß dann tragen wolten, doch von der Mauer an sich selbst kein Bestandt zu hoffen, Es sind aber (b) die Gründe wie oben gemeldet so ungleich angeleget worden, daß ich nicht unbillig besorge sie würden auch nicht ein mahl die unterste *Etage* des Thurmes, Will geschweigen zweÿ gehörjg tragen, Ehe ein Mahl daß dritte Stockwerk aufgesetzet worden, hat man schon nach Anzeigen obiger außagen der Bauleüthe Riße verspüret, wie solte den zu hoffen sein, da itzo die gründe in der Bewegung gebracht worden, und die Mauren allerohrten geborsten sind, daß sie noch tragen solten. c) die gewölber über der öffnung des Thurms sind bereits alle geborßten und auseinandergedrückt, daß es schwer halten möchte, und vielleicht gefährlich, dieselbe wiederumb gehörig zu schließen, und zu verbeßern; Entlich würde solche überauß starcke wegen seiner Höhe und entZweck *übel proportionirte* Steinmasse wenn sie ja kümmerlich stehen könte nur beÿ allen einwohnern und außländern, daß unglückliche Angedenken, des übel gerathenen Thurms erhalten.

2) Kann ich ebenfalß nicht absehen, durch waß vor ein *dessein* dem auf *zweÿ Etagen* abgetragenen Thurm einige schöne gestalt möge zu wege gebracht werden; (e) die *proportion* der großen Breite wegen des Gebeudes, gegen eine so geringe Höhe würde allzu unanNehmlich in die Augen fallen; (f) eine von den größten Zierrathen des Thurmes wäre die große *fontaine* und *Cascade* gewesen, allein die selbige findet Nun Mehro, nach vielfältiger Verdickung keinen raum mehr, man reiße den die Heüser hinweg; (g) oben darauf kann nichts leichtes gesetzet werden, daß es doch gegen den großen Raum den es daselbst findet eine *proportion* bekomme.

3) Waß nun entlich betrifft den glocken Thurm den Herrn Schlüter über der alten *Capelle* auf zu richten vermeinet, getraue ich mir nichts sicheres davon zu urtheilen, indehm mir die Beschaffenheit des grundes, und der Mauren, Worüber solches gebeüde aufgeführet werden solte, im geringsten nicht bekant ist. Indeßen vermuhte ich, daß der Baumeister, der daß alte schloß gebauet, und nach der ahrt seiner Zeit, viel Verstandt und erfahrung gehabt zu haben scheinet, den grund gegen dehm darauff gelegten gebäude, werde wohl *proportioniret* und ohne Noht nicht übermäßig zu starck gebauet haben, dahehr gefährlich zu sein scheinet, wen gleich schlechts zweÿ ordentliche geschoß, mit dinen Mauren darüber gebauet werden sollten, demnach sehe ich keine Möglikeit wie man ein gebäude, so einen dem ansehnlichen Schloßbau gemäßen glockenthurm abgeben könte, dahin zu bringen vermöge. Der Spree-Strohm gehet gantz nahe vorbey, die alten Mauren müßten wiederumb von unten biß oben mit Steinen verdicket, einfolgends die gründe vertieffert, und verbreitert werden, welches eben diejenige *inconvenientia* sind, welche den Vorigen Thurm bau gefährlich gemachet haben, zu geschweigen, daß die *Symmetrie* des

Schlosses durch sothanen Thurm wiederumb verdorben und eine Helffte der andern ungleich gemacht würde.

Dieses habe nach Meinem geringen Vermögen und weniger erfahrung in dem Bauen nach Inhalt Ewr. Königl. *Majestät* allergnädigste Befehl alleruntherthänigst zu berichten nötig und Meiner Pflicht gemäß erachtet, zweiffele auch nicht, daß alles werde wohl gegründet und sicher befunden werden, auch mit dem Bericht den Ewr: Königl. *Majest Architecti*, der Herr General quartier Meister *Lieutenant* von Eosander und herr grüneberg abstatten werden, den umbständen nach völlig, in dem *Raisonement* Meistens übereinstimmen. Ich empfehle mich in tiefster demuht in Ewr. Königl. Mayt. hohen Gnade.

Allerdurchlauchtigster Großmächtigster König,
allergnädigster König und Herr
Ewr. Königl. Majest.
Alleruntertthänigster
Leonhard Christoph Sturm, Math: Prof.,
Berlin d. 22 Julÿ 1706.«

in: GStA PK, I. HA Geh. Rat, Rep. 36, Nr. 2888, Bl. 61r–75r

zitiert in: Adler 1863, Sp. 37–44.

1706, 23. Juli [a]

Brief von Leonhard Christoph Sturm an Hofrat Mieg

»Hochedler und Hochgeehrter Herr Hoff Rath, Geneigter Patron.

Ich habe die Kühnheit gehabt, gestern noch ganz spath meinen Bericht nebst einer Quittung auff 23 1/2 Rthlr. zu übersenden. Weil mir nun Hrn. Eosanders Bericht nicht zugeschicket worden, so wird mein eigener so viel mehr erfordert werden. Ich bedaure aber, daß er so gar übel und indistinct geschrieben worden, und wäre mir höchst lieb, wenn er noch einmal könlnte correcter umgeschrieben und inn seine paragraphos besser distinguiret werden, weil mein ohne dem etwas schwacher stilus sonst allzuverdrießlich Ihro Königl. Mayt. vorzulesen sein mögte. Die Kosten vor das Schreiben wolte ich gerne von den Reise Kosten, so ich zu erwarten habe, erstatten lassen. Anbey wünschete ich, daß Ihro Königl. Mayestät oder wenigstens Dero Herrn Ministris bekandt würde, daß ich nicht wegen sonderlich verschiedener Meinung meinen eigenen Bericht abgestattet, sondern mehr deßwegen, weil ich wegen eyle zur retour, der übrigen Herren Berichte nicht abwarten können. Ich überlasse dieses alles Ew. Hoch Edlen Belieben, wie Sie in dieser Sache sich ferner als meinen geneigten Patron erweisen wollen. Mein Bericht lautet in vielen stükken sowohl als in der Schreibart etwas härter als der, den Hr. v. Eosander vorgelesen. Mich dünket aber die gute Wahrheit würde allzusehr verstellet, wo man sie mit allzugekünstelten Farben der Gelindigkeit bemahlet. Ich habe ohne Haß und andre Affecten gegen Hrn. Bau-Director Schlüter aber wohl in eyffer wider seinen übeleingerichteten Thurmbau geschrieben, der Ihro Königl. Majestät so viel Verdruß und vergebliche Unkosten verursachet, zu geschweigen, daß Ihro Königl. Majestät dadurch umb so viele Jahre in dero Verlangen, dergleichen Thurm zu haben, weiter hinausgesetzet worden. Hoffe also Gott werde nach meiner redlichen intention meinen etwas derben stilum nicht lassen zu meinem Schaden ausschlagen. Schließlich befehle ich mich zu Ew. Hochedlen Gewogenheit und verharre mit respect

HochEdler Herr HoffRath, Hochgeneigter Patron [...]
gehorsamer Diener L. C. Sturm.«

in: GStA PK, I. HA Geh. Rat, Rep. 36, Nr. 2888, Bl. 76

zitiert in: Adler 1863, Sp. 36f.

1706, 23. Juli [b]

Bericht von Johann Friedrich Eosander und Martin Grünberg

»Allerdurchlauchtigster Großmächtigster König
und Churfürst
Allergnädigster Herr

Ew. *Königl. Maÿst.* haben allergnädigste order ergehen lassen, daß wir uns mit dem H Schlüter zusammenthun solten, umb die Ursachen wohl zu überlegen, warumb der neue Müntz Thurm sich so stark gesetzet und den Umbfall drohet, alß haben wir nebst H. Schlütern nebst den übrigen Conducteurs, Maurer und Zimmerleuten den Thurm von unten biß oben, sowohl aufs als inwendig besichtigt, und befunden, daß selbiger sich nach der Seÿte der Gassen und des Gartens setzet und hie überhänget, auch unterschiedliche Borste auf allen Seiten habe, von unten an biß fast oben hinauff. Der alte Thurm, welcher durch den neuen gar zu viel überladen worden, ist nicht allein durchgehends geborsten, sondern hat auch inwendig herum unterschiedliche Buchten, deren einige bereits über einen Fuß von der neuen Mauren herraußgewichen seÿn. Die neue Mauer hingegen so außerhalb umbher außgeführet worden, hat sich außerhalb abgegeben, daß also zwischen beÿde Mauren an unterschiedliche Orte holl seÿn muß, und ist zu schließen, daß das fuhndament unter dem alten Thurm wohl und guht gemacht gewesen, weilen die alte Mauer, indem sie nicht hat sinken können, sich biegen müßen, dann da sich die neue umbhergeführte Mauer im fundamente gesetzet, hat sich die neue von der alten Mauer abgelöset und ist also die große Gewalt auff den alten Thurm gedrungen, dahero selbiger auch so stark gebogen worden, daß bereits in einer Ecke inwendig ein Stück außgefallen, auch ein starker eiserner Ancker, welcher Iengs hinter dem mittelsten Pfeiler nach der Gasse hingeleget, durch die 2 Fenster mit anderen Anckers wieder in der neuen äußersten Mauer verbunden, hat so viel nachgeben müßen, daß selbiger krumm wie ein Bogen und an beÿden Ecken hineinwerts in die Mauer getzogen worden. Ein ander Ancker, so außwendig nach der Seÿte des Gartens lieget, beÿnahe auff die Helffte von der Höhe hat sich so hefftig gezogen, daß sich die Splinte, womit dieser Ancker in der Mitte zusammengesetzt, ganz schröge gegeben und fast wenig mehr hält, auff eben derselben Seÿte aber etwaß höher, ist noch ein Ancker in der Mauer vermauert, dessen Kopf biß an die Ecke nach der Gaßen zu reichet, und in dem Kopf einen dicken und langen Boltzen gehabt, umb die Ecke und die Mauer nach der Gaßen an dem hintersten Pfeiler anzuhalten, welcher Boltzen zweifels ohne gebrochen, in dem der unterste Theil ganz schräge auß der Mauer heraußgewichen, der doch perpendiculair vermauert gewesen. Ferner hat man an dem großen, von Quadersteinen meistentheils vermauerten Gesimß wahrgenommen, daß die an den 4 Ecken auffgeführte Mauer sich abgegeben, auech daß gedachte Gesimß, an welchem die Mauer verankert und verbunden worden, gebrochen.

Nach geschehener Besichtigung haben wir uns mit dem H. Schlüter bereden wollen, wegen der Ursache dieser vorhandenen Gefahr, allein es hat der H. Schlüter die gantze Commission suspiciret und sonsten sich solcher Gestalt angelassen, daß man mit ihm Zu keiner Richtigkeit gekommen.

Damit aber Ew. Königl. Maÿst. Ordre allerunterthänigst gehorsamst geleistet würde in Ueberlegung der Uhrsache, so diesen Schaden zuwege gebracht, so haben wir die beÿ der Arbeit stehende Conductörs, Zimmer- und Mauermeister auff Ihr Eid und Gewissen abgehöret und laut deren Aussage gefunden, daß beÿ diesem Bau dreÿ unterschiedene fundamenta und vier unterschiedene Mauern, so nicht zugleich, sondern eins nach dem andern gemacht worden, alß 1. hat man auf dem äußersten Absatz des alten Thurmes über 40 Fuß hoch auffgemauert, und inwendig auff eine gantz unerhörte Art die alte Mauer verstercket, indem man inwendig gleich dem gedachten äußersten Absatz einen spitzigen Keÿl anmauern laßen, dadurch die Mauer oben 2 1/2 Fuß dicker als unten bey dem Absatz geworden und daher oben über dem Fundament überhanget. Da nun dieses geschehen, hat man erstlich daß fundament visitiret, und befunden, daß unter dem alten Thurm eichene Pfähle gerammt und mit einem Rost verbunden gewesen, sonsten hat man noch sowohl in- als auswendig den Grund mit einer Bohrer von 9 Fuß lang sondiret und oben moddericht, unten aber Lehm mit Sand melirte Erde gefunden. Da man nun den alten Thurm hat verstercken wollen, hat man 1. auff der Seyte nach der Gaße hin ein Rost geleget gleicher Tieff mit dem unter dem alten Thurm und selbigen mit Pfählen außschlagen laßen; 2. auff der Seÿte nach dem Canal oder der Einfahrt hat man lassen Pfahl bei Pfahl schlagen aber keinen Rost darauf geleget; 3. auf der Seÿte nach der alten Müntze hin negst an der Ecke hat man nur ein bloß Rost legen lassen ohne Pfähle zu rammen; daß übrige Theil hat man wie schon gedacht, mit Pfählen gerammt aber kein Rost darauff gelegt und sind also diese drei unterschiedene fundamente weder unter sich, noch mit dem alten verbunden worden, da doch bei einem solchen fundament aller Welt Wissenschaft und Vorsichtigkeit muß emploÿiret werden, umb selbiges zugleich tragend zu machen und daß eins für allem und alle für eins stehen müße Nun hat man auff jetzt gedachte fundament rund umb den Thurm eine Mauer im fundament sieben Fuß breit, oben über dem horizont aber 4 1/2 biß 5 Fuß dick in die Höhe geführet, selbige unterwerts in die alte Mauer, oberwerts aber in dem neuen mit eisern Anckern verbunden. Da nun diese Versterckung in die Höhe geführet gewesen, hat man daß fundament zum andern mahl verstercket und Pfahl bei Pfahl rammen lassen, aber kein Rost darauf gelegt, welches doch eins von den allernothwendigsten ist, umb die Pfähle zusammen zu verbinden. Außerhalb dieser Pfähle ist eine Reihe Spund Pfähle gerammt, und nur an etliche Orte alß längst der Gaßen, und auff die Seÿte beÿ der alte Müntze, welche aber nicht an den Pfählen sind verbunden worden. Auf jetzt gedachtes fundament ist die ander Versterckungs Mauer auffgeführet, auf der Seÿte nach dem Ballhause oder Müntze hin ist ein starker Pfeiler angeleget, der oben wohl nur auf die bloße Pfähle stehet; dieser Pfeiler ist in der intention aufgeführet, umb den Thurm daran zu befestigen, mit starke eiserne Ancker, umb dadurch die Vorder Mauer Zu verwöhren, daß selbige sich nicht abgebe oder setze oder nach der Gaße hinweichen könne, allein man hat nicht betrachtet, daß dieser Pfeiler gar zu kindisch und schwach wäre, eine Last an sich zu halten, die hundert mahl stercker alß der Pfeiler, und daß das Schwache dem starken allzeit weichen müße, dahero denn auch geschehen, wie man es sieht, daß der Thurrn diesen Pfeiler mit sich nimbt und nach der Gaße hinüber zieht. Endlich da man mercket, daß dieses noch nicht genugsam wäre, hat man die 3 sogenanndte Berge inventiret aiß einen in der mitte, alwo die Cascade seÿn sollte, und einen an jede Ecke nach der Gaße hin, unter welche man noch dieses Jahr die Grund Mauer wieder auffreißen, und die Pfähle nachschlagen und auffs neue wieder auffmauern lassen, um den Thurm zu unterstützen, weilen man bereits für mehr alß ein Jahr gespüret, daß der Thurm angefangen, zu bersten, allein gedachte Berge sind aber so wenig dazu tüchtig gewesen, alß der hinterste Pfeiler. Auß obgedachte Umbstände kann leicht geurteilt werden, daß nachdem daß fundament nicht zugleich gemacht, nicht ineinander, auch nicht mit dem alten verbunden worden, es auch nicht zugleich trage, und also der großen Last und des Drückens nicht wiederstehen kann, weilen eines dem andern nicht zu Hülffe kompt. Zudem sind die Mauern nicht zugleich, sondern eine nach und nach dem andern angemauert worden, und ob man gleich selbige mit starcke eiserne Ancker zusammengefaßt, so können doch keine eiserne Ancker in der Welt gemacht werden, die eine solche Last dergestalt anzuhalten vermögen, daß selbige nicht solle sinken können, wann daß fundament nachgiebt. Und weilen die Mauern nicht zugleich aufgeführet worden, ist dahero entstanden, daß die ander Mauer, indem selbige sich hat gesetzet, von der ersten, die dritte von der andern und die vierte von der dritten separiret, und also keine andere Zusammenhältnuß habe, als waß die eisernen Anckers noch thun; sobald diese nun durch die Last der Mauer verursachet, zum Nachgeben forciret worden oder gar springen müßen, wird eine jede Mauer vor sich und eine nach der andern herunterfallen.

Waß Ihro Königl. Maÿst. allergdgst. befohlen haben, wegen überlegung des neuen Desseins, so der H. Schlüter über den gedachtec Thur, projectiren wird, ob selbiger sicher und beständig sein könte, haben wir nicht nach Nothdurfft erwegen können, weil Er noch kein Dessein vorgezeiget, noch mündtlich und förmlich sich darüber herauß gelaßen, ohne daß Er sich nur gegen ein oder andern ohngefähr verlauten laßen, daß Er den Thurm biß auff die Helffte abzunehmen, und etwaß leichters darauff zu setzen gedencke, damit die Wasserkunst darin bleiben könne. Daß Geläute und Klocken Spiel aber wolle Er über der alten Kapelle bringen, allein auß vorerwehnter Ursache können wir nichts anders schließen, alß daß es unsicher seÿ zu versichern, daß der übrige Rest von dem Thurme bestehen noch viel weniger etwas tragen könne. Waß übrigens daß Geläute betrifft, so Er über der alten Kapelle bringen will, möchte wohl eine weitläuffige Untersuchung erfordern, dann es gefährlich, ein solch großes Geläute über ein altes Gebäude zu bringen. Wir verharren in tiefster Dehmuht und unauffhörlicher Treue
Großmächtigster Allergnädigster König und Churfürst
Königl: Maÿst.
allerunterthänigste und dehmütigste Diener
d'Eosander, genand Göthe. M. Grüneberg
Berlin d 23 July 1706.«

in: GStA PK, I. HA Geh. Rat, Rep. 36, Nr. 2888, Bl. 99r–103v

zitiert in: Adler 1863, Sp. 383–386.

1706, 27. Juli

Schreiben Schlüters an Schloßhauptmann Marquardt Ludwig von Printzen

»Hochgebohrner Freÿ-Herr, gnädiger Herr.

Ew. Hochgeb. *Excellenz*, mit diesem unterthänig aufzuwarten, habe vermöge meiner Schuldigkeit nicht umbgang nehmen können, umb dieselbe gehorsahmst Zu berichten, wie daß ich mich wohl Zwar mit denen *Architectis* unverseumlich zusammen gethan, und hierinn in allem ein Vergnügen von Hertzen Grund thun wollen; aber sehr fruchtlos darvon gekommen, indem die Herren *Architecti* die Sache nicht nach Sr. K. Maÿt. allergdsten Befehl, sondern vielmehr nach ihrem verhaßten Willen/: wie ich mich denn wohl davor gefürchtet:/abgethan, und aus der Sache, welche eine Unterredung seÿn sollen, eine rechte *Inquisition* gemacht, welche mir Zum Fall dienen sollen. Ob ich mich nun in diesem meinem creutz schon geduldig ergebe, und alles über mich ergehen laße, wie es Gott u. Sr. K. Maÿt. beschließen werden, auch Ew. Hochgeb. *Excell.* mit meinem verdrießlichen Schreiben/: welches ebenso *confus* wie jetzt mein Kopff Ist:/ungern *turbieren* wollte; so kan doch vor dieses mahl nicht vorbeÿ, Ew. Hochgeb. *Excell.* von dieser Sache etwas kürtzlich vorzutragen. Es kamen die Herren *Architecti* beÿ dem Herrn von *Eosander* am ersten Zusammen, und ließen mich samt den Leuten vom Thurm Zu sich *citiren*, die Leute Zum Schwur, und mich Zum Verhör, weil sich die Arbeits-Leute sehr verwunderten, und mich baten, daß ich darum reden möchte, daß ein ander Orth erwehlet würde, der wegen ihrer Arbeit und Aufsicht bequemer wehre, *persvadirte* ich die Herren *Commissari* entlich doch mit großer Mühe dahin, daß sie nicht allein Ew. Hochgeb. *Excell. Secretarij* Zimmer sich dazu bedienen wolten, sondern daß sie auch vor Anfang der Sache den Thurm-Bau recht in Augenschein nehmen möchten, welches auch alles vollzogen ward, allein es blickte beÿ dieser Sache der vollkommene Neid schon hervor, indem sie nicht allein heimlich vor sich alles Zu reden begunten, sondern auch mit allerhand SPöttischen Worten vom Babilonischen Thurm und andern anzüglichen Worten heraus kamen, und ob ich mich vors erste nicht sonderlich dran kehrte, weil ich die Hoffnung hatte, daß durch meine rechte und gründliche Berichtung, warumb alles so gemacht worden, was die Ursache gewesen, sie entlich auf einen andern Sinn bringen würde, fehlete ich doch weit mit meinen Gedanken, wir waren nicht so bald wieder in das Zimmer zusammengekommen, so fiengen sie auch schon allerhand verkehrte Worte wieder an, und wurde der H. Hauß Vogt auch mit dazu gefodert, und der H. von *Eosander* hatte nun nichts anders vor, als daß er lauter Fragen *dictirte*, Zu welchen der Herr Rath Miege auch kam, und alles so heimlich und stille Zugieng, daß ich nicht wuste, ob die Sache Zum Leben oder Zum Tode gedeÿen solte, und weil ich es so befand, daß all ihr Thun und Wesen nicht auf den Königl. allerhöchsten Befehl, sondern nur ihrem Sinn nach Zu leben, gerichtet war, ward ich mit Zorn entzündet, und gieng davon. Nach diesem ließen sie die Leute doch Eÿdlich abhören, und machten ihre Sache weiter gantz heimlich und allein, daß ich nichts darvon weiter wißen müßen, was die Leute ausgesaget, und was von ihnen vor Bericht abgestattet worden.

Ew. Hochgeb. *Excell.* wollen nun geruhen, nach Ihren hohen angebohrnen Weißheit und Gerechtigkeit gnädigst Zu urtheilen, ob mir von diesen Leuten nicht ein großes Unrecht zugefüget worden, und solches vor allen Leuten Zur größesten Schande gediehen ist; Ich kan Ew. Hochgeb. *Excell.* versichern, daß ich übermenschl. wegen dieser Wercke leiden muß. Ich habe über die dreÿßig Jahre mit großen Arbeiten Tag und Nacht zugebracht, und ist unter allen denen Wercken kein Fehl begangen, auch habe ich in Berlin schon erwiesen, daß man ja wohl sehen kan, ob ich ein Meister gewesen, da ich hieher gekommen bin, und nun muß ich mich von solchen so hönisch, und recht wie ein unvernünftiger Junge tractiren laßen, alß wenn sie nur die Weißheit alleine beÿ sich hetten, da es sich doch/: wann S. K. Maÿt. einmahl einen jeden in eine aparte Cammer einsPerren ließen, und ein jeder vor sich selbst ohne Bücher und anderer Hülffe einige Abriße verfertigten müsten:/anders finden wird. Ja es würde alsdann erst der rechte Meister erkennet werden. Ich muß nicht allein leiden, daß ich mein so lang mit großer Mühe zusammen gebrachtes Werck abbrechen, und davon in der Welt Schande haben muß, sondern ich muß auch Hertzeleid von dem gemeinen Mann auf der Straße, und Nachrede in allen Häusern und Zechen leiden, ich kan vor Traurigkeit nicht schlaffen, vor Angst meiner Seelen, indem ich nicht weiß, wie es vor mir beÿ Hofe stehet, ob ich Gnade oder Ungnade erlangen werde, und muß doch noch tägl. dabeÿ sinnen, erfinden und arbeiten, ich muß fremde Gelder aufnehmen, um den Bau in Freÿenwalde fortzusetzen, und habe doch bei dieser kein *Credit*. In Summa ich kan mein Elend hier nicht alles klagen, was ich außstehen muß, Bitte also Ew. Hochgeb. *Excell.* umb Gottes Willen, wo ich nicht doll, oder gar sterben soll, mich doch so viel Zu begnadigen, und mit einem rechten Schreiben zu verehren, daß ich dadurch einmahl erfahren möchte, was mit mir entlich werden soll, denn so thut ja ein jeder mit mir was er nur will, schicket Abriße und Berichte ab, und hört mich nicht erst darüber, ob es auch so seÿ; Ist ein Werck mißlungen, so kan ein beßeres wieder gemacht werden, wenn es befohlen wird; Es leiden auch S. K. M. darunter keinen so großen Schaden, denn die *Materialien* sind alle zu gebrauchen, und das Macherlohn ist meist in die *Accise* wieder eingekommen, und das übrige noch unter solchen Leuten, die es auch wieder geben müßen. Ich erwarte hierauf einer gnädigen Antwort und befehle mich in Ew. Hochwohlgb. *Excell. Protection*, und verharre Hochgebohrner, FreÿHerr, gnädiger Herr, Ew. Hochgeb. *Excellenz* unterthänigster Knecht A. Schlüter

Berlin, den 27. Julÿ Ao. 1706.«

in: GStA PK, I. HA Geh. Rat, Rep. 36, Nr. 2888, Bl. 105r–106v.

zitiert in: Adler 1863, Sp. 388–390; Geyer 1992, Textbd., S. 139f., Nr. 7.

1706, 31. Juli

Verfügung Friedrichs I. an Markgraf Philipp Wilhelm

»Von Gottes Gnaden Friderich [...]

Auß Ew. Liebden Bericht vom 24. hujus und dessen Beylagen haben Wir Uns umbständlich vortragen laßen, in was stande der dortige newe Müntzthurm sich jetzo befindet; Weilen nun alle Architecti so dieserwegen Vernommen worden, der einmühtigen Meinung seind, daß ged. Thurm nicht bestehen, oder etwas rechtschaffenes darauß gemacht werden könne, Vielmehr aber zu fürchten ist, daß derselbe bald gar herunder fallen, und an den umbstehenden Häusern und dem Schloß selbst großen schaden Veruhrsachen werde, H. Schlüter selbst auch wie aus Seinen anhero abgelasenen

Schreiben zu ersehen, nichts beßeres davon ominirt; Alß ist nichts mehr übrig, alß daß mit der angefangenen abbrechung des ganzen Thurm biß auff die Erde fortgefahren, und selbige so Viel möglich beschleuniget werden, damit Wir bey Unsrer rückkunfft nach Berlin, womit es ob Gott will, nicht lang mehr anstehen kan, wenigstens den Verdruß nicht haben mögen, dieses so übelgerathene Gebewde annoch Vor Uns Zu sehen, jedoch würde Uns lieb seyn, wen der alte Thurm, welcher jetzo mit dem newen umbgeben ist, wenigstens so weit conservirt werden könte, daß die waßerwercke im Schloßgarten dadurch im Stande blieben. Es muß aber, wan die semptliche Architecti glauben, daß sich solches thun laße, Von solchem alten Thurm, und wie derselbe Künftig bleiben soll, eine Zeichnung gemachet und dieselbe Uns mit dem ersten zugesand werden. Müste aber sowohl der alte als der newe thurm niedergerißen werden, so würde daraus eine Offnung in dem Altan entstehen, welche aber sofort wieder geschloßen, und die deformität so daraus an dem Schloß entstehen würde, Verhütet werden muß. Die abgetragene Materialien und den Schutt wollen auch Ew. Liebden an einem darzu bequehmen ort außer dem Schloß transportiren laßen, damit dadurch der Schloßplatz, und die umbliegende Gaßen nicht embarrassirt werden. Und Wir verbleiben [...]

Friderich R.«

in: GStA PK, I. HA Geh. Rat, Rep. 36, Nr. 2888, Bl. 109–111.

zitiert in: Adler 1863, Sp. 393; Geyer 1992, Textbd., S. 140, Nr. 8.

1706, 3. August [a]

Schreiben Schlüters an Schloßhauptmann Marquardt Ludwig von Printzen

»Hochgebohrner Freÿ=Herr, gnädiger Herr

Ew. Hochgeb. *Excell.* gebe ich hierdurch in Unterthänigkeit Zu vernehmen, wie daß ich Dero hohes und sehr gnädiges Schreiben den vergangenen Mitwoch mit der größten Vergnügligkeit erhalten, und daraus ersehen, daß ich mich wegen meiner alleruthgsten Vorstellung beÿ die Herren *Commißarien* angeben, und mit ihnen alles bester maßen Zu überlegen hette. Weil aber nunmehr Ew. Hochgeb. *Excell.* aus meinem unterthgsten letzten Schreiben sonder Zweiffel wohl ersehen haben, wie selbe mit mir umbgegangen, und wie hart sie mit mir verfahren; so werden Ew. Hochgeb. *Excell.* geruhen Selbst Zu schließen, daß solches eine Unmöglichkeit vor mich gewesen wehre, mit ihnen dergleichen guten Sachen abzuhandeln; Ja weil ich auch sehen muß, wie Sr. Königl. Maÿt. ein allergndstes Vertrauen in die andern *Architecti* gesetzet; alß gebe mich in Dero Allerhöchsten und gnädigsten Willen, und erwarte was dieselbe an mich weiter vor einen Allerhöchsten Befehl ertheilen werden, denn ich bin nun schon einmahl ein sehr unglücklicher Mensch, und sehe, daß all mein Thun und guter Wille vor nichts, woferne mich Gott der Herr nicht mit seiner Hülffe wieder erfreuet. Der Thurm hat nach seinem stille stehen wieder einen solchen Satz gethan, daß ich mit allen Arbeits-Leuten darüber hertzlich erschrocken, und nunmehr kein Werck daran zu machen mich getröste. Damit aber in keinerleÿ Sache das Gute verseumet werde, so habe vor die Waßer-Kunst gesorget, daß dieselbe dennoch den Garten, als auch das Schloß, beÿ Abbrechung des Thurmes dienen kan, und einen bequemen Orth beÿm Schloße an der SPree, allwo sie den Augen nicht hindert, und dennoch einen Orth hat, so lange auch der Thurm-Bau wehren mag, zu bleiben, ausgesuchet.

In den Crohn-Printzl. Gemächern/: umb alles zu rechter Zeit zum Stande zubringen,:/wird fleißig gearbeitet, nur daß nunmehr die Renteÿ die Gelder sehr knap dazu auszahlet, welches mir eine sehr große Plage beÿ den Arbeits Leuten verursachet; Indeßen überschicke Ew. Hochgeb. *Excell.* den Durchschnitt samt dem Grunde vom Thurm, wie er gewesen, und wie viel er nun gesuncken. Und weil ich nicht zweiffele, Es werden Ew. Hochgeb. *Excell.* Ihren unterthgsten Diener *pardoniren*, so ferne in meinem einfältigen Schreiben mich zu weit vergangen, oder aus Ungedult nicht nach Dero Hohes Vergnügen geziemend aufgeführet.

Empfehle mich in Ew. Hochgeb. *Excell.* hohe *Protection* dieselbe wollen geruhen, dero biß anher mir geschenckte gnädige *affection* auch ferner genießen zu laßen, und die gnädige Zuversicht haben, daß ich davor unverändert verharren werde,

Hochgebohrner, Freÿ=Herr, gnädiger Herr, Ew. Hochgeb. *Excellentz.* gehorsahmst unterthäniger Knecht A. Schlüter.
Berlin, den 3. August 1706«

in: GStA PK, I. HA Geh. Rat, Rep. 36, Nr. 2888, Bl. 118r–119r

zitiert in: Adler 1863, Sp. 394f.; Geyer 1992, Textbd., S. 140, Nr. 9.

1706, 3. August [b]

Beilage zum Schreiben Schlüters an Schloßhauptmann Marquardt Ludwig von Printzen

»Dieser Thurm ist von A bis B schon 200 Fuß hoch gewesen. Seine Breite ist unten von C bis D am Fuß 120 Fuß. Der Mauren Dicke von E bis F ist 43 Fuß, und von G bis H 50 Fuß dick. Verankert ist er über 37 mahl, 22 Anker sind durch den Thurm durch und durch gezogen, und mit 15 wie hier zu sehen, auswendig umbfaßt und gebunden. Das allgesetzte neue Werk ist in das alte immer mit herein verbunden, der Uhrsachen, daß eines mit dem andern gleich tragen sollte, und das alte Gemäuer von dem neuen sich nicht trennen möchte, wie es hier im Abriß mit angedeutet. Unter dem alten Thurm hat man das Fundament im guten Stande gefunden, die Pfähle von Eichen Holtz, welche mit einem Rost versehen, und noch so friech [sic!] als wenn es nur etliche Tage gestanden hette.

Anfänglich hat es nur ein kleines Werk abgeben sollen, welches unten in der Straßen mit einem Grottwerk und mit einer Wasse-Kunst geziehret werden solte. Zu diesem letzten ist bis an den alten Rost gegraben, und weil man befunden, daß der Grund sandig, hat man einen Rost bei dem alten angeleget und selbige mit Pfählen ausgerammet, dieses hat auch so lange gestanden, biß man auf die Gedanken gekommen, den Thurm nicht nur allejn zum Garten-Wasser, sondern auch zu den Fontainen, so dem Schloß und der Stadt dienen können, zu gebrauchen, und weil solches von Sr. Königl. Mayt. allergndgst approbiret worden, so hat man selbiges wegen der Höhe des Schloßes gleich 50 Fuß, wie von J bis K zu sehen, aufgeführet und mit großen Pfeilern verstärket. Zu solchem Haubt-Werk nun ist der Grund mit einem Bohr untersuchet worden und weil fast überall weich Erdreich gefunden worden, hat man mit etlichen Pfählen probiret, wie tief selbige gehen wollen, und da nun solche nicht tiefer in die Erde als 9 bis 10 Fuß gingen, sind die übrigen alle von der Länge gemacht und damit die Spree nicht einspielen möchte, so sind in der Runde herum Spund-Pfähle geschlagen, und in den Platz von andern Pfählen bis 7000 Pfähle verrammt worden; daß auch solche recht und gut gerammet worden, kan man an den Pfählen probiren laßen, welche beneben den großen Pfeilern nah bloß herausstecken. Ist auch kein ander Mittel gefunden, denselben beßer fest zu machen, als durch Pfähle. Daß man aber vorgiebet, es müßte ein Rost darauf kommen, das ist falsch; denn die Roste werden wohl gebraucht zu Mauren, die von 3, 5, 10 biß 15 Fuß breit sind, daß sie wegen ihrer Schmäle oder Wenigkeit der Pfähle solche aneinander halten, aber wo solch ein breiter Grund auf die Arth, wie im Abriß zu sehen, ausgerammt ist, der gleichwie ein Felsen zusammen in der Erden stecket, da ist ein Rost darauf vielmehr schädlich, denn durch die [sic !] Rost leidet die frische Mauer schaden, indem sie sich in die vierkantichte Felder setzet, und der Rost alsdann in die Mauer sich zu drücken, Macht hat. Und wenn auch solche schon gut ausgemauert wehren, wie es bey diesem Werk zu sehen, daß die Mauren (welche auf Rosten stehen, ebensowohl in den Grund mit gehen, wie dieselben, die nicht auf Rosten stehen,) so helffen sie vor das Sinken nicht.

Was aber die Ursache, daß solch Werk gesunken ist, ist keine andere, als daß die Erde unter dem festen Boden noch ein sumpfig und morastig Erdreich haben muß, wie dieses denn ein vollkommenes Zeugniß ist, weil nicht der Thurm allein sich in die Erde drücket, sondern auch die Pfähle und Fundamente, welche nicht unter der schweren Last stecken, gehen allesamt mit hinunter; denn es biegt sich unter der schweren Last mehr, als daß es einschneidet. Wenn nun solches hieraus deutlich genug zu sehen, daß die Schuld nicht an mir lieget, sondern ein Zufall ist, der auch viel hundert mahl andere Baumeistern mit betroffen; Ja wie in Straßburg noch zu sehen, ungeachtet dieselbe 10 Jahr mit 6000 Mann am Fundament allein gearbeitet, solcher Thurm doch nach einer Seite gesunken, weil man sich des Erdreichs nicht vollkommen versichern kann.

AIß zweiffele nicht, es werden Se. Königl. Mayt. allergndgst geruhen, Ihren unterthänigsten Knecht hierdurch Ihrer Königl. allerhöchsten Gnade nicht gäntzlich zu entziehen, denn ich bereit bin, lebenslang darnach zu streben, daß ich solchen Schaden in andern guten und treuen Diensten wieder ersetzen will.
A. Schlüter.«

in: GStA PK, I. HA Geh. Rat, Rep. 36, Nr. 2888, Bl. 125r–126r

zitiert in: Adler 1863, Sp. 395–397.

1706, 9. August [a]

Brief des Markgrafen Philipp Wilhelm an Friedrich I.

»[...] wie auch der General Quartiermeister p. der v. Eosander es für eine pure Unmöglichkeit hält und der meinung ist, daß wenn gleich täglich mit höchstem Fleiß continuiret, man dennoch in keinem Jahr mit dem Abbrechen zum Ende kommen würde. Waß den alten Thurm anlanget, welcher anitzo mit dem neuen umgeben ist, da werden Ew. Königl. Mayt. Jhro aus deren relationen derer Architecten Jhro allerunterthänigst haben vortragen lassen, daß selbiger durch den Neuen dergestalt gedrucket worden, daß er verschiedene Buchten bekommen, und fast schadhafter, als der Neue ist, Jedoch werde ich mit allem Fleiße dahin sehen, damit Ew. Königl. Mayt. allergndste intention so viel möglich erreichet werden möge, zu dero continuirenden Königl. Hulden und Gnaden Jch mich gehorsambst empfehle [...]«

in: GStA PK, I. HA Geh. Rat, Rep. 36, Nr. 2888, Bl. 128r/v

zitiert in: Adler 1863, Sp. 400f.

1706, 9. August [b]

Kabinettsordre an Schlüter

»Friedrich , König in Preußen

Wir *communiciren* Dir hierbeÿ in Abschrift, waß wir des allhiesigen neuen Müntz-Thurmes sub dato *Honslaerdÿk* den nächstverflossenen 31. July an Unsres Vielgeliebten Bruders, des Printzen Philipp Wilhelm *rescribi*ret: Wie Du nun daraus Unsre allergnädigste Willensmeinung wegen sotanen Thurmes zu ersehen hast; also befehlen Wir Dir hiermit in gnaden und zugleich alles ernstes Dich danach gehorsamst zu achten, insonderheit die angefangene abbrechung desselben dergestalt zu beschleunigen, damit Wir nicht allein bey Unserer Zurückkunft dieses so übel gerathene Werk annoch vor Uns zu sehen den Verdruß nicht haben, sondern auch der annoch zu besorgende einfall und unglück verhütet, werden möge.
Seind Cöln, den 9. Augusti 1706.«

in: GStA PK, I. HA Geh. Rat, Rep. 36, Nr. 2888, Bl. 129r

zitiert in: Adler 1863, Sp. 401.

1706

Theatrum Europaeum

»Indessen bekamen Jh. Königl. Majestäi von Berlin aus die Zeitung/daß der daselbst angefangene kostbahre Müntz-Thurn/so starck zu sincken anfienge/daß die darumher wohnende Bürger/aus dero Häusser flüchteten/aus Sorge von dem Thurn zerquetschet Zu werden/darauff Ihro Königl. Majest. ein Commissariat an dero Briegadier und Surintendant, Eosander Freyherr von Göthe/wie auch an dem Professor Sturm/welcher ein der vortrefflichsten Matematicus unserer Zeiten ist/und so wohl in Civil als militair-Bau ungemeine Wissenschafften hat/und an dem Bau-Director Grühneberg/ergehen/den Thurn-Bau Zu untersuchen/und ohnverzöglich zu berichten/ob der Bau könne vollzogen/oder ob derselbe müste eingestellet werden/auch woran der Fehler läge. Nachdem diese 3. Persohnen/alles in Augenschein genommen/und wohl untersuchet/thaten sie ihre unterthänige Relation/welche darinnen bestand/daß der Thurn nothwendig/ohne Zeit Verlust/müste herunter gerissen werden/oder es würde derselbe in herunterstürtzen die nah gelegene Häußer zerschmettern/ja gar den daselbst nahe vorbey fliessenden Schree-Strohm [sic!] ausfüllen; die Ursache dessen wäre/daß das Fundament ganz und gar nicht taugete/auch unmöglich Zu helffen wäre. Darauff Ihro Königl. Majestät an dero Surintendant de Batiments, die Ordre ergehen ließe/ohnverzöglich die Anstalt zu verfügen/daß der Thurm abgebrochen werde/um mehrer Unglück zu verhüten. Es wird dem geneigten Leser so wohl/als denen Liebhabern des Baues nicht unangenehm seyn/eine Relation dieses sehr berühmten Thurn-Baues mitzutheilen; Es war daselbst ein alter viereckigter Thurn/der Müntz-Thurn genandt/welcher/wie er ausgesehen/in der Brandenburgischen Topographia unter dem Titul Berlin/kan gesehen werden/Ihro Königliche Majestät trugen alles bey/um dero Residentz/nicht allein inwendig zierlich Zu machen/sondern derselben von außen/auch ein Ansehen Zu schaffen/dahero geriethen sie auff die Gedancken/diesen Müntz-Thurn ein besser Ansehen zu geben/und etwas höher aufführen zu lassen/um daselbst ein GlockensPiel hinzustellen. Der Bau-Meister Schlüter/welcher von Profession ein guter Bildhauer war/und dabey saubere perspektivische Risse zeichnete/über dem aber gar im geringsten nichts von der Matthesi verstunde/welches/um einen Bau Zu führen/doch unumgänglich ist/dieser verfertigte einen Dessin, wie der/hie beygefügte Riß weiset/mit Versicherung/denselben binnen 2. Jahrs-Zeit auszuführen. Darauff er den alten Thurn biß auff der Mauer herunter brechen/und die alte Mauer unten im Fundament verstärcken ließ/so viel als der entworffene Riß erforderte/und da er bey Visitirung des alten Fundaments befand/daß nur von 6. Fuß lang Pfäle unter derselben geschlagen/folgete er solchem nach/und ließ unter der neuen Mauer auch nur solche kurtze Pfäle mit kleine Rammen schlagen. Darauff er ferner die Mauer aufführen/und seinem Verstand nach in der alten Mauer verbinden ließ/auff alle ersinnliche Weise/nachdem er die neuere Mauer gleich der alten in die höhe geführet/ward dieselbe auff der alten übergesetzet/und so ferner in die höhe gemauret. Der gute Bildhauer konte nicht begreiffen/daß wann man an einer alten Mauer eine neuere anmauert/man mag selbige mit Verzahnungen/oder mit eisernen Anckern an einander befestigen/wie man nur immer will/daß selbige sich ohnfehlbar voneinander geben müssen; und zwar aus folgenden Ursachen/eine jede neuere Mauer muß sich nothwendig setzen/dann die Kalck-Fugen werden durch die Last der auff einander gemauerte Steine zusammen gedrucket/und wann man nur rechnete/daß eine jede Fuge so viel als ein Blatt Pappier dick zusammen gedrucket würde/und eine Mauer hundert Fuß hoch wäre/welche 400. Fugen ausmachet; so müste sich die neuere Mauer nothwendig zum wenigsten so viel zusammen setzen/als 400. Blätter die auffeinander gepresset sind/austragen; bey kleinen niedrigen Gebäuden mercket man solches so sehr nicht/wiewol doch noch etwas nach Proportion, Zu dem können die Anckern in einen solchen geringen Bau/das Einfallen verhüten/aber bey einer hohen Mauer ist es ohnmöglich/oder man müste die neuere Mauer so starck machen/daß sie vor sich selbst alleine/ohne der alten/stehen könne. Wie nun die Mauer so hoch auffgeführet/daß man die Piedestalen unter denen ersten Colonnen setzen wollte/da fieng der Thurn an sich mit Gewalt zusetzen/das Fundament wiche nicht alleine/sondern die neuere Mauer lösete sich von der alten. Der Baumeister aber verbarg solches in der Hoffnung/durch eine neuere Verstärckung/dem Übel vorzukommen/und um einen rechtmäßigen Schein zu bekommen/projectirte er den hiebey gefugten zweyten Abriß/unter allerhand Vorwendungen/nachdem ihm solches zugestattet/verstärckete er abermahls das Fundament/aber auf eben so schlechten Grundschlag wie das vorige/dazu ließ er nach dem alten Thurm fast massiv ausmauren/so daß nur eine Hohlung zu einer kleinen Stiege darinn blieb/auff diese Hoffnung ward ferner so wohl in- als auswendig auffgemauert/der vorhero schon aufgeführter Mauer gleich/da bekam dieselbige oben eine in dem Augen scheinende/vortreffliche Dicke/und ward also weiter in die Höhe geführet/die Ursache/so ihn dazu bewogen, wie er selbige vor der Commission ausgesaget/ist gewesen/daß er den alten Thurn mit die äussere und inwendige neuere Mauer/belasten wollte/gleich als wann man einen Packsattel auf ein Pferd leget. Da raisonirte er als ein Bildhauer/und nicht einmahl so vernünfftig als ein erfahrner Stallknecht/der da weiß/daß wann ein Pferd oder Maulesel überladen wird/selbiges in die Knie sincket. Hätte aber der gedachte Baumeister/sich des mechanischen axiomatis erinnert/welches saget/daß alles was eine Last tragen soll nothwendig stärcker seyn muß/als dasjenige/welches getragen werden soll/so hatte er daraus urtheilen können/wie die proportion des gepackten Sattels gegen dem Pferde müsse beschaffen seyn/und daraus nach seiner Art abnehmen können/daß der alte Thurm nothwendig müste überladen werden/durch die darauf gelegte Last. Dieses falsche raisonement betrog ihn aber abscheulich/indem der Thurm nachdem er ferner in die Höhe geführet ward/wieder Zu bersten anfieng/und inn- und auswendig von oben biß unten grosse Spalten bekame/meistens aber senckete er sich gegen der Gassen hin/weilen der halbe Theil auff einem morastigen Grund/die andere Helffte aber gegen dem Schlosse zu/auff Triebsand stund/dahero nahm er die Resolution/auff der Seiten einen grossen Pfeiler/so breit als der Thurm und 40. Fuß lang/und über hundert Fuß/auffzuführen/an diesem wolte er den Thurm/mit dicken eisernen Anckern von 6. a 7. Zoll ins gevierdte anklammern/dergestalt/daß der Pfeiler den Thurm an sich halten/und derselbe nicht nach der Gassen hin sincken solte. Dieses Urtheil aber war nicht besser als das/von dem bepackten Pferde/wo hatte er doch wollen solche starcke Anckern gemacht bekommen? eine solche/von einige Million Centner schwere Last/an einen Pfeiler anzuhefften? und wann gleich diese nicht zersprungen wären/wie groß hatte wohl der Pfeiler seyn müssen/welcher eine so grausame Last hatte an sich halten sollen/dahero nothwendig erfolget wäre/wann die eiserne Anckers gehalten daß der neuere Thurm den Pfeiler mit sich genommen hatte. Da nun der Pfeiler hinten angemauert/ward der Thurm wieder getrost auffgeführet/die erste Reihe Colonnen waren bereits gesetzet/der Glocken-Stuhl/nebst der grosse und noch andere Glocken mehr darinnen auffgehangen/damit das Geschrey von dem sinckenden Thurm durch das Gethön der Glocken/mögte vertuschet werden. Wie er dann auch so künstlich/den Fehler zu verbergen gewust/daß der Hoff nichtes davon erfahren/ehe und bevor die Ancker zerspringen/und der Thurm einfallen wolte. Da sagete die gantze Welt/er hätte den Thurm seiner Profession gemäß verfertiget/nemlich/wie ein Bildhauer eine Statue Colossale/der bald oben/bald unten/bald in der Mitten arbeitet/aber am meisten sich bemühet/den Kopff ehe als die Fuße/Zu verfertigen.

Was der Bau muß gekostet haben, ist daraus abzunehmen/weilen bey 30000. Thaler an eiserne Ancker alleine dazu verwand worden; Seine Königl. Maj. sonderbahre Clemence und Gütigkeit ließ nicht Zu/den Baumeister seinem verdienst nach straffen zu lassen/und er ward nur schlechter Dinges seines Dienstes entsetzet/ohngeachtet er nicht alleine aus Ignorantz/sondern auch aus Muthwillen und arrogance gesündiget/und den Fehler dergestallt künstlich verbarg/daß es Niemand bey Hofe erfuhre. Dahero er verdienet hatte andern zum Exempel/nach verdienst gestraffet zu werden/damit sich Niemand unterstehen möge/etwas zu unternehmen/welches er nicht verstehet. Auch kan man hieraus abnehmen/daß mehr dazu gehöre als zeichnen können/um einen Bau zu führen. Ein Bildhauer wird ordinair die Gebäude mit Bildhauerey aus und inwendig anfüllen/ein Mahler wiederum alle Wände vollschmieren; sie begreiffen beyde nicht/daß von aussen die Majestätische Pracht in der Simplicität bestehe/und daß inwendig die Bildhauerey und Mahlerey mit der Architecture durch grosse Moderation müsse untermenget/und mit einander vereiniget werden. Und daß man bey Ornirung der platfons man allemahl dahin sehen müsse/daß das Auge eine Ruhe finde/in Anschauung derselben/wozu ein solides Urtheil und ein sehr guter Gusto gehöret. Es muß über dem die Mathesis und die Erfahrung einen vollkommenen Baumeister machen/welches er mehr bedarff als das zierliche und perspectivische Zeichnen/wie wohl er doch auch zur Nothdurfft muß zeichnen können.

Die Historie dieses Thurms zu endigen/so ward derselbe durch Tag und Nacht abgetragen/und hatte dieser kostbahrer Bau Zu nichtes anders gedienet/als daß der höchst seligsten Königin Leich-Begängnüß prächtiger/durch Läutung der darauff gestellten Glocken zu machen.«

in: Theatrum Europaeum 17, 1718 (1706), S. 102f.

zitiert in: Geyer 1992, Textbd., S. 141f., Nr. 10; Peschken 1998, S. 121f.

1707, 26. Mai

Gutachten Schlüters über die Schadensersatzforderung des Refugierten Michau

»Anbelangend das an dem Thurmbau stehende Häuschen des frantzösischen Barbierers, gibt der Augenschein, daß solches bey Abbrechung des Thurmes viel erlitten, und sehr ruiniert worden. Nun befindet es zwar in dem Stande, daß, wenn es frey stünde, es repariret werden u. der Eigenthümer damit zufrieden seyn könnte. Da ich aber nicht absehe, wie bey verzögerter Abtragung des Thurmes man zu derselben reparation schreiten könne, und er doch wegen des Verlusts, den er bey solcher Verzögerung noch leiden möchte, einige satisfaction allerunterthänigst suchen könnte, stelle dahin, ob man nicht ihn das Häuschen in billigen Anschlag bringen lasse, und deßfalls contentire, angesehn wenig dadurch verlohren ginge, maßen ein so wohl und dem Königl. Palais so nahe gelegenes hauß in länger in mehr seinen liebhaber finden und sein Geld gelten würde.
gez. A Schlüter, Freyenwalde«

in: GStA PK, I. HA Geh. Rat, Rep. 36, Nr. 2877, Bl. 12

zitiert in: Ladendorf 1935, S. 59; siehe auch S. 92.

Anmerkungen

VORGESCHICHTE

1 Es existieren mehrere detaillierte Forschungsberichte zu diesem Thema: Nirrnheim 1930; Keyser 1931; Keyser 1931/32; Ladendorf 1935, S. 111, Anm. I, 13. – Zum anfänglichen Forschungsstand: Bergau 1867.

2 Füßli 1779, S. 563.

3 Nicolai 1786b, S. 103.

4 Adler 1862, Sp. 441. – Gurlitt verbreitete diese Daten in seiner grundlegenden Schlüter-Monographie (Gurlitt 1891, S. 5).

5 Nirrnheim 1930, S. 251f.

6 Dieser bereits erwähnt von Blech, der allerdings noch irrtümlich den 1634 geborenen Andreas Schlüter für den großen Künstler hielt (Blech 1909, S. 33). Zunächst Keyser und später vor allem Schellenberg vertraten die Ansicht, daß nur der 1659 geborene Andreas Schlüter als der Gesuchte in Frage käme (Keyser 1925, S. 63f.; Schellenberg 1951, S. 4, 25).

7 »[Schlüter] hatte die Bildhauer-Kunst anfänglich bey einem Danziger Bildhauer, Sapovius genannt, erlernet, hernach sich aber in Italien formiret« (Humbert/Heinecken 1768, S. 80). – Vgl. Ladendorf 1935, S. 5f.

8 An weiteren Zuschreibungen sind zu nennen die Fassaden der Häuser Langer Markt 3 und 20 (Fijałkowski/Kondziela 1965, S. 272f.) sowie die im Krieg zerstörte Stuckdecke im Haus Langer Markt 7/8 (Koska 1938; Fijałkowski/Kondziela 1965, S. 273; Peschken 1967, S. 235f.).

9 Zur Danziger Königskapelle: Gurlitt 1891, S. 13–17; Cuny 1910, S. 113–117; Lucks 1920; Kondziela 1957; Drost 1959, S.177–201; Wrabec 1992; Bogdanowcz 1993; Noworyta-Kuklińska 1994.

10 So etwa von Gurlitt (Gurlitt 1891, S. 13–17); später: Cuny 1910, S. 113–117.

11 Siehe zusammenfassend: Noworyta-Kuklińska 1994, S. 172 bis 180.

12 Ranisch 1695, S. 18f.

13 Das Grabmal Konarski im Dom von Frauenburg wird Schlüter aus stilistischen Gründen zugeschrieben (Karpowicz 1970, S. 185–197; Kühn 1977, S. 113–116).

14 Zu den Masken-Konsolen am Berliner Schloß: Peschken 1992, S. 148, 151, Abb. 127; Peschken 1998, S. 61–65, Abb. 44–46.

15 So Kühn 1977, S. 106.

16 Siehe die umfassende Studie über Sobieskis Bild in der Druckgraphik von Hanna Widacka (Widacka 1987).

17 Vgl. Graciotti 1977.

18 Zu Michel Angelo Palloni: Karpowicz 1967. – Zu Martino Altomonte: Aurenhammer 1965; Karpowicz 1966. Nach dem Tod Sobieskis arbeitete Altomonte auch noch eine Zeitlang für dessen Nachfolger August II., ging gegen 1702 aber nach Wien, wo er bedeutende Aufträge vom kaiserlichen Hof erhielt.

19 Lorenz 1991, S. 15–18, 216–220, M-Kat. Nr. 60.

20 Ebd., S. 64f., S. 272, Kat. Nr. 5.

21 Zu Jercy Eleuter Szymonowicz-Siemiginowski: Karpowicz 1974. – Zu Jan Reissner: Karpowicz 1959.

22 Zu Agostino Locci: Starzyński 1932/33.

23 So bereits von Gurlitt 1891, S. 35–43.

24 Ebd.

25 Marperger 1711, S. 513.

26 Die bis zum letzten Krieg im Preußischen Geheimen Staatsarchiv in Berlin aufbewahrten Briefe Loccis an den König (Rep. 141, D. 7) sind heute verschollen, wurden damals jedoch glücklicherweise vollständig transkribiert: Starzyński 1933, S. 75–79. – Eine deutsche Übersetzung der in polnischer Sprache abgefaßten Briefe ist ein dringendes Desiderat.

27 In seiner grundlegenden Studie über Schlüters Anteile in Wilanów überschätzt Mańkowski wohl dessen Rolle (Mańkowski 1939/1946). Unabhängig davon zählt der Aufsatz zu den hellsichtigsten Arbeiten über Schlüter und seine Kunst.

28 Zur Bau- und Ausstattungsgeschichte von Schloß Wilanów: Starzyński 1933; Mańkowski 1939/1946; Schellenberg 1944, S. 47–49; Schellenberg 1951, S. 11f.; Behrens 1954, S. 431 bis 434; Fijałkowski/Kondziela 1965, S. 274–280; Fijałkowski 1974; Cydzik/Fijałkowski 1975 [deutsch: Leipzig 1978]; Fijałkowski 1977; Fijałkowski 1983; Fijałkowski o. J. [nach 1992]; Wrede 2000, S. 7–36.

29 Die beiden an die Türme anschließenden Trakte, die heute den Ehrenhof vor dem Schloß umfassen, entstanden erst von 1699 an, also nach Sobieskis Tod.

30 Starzyński 1933, S. 81, Brief Nr. XI; deutsche Übersetzung in: Mańkowski 1955, S. 20.

31 Starzyński 1933, S. 83, Brief Nr. XIII; deutsche Übersetzung in: Mańkowski 1955, S. 20.

32 Zuerst: Mańkowski 1939/1946, S. 156f. – Jüngst: DaCosta Kaufmann 1992, S. 202f.; DaCosta Kaufmann 1995, S. 288.

33 Mańkowski 1939/1946, S. 156f.

34 Karpowicz 1970, S. 185–197; Kühn 1977, S. 113–116.

35 Mańkowski 1939/1946, S. 154.

36 Kohte 1916, S. 478; Kühn 1944, S. B 4; Schellenberg 1954, S. 426; Mossakowski 1994a, S. 300.

37 Warschau, Taufbuch der Kirche zum Heiligen Kreuz, 1680 bis 1700, Bl. 112 (Schellenberg 1944, S. 123). – Vgl. Kandt 2000, S. 40, Anm. 10.

38 »[...] Andrea Slitter Sculptore et Elisabetha Spangen Bergrin [...]« (Warschau, Taufbuch der Kirche zum Hl. Kreuz, 1680 bis 1700), Bl. 149 (Schellenberg 1944, S. 123). – Vgl. Kandt 2000, S. 40, Anm. 10, S. 65, Anm. 73.

39 Siehe Anm. 95.

40 Starzyński 1933, S. 82, Brief Nr. XII; deutsche Übersetzung in: Mańkowski 1955, S. 24.

41 Auf dem Giebel wird ferner die Statue einer Minerva erwähnt. Später wurde sie in die Mittelöffnung des Obergeschosses gestellt, wie auf einer Zeichnung des frühen 18. Jahrhunderts zu sehen ist. Die Statue ist nicht erhalten, dürfte jedoch, da zum Giebel gehörig, ebenfalls von Schlüter geschaffen worden sein (Cydzik/Fijałkowski 1978, S. 9, 15, Abb. 10).

42 Erstmals Mańkowski 1939/1946, S. 161. – Ferner: Fijałkowski 1967, S. 386.

43 Die Originale aus Sandstein (»w kamienu wykonane«, Mańkowski 1939/1946, S. 170) wurden 1927 durch Kopien ersetzt und gingen wohl, wenn sie überhaupt geborgen wurden, in den bald einsetzenden Kriegswirren verloren. Alte Fotografien überliefern noch die ursprünglichen Werke (Mańkowski 1939/1946, S. 162).

44 Starzyński 1933, S. 54; Mańkowski 1939/1946, S. 160; Karpowicz 1987, S. 116–118.

45 Jüngst wurden die Porträtmedaillons ausführlich gewürdigt, ihre Darstellungen identifiziert und ihre Stichvorlagen ermittelt (Wrede 2000, S. 18f., 127–133, Abb. 46–77).

46 Fijałkowski/Kondziela 1965, S. 279.

47 Ebd.

48 Karpovicz 1987, S. 219, Abb. 35f.

49 Locci erwähnt im September 1681 den »ältesten Steinmetzen«, der angeblich die reiche Bauplastik des Eingangstors schuf (Mańkowski 1939/1946, S. 155). – Hierbei handelte es sich mit Sicherheit um einen Danziger. Am 26. September 1681 wird ein »Stefan« erwähnt (Starzyński 1933, S. 79f., Brief Nr. VIII; Mańkowski 1939/1946, S. 155f.), vielleicht derselbe, der bald darauf für Jan Dobrogast Krasiński tätig wurde. Am 28. November 1681 trafen weitere »neue sculptores« in Wilanów ein, darunter ein »Hans« (Mańkowski 1939/1946, S. 156). Der neben Schlüter bedeutendste Danziger war jedoch Stefan Schwaner, der erstmals 1686 erwähnt wird und wohl nicht mit dem bereits 1681 genannten »Stefan« identisch ist (Mańkowski 1939/1946, S. 155f.; Starzyński 1933, S. 87f., Briefe Nr. XX u. XXI).

50 Direkt aus Amsterdam wurden die Statuen der Musen bezogen (Mańkowski 1939/1946, S. 172; Fijałkowski 1967, S. 386; Wrede 2000, S. 11f., 117–119, Abb. 26–29). Sie wurden zunächst 1681/82 auf den seitlichen, anfangs noch flach gedeckten Türmen plaziert, ehe sie gegen 1692 auf das dem Corps de Logis neu aufgesetzte Vollgeschoß gelangten. – Die Büsten römischer Imperatoren an der Gartenfassade des Corps de Logis und an der Garten- und Hoffassade der beiden Galerieflügel waren wohl ebenfalls niederländische Arbeiten (Starzyński 1933, S. 96; Wrede 2000, S. 7–11, 111–114, Abb. 2–21).

51 Zu diesen Steinmetzarbeiten zählen auf der Gartenseite die Büsten antiker Götter auf den Galerien, der Zyklus der ganzfigurigen Allegorien der Landesteile des polnisch-litauischen Reiches in den Nischen des nördlichen Galerieflügels (Starzyński 1933, S. 96) sowie die ihnen entsprechenden Götterstatuen am südlichen Flügel. Auf der Hofseite sind einmal zu nennen die Tugendallegorien und die Hermenpilaster neben den Seitenportalen. Die Statuen antiker Götter auf den Seitenpavillons des Corps de Logis wurden früher als Importstücke aus den Niederlanden betrachtet (Starzyński 1933, S. 96), einige von ihnen auch schon Schlüter zugeschrieben (Mańkowski 1939/1946, S. 172f.); heute gelten sie als Werke Schwaners (Fijałkowski/Kondziela 1965, S. 279; Karpowicz 1987, S. 210f., Abb. 23–25). Von diesem stammen außerdem die Attikareliefs der Kriegstaten Sobieskis, die erst mit der Erhöhung des Mittelteils hinzukamen, ferner einige der Reliefs in den Archivolten der Galerien (Starzyń-ski 1933, S. 52f.; Fijałkowski 1967, S. 386; Karpowicz 1987, S. 212–217, Abb. 26 bis 33).

52 Karpowicz will in den um das Sibyllenmosaik angeordneten Puttengruppen einen eigenständigen italienischen Meister erkennen, dem er auch die Stukkaturen im Großen Saal und im Schlafzimmer des Königs zuschreibt (Karpowicz 1987, S. 111–116, 258, Abb. 84). Er bezeichnet ihn als Meister der Sommer-Voute. Mit der Sommer-Voute ist die Voute im Schlafzimmer des Königs gemeint, dessen Deckenbild dieser Jahreszeit gewidmet ist. Diesen Meister der Sommer-Voute sieht Karpovicz unter dem Einfluß Gian Lorenzo Berninis und Antonio Raggis.

53 Starzyński 1933, S. 83, Brief Nr. XIII; deutsche Übersetzung in: Mańkowski 1955, S. 20.

54 Mańkowski 1939/1946, S. 162.

55 Loccis Briefwechsel mit dem König bezüglich der Ausstattung von Wilanów bricht am 31. Juli 1682 ab und wird erst am 7. August 1686 wiederaufgenommen (Starzyński 1933, S. 87).

56 Brief Loccis vom 13. November 1686 (Starzyński 1933, S. 87f., Brief Nr. XXI).

57 Mańkowski 1939/1946, S. 162f.

58 Mańkowski 1939/1946, S. 163–166.

59 Siehe Anm. 52.

60 Karpowicz 1987, S. 111–116.

61 Karpowicz 1987, S. 122–124.

62 Namentlich genannt werden Francesco Cerisola und Santino Madernati. Es wird vermutet, daß sie unter der Leitung des Bauunternehmers und Stukkateurs Giuseppe Simone Bellotti standen (Cydzik/Fijałkowski 1978, S. 10f.; Fijałkowski 1979, S. 106; Karpovicz 1987, S. 128–131).

63 Erstmals publiziert von: Koska 1938. – Siehe ferner: Fijałkowski/Kondziela 1965, S. 273; Peschken 1967, S. 235f.; Kühn 1977, S. 107f.

64 Koska 1938, S. 5.

65 Ebd.

66 So Kühn 1977, S. 108.

67 Diese Vermutung äußert auch Peschken, der außerdem davon ausgeht, daß Schlüter erst in Wilanów über die dort tätigen Italiener mit Stuckarbeiten in Berührung kam (Peschken 1967, S. 236). Allerdings hält er die Puttenszenen im Schlafzimmer des Königs und im Großen Saal von Schloß Wilanów bereits für eigenhändige Arbeiten Schlüters (ebd., S. 231). Er hätte sich dann, darf man einwenden, ungewöhnlich schnell emanzipiert und die dort tätigen Italiener regelrecht verdrängt.

68 Starzyński 1933, S. 53; Boeck 1939, S. 309; Mańkowski 1939/1946, S. 167–170.

69 Mańkowski 1939/1946, S. 171f.

70 Starzyński 1933, S. 86, Brief Nr. XVII. – Starzyński 1933, S. 97.

71 Die Mezzaninfenster am Senatorenpalast gehen allerdings nicht mehr auf Michelangelo zurück, sondern stammen von Giacomo Della Porta, der den Umbau nach Michelangelos Tod zwischen 1582 und 1605 vollendete.

72 Król 1971, S. 37–56; Rottermund 1996, S. 8.

73 Zu Johann Friedrich Karcher: Hentschel 1967, Textbd., S. 96f. – Jetzt grundlegend: Reinert 2001.

74 Zum Palais Krasiński und Schlüter: Gurlitt 1891, S. 43–46; Kohte 1916; Kraushar 1925, S. 7–22, Taf. 1–24; Ladendorf 1935, S. 7f.; Boeck 1939, S. 304–306; Schellenberg 1943; Schellenberg 1944, S. 43–47; Mańkowski 1951; Schellenberg 1951, S. 6–11; Behrens 1954, S. 3–5; Schellenberg 1954, S. 422–431; Mossakowski 1965, S. 178–187; Fijałkowski/Kondziela 1965, S. 280–282; Kühn 1977, S. 118–121; Mossakowski 1994a, S. 159–179, 283–301.

75 Zu Tilman van Gameren grundlegend: Mossakowski 1994a.

76 Die Baugeschichte wurde erst jüngst nochmals wesentlich umgeschrieben. Es hat sich nämlich herausgestellt, daß der Rohbau keinesfalls schon zwischen 1677 und 1685 entstanden

war, sondern daß sich diese Daten auf den ebenfalls für Jan Dobrogast Krasiński in unmittelbarer Nähe errichteten Kleinpoldt-Palast beziehen (Mossakowski 1994a, S. 128f., 159).

77 Vergleichbare Galerien verwirklichte beispielsweise Gameren in Warschau von 1681 an beim Umbau des Palais Ossoliński-Lubomirski-Sandomierski-Brühl – dort eingespannt zwischen ebenfalls neu hinzugefügte Eckpavillons – und von 1692/93 an beim Ausbau des Schlosses in Baranów (Mossakowski 1994a, S. 99–108, 232–235).

78 Karpovicz 1991, S. 75.

79 Mossakowski 1994a, S. 306. – Vgl. auch: Mossakowski 1965, S. 163f.

80 Die 1910 von Baranowski (Baranowski 1910) vorgelegte Transkription der Rechnungseinträge war sehr mangelhaft und erhielt viele Lesefehler. Auf sie stützte sich noch der Aufsatz Kohtes (Kohte 1916). Erst Alfred Schellenberg, der während der deutschen Besatzung in Warschau im »Amt für die Pflege alter Kunst« tätig war, nahm erneut das Original zur Hand und korrigierte die Fehler (Schellenberg 1943; Schellenberg 1944, S. 43–47). Das Rechnungsbuch ist im Krieg verbrannt. – Eine Zusammenstellung der Schlüter betreffenden Einträge in der polnischen Originalsprache in: Kühn 1944, Anlage B 4; Mossakowski 1965, S. 122, Anm. 56. – In deutscher Übersetzung: Schellenberg 1954, S. 425f., Anm. 6; Mossakowski 1994a, S. 300f.

81 Vgl. Ottenheym 2000, S. 90.

82 So bereits Gurlitt 1891, S. 45. – Unmittelbar nach der Vollendung wurden Architektur und Bauplastik des Amsterdamer Rathauses über die Stichpublikationen von Jacob Vennekool (1661) und H. Quellinus (1665/1668) in Europa verbreitet.

83 Mossakowski 1994a, S. 162, Abb. 131, S. 293.

84 Hierzu ausführlich: Mossakowski 1994a, S. 283–301.

85 Zu den zahlreich verwendeten Vorlagen siehe ausführlich: Mossakowski 1994a, S. 294–300.

86 Mossakowski äußert sich widersprüchlich zu einer eventuellen Rom-Reise Gamerens 1687. Einleitend bemerkt er, es sei nicht belegt, daß Gameren damals seinen Förderer Stanisław Herakliusz Lubomirski nach Italien begleitet habe (Mossakowski 1994a, S. 7). Später, in seinem Kapitel über die Giebelreliefs, hält er eine Rom-Reise Gamerens für gesichert (Mossakowski 1994a, S. 298f.). Davor war Gameren zuletzt mit Sicherheit 1666/67 in Rom gewesen, ebenfalls in Begleitung Lubomirskis.

87 Beide Wappen wurden bereits im 19. Jahrhundert im Zuge einer Restaurierung durch barockisierende Neuschöpfungen ersetzt (Kohte 1916, S. 479). Ein Foto des Palastes vor dieser Restaurierung ist abgebildet in: Mossakowski 1965, S. 136, Abb. 6. Angeblich wurden sie 1932 ein weiteres Mal ausgetauscht (Schellenberg 1954, S. 429).

88 Mańkowski schreibt Schlüter in seinem Aufsatz über dessen Arbeiten am Palais Krasiński die gesamte Bauplastik zu (Mańkowski 1951).

89 Mossakowski 1994a, S. 176 (mit weiteren Literaturverweisen).

90 Die Daten zur Vorgeschichte nach: Boeck 1939, S. 306f.

91 Diese unzweifelhaften Werke Schlüters wurden erstmals erkannt und veröffentlicht von Mańkowski (Mańkowski 1939). – Eine gute Zusammenfassung seiner Ergebnisse in deutscher Sprache bereits im selben Jahr durch Boeck 1939, S. 306–308. – Zuletzt: Kandt 2000.

92 »1692 die 15 Junij. Syncerza przy królu Jegomości będącego [...] Z ustnego KJMci rozkazania na strawi [...] fl 6« (Rechnungsbuch/Connotacya; Warschau, Archiwum Główne Akt Dawnych [ehem. Lwów, Sammlung Aleksander Czołowski], Zbiór Czołowskiego, Sygn. 403); zitiert nach: Kandt 2000, S. 38, Anm. 5. – Erstmals in: Mańkowski 1939, S. 222; Mańkowski 1939/1946, S. 157.

93 Brief Loccis an Jan Sobieski vom 21. August 1692; zitiert in: Starzyński 1933, S. 89f., Brief XXIV.

94 »1693 die 1 7bris. Furmanom żółkiewskim y jarosławskim od zwiezienia z Jarosławia dział spiżowych w Gdańsku lanych, szkutami sprowadzonych, tudzież nagrobków płazów marmurowych y innych w pakach y puzdrach ciężkich rzeczy z porachowania z P. Bieleckim, który naymował targował y po częściey płacił y wydawał, a to się mu potrąciło na co document iego, wydanych fl. 551.«; Rechnungsbuch/Connotacya (wie Anm. 92); zitiert nach: Kandt 2000, S. 39, Anm. 7. – Erstmals in: Mańkowski 1939, S. 224.

95 »1694 die 18 Februarii. Za ordinansem JW Imć Podskarbiego N. koronnego Andrzeiowi Szlichterowi, na robotę, wystawienia nagrobkow, w kościołach farskim, y u OO. Dominikanów, wydanych fl. 300.«; Rechnungsbuch/Connotacya (wie Anm. 92); zitiert nach: Kandt 2000, S. 39, Anm. 8. – Erstmals in: Mańkowski 1939, S. 224f. – Nach diesem Auszug arbeitete Schlüter auch in der Dominikanerkirche.

96 Zitiert nach Klöden 1855, S. 13f.

97 So etwa Boeck 1939, S. 307.

98 Desgleichen zog er Ornamentstiche als Vorbilder heran. So adaptierte er für das Relief auf der Urne eine Vorlage aus Otto van Veen *Quinti Horatii Flacci Emblemata* (Kandt 2000, S. 81–86).

99 Gutachten Schlüters, beigefügt einem Gesuch Martin Heinrich Böhmes vom 13. März 1706 (GStA PK, I. HA Geh. Rat, Rep. 36, Nr. 3598, Bl. 25f.; zitiert in: Ladendorf 1935, S. 86).

100 Humbert 1733, S. 72.

101 Humbert/Heinecken 1768, S. 80.

102 Füßli 1779, S. 563.

103 Füßli 1812, S. 1504.

104 Mańkowski 1939/1946, S. 175.

105 Zahlungsanweisung über 200 Thlr. Reisegeld vom 27. Januar 1695: »S. Churf. Durchlaucht befehlen dero Raht undt Oberlicent Einnehmer Wilhelm Heinrich Happen hiemit dero Bildhawer Schlütern 200 Rthlr. reisegelder undt wegen anderer ausslage hierauff undt gegen quitung auss den bewussten geldern zu zahlen.« (GStA PK, I. HA Geh. Rat, Rep. 24, KK. Fasz. 3 Zahlungsanweisungen Bd. II, Bl. 41; zitiert in: Ladendorf 1935, S. 116, Anm. I, 66).

106 Vgl. Ladendorf 1935, S. 11.

107 Die Passage findet sich in einem längeren Bericht Schlüters über die Ursachen des Münzturmunglücks: »Wenn nun solches hieraus deutlich genug zu sehen, daß die Schuld nicht an mir lieget, sondern ein Zufall ist, der auch viel hundert mahl andere Baumeistern mit betroffen; Ja wie in Straßburg noch zu sehen, ungeachtet dieselbe 10 Jahr mit 6000 Mann am Fundament allein gearbeitet, solcher Thurm doch nach einer Seite gesunken, weil man sich des Erdreichs nicht vollkommen versichern kann« (siehe Katalog III: 1706, 3. August [b]).

108 Zahlungsanweisung über 300 Thlr. Reisegeld vom 24. April 1696: »Dreyhundert Rthlr. haben Seine Churfürstl. Durchl. zu Brandenburg Unser gnädigster Herr Dero Hofbildhauren Andreas Schlütern zu seiner Italiänischen Reise gnädigst geschencket und ausszahlen lassen. Befehlen demnach, dero General Empfänger Craut solche 300 Rthlr. gegen quitung zu erstatten. Dero Cammer Secretario Vietorn. Signatum Cölln an der Spree den 24ten April 1696« (GStA PK, I. HA Geh. Rat, Rep. 9 [AV], EEE. 1696; zitiert in: Ladendorf 1935, S. 12).

109 Ladendorf 1935, S. 12.
110 König 1795, Bd. 3, S. 66f.
111 Übrigens ließ sich damals ein Rom-Aufenthalt von sinnvoller Dauer für einen Künstler von Berlin aus schon in fünf Monaten bewältigen. Der Maler Johann Friedrich Wentzel bat im Dezember 1699 um einen Zuschuß für eine Reise nach Rom und versprach zugleich, bis Ostern des folgenden Jahres wieder in Berlin zu sein (Ladendorf 1935, S. 80).
112 »1694 die 18 Februarii. Za ordinansem JW Imć Podskarbiego N. koronnego Andrzeiowi Szlichterowi, na robotę, wystawienia nagrobkow, w kościołach farskim, y u OO. Dominikanów, wydanych fl. 300.«; Rechnungsbuch/Connotacya (wie Anm. 92); zitiert nach: Kandt 2000, S. 39, Anm. 8. – Erstmals in: Mańkowski 1939, S. 224f. – Nach diesem Auszug arbeitete Schlüter auch in der Dominikanerkirche.
113 Siehe Katalog II: 1694, Frühjahr.
114 Siehe Katalog II: 1694, 25. Juli/4. August.
115 Zur Langen Brücke: Schramm 1735, S. 181–186; Borrmann 1894b; Ladendorf 1935, S. 12f.; Keller 1971, S. 90–119; Martin Engel in: Lorenz 1998, S. 144f.
116 Eine aktuelle Monographie zu Nering und seinem Werk fehlt. Von den zahlreichen Abhandlungen seien genannt: Borrmann 1894; Joseph 1895b; Wallé 1895; Gut 1907; Hirzel 1924; Fritsch 1930; Engel 1987; Heckmann 1998, S. 116–136.
117 »Vorn an ist zu sehen die schöne neue Brücke zu Berlin/davon wir auch eine *Medaille* vor dem Jahre im *Iulio* pag. 609. angezeiget/ietzo aber aus Herrn Begers Beschreibung kürtzlich anmercken/daß sie auf so viel steinernen Schwibbogen stehe/als die Triumph-Brücke zu Rom; daß sie mit *Statuis Deorum* gezieret/und darauf zu sehen *Mater Deorum, Saturnus, Iupiter, Iono, Mars, Hercules, Pallas, Diana, Apollo, Mercurius, Neptunus, Äolus*; und daß über diese alle mitten an der Brücken des glorwürdigsten Erbauers *Statue* zu Pferd hervor rage« (Tentzel 1696, S. 669).
118 Henry Reetz, Aufriß der Langen Brücke in Berlin, vor 1697, lavierte Federzeichnung (Hannover, Wehrbereichsbibliothek II, 25475 R, Bl. 16).
119 Beschriftung auf Schlüters Kupferstich des ersten Münzturmentwurfs (Kat. 130).
120 Zur Frage nach den Vorbildern für Schlüters Reiterstandbild: Voß 1908b; Ladendorf 1961, S. 12–14; Keller 1971.
121 Humbert/Heinecken berichten: »Was seine Bildhauerarbeit anbetrifft: so siehet man von ihm in Berlin erstlich, die Figuren der Flüsse und übrigen Verzierungen an den Bogen der steinernen langen Brücke [...]« (Humbert/Heinecken 1768, S. 81). Nicolai schreibt über die Lange Brücke zum einen: »Nering baute sie mit Beystande Schlüters. Sie ist 160 Fuß lang, hat fünf Bogen, die unten mit liegenden Figuren von Seegöttern und Najaden gezieret sind« (Nicolai 1786a, S. 69). Des weiteren: »Seine erste Arbeit waren die Kindergruppen und die übrigen Verzierungen an der Decke des Marmorsaals im Schlosse zu Potsdam; desgleichen die Flußgötter unten an der langen Brücke, die jetzt fast ganz ruinirt sind.« (Nicolai 1786b, S. 104). – Die Datierung der Potsdamer Arbeiten ist umstritten. Sie könnten auch erst 1705/06 entstanden sein (Ladendorf 1935, S. 84f.; Kania 1939; Giersberg 1998, S. 47; Eggeling 2003).
122 Marperger 1711, S. 442.
123 Rave 1941, S. 382f.
124 Zur Geschichte des Reiterstandbilds des Großen Kurfürsten: Theatrum Europäum 1717, S. 248, 252; Seidel 1893; Voß 1908b; Ladendorf 1935, S. 18–23; Ladendorf 1961; Keller 1971; Nicolai 2002.
125 Die Etappen der Entstehung und ihre Quellen sind ausführlich dargestellt in: Ladendorf 1935, S. 18–23.
126 Eingabe Paul Carl Leygebes vom 29. September 1696 (zitiert in: Ladendorf 1935, S. 18).
127 Zu Johann Jacobi: Weinitz 1914; Ladendorf 1935, S. 15, S. 118 bis 122, Anm. I, 94–97.
128 1704 begann man mit der Modellierung der Sklaven. Aufgrund der Arbeiten am Schloß blieben sie bis 1707 liegen. Erst in diesem Jahr entstanden die Modelle. Die ausführenden Bildhauer waren Friedrich Gottlieb Herfert, Johann Samuel Nahl, Cornelius Heintzy und Johann Hermann Backer. Sie wurden sicherlich von Schlüter angeleitet. Der Guß der Sklaven fand 1708 statt. Im selben Jahr wurden auch die beiden Seitenreliefs für den Sockel gefertigt (Ladendorf 1935, S. 21–23).
129 Müller 1994, S. 31–38, 126–132 (mit Zusammenfassung der Forschungsgeschichte). – Zum Zeughaus und seiner Bauplastik außerdem: Adler 1870; Gurlitt 1884; Wallé 1884; Pabst/Rückwardt 1885; Steche 1891; Geyer 1895; Joseph 1895a; Ladendorf 1935, S. 13f., 33–35; Schiedlausky 1942, S. 84–88; Peschken 1978, S. 66–70; Thiel 1987; Dautel 2001; Kuke 2002a, S. 84–95.
130 Zur frühen Planungsgeschichte: Müller 1994, S. 19–26. – Vgl. Gurlitt 1884; Wallé 1884.
131 Sirén 1914, S. 228.
132 Darauf verwies schon Gurlitt 1891, S. 81f.
133 Vgl. Humbert/Heinecken 1768, S. 67: [Nering] »gab den ersten Riß zu dem großen Zeughause her; solches sollte drey Stockwerke hoch seyn, und sich mit einer attique endigen, wo man in Basrelief die vornehmsten Heldentaten Friedrich Wilhelm des Großen vorstellen wollte.« – Mit den seit kurzem in Schloß Oranienburg, zuvor in Schloß Charlottenburg gezeigten sechs Kurfürstenteppichen hat sich ein solcher Zyklus der Kriegstaten Friedrich Wilhelms in einem anderen Medium bis heute erhalten.
134 Müller 1994, S. 94f.
135 Füßli 1812, S. 1504, Anm. 1. – Der einseitige – und damit die barocke Intention außer acht lassende – Blick auf die Todesthematik findet sich bis ins 20. Jahrhundert (z. B. Kloeden 1855, S. 22; Dohme 1877, S. 2f.; Kühn 1977, S. 127; Börsch-Supan in: Ladendorf 1997, S. 145). – Foerster verwies als erster wieder auf die ursprüngliche Sinngebung (Foerster 1933, S. 98). – Ladendorf beschrieb richtig, wenn auch mit pathetischen, der Zeit geschuldeten Worten, diese beiden Sinnebenen und ihr Verhältnis: »Kriegerköpfe, die ein bitterer, dunkler Ernst schuf, kein Ehrenmal für Gefallene, im Gegenteil ein Denkmal des Triumphes über die das Deutsche Reich, die Kultur des Abendlandes bedrohenden Unchristen, die einmal vor Wien standen. Siegesmal der Kriege, [...]. Trophäen also [...]. Hat man den Sinn der Köpfe auf den Schilden recht begriffen, darf man wohl wieder von den Häuptern der Sterbenden Krieger sprechen.« (Ladendorf 1937, S. 15). – Eine vielschichtige Deutung mit dem Verweis auf ikonographische Vorlagen in: Keisch 1971, S. 39–41. – Zusammenfassend: Ladendorf 1935, S. 117, Anm. I, 85; Müller 1994, S. 105–109.
136 Zu dem von Schlüter entworfenenen Bronzestandbild Friedrichs III.: Bie 1896, S. 186–188 (»Es ist nichts Unerhörtes an ihm, aber als erstes bekanntes Werk des Meisters erscheint die Statue so frisch, daß sie auf das weitere neugierig macht.«); Ladendorf 1935, S. 17–20; Müller 1994, S. 111–123; Gröschel 2000.
137 Zu der wechselvollen Geschichte des Standbildes bis zu seiner

Aufstellung in Königsberg 1801/02: Ladendorf 1935, S. 124 bis 132, Anm. 122; Arndt 1990.

138 »[...] Ausbrechen der Bausubstanz in höheres Leben, in diesem Falle hervorgepreßt an der Stelle, wo der von beiden Seiten aufdrängende Druck der Bogenhälften von dem Schlußstein abgefangen und ertragen wird.« (Hager 1966, S. 320f.).

139 Das auf den Fotos abgebildete Zepter ist bereits dasjenige der Königswürde. Es entstand erst 1815, nachdem das ursprüngliche 1807 von einen französischen Soldaten entwendet worden war (Ladendorf 1935, S. 131, Anm. 122).

140 Johann Georg Wachter, Remarques über die Königl. Statue zu Fuß sambt einem unmaßgeblichen Project, wie und wo dieselbe aufzurichten wäre (GStA PK, BPH, Rep. 45, L. 3.; zitiert auszugsweise in: Ladendorf 1935, S. 105, 125, Anm. 122).

141 Karpovicz 1991, S. 305, Abb. 81f.

142 Dies geht aus der Bestallungsurkunde Johann Jacobis zum »Hoff- und Artillerie-Gießer« vom 24. September 1697 hervor (zitiert in: Weinitz 1914, S. 22f.).

143 Ladendorf 1935, S. 12. – Dort erstmals die Zahlungsanweisung vom 24. April 1696 für Schlüters Reisegeld von 300 Tlr. veröffentlicht (GStA PK, I. HA Geh. Rat, Rep. 9 [AV], EEE. 1696). Die Summe hatte Schlüter zu diesem Zeitpunkt bereits erhalten. Am 20. September 1696 ist er in Berlin als Taufpate nachgewiesen.

144 So der berechtigte Schluß Ladendorfs, der erkannte, daß in der Bestallungsurkunde des Erzgießers Johann Jacobi vom 24. September 1697 von der Statue Friedrichs III. noch nicht die Rede ist (Ladendorf 1935, S. 123, Anm. 113).

145 »Aussgabe zum behueff der Zeughäuser« in: Kassenbuch der Generalkriegskasse (ehem. Pr. G. St. A., Heeres. A., Rep. 7., III.a. Bd. 80; zitiert in: Ladendorf 1935, S. 17).

146 So Johann Georg Wachter in einem Memorial von 1713 (vgl. Ladendorf 1935, S. 124, Anm. 122).

147 Benkard 1925, Abb. 2; Ladendorf 1935, S. 123, Anm. 110.

148 »Italienisch ist an der Statue so gut wie nichts. Sie zeigt vielmehr weit deutlicher als irgend eines der späteren, reiferen Werke den deutschen Schüler der Belgier.« (Gurlitt 1991, S. 74–78).

149 Konrad 1933, S. 11f.

150 Vgl. Redslob 1955; DaCosta Kaufmann 1993.

151 Gurlitt weist auf Stiche Giovanni Battista Galestruzzis nach Polidoro da Caravaggio hin (Gurlitt 1891, S. 87); Benkard 1925, Abb. 10. – Redslob nennt Cappricі von Frederik de Wit nach Stefano della Bella (Redslob 1955, S. 90, Anm. 2).

152 Kupferstich einer Meduse von Hubert Quellinus nach Artus Quellinus vom Amsterdamer Stadthaus (Redslob 1955, S. 89f.). – Vgl. Dautel 2001, S. 72f.

153 Redslob bildet den Kopf eines Wahnsinnigen ab, der sich am Sockel der Raserei von Hendrik de Keyser befindet (Amsterdam, Rijksmuseum); auch Antiken wie das Haupt der Medusa Ludovisi (Rom, Thermanmuseum) könnten als Vorlagen gedient haben (Redslob 1955, S. 91f., Abb. 3–6). Keisch verweist auf einen von Michelangelos Ignudi von der Decke der Sixtinischen Kapelle sowie auf Vorlagen aus Ripas *Iconologia* (Keisch 1971, S. 40).

154 Küttler 1955, S. 94.

155 Lubieniecki fertigte insgesamt zehn Federzeichnungen an (Wien, Graphische Sammlung Albertina): ein Titelblatt, neun Kriegerköpfe und ein Medusenhaupt. Die neun Köpfe stimmen sehr genau mit den ausgeführten Sandsteinwerken überein (und zwar mit den qualitätvolleren der südlichen Hofhälfte). Form und Ornamentik der Schilde weichen hingegen davon ab. So ist davon auszugehen, daß Lubieniecki nach den Originalbozzetti zeichnete, die noch nicht in Stein gemeißelt waren. – Schon kurz nach ihrer Fertigstellung wurden Lubienieckis Zeichnungen bis auf eine gestohlen, so daß der Druck unterblieb. Später tauchten acht Blätter und das Titelblatt in Hamburg auf, sie erwarb der Leipziger Gottfried Winkler (Humbert/Heinecken 1768, S. 81). Diese Blätter und das angeblich in Berlin zurückgebliebene Blatt müssen irgendwann wieder vereint worden sein, jedenfalls werden heute in Wien 10 Blatt aufbewahrt. – Zu Lubienieckis Blättern: Ladendorf 1935, S. 13; 117, Anm. 84; Müller 1994, S. 109. – Sämtliche Blätter abgebildet in: Müller 1994, S. 106 bis 108, Abb. 78–87.

156 Zu Grünberg nach wie vor grundlegend: Schiedlausky 1942.

157 Erlaß Friedrichs III. (siehe Katalog II: 1695, 26. Oktober/5. November); Vorladung Grünbergs vor den Geheimen Rat (siehe Katalog II: 1695, 1. November).

158 Dies ist einem Tagebucheintrag des Kronprinzenerziehers Johann Philipp Rebeur zu entnehmen (siehe Katalog II: 1698, 1. September). – Ferner geht dies hervor aus einem Brief von Leonhard Christoph Sturm an Leibniz aus dem Jahr 1697 (siehe Katalog II: 1697, 24. Dezember).

159 Dieses Datum nennt George Reupke in einer für die Witwe Grünbergs an den Hof verfaßten Eingabe vom 30. Oktober 1706 (ehem. BrPrHA, Rep. 14 A; zitiert in: Schiedlausky 1942, S. 192).

160 Protokoll des Geh. Kriegsrates vom 29. März 1698 (GStA PK, I. HA Geh. Rat, Rep. 21, Nr. 127; zitiert in: Schiedlausky 1942, S. 225, Anm. 399). – Das oft genannte Datum vom 30. Mai 1698, dem etwa noch Ladendorf folgt (Ladendorf 1935, S. 142, Anm. II, 26), beruht offensichtlich auf einem Versehen von George Reupke (vgl. Anm. 159).

161 Zahlungsanweisung vom 8. Juli 1698 über 200 Tlr. an den »Churf. baumeister« (GStA PK, I. HA Geh. Rat, Rep. 35 L., Bl. 11 [bei den Belegen des Kurfürstendenkmals]; zitiert nach: Ladendorf 1935, S. 142f., Anm. II, 24). – Zahlungsanweisung, unterzeichnet Chwalkowski, vom 25. August 1698 über 6000 Tlr.: »S. Ch. D. befehlen dero Kriegs Rath und General Empfänger Joh. Andreas Krauthen hirmit, diejenige 6000 Rthlr., welche vermöge Verordnung des dato 17.III. a.c. der Hoffbaumeister Grünberg aus denen Müntzmeistergeldern empfangen sollen; nunmehro dem baumeister Schlüter gegen quitung zu zahlen.« (GStA PK, II. HA, Rep. Gen. Dir. Gen. Kassen Depart. Hofstaatskasse 1; zitiert nach: Ladendorf 1935, S. 142f., Anm. II, 24).

162 So zuletzt noch Kühn 1977, S. 127. – Diese Annahme stützte sich vor allem auf die Formulierung in einem Kommissionsbericht vom 3. November 1698: »[...] weil es nicht darauff angeleget worden, daß es ein schwer dach haben solte, und also woll zubesorgen weil eine attique von 15. fus hoch darauff die große Statüen zu stehen kommen« (GStA PK, I. HA Geh. Rat, Rep. 9 [AV], DDD).

163 Zur Baugeschichte der Parochialkirche: Joseph 1894; Gurlitt 1894, S. 279f.; Ladendorf 1935, S. 39–42, 65f.; Schiedlausky 1942, S. 41–56; Mertens 1996; Hinterkeuser 1997/98.

164 »Der vor wenig Tagen geschehene unglücksfall der Neugebauten Kirche, Veranlasset mich nochmahlen unterth: Vorzustellen da an dem Neuen Zeughaußbau die Mauer der andern Estage, nicht wie Sie sein sollen aufgeführet worden, undt dadurch dem gebaude eben solch unglück zustoßen könte undt der Mauer Meister billig des wegen rede undt andtworth geben muß, warümb die forder Mauer so dünne aufgeführet,

dadurch die gewölber nicht alleine irregulier, sondern das gantze Hauß leicht übern hauff fallen könte, auch die ancker, so man jetzo mit großen kosten zur praecaution einlegen müßen, nicht nötig gewehsen, wan die Mauern die rechte Stärcke behalten, also unterth: bitte jemandt zu verordtnen der alles besichtiget undt den Mauermeister darüber vernehmen möchte.« (GStA PK, I. HA Geh. Rat, Rep. 47, B. 4.a., Fasz. I, Bl. 49f.; zitiert in: Ladendorf 1935, S. 143f., Anm. II, 27; Müller 1994, S. 48).

165 GStA PK, I. HA Geh. Rat, Rep. 47, B. 4.a., Fasz. I, Bl. 49f.; zitiert in: Ladendorf 1935, S. 143f., Anm. II, 27; Müller 1994, S. 48.

166 Die das Zeughaus betreffende Passage lautet im vollen Wortlaut: »Was das Zeüghaus betrifft so hat sich bey genauer gethaner Besichtigung kein ander Riß als nur der, inwendig unten in einem Schwibbogen nach dem Wasser werts, befunden, und versichert d. Architecte Schlüter, daß ob gleich die eußerste Hauptmauer umb des Zeugehause zu schwach angeleget worden, er dennoch dieselbe nachgehent der gestalt mit Eisen und Eisernen anckern befestigt, welches doch bereits vorhin schon angegeben worden, daß er davor stehen und gerecht werden wolte, wann so schones Zeughauß den geringsten schaden nehmen solte, Nun haben gdster Churf. u. H. wir zwar befunden, wie es auch der beygesend abriß bezeuget, daß die äußerste Mauer dazu etwas schwach aufgeführet [durchgestrichen: angelegt], ab sonderlich in der obersten Estage und kompt woll meist dahero, weil es nicht darauff angeleget worden, daß es ein schwer dach haben solte, und also woll zubesorgen weil eine attique von 15. fus hoch darauff die große Statüen zu stehen kommen auch Vorne nach der Straße ein groß front Espice mit schweren Caratouchen von allerhand Kriegesrüstungen angeleget wirdt, es pericul geben möchte, daß die Mauer absonderlich auch wegen des hinterwerts flachen Dachs so kaum etliche fuss in abschoß ist, wo durch der Schade durch Schnee und Regen nicht woll wird verwehret werden, sufficant seyn möchte es zu tragen. Dazu haben noch wollen in der andern Estage gewölber angeleget werden umb die Bürde noch zu vermehren, wovon aber gedachter Schlüter nach gethaner remonstration abgestanden, dabey man ihn denn auch remonstrirt, wie das es gar keinen Bestand haben würde, wenn die attique so gleich woll von 15. fus hoch, bloß und unbedecket bleiben solte, welche dann durch luft, Regen und Schnee, leicht consumirt werden dürfte. Darauft Er den in Vorschlag gebracht, daß er von solcher attique wolte groß starke eisere anker an dem Sparenwerk befestiget und darauft bretter legen, damit das Ungewitter nicht eben schaden thun könte, dabey ihn aber eine bestendigere ahrt gezeiget, daß er das Dachwerk ohn manzare solte machen und dato halbe Kappen auff der atticque legen solln, womit dieselbe befestiget wäre, und dadurch trucken und von Ungewitter unbeschädigt gehalten, und als es der Sonne, so weil mehr der atticque schaden geben werde, nicht bedürffe, Nachdem aber das Werk bereits zu weit avancirt und gedachter Schlüter vor allen Schaden stehn will, wie woll er deshalb keine Caution gestelt so beruhet alles auff Eu. Chf. dhl. gdsten Verordnung, welcher wir uns alle mahl unterthänigßt unterwerffen und verbleiben – 3. Nov. 1698.« (GStA PK, I. HA Geh. Rat, Rep. 9 [AV], DDD; zitiert in: Müller 1994, S. 299f., Anm. 149; Auszüge in: Gurlitt 1891, S. 81; Schiedlausky 1942, S. 225f., Anm. 406. – Vgl. Ladendorf 1935, S. 143f., Anm. II, 27).

167 Wie Anm. 164.

168 Wie Anm. 166.

169 SPSG, Plankammer, Pk 3327, Pk 3328. – Ausst.-Kat. Sophie Charlotte und ihr Schloß 1999, S. 298, Kat. Nr. IV. 37f. – Die Pläne weichen von Nerings Zeichnung von 1695 (Abb. 30) in einigen Details ab, die schon dem ausgeführten Zustand entsprechen: so zeigen sie beispielsweise den irrtümlich zu niedrigen Sockel. Geyer hat überzeugend klargelegt, daß es sich hierbei weder um eine Vorstudie noch um eine bloße Kopie des Nering-Plans handelt, sondern um »eine spätere Bearbeitung« (Geyer 1895); ihm folgt Müller 1994, S. 31–38. – Als Vorstufe oder Vorlage zum Entwurf Nerings wurden die Pläne interpretiert von: Joseph 1895b, S. 472; Peschken 1978, S. 66f.; Thiel 1987, S. 69–73.

170 Und nicht, wie Müller vermutet, nachträglich von Schlüter (Müller 1994, S. 37; vgl. auch S. 40, 48f.). – Das bauplastische Programm ist in beiden Aufrissen nahezu identisch. Bei Grünberg fehlen lediglich die szenischen Reliefs in der Attika. Schlüter sollte dann in seinem Entwurf (Abb. 39) die Anzahl der Reliefs sogar auf sämtliche Attikafelder ausdehnen. Daß in Grünbergs Aufriß die Helme im Erdgeschoß nunmehr bewegter und lebendiger erscheinen als in Nerings Entwurf, ist darauf zurückzuführen, daß Schlüter und seine Helfer hiervon inzwischen einige, wenn nicht die meisten Exemplare angefertigt hatten, der Zeichner also mithin genauere Vorlagen besaß. Nerings Helme sind dagegen als Platzhalter zu verstehen. Sie gaben das Motiv vor, nicht den Stil. Die formale Ausführung im Detail wurde dem Bildhauer überlassen.

171 Müller 1994, S. 41.

172 Wie Anm. 166.

173 Ebd.

174 Ebd.

175 Ebd.

176 Protokoll des Wirkl. Geheimen Rats vom 7. November 1698 (GStA PK, I. HA Geh. Rat, Rep. 21, Nr. 127; zitiert in: Schiedlausky 1942, S. 86; Müller 1994, S. 49).

177 Protokoll des Wirkl. Geheimen Rats vom 27. März 1699 (GStA PK, I. HA Geh. Rat, Rep. 21, Nr. 127; zitiert in: Schiedlausky 1942, S. 86; Müller 1994, S. 50).

178 Ebd.

179 Wendlandsche Chronik vom 5. August 1699 (Fidicin 1865, S. 99).

180 »[...] die sowohl wegen der eingefallenen reformirten Parochial-Kirche, alß auch wegen des Baues an unserem Arsenal und alhiesigem Residentz-Schloß wider den supplicanten eingekommene gravamina mit Zuziehung unseres N: Bodt förderlichst zu untersuchen, [...], Unseren Hofbaumeister, Schlüter, [...].« (GStA PK, I. HA Geh. Rat, Rep. 47, B 4a Fasc. 1, Bl. 54; zitiert in: Joseph 1894, S. 64).

181 Zu Jean de Bodt jetzt grundlegend: Kuke 2002a; dort zum Zeughaus: S. 84–95.

182 So berichtete ein anonymer Autor 1739/40 laut Humbert: »[...] & qui engagea Mr. de Bodt à faire cette autre moitié du Bâtiment aussi quarrée.« (Humbert 1740, S. 149). – Die Frage, wann die rückwärtige Hälfte des Grundrisses verändert und der elliptische Hofabschluß zugunsten der quadratischen Lösung aufgegeben wurde, ist schon oft diskutiert worden (zusammenfassend: Müller 1994, S. 31–33, 40f., 45, 68). Zweifelsfrei zu entscheiden ist sie nicht. Neue Erkenntnisse bringt eine erst kürzlich bekanntgewordene Zeichnung Johann Arnold Nerings, die den Aufriß der Hauptfassade und den Grundriß wiedergibt (Hannover, Wehrbereichsbibliothek II, 6007 R, Bl. 29; abgebildet in: Adam 1999a, S. 119, Abb. 1). Sie verdeutlicht, daß bereits Nering die Alter-

native des quadratischen Grundrisses bereitgehalten hatte. Als Grünberg die Bauleitung im Oktober 1695 übernahm und Schlüter begann, seinen Zyklus der Kriegerköpfe anzufertigen, galt aber die Konzeption des elliptischen Abschlusses: Dies bestätigt neben der erhaltenen Reinzeichnung Grünbergs (Abb. 41) das Titelblatt der Zeichnungen Lubienieckis, entstanden 1696, das beiläufig am unteren linken Rand auch den Grundriß des Zeughauses zeigt (Abbildung in: Müller 1994, S. 106, Abb. 78). Daß nun Grünberg schon den entscheidenden Schritt zum Vierkant tat, könnte man angesichts der Vogelschau von Broebes, die um 1699 vorlag, annehmen (Kat. 100). Ebenso ist es möglich, daß erst Schlüter während seiner Bauleitung diese Idee entwickelte. Ob sie ihm ein Anliegen war, ist fraglich. Denn der dadurch notwendige Einbau von Treppentürmen in den Hof bedeutete einen Eingriff in die Konzeption und Anordnung des Kriegerzyklus. Daran konnte Schlüter nicht gelegen sein. Wohl deshalb setzte sich später Bodts Vorschlag, auch auf der Südseite Treppentürme einzusetzen (Abb. Müller 1994, S. 68, Abb. 43), nicht durch. Dies hätte den Ausbau der bereits an Ort und Stelle versetzten Kriegerköpfe bedeutet.

183 Zum Berliner Gießhaus: Gerken 1716, Bl. 62v–64r; Millenet 1776, S. 49; Klöden 1855, S. 33f.; Dominik 1882; Ladendorf 1935, S. 35–37; Hallström 1961, S. 116; Rave 1962, S. 172 bis 174; Martin 1989, S. 125–128; Bujok/Fuchs 1997.

184 GStA PK, BPH, Rep. 35, P; zitiert in: Seidel 1893, Sp. 55.

185 Dekret vom 17. Dezember 1696: »Decretum auf das Verzeichnis der unkosten zum Giesshause. S. Ch. D. befehlen dero Post secretario Matthias Ludolphen hiermit zum behuff des hirin gemeldten GiessHauses hierauf und gegen des Bildthauers Fuchsens quitg 100 thlr aus der Post Cassa zu zahlen und hirmit zu belegen. Cöllen 1696. XII. 17/27. v. EhD.« (GStA PK, I. HA Geh. Rat, Rep. 9. [AV], EEE, Assignationes auf die Post Cassa 1696; erwähnt in: Ladendorf 1935, S. 146, Anm. II, 35).

186 »Nicht weniger ward zur Vermehrung der churfürstlichen Artillerie, besonders aber wohl um die Bildsäule des Churfürsten Friedrich Wilhelms zu gießen, ein Gießhaus angelegt« (König 1795, Bd. 3, S. 68).

187 »Dem gewesenen Garde du Corps Christoph Rachnitten, wegen seines zum Behuf des neuen Gießhauses ihm abgekauften Wohnhauses und dem dazu gehörigen Platze« (GStA PK, BPH, Rep. 35, P; Seidel 1893, Sp. 55).

188 Bujok/Fischer 1997, S. 281.

189 Ladendorf 1935, S. 37, 146, Anm. 40a.

190 »Und kan man das gießhaus, wer es nicht weiß, sonderlich auch daran erkennen, weiln statt der Schornsteine, so oben aus den Dächern zu stehen pflegen, man allhier die facon von Mörsell aufgesetzet siehet« (Gerken 1716, Bl. 62v–63r).

191 Auf sie bezieht sich auch Peter Heinrich Millenet in seiner knappen Würdigung des Gießhauses aus dem Jahr 1776: »Das königliche Gießhaus hat zwar außerhalb eine unvollkommene Struktur, besitzt aber einige dreiste Parthien, als das Hauptgesimse und einige Fensterverzierungen, welche verdienen betrachtet zu werden« (Millenet 1776, S. 49).

192 Ladendorf 1935, S. 36.

193 Hubala 1957, S. 183. – Zum Palazzo Chigi-Odescalchi: Sladek 1985; Marder 1998, S. 155f.

194 Geyer 1936, Textbd., S. 83f., Anm. 6.

195 Geyer 1936, Textbd., S. 9, 83, Anm. 2. – Bei den Begräbnisfeierlichkeiten für König Friedrich I. am 2. Mai 1713 wurde der von diesem veranlaßte Umbau des Schlosses in Bezug zur Neugründung des Baus durch Friedrich II. gesetzt. Auf der Rückseite eines der Lavabobecken des Silberbuffets (Abb. 86), die in die Funeraldekoration des Doms einbezogen waren, wurde eine noch heute sichtbare lateinische Inschrift angebracht, die einige Jahre später in der Chronik des Leichenbegängnisses *Christ=Königliches Trauer=Und Ehren=Gedächtniß* ausführlich erläutert wurde: »Der geweihete Schild an dem Grab-Mahl des anderen Churfürsten/welcher das Churfürstliche Schloß zu Berlin zu bauen angefangen [gemeint ist Kurfürst Friedrich II.; G. H.]/gab dem König Zeugnüß/daß Er Ihn an Magnificentz übertroffen/indem Er das alte Churfürstliche Schloß erneuert/und verweitert/auch einen Königlichen Sitz daraus gemachet. Inscription. PRISCAE SEDIS HONOREM VETVSTATE CONFECTVM PRO DIGNITATE IMPERII RENOVAVIT ET AMPLIFICAVIT. Das ist: Die Ehre des alten Churfürstlichen Sitzes, welcher von Alterthum baufällig war, hat Er der Würde des Reichs gemäß erneuert und verweitert.« – Hierzu ausführlich: Baer 2000b (dort das Zitat auf S. 169).

196 Geyer 1936, Textbd., S. 84, Anm. 36.

197 Geyer 1936, Textbd., S. 15. – Fertigstellung des Schlosses zwischen dem 19. Februar 1451 (Kurfürstliche Urkunde, ausgestellt im Hohen Haus) und dem 16. März 1451 (Kurfürstliche Urkunde, ausgestellt im neuen Schloß).

198 Urkunde vom 1. Dezember 1451 (Geyer 1936, Textbd., S. 85, Anm. 49). – Zur ältesten Geschichte der Schloßkapelle: Wagner 1904; Müller 1906, S. 68–71.

199 Geyer 1936, Textbd., S. 16, 85, Anm. 42.

200 Urkunde vom 7. April 1465 (zitiert in: Müller 1906, S. 208 bis 210; Geyer 1936, Textbd., S. 85f., Anm. 50). – Müller 1906, S. 69.

201 Zum Schloßbau Friedrichs II.: Geyer 1936, Textbd., S. 9–18; Peschken/Klünner 1982, S. 16–19; Wiesinger 1989, S. 7–11; Peschken 1992, S. 17–30; Badstübner 1995, S. 11–22; Neugebauer 1999, S. 10–13.

202 Peschken 1992, S. 19–23.

203 Eine Mitteilung des Chronisten Nicolaus Leutinger bestätigt, daß auch noch nach dem Umbau durch Joachim II. Abschnitte des Ursprungsbaus erhalten waren: »arcisque eius molem excitavit, cuius rudera etiam nunc Spectatori obvia sunt« (Leutinger 1593). – Geyer bezieht diese Nachricht lediglich auf die am Spreeufer gelegene Cöllnische Stadtmauer, die später dann unter dem Großen Kurfürsten beseitigt wurde (Geyer 1936, Textbd., S. 17; Bildbd., Bild 6).

204 Geyer 1936, Textbd., S. 13. – In den Jahren 1928/1930 konnte durch eine Grabung der Verlauf der Cöllnischen Stadtmauer ermittelt werden.

205 »Die Annahme, daß erst Kurfürst Joachim II. bei seiner Beseitigung des alten Schlosses diese Kapelle habe herstellen lassen, ist dadurch so gut wie ausgeschlossen, daß eben diese flüchtige Herstellungsart zu seinem Renaissancebau gar nicht paßt, und daß er als Bauherr gerade für seine Schloßkapelle das beste Baumaterial nur als eben gut genug befunden haben würde« (Wagner 1904, S. 39).

206 Peschken 1992, S. 24, Abb. 8.

207 Wagner 1904, S. 40; Geyer 1936, Textbd., S. 16.

208 Peschken 1992, S. 28–30. – Die ältere Forschung vertritt die Meinung, daß lediglich niedrige Wirtschaftsgebäude den inneren Schloßhof umgrenzten (Geyer 1936, Textbd., S. 16; Nicolas 1937b, S. 63).

209 Geyer 1936, Textbd., S. 17; Nicolas 1937b, S. 62.

210 Vgl. Nicolai 1786a, S. 82.

211 Müller 1906, S. 68–232.

212 Zum Schloßbau Joachims II.: Geyer 1936, Textbd., S. 19–32;

Peschken/Klünner 1982, S. 20–29; Wiesinger 1989, S. 29 bis 48; Peschken 1992, S. 31–68; Badstübner 1995, S. 11–22; Neugebauer 1999, S. 16–22.

213 Manuskript im Turmknopf der Sankt-Nikolai-Kirche (eingelegt 1584) (in: Müller/Küster 1737, I, S. 263; zitiert in: Geyer 1936, Textbd., S. 88, Anm. 69).

214 Bericht des polnischen Bischofs von Gorka über einen Besuch in Berlin (zitiert in: Geyer 1936, Textbd., S. 88, Anm. 70). – Diese Quelle bestätigt, daß dem Eintrag in der Chronik des Peter Hafftiz, der den Beginn der Bauarbeiten erst in das Jahr 1540 setzt, ein Irrtum zugrunde liegt: »In diesem Jahr ist das neue grosse Schloss zu Cölln an der Spree von Markgraf Joachim II. Churfürsten zu Brandenburg zu bauen angefangen« (zitiert in: Holtze 1894, S. 42). Vielmehr geht man davon aus, daß in diesem Jahr die Bauarbeiten auf den Spreeflügel ausgedehnt wurden.

215 Nicolai 1786a, S. 82. – Geyer 1936, Textbd., S. 22: »Für den prachtliebenden Fürsten konnte es sich nur um einen Neubau handeln; das Schloß Kurfürst Friedrichs II. umzubauen oder zu erweitern, lehnte er ab, einmal wegen der Unzulänglichkeit der Räume, dann aber vor allem wegen seiner mittelalterlichen Erscheinung.« – Vorsichtiger äußert sich Peschken 1987, S. 20: »Beide Flügel standen mindestens teilweise auf den Fundamenten und Mauern des Eisenzahnschlosses. [...] Das meiste vom Aufgehenden war doch wohl Neubau.« – Peschken 1992, S. 16, akzeptiert hingegen ausdrücklich die Ergebnisse von Nicolas 1937b.

216 Nicolas 1937b, S. 60f. – Zuvor bereits: Beyer 1897, S. 505 bis 507. – Der an dieser Stelle stehende Rundturm wurde abgebrochen, ein Teil seiner Umfassungsmauer ist in einem der neuen Kellerräume (Raum 112) nachgewiesen. Die nach Norden verschobene neue Begrenzungswand des Spreeflügels war im Kellergeschoß bis zuletzt an einer übermäßig dicken Mauer (zwischen Raum 114 und Raum 59) ablesbar.

217 Der vollständige Text lautet: »His insuper Marchiam suam ita rexit, ut non tantum eam splendore aedificiorum, et ornamentis potentiae inprimis Palatio Electorali, quod sub cupreo tecto hodie conspicitur, immensis et suptuosis operibus a primis fundamentis excitato, ac annis subsequentibus magnificentissimae extructo decoravit« (zitiert in: Geyer 1936, Textbd., S. 88, Anm. 67).

218 So Peschken 1992, S. 28–30. – Vgl. Anm. 208.

219 Dohme 1876, Textbd., S. 6; Geyer 1936, Textbd., S. 23f.

220 »Außgab for das muster zu schneiden des hauses zu berlin« (zitiert in: Geyer 1936, Textbd., S. 23).

221 Zu Schloß Hartenfels in Torgau: Findeisen 1974; Delang 1997. – Die Entstehungsgeschichte der Torgauer Schloßanlage läßt Rückschlüsse auf den Bauverlauf in Berlin zu. So entstand der Johann-Friedrich-Bau in Torgau als einheitlicher Neubau, der an ältere Bauabschnitte angegliedert wurde. Es ist nicht bekannt, daß ihm ein bedeutender Vorgängerbau hätte weichen müssen. Vor 1530 entstandene Bautrakte wie der Albrechtsbau oder der Theatersaalflügel (Flügel D) oder der Hofstubenflügel (Flügel B) blieben erhalten. Auch die Behandlung eines jeweils an den Neubau anschließenden älteren Flügels, also in Berlin des Spreeflügels, in Torgau des Hofstubenflügels, weist, wenn auch wohl eher zufällig, interessante Parallelen auf: Beide Trakte wurden verlängert und die Fassaden jeweils unter weitgehender Berücksichtigung alter Bausubstanz und in Anlehnung an den Formenapparat des Neubaus renoviert.

222 In der zweiten Hälfte des 17. Jahrhunderts waren diese Malereien vollständig verschwunden, die Fassade war inzwischen verputzt und hell gestrichen. Nunmehr setzten die sorgfältig in Werkstein ausgeführten Umrahmungen der Vorhangfenster den entscheidenden Akzent. Wie lange die Renaissancemalereien Bestand hatten, ist nicht bekannt.

223 Reisebeschreibungen erwähnen Brustbilder von Kurfürsten und sonstigen Herrschern (»imagines Principum Germaniae«) (Leutinger 1593, S. 190). – Ferner: Thurneysser 1572, S. 354; Zeiller 1652, S. 28 (alle zitiert in: Geyer 1936, Textbd., S. 27f.).

224 Peschken hingegen vermutet, daß der Große Saal nur ungefähr zwei Drittel der Fläche umfaßte, während sich im westlichen Drittel »Frauenzimmer« befunden hätten (Peschken 1992, S. 32). Seine Interpretation stützt sich auf Befunde im Kellergrundriß sowie die vergleichbare Raumaufteilung in Torgau (vgl. Geyer 1936, Bildbd., Bild 48a). Sie widerspricht jedoch dem Bericht Philipp Hainhofers.

225 Hainhofer 1617, S. 235–247, hier: S. 244.

226 Befehl des Großen Kurfürsten an Philippe de Chieze vom 2. August 1669: »verfertigung einiger gemecher in Unserer residentz zu Cölln an der Spree Und enderung des großen sahls daselbst« (GStA PK, I. HA Geh. Rat, Rep. 36, Nr. 2876, Bl. 80; zitiert in: Geyer 1936, Textbd., S. 71).

227 Diskutiert in Geyer 1936, Textbd., S. 31f., und Wiesinger 1989, S. 39f. – Geyer 1936, Textbd., S. 31f., kommt zu dem Ergebnis, daß der Saal im zweiten Obergeschoß gelegen haben muß. Dabei stützt er sich auf den Baubefund, der ergibt, daß sämtliche Quermauern im zweiten Obergeschoß »ohne Verband mit den Frontmauern, stumpf gegen sie stoßend, aufgeführt« und »aus Ziegeln neueren Formats hergestellt« waren (S. 32). Dies deute auf die 1669 erfolgte Unterteilung des Saals. Vgl. auch Nicolai 1786a, S. 84: »Der ebengedachte grosse Saal im dritten Geschosse [...]«. – Laut Dohme und Peschken befand sich der Saal dagegen im ersten Obergeschoß (Dohme 1876, Textbd., S. 6; Peschken 1992, S. 29f.).

228 Peschken/Klünner 1982, S. 24.

229 Geyer 1936, Textbd., S. 29.

230 Geyer 1936, Textbd., S. 28f.; Peschken/Klünner 1982, S. 24.

231 Müller/Küster 1756, III, S. 5f.; Nicolai 1786a, S. 85f.

232 Geyer 1936, Textbd., S. 28.

233 Geyer 1936, Textbd., S. 29; Bildbd., Bild 36.

234 Zum Schloßbau Johann Georgs: Geyer 1936, Textbd., S. 33 bis 45; Peschken/Klünner 1982, S. 29–38; Wiesinger 1989, S. 49–74; Peschken 1992, S. 69–82; Badstübner 1995, S. 25 bis 32; Neugebauer 1999, S. 22.

235 Geyer 1936, Textbd., S. 89, Anm. 114 (GStA PK, I. HA Geh. Rat, Rep. 9 Allg. Verwaltung, E 15).

236 »Vollget was Nottwendig Zubauen ist« (GStA PK, I. HA Geh. Rat, Rep. 36, Nr. 2875, Bl. 63; zitiert in: Geyer, 1936, Textbd., S. 89, Anm. 115).

237 Zitiert in: Seidel 1890a, S. 91.

238 Die »Neue Wasserkunst« wird erstmals in einem Bericht des Johann Baptista Salla an Kurfürst Johann Sigismund vom 13. Juli 1618 erwähnt (GStA PK, I. HA Geh. Rat, Rep. 36, Nr. 2875, Bl. 164). – Geyer 1936, Textbd., S. 48.

239 Zu Lynar siehe zuletzt ausführlich: Biller 1987.

240 Das Dritte Haus wird erstmals erwähnt in einem Bericht Lynars vom 16. April 1579 (GStA PK, I. HA Geh. Rat, Rep. 36, Nr. 2875, Bl. 4v; zitiert in: Geyer 1936, Textbd., S. 89, Anm. 124).

241 Geyer 1936, Textbd., S. 35–38.

242 Nicolai 1786a, S. 86. – Ihm folgt noch Dohme 1876, Textbd., S. 11.

243 Bericht Lynars an Kurfürst Johann Georg vom 28. Mai 1585

(GStA PK, I. HA Geh. Rat, Rep. 36, Nr. 2875, Bl. 43f.; zitiert in: Geyer 1936, Textbd., S. 90f., Anm. 136 A).

244 Bericht Lynars an Kurfürst Johann Georg vom 30. Mai 1585 (GStA PK, I. HA Geh. Rat, Rep. 36, Nr. 2875, Bl. 48f.; zitiert in: Geyer 1936, Textbd., S. 91, Anm. 136 C).

245 Antwortschreiben des Kurfürsten Johann Georg an Lynar vom 29. Mai 1585 (GStA PK, I. HA Geh. Rat, Rep. 36, Nr. 2875, Bl. 45; zitiert in: Geyer 1936, Textbd., S. 91, Anm. 136 B).

246 Wie Anm. 243.

247 Vgl. hierzu: Geyer 1936, Textbd., S. 40.

248 Chronik von Peter Hafftitz: »In diesem Jahr ist das neue Gebäu vorne am Schlosse zu Cölln, daran man 4 Jahre lang gebauet, verfertiget worden« (zitiert in: Holtze 1894, S. 91).

249 Keiser 1749, S. 5.

250 Siehe hierzu: Geyer 1936, Textbd., S. 43.

251 Schlüters Schloßmodell sah eine vollständige Renovierung der Außenfassaden vor, vergleichbar in etwa mit der Umgestaltung des Stechbahnflügels (Kat. 107). Auch für die Fassade zum inneren Schloßhof wird es einen Entwurf Schlüters gegeben haben. Eosander plante den Abriß des Quergebäudes (Kat. 203, 204). Die ausgeführte Marmortreppe (Räume 453, 676, 856) griff jedoch nur wernig in die Bausubstanz dieses Gebäudeteils ein. 1799 wurden die Giebelaufbauten zu einem fünften Geschoß zusammengefaßt (Geyer 1936, Textbd., S. 43). 1873 erfolgte nach Entwürfen des Schloßbaudirektors Ludwig Ferdinand Hesse die Umgestaltung der Fassade zum Kleinen Hof in den Formen einer historistischen Spätrenaissance, eine Maßnahme, die 1931 teilweise wieder rückgängig gemacht wurde (Geyer 1991, Textbd., S. 99; Bildbd., Bild 246).

252 Geyer 1936, Textbd., S. 41. – Dohme dagegen schreibt den Bau ausdrücklich nicht Lynar, sondern einem Unbekannten zu: »Den Verlust seines Namens kann die Kunstgeschichte verschmerzen« (Dohme 1876, Textbd., S. 14).

253 Ob das Haus der Herzogin zu Beginn oder am Ende der Tätigkeit Lynars in Berlin entstand, also bereits kurz nach 1579/80 zusammen mit dem Dritten Haus oder erst gegen 1590, als das Quergebäude in Angriff genommen wurde, ist ungeklärt.

254 Bülow 1879, S. 45.

255 Geyer 1936, Textbd., S. 41.

256 Nicolai 1786a, S. 82.

257 Geyer 1936, Textbd., S. 27, 35. – Peschken schreibt lapidar: »Johann Georgs Nachfolger Joachim Friedrich hat den Nordflügel bauen lassen, der in den Barockbau integriert worden ist« (Peschken 1992, S. 79).

258 Schreiben Lynars an den Kurfürsten Johann Georg vom 2. März 1580 (GStA PK, I. HA Geh. Rat, Rep. 36, Nr. 2875, Bl. 13f.; zitiert in: Geyer 1936, Textbd., S. 89, Anm. 123).

259 Zum Schloßbau Joachim Friedrichs: Geyer 1936, Textbd., S. 49–54; Peschken/Klünner 1982, S. 38–41; Wiesinger 1989, S. 75–82; Peschken 1992, S. 69–82; Neugebauer 1999, S. 23 bis 25.

260 Gedingzettel vom 29. Oktober 1606 (GStA PK, I. HA Geh. Rat, Rep. 36, Nr. 2875, Bl. 160 ff.); ferner: Geyer 1936, Textbd., S. 49.

261 »[...] unnd weile einmal Ihr. Churf. Gn. des Stalls unnd Canzley unumbgenglich bedürfftig« (Schreiben des Geheimrats von Waldenburg an den Reichsgrafen von Schlick zu Passau vom 28. Oktober 1606 [GStA PK, I. HA Geh. Rat, Rep. 36, Nr. 2875, Bl. 157f.]). – Vgl. dazu Neugebauer 1999, S. 23: »[...] also die zentralen juristischen und geistlichen Instanzen in der Kurmark Brandenburg.«

262 Gedingzettel vom 29. Oktober 1606 (wie Anm. 260). – Ferner: Zettel vom 28. Oktober 1606, »Bawsachen am Schloß alhier« (GStA PK, I. HA Geh. Rat, Rep. 36, Nr. 2875, Bl. 156).

263 Verdingungsvertrag zwischen Kurfürst Joachim Friedrich und den Bauleuten Hans Eßlinger und Steffen Zengkern (Zinnichen) vom 12. Mai 1606 (GStA PK, I. HA Geh. Rat, Rep. 36, Nr. 2875, Bl. 153–155; zitiert in: Geyer 1936, Textbd., S. 93f., Anm. 184).

264 Die witterungsanfälligen Flachdächer der Altane wurden 1677 durch niedrige Satteldächer ersetzt (Bescheid des Großen Kurfürsten vom 24. März 1677; GStA PK, I. HA Geh. Rat, Rep. 36, Nr. 2876, Bl. 92f.). – Vgl. Geyer 1936, Textbd., S. 51.

265 Verdingungsvertrag vom 12. Mai 1606 (wie Anm. 263): »Zum achten, sollen sie eine Treppe, darauff man vom Zeughauß ufm althan gehen kan, fertigen [...].«

266 Neugebauer 1999, S. 28.

267 Galland 1896, Sp. 39.

268 Nicolai 1786a, S. 91.

269 Zum Schloßbau des Großen Kurfürsten: Geyer 1936, Textbd., S. 55–81; Peschken/Klünner 1982, S. 44–49; Wiesinger 1989, S. 83–126; Peschken 1992, S. 83–102; Neugebauer 1999, S. 25–32. – Zum Großen Kurfürsten: Opgenoorth 1971/1978; Ausst.-Kat. Der Große Kurfürst 1988; Ausst.-Kat. Onder den Oranje Boom 1999.

270 Anordnung des Großen Kurfürsten vom 21. Juli 1642 (GStA PK, I. HA Geh. Rat, Rep. 36, Nr. 2875, Bl. 193f.).

271 Anordnung des Großen Kurfürsten vom 24. April 1644 (GStA PK, I. HA Geh. Rat, Rep. 36, Nr. 2875, Bl. 196 r). – In diesem Zusammenhang auch die Kurfürstliche Anordnung vom 13. Mai 1645 (GStA PK, I. HA Geh. Rat, Rep. 36, Nr. 2875, Bl. 198f.).

272 Anordnung des Großen Kurfürsten vom 6. April 1645, »die Gemächer auf dem Schloß zu Berlin auszuputzen« (GStA PK, I. HA Geh. Rat, Rep. 36, Nr. 2875, Bl. 197). – 1648 wurden im Grünen Hut Wohnräume eingerichtet (Nicolai 1786a, S. 82, Anm. ⋆; Rabe 1832, S. 60). – 1648 malte Michael Hirte »acht Deckenstücke«, die 1786 zum Teil noch existiert haben sollten (Nicolai 1786a, S. 92). – Weitere Dokumente in Galland 1896, Sp. 40 (A.7., A. 10., A. 13.).

273 Zum Berliner Lustgarten: Seidel 1890a; Geyer 1936, Textbd., S. 55–59; Wendland 1979; Wimmer 1985a, S. 64–66; Wimmer 1991.

274 Vgl. Schachinger 1993; Schachingers Lokalisierung des Plans auf den Friedrichswerder hat wenig für sich. – Siehe auch: Geyer 1936, Textbd., S. 46f.; Peschken 1992, S. 76–79; Wimmer 1991, S. 96.

275 Quellen veröffentlicht in: Seidel 1890a, S. 94; Galland 1896, Sp. 41 (B.1.–9.).

276 Erlaß des Großen Kurfürsten vom 16. April 1647 (GStA PK, I. HA Geh. Rat, Rep. 36, Nr. 2879, Bl. 22f.; abgedruckt in: Ausst.-Kat. Unter den Linden 1997, S. 76f., Kat. Nr. 2). – Ferner: Geyer 1936, Textbd., S. 64f.; Ausst.-Kat. Onder den Oranje Boom 1999, Katalogband, S. 232 (Kat. Nr. 8 | 30).

277 Zu Johann Moritz von Nassau-Siegen und zur Architektur: Terwen 1979; Kleiner 1998; Ausst.-Kat. Onder den Oranje Boom 1999, Katalogbd., S. 155–204. – Zu den Sichtachsen in Kleve: Hohmann 1995, S. 92f.; Ausst.-Kat. Onder den Oranje Boom 1999, Katalogbd., S. 168f. (Kat. Nr. 7 | 14). – Zu den Sichtachsen in Berlin: Peschken 1965; Wimmer 1985b; Peschken 1992, S. 84–94.

278 Zu Johann Gregor Memhardt: Galland 1896; Heckmann 1998, S. 58–66.

279 Nicolai 1786b, S. 56.

280 Zu François Dieussart: Avery 1974. – Zu Dieussarts Marmorstandbild des Großen Kurfürsten: Galland 1893, S. 137–156; Geyer 1936, Textbd., S. 64; Ausst.-Kat. Der Große Kurfürst 1988, S. 123 (Kat. Nr. IV. 40); Ausst.-Kat. Onder den Oranje Boom 1999, Katalogbd., S. 219f. (Kat. Nr. 8 | 16). – Das Standbild hat eine bewegte Geschichte. 1715 gelangte es ins Schloß Charlottenburg, in den neunziger Jahren des 19. Jahrhunderts in das Berliner Schloß, 1945 in den Berliner Dom, 1968 in das Neue Palais in Potsdam-Sanssouci, 1999 ins Schloß Oranienburg.

281 Seidel 1890a, S. 106.

282 Die Gestalt des Neptun überliefert ein Kupferstich in Elsholtz' Manuskript über den Berliner Lustgarten (Kat. 27). Bis in die sechziger Jahre des 17. Jahrhunderts ist die Statue nachweisbar (Kat. 45). Auf dem Plan von La Vigne von 1685 ist das rechteckige Bassin durch ein kreisrundes Becken mit Fontäne ersetzt (Kat. 49), das auch Stridbeck 1690 zeichnete (Kat. 57).

283 Wimmer 1985b, S. 65. – Auch der Flußgott des Rheins im Heidelberger Hortus Palatinus gehörte in diese Reihe (Ausst.-Kat. Onder den Oranje Boom 1999, Katalogbd., S. 131f.).

284 Zur Antikenrezeption in Fontainebleau: Haskell/Penny 1998, S. 1–6. – Zum Tiber: Haskell/Penny 1998, S. 310f. (Kat. Nr. 79); zur Diane Chaseresse: Haskell/Penny 1998, S. 196 bis 198 (Kat. Nr. 30); zum Apoll von Belvedere: Haskell/Penny 1998, S. 148–151 (Kat. Nr. 8).

285 Die Inschrift des Grundsteins zitiert in: Seidel 1890a, S. 109: »Lovisa. El. Br./N. Pr. Aur./M.D.C.L«. – Zum Lusthaus: Geyer 1936, Textbd., S. 61f.; Keller 1987/88, S. 30; Wimmer 1991, S. 103f.

286 Veröffentlicht in: Sedlmayr 1976, S. 312 (Nr. 121), Abb. 301.

287 Er ist noch nicht eingetragen in die Merian-Ansicht und in den Memhardt-Plan (beide 1652). Das Ruijscher zugeschriebene Ölgemälde wird in die Zeit zwischen 1652 und 1658 datiert. – Geyer widmet sich nur knapp dem Bau und äußert sich weder zu seinen Ursprüngen noch zu seiner Gestalt (Geyer 1936, Textbd., S. 53). – Ferner: Nicolas 1937a, S. 33.

288 Nicolai 1786b, S. 55.

289 Zur Kunstkammer: Ledebur 1831; Reichl 1930; Heres 1977; Theuerkauff 1981a; Rave 1994; Bredekamp 2000; Segelken 2000; Ausst.-Kat. Theater der Natur und Kunst 2000, Katalogbd., S. 129–140. – Zur Lage der Kunstkammer zur Zeit des Großen Kurfürsten finden sich nur ungenaue Angaben: Rave 1994, S. 188: »[1680] Diese fand, wie man anders kaum annehmen kann, Platz in dem Zwischenbau neben dem alten Marstall- und Zeughausflügel, mit Ausblicken sowohl in den inneren Schloßhof wie in den Lustgarten. Sie rückte also aus dem dunklen Gewölbe neben dem Schloßtor, wo Hainhofer sie noch gesehen, in die unmittelbare Nähe der kurfürstlichen Wohnung«; Heres 1977, S. 97: »Über die Aufstellung der Sammlung ist aus jener Zeit nichts überliefert. Sie dürfte, wie später bezeugt, in den Wohnräumen des Kurfürsten oder in ihrer unmittelbaren Nähe aufgestellt worden sein«; Theuerkauff 1981, S. 19: »Unter Kurfürst Friedrich Wilhelm scheinen die antiken Bildwerke und das Kunstgewerbe [?] zu einem großen Teil in den Wohnräumen bzw. [...] in ihrer nächsten Nähe aufgestellt gewesen zu sein.« – Memhardt wurde übrigens 1665/66 zeitweise die Aufsicht über die Kunstkammer anvertraut (Ledebur 1831, S. 13).

290 Beschreibung von Christian Hendreich: »[...] Steige aus den kurfürstlichen Logementern, allwo im Vorbeigehen Kammern zu sehen sind, in welchen künstliche Uhren, rare Antiquitäten, Statuen, Numismata, Naturalia, Modelle von allerhand Inventionen bewahrt werden. Unter denselben ist eine große, mit mehr als 80000 gedruckten und geschriebenen raren Büchern angefüllte Bibliothek oder Librey, welche über der Hofapotheke und Buchdruckerei ruht« (zitiert in: Glatzer 1956, S. 54).

291 Müller/Küster 1737, I, S. 276; Geyer 1936, Textbd., S. 53, Anm. 195. – Zur Lage der Bibliothek: Ruddigkeit 1986, S. 16.

292 »Den 19ten ist wieder Feuer in des Churf. Gemach entdeckt, so von einem auf holländische Manier und an der Erden nicht genugsam verwahrten Cammin herkommen, da es denn unter den Bretern lauter Feuer gewesen, also daß bald das halbe Gemach müssen aufgenommen werden« (Pusthius 1870, S. 35).

293 Für die Nutzung als Kapelle gibt es nach meiner Kenntnis keine dokumentarischen Hinweise. Doch schon Nicolai bezeichnet sie als »kleine Kapelle« und bemerkt ferner: »das Licht fällt von oben durch eine Laterne herein« (Nicolai 1786a, S. 906).

294 Memhardt griff auf den Raumtypus der *salle à l'italienne* auch am Lusthaus im Berliner Lustgarten (Kat. 18, 19) sowie ab 1663 beim Umbau von Schloß Potsdam, hier für den im Mittelrisalit gelegenen Großen Saal, zurück. Einige Jahrzehnte später, um 1700, finden sich einige Oberlichträume in königlichen Schloßkapellen, etwa in der von Schlüter errichteten Kapelle am Ende der Paradekammern (Raum 787) oder bei Eosanders Kapelle in Schloß Charlottenburg. Die ein halbes Jahrhundert ältere Kapelle der Kurfürstin Luise Henriette markiert also auch den Eintritt der Berliner Raumkunst in das Barockzeitalter, und dies sogleich auf hohem internationalem Niveau.

295 Bericht des Grafen Dohna an den Großen Kurfürsten vom 19. März 1659 (GStA PK, I. HA Geh. Rat, Rep. 36, Nr. 2876, Bl. 53f.; 57); Anweisung des Großen Kurfürsten an Graf Dohna vom 30. März 1659 (GStA PK, I. HA Geh. Rat, Rep. 36, Nr. 2876, Bl. 56). – Bereits in den Jahren war der Gang gelegentlich Gegenstand von Überlegungen: Anweisung des Kurfürsten an Schloßhauptmann Ludwig von der Groeben vom 26. September 1648 (GStA PK, I. HA Geh. Rat, Rep. 36, Nr. 2876, Bl. 24); Anweisung des Kurfürsten an den Schloß- und Mühlenhauptmann Zacharias Friedrich von Götzen vom 16. Juli 1652 (GStA PK, I. HA Geh. Rat, Rep. 36, Nr. 2876, Bl. 33).

296 Vgl. dagegen Geyer 1936, Textbd., S. 23.

297 Bericht des Grafen Dohna an den Großen Kurfürsten vom 19. März 1659 (GStA PK, I. HA Geh. Rat, Rep. 36, Nr. 2876, Bl. 53 v).

298 Bericht über den Verfall vom 4. April 1662 (GStA PK, I. HA Geh. Rat, Rep. 36, Nr. 2876, Bl. 59).

299 Kurfürstliche Ordre vom 27. April 1659 (GStA PK, I. HA Geh. Rat, Rep. 9, Nr. 21; zit. nach Geyer 1936, Textbd., S. 95, Anm. 220). – Zum Ballhaus: Geyer 1936, Textbd., S. 62f.; Saring 1941; zuletzt: Martin Engel in: Lorenz 1998, S. 142f.

300 Geyer 1936, Textbd., S. 63.

301 Zur Berliner Befestigung: Holtze 1874; Wolters 1978, S. 30 bis 37; Keller 1987/88.

302 Pick 1913, S. 212; Jahn 1935; Schulz 1986, S. 35–41 (Nr. 11); Peschken 1992, S. 102.

303 Wimmer 1991, S. 107f. – Wimmer charakterisiert die Umgestaltung »als die Abwendung vom holländischen und die Hinwendung zum französischen Stil, die früheste im Lande«.

304 Zum Umbau des Potsdamer Schlosses unter dem Großen Kurfürsten: Seidel 1904, S. 148–156; Kania 1927; Mielke 1991, S. 12–14, 388–395; Giersberg 1998, S. 15–32; Ottenheym 1999, S. 293–295.

305 Immediatsupplik des Bauschreibers Johann Schmidt vom 6. Juni 1666 (GStA PK, I. HA Geh. Rat, Rep. 36, Nr. 2876, Bl. 73f.).

306 Vgl. hierzu allgemein: Rose 1922, S. 112, 119.

307 So auch Wimmer 1991, S. 112. – Peschkens wiederholt geäußerte These von der auf Portal V fluchtenden Lustgartenhauptachse (Peschken 1965, S. 355–366; Peschken 1992, S. 86f.) wird durch zahlreiche Pläne (Kat. 21, 40, 49) eindeutig widerlegt. Es gibt keinen Grund, diese bewußten Abweichungen für Irrtümer der jeweiligen Zeichner zu halten.

308 Nicolai 1786b, S. 56. – Ladendorf verwechselt Johann Gregor Memhardt mit dessem Sohn Johann Christoph, denn nur dieser, nicht der Vater, kann zwischen 1692 und 1695 nach Italien gereist sein (Ladendorf 1935, S. 68 u. S. 160, Anm. III, 2); siehe auch Heckmann 1998, S. 65.

309 Eine aktuelle Monographie zu Nering und seinem Werk fehlt. Von den zahlreichen Abhandlungen seien genannt: Borrmann 1894; Joseph 1895b; Wallé 1895; Gut 1907; Hirzel 1924; Fritsch 1930; Engel 1987; Heckmann 1998, S. 116 bis 136. – In den letzten Jahren sind Einzelstudien zu einigen seiner bedeutendsten Bauten wie dem Zeughaus (Müller 1994), der Parochialkirche (Mertens 1996) und Schloß Charlottenburg (Hinterkeuser 1999b) erschienen.

310 Zu Smids: Galland 1911, S. 209–212; Heckmann 1998, S. 70 bis 76. – Smids und Nering haben bei verschiedenen Projekten (Erweiterung von Schloß Potsdam von 1679 an, Bau der Orangerien in Berlin und Potsdam von 1685 an, Bau des Bibliothekflügels in Berlin von 1687 an) eng zusammengearbeitet. Wohl berechtigt hat sich die Meinung durchgesetzt, die architektonischen Entwürfe stammten von Nering, während Smids nur die praktische Ausführung als »Abnehmer«, als Bauunternehmer leistete (Nicolai 1786b, S. 57, 64; Dohme 1876, Textbd., S. 18; Pick 1913, S. 212; Geyer 1936, Textbd., S. 78; Schiedlausky 1942, S. 226, Anm. 424; Giersberg 1998, S. 28f.; Heckmann 1998, S. 71, 73). – Diese Rollenverteilung ist jedoch umstritten (Gurlitt 1891, S. 230–232, Anm. 46; Ladendorf 1935, S. 68).

311 Die Schloßbauakte Bd. 2 (GStA PK, I. HA Geh. Rat, Rep. 36, Nr. 2876) springt von 1677 (Bl. 96) auf 1690 (Bl. 97). Später folgen noch Dokumente zu 1689 (Bl. 103f., 112).

312 Vgl. Anm. 272. – Über ihre Gestalt ist nichts bekannt, da diese Innendekorationen aus der Mitte des 17. Jahrhunderts lange vor dem Zeitalter der Raumaquarelle, wie sie für das 19. Jahrhundert charakteristisch waren, oder gar der Fotografie wieder beseitigt wurden, nicht zuletzt auch durch zahlreiche Neuschöpfungen Schlüters. Einzig die Kapelle der Kurfürstin Luise Henriette blieb erhalten (Abb. 58).

313 Oestreich 1971, S. 79.

314 Zum Eishofflügel mit der kurfürstlichen Wohnung: Geyer 1936, Textbd., S. 66–68; Peschken/Klünner 1982, S. 500 bis 503; Wiesinger 1989, S. 106–114; Wiesinger 1992, S. 157 bis 161; Peschken/Wiesinger 2001, S. 31–51, 355–359.

315 Drei Deckengemälde waren inschriftlich signiert und datiert. Das Bild in der Kugelkammer (Raum 806) und das Mittelbild in der Brautkammer (Raum 803) mit »J. Vaillant fecit 1680«; das Deckengemälde im Kronkabinett (Raum 805) mit »R. von Langevilt 1681« (Geyer 1936, Textbd., S. 66). – Borrmann schreibt, leider ohne weitere Quellenangabe: »1678 ist von Bauarbeiten hinten am Schloß die Rede« (Borrmann 1893, S. 266).

316 Geyer 1936, Textbd., S. 56, 66, Bild 58.

317 Zur Verbindungsgalerie: Geyer, Textbd., 1936, S. 68–71; Wiesinger 1989, S. 120–123.

318 Die Galerie fehlt noch auf dem Farbdruck Johan Teylers (um 1683) und dem Plan von La Vigne von 1685 (Kat. 47, 49). 1690 wird sie von Johann Stridbeck gezeichnet (Kat. 53).

319 Smids, der für die Arbeiten an der Galerie entlohnt wird, dürfte nur als ausführender Bauunternehmer tätig gewesen sein (*Specification was der Churf. Hoffbaumeister Mich. Math. Schmidts wegen ein und anderer verfertigter Arbeit an den Churf. gebewden annoch zu fohdern hat* [siehe Katalog II: 1693, ohne Datum]). – Vgl. Anm. 310.

320 »Magna est Friderici Tertii, cujus nos sub Tutela feliciter agimus. Hujus enim opera sunt excelsae illae Porticus, quae impositis sibi invicem lapideorum fornicum ordinibus versus fluvium exsurgunt« (Katalog II: 1696, ohne Datum [a]); Keller 1987/88, S. 31. – Autoren im ausgehenden 18. Jahrhundert bemerken einen Bezug zu genuesischen Palästen: »[...] ein Flügel des alten Schlosses nach dem Wasser, mit den großen Fenstern, auf Art der genuesischen Paläste« (Humbert/Heinecken 1768, S. 68). – »[...] er bauete besonders die Seite nach dem Wasser mit den großen Bogenfenstern, wozu er das Modell von einigen genuesischen Palästen genommen haben soll« (Nicolai 1786b, S. 57). – Auf welche Vorbilder sich Humbert und Nicolai beziehen, ist schwer zu klären. Rubens bildet mehrere Paläste mit offenen Arkadenfolgen ab, die allerdings als Loggien dienen oder den Baukörper bekrönen und nicht, wie in Berlin, die Substruktion für einen Gang bilden (Rubens 1622, Taf. 14, 61, 88).

321 *Specification* (siehe Katalog II: 1693, ohne Datum): »[...] Vor das gantze gebewde außerhalb mit Oehlfarbe anzustreichen undt zu marmoriren, dafür der Hoffbawmeister 180 tal. praetendiret seind gewilliget 160 tal.«

322 Zum Alabastersaal: Wallé 1895; Geyer 1897; Geyer 1936, Textbd., S. 71–75; Peschken/Klünner 1982, S. 46–49; Peschken 1992, S. 96; Wiesinger 1989, S. 114–116; Lorenz 1998, S. 131–133.

323 Geyer 1936, Textbd., S. 71.

324 So auf einem 1690 entstandenen Aquarell von Johann Stridbeck d. J. (Kat. 56).

325 So Christoph Pitzler am 23. August 1695 (Kat. 66).

326 Gregorio Leti bezeichnet den Alabastersaal als »Galleria del Palazzo di Berlino« (Leti 1687, S. 341). – Eine Zahlungsanweisung an Hendrik de Fromantiou aus dem Jahr 1680 nennt neben der »gr. Kunst-gallerie« – damit könnte die später so genannte Boisierte Galerie (Raum 810) gemeint sein – noch eine »zweyte[n] Kunst Gallerie in Neuen Quer [?] Gebäuden auf den Schloße«. Vielleicht ist hier der Alabastersaal gemeint. Die Zahlungsanweisung lautet: »Dem Mahler F. zur folge mit ihm am 27. VII. 1680 gemachten Accord, umb in denen am Churf. Schloß Dero aufgeführten Gebäueden die gr. Kunstgallerie undt in Deroselben alles mit Franzoischen gegybsten Laubwerk nebst aller Zubehör zu verfertigen, undt mit feinem Golde zu vergulden, undt nach Gebühr außer dem Holtzwerck zu ordiniren 500 tr.; demselben ferner wegen der zweyten Kunst Gallerie in Neuen Quer (?) Gebäuden auf den Schloße ebenmäßig nebst noch 3 davorn liegenden Gemächern auf solche art m. franzoischen Gips u. Laubwerckinhalts verdings v. 29. VII. 1680 900 tr.« (ehem. Pr.G.St.A., Heeresarchiv, Rep. 7, Gen. Militärkasse IIIa, Bd. 63, 1679/80, S. 219 [zit. nach Schiedlausky-Aktennotizen, S. 22]). – Zu Froman-

tiou jüngst: Ausst.-Kat. Onder den Oranje Boom 1999, Katalogbd., S. 266f. (Kat. R. 8 | 57).

327 Nicolai 1786a, S. 93f.

328 Auszahlung an Hendrik de Fromantiou: »[...] deßgleichen auf speziale Verordnung v. 12. X. 1681 den Mahler Fromantou auf deßen Contract wegen des großen Saals auf den Altan 300 tr.« (ehem. Pr.G.St.A., Heeresarchiv, Rep. 7, Gen. Militärkasse IIIa, Bd. 64, 1681/82, S. 150 [zit. nach Schiedlausky-Aktennotizen, S. 22]); vgl. Anm. 326. – Schon Joseph kannte diese Quellen und datierte daher den Beginn der Bauarbeiten zum Alabastersaal in die Zeit um 1679/80 (Joseph 1895, S. 470). – Die spätere Literatur nennt dagegen meist das Jahr 1681: Geyer 1936, Textbd., S. 71 (bezieht sich auf Nicolais Angabe, bestätigt sie nicht, widerspricht ihr aber auch nicht); Peschken/Klünner 1982, S. 46; Wiesinger 1989, S. 115; Lorenz 1998, S. 131.

329 GStA PK, I. HA Geh. Rat, Rep. 9 (AV), E 16I Fasc. 1, Bl. 29 bis 43. – Ausdrücklich genannt werden Fliesen in dem Dokument vom 25. Mai 1682 (ebd., Bl. 35f.): »Specification der Marmor und Alabaster Steine so vom Hartz anhergekommen, was selbige klein und große stücke wie auch nebst den fliesen durchgehents gewogen.«

330 Zu den Standbildern im Alabastersaal: Geyer 1936, Textbd., S. 73. – Ausst.-Kat. Der Große Kurfürst 1988, S. 125f., Kat. Nr. IV.44 – IV.57. – Vierzehn Standbilder haben den Krieg überstanden und befinden sich heute im Neuen Palais in Potsdam. Die Standbilder der Kurfürsten Georg Wilhelm und Joachim Friedrich sind verschollen.

331 Leti 1687, Bd. 1, S. 341.

332 Geyer 1936, Textbd., S. 72. – In diesen geistigen Zusammenhang scheinen sich auch die sechs Gipsreliefs mit Darstellungen der Guten Herrschaft zu fügen, die bis 1945 im Schloß aufbewahrt wurden. Geyer, der sie Bartholomäus Eggers zuschreibt und gegen 1680 datiert, ging davon aus, daß sie in Marmor ausgeführt werden sollten und für den Alabastersaal bestimmt waren (Geyer 1936, Textbd., S. 73f.; Bildbd., Bilder 133–138). Wahrscheinlicher ist jedoch, daß sie erst um 1710 entstanden, womöglich nach einer Idee und im Auftrag Eosanders (Kühn 1955, S. 136, Anm. 114). Dies legen zum einen stilistische Vergleiche nahe, etwa mit den Ende 1708 vollendeten Reliefs am Sockel von Schlüters Reiterdenkmal des Großen Kurfürsten. Diese Reliefs stammten von Johann Samuel Nahl (Allegorie des Kurfürstentums) und Johann Hermann Backer (Allegorie des Königtums). Ähnliche Reliefs befinden sich im Stockholmer Schloß (vgl. Josephson 1940, Pl. 57), ein Bau, von dem Eosander bei seinem Besuch 1703 viele Anregungen empfing. – Drei der originalen Gipse befinden sich heute in der Stiftung Stadtmuseum Berlin (Maether 2000, S. 136). – Vier Repliken dieser Reliefs fanden nach 1710 Eingang in die Runden Säle von Schloß Charlottenburg (Kühn 1970, Textbd., S. 33, 67).

333 Schon von 1707 an veränderte Eosander ihn im Zuge der Schloßerweiterung: Um den Anschluß des Saaltrakts an den neugestalteten Lustgartenflügel zu gewährleisten, errichtete er einen risalitartigen Vorbau, den er mit einem Segmentbogengiebel bekrönte (Abb. 53). Diesem Vorbau fiel eine Achse des Alabastersaales zum Opfer. Unter Friedrich dem Großen wurde 1741 ein Theater eingerichtet (Frenzel 1959, S. 42–52, hier: S. 45f.). Von 1805 an diente der Saal als Möbel- und Bilderdepot und wurde durch eine Zwischendecke unterteilt (Frenzel 1959, S. 52). Auch das Äußere wurde verändert. Das Mezzaningeschoß über dem Saal ist eine Zutat von 1871 (Geyer 1991, Textbd., S. 97). Die Fassade zum Kleinen Schloßhof wurde 1873 zusammen mit der Fassade des Quergebäudes in Renaissanceformen nach einem Entwurf von Ludwig Ferdinand Hesse umgestaltet (Geyer 1991, Textbd., S. 99).

334 Pusthius 1870, S. 40. – Die Geschichte des Tors liegt teilweise im dunkeln. Memhardts Zeichnung stammt von 1659. Im Jahr 1668 befand sich das Tor im Bau. Am 14. März 1668, als der Granprincipe und spätere Herzog Cosimo III. das Schloß besuchte, war das Tor noch nicht vollendet: »Vi sono due Cortili il primo riquadrato molto vasto, ricorso da ringhiere [...]. Dà l'adito in questo Cortile di fabbrica Moderna una gran' porta dove stanno di guardia soldati, eretta con magnificenza, ma però non perfezionata« (Cosimo Priè, Viaggio fatto dal Ser.mo Principe Cosimo Terzo di Toscana in Alemagna e nei Paesi Bassi, Florenz 1667/68 [Manuskript; Florenz, ASF, MdP 6384], Bl. 211v–212r.; zitiert in: Geyer 1936, Textbd., S. 95, Anm. 191). – Ein Gesuch Johann Michael Döbels vom August 1667 ist vielleicht auf das Tor bezogen: »Maszen Ewr. Churfürstl. Durchl. auch augenscheinlich Sehen werden, dass die Pforte in den 4 Wochen weill ich darbey gewesen, zimblichen fortgekommen [...]« (zitiert nach: Straube 1916 [52], S. 453). Wenn damit das erst 1682 vollendete Tor gemeint war, scheidet Nering als Entwerfer natürlich aus. Andererseits ist eine Bauzeit von vierzehn Jahren so unwahrscheinlich, daß man besser von einem weiteren Neubau ausgeht.

335 Von ihm stammte nachweislich das 1683 fertiggestellte Leipziger Tor, dessen reiche Bauplastik die militärischen Siege des Großen Kurfürsten verherrlichte. Die noch erhaltene Einfahrt in Schloß Köpenick, ein ebenfalls dreiachsiger Bau mit abschließendem Dreiecksgiebel, entstand 1682 und wird ihm ebenfalls zugeschrieben.

336 Die Anzahl der Arkaden schwankt auf den verschiedenen Bildquellen. Siebzehn Öffnungen, wie sie Wendland erwähnt (vgl. Anm. 337), zeigt auch der stets sehr zuverlässige Stridbeck (Kat. 54).

337 Mit den Arbeiten wurde 1679 begonnen. Wendland berichtet: »In diesem 1679. Jahre wurden die kleinen Häuser auf der Stechbahne abgebrochen und hergegen 17 ansehnliche Gewölber gebauet« (Fidicin 1865, S. 62). – 1681 waren die Arbeiten abgeschlossen: »Eod. sind auf der Stechbahn die Kramer Buden gefertiget und mit Kupfer gedeckt worden« (Pusthius 1870, S. 40). – Siehe auch Nicolai 1786b, S. 57: »1679 bis 1681 bauete er die Kaufläden vor der alten Stechbahn steinern, mit einer davor laufenden dorischen Bogenlaube.«

338 Befehl zum Abriß der Verkaufsarkaden vom 6. Januar 1699 (ohne Quellenangabe überliefert in: Borrmann 1893, S. 269).

339 Geyer 1936, Textbd., S. 78.

340 Chronik von Wendland (siehe Katalog II: 1689, Sommer); Erlaß Friedrichs III. über den Bau von sechzehn »Kramladen« und »Boutiques« (siehe Katalog II: 1689, ohne Datum). – Vgl. ferner: Nicolai 1786b, S. 57: »16 steinerne Kaufläden mit davorstehender Bogenlaube«.

341 Fidicin 1865, S. 65.

342 GStA PK, I. HA Geh. Rat, Rep. 36, Nr. 2879; Bl. 137–139 (publiziert in: Geyer 1936, Textbd., S. 95f., Anm. 223). – Zur Orangerie: Geyer 1936, Textbd., S. 59f.

343 Zur Zusammenarbeit zwischen Nering und Smids siehe Anm. 310.

344 Zum Grundrißtyp: Hojer 1976, S. 145. Dort wird die auf halbrundem Grundriß ausgeführte Orangerie von Schloß Lustheim (1694/95) als die früheste dieses Typs in Deutsch-

land bezeichnet. Der Berliner Bau ist jedoch ein Jahrzehnt älter. Als niederländisches Vorbild nennt Hojer die Orangerie von Zorgvliet.

345 Bis weit ins 19. Jahrhundert hinein diente der Bau als Packhaus, bis er schließlich 1865 im Zuge der Errichtung der Nationalgalerie abgerissen wurde.

346 Zur sogenannten Bibliothek: Pick 1913; Geyer 1936, Textbd., S. 59–61; Ruddigkeit 1986, S. 17f.; Wiesinger 1989, S. 124 bis 126; Peschken 1992, S. 96–101.

347 Neben der Beschriftung in zeitgenössischen Abbildungen (Kat. 57) ist hier der Bauvertrag mit Smids (siehe Katalog II: 1687, 6. April) und eine Bilanz der verbrauchten Kalksteine zu nennen, in der auch der Bau der »Neuen Bibliotheck« genannt wird: *Summarischer Extract waß in den Rüderstorffschen Kalckbergen an Kalcksteine gebrochen, und wieder außgegeben worden alß von Luciae ao. 1687 biß ieder dahin 1688* (siehe Katalog II: 1688, ohne Datum).

348 Siehe Katalog II: 1687, 19. Dezember.

349 Siehe Katalog II: 1688, 2. Hälfte.

350 Siehe Katalog II: 1687, 6. April.

351 Peschken 1992, S. 99f.

352 Die bereits bestehenden Mauern des Erdgeschosses mußten schließlich sukzessive den Domprojekten unter Friedrich dem Großen und Friedrich Wilhelm IV. weichen. Mit der Verkürzung der Schloßapotheke 1885 verschwand auch der letzte Rest.

353 Siehe Katalog II: 1688, 2. Hälfte.

354 So berichtet Bichi (in deutscher Übersetzung): »Neben einem Teile des Gartens erblickt man ein im Bau begriffenes Gebäude, das zur Bibliothek bestimmt ist, und zwar in dem Teile unterhalb der Galerie und des Korridors« (Katalog II: 1696, ohne Datum [d]).

355 Peschken 1992, S. 109. – Daß es sich um Halbsäulen handelte und nicht um Vollsäulen, wie Geyer rekonstruierte (Geyer 1936, Tafelbd., Taf. 104, 154), belegt auch eine Grundrißskizze Pitzlers (Kat. 115).

356 Beger 1696, S. 5 (siehe Katalog II: 1696, ohne Datum [a]).

357 Reisebericht Tessins (siehe Katalog II: 1688, 2. Hälfte).

358 Nicolai erwähnt den Bogengang noch nicht, da er die Stridbeckschen Aquarelle, die wichtigste Quelle hierfür, nicht kannte.

359 Geyer 1936, Textbd., S. 75. – Geyer hält eine Bauzeit von anderthalb Jahren für die aufwendige Architektur nicht für hinreichend, weshalb er den Baubeginn noch in die Epoche des Großen Kurfürsten datiert.

360 So etwa Peschken 1992, S. 105.

361 Peschken 1992, S. 119–122.

362 Die von Peschken angeführten Gründe gegen Nering sind falsch oder nicht plausibel (Peschken 1992, S. 116). Nering war kein strenger Klassizist, wie seine mehrfach zutage tretende Affinität zur Baukunst Borrominis beweist (Alabastersaal, Domentwurf, Parochialkirche, Schloß Lietzenburg mit dem Ovalen Gartensaal). Memhardt kommt keinesfalls in Frage, da er 1678 bereits verstorben war. Peschken übernimmt hier einen Irrtum Ladendorfs.

363 Anweisung Friedrichs III. an Grumbkow, Nering und Smids wegen noch auszuführender Arbeiten am »Berlinischen Hofbau« und der Anweisung von Geldern (siehe Katalog II: 1690, 13./23. April); Anweisung Friedrichs III. an Grumbkow, Nering und Smids »wegen unseres alhiesigen Hofbaus« (siehe Katalog II: 1690, 20. Juni); Notiz von Nering über von Handlangern geleistete Dienste (siehe Katalog II: 1690, ohne Datum).

364 Beförderung Nerings zum »OberBaudirector aller Unserer Gebeude« (siehe Katalog II: 1691, 9. April).

365 Der Gang wird in mehreren Abhandlungen beschrieben: Thurneysser 1572, S. 354; Leutinger 1593, S. 190; Zeiller 1652, S. 28 (zitiert in: Geyer 1936, Textbd., S. 27f.).

366 Eine Ansicht aus Berkows Fürstenspiegel von 1643 zeigt vor dem zweiten Obergeschoß des südlichen Spreeflügels ebenfalls einen von Pfeilern gestützten Gang, der allerdings nicht von Bogen unterfangen wird (Kat. 11A). Auf dem sogenannten Memhardt-Plan ist dagegen ein Gang vor dem ersten Obergeschoß zu sehen, nunmehr abgestützt durch Arkaden (Kat. 16). Beide Abbildungen wirken teilweise summarisch, sind also nicht unbedingt verläßlich.

367 Der von Stridbeck wiedergegebene Renaissancegang ähnelt demjenigen vor dem dritten Obergeschoß des Quergebäudes, der bis zur Zerstörung des Schlosses erhalten blieb und demnach auch im Foto überliefert ist (Abb. 54). Dieser Ende des 16. Jahrhunderts angelegte Konsolgang war nur etwa halb so breit wie der Gang Nerings und Schlüters.

368 So Peschken 1992, S. 109, 113, Abb. 106, Bildunterschrift. – Auf den Fotos ist jedenfalls nicht zu erkennen, ob die Kapitelle der Risalite nachträglich aus mehreren Teilen zusammengesetzt wurden, wie Peschken behauptet (Peschken 1992, S. 109). Es scheint vielmehr wahrscheinlich, daß diese Kapitelle, die herausragende Bildhauerarbeiten darstellen, von Schlüter und seiner Werkstatt neu geschaffen wurden. – Möglicherweise haben sich an einem der zahlreichen Lagerungsorte der Schloßfragmente auch noch Originale dieser Kapitelle erhalten. Nachweislich wurden sie vor der Sprengung des Schlosses ausgebaut (vgl. Maether 2000, S. 135–139).

369 Auch in diesem Fall geht Peschken davon aus – ohne allerdings einen Beleg dafür zu erbringen –, Schlüter habe die Werkstücke später wiederverwendet (Peschken 1992, S. 114).

370 So Peschken, der hier vom »ersten Plan zum Ausbau des Schlosses als italienischer Stadtpalast mit einem Peristylhof« spricht. Er gibt aber zu, daß es sich hier eher um eine Vermutung als um eine erwiesene Tatsache handelt (Peschken 1992, S. 105, 114f.).

371 Gurlitt 1889a, Sp. 333f., 339.

372 Vgl. Peschken 1992, S. 115, 138. – Peschken bezeichnet den in Broebes' Tafel 2a wiedergegebenen Zustand (Kat. 93), wo über dem Kapitell ein Architravblock aufliegt, als erste, allerdings nicht ausgeführte Korrektur der von Stridbeck gezeichneten Situation (Kat. 55). Die schließlich verwirklichte Korrektur gibt Broebes in Tafel 46 wieder (Kat. 173), nunmehr mit Architrav- und Friesblock (Peschken 1992, S. 138).

373 Reisebericht Tessins (siehe Katalog II: 1688, 2. Hälfte).

374 Hojer 1976, S. 157, 167, Anm. 64f. – Die Situation wurde schon durch Leo Klenze beseitigt.

375 Hojer 1976, S. 167, Anm. 64.

376 Ebd. – Überhaupt scheint zwischen Zuccalli und Nering eine bislang noch nicht geklärte Verbindung bestanden zu haben. Wohl von Zuccalli stammen nämlich die Entwürfe eines Lustgebäudes für eine Warschauer Adelsfamilie, die um 1695 datiert sind – ebenso wie Nerings Entwurf für Lietzenburg (Charlottenburg), mit dem sie insbesondere den aus der Fassade hervortretenden Mittelsaal teilen (Mossakowski 1994b, S. 213–218).

377 Lorenz 1998, S. 28–65.

378 Peschken dagegen verbindet die Bedeutung der Bogengalerie mit den noch geheimgehaltenen Ansprüchen Friedrichs III. auf die Königskrone. Das Bibliotheksprojekt von 1687 bezeichnet er als »französischen Plan«, der von einer dem Krö-

nungsplan und damit dem »italienischen Plan« ablehnend gegenüberstehenden Hofpartei favorisiert worden sei (Peschken 1992, S. 105, 114f., 119–122). Es existieren keine Dokumente, die es erlauben würden, eine bestimmte architektonische Planung mit einer staatspolitischen Konzeption in Verbindung zu bringen.

379 Theatrum Europaeum 1698 (1690), S. 1198; Beger 1696, S. 226f.

380 Der Hauptzugang in das Schloß unter dem Hausmannsturm wurde nach einem Entwurf von Wolf Caspar von Klengel durch eine aufwendige Torarchitektur, das Grüne oder Englische Tor, neugestaltet (Oelsner/Prinz 1992, S. 95). Ferner entstand nach Plänen von Johann Georg Starcke und Christoph Beyer eine Treppenanlage, die Englische Treppe, die die Paradekammern im zweiten Obergeschoß erschloß.

381 Anweisung Friedrichs III. an Grumbkow, Nering und Smids wegen noch auszuführender Arbeiten am »Berlinischen Hofbau« und der Anweisung von Geldern (siehe Katalog II: 1690, 13./23. April).

382 Anweisung Friedrichs III. an Grumbkow, Nering und Smids »wegen unseres alhiesigen Hofbaus« (siehe Katalog II: 1690, 20. Juni).

383 Protokoll des Wirklichen Geheimen Rats (siehe Katalog II: 1692, 1./11. April).

384 Sowohl Philipp Hainhofer im Jahr 1617 als auch Johann Keiser 1749 erwähnen allgemein die Kanzlei im Quergebäude (Hainhofer 1617, S. 243f.; Keiser 1749, S. 24f.). Sie dürfte sich also auch 1692 dort befunden haben.

385 Vgl. Peschken 1992, S. 109–114. – Peschken dagegen deutet die Pfeiler als Blendarchitektur des »ersten Plans«.

386 Verdingungsvertrag zwischen Kurfürst Joachim Friedrich und den Bauleuten Hans Eßlinger und Steffen Zengkern (Zinnichen) vom 12. Mai 1606 (GStA PK, I. HA Geh. Rat, Rep. 36, Nr. 2875, Bl. 153–155; zitiert in: Geyer 1936, Textbd., S. 93f., Anm. 184).

387 Diese These vertritt auch Geyer (Geyer 1936, Textbd., S. 52).

388 Dagegen geht Peschken davon aus, Hesse habe hier »offenbar nachträglich in Eile schlecht gezeichnet« (Peschken 1992, S. 110).

389 Zur Verstärkung der Mauern: Peschken 1992, S. 248f.

390 Noch heikler ist Peschkens These, die hier sogar zwei unterschiedliche vorschlütersche Planungen zur Vereinheitlichung des Innenhofs erkennen will. So ordnet er die Situation am Stechbahnflügel dem »ersten Plan« zu, während er die Blendarkaden am Lustgartenflügel als »Bereicherung des ersten Planes im zweiten Umbauplan« deutet (Peschken 1992, S. 112). – Weder die spärlichen, nur anhand von Abbildungen gewonnenen Baubefunde noch die schriftlichen Zeugnisse lassen eine solche Binnendifferenzierung der Planungsgeschichte zu.

391 Peschken dagegen schreibt die Hoffenster Nering oder Grünberg (Peschken 1992, S. 118), die kleinen Nebenportale dem Architekten des »zweiten Plans« zu (Peschken 1992, S. 138).

392 Zu Martin Grünberg: Schiedlausky 1942; Heckmann 1998, S. 136–147.

393 Erlaß Friedrichs III. (siehe Katalog II: 1695, 26. Oktober/5. November); Vorladung Grünbergs vor den Geheimen Rat (siehe Katalog II: 1695, 1. November).

394 Abnahme der Baurechnungen für das Jahr 1696 (siehe Katalog II: 1697, 20. Februar).

395 Abnahme der Baurechnungen der Jahre 1698 und 1699 (siehe Katalog II: 1700, 8. Juni).

396 Schiedlausky 1942, S. 88–95.

397 Beger 1696 (siehe Katalog II: 1696, ohne Datum [a], [b]).

398 Brief Friedrichs III. (siehe Katalog II: 1696, 25. Juli/4. August).

399 Protokoll des Geheimen Rats (siehe Katalog II: 1696, 7./17. September).

400 Vgl. das Schreiben des Großen Kurfürsten an Tornow vom 16. August 1657: »Aldieweil unsrer Schloßgang vor der Ambts-Cammer daselbst ganz schadhafft und bawfällig ist, So wollet Ihr die anstalt thun, daß solcher hinwieder erbauet und dazu die von dem Obergange erbrochenen und alde vorhandenen Steine und werckstücke gebraucht werden mögen« (GStA PK, I. HA Geh. Rat, Rep. 36, Nr. 2879, Bl. 65f.). Ob zwischen beiden »Cammern« ein Zusammenhang besteht, ist nicht zu klären. Immerhin liegen zwischen beiden Vorgängen vierzig Jahre.

401 Bericht eines sächsischen Spions (siehe Katalog II: 1696, 28. Oktober).

402 Ladendorf 1935, S. 68, S. 161, Anm. III, 9. – Allerdings meint Ladendorf, Schlüter habe »das Fertige rücksichtslos wieder zerstört«. Demnach meint also auch er, sämtliche Hoffenster seien nach Schlüters Entwürfen geschaffen.

403 Peschken 1992, S. 116–118. – »Ich nehme also an, daß die Hoffenster samt der Streifengliederung zu dem Peristylplan entweder von vornherein gehört haben oder nachträglich in diesen Plan hineinkomponiert worden sind« (Peschken 1992, S. 117).

404 Schiedlausky 1942, S. 116. – Mit Bezug auf Dohna 1893, Bd. 3, S. 60 (anscheinend ist eine solche Restaurierung nicht urkundlich gesichert, sondern nur mündlich überliefert).

405 Zu Christian Eltester: Niemann 1926; Keller 1985; Heckmann 1998, S. 227–229.

406 Keller datiert den Plan in die kurze Spanne zwischen Eltesters Ernennung zum Hofarchitekten im August 1697 und Schlüters Übernahme des Schloßbaubetriebs im Frühsommer 1698 (Keller 1985, S. 549). Peschken datiert den Entwurf in die Jahre 1696 oder 1697 und damit tendenziell früher (Peschken, S. 123f.). Dies liegt daran, daß er den Baubeginn für seinen hypothetischen »zweiten Plan« Anfang 1698 ansetzt.

407 Keller 1985, S. 545, Abb. 5.

408 Ebd., S. 544f. – Siehe Katalog II: 1700, 31. Mai.

409 Keller 1985, S. 545.

410 Siehe Katalog II: 1700, 31. Mai. – Zur Datierung des »Bunten Gangs«: Geyer 1897, S. 154 (1698 auf der Grundlage eines älteren Verbindungsgangs); Schiedlausky 1942, S. 91 (frühe neunziger Jahre des 17. Jahrhunderts); Keller 1985, S. 548, Anm. 10.

411 Keller folgert: »Der bis zum Abriß des Schlosses im ersten Obergeschoß erhaltene ›Bunte Gang‹ und ihn begleitende Kammern waren demnach Vorbedingung zu Eltesters Entwurf. Hier wird man die Lage jener ›königlichen Gemächer‹ vermuten, über denen die geplante Suite mit der Kapelle errichtet werden sollte […]« (Keller 1985, S. 548).

412 In diesem Sinne auch Keller: »Die isolierte, in traditioneller Weise auf additiven Ausbau der bestehenden Bautengruppe des Schlosses zielende Erweiterungsplanung des jungen Hofarchitekten [gemeint ist Christian Eltester, G. H.] zeigt, daß in der Zeit ihrer Entstehung ein bereits festgelegter und zur Ausführung bestimmter Gesamtentwurf für den Umbau des Schlosses nicht verbindlich war« (Keller 1985, S. 552).

DER UMBAU

1 Humbert 1739, S. 109–114; Keiser 1749, S. 7; Müller/Küster 1756, III, S. 1–31.
2 Humbert/Heinecken 1768, S. 80.
3 Nicolai 1786a, S. 81–116.
4 GStA PK, I. HA Geh. Rat, Rep. 36, Nr. 2875–2878.
5 »Schlüter, dessen Ideen auf Große gingen, wollte den ganzen innern Schloßhof mit freystehenden korinthischen Säulen, von der Höhe derjenigen, die an den drey Portalen sind, zieren; welches aber während des Baues geändert werden mußte« (Nicolai 1786a, S. 96, Anm. *).
6 Nicolai 1786a, S. 94f.
7 Klöden 1855, S. 40–199.
8 Dohme 1876, Textbd., S. 28.
9 Gurlitt 1887–1889.
10 Gurlitt 1889a.
11 Ebd., Sp. 323f.
12 »Verschiedene Anzeichen lassen vermuten, daß der erste Plan [...] jene großen Thorbauten, die jetzige Hofanlage und die Treppen in der heutigen Form noch nicht einbeschloß, sondern sich nur auf die Rücklagen erstreckte« (Gurlitt 1891, S. 132).
13 »Ich halte nicht für unmöglich, daß der große Borromini den Entwurf zum Umbau des Berliner Schlosses lieferte. Denn er dürfte unter dem ›Baronini‹ des Broebes gemeint sein« (Gurlitt 1889a, Sp. 338).
14 Gurlitt 1889a, Sp. 339f.
15 Ebd., Sp. 335f.
16 »Mir will scheinen, als liege der Schluß nahe, die Baratta haben in Berlin Borrominis Pläne ausgeführt, wie sie es vorher an St. Agnese gethan haben« (Gurlitt 1889a, Sp. 342).
17 Dohme 1889, Sp. 480. – Zu den in Berlin tätigen Baratta: Nicolai 1786b, S. 41; Ladendorf 1935, S. 161, Anm. III, 13. – Zu den in Rom tätigen Baratta: Saur Bd. 6, 1992, S. 632ff.
18 Borrmann 1889; Dohme 1889.
19 Borrmann 1890, S. 290.
20 Gurlitt 1889a, Sp. 333f.
21 »Will man nun annehmen [...], daß der Bau also das Werk von drei Sommern gewesen sei? Das wäre auch für die fortgeschrittene Bauweise unserer Zeit eine große Leistung, mehr noch für jene Zeit!« (Gurlitt 1889a, Sp. 336).
22 Borrmann 1889, S. 298; Dohme 1889, Sp. 484. – Ferner: »Die von Gurlitt als unmöglich hingestellte Schnelligkeit der Bauausführung innerhalb dreier Baujahre wird sehr erklärlich durch die Thatsache, daß die ganze Schloßplatzseite bis zu Portal II und an der Lustgartenseite von der Apotheke bis Portal V kein Neubau, sondern ein Umbau mit Beibehaltung der Geschoßhöhen, der Fensterachsen und vor allem der Umfassungswände gewesen ist« (Borrmann 1889, S. 297f.). – Einschränkend sei angemerkt, daß der alte Lustgartenflügel nicht ganz an das spätere Portal V heranreichte. Dazwischen lagen noch zwei Fensterachsen, die spätere Brandenburgische Kammer (Raum 795).
23 Gurlitt 1889b; Gurlitt 1891.
24 Gurlitt 1891, S. 133.
25 Ebd., S. 132. – Mit dieser Spätdatierung des römischen Plans in das Jahr 1697 akzeptierte Gurlitt, ohne dies freilich ausdrücklich zuzugeben, den Einwurf Dohmes, »daß bis zum Jahre 1696 etwa in niederländisch-holländischem Stile am Schloß gebaut worden und daß von unmittelbar italienischem Einfluß in dieser Zeit keine Rede ist« (Dohme 1889, Sp. 490).
26 »Wie die römischen Pläne nach Berlin kamen, vermag ich nicht zu sagen« (Gurlitt 1891, S. 134).
27 Erman 1881.
28 Gurlitt 1891, S. 131.
29 Sirén 1914, S. 227f. – Vgl. S. 86–91.
30 Gurlitt 1889a, S. 349.
31 Borrmann 1889, S. 290; Dohme 1889, Sp. 481.
32 Gurlitt 1891, S. 131.
33 Ebd., S. 133.
34 Ebd., S. 132f.
35 Pieter Schenks Stich von Schlüters Schloßmodell (Kat. 122) und die Radierungen von Broebes (Kat. 96, 146) zeigen noch nicht die negativen Wandstreifen. Hier wirkt der Bau denn auch römischer als auf der Ansicht des Modells im *Thesaurus Brandenburgicus* (Kat. 107). Sollte sich Schlüter von der Kopie des römischen Vorbilds erst schrittweise gelöst haben?
36 Borrmann 1889, S. 290. – Richtig setzt Borrmann fort: »Andererseits erinnert das von Gurlitt dem Schlüter zugeschriebene Obergeschoß des großen Treppen-Vorbaues im II. Schloßhofe wenigstens soweit an die entsprechenden Teile der Borromini-Façade von S. Carlo alle quattro fontane, daß es vielleicht folgerichtig gewesen wäre, auch den Entwurf zu seinem Portalbau dem italienischen Meister zuzuschreiben« (ebd.).
37 Gurlitt 1891, S. 133.
38 Ladendorf 1935, S. 55.
39 Gurlitt 1891, S. 133.
40 Ebd., S. 138.
41 Gurlitt 1889b, S. 305.
42 Borrmann 1889, S. 290.
43 Gurlitt 1889b, S. 305.
44 Vgl. zuletzt: Hinterkeuser 1999b, S. 115–117.
45 Josephson 1928, S. 46.
46 »All'egard de ma voijage pour Berlin, je ne scaijs pas bien encore de la reuscite, car il ij a tout des raisons pour et contre, que je ne scaijs presque ou j'len suis moij mesme.« Auszug aus einem Brief von Tessin an Daniel Cronström vom 9. Februar 1698 (Stockholm, Riksarkivet, Tessinska Samlingen, E 5716, N:° 5). – Die entscheidenden Passagen in schwedischer Übersetzung in: Josephson 1930/31, Bd. 2, S. 209. – Der französische Originaltext erstmals in: Keller 1980, S. 64f.
47 Gurlitt 1891, S. 134.
48 Josephson 1928, S. 51.
49 Brief Friedrichs III. an die Herren E. Chwalkowsky und H. Lindholz (siehe Katalog II: 1696, 25. Juli/4. August). – Bericht eines sächsischen Spions (siehe Katalog II: 1696, 28. Oktober).
50 Ladendorf 1935, S. 161, Anm. III, 10.
51 Geyer 1992, Textbd., S. 3.
52 Schiedlausky 1942, S. 88–95.
53 GStA PK, I. HA Geh. Rat, Rep. 21, 127, Protokoll des Wirklichen Geheimen Rates (zitiert in: Schiedlausky 1942, S. 92).
54 Kühn 1953.
55 Vgl. Anm. 45, 46, 53.
56 Gurlitt beschrieb den Zustand auf Broebes' Tafel 2a und fuhr fort: »Es ist dies also die Anordnung, welche auch [...] wiedergegeben wird [...] nach einer um 1690 entstandenen Zeichnung« (Gurlitt 1889a, Sp. 334f.). Er nahm an, daß die Säulengalerie auch in dem Ausmaß, das Broebes' Tafel 2a angibt, ausgeführt gewesen sei, was Borrmann – grundsätzlich zu Recht – bestritt: »Daß sie jemals eine weitere Ausdehnung gewonnen als in Stridbecks Ansicht vom inneren Schloßhof angegeben ist, läßt sich durch nichts, auch nicht durch Broebes' Stiche beweisen. [...] Die Riesensäulen nun dieser

Galerie sind […] nachmals entfernt worden, und zwar durch Schlüter selber, nachdem auch dieser vielleicht noch einige Zeit die Absicht gehabt hatte sie beizubehalten und fortzuführen« (Borrmann 1889, S. 290). Auch Borrmann erkannte also nicht, daß die von Stridbeck gezeichneten Arkaden sich von den Formen auf Broebes' Stichen unterscheiden.

57 Ladendorf 1935, S. 161, Anm. III, 10.

58 Kühn 1953, S. 25.

59 Ebd.

60 Hubala deutet die Notiz von Broebes falsch, wenn er meint, die Ordnung von Kolossalsäulen und geradem Gebälk sei ausgeführt worden, allerdings nicht vor den Risaliten (Hubala 1965, S. 331). Sie wurde gerade auch vor den Risaliten ausgeführt, wo sie sogar bis zuletzt erhalten blieb.

61 Hubala 1965, S. 343f., Anm. 28.

62 Ebd.

63 Ebd., S. 332.

64 Ebd.

65 Ebd.

66 Ebd.

67 Kommer 1974, S. 95f.

68 Ebd., S. 96. – Peschken sucht daher umständlich zu begründen – allein um Kommers Einwand zu entkräften –, daß der Risalit auf der Tafel 2a von Broebes (Kat. 93) in der Mittelachse des Erdgeschosses gar keine Vollsäulen, sondern Halbsäulen aufgewiesen habe (Peschken 1975, S. 5f.). Er gibt schließlich aber selbst zu, daß es sich hierbei lediglich um eine Vermutung handelt (Peschken 1992, S. 137, 142–148).

69 Peschken 1975; Peschken 1977a; Peschken 1977b; Peschken/Klünner 1982; Peschken 1992; Peschken 1998; Peschken/Wiesinger 2001.

70 Peschken 1975.

71 Peschken 1977a; Peschken 1977b.

72 Zuletzt bezeichnet als: »Der erste Plan zum Ausbau des Schlosses als italienischer Stadtpalast mit einem Peristylhof« (Peschken 1992, S. 105).

73 Peschken 1975, S. 3.

74 Peschken 1992, S. 116.

75 Peschken 1975, S. 3.

76 Vgl. Anm. 60. – Ladendorf und Kühn hatten erkannt, daß die Hofarkaden von 1688/1690 (Kat. 55) nicht mehr identisch waren mit dem von Broebes wiedergegebenen Zustand (Kat. 93, 173). Peschken wies nun seinerseits darauf hin, daß auch die Wiedergabe der Hofgalerien auf den beiden Broebes-Tafeln leicht voneinander abweicht. Deshalb interpretierte er die Tafel 2a (Kat. 93) als nochmalige Zwischenstufe vor Tafel 46 (Kat. 173): »Diese Tafel [d. i. Tafel 2a; G. H.] von Broebes muß gezeichnet sein, als die Korrektur schon geplant, aber noch nicht ausgeführt war« (Peschken 1975, S. 4). – Vgl. Peschken 1992, S. 108, Abb. 103.

77 Peschken 1975, S. 4; Peschken 1992, S. 144, Abb. 120.

78 Vgl. Anm. 68.

79 Peschken 1975, S. 5.

80 Siehe hierzu auch: S. 273–280.

81 Peschken 1975, S. 7.

82 Peschken 1983/84.

83 Ebd., S. 10; Peschken 1992, S. 166–237.

84 Kühn 1984, S. 227.

85 Keller 1987, S. 51–61.

86 Ebd., S. 52, Anm. 26.

87 »Mit fortschreitender Bauzeit revidierte und veränderte er dann Pläne zu einzelnen Partien, vor allem im Hof, zum Teil mehrfach« (ebd., S. 53).

88 Ebd., S. 55.

89 Peschken 1992; Peschken 1998. – Sie umfassen die Baugeschichte von 1688 bis 1701 und von 1701 bis 1706. Einen dritten Band, der sich den barocken Innenräumen widmet, veröffentlichte Peschken zusammen mit Liselotte Wiesinger (Peschken/Wiesinger 2001).

90 Zum »ersten Plan«: Peschken 1992, S. 114f. – Zum »zweiten Plan«: ebd., S. 137.

91 Zahlungsanweisung über 500 Tlr. für Sandstein an Schlüter (siehe Katalog II: 1698, 30. Juni).

92 Chronik von Wendland (siehe Katalog II: 1698, Herbst).

93 Siehe oben Vorgeschichte, Anm. 158.

94 Offizieller Rücktritt Grünbergs (siehe Katalog II: 1699, 24. März).

95 Abnahme der Baurechnungen der Jahre 1698 und 1699 (siehe Katalog II: 1700, 8. Juni).

96 Bestallung Schlüters zum Schloßbaudirektor (siehe Katalog II: 1699, 2. November).

97 Vgl. Duchhardt 1991.

98 Zu den diplomatischen Vorgängen im Vorfeld der Krönung jüngst: Baumgart 2001. – Zur Ideengeschichte der Krönung immer noch grundlegend: Schieder 1935.

99 Leibniz 1916, Bd. 2, S. 146 (Anhang, betreffend dasjenige, was nach heutigem Völkerrecht zu einem König erfordert wird). – Vgl. Schieder 1935, S. 68, Anm. 12.

100 Siehe oben Vorgeschichte, Anm. 158.

101 Zu Christian Eltester siehe oben Vorgeschichte, Anm. 405.

102 Protokoll des Geheimen Rates vom 26. April/6. Mai 1697 (zitiert in: Schiedlausky 1942, S. 92).

103 Hinterkeuser 1999b, S. 115–117; Ausst.-Kat. Sophie Charlotte und ihr Schloß 1999, S. 281f., Kat. Nr. IV. 7.

104 Lorenz 1991, S. 64, S.137, Anm. 40, S. 272, Kat. Nr. 5.

105 Ebd., S. 65f.

106 Ebd., S. 23.

107 GStA PK, I. HA Geh. Rat, Rep. 9 (AV), EEE (zitiert in: Ladendorf 1935, S. 162, Anm. III, 16). – Zu Johann Friedrich Karcher siehe oben Vorgeschichte, Anm. 73.

108 Hentschel 1967, Textbd., S. 96.

109 Ebd., S. 91.

110 Dresden, Sächsisches Hauptstaatsarchiv, VII 89, 2, Bl. 1–3. – Zum selben Konvolut gehört die Perspektivansicht (Bl. 4), die nach 1945 nach Warschau (Muzeum Narodowe, Inv. Nr. Rys. Pol. 15162) gelangte. Bei den vier Blättern (Hentschel 1967, Bildbd., Abb. 102–109) handelt es sich um Kopien aus den dreißiger Jahren des 18. Jahrhunderts. Zuschreibung und Datierung der Originalentwürfe werden kontrovers diskutiert. Der immer wieder vorgebrachten Deutung als Entwürfe Matthäus Daniel Pöppelmanns aus der Zeit um 1713/1715 (Ausst.-Kat. Unter einer Krone 1997, S. 397, Kat. Nr. 782) ist Hentschel mit guten Argumenten für Karcher entgegengetreten. Hentschel 1967, Textbd., S. 95–99).

111 Zu Johann Friedrich Eosander: Biederstedt 1961; Holland 2002a. – Zu Jean de Bodt: Thiel 1987; Kuke 2002a.

112 Theatrum Europaeum, 1718 (1706), S. 102. – Vgl. hierzu Ladendorf 1935, S. 169, Anm. 89.

113 Theatrum Europaeum, 1717 (1703), S. 251.

114 Sturm 1714, unpaginiert.

115 Zu den umfangreichen Verlusten der barocken Plankammer siehe: Klöden 1855, S. 237f., 241f.; Dohme 1876, S. 50–52; Dohna 1893, S. 92f.; Ladendorf 1935, S. 30f.; Schiedlausky 1942, S. 21, 210, Anm. 81–83; Peschken 1992, S. 10–12; Hinterkeuser 2000.

116 *Specification der Meublen welche vom 10ten Novembr. ao: 1702 in*

den Königlichen Preuß. Residentz=Schloße befunden worden (SPSG, Plankammer, Sammlung historischer Inventare des Berliner Schlosses, Nr. 20), S. 31. – Zum Schloßmodell: Geyer 1992, Textbd., S. 6f.; Peschken 1992, S. 255–266; Reuther/Berckenhagen 1994, S. 53, Kat. Nr. 82.

117 »Dass ander Gemach Neben an« (*Specification der Meublen*, 1702 [wie Anm. 116], S. 31) mit dem Schloßmodell sowie die ehemalige Ratsstube sind nicht eindeutig zu identifizieren. Es dürfte sich aber um Räume im Spreeflügel handeln (eventuell um die Räume 813 und 816).

118 Nicolai erwähnt in seiner Beschreibung der Schloßräume mehrere alte Modelle »in einer Kammer am ersten Portal nach dem Schloßplatze zu«. So »das Modell der Eosanderschen Seite vom Königl. Schlosse nach der Freyheit zu. Das Gebäude ist 16 ein halb Fuß lang, 4 Fuß hoch, und der Thurm, welcher [...] darauf gesetzt werden sollte, 10 ein halb Fuß hoch; es ist von Lindenholz. Ein Modell von der großen Eosanderschen Treppe unter dem großen Portal. Modell des Stalles nach dem Wasser zu, mit dem Thürmchen. Modell des alten Zwingers in Dresden« (Nicolai 1786a, S. 900).

119 Vgl. Peschken 1998, S. 186–188.

120 Peschken interpretiert diesen Risalit als verzeichneten Kurfürstenflügel (ebd., S. 186).

121 Die Modellansichten von Beger und Schenk (Kat. 107, 122) geben den Vorsprung fälschlich einachsig wieder. Korrekt ist die Wiedergabe dagegen auf Wermuths Medaille (Kat. 150).

122 Peschken dagegen deutet die Lösung in Schlüters Schloßmodell (Kat. 107) als Antwort auf den hypothetischen, angeblich bereits im Bau befindlichen »zweiten Plan« (Kat. 93). Schlüter habe zwar mit seinem Modell letztlich den Architekten dieses »zweiten Plans« verdrängen, sich mit seinen Vorschlägen für die Gestaltung der Obergeschosse der Hoffassaden aber nicht durchsetzen können. Hier sei er noch auf den »zweiten Plan« verpflichtet worden (Peschken 1992, S. 252). – Diese Deutung erscheint wenig wahrscheinlich, schon deshalb, weil den Quellen nicht der geringste Hinweis auf den »zweiten Plan« und seinen Architekten zu entnehmen ist. Und warum sollte sich Schlüter in einem eher geringfügigen Detail wie der Gestaltung der Obergeschoßfenster des Hofes nicht durchgesetzt haben, wenn er andererseits doch mit seinem Modell einen renommierten Architekten verdrängt hatte? Wahrscheinlicher ist die Deutung, daß Schlüter seinen ersten, im Modell fixierten Entwurf für die Obergeschoßfenster (Kat. 107) als untragbar erkannt hatte und daraufhin selbst korrigierte (Kat. 93).

123 In deutscher Übersetzung: »Man hat diese Säulenordnung zerstört, außer vor den drei Risaliten.«

124 Peschken 1992, S. 125, 142.

125 Es dürfte sich um eine Nachzeichnung handeln. Gleichfalls als nachträgliche Auseinandersetzung Reetz' mit Schlüters Schloßmodell müssen seine beiden Zeichnungen zum Innenhof gewertet werden (Kat. 94, 95). In die konkreten Planungen griffen sie nicht ein, vielmehr handelt es sich um Fingerübungen eines jungen Architekten, wie man sie sich im Ausbildungsbetrieb der Akademie vorstellen könnte. Aufschlußreich ist der zugehörige halbe Grundriß (Kat. 95). Er zeigt wie Schlüters Modell Risalite an drei, in der gedanklich vollzogenen Verdoppelung letztlich an allen vier Seiten. Die Risalitlösung des Modells und die Kolossalordnung vor den Hofgalerien, wie sie Broebes' Tafel 2a (Kat. 93) dokumentiert und Reetz sie variiert (Kat. 94), gehören also zusammen.

126 Vgl. Elling 1950, S. 5, 23–32 («The Corner Belvedere«), S. 32f. («The Belvedere as Accent over Breaks in Façades«), Pl. 1, 16, 18, 19, 21, 22, 29, 32.

127 Ebd., S. 49–54 («The later Development of the Belvedere«).

128 Ebd., S. 50.

129 Siehe Katalog II: 1698, Herbst.

130 Siehe Katalog II: 1701, ohne Datum. – In deutscher Übersetzung: »Und innerhalb von drei Jahren würde ich mir einen solchen Wandel kaum, ja nicht einmal kaum, vorstellen. Drei Jahre, sagte Dulodorus, sind noch nicht verflossen, seit der Umbau begonnen wurde.« (Zitiert nach: Geyer 1992, Textbd., S. 7).

131 Siehe Katalog II: 1698, ohne Datum.

132 [1698] »Es ward in diesem Jahre das Bauwesen eben nicht mit großer Lebhaftigkeit betrieben; vermuthlich weil es dazu am nöthigen Gelde fehlte. [...] Die Künstler und Handwerker schrien um Zahlung ihres verdienten Lohns, und die mehresten mußten sich mit Verweisung auf Geduld vertrösten lassen. Sonst fehlte es nicht an Anweisungen, woraus die Baukosten bestritten werden sollten. Als:

Wegen Lützenburg waren aus den Stempelgeldern für dieses Jahr bestimmt	8000 Thaler.
Wegen Köpenik, aus den Postgeldern	4000 Thaler.
Wegen Potsdam, aus den köpenikschen Amtsgeldern	500 Thaler.
Wegen Oranienburg und Friedrichsthal, aus den potsdamschen Zollgefällen	500 Thaler.
Wegen den berlinischen Hofbau, aus der neumärkischen Kammer	3900 Thaler.
zusammen also	16900 Thaler.

Allein diese Gelder liefen äußerst nachlässig ein, und legten der Fortsetzung der Bauten große Hindernisse im Wege« (König 1795, Bd. 3, S. 88f.).

133 Siehe Katalog II: 1700, 8. Juni.

134 Siehe Katalog II: 1702, 15. Dezember (für 1700 und 1701) und 1704, 31. März (für 1702).

135 Die genannten Zahlen sprechen klar gegen Peschkens These, daß schon Anfang 1698 mit vollen Kräften an der Verwirklichung eines vorschlüterschen sogenannten zweiten Plans gearbeitet worden sei (Peschken 1992, S. 251).

136 Aus der detaillierten Auflistung der Arbeiten des Jahres 1702, genannt »General-Extract«, läßt sich beispielsweise entnehmen, daß allein der Orgelbauer – gemeint ist Johann Nette, der die Orgel für die Ordenskapelle (Raum 787) baute – 837 Taler erhielt, die eigentliche Abrechnung nennt sogar einen Abschlag von 1087 Talern (Katalog II: 1704, 31. März).

137 Siehe Katalog II: 1698, 19./29. Dezember.

138 Siehe Katalog II: 1699, 6. Januar.

139 Siehe Katalog II: 1699, 7. Februar; 1699, 22. April.

140 Zu den Häusern auf der Stechbahn: Martin Engel, in: Lorenz 1998, S. 185–187; Kuke 2002a, S. 120–124. – Das dreigeschossige Gebäude mit hohem Mansarddach war im Erdgeschoß von offenen Arkaden gegliedert. Es befand sich zunächst noch hinter dem Dom und wurde erst mit dessen Abriß 1747 ein Teil des Schloßplatzes. Die imposante Fassade des 1865 abgerissenen Baus hatte also zunächst keinen Blickkontakt zu Schlüters Schloß.

141 Siehe Katalog II: 1701, vor 6. Mai. – In deutscher Übersetzung: »Begonnen im Jahre des erlösten Erdkreises 1699.«

142 Keiser 1749, S. 7.

143 Auch Müller/Küster datieren den Abriß des Wendelsteins am Stechbahnflügel in das Jahr 1699 (Müller/Küster 1756, S. 10).

144 Siehe Katalog II: 1700, 31. Mai.

145 Siehe Katalog II: 1701, 17. November.

146 Peschkens Vermutung, daß mit der Wendeltreppe die «neue Treppe am Stadtflügel«, also die Treppe im Risalit des Elisa-

bethsaals gemeint sei, ist spekulativ, ergibt aber auch aus funktionaler Sicht keinen Sinn (Peschken 1998, S. 37f.). Der zeremonielle Zugang in das Schloß erfolgte stets über die Treppen am Spreeflügel, in dem auch die beiden Audienzvorkammern und das Audienzzimmer selbst lagen (Räume 799–797). An dieser Disposition wurde während des gesamten Umbaus festgehalten. Daß der Oranische Saal (Räume 838–842) für Audienzen genutzt worden sein soll, ist ebenfalls eine nicht zu belegende These Peschkens (Peschken 1998, S. 38).

147 Nicolai 1786a, S. 95.

148 Siehe Katalog II: 1700, 21. September.

149 Ebd.

150 Siehe S. 44–46.

151 Siehe Katalog II: 1700, 21. September.

152 Nicolai 1786a, S. 95. – Wahrscheinlich stützte sich Nicolai unkritisch auf folgende Mitteilung in Müller/Küster: »Nach geendigten französischen Kriege aber beschloß der Churfürst dem Schlosse ein sonderbares und recht majestätisches Aussehen zu geben. Zu welchem Ende der Flügel nach dem Lustgarten abgebrochen, und so weit er izo zu sehen, angefertiget, [...]« (Müller/Küster 1756, S. 8).

153 Zur technischen Ausführung des Lustgartenflügels: Peschken 1992, S. 243–250.

154 Siehe Katalog II: 1699, 2. November.

155 Siehe Katalog II: 1699, Dezember.

156 Siehe S. 214–216 und Katalog III. – Zum sogenannten Malerstreit ausführlich: Hinterkeuser 1999a.

157 Siehe Katalog II: 1701, 2. April.

158 Zu den Ehrenpforten: Ladendorf 1935, S. 47; Schiedlausky 1935; Schiedlausky 1942, S. 160–164; Edzard Rust, in: Lorenz 1998, S. 146–149; Kuke 2002a, S. 110–119.

159 Siehe Katalog II: 1701, vor 6. Mai. – In deutscher Übersetzung: »Vollendet im ersten Jahr des neuen Jahrhunderts und des preußischen Königtums.«

160 Siehe Katalog II: 1701, 23. April.

161 Geyer 1992, Bildbd., Bild 25f.

162 Siehe Katalog II: 1703, 3. August [a].

163 Peschken 1992, S. 244, Abb. 210; S. 250.

164 Das Datum 1704 auf Broebes' Radierung der spätestens 1700/01 aufgegebenen Variante (Kat. 146, 147) ist daher wenig aussagekräftig. Peschken nimmt an, der Lustgartenflügel sei seit 1699 im Rohbau verblieben und erst 1704 verkleidet worden (Peschken 1998, S. 182).

165 Peschken übersieht, daß auch Schlüters Modell in einer Variante diesen Bogen über dem Elisabethsaal zeigt (»Dies Modell enthielt keine Serliana, im Hof ebensowenig wie in der Stadtfassade« [Peschken 1992, S. 221]; »Schlüter dagegen verzichtet in seinen ersten Plänen überall auf die Serliana« [Peschken 1992, S. 221]), denn für Peschken ist dieser Bogen Teil eines hypothetischen »zweiten Plans« von Tessin.

166 Dieser zweifelsfreie Befund gelang Peschken aufgrund der Analyse der Ruinenfotos (Peschken 1992, S. 166f., Abb. 134, S. 221).

167 Auch dies ein Befund Peschkens (Peschken 1992, S. 220f., Abb. 187).

168 Nicolai 1786a, S. 882, Anm. **).

169 Peschken 1992, S. 191, 223.

170 Ebd., S. 213f.

171 Reichl 1930, S. 232f.

172 Peschken 1992, S. 214.

173 Ebd., S. 213.

174 Siehe Anm. 431.

175 Siehe Katalog II: 1701, 17. November.

176 Vgl. Geyer 1936, Bildbd., Bild 10; Peschken 1998, S. 51, Fig. 6.

177 Peschken geht hingegen davon aus, daß gegen 1701 die Spreefront über ihre Gesamtlänge hinweg (!) die von Kolossalsäulen gegliederte doppelgeschossige Hofgalerie aufwies (Peschken 1992, S. 126–129; mit Rekonstruktionsskizze). Er ist sich zwar nicht sicher, ob die Türme noch standen, doch nimmt er an, daß die Galerien diesen Abriß bereits einkalkulierten und somit über sie hinwegberechnet waren. An deren Stelle sei überhaupt kein Risalit mehr vorgesehen gewesen. – Peschken nimmt in diesem Punkt Schlüters Schloßmodell nicht ernst. Auch ist es völlig abwegig, daß man aus dem wichtigsten Flügel des Schlosses die Treppenhäuser entfernt haben sollte. Dies hätte riesige Umwege zur Folge gehabt. Der Schloßorganismus wäre regelrecht zusammengebrochen. Die gesamte Baugeschichte zeigt, wie stark die Beharrungskräfte gerade in funktionaler Hinsicht wirkten.

178 *Specification der Meublen* (wie Anm. 116).

179 Siehe Katalog II: 1702, 17. Januar.

180 Siehe Peschken/Wiesinger 2001, Tafelbd., Taf. 41, 187.

181 »[...] entrai con un profondo inchino al Ré, e Prencipi, quali si compiaquero corispondere, mi fermai á vederli Mangiare« (Anonimo Veneziano 1999 [1708], S. 126). – »Tafelzimmer König Friedrich I. Majestät« (*Das Silber in den Paradekammern und Kammern Friedrich I. Majst. im Schlosse zu Berlin Anno 1713* [SPSG, Plankammer, Neues Palais, Inventar Nr. 26], Bl. 3).

182 Wiesinger 1995, S. 80f.

183 »Die König. Geheimbte Raht Stube« (*Specification der Meublen*, 1702 [wie Anm. 116], Bl. 14). – »Gemach, allwo der Höchstseel König Rath hielt« (*Das Silber in den Paradekammern*, 1713 [wie Anm. 181], Bl. 10).

184 Zur Datierung der Drap d'Or-Kammer: Peschken in: Peschken/Wiesinger 2001, S. 73–75 (»Winter 1700/01 und Frühjahr 1701«). – Eine Datierung der Stukkaturen des Königszimmers »nicht vor 1703« (ebd., S. 118) ist meines Erachtens nicht zwingend.

185 Vermutungen Peschkens, der Elisabethsaal habe in ersten Planungen der Saal einer in den Schloßplatzflügel verlegten neuen Suite des Königs werden sollen, sind rein hypothetisch (Peschken 1992, S. 126–129). – Zum Elisabethsaal und seiner Ausstattung grundlegend: Wiesinger 1982.

186 Siehe Katalog II: 1698, 4. Mai.

187 Der Oranische Saal dürfte gegen 1698/99 eingerichtet worden sein. Womöglich war bereits Schlüter beteiligt, doch ist dies schwer zu beurteilen, da der Saal nicht im Bild überliefert ist. Zwischen 1706 und 1713 wurde der Saal in einzelne Räume aufgeteilt. – Zum Oraniersaal: Besser 1711, S. 354f. [Vermählung von Luise Dorothea Sophie mit Friedrich von Hessen-Kassel 1700; siehe Katalog II: 1700, 31. Mai]; Faßmann 1735, S. 24 [Hochzeitsfeierlichkeiten für Kronprinz Friedrich Wilhelm und Sophie Dorothea von Braunschweig-Lüneburg 1706]; Gütthern 1750, S. 111f., 162; Geyer 1903, S. 270f.; Hahn 1998, S. 42–44.

188 Nicolai 1786a, S. 879. – Erst Bernhard Rode vollendete das Deckengemälde zwischen 1786 und 1794 (Rumpf 1794, S. 61).

189 Nicolai 1786a, S. 879.

190 Vgl. S. 214–216.

191 Vgl. Peschken 1992, S. 108, Abb. 103, S. 138. – Peschken ordnet diese Korrektur freilich nicht Schlüter, sondern dem hypothetischen »zweiten Plan« zu.

192 Peschken 1992, S. 125, 142.

193 Insofern bewertet Nicolai den Planwechsel grundlegend falsch, wenn er annimmt, Schlüter sei zu dem Verzicht auf die

Kolossalsäulen gezwungen worden: »Schlüter, dessen Ideen aufs Große gingen, wollte den ganzen innern Schloßhof mit freystehenden korinthischen Säulen, von der Höhe derjenigen, die an den drey Portalen sind, zieren; welches aber während des Baues geändert werden mußte« (Nicolai 1786a, S. 96, Anm. *]).

194 Müller/Küster 1756, S. 14.

195 Auch Peschken nimmt an, daß der Wachsaal des 16. Jahrhunderts bereits die Ausdehnung von Schlüters Schweizersaal besaß. Ferner weist er daraufhin, daß Schlüter auch im Erdgeschoß auf bereits vorhandenen Wänden aufbauen konnte (Peschken 1998, S. 52f.).

196 Müller/Küster 1756, S. 13. – So auch Nicolai 1786a, S. 96, Anm. *). – Daß der König verlangt habe, der Weg zur Schiffsländе müsse in der Mittelachse des neuen Risalits liegen, scheint dagegen weniger wahrscheinlich (Peschken 1998, S. 53f.). Kein Ankömmling im Kleinen Schloßhof hätte das Treppenhaus betreten, um dann von dort sofort durch die Mitteltür über den Gang zum Spreeufer das Schloß wieder zu verlassen. Nur bei einem solchen Weg wäre es sinnvoll gewesen, den Korridor zur Spree unbedingt in die Mittelachse zu legen.

197 Vgl. Peschken 1998, S. 53, Fig. 7.

198 Ebd., S. 39f., 51, 79.

199 Nicht vierfach gekuppelt, wie Peschken schreibt (ebd., S. 79), denn das wären dann insgesamt acht Säulen.

200 Vgl. ebd., S. 38, 60, Abb. 39.

201 Mehrfach zeichnete Pitzler Pläne ab, die nicht ausgeführt worden waren, etwa zur Parochialkirche (Kat. 69), zu Schloß Köpenick (Lorenz 1998, S. 44f.) oder Nerings Münzturmentwurf (Kat. 162).

202 Siehe Katalog II: 1701, 17. November.

203 Peschken 1998, S. 73–78. – Peschken übersetzt beide Stiche in perspektivische Ansichten und rekonstruiert die entsprechenden Grundrisse für die einzelnen Geschosse. Im Querschnitt (Kat. 139) ergänzt er dabei – plausibel – Partien, von denen er annimmt, Schlüter habe sie nur deshalb nicht gezeichnet, um die Gliederung der weiter zurückliegenden Querwand nicht zu verdecken. Dazu zählen die ansteigende Rampe im Erdgeschoß und der darüber liegende ansteigende Lauf im ersten Obergeschoß. Dieser Lauf wird an seinem oberen Ende von einem Säulenpaar gestützt, das auf Schlüters Querschnitt ebenfalls nicht zu sehen ist, jedoch auf dem von Peschken gezeichneten. Peschken übernimmt es korrekt aus dem Längsschnitt.

204 Peschken 1998, S. 76, 154–156, Abb. 98f.

205 Ebd., S. 80, Abb. 58. – Aufgrund eines Details in der erwähnten Radierung von Broebes (Kat. 173) hätte man vermuten können, daß man mit dem Bau im Norden des Rampenhauses begann, fernab von dem alten Treppenturm, der im südlichen Abschnitt vor dem Risalit lag (vgl. Geyer 1936, Bildbd., Bild 104), denn sie zeigt die vermauerten Doppelsäulen des Rampenentwurfs nur im nördlichen Kern des schließlich ausgeführten Plans, um den sich die Rampe wand, nicht im südlichen. Die Ruinenfotos jedoch zeigen die gekuppelten Säulen gerade im Innern der südlichen Treppenspindel.

206 Peschken 1992, S. 174–177, Abb. 143–146. – Doch ist letztlich nicht zu verstehen, wieso Pitzler in seinem Skizzenbuch 1701 die Seiten freigelassen und sie erst 1704 nachträglich gefüllt haben sollte. Vom Aufenthalt von 1704 gibt es gut fünfzig Seiten später mehrere Blätter zum Schloß (Kat. 156 bis 162). – Hellmut Lorenz, der jüngst das Pitzler-Skizzenbuch mit den Berlin betreffenden Blättern vollständig publizierte, verweist denn auch ausdrücklich auf dessen »strikt chronologischen Aufbau« (Lorenz 1998, S. 131 u. 136, Anm. 5) und verwirft Peschkens These als höchst unwahrscheinlich.

207 Peschken 1998, S. 32, 40. – Das Datum 1703 für die vier Decker-Stiche findet nicht nur Bestätigung durch die schriftliche Datierung eines der Blätter (Kat. 140). Am 8. März 1703 ersuchte Paul Decker d. Ä. um die Bezahlung für seine Schloß-Stiche (siehe Katalog II, 1703, 8. März).

208 Peschken 1998, S. 130. – Keller datiert den Bau des fünfachsigen Spreeflügelrisalits in das Jahr 1702 und dessen neuerlichen Umbau in das Jahr 1704 (Keller 1987, S. 58). Er folgt also der Interpretation Peschkens (Peschken/Klünner 1982, S. 465) und ist ebenfalls bereit, Pitzlers Grundrißskizzen von der Treppe im endgültigen Zustand (Kat. 118, 119) auf September 1704 zu datieren (Keller 1987, S. 58f., Anm. 45).

209 Stilistisch weichen Deckers Stiche stark von den beiden Heckhenauer-Blättern ab, und so ist nur schwer vorstellbar, daß diese gemeinsam vertrieben worden sein sollen. – Humbert/Heinecken hingegen sehen die sechs Stiche als Serie: »Das berlinische Schloß, so er [d. i. Paul Decker d. Ä.; G. H.] Anno 1703. in Kupfer gestochen, und woran ihm Jacob Wilhelm Heckenauer geholfen, besteht in 6 Blättern, wie es nach Andreas Schlüter seinen Gedanken hätte sollen erbauet werden« (Humbert/Heinecken 1786, S. 35). Allerdings muß man berücksichtigen, daß schon allein die vier Decker-Stiche auf insgesamt sechs einzelnen Blättern gedruckt wurden, denn die großen Ansichten der Außenfassaden (Kat. 140, 141) bestehen jeweils aus zwei Blättern.

210 Nicolai 1786, S. 96.

211 Siehe Katalog II: 1703, 15. Januar.

212 Siehe Katalog II: 1701, 17. November.

213 Siehe Katalog II: 1705, 11. Mai. – Auch beim Empfang des englischen Gesandten im April 1706 wird die »große Treppe« erwähnt (siehe Katalog II: 1706, 9. April).

214 Siehe Katalog II: 1706, August.

215 Ebd.

216 Ebd.

217 In deutscher Übersetzung: »Friedrich I. [...] befahl zu bauen 1702.«

218 Siehe Katalog II: 1701, 2. August.

219 König 1795, Bd. 3, S. 112.

220 Nicolai 1786a, S. 96.

221 Leider erwähnt Nicolai nicht, wie er zu der Behauptung kommt, daß die Paraderäume zunächst innerhalb des Quergebäudes fortgesetzt werden sollten. Vermutlich schließt er dies allein aus der Interpretation des Modells.

222 Dohme 1876, S. 37.

223 Geyer 1903, S. 249–269.

224 Nicolai 1786a, S. 95f.

225 Siehe Katalog II: 1702, 17. Januar.

226 *Specification der Meublen*, 1702 (wie Anm. 116).

227 Siehe Katalog II: 1703, 18. Januar.

228 Davon geht die Forschung bislang einmütig aus: Keisch 1997, S. 19; Baer 2002b, S. 161.

229 Hinrichs 1941, S. 294f.

230 Peschken 1992, S. 231–233, Abb. 207.

231 Auch hier zeigen Befunde, daß die Kaminöfen nachträglich hinzukamen (Peschken 1992, S. 232–234, Abb. 208).

232 Peschken dagegen deutet die Kamine an den Schmalseiten als Bestandteile des hypothetischen »zweiten Plans« Tessins. Der Planwechsel sei dann nach Schlüters Übernahme der Bauleitung 1699 noch vor der endgültigen Vollendung des Saals erfolgt. Daß der Kamin an der Schmalseite bereits Spuren der

Benutzung aufwies, erklärt er damit, daß dieser im Winter für die Bauarbeiter in Betrieb gewesen sei (Peschken 1992, S. 230–233).

233 Siehe Katalog II: 1703, ohne Datum [a].
234 Siehe Katalog II: 1704, 15. März.
235 Siehe Katalog II: 1704, 27. November.
236 Siehe Katalog II: 1704, 23. November.
237 Siehe Katalog II: 1702, ohne Datum.
238 Siehe Katalog II: 1703, ohne Datum [b].
239 Siehe Katalog II: 1703, 28. November.
240 Siehe Katalog II: 1703, 3. August [a].
241 Siehe Katalog II: 1705, ohne Datum.
242 Siehe Katalog II: 1704, ohne Datum [b].
243 Siehe Katalog II: 1706, Mitte Juni.
244 Siehe Katalog II: 1706, August. – Ferner: 1706, 3. August.
245 Ebd.
246 Siehe Katalog II: 1707, 24. Januar.
247 Siehe Katalog II: 1707, 28. Januar.
248 Ebd. – Zu Eosanders Tätigkeit am Schloß: Peschken/Klünner 1982, S. 57–60; Geyer 1992, Textbd., S. 8–18; Holland 2002, S. 215–237.
249 Siehe Katalog II: 1707, 18. Januar.
250 Siehe Katalog II: 1708, Ende Juni.
251 Dies hat Werner Hager sehr schön beschrieben (Hager 1942, S. 160).
252 Hier ist Goerd Peschkens Interpretation beizupflichten (Peschken 1992, S. 267–271). Dagegen geht Fritz-Eugen Keller davon aus, daß es sich bei den seitlichen Schultern um die Flanken des Schloßplatzflügels handelt, die nach vorne geklappt seien (Ausst.-Kat. Berlin und die Antike, Katalogbd., S. 104, Kat. Nr. 153).
253 Diese zwei Fensterachsen gibt allein Wermuths Medaille korrekt wieder, die damit verläßlicher ist als die beiden druckgraphischen Darstellungen (Kat. 107, 122).
254 Hager 1942, S. 160.
255 Die Balkonplatte fehlt nicht nur auf Schlüters Präsentationsriß (Kat. 140) von 1703, sondern auch noch auf Johann Georg Rosenbergs Ansicht des Schlosses von 1781 (Ausst.-Kat. Stadtbilder, S. 67f., Kat. Nr. 20).
256 Humbert 1739, S. 110.
257 Ebd.
258 So bereits Müller/Küster 1756, S. 10.
259 Vignola 1602, Taf. 30. – Peschken spricht von »korinthischen Adlerkapitellen« (Peschken 1992, S. 296).
260 Diese Hinterlegungen sind auf den Fotos meist nicht auszumachen, da sie von den Säulen verdeckt werden. Sie sind gut zu sehen in: Peschken/Klünner 1982, Abb. 22–23.
261 Siehe Katalog II: 1701, vor 6. Mai.
262 Müller/Küster 1756, S. 10.
263 Peschken 1992, 302f.; Lambacher 1993.
264 Für einen kopfüber hängenden Löwen gibt es auch ein Beispiel im römischen Palastbau. Camillo Arcucci verwendete das Motiv am Palazzo Pio a Campo de' Fiori (um 1650) jeweils im Sturz der Fenster im ersten Obergeschoß (Portoghesi 1992, S. 262, Abb. 182).
265 Wittkower 1990, S. 289f., Abb. 183; Portoghesi 1992, S. 262, Abb. 182.
266 Peschken 1992, S. 250 u. S. 244, Abb. 210.
267 Von vielen Einzelformen sind Fragmente erhalten geblieben. Zahlreiche Reste sind unter verschiedenen Schuttbergen zu vermuten. – Maether 2000, S. 135–139.
268 Humbert 1739, S. 112.
269 Ebd.
270 Am Palais Daun-Kinsky verwendete sie Hildebrandt unterhalb der Hauptgeschoßfenster (Geschichte der Bildenden Kunst in Österreich, Barock, 1999, S. 253, Kat. Nr. 21). Dieser Bau ist erst von 1713 an entstanden, doch taucht das Scheibenmotiv auch schon an Schloß Ráckeve auf, das Hildebrandt in den Jahren 1701/02 für Prinz Eugen auf einer Donauinsel bei Budapest errichtete (Grimschitz 1959, S. 51 bis 55). – Allerdings ist die klassische Nabelscheibe, ob rund oder oval, geschlossen, während sie bei Schlüter oben aufgespalten ist. Beide Enden rollen sich als Voluten ein.
271 Humbert 1739, S. 113.
272 »*Schluter*, dans la façade du Château [...] a aussi placé dans le quatrième étage des mézanines, qui paroissent être une imitation de celles du Palais d'*Aste* à *Rome*, du dessein de *Jean Antoine Rossi*; car l'un & l'autre ont tronqué l'entablement, c'est-à-dire, qu'ils ont fait entrer la partie supérieure des mézanines dans l'architrave, & en couvrent la frize. Je ne crains point de le dire, MONSIEUR, cette licence choque, car on ne doit jamais faire aucune brèche à l'entablement. C'est le couronnement de tout le Bâtiment: il ne faut donc jamais le mutiler, sous quelque prétexte que ce soit. On auroit mieux fait d'ordonner une corniche architravée. Aux trumeaux des mézanines *Schluter* a placé l'Aigle Royal à aîles déployées, avec des foudres dans les griffes, & plusieurs autres petits ornemens de Sculpture: mais cette abondance d'ornemens ne sera point approuvée de ceux qui aiment la simplicité; & bien des Conoisseurs, en voyant cet étage, se rappelleront ce que *Voltaire* dit en général de la structure de la Chapelle de *Versailles*, à la page 12. du *Temple du Goût*.
Ce collifichet fastueux
Qui du Peuple éblouït les yeux,
Et dont le Connoisseur se raille«
(Humbert 1739, S.112f.). – Vgl. auch Humbert 1739, S. 115.
273 Siehe S. 23–27.
274 Humbert 1739, S. 109.
275 Der Sinn dieser Figuren kommt sehr schön in den Überlegungen des Jahres 1817 zur Sprache. Die Planungen sahen damals nämlich zunächst vor, die abgenommenen und verwitterten Skulpturen durch Kopien zu ersetzen. König Wilhelm III. stellte den Nutzen dieser Maßnahme in Frage und bestellte ein Gutachten bei Schinkel. Dieser setzte sich dann leidenschaftlich für die Wiederaufstellung von Attikaschmuck ein: »In architektonischer Hinsicht muß unsere Zeit demütig das Talent unseres großen Künstlers und Landsmannes Schlüter anerkennen und gutheißen, was ein solcher Meister geordnet. Mit einem tiefen Sinn hat er die gedachten Statuen als eine edle Krönung des Palastes, als einen schönen Schmuck und als Verhältnispunkte für die Höhe und Ausdehnung des großen Gebäudes angebracht, und es wäre höchst wünschenswert, auch auf dem fortgesetzten von ihm nicht ausgeführten Teile des Schlosses gegen die Schloßfreiheit zu diesen Schmuck künftig einmal auszuführen, indem dieser Teil im Vergleich zu dem Schlüterschen, vorzüglich durch diesen Mangel, immer etwas Nüchternes und Kahles hatte« (zitiert in: Rave 1941, S. 381). Weiter heißt es in der Begründung: »Das Nützliche und Notdürftige, so gut es an sich ist, wird widrig, wenn es ohne Anstand und Würde auftritt, und zu diesen hilft ihm bloß die Schönheit, welche eben deshalb so wesentlich wird und immer gleichzeitig mit jenem Berücksichtigung verdient« (Ebd.). Dennoch konnte Schinkel die Wiederaufstellung von Skulpturen nicht erreichen. – In Frankreich sind Attikafiguren in menschlicher Gestalt eher selten. Perraults Ostfassade besitzt überhaupt keine. Versailles

weist kleine Vasen und voluminöse Trophäenbündel auf. Die Wirkung läßt sich jedoch nicht mit den schlanken, bewegten menschlichen Figuren vergleichen, die Bernini, Fischer und Schlüter bevorzugten.

276 Humbert dagegen hätte gewünscht, daß man an dieser Stelle eine Attika vorsah, um das dahinter liegende Dach völlig zu kaschieren: »[...] un attique auroit mieux fait au Château de *Berlin*, par la raison qu'on n'y apperçoit pas beaucoup le toit« (Humbert 1739, S. 115). An der Alten Post verwendete Schlüter eine Attika (Abb. 28).

277 Zum Bildschmuck auf den Balustraden: Ladendorf 1935, S. 167, Anm. III, 81; Rave 1941, S. 380f.; Ausst.-Kat. Andreas Schlüter 1964, S. 12, Abb. 3, S. 33, Kat. Nr. 22f.; Fründt 1964, S. 115–117, Abb. 5–8; Geyer 1992, Textbd., S. 52, 54, 92f., 130, Bildbd., Bild 141; Peschken 1992, S. 305–310.

278 Humbert berichtet: »les acrotères [...] portent des Statues & des Vases tout-à-fait dans le goût Antique« (Humbert 1739, S. 109); Keiser: »Um das Dach gehet eine Gallerie oder Geländer von Sandsteinen, welche über den Portalen mit Statuen, übrigens mit Vasen besetzt ist« (Keiser 1749, S. 15); Müller/Küster: »[...] die stattliche Balustrade, welche von dem neuen Portal bis an das Rondel wechselweise Statuen und Vasen hat« (Müller/Küster 1756, S. 11).

279 Das Schloßmodell zeigt an dieser Stelle überdimensionale Skulpturen von Adlern, des brandenburgisch-preußischen Wappentiers (Kat. 107, 122). Bernini wollte an seinem berühmten ersten Louvre-Entwurf (Abb. 163) den oval geformten Mittelrisalit mit Lilien bekrönen, dem Symbol des französischen Herrschers.

280 Ladendorf 1935, S. 167, Anm. III, 81.

281 Geyer 1992, Textbd., S. 54, 92. – Damals wurden dreißig Bildwerke abgenommen, nämlich »zwölf Standbilder, vier Waffenaufbauten, dreizehn Ziergeräte und das Wappenschild auf dem Rundteil der Spree-Ecke« (ebd., S. 54). – Vor dem Zweiten Weltkrieg waren noch die Torsi von fünf Standbildern und ein Waffenaufbau erhalten (ebd.). Die fünf Torsi befinden sich heute in der Skulpturensammlung (Peschken 1992, S. 307–309, Abb. 265–268).

282 Ausst.-Kat. Stadtbilder 1987, S. 145–149, Kat. Nr. 67–71.

283 Geyer 1992, Textbd., S. 93f., 130. – Unter der Regentschaft König Wilhelms I. entstanden von 1861 bis 1864 zehn Standbilder für die Lustgartenfront, darunter je vier für die Portale IV und V. Die acht Standbilder an der Schloßplatzseite für die Portale I und II entstanden in den ersten Regierungsjahren Kaiser Wilhelms II. (1888/89).

284 Vgl. Peschken 1992, S. 272f., 317f.; Peschken 1998, S. 201f. und Vorsatz (dort eine farbige Rekonstruktionszeichnung). – Peschkens Bezug auf Schloß Moritzburg bei Dresden, das Palais Krasiński in Warschau und die Kunstkammer in Sankt Petersburg ist jedoch schon deshalb fragwürdig, weil er die Grundlagen der herangezogenen Belegbeispiele nicht klärt. Zudem ist gerade in der Denkmalpflege generell vor Analogieschlüssen zu warnen, da sie der Individualität eines Denkmals meist nicht gerecht werden. Warum hätte man sich in Moritzburg an Farbvorgaben des Berliner Schlosses halten sollen?

285 Humbert 1739, S. 110.

286 Müller/Küster 1756, S. 10.

287 Ausst.-Kat. Stadtbilder 1987, S. 83f., Kat. Nr. 33.

288 Müller/Küster 1756, S. 10.

289 Bericht von Hofbaurat Albert Schadow (Geyer 1992, Textbd., S. 7f.).

290 Humbert 1739, S. 119.

291 In Peschkens Rekonstruktion dagegen sind die negativen Pilaster heller (nämlich weiß) dargestellt als die eigentliche Wand, die er gelb ausmalt (Peschken 1998, Vorsatz). Auch den Architrav hat Peschken weiß rekonstruiert, während die Ansicht von 1788 ihn im gleichen Farbton wie den Fries und die Wand zeigt.

292 Peschken 1998, S. 199–201, Abb. 133.

293 Siehe S. 134.

294 Die Reliefs wurden aus der Schloßruine geborgen und befinden sich in der Skulpturensammlung der Staatlichen Museen zu Berlin (Ausst.-Kat. Andreas Schlüter 1964, S. 12, Abb. 4f., S. 33, Kat. Nr. 20f.).

295 Zur Ergänzung der Galerien: Geyer 1992, Textbd., S. 95f.

296 Peschken/Klünner 1982, S. 455.

297 Siehe oben Vorgeschichte, Anm. 251, 333.

298 Siehe S. 145–147.

299 Keller 1987, S. 54, Anm. 33; Peschken 1992, S. 142, 147, 150, 216, 243.

300 Siehe S. 134.

301 Humbert 1739, S. 111.

302 »[...] parce que *Schluter* a su conserver la régularité de l'Ordre Dorique malgré l'accouplement des colonnes, ce que les Architectes François regardent comme très-difficile. En effet, cela demande beaucoup de précaution, à cause de la distinction des métopes & des triglyphes« (ebd.).

303 Karpowicz 1970, S. 185–197; Kühn 1977, S. 113–116.

304 Vgl. Peschken/Klünner 1982, S. 100f.

305 Siehe S. 145–147. – Die Achsen lassen sich gut am Mezzaningeschoß abzählen.

306 Die beiden Königsreliefs vom Lustgartenrisalit blieben erhalten und werden heute im Märkischen Museum aufbewahrt (Maether 2000, S. 136; Ausst.-Kat. Preußen 1701. Eine europäische Geschichte 2001, Katalogbd., S. 239, Kat. Nr. IX. 22).

307 Die originalen Gipsmodelle befinden sich in der Skulpturensammlung der Staatlichen Museen zu Berlin (Ausst.-Kat. Andreas Schlüter 1964, S. 18f., Abb. 8f., S. 33, Kat. Nr. 25f.; Fründt 1964, S. 117f., Abb. 9, 10).

308 Das Kapitell ist publiziert in: Palladio 1570, IV.18; der Tempel wird bezeichnet als »Tempel des Jupiter Stator«. – Vgl. ferner Blondel 1683, Bd. 2, S. 113f. (mit detailliertem Kupferstich): »Corniche Corinthiene des trois Colonnes à Campo Vacino«.

309 Die insgesamt acht weiblichen Statuen sind noch nicht eindeutig bestimmt. Während sich einige als Göttinnen deuten lassen, möchte man in anderen eher Tugendallegorien oder Musen sehen. Anders als der Statuenschmuck auf den Balustraden (vgl. Anm. 277) blieben die meisten der Statuen bis ins 20. Jahrhundert erhalten. Allerdings wurde nachweislich 1860 die zweite Figur links von Portal V durch eine moderne Schöpfung ersetzt (Geyer 1992, Textbd., S. 93). Den Krieg haben sie unversehrt überstanden. Einige befinden sich heute in der Skulpturensammlung der Staatlichen Museen zu Berlin, die meisten sind verschollen.

310 Zweifelsohne sind die großen Wandöffnungen aller drei Hofrisalite strukturell darauf angelegt, nicht verglast zu werden. An den schmalseitigen Risaliten betrifft dies die Mittelachse, am Risalit des Großen Treppenhauses sämtliche Achsen, womöglich auch die Mezzaninfenster. Es ist im einzelnen nicht geklärt, wann die Verglasungen jeweils hinzukamen. Die Witterungsverhältnisse legten eine solche natürlich nahe. Die Durchfahrten der schmalseitigen Risalite blieben bis zuletzt unverglast; die Erdgeschoßkolonnaden im Risalit des Großen Treppenhauses waren noch in den zwanziger Jahren des

19. Jahrhunderts offen (vgl. Peschken 1992, S. 156; Peschken 1998, S. 74).

311 Peschken 1992, S. 167–229.

312 Peschken 1992, S. 173.

313 Zur Datierung des Risalits des Großen Treppenhauses siehe S. 149–155.

314 Bei den sechs männlichen Statuen auf den vorderen Säulen handelt es sich um Apoll, Jupiter, Antinous, Meleager, Herkules und Merkur. Sie befinden sich heute in der Skulpturensammlung der Staatlichen Museen zu Berlin. Die beiden weiblichen Statuen auf den seitlichen Säulen (Borussia und Pax) sind dagegen verschollen. Alle belegen die Leistungsfähigkeit der Schlüter-Werkstatt.

315 Siehe S. 22f.

316 Wie oben Vorgeschichte, Anm. 70.

317 Diesen Bezug zu San Carlo erkannte bereits Borrmann (Borrmann 1889, S. 290).

318 Siehe hierzu ausführlich S. 283–286.

319 Lorenz 1979, S. 63; Lorenz 1980, S. 174.

320 Zum Motiv der Serliana am Lustgartengebäude: Lorenz 1979, S. 63; Lorenz 1980, S. 174. – Die Serliana findet sich noch nicht bei den im römischen Umkreis entstandenen Blättern (Abb. 191), deren Zuschreibung kontrovers diskutiert wird (siehe Anm. 620). Die Serliana taucht nur in den späteren, eindeutig von Fischer stammenden Entwürfen auf (Abb. 190, 192).

321 Peschken 1998, S. 40.

322 Eine Rekonstruktionsskizze dieses Schachts, der anscheinend nicht fotografiert wurde, in: Peschken 1998, S. 170, Abb. 114.

323 Hinterkeuser 1999a, S. 375f. – Ein prominentes Beispiel für die Verbindung einer Treppe mit dem Skulpturenprogramm des Gigantensturzes ist die Freitreppe vor Schloß Troja in Prag. Sie geht Schlüters Großem Treppenhaus wenige Jahre voraus (vgl. Johann Joseph Morper, Der Prager Architekt Jean Baptiste Mathey [Matthaeus Burgundus], in: Münchner Jahrbuch der Bildenden Kunst N. F. 4, 1927, S. 99–228).

324 Zu den Innenräumen: Wiesinger 1992; Peschken/Wiesinger 2001. – Konter 1984; Konter 1991; Keisch 1997; Hinterkeuser 1999a.

325 Zu den wenigen Räumen in den unteren beiden Geschossen, deren Ausstattung in die Zeit Friedrichs I. fällt, gehören die später so genannten Polnischen Kammern (Räume 290, 291) im Erdgeschoß des Lustgartenflügels und das spätere Arbeitszimmer Kaiser Wilhelms II. im ersten Stock des Schloßplatzflügels (Raum 669). Letzteres besaß ein 1704 datiertes Deckengemälde von Augustin Terwesten (Peschken/Wiesinger 2001, S. 145, 383f.; siehe Katalog II: 1704 [b]). In den Polnischen Kammern hat später auch Eosander gewirkt (Peschken, in: Peschken/Wiesinger 2001, S. 75–78).

326 Siehe Anm. 187.

327 Die Änderungen der Raumdisposition im Schloßplatzflügel nach 1706 lassen sich aus dem Silberinventar von 1715 erschließen: *Manuel des Königlichen Silbers 1715* (SPSG, Plankammer, Neues Palais, Inventar Nr. 27); im folgenden zitiert nach: Seidel 1895, S. 8–22.

328 Siehe oben Vorgeschichte, Anm. 314.

329 Zur Brautkammer: Wiesinger 1992, S. 157–160; Peschken/Wiesinger 2001, S. 46f., 357–359. – Zur Braunschweigischen Galerie: Peschken/Wiesinger 2001, S. 37, 50. – Die Brautkammer (Raum 803) wurde nach 1706 um eine Achse verkürzt (Raum 801) und mit einer aufwendig gestickten, womöglich älteren Tapete ausgestattet. Ferner erhielt sie eine neue Kaminwand. In die Braunschweigische Galerie (Raum 810) kamen neue Lambrisfelder und Wandpaneele, die Groteskendekorationen im Stil Jean Bérains aufwiesen. – Anlaß für diese Neugestaltungen könnten die Hochzeitsfeierlichkeiten des Kronprinzen Friedrich Wilhelm (I.) mit Sophie Dorothea gewesen sein, die Ende November 1706 im Schloß stattfanden.

330 Die von Christoph Pitzler 1704 gezeichneten Groteskendekorationen (Kat. 156–158) sind nicht diejenigen in der Braunschweigischen Galerie. – Hierzu abweichend: Peschken, in: Peschken/Wiesinger 2001, S. 80–84.

331 Siehe oben S. 130, 136–139, 157f.

332 Zu den Deckengemälden in den Paradekammern: Wiesinger 1992; Wiesinger, in: Peschken/Wiesinger 2001, S. 245–316.

333 Siehe Katalog II: 1702, 17. Januar; 1703, 20. Januar; 1706, 18. Januar.

334 Siehe Katalog II: 1703, 18. Januar; 1703, 20. Januar; 1706, 18. Januar.

335 Die Deutung der Räume vom Rittersaal bis zur Drap d'Or-Kammer als neue Audienzsuite in: Konter 1991, S. 86–90. – Es kann aber keine Rede davon sein, daß das Königszimmer (Raum 797) unter Friedrich I. jemals seine Funktion als Audienzzimmer verloren hätte (vgl. Anm. 337).

336 Die entsprechenden Bezeichnungen für die Drap d'Or-Kammer lauten: »Die König. Geheimbte Raht Stube« (*Specification der Meublen*, 1702 [wie Anm. 116], S. 14–17). – »Gemach, allwo der Höchstseel König Rath hielt« (*Das Silber in den Paradekammern*, 1713 [wie Anm. 181], Bl. 10f.). – »Konferenzgemach Friedrichs I.« (*Manuel des Königlichen Silbers, 1715* [wie Anm. 327], passim). – Der von Liselotte Wiesinger im Kapitel der Drap d'Or-Kammer abgedruckte Auszug aus dem Inventar von 1702 bezieht sich eindeutig auf das Königszimmer (Raum 797) (Wiesinger, in: Peschken/Wiesinger 2001, S. 269). Die dort erwähnte »Eiserne Thür« dürfte die nördlich anschließende Raumfolge in Richtung Apothekenflügel (Raum 0104) abgeschlossen haben. Die dort genannten »zwey [...] Fenster Guardinen« bestätigen, daß es sich um einen Raum mit zwei Fenstern handelte. Die Drap d'Or-Kammer wies hingegen vier Fenster auf.

337 Die entsprechenden Bezeichnungen für das Königszimmer lauten: »Sr. Königl. – Maytt. Audientz Gemach bey der Eiserne Thüre« (*Specification der Meublen*, 1702 [wie Anm. 116], S. 11–13). – »Audientz-Gemach des Höchstsel. Königs« (*Das Silber in den Paradekammern*, 1713 [wie Anm. 181], Bl. 8f.). – »Audienzgemach Friedrichs I.« (*Manuel des Königlichen Silbers, 1715* [wie Anm. 327], passim). – Daß es sich hierbei stets um denselben Raum handelt, bestätigt auch ein Detail der Ausstattung. Alle drei Inventare nennen eine »Krone mit 10 Armen und 10 Tüllen«. – Der von Liselotte Wiesinger im Kapitel über das Königszimmer abgedruckte Auszug aus dem Inventar von 1702 dürfte sich auf die Brautkammer (Raum 803) beziehen (Wiesinger, in: Peschken/Wiesinger 2001, S. 265).

338 Dies legen sämtliche erhaltenen Berichte über Audienzen bei Friedrich I. nahe, nicht nur im Berliner Schloß (vgl. Katalog II: 1705, 11. Mai; 1706, 9. April), sondern auch in Schloß Charlottenburg (Schloss Charlottenburg. Amtlicher Führer, hrsg. von der Stiftung Preußische Schlösser und Gärten Berlin-Brandenburg, Neubearbeitung v. Guido Hinterkeuser, 9. veränderte Aufl. Potsdam 2002, S. 82–85).

339 Die Deutung der Räume als *Grand Appartement* in: Konter 1991, S. 88f. – Daß Friedrich I. jemals die Absicht gehabt haben soll, hier eine Wohnung zu beziehen, ist unwahrscheinlich (vgl. Anm. 342).

340 Der dänische Vizeadmiral Just Juel besuchte das Berliner Schloß am 10. Juli 1709 und berichtete unter anderem: »Besah ich das Schloß in Berlin, welches ein großes prächtiges Gebäude ist. Das Prächtigste, was dort zu sehen war, war das Bett der Königin, es war von rotem Sammt, auf den Vorhängen mit des Königs Namen und Kronen darüber bestickt, und dies mit lauter echten Perlen; ebenso war die Decke, und die ganze Abtheilung, wo das Bett stand, so daß sie auf einige Tonnen Gold zu schätzen war: Quantae luxuriae sordes!« (zitiert in: Ein dänischer Gesandter am preußischen Hofe 1709, hrsg. v. Max Goerlitzer, in: Der Bär 22, 1896, S. 471–474, 484–489, hier: S. 487). – Nach dem Bericht von Müller/Küster stand das genannte Bett in der Roten Samtkammer (Müller/Küster, 1756, S. 17f.).

341 Müller/Küster 1756, S. 17f.

342 *Das Silber in den Paradekammern,* 1713 (wie Anm. 181), Bl. 30 bis 32. – *Manuel des Königlichen Silbers, 1715* (wie Anm. 327), passim.

343 Zur Kunstkammer siehe oben Vorgeschichte, Anm. 289.

344 Ausführlich: Wiesinger 1992, S. 176–180

345 Wittkower 1990, S. 157–161, Abb. 84f.

346 Siehe Katalog III.

347 Siehe Katalog III: 1700, 26. April.

348 Siehe Katalog III: 1700, 7. Mai.

349 Siehe Katalog III: 1700, vor 30. Juni.

350 Kat. 126 zeigt dagegen das Schlütersche Rahmensystem, in das sich die Maler fügen mußten.

351 Siehe Katalog III: 1700, 30. Juni.

352 Siehe Katalog III: 1700, vor 11. Dezember.

353 Siehe Katalog III: 1700, 11. Dezember.

354 Siehe Katalog III: 1701, 7. Dezember.

355 Siehe Katalog II: 1700, 8. Juni.

356 Siehe Katalog II: 1702, 15. Dezember.

357 Siehe Katalog II: 1704, 26. Februar.

358 Siehe Katalog II: 1700, 8. Juni.

359 Humbert/Heinecken 1768, S. 93.

360 Brinckmann 1924, S. 18f.; Benkard 1925, Abb. 26; Ladendorf 1935, S. 117, Anm. 86; Ausst.-Kat. Andreas Schlüter 1964, Kat. Nr. 12; Ausst.-Kat. Barockplastik in Norddeutschland 1977, S. 459f., Kat. Nr. 164; Ausst.-Kat. Dreihundert Jahre Akademie der Künste 1996, Kat. Nr. I. 1/2–1/4.

361 Gesuch Schlüters um eine Gehaltserhöhung vom April 1702 (GStA PK, I. HA Geh. Rat, Rep. 36, Nr. 2876, Bl. 163–165).

362 Peschken 1978, S. 66–70.

363 Daniel Chodowiecki, Etwas über den Verfall der Künste, Aufsatzfragment, um 1790 (zitiert in: Müller 1896, S. 119f.).

364 Hierzu grundlegend: Asche 1966. – Ferner: Asche 1978, S. 79 bis 81. Asche spricht von einer »Werkstatt unter Permosers Signet«.

365 Ladendorf nennt für den Zeitraum von 1690/1693 bis 1713 die Zahl von fünfzig Stukkateuren, von denen wiederum dreißig weitgehend selbständig arbeiteten, also nicht nur Handlanger waren. Bei den Bildhauern liegt dieses Verhältnis sogar bei hundert zu siebzig (Ladendorf 1935, S. 73, 77).

366 Humbert/Heinecken 1768, S. 79f.

367 Zu Georg Gottfried Weyhenmeyer: Marperger 1711, S. 442, 450f.; Humbert/Heinecken 1768, S. 93; Nicolai 1786b, S. 116f.; Boeck 1933c; Foerster 1933 (korrigiert einige Angaben Boecks); Ladendorf 1935, S. 14; Ausst.-Kat. Barockplastik in Norddeutschland 1977, S. 482f., Kat. Nr. 178f.; Theuerkauff 1981b, S. 179–183; Müller 1994, S. 102f. – Eine kurze Notiz zu seinem Ateliergebäude: Mitteilungen des Vereins für die Geschichte Berlins 19, 1902, S. 122f.

368 Aufstellung seiner Forderungen vom 19. April 1700 (GStA PK, I. HA Geh. Rat, Rep. 9 [AV], EEE [Assignationes 1697–1700]; zitiert in: Schiedlausky 1942, S. 104). – Zahlungsanweisung vom 11. Oktober 1702 über 355 Taler von »wegen Bedungener und nach Oranienburg und Friedrichsthal gelieferter Bildhauerarbeith anoch restierende« (GStA PK, I. HA Geh. Rat, Rep. 9 [AV], EEE [Assignationes 1701–1717]; zitiert in: Boeck 1933c). – Vgl. ferner: Ladendorf 1935, S. 168, Anm. III, 83; Boeck 1938a, 97f.

369 Marperger 1711, S. 442.

370 Humbert/Heinecken 1768, S. 93.

371 Anonymus in: Humbert 1740, S. 149f.

372 »L'entablement de tout le Bâtiment est terminé par une balustrade, dont les acrotères supportent des trophées d'un goût exquis, faits par Weirmeyer & Hulo« (Humbert 1739, S. 123). – Zu den französischen Bildhauern in Berlin: Boeck 1933d. – Zu Guillaume Hulots Tätigkeit am Zeughaus: Joseph 1895c; Müller 1994, S. 97–100.

373 Siehe oben Vorgeschichte, Anm. 182.

374 Peschken hat als erster den Zyklus der 22 Kriegerköpfe mit der Baugeschichte in Verbindung gebracht (Peschken 1978, S. 67–70). Seinen Beobachtungen ist beizupflichten. Die verwandtschaftlichen Beziehungen zwischen einzelnen Köpfen verdeutlicht er in einer Skizze. Peschken erklärt die Unterschiede in der handwerklichen Ausführung wohlwollend mit »der stilistischen Weiterentwicklung der Werkstatt«, nur bei einigen Stücken spricht er von einem »Abgleiten ins Dekorative«. Meines Erachtens ist für die Qualitätsunterschiede vor allem die Abwesenheit Schlüters von der Zeughausbaustelle verantwortlich, der somit die Ausführung nicht mehr streng überwachte.

375 Ladendorf spricht an einer Stelle von Schlüters »suggestive[m] pädagogische[m] Talent« (Ladendorf 1935, S. 75).

376 Ein anonymer Kritiker verweist 1740 auf diese Beziehungen zwischen Bodt, Hulot und Weyhenmeyer: »Tous ces Ornemens sont de l'ordonnance & de la composition de Mr. de Bodt; mais les modelles en ont été faits & exécutés par Hulot, excepté une Trophée qui est sur un amortissement d'une des portes des côtés de la principale façade qui est de Weimer, mais pourtant sur le modelle & la direction d'Hulot.« Im selben Zusammenhang zählt er einige von Weyhenmeyer geschaffene Trophäen auf: »Quant aux deux Trophées qui sont sur les Acrotères de la principale porte de la façade du côté du Rampart, & qui sont, pour ainsi dire, borgnes, elles sont de Weimer, & de sa composition, aussi-bien qu'une partie des Corselets qui sont sur les piedestaux qui soutiennent la Balustrade« (Anonymus in: Humbert 1740, S. 149).

377 Humbert/Heinecken 1768, S. 93.

378 »Weyhenmeyer für die Cantzel 620 Thl.« (Berlin, Archiv der Georgen-Parochial-Kirchengemeinde, B 17 [unpaginiert]; zitiert nach Mertens, in: Lorenz 1998, S. 165, Anm. 6). – Bislang wurde die Kanzel Johann Christoph Döbel zugeschrieben (Saur Bd. 28, 2001, S. 219).

379 GStA PK, BPH, Rep. 20 (nach: Ladendorf 1935, S. 168, Anm. III, 83).

380 Zu Christoph (David/Johann) Sapovius: Humbert/Heinecken 1768, S. 79f.; Nicolai 1786b, S. 102; Gurlitt 1891, S. 15f.; Ladendorf 1935, S. 5, 7; Kandt 2000, S. 63, Anm. 65.

381 Kandt 2000, S. 63, Anm. 65.

382 Erwähnung in der reformierten Elisabethkirche (Kandt 2000, S. 63, Anm. 65).

383 Antrag (in der Handschrift des Bauschreibers Peter Jänicke und unterzeichnet von Andreas Schlüter) betreffend den Rei-

sepaß für Johann Sapovius, Sigismund Beller und vier weitere Bildhauer: »Johann Sapovius undt Sigismundt Beller nebst noch 4 Camerathen seindt von Dantzig anhero zum Königl. Schloßbau verschrieben« (GStA PK, I. HA Geh. Rat, Rep. 9 [AV], EE Personalpässe; zitiert nach: Ladendorf 1935, S. 5, 112, Anm. I, 29).

384 Muttray in: Keyser 1928, S. 52; Ladendorf 1935, S. 168, Anm. III, 86.

385 Gurlitt 1891, S. 15f.

386 Zu Andreas Haidt: Humbert/Heinecken 1768, S. 51; Nicolai 1786b, S. 91; Gundlach 1905, Bd. 2, S. 231; Ladendorf 1935, S. 5, 158, Anm. II, 110; Kandt 2000, S. 62, Anm. 64.

387 Siehe Katalog IV: 1706, 3. Juli [b].

388 Die Fortuna-Statue von Schloß Charlottenburg war angeblich signiert: »ANDREAS HEIDT 1711« (Bericht des Schloßbaumeisters Christian Friedrich Gottlieb Schadow vom 10. Juni 1826 [Oberhofmarschallamt, Bauregistratur Nr. 78, vol. IV.; zitiert in: Gundlach 1905, Bd. 2, S. 231]).

389 Bei Humbert/Heinecken ist die Rede von »einem der großen Schloß-Portale in Berlin, wo er verschiedene Basreliefs von getriebenen Kupfer in den dasigen Feldern machen sollte« (Humbert/Heinecken 1768, S. 51).

390 »Herr Andreas Haid, Goldarbeiter, wohnet vor dem Spandauer Tor in seinem Hause« (zitiert in: Gundlach 1905, Bd. 2, S. 231, Anm.).

391 Nicolai 1786b, S. 91. – Ferner: Humbert/Heinecken 1768, S. 51.

392 Kurze Biographien in: Ladendorf 1935, S. 133, Anm. I, 135.

393 Eine wohl 1708 erstellte Liste vermerkte die Gewichte der vier Sklaven und nennt die vier Bildhauer: »Des Herrn Nahl seiner wieget 21.C. 80 Pf. Des Herrn Heintzen seiner wieget 26.C. 5 Pf. Des Herrn Hervort seiner wieget 16.C. 19 Pf. Des Herrn Backert seiner wieget 16.C. 99 Pf.« (ehem. Pr.G.St.A., Heeres.A. Rep. 3. Paket 415.11.5.; zitiert nach: Ladendorf 1935, S. 132, Anm. I, 134).

394 Nicolai 1786b, S. 92.

395 Ebd.

396 Humbert/Heinecken 1768, S. 54.

397 Siehe Katalog II: 1702, 8. August.

398 Humbert/Heinecken 1768, S. 8.

399 Nicolai 1786b, S. 70.

400 Zu Johann Samuel Nahl: Nicolai 1786b, S. 99; Ladendorf 1935, S. 133, Anm. I, 135.

401 Humbert/Heinecken 1768, S. 48. – Zu Johann Georg Glume außerdem: Nicolai 1786, S. 88; Petras 1954, S. 42–47; Brehm 1994, S. 91–95, Kat. Nr. 61.

402 Dokumentarisch belegt ist der 1711 entstandene Sarkophag für den zweiten Sohn des Kronprinzen Friedrich Wilhelm (Ladendorf 1935, S. 98, 178, Anm. IV, 31). 1724/25 lieferte er die Bauplastik für das Palais Grumbkow in Stettin, darunter Attikavasen und eine Wappenkartusche (Bethe 1940/41, S. 200). In Berlin hat sich von ihm in der Nikolaikirche fragmentarisch die Begräbniskapelle für Johann Andreas von Kraut erhalten (Brehm 1994, S. 91–95, Kat. Nr. 61). – Aufgrund dieser Werke kam Ladendorf zu der Charakteristik: »Trotzdem Glume aus der Schule Schlüters hervorgegangen ist, hat er, wie dieses Werk beweist, sein Ziel keineswegs in sklavischer Nachahmung des großen Vorbildes gesehen« (Ladendorf 1935, S. 98).

403 Humbert/Heinecken 1768, S. 78.

404 Zu Georg Mattarnovy: Bütow 1937; Rothamel 1991, S. 56 bis 63, S. 120, Anm. 169.

405 Humbert/Heinecken 1768, S. 84.

406 Zu Giovanni Simonetti: Kempen 1925; Pevsner 1928, S. 16 bis 18; Zendralli 1930, S. 126–131; Ladendorf 1935, S. 74 bis 76; Heckmann 1998, S. 106–116; Herrmann 1998, S. 16 bis 27.

407 Pevsner 1928, S. 16.

408 van Kempen 1925, S. 78.

409 Bestallung Simonettis zum Hofmaurer am 10. Oktober 1683 (GStA PK, I. HA Geh. Rat, Rep. 9 [AV], E 16[I] Fasc. 1, Bl. 45 bis 47; hier: Bl. 45v).

410 Ebd., Bl. 45r.

411 Straube 1916 (52), S. 483; Ladendorf 1935, S. 164, Anm. III, 54.

412 »Verzeichnuß der jenige Stuccatur Arbeith so ich A° 1694 in den Churfürstl. Bauten habe verfertigen laßen, und mir noch darauff schuldig verbl. [...]« (GStA PK, I. HA Geh. Rat, Rep. 9 (AV), E 16[I] Fasc. 1, Bl. 69f.)

413 Schiedlausky 1942, S. 230, Anm. 510.

414 Schiedlausky 1942, S. 62, 74.

415 Herrmann 1998, S. 16–27.

416 Bestallung Simonettis zum Hofstukkateur vom 19. Juni 1688 (GStA PK, I. HA Geh. Rat, Rep. 9 [AV], E 16[I] Fasc. 1, Bl. 59): »[...] daß Wir Johann Simanetti zu Unserm Stucatore gnädigst auff- undt angenommen haben.« Mit diesem Schreiben werden ihm 400 Tlr. Jahresgehalt zugesagt. – Die Hälfte davon, nämlich 200 Tlr., stammten zumindest im Jahr 1702, »auß denen Licent- und Metzgefällen«, wie aus einer detaillierten Auflistung hervorgeht (GStA PK, BPH, Rep. 45, Nr. 57, Bl. 3r). Die dort verzeichneten Summen sind also in den meisten Fällen keine Endgehälter.

417 Herrmann 1998, S. 16.

418 Ebd.

419 Zu Ryckwaert: van Kempen 1924; Heckmann 1998, S. 80 bis 87; Herrmann 1998, S. 13–16.

420 Bestallungskonzept Simonettis (Landesarchiv Oranienbaum, Kammer Zerbst 2872; zitiert nach: Herrmann 1998, S. 17).

421 Herrmann 1998, S. 176.

422 Ladendorf 1935, S. 164, Anm. III 58.

423 Supplikat Bolles (GStA PK, BPH, Rep. 10, 4; nach: Ladendorf 1935, S. 165, Anm. III, 71).

424 Humbert/Heinecken 1768, S. 68–70.

425 Nicolai 1786b, S. 100f.

426 Asche 1978, S. 53. – Im Inventar des ehemaligen Hohenzollern-Museums ist von einer Gesichtsmaske die Rede, die Permoser dem Großen Kurfürsten noch zu Lebzeiten abgenommen haben soll: »Gesichtsabdruck des Großen Kurfürsten (1620–1688), von Gips, weiß, hinten hohl, glatter Längsschnitt. H. 24,5 cm. Oben rechts ovale Vertiefung mit Inschrift: ›Friedrich Wilhelm‹, links: ›No. 14‹. Ein anhängender Zettel trägt die Inschrift: ›Friedrich Wilhelm. Nach dem Leben modelliert von Balthasar Permoser‹« (SPSG, Plankammer, Inventar Hohenzollern-Museum, HM 3117). Demnach müßte er bereits vor 1688 einmal, noch von Italien aus, nach Berlin gereist sein. Glaubt man dem Lebensabriß, den Francesco Gabburri verfaßte, dann begab sich Permoser während seines über zehnjährigen Aufenthalts in Florenz bisweilen auch auf Reisen in seine deutsche Heimat: »[...] poi passò a Firenze e piacendoli il Paese, vi abitò per più anni, in diverse volte, dopo aver girato per il mondo, e di tanto in tanto visitata la Patria« (zitiert in: Asche 1978, S. 128, Dok. 3a).

427 Asche 1978, S. 166 (W. 63), Abb. 180. – Ferner: Ausst.-Kat. Barockplastik in Norddeutschland 1977, S. 500f., Kat. Nr. 192.

428 Humbert/Heinecken 1768, S. 69.

429 Boeck 1938b; Asche 1978, S. 98f., 175. – Der Zyklus war schon 1938 nicht mehr vollzählig. Sehr gut erhalten waren ein jugendlicher und ein alter Bacchant, die zweifellos als Werke Permosers gelten dürfen. Außerdem existierten noch zwei Jünglingstorsi. Sämtliche Skulpturen und Fragmente sind seit 1950 verschollen.

430 Die Zuschreibung an Permoser zuerst bei Gurlitt 1891, S. 23f., 142. – Sie wird bis heute akzeptiert (Peschken 1992, S. 309f.; Peschken 1998, S. 198). – Zusammenfassend: Asche 1978, S. 72f., 165 (W. 60). – Die Hermen Frühling und Sommer wurden 1950 ausgebaut und werden derzeit auf einem Lagerplatz in Ahrensfelde aufbewahrt. Die Hermen Herbst und Winter wurden 1964 in das Portal des ehemaligen Staatsratsgebäudes eingebaut (Maether 2000, S. 138).

431 So die Deutung von Ladendorf: »Die Dekoration von Portal V, die vielleicht noch nicht einmal völlig fertig war, scheint also in der Zeit nach Schlüters Bauleitung verändert worden zu sein« (Ladendorf 1935, S. 160, Anm. III, 1). – In diesem Sinne auch Asche, der darauf hinweist, daß die Hermen von Portal V weniger stark als Jahreszeiten charakterisiert sind als Herbst und Winter an Portal IV. »Es kann nur so sein, daß Permoser ein unter Schlüters Führung begonnenes Werk zu Ende führte. Er müßte dann die beiden Hermen des NO-Portals (V) dem Thema der Jahreszeiten nachträglich zugeordnet haben, indem er ihnen die Girlanden als Zeichen von Frühling und Sommer gab, um sie thematisch in die Vierergruppe hineinzuführen« (Asche 1978, S. 72f.).

432 Die Zuschreibung an Permoser zuerst bei Boeck 1933b. – Zusammenfassend: Asche 1978, S. 73, 166 (W. 61). – Vgl. auch: Ladendorf 1935, S. 160, Anm. III, 1.

433 Peschken, in: Peschken/Wiesinger 2001, S. 71.

434 Boeck 1933b.

435 Boeck 1933b, S. 30; Asche 1978, S. 73.

436 Ladendorf 1935, S. 71.

437 So auch Wiesinger, in: Peschken/Wiesinger 2001, S. 271, Anm. 24,

438 Vgl. Anm. 329.

439 Vgl. Anm. 340.

440 Als Vorlage dürfte Eosander einer der zahlreichen im Stich verbreiteten Entwürfe Jean Le Pautres oder ein Blatt aus Daniel Marots *Novae Cheminae* gedient haben. So baute er noch nachträglich zwei Prunkkamine in die Paraderäume der Kurfürstin in Schloß Charlottenburg ein, nachdem er dort 1702 die Bauleitung übernommen hatte. Der Kamin im Gläsernen Schlafgemach zeigt dabei ebenfalls deutlich die Orientierung an einer Vorlage Marots (Ausst.-Kat. Sophie Charlotte und ihr Schloß 1999, S. 306–309). Festons in der Art, wie sie der Kamin in der Drap d'Or-Kammer aufweist, verwirklichte Eosander in der Charlottenburger Schloßkapelle (ebd., S. 328 bis 331).

441 Auf Vermittlung Liselottes von der Pfalz, Kusine Sophie Charlottes und verheiratet mit dem Bruder Ludwigs XIV., erhielt er einen umfassenden Einblick in das aktuelle französische Baugeschehen. »Sobald Ihrer Liebden des Kurfürsten von Brandenburg Architekte sich bei mir anmelden wird, werde ich mein Bestes tun alles zu sehen machen, was er zu sehen begehret«, schrieb Liselotte am 7. Februar 1700. Am 25. März konnte sie berichten: »Er hat alles gesehen, was zu sehen ist« (Briefe Liselottes von der Pfalz vom 7. Februar und 25. März 1700 [zitiert in: Gundlach 1905, 2, S. 237]).

442 Zum Münzturm und seiner Baugeschichte: Berckenmeyer 1712, S. 575f.; Humbert 1733, S. 72–75; Keiser 1749, S. 8–14; Müller/Küster 1756, S. 9f.; Nicolai 1786a, S. 97f.; Nicolai 1786b, S. 107–110; Rumpf 1794, S. 5f.; Adler 1863; Adler 1883; Dohme 1876, S. 38; Gurlitt 1891, S. 165–170, 184–190; Ladendorf 1935, S. 42–45; Küster 1942, S. 142–147; Lorenz in: Lorenz 1998, S. 139–141; Peschken 1998, S. 3–25, 83 bis 127, 205–210; Broebes 2000, S. 15f.

443 Peschken 1992, S. 17f.

444 Geyer 1936, Textbd., S. 48; Peschken 1998, S. 4f.

445 Siehe oben Vorgeschichte, Anm. 264.

446 Ladendorf 1935, S. 157, Anm. II, 100.

447 Protokoll des Geheimen Rates (siehe Katalog IV: 1693, 19./29. Juni).

448 Zu den Maßangaben vgl.: Gurlitt 1981, S. 166; Lorenz in: Lorenz 1998, S. 139–141.

449 Bericht des Johann Damnitz (siehe Katalog IV: 1701, 8. April).

450 Resolution Friedrichs I. an Johann Damnitz (siehe Katalog IV: 1701, 2. August).

451 GStA PK, I. HA Geh. Rat, Rep. 9 (AV), D 4 a, Fasz. 5 (Ladendorf 1935, S. 57f., 157, Anm. II, 99).

452 Ladendorf 1935, S. 57f. – Zu den Stechbahnarkaden: Kuke 2002a, S. 120–125.

453 GStA PK, I. HA Geh. Rat, Rep. 9 (AV), H 8, Fasz. 5 (erwähnt in: Ladendorf 1935, S. 58, 157, Anm. 100).

454 Beilage zum Schreiben Schlüters an Printzen (siehe Katalog IV: 1706, 3. August [b]).

455 Ebd.

456 Nicolai 1786a, S. 18, Anm. ***); Weinitz 1914, S. 16f.; Ladendorf 1935, S. 65. – 1713 schenkte Friedrich Wilhelm I. das Glockenspiel der Parochialkirche.

457 Die Befragung der Bauleute 1706 deutet auf einen Baubeginn 1701 (siehe Katalog IV: 1706, 20. Juli [Artic. 1]); so auch König 1795, Bd. 3, S. 112. – Die Unterschrift auf besagtem Kupferstich (Kat. 130) nennt das Jahr 1702; so auch Müller/Küster 1756, S. 9.

458 Bericht von Leonhard Christoph Sturm (siehe Katalog IV: 1706, 22. Juli).

459 Protokoll über die Vernehmung der Bauleute (siehe Katalog IV: 1706, 20. Juli [Artic. 2]). – Zur Datierung siehe die Legende bei Broebes (Kat. 173).

460 Zur Datierung: Protokoll über die Vernehmung der Bauleute (siehe Katalog IV: 20. Juli 1706 [Artic. 13]).

461 Protokoll über die Vernehmung der Bauleute (siehe Katalog IV: 1706, 20. Juli [Artic. 12]).

462 Protokoll über die Vernehmung der Bauleute (siehe Katalog IV: 1706, 20. Juli [Artic. 14]).

463 Beilage zum Schreiben Schlüters an Printzen (siehe Katalog IV: 1706, 3. August [b]).

464 Hiervon abweichend die Interpretation Peschkens (Peschken 1998, S. 126).

465 Theatrum Europaeum 17, 1718 (1706), S. 102 (siehe Katalog IV: 1706, ohne Datum). – Zum erwähnten Abriß siehe Kat. 164.

466 Für Peschkens Behauptung, bereits Ende 1703 habe der Turm um 2 Meter übergehangen und der zweite Entwurf habe die Funktion gehabt, diesen Überhang wieder auszugleichen, ihn gleichsam einzumauern (Peschken 1998, S. 25, 108f., Fig. 20), gibt es keinen Beleg. Dies sieht auch Peschken, der deshalb unter der Zwischenüberschrift »Schlüters zweiter Münzturm-Entwurf als höfische Machination« eine Begründung dafür entwickelt, weshalb man auch keine Belege erwarten dürfe (Peschken 1998, S. 126f.): Schlüter habe kein Interesse gehabt, die wahren Gründe für seinen zweiten Entwurf zu nennen. Die Bauleute hätten den Schaden 1703 ver-

tuscht, so daß sie dann 1706 behaupten mußten, damals nichts bemerkt zu haben. Schlüters Gegner Sturm und Eosander, die 1706 ausführliche Gutachten schrieben, würden die wahren Gründe für den zweiten Entwurf deshalb nicht erwähnen, weil der König ja diesen Entwurf selbst genehmigt hatte und dann bloßgestellt worden wäre. – Die Geschichte, die Peschken hier erzählt, ist gut erfunden. Wahr ist sie nicht. Angesichts der Fülle und Dichte des erhaltenen Quellenmaterials zum Bau des Münzturms kann es nicht erlaubt sein, die auf dieser Basis durchaus möglichen Schlußfolgerungen durch die freie Erfindung neuer Sachverhalte grundlegend zu verändern. Die zahlreichen Briefe, Berichte und Gutachten zeigen trotz aller Aversionen, die zwischen einzelnen Beteiligten bestanden, insgesamt doch klar das Bestreben, die eigentlichen Ursachen für das Unglück zu ermitteln. Eine massive Neigung des Turms bereits 1703 wäre nicht in kollektiver Einmütigkeit verschwiegen worden. Auch wären sämtliche Untersuchungen und Gutachten von vornherein nichts als eine Farce gewesen, wenn man einen so schwerwiegenden Schaden in die Analyse nicht einbezogen hätte. Zuletzt aber muß sich Peschken fragen lassen, worin denn eigentlich das Unglück von 1706 bestanden haben soll, wenn das massive Absinken des Turms zur Hundebrücke bereits 1703 eingesetzt haben soll.

467 Protokoll über die Vernehmung der Bauleute (siehe Katalog IV: 1706, 20. Juli [Artic. 12]).

468 Bericht von Leonhard Christoph Sturm (siehe Katalog IV: 1706, 22. Juli).

469 Spezifikation Schlüters (siehe Katalog IV: 1706, Mitte Juni).

470 Protokoll über die Vernehmung der Bauleute (siehe Katalog IV: 1706, 20. Juli [Artic. 14, 28]). – Bericht von Leonhard Christoph Sturm (siehe Katalog IV: 1706, 22. Juli).

471 Es ist nicht zu erkennen, daß die Zeichnungen von Reetz mit dem realen Planungs- und Bauverlauf, auch was die Ausdehnung des Schlosses anlangt, etwas zu tun haben. Womöglich handelt es sich also auch hier um Fingerübungen eines talentierten Zeichners.

472 Bericht von Leonhard Christoph Sturm (siehe Katalog IV: 1706, 22. Juli).

473 Schlüters Münzturmpläne rechneten lange Zeit, wenn nicht sogar bis zuletzt, mit dem Erhalt der Boutiquen. Dafür spricht, daß die Bewohner hier auch während des Baubetriebs wohnten und spätestens bei dem drohenden Einsturz Todesängste ausstanden. Broebes überliefert die eindrucksvolle Ansicht des abgebrochenen Turms, der eine klaffende Lücke rechts neben den Boutiquen riß (Kat. 201). Man blickt hier in den Hof hinein und sieht dessen östliche Begrenzung, das Ballhaus.

474 Dies behauptet Peschken, der die in den Grundrissen entsprechend eingetragene Fläche als »Fundamente für die Flügelbauten« bezeichnet (Peschken 1998, S. 89). Peschken stellt die These auf, daß der Kupferstich um die Ecke zu lesen sei (Peschken 1998, S. 88–95, Abb. 66–68, Fig. 14f.). Demnach müßte man sich den linken Schulterbau in der Wirklichkeit nach hinten geklappt vorstellen, also als Fassade zur Lustgartenseite. Diese Art der Darstellung wäre völlig ungewöhnlich, und es dürfte schwerfallen, dafür ein weiteres Beispiel zu finden. Hätte man es mit einem in die Ebene geklappten Aufriß von zwei Seiten des Turms zu tun, so würde dies zugleich bedeuten, daß der Zeichner auf eine der beiden Turmfassaden verzichtet.

475 Bericht von Leonhard Christoph Sturm (siehe Katalog IV: 1706, 22. Juli).

476 Ebd.

477 Bericht von Eosander und Grünberg (siehe Katalog IV: 1706, 23. Juli [b]).

478 Theatrum Europaeum 17, 1718 (1706), S. 103 (siehe Katalog IV: 1706, ohne Datum).

479 Vgl. Gurlitt 1891, S. 170. – Immerhin ist es möglich, daß eine Erhöhung des Pfeilers bis in die Höhe der Schulterbauten geplant war, letztlich aber nie fertig wurde.

480 In der Legende zum Münzturm heißt es in bezug auf den großen Pfeiler, der mit dem Buchstaben D bezeichnet ist: »[...] Murs DEF, f. anno 1704.« – Es ist unwahrscheinlich, daß Broebes hier den Münzturm von vorne dargestellt hat, also von der Schloßfreiheit her (so Peschken 1998, S. 112). Es gibt keinen Grund, die Beschriftung von Broebes »Face de la Tour du Coté du Jardin« in Frage zu stellen. Der Münzkanal floß auf der Südseite des Turms, also gegenüber der Gartenseite, ein. Damit steht das Wasserrad, wie Broebes es zeichnet, korrekt in Fließrichtung. Bei dem Block rechts neben dem Turm kann es sich allein um den großen Pfeiler östlich des Turms handeln. Südlich und nördlich des Turms, wo die Schulterbauten geplant waren, gab es bis zuletzt noch keine derart breiten Fundamente, wie sie Broebes zeigt (vgl. Kat. 170, 172).

481 Bericht von Leonhard Christoph Sturm (siehe Katalog IV: 1706, 22. Juli). – Es handelt sich um die Mauer, die Sturm auf seiner Zeichnung (Kat. 172) mit dem Buchstaben D bezeichnete.

482 Bericht von Eosander und Grünberg (siehe Katalog IV: 1706, 23. Juli [b]).

483 Protokoll über die Vernehmung der Bauleute (siehe Katalog IV: 1706, 20. Juli [Artic. 9]).

484 Ebd., Artic. 25, 26.

485 Der Schnitt von Sturm zeigt einen der Berge (Buchstabe E) vor einem der Pfeiler des zweiten Entwurfs (Buchstabe D). Sturm irrt sich nur insofern, als er in seiner Legende die Errichtung der Berge noch vor dem riesigen Steinpfeiler an der Rückseite des Turms (Buchstabe F) datiert. In diesem Punkt ist der Bericht Eosanders und Grünbergs (siehe Katalog IV: 1706, 23. Juli [b]) glaubwürdiger.

486 Die Datierung der Berge geht eindeutig aus dem Protokoll über die Vernehmung der Bauleute hervor (siehe Katalog IV: 1706, 20. Juli [Artic. 17]).

487 Ebd.

488 Zu Berninis Glockentürmen von Sankt Peter: Borsi 1980, S. 303–307; Ausst.-Kat. Von Bernini bis Piranesi 1993, S. 98–107, Kat. Nr. 26–29; Marder 1998, S. 72–80. – Zur Baugeschichte siehe unten.

489 Fontana 1694.

490 Schlüter war das Grabmal bestens vertraut, wie seine zitathafte Umformung des Marmorbilds der Mathilde in eine Borussia für den Risalit des Großen Treppenhauses beweist (Abb. 172).

491 Vgl. die von Peschken angefertigte Grundrißskizze, die beide Turmentwürfe im Vergleich zeigt (Peschken 1998, S. 104, Fig. 17).

492 So kehrt der Rio de la Plata mit seiner charakteristischen abwehrenden Handhaltung in dem jugendlichen Sklaven des Kurfürstendenkmals wieder. Der Nil mit dem Tuch über dem Kopf erscheint in ähnlicher Gebärde in der Allegorie Afrikas im Rittersaal. Der rechte der überlebensgroßen Flußgötter in Schlüters erstem Münzturmentwurf (Kat. 130) erinnert entfernt an die Donau des Vierströmebrunnens. Was den Brunnen in diesem ersten Entwurf betrifft, so dürfte es

sich – genau ist dies nicht zu erkennen – um einen Tritonbrunnen handeln, wie ihn Bernini etwa 1642/43 auf der Piazza Barberini geschaffen hatte.

493 Bekanntlich hat Schlüter gerne auf diese besondere Form des Außendekors zurückgegriffen, etwa an der Alten Post.

494 Peschken identifiziert die Szene als Davids Salbung durch Samuel (Peschken 1998, S. 107). Das ist wenig wahrscheinlich.

495 Siehe Katalog IV: 1706, Mitte Juni.

496 Beilage zum Schreiben Schlüters an Printzen (siehe Katalog IV: 1706, 3. August [b]).

497 Bericht des Bauschreibers Jänicke an Printzen: »daß am 30. Martij dieses jahres, dem Goldtschmidt Haidt die kupferne Figur so auf den Thurm kommen sollen, Vor 2700 Thlr. arbeitslohn an Verdung worden« (siehe Katalog IV: 1706, 3. Juli [b]).

498 Theatrum Europaeum 17, 1718 (1706), S. 103 (siehe Katalog IV: 1706, ohne Datum).

499 Schreiben Schlüters an Friedrich I. (siehe Katalog IV: 1706, 26. Juni [a]).

500 Theatrum Europaeum 17, 1718 (1706), S. 102 (siehe Katalog IV: 1706, ohne Datum).

501 Bericht von Leonhard Christoph Sturm (siehe Katalog IV: 1706, 22. Juli).

502 Adler 1863, Sp. 18.

503 Ebd.

504 Brief von Hofrat Mieg an Printzen (siehe Katalog IV: 1706, 26. Juni [c]).

505 Adler 1863, Sp. 18f.

506 Brief von Markgraf Philipp Wilhelm an Friedrich I. (siehe Katalog IV: 1706, 26. Juni [b]).

507 Brief von Hofrat Mieg an Printzen: »[...] daß Er nicht nur den Thurm ohne ordre abbrechen läßet [...]« (siehe Katalog IV: 1706, 26. Juni [c]).

508 Brief von Hofrat Mieg an Printzen (siehe Katalog IV: 1706, 26. Juni [c]).

509 Bericht Jänickes (siehe Katalog IV: 1706, 3. Juli [b]).

510 Schreiben Schlüters an Printzen (siehe Katalog IV: 1706, 29. Juni).

511 Schreiben Schlüters an Printzen (siehe Katalog IV: 1706, 27. Juli). – Gian Lorenzo Bernini ist ein prominentes Beispiel dafür, daß künstlerisches Scheitern schwerste Auswirkungen auf die körperliche Verfassung haben konnte. Da Papst Urban VIII. Berninis oberstes Stockwerk des Campanile von Sankt Peter mißfiel und er es herunternehmen ließ, fiel der Künstler in eine schwere Krise. G. Gigli berichtete in seinem Tagebuch: »[...] pochi giorni da poi fu disfatto un terzo di detto campanile perché non dava sodisfatine, et il Cavalier Bernino che l'aveva fatto fare essendo ripreso dal Papa si ammalò et fu in gran pericolo di morire [...]« (zitiert nach: Borsi 1980, S. 303).

512 Schreiben Schlüters an Printzen (siehe Katalog IV: 1706, 13. Juli [b]).

513 Ebd.

514 Schreiben Schlüters an Printzen (siehe Katalog IV: 1706, 10. Juli).

515 Schreiben Schlüters an Printzen (siehe Katalog IV: 1706, 27. Juli).

516 Ebd.

517 Siehe Katalog IV: 1706, 20. Juli (Artic. 27).

518 Siehe Katalog IV: 1706, 20. Juli (Artic. 28).

519 Theatrum Europaeum 17, 1718 (1706), S. 102f. (siehe Katalog IV: 1706, ohne Datum).

520 Schreiben Schlüters an Printzen (siehe Katalog IV: 1706, 13. Juli [b]).

521 Schreiben Schlüters an Printzen (siehe Katalog IV: 1706, 27. Juli).

522 Königliches Reskript an Markgraf Philipp (siehe Katalog IV: 1706, 6. Juli).

523 Vgl. Schreiben Schlüters an Printzen (siehe Katalog IV: 1706, 13. Juli [b]).

524 Vgl. Kabinettsordre an Schlüter (siehe Katalog IV: 1706, 14. Juli).

525 Schreiben Schlüters an Printzen (siehe Katalog IV: 1706, 13. Juli b]).

526 Bericht von Eosander und Grünberg (siehe Katalog IV: 1706, 23. Juli [b]).

527 Schreiben Schlüters an Printzen (siehe Katalog IV: 1706, 27. Juli).

528 Ebd.

529 Ebd.

530 Schreiben Schlüters an Printzen (siehe Katalog IV: 1706, 13. Juli [b]).

531 Brief des Hofrats Mieg an Printzen (siehe Katalog IV: 1706, 27. Juni).

532 Schreiben Schlüters an Printzen (siehe Katalog IV: 1706, 27. Juli).

533 Ebd.

534 Schreiben Schlüters an Printzen (siehe Katalog IV: 1706, 17. Juli).

535 Brief von Sturm an Mieg (siehe Katalog IV: 1706, 23. Juli [a]).

536 Theatrum Europaeum 17, 1718 (1706), S. 102f. (siehe Katalog IV: 1706, ohne Datum).

537 Schreiben Schlüters an Friedrich I. (siehe Katalog IV: 1706, 26. Juni [a]).

538 Bericht des Bauschreibers Peter Jänicke an Printzen (siehe Katalog IV: 1706, 3. Juli [b]).

539 Schreiben Schlüters an Printzen (siehe Katalog IV: 1706, 17. Juli).

540 Ebd.

541 Ebd.

542 Ebd.

543 Peschken 1998, S. 205–210. – Dort auch eine beeindruckende Fotomontage (S. 210, Abb. 141).

544 Königliches Reskript an Markgraf Philipp (siehe Katalog IV: 1706, 6. Juli).

545 Bericht von Leonhard Christoph Sturm (siehe Katalog IV: 1706, 22. Juli).

546 Bericht von Eosander und Grünberg (siehe Katalog IV: 1706, 23. Juli [b]).

547 Schreiben Schlüters an Printzen (siehe Katalog IV: 1706, 17. Juli).

548 Ebd.

549 Ebd.

550 Verfügung Friedrichs I. an Markgraf Philipp Wilhelm (siehe Katalog IV: 1706, 31. Juli).

551 Schreiben Schlüters an Printzen (siehe Katalog IV: 1706, 3. August [a]).

552 Ebd.

553 Kabinettsordre an Schlüter (siehe Katalog IV: 1706, 9. August [b]).

554 Siehe Katalog IV: 1703, 21. Mai; 1705, 22. Februar.

555 Siehe zusammenfassend: Ladendorf 1935, S. 91f., 176f., Anm. IV, 11.

556 Bericht des Hofrats Mieg (Adler 1863, Sp. 19f.).

557 Schreiben Schlüters an Printzen (siehe Katalog IV: 1706, 27. Juli.
558 Theatrum Europäum 17, 1718 (1706), S. 103 (siehe Katalog IV: 1706, ohne Datum).
559 Bericht von Leonhard Christoph Sturm (siehe Katalog IV: 1706, 22. Juli).
560 Bericht von Eosander und Grünberg (siehe Katalog IV: 1706, 23. Juli [b]).
561 Beilage zum Schreiben Schlüters an Printzen (siehe Katalog IV: 1706, 3. August [b]).
562 Bericht von Eosander und Grünberg (siehe Katalog IV: 1706, 23. Juli [b]).
563 Ebd.
564 Bericht von Leonhard Christoph Sturm (siehe Katalog IV: 1706, 22. Juli).
565 Ebd., Sp. 39–41.
566 Peschken 1998, S. 123.
567 Ebd.
568 Ebd., S. 126.
569 Ebd.
570 Vgl. Ackerman 1970, S. 56f.
571 Vgl. Bredekamp 1995.
572 Sturm 1714, unpaginiert.
573 Siehe S. 22f.
574 Siehe oben, Vorgeschichte, Anm. 70.
575 Vignola 1602, Taf. 45f.
576 D'Aviler 1691, Teil 2, S. 293. – D'Aviler lieferte Grundrisse, Aufrisse und Schnitte des gesamten Konservatorenpalastes sowie einzelner Fenster und Türen (D'Aviler 1691, Teil 2, S. 283–293).
577 Falda o. J. [um 1680], Bl. 9, 10.
578 Die Siegerentwürfe von Alessandro Rossini, Ludovico Rusconi-Sassi und Filippo Ottoni blieben erhalten (Smith 1993, S. 243f., 300–302, Abb. 37–40).
579 Ackerman 1970, S. 159. – Siehe grundlegend zum Kapitol: Thies 1982.
580 Vgl. etwa Georg Dehio: »Mit hohem künstlerischen Mut hat dann Schlüter aus dem aus lauter gleichwertigen Elementen waagrecht gelagerten römischen Palazzo etwas durchaus Neues gemacht, indem er das System in der Mitte durch die vier Kolossalpilaster durchbrach, also dem deutschen Empfinden entsprechender ein aufstrebendes, senkrecht gegliedertes Ganzes hinstellte« (Dehio 1930/31, Textbd. 3, S. 391).
581 Hager 1942, S. 159.
582 Ackerman 1970, S. 279.
583 Sedlmayr 1940, S. 10.
584 Den Vergleich zwischen Schlüters zweistöckiger Prachtarchitektur im Großen Treppenhaus und der Vorhalle der Biblioteca Laurenziana zieht bereits Werner Hager (Hager 1942, S. 162).
585 Humbert 1733, S. 72f.
586 Aus der zahlreichen Literatur zu Berninis Entwürfen für den Louvre und seiner Reise nach Frankreich sei genannt: Rose 1919; Josephson 1928b; Brauer/Wittkower 1931, Bd. 1, S. 129 bis 133; Borsi 1980, S. 132–138, S. 334f.; Gould 1982; Daufresne 1987, S. 54–60; Ausst.-Kat. Von Bernini bis Piranesi 1993, S. 108–111, Kat. Nr. 30f.; Marder 1998, S. 260–281.
587 Daufresne 1987, S. 37–43.
588 Noehles 1961; Daufresne 1987, S. 50–53; Ausst.-Kat. Von Bernini bis Piranesi 1993, S. 142f., Kat. Nr. 46.
589 Zitiert nach: Josephson 1928b, S. 78.
590 Josephson 1928b, S. 81; Ausst.-Kat. Von Bernini bis Piranesi 1993, S. 110f., Kat. Nr. 31.
591 Der englische Architekt Christopher Wren, der sich 1665 in Paris aufhielt, besuchte Bernini und konnte dabei einen Blick auf dessen aktuelle Pläne werfen: »Bernini's Design of the Louvre I would have given my Skin for, but the old reserv'd Italian gave me but a few Minutes view« (zitiert in: Gould 1982, S. 73).
592 In diesem Sinne bereits: Hubala 1965, S. 326–328.
593 Humbert/Heinecken 1768, S. 103.
594 Zur Scala Regia: Marder 1998, S. 169–185.
595 Fontana 1694, S. 214, Taf. 82f.
596 Zum Palazzo Ludovisi/Montecitorio: Marder 1998, S. 153f.
597 Zu Berninis Glockentürmen von Sankt Peter: vgl. Anm. 982.
598 Sirén 1914.
599 Der zeichnerische Nachlaß befindet sich im Stockholmer Nationalmuseum. Er ist noch nicht vollständig publiziert. Viele Blätter sind im Rahmen von Einzelstudien veröffentlicht worden. Einen guten Überblick gibt immer noch Josephsons grundlegende zweibändige Monographie (Josephson 1930/31).
600 Josephson 1930/31, Bd. 1, Abb. 70–83.
601 Josephson 1928b.
602 Bericht Tessins (siehe Katalog II: 1688, 2. Hälfte).
603 Zum Stockholmer Schloß: Rose 1924; Josephson 1940; Kommer 1974.
604 Theatrum Europaeum 18, 1720 [1707], S. 293f. – Darin sind die erstmals 1695 erschienenen Ansichten von W. Swidde (vgl. Josephson 1940, Tafel 8) als Nachstiche von Georg Paul Busch übernommen. – Eosander hatte 1713 Charlotte Maria von Merian, die Tochter des Verlegers Carl Gustav von Merian, geheiratet. 1716 zog er nach Frankfurt und wirkte in der Folgezeit an der Herausgabe der Bände des *Theatrum Europaeum* mit. Die damalige Inhaberin des Merian-Verlages war seine Schwiegermutter. Es ist daher nur allzu wahrscheinlich, daß Eosander die Würdigung des Stockholmer Schlosses sowie die Architektur und Kunst in Berlin betreffenden Texte, insbesondere denjenigen über den Münzturm (siehe Katalog IV: 1706, ohne Datum), selbst verfaßte (vgl. Humbert/Heinecken 1768, S. 109, Anm. **]; Biederstedt 1961, S. 46–48).
605 Wie Anm. 103.
606 Eosanders Besuch wirkte sich zunächst vor allem auf die Innenausstattung von Schloß Charlottenburg aus (Hinterkeuser 1999b, S. 118–120; Hinterkeuser 2001, S. 265f.).
607 Ausführlich: Josephson 1924. – Ferner: Langberg 1967.
608 Sedlmayr 1976, S. 8.
609 GStA PK, I. HA Geh. Rat, Rep. 45 b; zitiert in: Kühn 1933. – In dem Brief bezieht sich Fischer auch auf das gute Verhältnis zwischen Joseph I. und Friedrich I. (»Die sonderbahre estime so Ewer Königl. Mayt. Vor den Römischen König Meinen [...] Herrn Verschiedentlich gezeuget [...]«).
610 Man geht davon aus, daß es sich hier bereits um den von Johann Ulrich Kraus angefertigten Stich handelt, der 1721 auch in Fischers *Historische Architektur* Eingang fand. Sein Format ist deutlich größer als das der übrigen Radierungen (Sedlmayr 1976, S. 253). – Zu Schönbrunn: Sedlmayr 1976, S. 36f., 52–54, 66f., 95–97, 245f., 252–254, 323f.; Lorenz 1992, S. 60f., 97–99.
611 Unter Umständen haben die in Schönbrunn 1698 auf beiden Seiten nachträglich angehängten Trakte mit den Binnenhöfen – sie sind auf dem Stich zu sehen – Johann Friedrich Eosander zu einer ähnlichen Lösung bei seinen Erweiterungsplänen für Schloß Charlottenburg angeregt. Bewiesen ist das nicht. Die Vermutung, erst Fischers Anwesenheit in Berlin 1704 habe zu einer Änderung der bereits in Angriff genommenen Erweiterungspläne Eosanders geführt – nämlich

dergestalt, daß erst jetzt die beiden Baukörper mit dem Binnenhof angefügt wurden (Kühn 1955, S. 23, 131, Anm. 37) –, bleibt aufgrund mangelnder und zum Teil widersprüchlicher Quellen hypothetisch.

612 Empfehlungsschreiben Kaiser Leopolds für Fischer vom 29. April 1704: GStA PK, I. HA Geh. Rat, Rep. 45 b; zitiert in: Hantsch 1927, S. 159.

613 Zu Fischers Lusthausentwurf für Friedrich I.: Hantsch 1927; Sedlmayr 1932, S. 57–64; Kühn 1933; Sedlmayr 1976, S. 114 bis 116, 128, 272, 315.; Lorenz 1992, S. 124f.

614 Zum Palais Clam-Gallas: Sedlmayr 1976, S. 149f.; Lorenz 1992, S. 141–145.

615 Zum Palais Trautson: Sedlmayr 1976, S. 146–148; Lorenz 1992, S. 134–138.

616 Schneider 1937, S. 16f.

617 Zur Salzburger Dreifaltigkeitskirche: Sedlmayr 1976, S. 104f., 256; Lorenz 1992, S. 86–89.

618 Vgl. Lorenz 1979, S. 63.

619 Zum Einfluß der Accademia di San Luca im ausgehenden 17. Jahrhundert auf die Architektur Europas grundlegend: Smith 1993. – Ferner: Lorenz 1992, S. 10–14.

620 Das in den Zeichnungen von Edinburgh, Berlin und New York überlieferte Lusthaus (vgl. Ausst.-Kat. Von Bernini bis Piranesi 1993, S. 112–117, Kat. Nr. 32–34) wird in der Forschung kontrovers zugeschrieben. Elisabeth Kieven interpretierte das Edinburger Blatt und das Berliner Blatt als originale »Präsentationsskizzen« Berninis, das New Yorker Blatt dagegen als »Reinzeichnung« durch einen Werkstattmitarbeiter, womöglich Mattia de Rossi (ebd.). Hellmut Lorenz wies sie allgemein dem Umkreis der Accademia di San Luca zu und datierte sie um 1680. »Dabei mag der junge Fischer selbst eine entscheidende Rolle gespielt haben; er hat seine Autorschaft an diesem Bautyp jedenfalls mit auffallendem Nachdruck herausgestrichen« (Lorenz 1992, S. 28). Damit spielte Lorenz auf die Unterschrift auf dem Stich in der *Historischen Architektur* an (IV, 18), in der Fischer die Erfindung des Entwurfs nachdrücklich für sich reklamiert (»[...] so von mir Inventieret, gezeichnet und Grundriß davon gegeben worden [...]«). Irving Lavin ging deshalb schließlich sogar so weit, die Blätter ganz Fischer zuzuschreiben (Lavin 1993, S. 261, 264).

Bibliographie

Ackerman 1970
James S. Ackerman, The Architecture of Michelangelo, Harmondsworth 1970.

Adam 1999a
Bernd Adam, Der hannoversche Hofbaumeister Reetz, ein Architekt ohne Vornamen?, in: Festschrift für Günther Kokkelink, hrsg. von Stefan Amt, Hannover 1999 (Schriften des Instituts für Bau- und Kunstgeschichte der Universität Hannover, Bd. 12), S. 109–120.

Adam 1999b
Bernd Adam, Barocke Architekturmodelle in Norddeutschland und ihre Stellung im Planungsprozeß, in: Architektur – Struktur – Symbol. Streifzüge durch die Architekturgeschichte von der Antike bis zur Gegenwart. Festschrift für Cord Meckseper zum 65. Geburtstag, hrsg. von Maike Kozok, Petersberg 1999, S. 381–396.

Adam 2001
Bernd Adam, Henry Reetz. Vom Architekten im Berlin der Schlüterzeit zum Hofbaumeister in Hannover, in: Ausst.-Kat. Preußen 1701. Eine europäische Geschichte 2001, Essaybd., S. 289–296.

Adler 1862
Friedrich Adler, Schinkelfest am 13. März 1862: Andreas Schlüter, in: Zeitschrift für Bauwesen 12, 1862, Sp. 440–454.

Adler 1863
Friedrich Adler, Aus Andreas Schlüters Leben. Der Bau und die Abtragung des Münzturmes in Berlin 1701 bis 1706, in: Zeitschrift für Bauwesen 13, 1863, Sp. 13–44, 383–406.

Adler 1870
Friedrich Adler, Das Zeughaus zu Berlin, in: Zeitschrift für Bauwesen 20, 1870, Sp. 59–68.

Adler 1883
Friedrich Adler, Aus Andreas Schlüters Leben. Der Bau und die Abtragung des Münzturmes 1701–1706, in: Zentralblatt der Bauverwaltung 3, 1883, S. 2–4, 13–16, 22–24.

Anonimo Veneziano 1999 (1708)
Anonimo Veneziano, Eine deutsche Reise Anno 1708, hrsg. von Irene Schrattenecker, Innsbruck 1999.

Arndt 1990
Karl Arndt, Denkmäler und Denkmalspläne Friedrich Wilhelms I., Königs in Preußen, in: Festschrift für Peter Bloch zum 11. Juli 1990, hrsg. von Hartmut Krohm u. Christian Theuerkauff, Mainz 1990, S. 205–213.

Asche 1966
Siegfried Asche, Balthasar Permoser und die Barockskulptur des Dresdner Zwingers, Frankfurt am Main 1966.

Asche 1978
Siegfried Asche, Balthasar Permoser. Leben und Werk, Berlin 1978.

Aurenhammer 1965
Hans Aurenhammer, Martino Altomonte, Wien/München 1965.

Avery 1974
Charles Avery, François Dieussart, Portrait Sculptor to the Courts of Northern Europe, in: Victoria and Albert Museum Yearbook 4, 1974, S. 63–99.

Avery 1998
Charles Avery, Bernini, München 1998.

Badstübner 1995
Ernst Badstübner, Schlösser der Renaissance in der Mark Brandenburg, Berlin 1995.

Badstübner 1997
Ernst Badstübner, Rezension: Goerd Peschken, Das königliche Schloß zu Berlin. Bd. 1: Die Baugeschichte von 1688–1701, München 1992, in: Zeitschrift des Deutschen Vereins für Kunstwissenschaft 51, 1997, S. 195–197.

Baer 2000a
Winfried Baer, Die Lackmanufaktur der Gebrüder Dagly in Berlin, in: Japanische und europäische Lackarbeiten. Rezeption, Adaption, Restaurierung, hrsg. von Michael Kühlenthal, München 2000 (= Arbeitshefte des bayerischen Landesamtes für Denkmalpflege Bd. 96), S. 288–330.

Baer 2000b
Winfried Baer, Silberbuffet und ›Pompe Funèbre‹ König Friedrichs I. in Preußen. Zur Frage der Aufschriften auf den Rückseiten der Lavabobecken des großen Silberbuffets im ehemaligen Berliner Schloß, in: Münchner Jahrbuch der bildenden Kunst, 3. F. 51, 2000, S. 161–180.

Baranowski 1910
Ignacy Tadeusz Baranowski, Inwentarze pałacu Krasińskich później Rzeczypospolitej, Warschau 1910.

Bau- und Kunstdenkmäler 1987
Die Bau- und Kunstdenkmale in der DDR, Hauptstadt Berlin, 2 Bde., Berlin 1987.

Baumgart 2001
Peter Baumgart, Ein neuer König in Europa. Interne Planung, diplomatische Vorbereitung und internationale Anerkennung der Standeserhöhung des brandenburgischen Kurfürsten, in: Ausst.-Kat. Preußen 1701. Eine europäische Geschichte 2001, Essaybd., S. 166–176.

Beger 1696–1701
Lorenz Beger, Thesaurus Brandenburgicus, Bd. 1, 1696, Bd. 2, 1699, Bd. 3, 1701, Cölln/Spree 1696–1701.

Behrens 1954
Ewald Behrens, Neue Beiträge zur Schlüter-Forschung, in: Zeitschrift für Ostforschung 3, 1954, S. 431–442.

Benkard 1925
Ernst Benkard, Andreas Schlüter, Frankfurt am Main 1925.

Berckenhagen 1963
Ekhart Berckenhagen, Baumeisterbildnisse im Rittersaal des Berliner Schlosses, in: Zeitschrift des Deutschen Vereins für Kunstwissenschaft 17, 1963, S. 215–220.

Berckenmeyer 1712
Paul L. Berckenmeyer, Vermehrter curieuser Antiquarius: d. ist: allerhand auserlesene geograph. u. histor. Merckwürdigkeiten, so indenen europ. Ländern zu finden; aus berühmter Männer Reisen zusammengetragen, u. mit e. zweyfachen Register versehen, Hamburg 1712.

Bergau 1867
Rudolf Bergau, A. Schlüter in Danzig, in: Altpreußische Monatsschrift 4, 1867, S. 54–57.

Berkow 1643
Johann Berkow (Johannes Bercovius), Agapeti, Sanctæ & Magnæ Dei Ecclesiæ Diaconi Paraenesis, alias Scheda Regia, Officium boni Principis exactè commendans, Divo Imperatori Justiniano qvondam inscripta [...], Berlin 1643.

Berner 1901
Ernst Berner, Aus dem Briefwechsel König Friedrichs I. von Preußen und seiner Familie, Berlin 1901 (= Quellen und Untersuchungen zur Geschichte des Hauses Hohenzollern Bd. 1).

Besser 1711
Johann von Besser, Des Herrn von B. Schrifften, Beydes in gebundener und ungebundener Rede; So viel man derer, theils aus ihrem ehemaligen Drucke, theils auch aus guter Freunde schrifftlichen Communication, zusammen bringen können, Leipzig 1711.

Bethe 1940/41
Hellmuth Bethe, General von Montargues, ein unbekannter Architekt aus der Zeit Friedrich Wilhelms I., in: Deutsche Kunst und Denkmalpflege 1940/1941, S. 199f.

Beyer 1897
A. Beyer, Der »grüne Hut« des Königlichen Schlosses in Berlin, ein Rest der alten kölnischen Befestigung, in: Zentralblatt der Bauverwaltung 17, 1897, S. 505–507.

Bichi 1891 [1696]
Alessandro Bichi, Reiseerinnerungen (Berlin und sein Hof im Jahre 1696), in: Die Grenzboten 50, 1891 (1), S. 20–30, 71–81.

Bie 1896
Oskar Bie, Andreas Schlüter, in: Westermanns Illustrierte Deutsche Monatshefte 80, 1896, S. 175–197, 308–334.

Biederstedt 1961
Rudolf Biederstedt, Johann Friedrich Eosander, Grundzüge einer Biographie, Stockholm 1961.

Biller 1987
Thomas Biller, Rochus Guerini Graf zu Lynar, in: Baumeister, Architekten, Stadtplaner. Biographien zur baulichen Entwicklung Berlins, hrsg. von Wolfgang Ribbe u. Wolfgang Schäche, Berlin 1987, S. 13–34.

Blech 1904
E. Blech, Schlüter und Ranisch. Zur Danziger Kunstgeschichte, in: Mitteilungen des Westpreußischen Geschichtsvereins 3, 1904, S. 34–38.

Blech 1909
E. Blech, Andreas Schlüter aus Danzig, in: Mitteilungen des Westpreußischen Geschichtsvereins 8, 1909, S. 29–35.

Blondel 1683
François Blondel, Cours d'Architecture, Bd. 2, Paris 1683.

Boeck 1933a
Wilhelm Boeck, Studien über Schlüter als Bildhauer, in: Jahrbuch der Preußischen Kunstsammlungen 54, 1933, S. 38–67.

Boeck 1933b
Wilhelm Boeck, Permoser in Berlin, in: Berliner Museen. Berichte aus den preußischen Kunstsammlungen 54, 1933, S. 30–32.

Boeck 1933c
Wilhelm Boeck, Georg Gottfried Weyhenmeyer, in: Berliner Museen. Berichte aus den preußischen Kunstsammlungen 54, 1933, S. 57–61.

Boeck 1933d
Wilhelm Boeck, Les Sculpteurs français à la Cour de Frédéric Ier de Prusse, in: Gazette des Beaux-Arts 75/2, 1933, S. 104–116.

Boeck 1936
Wilhelm Boeck, Literaturbericht: Heinz Ladendorf, Der Bildhauer und Baumeister Andreas Schlüter, Berlin 1935, in: Zeitschrift für Kunstgeschichte 5, 1936, S. 165–170.

Boeck 1938a
Wilhelm Boeck, Oranienburg. Geschichte eines preußischen Königsschlosses, Berlin 1938.

Boeck 1938b
Wilhelm Boeck, Unbekannte Sandsteinfiguren von Permoser, in: Zeitschrift des Deutschen Vereins für Kunstwissenschaft 5, 1938, S. 28–39.

Boeck 1939
Wilhelm Boeck, Andreas Schlüter in Polen, in: Jomsburg 43, 1939, S. 303–311.

Börsch-Supan 1971
Die Kataloge der Berliner Akademie-Ausstellungen 1786–1850, bearb. v. Helmut Börsch-Supan, 3 Bde., Berlin 1971 (= Quellen und Schriften zur bildenden Kunst 4).

Bogdanowcz 1993
S. Bogdanowcz, Kaplica Królewska w Gdańsku, Rodowód, pokrewieństwa oraz wymowa form architektonicznych, in: Porta Aurea Rocznik 2, 1993, S. 15–30.

Borkowski 1904
Heinrich Borkowski, Aufzeichnungen von Johann-Philipp von Rebeur über seine Tätigkeit als Informator Friedrich Wilhelms (I.) (Vom 8. Mai 1697 bis Januar 1701), in: Hohenzollern-Jahrbuch 8, 1904, S. 214–230.

Borrmann 1889
Richard Borrmann, Zur Baugeschichte des Berliner Schlosses, in: Zentralblatt der Bauverwaltung 9, 1889, S. 289f., 297–299.

Borrmann 1890
Richard Borrmann, Die Alte Post, in: Zeitschrift für Bauwesen 40, 1890, Sp. 421–432, Atlas Bl. 68, 69.

Borrmann 1893
Richard Borrmann, Die Bau- und Kunstdenkmäler von Berlin, Berlin 1893 (Nachdruck 1982).

Borrmann 1894a
Richard Borrmann, Johann Arnold Nering, in: Deutsche Bauzeitung 28, 1894, S. 553–559, 561–563.

Borrmann 1894b
Richard Borrmann, Die Lange Brücke (Kurfürsten-Brücke) in Berlin, in: Zeitschrift für Bauwesen 44, 1894, Sp. 327–344.

Borrmann 1896
Richard Borrmann, Das Königliche Schloß, in: Berlin und seine Bauten, Bd. 2/3, Berlin 1896, S. 1–14.

Borsi 1980
Franco Borsi, Bernini architetto, Mailand 1980.

Brauer/Wittkower 1931
Heinrich Brauer und Rudolf Wittkower, Die Zeichnungen des Gian Lorenzo Bernini, 2 Bde., Berlin 1931 (= Römische Forschungen der Bibliotheca Hertziana 9).

Bredekamp 1995
Horst Bredekamp, Michelangelos Modellkritik, in: Architekturmodelle der Renaissance. Die Harmonie des Bauens von Alberti bis Michelangelo, Ausst. Berlin, Kat. München/New York 1995, S. 116–122.

Bredekamp 2000a
Horst Bredekamp, Sankt Peter in Rom und das Prinzip der produktiven Zerstörung. Bau und Abbau von Bramante bis Bernini, Berlin 2000.

Bredekamp 2000b
Horst Bredekamp, Leibniz' Theater der Natur und Kunst, in: Theater der Natur und Kunst. Theatrum Naturae et Artis. Wunderkammer des Wissens, Ausst.-Kat. Berlin 2000, Essaybd., S. 12–19.

Brehm 1994
Knut Brehm, Grabmalskunst aus vier Jahrhunderten. Epitaphien und Grabdenkmäler in der Nikolaikirche zu Berlin. Katalog der Sepulkralplastik, hrsg. vom Märkischen Museum Berlin, Berlin 1994.

Brinckmann 1924
Albert E. Brinckmann, Barock-Bozzetti, Bd. 4: Deutsche Bildhauer, Frankfurt am Main 1924.

Brockmann 1994
Günther Brockmann, Die Medaillen der Kurfürsten und Könige von Brandenburg-Preußen, Bd. 1: Die Medaillen Joachim I. – Friedrich Wilhelm I. 1499–1740, Köln 1994.

Broebes 2000
Jean Baptiste Broebes, Vues des Palais et Maisons de Plaisance de Sa Majesté le Roy de Prusse – Prospekte der Paläste und Lustschlösser Seiner Königlichen Majestät in Preußen. Neudruck der Ausgabe Augsburg 1733, kommentiert von Fritz-Eugen Keller, Nördlingen 2000 (Architectura Recreationis Bd. 4).

Budde 1981
Hendrik Budde, Studien zum »Thesaurus Brandenburgicus« (1696–1701), unveröffentlichte Magisterarbeit TU Berlin 1981.

Buddensieg 1969
Tilmann Buddensieg, Zum Statuenprogramm im Kapitolplan Pauls III., in: Zeitschrift für Kunstgeschichte 32, 1969, S. 177–228.

Bülow 1879
Wanderung eines fahrenden Schülers durch Berlin 1591, hrsg. von von Bülow, in: Der Bär 5, 1879, S. 44–46.

Bütow 1937
Hans Bütow, Der Schwedter Hofbildhauer Georg Mattarnovy. Bis 1714, in: Forschungen zur Brandenburgischen und Preußischen Geschichte 49, 1937, S. 125–141.

Bujok/Fuchs 1997
Elke Bujok/Peter R. Fuchs, Das Gießhaus auf dem Friedrichswerder, in: Mitteilungen des Vereins für die Geschichte Berlins 93, 1997, S. 279–289.

Campbell 1977
Malcolm Campbell, Pietro da Cortona at the Pitti Palace. A study of the Planetary Rooms and Related Projects, Princeton 1977.

Clauswitz 1892
Paul Clauswitz, Die Schloßfreiheit, in: Mitteilungen des Vereins für die Geschichte Berlins 9, 1892, S. 57–60.

Clauswitz 1906
Paul Clauswitz, Die Pläne von Berlin und die Entwicklung des Weichbildes, Berlin 1906.

Cuny 1909
Georg Cuny, Danziger Kunst im 17. Jh. und Andreas Schlüter, in: Mitteilungen des Westpreußischen Geschichtsvereins 8, 1909, S. 26–29.

Cuny 1910
Georg Cuny, Danzigs Kunst und Kultur des 16. und 17. Jahrhunderts, Frankfurt am Main 1910.

Cydzik/Fijałkowski 1975
Jacek Cydzik/Wojciech Fijałkowski, Wilanów, Warschau 1975.

Cydzik/Fijałkowski 1978
Jacek Cydzik/Wojciech Fijałkowski, Wilanów, Warschau 1978 [deutsche Übersetzung von Cydzik/Fijałkowski 1975].

D'Aviler 1691
Augustin-Charles d'Aviler, Cours d'Architecture, 2 Bde., Paris 1691.

DaCosta Kaufmann 1993
Thomas DaCosta Kaufmann, Schlüter's Fate: Comments on Sculpture, Science, and Patronage in Central and Eastern Europe ca. 1700, in: Künstlerischer Austausch/Artistic Exchange. Akten des 28. Internationalen Kongresses für Kunstgeschichte, Berlin, 15.–20. Juli 1992, hrsg. von Thomas W. Gaehtgens, Bd. 2, Berlin 1993, S. 199–212.

DaCosta Kaufmann 1995
Thomas DaCosta Kaufmann, Court, Cloister and City. The Art and Culture of Central Europe 1450–1800, London 1995.

Daufresne 1987
Jean-Claude Daufresne, Louvre & Tuileries. Architectures de papier, Lüttich/Brüssel 1987.

Dautel 2001
Isolde Dautel, Andreas Schlüter und das Zeughaus in Berlin, Petersberg 2001.

Dehio 1930/31
Georg Dehio, Geschichte der Deutschen Kunst, Textbd. 1–3, Tafelbd. 1–3, Berlin 1930/31.

Delang 1997
Steffen Delang, Torgau, Schloß Hartenfels, Regensburg 1997 (= Schnell, Kunstführer Nr. 2295).

Dohme 1876
Robert Dohme, Das Königliche Schloß in Berlin. Eine baugeschichtliche Studie, Text- und Tafelbd., Leipzig 1876.

Dohme 1877
Robert Dohme, Die Masken Sterbender Krieger im Hofe des ehemaligen Zeughauses zu Berlin von Andreas Schlüter. Vierundzwanzig Tafeln in Lichtdruck, Berlin 1877.

Dohme 1889
Robert Dohme, Zur Baugeschichte des Berliner Schlosses, in: Zeitschrift für Bauwesen 39, 1889, Sp. 469–490.

Dohna 1893
Siegmar Graf zu Dohna, Kurfürstliche Schlösser in der Mark Brandenburg, Teil 3, Berlin 1893.

Dominik 1882
Emil Dominik, Das ehemalige Gießhaus in Berlin, in: Der Bär 8, 1882, S. 643f.

Dreißig Jahre am Hofe Friedrichs des Großen 1907
Dreißig Jahre am Hofe Friedrichs des Großen. Aus den Tagebüchern des Reichsgrafen Ernst Ahasverus Heinrich von Lehndorff, Kammerherr der Königin Elisabeth Christine von Preußen, hrsg. von Karl Eduard Schmidt-Lötzen, Gotha 1907.

Drost 1959
Willi Drost, Kunstdenkmäler der Stadt Danzig, Bd. 3: Sankt Nikolai, St. Joseph, Königl. Kapelle, Hl. Leichnam, St. Salvator, Stuttgart 1959.

Duchhardt 1991
Heinz Duchhardt, Anspruch und Architektur: Das Beispiel Berlin, in: Forschungen zur Brandenburgischen und Preußischen Geschichte N.F. 1, 1991, S. 31–52.

Eggeling 1980
Tilo Eggeling, Studien zum friderizianischen Rokoko. Georg Wenceslaus als Entwerfer von Innenraumdekorationen, Berlin 1980.

Eggeling 2003
Tilo Eggeling, Anmerkungen zu Schlüters Gesims- und Deckendekoration im Marmorsaal des Stadtschlosses Potsdam, in: Kunst in Preußen vom 17. bis 19. Jahrhundert. Hans-Joachim Giersberg zum 65. Geburtstag, hrsg. v. Hartmut Dorgerloh, Berlin 2003 (im Druck).

Elling 1950
Christian Elling, Function and Form of the Roman Belvedere, Kopenhagen 1950 (= Det Kgl. Danske Videnskabernes Selskab, Arkæologisk-kunsthistoriske Meddelelser Bd. 3, Nr. 4).

Elsholtz 1657
Johann Sigismund Elsholtz, Hortus Berolinensis sive Descriptio rerum præcipuarum, quæ in viridario Electorali Berolinensi visuntur: et enumeratio stipium, quæ tum in ipso cultæ proximo sexennio fuerunt, tum in vicinia sponte proveniunt (Manuskript; Staatsbibliothek zu Berlin – Preußischer Kulturbesitz, Handschriftenabteilung, Ms. boruss. qu. 12).

Elsholtz 1659
Johann Sigismund Elsholtz, Plantae Singulares Horti Electoralis Brandenburgici COLONIENSIS (Manuskript; Staatsbibliothek zu Berlin – Preußischer Kulturbesitz, Handschriftenabteilung, Ms. boruss. qu. 450).

Elsholtz 1666
Johann Sigismund Elsholtz, Vom Garten-Baw: Oder Unterricht von der Gärtnerey auff das Clima der Chur-Marck Brandenburg/wie auch der benachbarten Länder gerichtet, Cölln/Spree 1666.

Engel 1987
Helmut Engel, Johann Arnold Nering, in: Baumeister. Architekten. Stadtplaner. Biographien zur baulichen Entwicklung Berlins, hrsg. von Wolfgang Ribbe u. Wolfgang Schäche, Berlin 1987, S. 35–46.

Engel 1993
Martin Engel, Ein Projekt zur Umgestaltung des Berliner Stadtschlosses für Friedrich den Großen?, in: Fridericianische Miniaturen 3. Forschungen und Studien zur Fridericianischen Zeit Bd. 4 (hrsg. v. Jürgen Ziechmann), Oldenburg 1993, S. 146–162.

Erman 1881
Wilhelm Erman, Berlin anno 1690. Zwanzig Ansichten aus Johann Stridbecks d. J. Skizzenbuch, Berlin 1881.

Falda o. J. [um 1680]
Giovanni Battista Falda, Nuovi disegni dell'architetture, e piante de' palazzi di Roma de' più celebri architetti. Disegnati, et intagliati da Gio. Battista Falda, dati in luce da Gio: Giacomo de Rossi. Libro secondo, Rom o. J. [um 1680].

Faßmann 1735
David Faßmann, Leben und Thaten des allerdurchlauchtigsten und großmächtigsten Königs von Preussen Friederici Wilhelmi, Berlin 1735.

Fidicin 1865
Die Wendland'sche Chronik von 1648 bis 1701, hrsg. von Ernst Fidicin, in: Schriften des Vereins für die Geschichte Berlins 1, 1865, S. 45–104.

Fijałkowski 1967
Wojciech Fijałkowski, Rezydencja Jana III w Wilanówie w swietle materiałów z czasów saskich, in: Biuletin historii sztuki 29, 1967, S. 359–387.

Fijałkowski 1974
Wojciech Fijałkowski, Regia solis erat. Ze Studiów nad symboliką dekoracji wnętrz pałacu w Wilanówie, in: Biuletin historii sztuki 36, 1974, S. 22–41.

Fijałkowski 1977
Wojciech Fijałkowski, Wnetrza Pałacu w Wilanowie, Warschau 1977.

Fijałkowski 1979
Wojciech Fijałkowski, L'arte e gli artisti italiani alla corte di Jan III Sobieski, in: Polonia-Italia. Relazioni artistiche dal medioevo al XVIII secolo, hrsg. von der Accademia Polacca delle Scienze, Biblioteca e Centro di Studi a Rome, Kongreß Rom 1975, Akten Breslau/Warschau/Krakau/Danzig 1979, S. 83–116.

Fijałkowski 1983
Wojciech Fijałkowski, Wilanów. Rezydencja króla zwycięzcy, Warschau 1983.

Fijałkowski o. J. [nach 1992]
Wojciech Fijałkowski, Królewski Wilanów, Warschau o. J. [nach 1992].

Fijałkowski/Kondziela 1965
Wojciech Fijałkowski/Henryk Kondziela, Die künstlerische Tätigkeit Andreas Schlüters in Polen, in: Michelangelo heute. Wissenschaftliche Zeitschrift der Humboldt-Universität zu Berlin, Sonderband 1965, Anhang, S. 267–290.

Filarski 1951
Zbigniew Filarski, List wdowy po Andrzeju Schlüterze w archiwum w Gdansku, in: Biuletyn Historii Sztuki 13, 1951 (2/3), S. 174–180.

Findeisen 1974
Peter Findeisen, Zur Struktur des Johann-Friedrich-Baues im Schloß Hartenfels zu Torgau, in: Sächsische Heimatblätter 20, 1974, S. 1–12.

Foerster 1933
Charles Friedrich Foerster, Weyhenmeyer – Schlüter – Kirchner, in: Berliner Museen. Berichte aus den preußischen Kunstsammlungen 54, 1933, S. 96–99.

Foerster 1935/1936
Charles Friedrich Foerster, Eine Zeichnung von Andreas Schlüter, in: Sitzungsberichte der Kunstgeschichtlichen Gesellschaft Berlin 1935/1936, S. 3f.

Fontana 1694
Carlo Fontana, Templum vaticanum et ipsius origo, Rom 1694.

Frenzel 1959
Herbert A. Frenzel, Brandenburg-Preußische Schloßtheater. Spielorte und Spielformen vom 17. bis zum 19. Jahrhundert, Berlin 1959 (= Schriften der Gesellschaft für Theatergeschichte Bd. 59).

Friebe 1907
Walter Friebe, Schloß Köpenick, in: Zeitschrift für Bauwesen 57, 1907, S. 505–540.

Friedlaender 1902
Berliner geschriebene Zeitungen aus den Jahren 1713 bis 1717 u. 1735. Ein Beitrag zur Preußischen Geschichte unter König Friedrich Wilhelm I., hrsg. von Ernst Friedlaender, Berlin 1902 (= Schriften des Vereins für die Geschichte Berlins 38, 1902).

Fritsch 1930
Georg Fritsch, Die Burgkirche zu Königsberg i. Pr. und ihre Beziehungen zu Holland. Ein Beitrag zur Neringforschung, (Diss. Berlin 1929) Königsberg i. Pr. 1930.

Fründt 1987
Edith Fründt, Berliner Barockplastik aus dem Umkreis von Andreas Schlüter. Bemerkungen zu einigen ausgewählten Werken spätbarocker Bildhauerkunst, in: Staatliche Museen zu Berlin. Forschungen und Berichte 26, 1987, S. 147–156.

Fuchs 1919
Willy P. Fuchs, Die historische Entwicklung der Massengliederung deutscher Barockpaläste, in: Monatshefte für Kunstwissenschaft 12, 1919, S. 39–46.

Füßli 1779
Johann Rudolf Füßli, Allgemeines Künstlerlexikon, oder: Kurze Nachricht von dem Leben und den Werken der Maler, Bildhauer, Baumeister, Kupferstecher, Kunstgießer, Stahlschneider etc. Nebst angehängten Verzeichnissen der Lehrmeister und Schüler, auch der Bildnisse, der in diesem Lexikon enthaltenen Künstler. Erster Theil, Zürich 1779.

Füßli 1812
Johann Rudolf Füßli, Allgemeines Künstlerlexikon, oder: Kurze Nachricht von dem Leben und den Werken der Maler, Bildhauer, Baumeister, Kupferstecher, Kunstgießer, Stahlschneider etc. Nebst angehängten Verzeichnissen der Lehrmeister und Schüler, auch der Bildnisse, der in diesem Lexikon enthaltenen Künstler. Zweiter Theil, Sechster Abschnitt, Zürich 1812.

Galland 1891
Georg Galland, Der große Kurfürst von Brandenburg. Neues über sein Verhältnis zur bildenden Kunst, in: Repertorium für Kunstwissenschaft 14, 1891, S. 89–101.

Galland 1893
Georg Galland, Der Große Kurfürst und Moritz von Nassau. Studien zur brandenburgischen und holländischen Kunstgeschichte, Frankfurt am Main 1893.

Galland 1896
Georg Galland, Die ersten Baubeamten des Kurfürsten Friedrich Wilhelm (1640–1650), in: Zeitschrift für Bauwesen 46, 1896, Sp. 13–44.

Galland 1911
Georg Galland, Hohenzollern und Oranier, Straßburg 1911.

Gamer 1978
Jörg Gamer, Matteo Alberti. Oberbaudirektor des Kurfürsten Johann Wilhelm von der Pfalz, Herzogs zu Jülich und Berg etc., Düsseldorf 1978 (= Die Kunstdenkmäler des Rheinlandes, Beiheft 18).

Gerken 1716
Johann Heinrich Gerken, Concept undt MSct Von der Beschreibung der Königlich Preußischen und Chur-Brandenburg. weltberühmten und prächtigen Residentz Stadt Berlin. Mit großem exacten Fleiß vermittelst selbst genommener okularer Inspection treulichst zusammengetragen in anno 1714, 15 et 16, Berlin 1716 (Manuskript; LAB, F Rep. 237, Nr. 7).

Geyer 1895
Albert Geyer, Zu dem Zeughausplan und seiner Auffindung, in: Zentralblatt der Bauverwaltung 15, 1895, S. 472.

Geyer 1897
Albert Geyer, Zur Baugeschichte des königlichen Schlosses in Berlin, I. Der Festsaal des Großen Kurfürsten, II. Die Kapelle Friedrichs I., in: Hohenzollern-Jahrbuch 1, 1897, S. 146–173.

Geyer 1898
Albert Geyer, Die Räumlichkeiten der Königlichen Hofapotheke im Berliner Schloß, in: Hohenzollern-Jahrbuch 2, 1898, S. 227–230.

Geyer 1903
Albert Geyer, Zur Baugeschichte des königlichen Schlosses in Berlin, IV. Das »neue Schloß« Friedrichs I., V. Der Weiße Saal, in: Hohenzollern-Jahrbuch 7, 1903, S. 249–292.

Geyer 1936
Albert Geyer, Geschichte des Schlosses zu Berlin. Bd. 1: Die kurfürstliche Zeit bis zum Jahre 1698, 2 Bde., Text- u. Bildband, Berlin 1936.

Geyer 1992
Albert Geyer, Geschichte des Schlosses zu Berlin. Bd. 2: Vom Königsschloß zum Schloß des Kaisers (1698–1918), bearb. v. Sepp-Gustav Gröschel, 2 Bde., Text- u. Bildband, Berlin 1992.

Giersberg 1998
Hans-Joachim Giersberg, Das Potsdamer Stadtschloß, Potsdam 1998.

Glatzer 1956
Ruth Glatzer (Hrsg.), Berliner Leben 1648–1806. Erinnerungen und Berichte, Berlin 1956.

Gorissen 1964
Friedrich Gorissen, Conspectus Cliviae. Die klevische Residenz in der Kunst des 17. Jhs., Kleve 1964.

Gould 1982
Cecil Gould, Bernini in France. An Episode in Seventeenth-Century History, Princeton 1982.

Graciotti 1977
Sante Graciotti, L'antemurale polacco in Italia tra Cinquecento e Seicento: il barocchizzarsi di un mito, in: Barocco fra Italia e Polonia, hrsg. von Jan ålaski, Comitato degli Studi sull'Arte, Accademia Polacca delle Scienze, Kongreß Warschau 1974, Akten Warschau 1977, S. 303–323.

Grimschitz 1959
Bruno Grimschitz, Johann Lucas von Hildebrandt, Wien 1959.

Gröschel 1989
Sepp-Gustav Gröschel, Herrscherpanegyrik in Lorenz Begers »Thesaurus Brandenburgicus Selectus«, in: Antike und Barock, Stendal 1989, S. 37–61 (= Winckelmann-Gesellschaft. Vorträge und Aufsätze. Bd. 1).

Gröschel 2000
Sepp-Gustav Gröschel, Kurfürst Friedrich III. von Brandenburg: Apoll und Alexander. Zur Bronzestatue Andreas Schlüters, in: Pegasus. Berliner Beiträge zum Nachleben der Antike 2, 2000, S. 91–102.

Grommelt 1922
Carl Grommelt, Die ostpreußische Bauverwaltung im Anfange des 18. Jahrhunderts und der königlich preußische oberländische Landbaumeister und Landmesser Johann Caspar Hindersin, Allenstein 1922.

Grommelt/Mertens 1962
Carl Grommelt und Christine von Mertens, Das Dohnasche Schloß Schlobitten in Ostpreußen, Stuttgart 1962.

Gütthern 1750
Christian Heinrich Gütthern, Leben und Thaten Herrn Friederichs des Ersten, Königes in Preußen, Markgrafen zu Brandenburg, des Heil. Röm. Reichs Erzkämmerers und Churfürsten etc. Aus bewährten Urkunden sonderlich aus Münzen und Schaustücken, in einer chronologischen Ordnung abgefasset, Breslau 1750.

Gundlach 1905
Wilhelm Gundlach, Geschichte der Stadt Charlottenburg, 2 Bde., Berlin 1905.

Gurlitt 1884
Cornelius Gurlitt, Der Meister des Berliner Zeughauses in Berlin, in: Kunstchronik 19, 1884, Sp. 721–725.

Gurlitt 1887–1889
Cornelius Gurlitt, Geschichte des Barockstiles, des Rococo und des Klassizismus, Bd. 1: Italien; Bd. 2: Belgien, Holland, Frankreich, England; Bd. 3: Deutschland, Stuttgart 1887–1889 (= Geschichte der neueren Baukunst Bd. 5).

Gurlitt 1889a
Cornelius Gurlitt, Schlüters Anteil am Berliner Schloßbau, in: Zeitschrift für Bauwesen 39, 1889, Sp. 323–352.

Gurlitt 1889b
Cornelius Gurlitt, Zur Baugeschichte des Berliner Schlosses, in: Zentralblatt der Bauverwaltung 9, 1889, S. 304f.

Gurlitt 1889c
Cornelius Gurlitt, Ein altes Skizzenbuch, in: Der Bär 15, 1889, S. 478–481.

Gurlitt 1891
Cornelius Gurlitt, Andreas Schlüter, Berlin 1891.

Gurlitt 1894
Cornelius Gurlitt, Rezension: David Joseph, Die Parochialkirche in Berlin 1694–1894, Berlin 1894, in: Repertorium für Kunstwissenschaft 17, 1894, S. 279–280.

Gut 1907
Albert Gut, Nering und die Schloßkapelle in Köpenick, in: Die Denkmalpflege 9, 1907, S. 125–128.

Hager 1942
Werner Hager, Die Bauten des deutschen Barocks 1690–1770, Jena 1942.

Hager 1966
Werner Hager, Andreas Schlüter zum 250. Todestag, in: Dauer und Wandel der Geschichte. Aspekte europäischer Vergangenheit. Festgabe für Kurt von Raumer zum 15. Dezember 1965, hrsg. von Rudolf Vierhaus u. Manfred Botzenhart, Münster 1966, S. 308–323.

Hahn 1998
Peter-Michael Hahn, Magnifizenz und dynastische Legitimation durch Übernahme kultureller Muster. Die Beziehungen der Hohenzollern zum Haus Oranien und den Niederlanden im 17. Jahrhundert, in: Formen der Visualisierung von Herrschaft. Studien zu Adel, Fürst und Schloßbau vom 16. bis zum 18. Jahrhundert, hrsg. v. Peter-Michael Hahn und Hellmut Lorenz, Potsdam 1901, S. 9–56.

Hainhofer 1617
Philipp Hainhofer, Bericht über seinen Aufenthalt in Berlin im Jahre 1617, in: Eberhard Faden, Berlin im Dreißigjährigen Krieg, Berlin 1927, S. 235–247.

Hallström 1961
Björn Henrik Hallström, Der Baumeister Andreas Schlüter und seine Nachfolge in St. Petersburg, in: Konsthistorisk Tidskrift 30, 1961, S. 95–126.

Hantsch 1927
Hugo Hantsch, Johann Bernhard Fischers von Erlach Aufenthalt in Berlin, in: Belvedere 11, 1927, S. 159f.

Haskell/Penny 1998
Francis Haskell/Nicholas Penny, Taste and the Antique. The Lure of Classical Sculpture 1500–1900, New Haven/London 1998 (5. Aufl.).

Hauke 1967
Karl Hauke, Das Bürgerhaus in Ost- und Westpreußen, Tübingen 1967 (= Das Deutsche Bürgerhaus, hrsg. v. Adolf Bernt, 7).

Haupt 1952/54
Georg Haupt, Die Bau- und Kunstdenkmäler der Stadt Darmstadt, 2 Bde., Darmstadt 1952/54.

Heckmann 1998
Hermann Heckmann, Baumeister des Barock und Rokoko in Brandenburg-Preußen, Berlin 1998.

Hegemann 1992 [1930]
Werner Hegemann, Das steinerne Berlin, Braunschweig/Wiesbaden 1992 [1930], S. 63–87.

Hentschel 1967
Walter Hentschel, Die sächsische Baukunst des 18. Jahrhunderts in Polen, Text- und Bildbd., Berlin 1967.

Heres 1977
Gerald Heres, Die Anfänge der Berliner Antiken-Sammlung. Zur Geschichte des Antikenkabinetts 1640–1830, in: Staatliche Museen zu Berlin. Forschungen und Berichte 18, 1977, S. 93–130.

Herrmann 1998
Dirk Herrmann, Schloß Zerbst in Anhalt. Geschichte und Beschreibung einer vernichteten Residenz, Halle 1998.

Herz 1928
Rudolf Herz, Berliner Barock. Bauten und Baumeister aus der ersten Hälfte des 18. Jahrhunderts, Berlin 1928.

Hinrichs 1941
Carl Hinrichs, Friedrich Wilhelm I. König in Preußen. Eine Biographie, Hamburg 1941.

Hinrichs 1964
Carl Hinrichs, König Friedrich I. von Preußen, in: ders., Preußen als historisches Problem, Berlin 1964, S. 253–271.

Hinterkeuser 1997/98
Guido Hinterkeuser, Rezension: Studien zur barocken Baukultur in Berlin-Brandenburg, hrsg. von Peter-Michael Hahn und Hellmut Lorenz, Potsdam 1996, in: Jahrbuch Stiftung Preußische Schlösser und Gärten Berlin-Brandenburg 2, 1997/1998, S. 195–206.

Hinterkeuser 1999a
Guido Hinterkeuser, Andreas Schlüter and the *Paradekammern* in the destroyed *Schloss* in Berlin, in: Struggle for Synthesis. The Total Work of Art in the 17th and 18th Centuries, Kongreß Braga 1996, Akten Lissabon 1999, Bd. 2, S. 369–378.

Hinterkeuser 1999b
Guido Hinterkeuser, Von der Maison de plaisance zum Palais royal. Die Planungs- und Baugeschichte von Schloß Charlottenburg zwischen 1694 und 1713, in: Ausst.-Kat. Sophie Charlotte und ihr Schloß 1999, S. 113–124.

Hinterkeuser 1999/2000 [2002]
Guido Hinterkeuser, Ehrenpforten, Gläserspind und Bernsteinzimmer. Neue und wieder gelesene Quellen zur Baugeschichte von Schloss Charlottenburg (1694–1711), in: Jahrbuch Stiftung Preußische Schlösser und Gärten Berlin-Brandenburg 3, 1999/2000, S. 65–102.

Hinterkeuser 2000
Guido Hinterkeuser, Berliner Architekturzeichnungen des Barock. Anmerkungen zu ihrer Sammlungsgeschichte, in: Weltkunst 70, 2000, S. 80f.

Hinterkeuser 2001
Guido Hinterkeuser, Blick nach Europa. Die Architektur in Berlin im Zeitalter Friedrichs III./I., in: Ausst.-Kat. Preußen 1701. Eine europäische Geschichte 2001, Essaybd., S. 254–268.

Hinterkeuser 2002
Guido Hinterkeuser, Eine Zeichnung von Andreas Schlüter für das Landhaus Kameke, in: Hinterkeuser/Meiner 2002, S. 103–119.

Hinterkeuser/Meiner 2002
Aspekte der Kunst und Architektur in Berlin um 1700, hrsg. v. d. Generaldirektion der Stiftung Preußische Schlösser und Gärten Berlin-Brandenburg, bearb. v. Guido Hinterkeuser und Jörg Meiner, Kolloquium Berlin 2000, Akten Potsdam 2002.

Hirzel 1924
Stephan Hirzel, Arnold Nering, ein märkischer Baumeister, Diss. Dresden 1924 (MS).

Hohmann 1995
Karl-Heinz Hohmann, Bau- und Kunstdenkmäler im Kreis Kleve. Ein kursorischer Überblick, Köln 1995 (= Rheinische Kunststätten Heft 419 S).

Hojer 1976
Gerhard Hojer, Die Münchner Residenzen des Kurfürsten Max Emanuel. Stadtresidenz München – Lustheim – Schleißheim – Nymphenburg, in: Ausst.-Kat. Kurfürst Max Emanuel 1976, Bd. I, S. 142–169.

Holland 2002a
Alexander Holland, Johann Friedrich Eosander genannt von Göthe (1669–1728). Anmerkungen zu Karriere und Werk des Architekten, Ingenieurs und Hofmannes am Hof Friedrichs I. in Preußen, Weimar 2002.

Holland 2002b
Alexander Holland, Zeichnungen aus dem Umfeld Johann Friedrich Eosanders, in: Hinterkeuser/Meiner 2002, S. 120 bis 135.

Holtze 1874
Friedrich Holtze, Geschichte der Befestigung von Berlin, in: Schriften des Vereins für die Geschichte Berlins 10, 1874.

Holtze 1894
Die Berolinensien des Peter Hafftiz, hrsg. von Friedrich Holtze, in: Schriften des Vereins für die Geschichte Berlins 31, 1894, S. 1–99.

Hubala 1957
Erich Hubala, Schloß Austerlitz in Südmähren, in: Stifter-Jahrbuch 5, 1957, S. 174–200.

Hubala 1965
Erich Hubala, Das Berliner Schloß und Andreas Schlüter, in: Gedenkschrift Ernst Gall, München/Berlin 1965, S. 311–344.

Humbert 1733
Abraham Humbert, Mémoire sur la vie et les ouvrages de feu M Leonard Christophle Sturm, mort architecte de S.A.S. Monseigneur le Duc Louis Rodolphe de Brunswig, in: Bibliothèque Germanique Bd. 27, Amsterdam 1733, S. 62–85 (Nachdruck Genf 1969, Bd. 3, S. 382–388).

Humbert 1739
Abraham Humbert, Lettre à Mr. le Capitaine de Knobelsdorff, sur le goût en fait d'architecture civile, in: Bibliothèque Germanique Bd. 44, Amsterdam 1739, S. 100–128 (Nachdruck Genf 1969, Bd. 5, S. 212–219).

Humbert 1740
Abraham Humbert, Lettre à Mr. le Capitaine de Knobelsdorff, pour servir de défense à sa lettre sur l'architecture civile, in: Bibliothèque Germanique Bd. 47, Amsterdam 1740, S. 145 bis 163 (Nachdruck Genf 1969, Bd. 5, S. 404–408).

Humbert/Heinecken 1768
Carl Heinrich von Heinecken/Abraham Humbert, Nachrichten von Künstlern und Kunst-Sachen, Leipzig 1768.

Jahn 1932
Hans Jahn, Andreas Schlüters Garten vor dem Köpenicker Tor, in: Mitteilungen des Vereins für die Geschichte Berlins 49, 1932, S. 92.

Jahn 1935
Hans Jahn, Berlin im Todesjahr des Großen Kurfürsten, Berlin 1935 (= Schriften des Vereins für die Geschichte Berlins 55, 1935).

Joseph 1894
David Joseph, Die Parochialkirche in Berlin 1694–1894, Berlin 1894.

Joseph 1895a
David Joseph, Das Königliche Zeughaus in Berlin, Ein Beitrag zur Geschichte des Baus und der Sammlung, in: Der Bär 21, 1895, S. 508–511.

Joseph 1895b
David Joseph, Neues zur Nering-Forschung, in: Zentralblatt der Bauverwaltung 15, 1895, S. 469–472.

Joseph 1895c
David Joseph, Vom Brustbild Friedrichs I. am Zeughause in Berlin, in: Mitteilungen des Vereins für die Geschichte Berlins 12, 1895, S. 63f.

Josephson 1924
Ragnar Josephson, Tessin i Danmark, Stockholm 1924.

Josephson 1928a
Ragnar Josephson, Tessin in Deutschland, in: Baltische Studien 30, 1928 (1), S. 27–52.

Josephson 1928b
Ragnar Josephson, Les Maquettes du Bernin pour le Louvre, in: Gazette des Beaux-Arts 17, 1928, S. 77–92.

Josephson 1930
Ragnar Josephson, L'architecte de Charles XII. Nicodème Tessin à la Cour de Louis XIV, Paris/Brüssel 1930.

Josephson 1930/31
Ragnar Josephson, Nicodemus Tessin D. Y. Tiden – Mannen – Verket, 2 Bde., Stockholm 1930/31.

Josephson 1940
Ragnar Josephson, Det Tessinska Slottet. Byggnaden, in: Olsson 1940/1941, Bd. 2, 1940, S. 1–190.

Kandt 1994
Kevin E. Kandt, Andreas Schlüter in Poland, in: Art and Business. Polish Art and Antiques 1994 (11/12), S. 44–53.

Kandt 2000
Kevin E. Kandt, Andreas Schlüter and Otto van Veen: The Source, Context, and Adaptation of a Classicizing Emblem for the Tomb of Jakub Sobieski, in: Artium Quaestiones, hrsg. vom Kunsthistorischen Institut der Adam Mickiewicz Universität Posen, 10, 2000, S. 35–117.

Kania 1927
Hans Kania, Studien zur Kunst- und Kulturgeschichte Potsdams. IV. Das Stadtschloß unter dem Großen Kurfürsten, in: Mitteilungen des Vereins für die Geschichte Potsdams N.F. 6, 1927, S. 10–12.

Karpowicz 1959
Mariusz Karpowicz, Jan Reisner: Zapomniany malarz i architekt, in: Biuletyn Historii Sztuki 21, 1959, S. 70–83.

Karpowicz 1966
Mariusz Karpowicz, Polskie itinerarium Marcina Altomontego, in: Rocznik Historii Sztuki 6, 1966, S. 97–159.

Karpowicz 1967
Mariusz Karpowicz, Działalność artystyczna Michelangelo Palloniego w Polsce, Warszawa 1967.

Karpowicz 1970
Mariusz Karpowicz, Andrzej Schlüter w Polsce. Dziela i inspiracje, in: Rokoko. Studia nad sztuka I Polowy XVIII. w., Warschau 1970.

Karpowicz 1974
Mariusz Karpowicz Jercy Eleuter Siemiginowski: Malarz polskiego baroku, Breslau 1974.

Karpowicz 1986
Mariusz Karpowicz, Sztuka oświeconego sarmatyzmu. Antykizacja i klascyzacja w środowisku warszawskim czasów Jana III, Warschau 1986 (2. Aufl.).

Karpowicz 1987
Mariusz Karpowicz, Sztuka Warszawy Czasów Jana III, Warschau 1987.

Karpowicz 1991
Mariusz Karpowicz, Barock in Polen, Warschau 1991.

Keisch 1971
Claude Keisch, Zur Todesikonographie bei Andreas Schlüter, in: Forschungen und Berichte der Staatlichen Museen zu Berlin 13, 1971, S. 39–47.

Keisch 1997
Christiane Keisch, Das große Silberbuffet aus dem Rittersaal des Berliner Schlosses, Berlin 1997.

Keiser 1749
Johann Keiser, Kurtze Beschreibung der kgl. und churf. Haupt- und Residentz Stadt Berlin, II. Stück. Von dem alten Schloss, Münzthurm und neuen Schloße, Berlin 1749.

Keller 1929
Harald Keller, Das Treppenhaus im deutschen Schloß- und Klosterbau des Barock, Phil.-Diss. München 1929.

Keller 1971
Ulrich Keller, Reitermonumente absolutistischer Fürsten. Staatstheoretische Voraussetzungen und politische Funktionen, München/Zürich 1971.

Keller 1980
Fritz-Eugen Keller, Zur Datierung der Planungsvorschläge Nikodemus Tessins des Jüngeren für das Schloß Lützenburg, in: Von der Residenz zur City. 275 Jahre Charlottenburg, hrsg. von Wolfgang Ribbe, Berlin 1980, S. 39–65.

Keller 1985
Fritz-Eugen Keller, Christian Eltesters Entwürfe für die Erweiterung der Paradekammern und die Kapelle des Berliner Stadtschlosses 1697/98, in: Zeitschrift für Kunstgeschichte 48, 1985, S. 541–561.

Keller 1987
Fritz-Eugen Keller, Andreas Schlüter, in: Baumeister, Architekten, Stadtplaner. Biographien zur baulichen Entwicklung Berlins, hrsg. von Wolfgang Ribbe u. Wolfgang Schäche, Berlin 1987, S. 47–70.

Keller 1987/1988
Fritz-Eugen Keller, Beobachtungen zur Architektur unter dem Großen Kurfürsten, in: Sitzungsberichte der Kunstgeschichtlichen Gesellschaft zu Berlin N.F. 36, 1987/1988, S. 28–32.

Kempen 1924
Wilhelm van Kempen, Der Baumeister Cornelis Ryckwaert. Ein Beitrag zur Kunstgeschichte Brandenburgs und Anhalts im 17. Jahrhundert, in: Marburger Jahrbuch für Kunstwissenschaft 1, 1924, S. 195–266.

Kempen 1925
Wilhelm van Kempen, Der Stukkator und Baumeister Giovanni Simonetti. Eine Vorstudie zu seiner Biographie, in: Anhaltische Geschichtsblätter 1, 1925.

Kemper 1995
Thomas Kemper, »Der Triumph des Porzellans in Europa«. Zu Augustin Terwestens Deckenbild in der Porzellankammer des Schlosses Oranienburg, in: Ausst.-Kat. Götter und Helden 1995, S. 93–101.

Keyes 1981
G. S. Keyes, Pieter Schenck, Amsterdam 1981 (= Hollstein's Dutch and Flemish Etchings, Engravings and Woodcuts ca. 1450–1700, hrsg. v. K. G. Boon, Bd. 25).

Keyser 1928
Erich Keyser, Alte und neue Beiträge zur Andreas-Schlüter-Forschung, in: Altpreußische Geschlechterkunde 2, 1928, S. 50–54.

Keyser 1925
Erich Keyser, Die Danziger Herkunft des Berliner Hofbildhauers Andreas Schlüter, in: Mitteilungen des westpreußischen Geschichtsvereins 24, 1925, S. 57–64.

Keyser 1931
Erich Keyser, Andreas Schlüter und Danzig, in: Mitteilungen des Westpreußischen Geschichtsvereins 30, 1931, S. 39–42.

Keyser 1931/32
Erich Keyser, Die Herkunft von Andreas Schlüter, in: Zeitschrift für Bildende Kunst (Kunstchronik) 65, 1931/32, S. 62f.

Kiewitz 1937
Werner Kiewitz, Berlin in der graphischen Darstellung. Handbuch zur Ansichtenkunde Berlins, Berlin 1937.

Kleiner 1998
Monika Kleiner, Sonnenburg, ein »niederländisches« Palais in der Neumark. Kulturtransfer von den Niederlanden nach Brandenburg im 17. Jahrhundert am Beispiel der Johanniterordensresidenz Sonnenburg, in: Formen der Visualisierung von Herrschaft. Studien zu Adel, Fürst und Schloßbau vom 16. bis zum 18. Jahrhundert, hrsg. von Peter-Michael Hahn u. Hellmut Lorenz, Potsdam 1998, S. 57–86.

Klöden 1855
Karl Friedrich von Klöden, Andreas Schlüter. Ein Beitrag zur Kunst- und Bau-Geschichte von Berlin, Berlin/Potsdam 1855.

König 1793–1799
Anton Balthasar König, Versuch einer historischen Schilderung der Hauptveränderungen, Künste und Wissenschaften etc. der Residenzstadt Berlin, Bd. 1–7, Berlin 1793–1799 (Nachdruck: Berlin 1991).

Kohte 1916
Julius Kohte, Ein Werk Schlüters in Warschau, in: Zentralblatt der Bauverwaltung 36, 1916, S. 477–479.

Koller 1927
Hans-Albert Koller, Der Schlüterbau der Großen Loge von Preußen genannt zur Freundschaft in Berlin und seine neueren Anbauten, Berlin 1927.

Kommer 1974
Björn R. Kommer, Nicodemus Tessin und das Stockholmer Schloß, Heidelberg 1974.

Kondziela 1957
Henryk Kondziela, Kaplica Królewska w Gdańsku i jej twórcy, in: Studia Pomorskie 2, 1957, S. 280–343.

Konrad 1933
Martin Konrad, Niederdeutsches um Osterode. Von der ältesten »Marienklage« östlich der Weichsel bis zu Andreas Schlüter, Osterode/Ostpr. 1933.

Konter 1984
Erich Konter, Aspekte der Organisation der Gesellschaft und des architektonischen Raumes im Absolutismus. Dargestellt am Beispiel Brandenburg-Preußens, des königlichen Schlosses in Berlin und seiner Nutzung. Diss. Hamburg 1984.

Konter 1991
Erich Konter, Das Berliner Schloß im Zeitalter des Absolutismus. Architektursoziologie eines Herrschaftsortes, Berlin 1991.

Koska 1938
Irmgard Koska, Eine barocke Stuckdecke im Hause Langer Markt 7/8, in: Weichselland. Mitteilungen des Westpreußischen Geschichtsvereins 37, 1938, S. 5–7.

Kossowski 1995
Maciej Dariusz Kossowski, Tradycja antyku w Wilanowskiej *Porta Triumphalis* czasów Jana III, in: Biuletyn Historii Sztuki 57, 1995, S. 53–65.

Kraushar 1925
Alexander Kraushar, Pałace: Rzeczypospolitej, Kazimierzowski, Radziwiłłowski i Błękitny. Zarysy historyczno-obyczajowe, Posen/Warschau/Wilna/Lublin 1925 (= Dawne Pałace Warszawskie).

Król 1971
Aleksander Król, Zamek Królewski w Warszawie. Od końca XIII wieku do roku 1944, Warschau 1971.

Kühn 1933
Grete Kühn, Notizen und Nachrichten, Baukunst, Deutschland, in: Zeitschrift für Kunstgeschichte 2, 1933, S. 126f.

Kühn 1944
Margarete Kühn, Bericht zur Studienreise nach Warschau vom 30. 5. bis 7. 6. 1944 und nach Krakau – Warschau vom 3. 7. bis 22. 7. 1944 (Manuskript; SPSG).

Kühn 1953
Margarete Kühn, Eosander und Tessin (Baukünstlerische Beziehungen zwischen Berlin und Stockholm um 1700), in: Sitzungsberichte der Kunstgeschichtlichen Gesellschaft zu Berlin 1, 1953, S. 24f.

Kühn 1955
Margarete Kühn, Schloß Charlottenburg, Berlin 1955.

Kühn 1970
Margarete Kühn, Die Bauwerke und Kunstdenkmäler von Berlin. Charlottenburg. I. Teil: Schloß Charlottenburg, 2 Bde., Text- u. Tafelbd., Berlin 1970.

Kühn 1977
Margarete Kühn, Andreas Schlüter als Bildhauer, in: Ausst.-Kat. Barockplastik in Norddeutschland 1977, S. 105–181.

Kühn, 1979
Margarete Kühn, Zum Antikenverständnis am Berliner Hof von Kurfürst Joachim II. bis zu König Friedrich dem Großen, in: Ausst.-Kat. Berlin und die Antike 1979, S. 23–42.

Kühn 1984
Margarete Kühn, Das Berliner Schloß Andreas Schlüters – eine Metropole in der europäischen Kunstlandschaft, in: Ausst.-Kat. Die Zukunft der Metropolen 1984, Bd. 1, S. 227–240.

Kühnel 1964
Harry Kühnel, Die Hofburg zu Wien, Graz/Köln 1964.

Kuke 2002a
Hans-Joachim Kuke, Jean de Bodt. Architekt und Ingenieur im Zeitalter des Barock, Worms 2002.

Kuke 2002b
Hans-Joachim Kuke, Zum Problem der Händescheidung – Berliner Architekturzeichnungen Jean de Bodts im Kontext, in: Hinterkeuser/Meiner 2002, S. 136–149.

Küster 1942
Isolde Küster, Leonhard Christoph Sturm. Leben und Leistung auf dem Gebiet der Zivilbaukunst in Theorie und Praxis, Diss. Berlin 1942.

Küttler 1955
Bodo Küttler, Die Wiederherstellung des ehemaligen Zeughauses in Berlin, in: Von Domen, Mühlen und goldenen Reitern (zusammengestellt von Reimar Gilsenbach und Ursula Zielinski), Dresden 1955, S. 89–96.

Kutscher 1995
Barbara Kutscher, Paul Deckers »Fürstlicher Baumeister« (1711/1716). Untersuchungen zu Bedingungen und Quellen eines Stichwerks. Mit einem Werkverzeichnis, Frankfurt am Main 1995.

Ladendorf 1935
Heinz Ladendorf, Der Bildhauer und Baumeister Andreas Schlüter, Berlin 1935.

Ladendorf 1936
Heinz Ladendorf, Rezension: Albert Geyer, Geschichte des Schlosses zu Berlin, Berlin 1936, in: Zeitschrift für Kunstgeschichte 5, 1936, S. 161–165.

Ladendorf 1937
Heinz Ladendorf, Andreas Schlüter, Berlin 1937.

Ladendorf 1961
Heinz Ladendorf, Andreas Schlüter. Das Denkmal des Großen Kurfürsten, Stuttgart 1961.

Ladendorf 1997
Heinz Ladendorf, Andreas Schlüter, (Neuauflage der Ausgabe Berlin 1937, mit einem Nachwort von Helmut Börsch-Supan), Leipzig 1997.

Lambacher 1993
Lothar Lambacher, Wiederentdeckung im Depot. Ein Relieffragment vom Portal I des Berliner Schlosses, in: Museums-Journal 7, 1993 (3), S. 52–55.

Langberg 1967
Harald Langberg, Tessins Amalienborg, in: Konsthistorisk Tidskrift 36, 1967 (3/4), S. 136–142.

Laudel 1990
Heidrun Laudel, Planungen zum Dresdner Schloß, in: Matthäus Daniel Pöppelmann. Der Architekt des Dresdner Zwingers, hrsg. von Harald Marx, Leipzig 1990, S. 138–148.

Lavin 1993
Irving Lavin, Fischer von Erlach, Tiepolo und die Einheit der bildenden Künste, in: Kunsthistorisches Jahrbuch Graz 25, 1993, S. 251–274.

Ledebur 1831
Leopold von Ledebur, Geschichte der Königlichen Kunstkammer in Berlin, in: Allgemeines Archiv für die Geschichtskunde des Preußischen Staates Bd. 6, Berlin 1831, S. 3–57.

Leibniz 1916
Gottfried Wilhelm Leibniz, Deutsche Schriften, hrsg. von Walther Schmied-Kowarzik, 2 Bde., Leipzig 1916.

Leti 1687
Gregorio Leti, Ritratti historici, politici, chronologici e genealogici della casa serenissima, & elettorale di Brandeburgo, 2 Bde., Amsterdam 1687.

Leutinger 1593
Nicolaus Leutinger, Commentarii de Marchia et rebus Brandenburgensis, Wittenberg 1593.

Löschburg 1981
Winfried Löschburg, Die Stadt Berlin im Jahre 1690, gezeichnet von Johann Stridbeck, Leipzig 1981.

Lorenz 1979
Hellmut Lorenz, Das »Lustgartengebäude« Fischers von Erlach – Variationen eines architektonischen Themas, in: Wiener Jahrbuch für Kunstgeschichte 32, 1979, S. 59–76.

Lorenz 1980
Hellmut Lorenz, Eine weitere Zeichnung zu Fischers »Lustgartengebäude«, in: Wiener Jahrbuch für Kunstgeschichte 33, 1980, S. 174–176.

Lorenz 1991
Hellmut Lorenz, Domenico Martinelli und die österreichische Barockarchitektur, Wien 1991.

Lorenz 1992
Hellmut Lorenz, Johann Bernhard Fischer von Erlach, Zürich/München/London 1992.

Lorenz 1993
Hellmut Lorenz, Andreas Schlüters Landhaus Kameke in Berlin, in: Zeitschrift für Kunstgeschichte 57, 1993, S. 153–172.

Lorenz 1994
Hellmut Lorenz, Rezension: Goerd Peschken, Das königliche Schloß zu Berlin. Bd. 1: Die Baugeschichte von 1688–1701, München 1992, in: Forschungen zur Brandenburgischen und Preußischen Geschichte NF 4, 1992, S. 266–269.

Lorenz 1995
Hellmut Lorenz, Leonard Christoph Sturms »Prodromus Architecturae Goldmannianae«, in: Niederdeutsche Beiträge zur Kunstgeschichte 34, 1995, S. 119–144.

Lorenz 1998
Berliner Baukunst der Barockzeit. Die Zeichnungen und Notizen aus dem Reisetagebuch des Architekten Christoph Pitzler (1657–1707), hrsg. von Hellmut Lorenz, Berlin 1998.

Lorenz 2002
Hellmut Lorenz, Das barocke Berliner Stadtschloß. Königliche Architektur im europäischen Kontext, in: Dreihundert Jahre preußische Königskrönung. Eine Tagungsdokumentation, hrsg. v. Johannes Kunisch, Berlin 2002, S. 159–187 (= Forschungen zur Brandenburgischen und Preußischen Geschichte, NF, Beiheft 6).

Lucks 1920
Bruno Lucks, Die Königliche Kapelle in Danzig, in: Die Denkmalpflege 22, 1920, S. 35–37.

Lünig 1719/20
Johann Christian Lünig, Theatrum Ceremoniale Historico-Politicum oder Historisch- und Politischer Schauplatz aller Ceremonien, 2 Bde., Leipzig 1719/20.

Maether 2000
Bernd Maether, Die Vernichtung des Berliner Stadtschlosses. Eine Dokumentation, Berlin 2000.

Mańkowski 1939
Tadeusz Mańkowski, Nieznane rzeźby Andrzeja Schlütera, in: Dawna Sztuka 2, 1939 (3), S. 219–234.

Mańkowski 1939/1946
Tadeusz Mańkowski, Prace Schlütera w Wilanowie, in: Prace Komisji Historii Sztuki 8, 1939/1946, S. 151–181.

Mańkowski 1951
Tadeusz Mańkowski, Rzezby Schlütera w palacu Krasinskich w Warszawie, in: Biuletyn Historii Sztuki 13, 1951 (2/3), S. 118–137.

Mańkowski 1955
Tadeusz Mańkowski, Schlüters Arbeiten in Wilanów, in: Kunst im Osten und Norden, L Schlüter A 1, Marburg o. J., S. 17–40.

Marder 1998
Tod A. Marder, Bernini and the Art of Architecture, New York/London/Paris 1998.

Marperger 1711
Paul Jakob Marperger, Historie und Leben der berühmtesten europäischen Baumeister, Hamburg 1711.

Martin 1989
Werner Martin, Manufakturbauten im Berliner Raum seit dem ausgehenden 18. Jahrhundert (= Die Bauwerke und Kunstdenkmäler von Berlin, Beiheft 18), Berlin 1989, S. 125–128.

Marx 1989
Harald Marx, Matthäus Daniel Pöppelmann. Leben, Werk und Nachruhm, in: Matthäus Daniel Pöppelmann. Der Architekt des Dresdner Zwingers, hrsg. von Harald Marx, Leipzig 1990, S. 9–90.

Menadier 1901
Julius Menadier, Schaumünzen des Hauses Hohenzollern, hrsg. von den Königlichen Museen zu Berlin, Berlin 1901.

Mertens 1996
Melanie Mertens, Entwurfs- und Baugeschichte der Berliner Parochialkirche 1694–1701. Der Einfluß der italienischen Renaissancearchitektur auf den Entwurf Nerings, in: Studien zur barocken Baukultur in Berlin-Brandenburg, hrsg. von Peter-Michael Hahn u. Hellmut Lorenz, Potsdam 1996 (Quellen und Studien zur Geschichte und Kultur Brandenburg-Preußens und des Alten Reiches, 3), S. 9–35.

Mertens/Lorenz 1997
Melanie Mertens und Hellmut Lorenz, Kirchen zwischen 1648 und 1780, in: Berlin und seine Bauten. Teil VI: Sakralbauten, Berlin 1997, S. 16–38.

Mielke 1964
Friedrich Mielke, Philipp de Chieze, in: Jahrbuch für die Geschichte Mittel- und Ostdeutschlands Bd. 13/14, 1964, S. 384–392.

Mielke 1991
Friedrich Mielke, Potsdamer Baukunst. Das klassische Potsdam, Berlin 1991 (2. Aufl.).

Millenet 1776
Peter Heinrich Millenet, Kritische Anmerkungen den Zustand der Baukunst in Berlin und Potsdam betreffend, Berlin 1776 (Nachdruck 1994).

Moes 1904
E. W. Moes, Een »Album Amicorum« van Petrus Schenck, in: Oud Holland 22, 1904, S. 146–154.

Mossakowski 1965
Stanisław Mossakowski, Pałac Krasińskich w Warszawie (1677–1699), in: Folia historiae artium 2, 1965, S. 117–192.

Mossakowski 1994a
Stanisław Mossakowski, Tilman van Gameren. Leben und Werk, München/Berlin 1994.

Mossakowski 1994b
Stanisław Mossakowski, Zwischen Rom, München und Warschau. Rätselhafte Zeichnungen in der Sammlung des Architekten Tilman van Gameren, in: Zeitschrift für Kunstgeschichte 57, 1994, S. 201–218.

Müller 1896
Hans Müller, Die Königliche Akademie der Künste zu Berlin, Berlin 1896.

Müller 1906
Nikolaus Müller, Die Gründung und der erste Zustand der Domkirche zum hlg. Kreuz in Köln-Berlin und das Neue Stift in Halle a.S., in: Jahrbuch für brandenburgische Kirchengeschichte 2/3, 1906, S. 68–232.

Müller 1994
Regina Müller, Das Berliner Zeughaus. Die Baugeschichte, Berlin 1994.

Müller/Küster 1737–1769
Johann Christoph Müller/Georg Gottfried Küster, Altes und Neues Berlin, 4 Teile, (Teil I 1737, Teil II 1752, Teil III 1756, Teil IV 1769), Berlin 1737–1769.

Muttray 1912
Muttray, Der Danziger Bildhauer Andreas Schlüter, in: Mitteilungen des Westpreußischen Geschichtsvereins 11, 1912, S. 44–49.

Neugebauer 1999
Wolfgang Neugebauer, Residenz – Verwaltung – Repräsentation. Das Berliner Schloß und seine historischen Funktionen vom 15. bis 20. Jahrhundert, Potsdam 1999 (= Kleine Schriftenreihe der Historischen Kommission zu Berlin Heft 1).

Nicolai 1786a
Friedrich Nicolai, Beschreibung der Königlichen Residenzstädte Berlin und Potsdam, aller daselbst befindlicher Merkwürdigkeiten, und der umliegenden Gegend, Berlin 1786.

Nicolai 1786b
Friedrich Nicolai, Nachricht von den Baumeistern, Bildhauern, Kupferstechern, Malern, Stukkateuren und andern Künstlern, Berlin/Stettin 1786.

Nicolai 2002
Bernd Nicolai, Andreas Schlüter. Das Reiterdenkmal des Großen Kurfürsten im Ehrenhof von Schloss Charlottenburg, Berlin 2002.

Nicolas 1937a
Raoul Nicolas, Die ältesten Ansichten von Berlin, in: Mitteilungen des Vereins für die Geschichte Berlins 54, 1937, S. 29–35.

Nicolas 1937b
Raoul Nicolas, Ist das Schloß Kurfürst Friedrichs II. 1540 ganz abgebrochen worden?, in: Mitteilungen des Vereins für die Geschichte Berlins 54, 1937, S. 58–63.

Niemann 1926
Willy Bruno Niemann, Christian Eltester, Kurfürstl. Brandenburg. Hofbaumeister und Ingenieur, in: Zeitschrift für Bauwesen 76, 1926, S. 76–78.

Nirrnheim 1930
H. Nirrnheim, Wo und wann wurde Andreas Schlüter geboren?, in: Zeitschrift des Vereins für Hamburgische Geschichte 31, 1930, S. 243–256.

Noehles 1961
Karl Noehles, Die Louvre-Projekte von Pietro da Cortona und Carlo Rainaldi, in: Zeitschrift für Kunstgeschichte 24, 1961, S. 40–74.

Noworyta-Kuklińska 1994
Bożena Noworyta-Kuklińska, Kaplica Królewska w Gdańsku, Fakty i wątpliwości, in: Roczniki Humanistyczne 42, 1994, S. 165–174.

Oelrichs 1796
D. Oelrichs, Authentische Untersuchungs=Protocolle wegen des an des Berlinischen Schlosses Ecke nach der Hundebrücke, mißgerathenen Baues des zur Wasserkunst gewidmeten sogenannten Münzthurmes, der um das J. 1680 zu bauen angefangen worden, und 500 Fuß hoch seyn sollen, 1706 aber mit dem Bau, weil das Fundament zu schlecht gewesen, aufgehöret, und solcher völlig abgetragen werden müssen, in: Denkwürdigkeiten und Tagesgeschichte der Mark Brandenburg 1, 1796 (Jan.–Juni), S. 479–484; 2, 1796 (Juli–Dez.), S. 810–823.

Oelsner/Prinz 1992
Norbert Oelsner und Henning Prinz, Die Residenz Augusts des Starken, in: Das Dresdner Schloß. Monument sächsischer Geschichte und Kultur, hrsg. von den Staatlichen Kunstsammlungen Dresden, Dresden (3. Aufl.) 1992.

Oestreich 1971
Gerhard Oestreich, Friedrich Wilhelm, der Große Kurfürst, Göttingen/Zürich/Frankfurt am Main 1971.

Olsson 1940/1941
Martin Olsson (Hrsg.), Stockholms Slotts Historia, 3 Bde., Stockholm 1940/1941.

Opgenoorth 1971/1978
Ernst Opgenoorth, Friedrich Wilhelm. Der Große Kurfürst von Brandenburg, 2 Bde., Göttingen 1971/1978.

Otten 1985
Fred Otten, Der Reisebericht eines anonymen Russen über seine Reise nach Westeuropa im Zeitraum 1697/1699. Zum Autor und zur Sprache eines Reiseberichtes, Berlin 1985 (= Veröffentlichungen der Abteilung für slavische Sprachen und Literaturen des Osteuropa-Instituts [Slavisches Seminar] an der Freien Universität Berlin Bd. 59).

Otten 1988a
Fred Otten, Neue Quellen zur Datierung einer Wachsfigur Friedrichs I., in: Zeitschrift des Deutschen Vereins für Kunstwissenschaft 42, 1988 (2), S. 77–81.

Otten 1988b
Fred Otten, »Und die Paläste waren sehr wunderbar«. Russische Reiseberichte, in: Deutsche und Deutschland aus russischer Sicht 11.–17. Jahrhundert, hrsg. von Dagmar Herrmann, München 1988, S. 274–308 (= West-östliche Spiegelungen. Russen und Rußland aus deutscher Sicht und Deutsche und Deutschland aus russischer Sicht von den Anfängen bis zum 20. Jahrhundert. Wuppertaler Projekt zur Erforschung der Geschichte deutsch-russischer Fremdenbilder unter der Leitung von Lew Kopelew, Reihe B, Bd. 1).

Ottenheym 1999
Konrad Ottenheym, Fürsten, Architekten und Lehrbücher. Wege der holländischen Baukunst nach Brandenburg im 17. Jahrhundert, in: Ausst.-Kat. Onder den Oranje Boom 1999, Textbd., S. 287–298.

Ottenheym 2000
Konrad Ottenheym, The Dutch years of Tilman van Gameren, in: Biuletyn Historii Sztuki 62, 2000, S. 87–103.

Pabst/Rückwardt 1885
Arthur Pabst/Hermann Rückwardt, Skulpturenschmuck am Königl. Zeughause zu Berlin, I. Serie: Türfüllungen, Berlin 1885.

Palladio 1570
Andrea Palladio, I Quattro libri dell'architettura, Venedig 1570.

Panofsky 1919
Erwin Panofsky, Die Scala Regia im Vatikan und die Kunstanschauungen Berninis, in: Jahrbuch der Preußischen Kunstsammlungen 40, 1919, S. 241–278.

Paschke 1994
Ralph Paschke, Einstürzende Turmbauten. Anmerkungen zur Berliner Baugeschichte des 18. Jahrhunderts, in: pinxit/sculpsit/fecit. Festschrift für Bruno Bushart, hrsg. v. Bärbel Hamacher u. Christl Karnehm, München 1994, S. 274–290.

Peschken 1965
Goerd Peschken, Die städtebauliche Einordnung des Berliner Schlosses zur Zeit des Preußischen Absolutismus unter dem großen Kurfürsten und König Friedrich I. von 1640 bis 1713, in: Gedenkschrift Ernst Gall, hrsg. von Margarete Kühn u. Louis Grodecki, München/Berlin 1965, S. 345–370).

Peschken 1967
Goerd Peschken, Neue Literatur über Andreas Schlüter, in: Zeitschrift für Kunstgeschichte 30, 1967, S. 229–246.

Peschken 1975
Goerd Peschken, Tessin und Schlüter, in: Sitzungsberichte der Kunstgeschichtlichen Gesellschaft zu Berlin 24, 1975, S. 3–7.

Peschken 1977a
Goerd Peschken, Ein Königsschloß für Berlin. Bisher unerforschte Anfänge des barocken Umbaus des Stadtschlosses, in: Der Bär von Berlin 26, 1977, S. 15–41.

Peschken 1977b
Goerd Peschken, Eine Planung Tessins für das Berliner Schloß?, in: Konsthistorisk tidskrift 46, 1977, S. 14–27.

Peschken 1978
Goerd Peschken, Beobachtungen zu Schlüter, in: Jahrbuch der Hamburger Kunstsammlungen 23, 1978, S. 65–72.

Peschken 1983/84
Goerd Peschken, Anfänge Schlüters als Architekt, in: Sitzungsberichte der Kunstgeschichtlichen Gesellschaft zu Berlin NF 32, 1983/84, S. 10f.

Peschken 1992
Goerd Peschken, Das königliche Schloß zu Berlin. Bd. 1: Die Baugeschichte von 1688–1701, München 1992.

Peschken 1998
Goerd Peschken, Das königliche Schloß zu Berlin. Bd. 2: Die Baugeschichte von 1701 bis 1706, Berlin/München 1998.

Peschken 2002
Goerd Peschken, Beobachtungen zu Jean Baptiste Broebes, in: Hinterkeuser/Meiner 2002, S. 151–155.

Peschken/Klünner 1982
Goerd Peschken/Hans-Werner Klünner, Das Berliner Schloß, Frankfurt am Main/Wien/Berlin 1982.

Peschken/Wiesinger 2001
Goerd Peschken/Liselotte Wiesinger, Das königliche Schloß zu Berlin. Bd. 3: Die barocken Innenräume, Text- und Tafelbd., München/Berlin 2001.

Petras 1954
Berliner Plastik im achtzehnten Jahrhundert, Berlin 1954 (= Veröffentlichungen der Deutschen Akademie der Künste Bd. 4).

Petras 1992
Renate Petras, Das Schloß in Berlin. Von der Revolution 1918 bis zur Vernichtung 1950, Berlin u. München 1992.

Pevsner 1928
Nikolaus Pevsner, Leipziger Barock. Die Baukunst der Barockzeit in Leipzig, Dresden 1928.

Pick 1913
Herrmann Pick, Der unvollendet gebliebene Bibliotheksbau des Großen Kurfürsten, in: Beiträge zum Bibliotheks- und Buchwesen, Berlin 1913, S. 211–215.

Pinder 1957 [1911]
Wilhelm Pinder, Deutscher Barock. Die großen Baumeister des 18. Jahrhunderts, Königstein/Taunus 1957 [1911].

Pitzler o. J.
Christoph Pitzler, Mein, Christoph Pitzlers Reysebeschreibung durch Teutschland, Holland, Spanische Niederlande, Franck-Reich und Italien, Was in demselben meiner Profession zuständig merckwürdiges gesehen, bloß zur nachricht endworffen und beschrieben (Manuskript; ehem. Berlin, Technische Hochschule Charlottenburg).

Portoghesi 1992
Paolo Portoghesi, Roma barocca, Rom 1992.

Preimesberger 1974
Rudolf Preimesberger, Obeliscus Pamphilius. Beiträge zu Vorgeschichte und Ikonographie des Vierströmebrunnens auf Piazza Navona, in: Münchner Jahrbuch der Bildenden Kunst NF 25, 1974, S. 77–162.

Pusthius 1870
Ferdinand Pusthius, Chronicon Berolinense continens res Berolini actas ab a. 1307. vsque ad a. 1699, Accedit Series consulum Berolinensium, Berlin 1870 (= Schriften des Vereins für die Geschichte Berlins 4, 1870).

Rabe 1832
Martin Friedrich Rabe, Nachricht von einem im Königl. Schlosse zu Berlin, auf ursprünglicher Stelle, wieder aufgefundenen Bildwerk in Sandstein, welches eine Zierde des großen Saals in dem vom Churfürst Joachim II. erbauten Schlosse war, in: Allgemeines Archiv für die Geschichtskunde des Preußischen Staates, hrsg. von Leopold von Ledebur, Bd. 8, Berlin, Posen/Bromberg 1832, S. 58–70.

Ranisch 1695
Bartel Ranisch, Beschreibung aller Kirchen-Gebäude der Stadt Dantzig [. . .]. Verfasset und gezeichnet durch Bartel Ranisch, Bürgern und Mauer-Meistern in Dantzig, Danzig 1695.

Rave 1941
Paul Ortwin Rave, Karl Friedrich Schinkel Lebenswerk, Berlin 1. Teil: Bauten für die Kunst, Kirchen und Denkmalpflege, Berlin 1941.

Rave 1962
Paul Ortwin Rave, Karl Friedrich Schinkel. Berlin III: Bauten für Wissenschaft, Verwaltung, Heer, Wohnbau und Denkmäler, Berlin 1962, S. 172–174.

Rave 1994
Paul Ortwin Rave, Zur Geschichte der Preußischen Kunstsammlungen. Von der Schloßkapelle zur Kunstkammer, in: ders., Schriften über Künstler und die Kunst, hrsg. von Stephan Waetzoldt, Stuttgart 1994, S. 177–221.

Redslob 1955
Edwin Redslob, Andreas Schlüter und die Plastik der Niederlande, in: Zeitschrift für Kunstwissenschaft 19, 1955, S. 89–96.

Reichl 1930
Otto Reichl, Zur Geschichte der ehemaligen Berliner Kunstkammer, in: Jahrbuch der Preußischen Kunstsammlungen 51, 1930, S. 223–249.

Reinert 2001
Stephan Reinert, Überlegungen zum bau- und gartenkünstlerischen Schaffen Johann Friedrich Karchers (1650–1726), in: Der Große Garten zu Dresden – Gartenkunst in vier Jahrhunderten, hrsg. von der Sächsischen Schlösserverwaltung, Dresden 2001, S. 43–53, S. 171–173.

Reuther/Berckenhagen 1994
Hans Reuther und Ekhart Berckenhagen, Deutsche Architekturmodelle. Projekthilfe zwischen 1500 und 1900, Berlin 1994.

Rose 1919
Hans Rose, Tagebuch des Herrn von Chantelou über die Reise des Cavaliere Bernini nach Frankreich, München 1919.

Rose 1922
Hans Rose, Spätbarock. Studien zur Geschichte des Profanbaues in den Jahren 1660–1760, München 1922.

Rose 1924
Hans Rose, Nikodemus Tessin der Jüngere und der Neubau des Schlosses von Stockholm, in: Festschrift Heinrich Wölfflin, München 1924, S. 445–472.

Rothamel 1991
Jörk Rothamel, Andreas Schlüter und seine Nachfolger als Baumeister Peters des Großen, Phil.-Diss. Leipzig 1991 (MS).

Rottermund 1996
Andrzej Rottermund, Königsschloß in Warschau, Warschau 1996.

Rubens 1622
Peter Paul Rubens, Palazzi di Genova, Antwerpen 1622 (Neudruck Dortmund 1982).

Ruddigkeit 1986
Werner Ruddigkeit, Bauten und Entwürfe für die Königliche und Staatsbibliothek in Berlin, in: 325 Jahre Staatsbibliothek in Berlin. Das Haus und seine Leute, Ausst. Berlin, Kat. Wiesbaden 1986, S. 15–35.

Rumpf 1794
Johann Daniel Friedrich Rumpf, Beschreibung der äussern und innern Merkwürdigkeiten der Königlichen Schlösser in Berlin, Charlottenburg, Schönhausen, in und bey Potsdam. Ein Handbuch für Fremde und Einheimische, Berlin 1794.

Saring 1941
Hans Saring, Das Berliner Ballhaus zur Zeit des Großen Kurfürsten, in: Mitteilungen des Vereins für die Geschichte Berlins 58, 1941, S. 5–7.

Saur 1992–2001
Saur. Allgemeines Künstlerlexikon, Die Bildenden Künstler aller Zeiten und Völker, Bd. 1–28, München/Leipzig 1992 bis 2001.

Schachinger 1993
Erika Schachinger, Der Situationsplan von Christian Friedrich Schmidt aus dem Jahr 1643. Ein Beitrag zu seiner Zuordnung auf den Werder bei Cölln, in: Mitteilungen des Vereins für die Geschichte Berlins 89, 1993, S. 125–129.

Schasler 1856
Max Schasler, Die öffentlichen und Privat-Kunstsammlungen, Kunstinstitute und Ateliers der Künstler und Kunstindustriellen von Berlin. Ein praktisches Handbuch zum Besuch des Königlichen Schlosses, des Palais vom Hochseligen Könige, der sämmtlichen öffentlichen Galerien, Sammlungen, Künstlerateliers u.s.f., Berlin 1856.

Schellenberg 1943
Alfred Schellenberg, Neuentdeckte Warschauer Arbeiten Schlüters. – Auch das Relief auf der Gartenseite des Krasinskipalastes ein Werk des Meisters – Auch die Plastiken nach seinen Entwürfen – Tylman von Gameren als Schöpfer des Entwurfes zum Palais erkannt – Jugendwerke des Rokokobildhauers Pinzel, in: Krakauer Zeitung (Reichsausgabe) vom 14. Februar 1943 (5. Jg., Folge 39), S. 5.

Schellenberg 1944
Alfred Schellenberg, Warschau. Eine kunstgeschichtliche Skizze, in: Karl Grundmann und Alfred Schellenberg (Hrsg.), Warschau, Krakau 1944, S. 33–62.

Schellenberg 1951
Alfred Schellenberg, Andreas Schlüter, Kitzingen 1951 (= Der Göttinger Arbeitskreis, Schriftenreihe Heft 14).

Schellenberg 1954
Alfred Schellenberg, Andreas Schlüter in Warschau, in: Zeitschrift für Ostforschung 3, 1954, S. 422–431.

Schendel 2002
Adelheid Schendel, Die Plankammer der Stiftung Preußische Schlösser und Gärten Berlin-Brandenburg, in: Ausst.-Kat. Die Hand des Architekten 2002, S. 190–208.

Schenk 1702
Pieter Schenk, Hecatompolis, sive Totius orbis Terrarum Oppida Nobiliora Centum [...], o. O. (Amsterdam?) 1702 (Nachdruck Unterschneidheim 1971).

Schieder 1935
Theodor Schieder, Die preußische Königskrönung von 1701 und die politische Ideengeschichte, in: Altpreußische Forschungen 12, 1935, S. 64–86.

Schiedlausky 1942
Günther Schiedlausky, Martin Grünberg. Ein märkischer Baumeister aus der Wende vom 17. zum 18. Jahrhundert, Burg bei Magdeburg 1942.

Schiedlausky-Aktennotizen
Günther Schiedlausky, Archivnotizen zur preußischen Kunstgeschichte, (Manuskript; SPSG).

Schmitt 1875
C. A. Schmitt, Berliner Posthäuser, in: Deutsches Postarchiv. Beihefte zum Amtsblatt der Deutschen Reichs-Postverwaltung 3, 1875, S. 512–526.

Schnath 1962
Georg Schnath, Das Leineschloß. Kloster. Fürstensitz. Landtagsgebäude, Hannover 1962.

Schneider 1937
Ernst Schneider, Paul Decker d. Ä. Beiträge zu seinem Werk, Düren 1937.

Schneider 1938
Ernst Schneider, Eine Architekturzeichnung aus dem Kreis Schlüters, in: Jahrbuch der Preußischen Kunstsammlungen 59, 1938, S. 49–55.

Schramm 1735
Carl Christian Schramm, Historischer Schauplatz, in welchem die Merkwuerdigsten Brücken aus allen vier Teilen der Welt [...] vorgestellet und beschrieben werden, Leipzig 1735.

Schulz 1986
Günther Schulz, Die ältesten Stadtpläne Berlins 1652–1757, Weinheim 1986.

Schulz 1998
Günther Schulz, Stadtpläne von Berlin 1652 bis 1920, Berlin 2002 (= Schriftenreihe des Landesarchivs Berlin, Bd. 3).

Schulz/Matschenz 2002
Günther Schulz/Andreas Matschenz, Stadtpläne von Berlin 1652 bis 1920, Tafelband, Berlin 2002 (= Schriftenreihe des Landesarchivs Berlin, Bd. 4).

Sedlmayr 1932
Hans Sedlmayr, Entwürfe Fischer von Erlachs für ein Lustschloß Friedrichs I. von Preußen, in: Jahrbuch der Preußischen Kunstsammlungen 53, 1932, S. 57–64.

Sedlmayr 1940
Hans Sedlmayr, Michelangelo. Versuch über die Ursprünge seiner Kunst, München 1940.

Sedlmayr 1976
Hans Sedlmayr, Johann Bernhard Fischer von Erlach, Wien 1976.

Seelig 1999
Lorenz Seelig, Augsburger Silbermöbel für Dresden, Wien und Berlin. Stilvarianten und Programme höfischer Raumausstattungen, in: Münchner Jahrbuch der bildenden Kunst, 3. F. 50, 1999, S. 171–216.

Segelken 2000
Barbara Segelken, Sammlungsgeschichte zwischen Leibniz und Humboldt, in: Theater der Natur und Kunst. Theatrum Naturae et Artis. Wunderkammer des Wissens, Ausst.-Kat. Berlin 2000, Essaybd., S. 44–51.

Seidel 1830
Carl Seidel, Berlins Architektur in kunstwissenschaftlicher Hinsicht, Berlin 1830.

Seidel 1890a
Paul Seidel, Der Lustgarten am Schlosse in Berlin bis zu seiner Auflösung im Jahre 1715, in: Forschungen zur Brandenburgischen und Preußischen Geschichte 3, 1890, S. 89–124.

Seidel 1890b
Paul Seidel, Die Beziehungen des Großen Kurfürsten und König Friedrichs I. zur niederländischen Kunst, in: Jahrbuch der Königlich Preußischen Kunstsammlungen 11, 1890, S. 119–149.

Seidel 1893
Paul Seidel, Das Standbild des Großen Kurfürsten in Berlin, in: Zeitschrift für Bauwesen 43, 1893, Sp. 55–62.

Seidel 1902
Paul Seidel, Lustschiffe König Friedrichs I. auf Spree und Havel, in: Hohenzollern-Jahrbuch 6, 1902, S. 255–260.

Seidel 1904
Paul Seidel, Das Potsdamer Stadtschloß bis zu Friedrich dem Großen. Eine Skizze, in: Hohenzollern-Jahrbuch 8, 1904, S. 143–174.

Seidel 1910
Paul Seidel, Altberliner Ansichten in den königlichen Schlössern, in: Hohenzollern-Jahrbuch 14, 1910, S. 246–251.

Sirén 1914
Osvald Sirén, Nicodemus Tessin D.Y.'s Studieresor i Danmark, Tyskland, Holland, Frankrike och Italien, Stockholm 1914.

Sladek 1985
Elisabeth Sladek, Der Palazzo Chigi-Odescalchi an der Piazza SS. Apostoli, in: Römische historische Mitteilungen 27, 1985, S. 439–503.

Smith 1993
Gil R. Smith, Architectural Diplomacy. Rome and Paris in the Late Baroque, New York/Cambridge, Mass./London 1993.

Starzyński 1932/33
Juljusz Starzyński, Augustin Locci, inżynier i artystyczny doradca Jana III, in: Bjuletyn Naukowy, wydawany przez Zakład Architektury Polskiej i Historji Sztuki Politechniki Warszawskiej 1, 1932/33 (3), S. 119–127.

Starzyński 1933
Juljusz Starzyński, Wilanów. Dzieje budowy pałacu za Jana III., in: Studia do dziejów sztuki w Polsce Bd. 5, Warschau 1933 (2. Aufl. 1976).

Steche 1891
Richard Steche, Pläne für das K. Zeughaus und ein K. Stallgebäude zu Berlin aus dem Nachlasse des Generals de Bodt, Berlin 1891.

Straube 1916
Herbert Straube, Die Bildhauerfamilie Döbel (Diss. Königsberg 1916), in: Altpreußische Monatsschrift 52, 1916 (4), S. 440 bis 494 (Provinzialblätter Bd. 118); 53, 1916 (1/2), S. 151–196 (Provinzialblätter Bd. 119).

Streichhan 1932
Anneliese Streichhan, Knobelsdorff und das friderizianische Rokoko, Burg bei Magdeburg 1932.

Sturm 1714
Leonhard Christoph Sturm, Prodromus Architecturae Goldmannianae, Augsburg 1714.

Sturm 1718
Leonhard Christoph Sturm, Anweisung, die Bogenstellungen nach der Civilbaukunst recht einzuteilen, Augsburg 1718.

Tentzel 1696
Wilhelm Ernst Tentzel, Monatliche Unterredungen Einiger Guten Freunde Von Allerhand Büchern und andern annehmlichen Geschichten. Allen Liebhabern Der Curiositäten Zur Ergötzlichkeit und Nachsinnen, Leipzig 1696.

Terwen 1979
J. J. Terwen, Johann Moritz und die Architektur, in: Soweit der Erdkreis reicht, Johann Moritz von Nassau-Siegen 1604–1679, Ausst.-Kat. Kleve 1979, S. 127–142.

Theatrum Europaeum 1698
Theatrum Europaeum Bd. 13 (1687–1691), Frankfurt am Main 1698.

Theatrum Europaeum 1717
Theatrum Europaeum Bd. 16 (1701–1703), Frankfurt am Main 1717.

Theatrum Europaeum 1718
Theatrum Europaeum Bd. 17 (1704–1706), Frankfurt am Main 1718.

Theatrum Europaeum 1720
Theatrum Europaeum Bd. 18 (1707–1709), Frankfurt am Main 1720.

Theatrum Europaeum 1734
Theatrum Europaeum Bd. 20 (1713–1715), Frankfurt am Main 1734.

Theuerkauff 1981a
Christian Theuerkauff, Zur Geschichte der Brandenburgisch-Preußischen Kunstkammer bis gegen 1800, in: Ausst.-Kat. Brandenburgisch-Preußische Kunstkammer 1981, S. 13–33.

Theuerkauff 1981b
Christian Theuerkauff, Anmerkungen und Fragen zu einigen Bildwerken der Zeit des Großen Kurfürsten und Friedrichs III. (I.) von Brandenburg-Preußen in Berlin und Norddeutschland, in: Barockskulptur in Mittel- und Osteuropa, hrsg. von Konstanty Kalinowski, Kongreß Posen 1978 (25.–30. September), Akten Posen 1981, S. 167–185.

Thiel 1987
Klaus-Ludwig Thiel, Staatsbauentwürfe Jean de Bodts für Friedrich I. in Theorie und Praxis, (Diss.) Köln 1987.

Thies 1982
Harmen Thies, Michelangelo, Das Kapitol, München 1982 (= Italienische Forschungen, hrsg. vom Kunsthistorischen Institut in Florenz, 3. Folge, Band 11).

Thurneysser 1572
Leonhard Thurneysser zum Thurn, Pison, erster Teil, Frankfurt/Oder 1572.

Toland 1706
John Toland, Relation des Cours de Prusse et de Hanovre, Den Haag 1706.

Tripps 1997
Johannes Tripps, Berlin als Rom des Nordens: das Stadtschloß im städtebaulichen Kontext, in: Bruckmanns Pantheon 55, 1997, S. 112–125.

Vehse 1851
Eduard Vehse, Geschichte des preußischen Hofs und Adels und der preußischen Diplomatie, Bd. 2, Hamburg 1851.

Viergutz 2002
Volker Viergutz, Vereint im neuen Domizil am Eichborndamm. Das Landesarchiv Berlin und seine Außenstellen in Reinickendorf, in: Museums-Journal 16, 2002 (3), S. 42–45.

Vignola 1602
Giacomo Barozzi da Vignola, Regole delli cinque ordini con nuova et ultima aggiunta delle porte d'architettura di Michel Angelo Buonaroti, Rom 1602.

Völkel 2001
Michaela Völkel, Das Bild vom Schloß. Darstellung und Selbstdarstellung deutscher Höfe in Architekturstichserien 1600–1800, München/Berlin 2001 (= Kunstwissenschaftliche Studien, Bd. 92).

Voigt 1917
Chr. Voigt, Die Lustschiffe König Friedrichs I. (III.) von Preußen (1688–1713), in: Schriften des Vereins für die Geschichte Berlins 50, 1917, S. 521–547.

Voß 1908a
Georg Voß, Das Königliche Schloß in Berlin, in: Mitteilungen des Vereins für die Geschichte Berlins 25, 1908, S. 302–310.

Voß 1908b
Hermann Voß, Andreas Schlüters Reiterdenkmal des Großen Kurfürsten und die Beziehungen des Meisters zur italienischen und französischen Kunst, in: Jahrbuch der Königlich Preußischen Kunstsammlungen 29, 1908, S. 137–164.

Wagner 1904
Friedrich Wagner, Die älteste Geschichte des Domes und Domstiftes zu Köln-Berlin, in: Hohenzollern-Jahrbuch 8, 1904, S. 37–59.

Wallé 1884
Peter Wallé, Wer ist der Architekt des Zeughauses zu Berlin?, in: Kunstchronik 19, 1884, Sp. 477–480.

Wallé 1895
Peter Wallé, Johann Arnold Nering, in: Zentralblatt der Bauverwaltung 15, 1895, S. 445f.

Weinitz 1914
Franz Weinitz, Johann Jacobi. Der Gießer des Reiterdenkmals des Großen Kurfürsten in Berlin. Sein Leben und seine Arbeiten, Berlin 1914.

Wendland 1979
Folkwin Wendland, Berlins Gärten und Parke von der Gründung der Stadt bis zum ausgehenden 19. Jh., Frankfurt am Main/Berlin/Wien 1979.

Widacka 1987
Hanna Widacka, Jan III Sobieski w grafice XVII I XVIII wieku, Warschau 1987.

Wiesinger 1980
Liselotte Wiesinger, Drei unbekannte Ansichten des kurfürstlichen Berliner Schlosses aus dem 17. Jahrhundert, in: Schlösser, Gärten, Berlin. Festschrift für Martin Sperlich, Tübingen 1980, S. 35–51.

Wiesinger 1982
Liselotte Wiesinger, Der Elisabethsaal des Berliner Schlosses. Ein Beitrag zur Antikenrezeption in Berlin um 1700, in: Jahrbuch der Berliner Museen 24, 1982, S. 189–225.

Wiesinger 1989
Liselotte Wiesinger, Das Berliner Schloß. Von der kurfürstlichen Residenz bis zum Königsschloß, Darmstadt 1989.

Wiesinger 1992
Liselotte Wiesinger, Deckengemälde im Berliner Schloß, Frankfurt am Main/Berlin 1992.

Wiesinger 1995
Liselotte Wiesinger, Die Deckenmalereien Augustin Terwestens im Schloß Charlottenburg und im Berliner Schloß, in: Ausst.-Kat. Götter und Helden 1995, S. 69–92.

Wimmer 1985a
Clemens Alexander Wimmer, Vom Obstspalier zum Lustquartier. Brandenburgische Barockgärten, in: Berlin durch die Blume oder Kraut und Rüben. Gartenkunst in Berlin-Brandenburg, hrsg. von Marie-Louise Plessen, Ausst.-Kat. Berlin 1985, S. 64–73.

Wimmer 1985b
Clemens Alexander Wimmer, Sichtachsen des Barock, Berlin 1985.

Wimmer 1991
Clemens Alexander Wimmer, Addenda zum Berliner Lustgarten 1645–1713, in: Geschichte und Pflege. Festschrift Goerd Peschken, hrsg. von Frank Augustin, Vroni Heinrich u. Dieter Radicke, Berlin 1991, S. 95–118.

Winner 1998
Matthias Winner, Veritas, in: Ausst.-Kat. Bernini Scultore 1998, S. 290–309.

Wittkower 1966
Rudolf Wittkower, Gian Lorenzo Bernini. The Sculptor of the Roman Baroque, London ^{2}1966.

Wittkower 1990
Rudolf Wittkower, Art and Architecture in Italy 1600 to 1750, Harmondsworth 1990.

Wolf 1980
Jürgen Rainer Wolf, Louis Remy de la Fosse – Leben und Werk, in: Darmstadt in der Zeit des Barock und Rokoko. Louis Remy de la Fosse, Ausst.-Kat. Darmstadt 1980, S. 9–35.

Wolters 1978
Rudolf Wolters, Stadtmitte Berlin. Stadtbauliche Entwicklungsphasen von den Anfängen bis zur Gegenwart, Tübingen 1978.

Wrabec 1992
J. Wrabec, Kaplica Królewska w Gdańsku, Danzig 1992.

Wrede 2000
Henning Wrede, Cunctorum splendor ab uno. Archäologie, Antikensammlungen und antikisierende Ausstattungen in Nepotismus und Absolutismus, Stendal 2000 (= Schriften der Winckelmann-Gesellschaft Bd. 18).

Wundram/Pape 1988
Manfred Wundram/Thomas Pape, Andrea Palladio 1508–1580. Architekt zwischen Renaissance und Barock, Köln 1988.

Zeiller 1652
Martin Zeiller, Topographia electoratus Brandeburgici et Ducatus Pomeraniae etc. Das ist Beschreibung der vornehmsten und bekanntesten Stätte und Plätze in dem hochlöblichsten Chur-Fürstentum und March Brandeburg; und dem Herzogtum Pommern etc., Frankfurt am Main 1652.

Zendralli 1930
A. M. Zendralli, Graubündner Baumeister und Stukkatoren in deutschen Landen zur Barock- und Rokokozeit, Zürich 1930.

AUSSTELLUNGSKATALOGE

Ausst.-Kat. Andreas Schlüter 1964
Andreas Schlüter und die Plastik seiner Zeit. Eine Gedächtnisausstellung anläßlich der 250. Wiederkehr seines Todesjahres, bearb. von Eva Mühlbächer, hrsg. von Edith Fründt, Ausst.-Kat. Berlin (Ost) 1964.

Ausst.-Kat. Barockplastik in Norddeutschland 1977
Barockplastik in Norddeutschland, hrsg. von Jörg Rasmussen, Ausst.-Kat. Hamburg 1977.

Ausst.-Kat. Berlin und die Antike 1979
Berlin und die Antike. Architektur, Kunstgewerbe, Malerei, Skulptur, Theater und Wissenschaft vom 16. Jahrhundert bis heute, hrsg. von W. Arenhövel, Ausst.-Kat. Berlin 1979.

Ausst.-Kat. Berlin und die Antike 1979
Berlin und die Antike. Architektur, Kunstgewerbe, Malerei, Skulptur, Theater und Wissenschaft vom 16. Jahrhundert bis heute, hrsg. von W. Arenhövel, Aufsatz- und Katalogbd., Ausst.-Kat. Berlin 1979.

Ausst.-Kat. Bernini Scultore 1998
Bernini Scultore. La nascità del Barocco in Casa Borghese, Ausst.-Kat. Rom 1998.

Ausst.-Kat. Brandenburgisch-Preußische Kunstkammer 1981
Die Brandenburgisch-Preußische Kunstkammer. Eine Auswahl aus den alten Beständen, Ausst.-Kat. Berlin 1981.

Ausst.-Kat. Der Große Kurfürst 1988
Der Große Kurfürst. Sammler, Bauherr, Mäzen, Ausst.-Kat. Potsdam 1988.

Ausst.-Kat. Die Hand des Architekten 2002
Die Hand des Architekten. Zeichnungen aus Berliner Architektursammlungen, Ausst. Berlin, Kat. Köln 2002.

Ausst.-Kat. Die Zukunft der Metropolen 1984
Die Zukunft der Metropolen: Paris. London. New York. Berlin, 3 Bde., Ausst.-Kat. Berlin 1984.

Ausst.-Kat. Dreihundert Jahre Akademie der Künste 1996
»Die Kunst hat nie ein Mensch allein besessen«. Dreihundert Jahre Akademie der Künste, Ausst.-Kat. Berlin 1996.

Ausst.-Kat. Europäische Medaillenkunst 1995
Europäische Medaillenkunst von der Renaissance bis zur Gegenwart, hrsg. von W. Steguweit, Ausst.-Kat. Berlin 1995.

Ausst.-Kat. Götter und Helden 1995
Götter und Helden für Berlin. Gemälde und Zeichnungen von Augustin (1649–1711) und Matthäus Terwesten (1670–1757). Zwei niederländische Künstler am Hofe Friedrichs I. und Sophie Charlottes, bearb. von Renate Colella, Ausst. Berlin Kat. Potsdam 1995.

Ausst.-Kat. Herrliche Künste und Manufacturen 2001
»Herrliche Künste und Manufacturen«. Fayence, Glas und Tapisserien aus der Frühzeit Brandenburg-Preußens 1680–1720, Ausst.-Kat. Berlin 2001.

Ausst.-Kat. Kurfürst Max Emanuel 1976
Kurfürst Max Emanuel. Bayern und Europa um 1700, hrsg. von Hubert Glaser, 2 Bde., Bd. I Aufsatzband, Bd. II Katalog, Ausst. Schleißheim, Kat. München 1976.

Ausst.-Kat. Mathematisches Calcul 2000
Mathematisches Calcul und Sinn für Ästhetik. Die preußische Bauverwaltung 1770–1848, Ausst.-Kat. Berlin 2000.

Ausst.-Kat. Onder den Oranje Boom 1999
Onder den Oranje Boom. Niederländische Kunst und Kultur im 17. und 18. Jahrhundert an deutschen Fürstenhöfen, hrsg. von Horst Lademacher (Textbd.), 2 Bde., Text- u. Katalogbd., Ausst. Krefeld/Oranienburg/Apeldoorn 1999/2000, Kat. München 1999.

Ausst.-Kat. Preußen 1701. Eine europäische Geschichte 2001
Preußen 1701. Eine europäische Geschichte, Katalog- und Essaybd., Ausst.-Kat. Berlin 2001.

Ausst.-Kat. Sophie Charlotte und ihr Schloß 1999
Sophie Charlotte und ihr Schloß. Ein Musenhof des Barock in Brandenburg-Preußen, Ausst. Berlin 1999/2000, Kat. München/London/New York 1999.

Ausst.-Kat. Stadtbilder 1987
Stadtbilder. Berlin in der Malerei vom 17. Jahrhundert bis zur Gegenwart, Ausst.-Kat. Berlin 1987.

Ausst.-Kat. The Two Sicilies 1970
The Two Sicilies. Drawings from the Cooper-Hewitt Museum, Ausst.-Kat. New York 1970.

Ausst.-Kat. Theater der Natur und Kunst 2000
Theater der Natur und Kunst. Theatrum Naturae et Artis. Wunderkammer des Wissens, 2 Bde., Essay- und Katalogbd., Ausst.-Kat. Berlin 2000.

Ausst.-Kat. Unter den Linden 1997
Unter den Linden. Berlins Boulevard in Ansichten von Schinkel, Gaertner und Menzel, hrsg. von Birgit Verwiebe, Ausst.-Kat. Berlin 1997.

Ausst.-Kat. Unter einer Krone 1997
Unter einer Krone. Kunst und Kultur der sächsisch-polnischen Union, Ausst. Dresden Kat. Leipzig 1997.

Ausst.-Kat. Von Bernini bis Piranesi 1993
Von Bernini bis Piranesi. Römische Architekturzeichnungen des Barock, bearb. von Elisabeth Kieven, Ausst.-Kat. Stuttgart 1993.

Ausst.-Kat. Zwischen Oberspree und Unterhavel 1985
Zwischen Oberspree und Unterhavel. Von Sport und Freizeit auf Berlins Gewässern, bearb. von Hans J. Reichhardt, Ausst.-Kat. Berlin 1995 (= Ausstellungskataloge des Landesarchivs Berlin 3).

Dank

Die vorliegende Studie wurde 2002 von der Philosophischen Fakultät III der Humboldt-Universität zu Berlin als Dissertation angenommen. Für dieses Buch wurde sie überarbeitet und teilweise gekürzt.

Während der Arbeit an diesem Werk habe ich viel Unterstützung erfahren von Institutionen und Hilfe und Zuspruch von Kollegen, Freunden und Verwandten. Ihnen allen möchte ich an dieser Stelle von ganzem Herzen danken: besonders meinem Doktorvater Tilmann Buddensieg, der mich ermutigt hat, das Berliner Schloß in den Mittelpunkt meiner Forschungen über Andreas Schlüter zu stellen, für die engagierte Betreuung; Horst Bredekamp für die Übernahme des Zweitgutachtens; Hellmut Lorenz (Wien) für fachliche Anregungen und kollegiale Unterstützung und dem Land Berlin dafür, daß es die Arbeit mit einem zweijährigen Promotionsstipendium gefördert hat.

Die Veröffentlichungen und die Lehre von Hellmut Lorenz (Wien) haben meine Herangehensweise an das Thema maßgeblich beeinflußt, aber auch von vielen anderen Seiten habe ich fachlichen Rat und wertvolle Hinweise erhalten. Liselotte Wiesinger (Berlin) hat bis zu ihrem Tod im Herbst letzten Jahres meine Studien freundschaftlich begleitet und auf vielfache Weise unterstützt. Sie öffnete mir großzügig das von Margarete Kühn begründete und von ihr gemeinsam mit Goerd Peschken fortgeführte Bildarchiv zum Berliner Schloß, dessen Bestände im Schloß Charlottenburg verwahrt werden. Mit Goerd Peschken (Berlin) führte ich viele anregende Gespräche im Charlottenburger Kreis, und ich möchte ihn an dieser Stelle um Nachsicht bitten, daß ich mit den Ergebnissen seiner Forschungen nicht in allen Punkten übereinstimme.

Ohne die Hilfe zahlreicher Fachkolleginnen und -kollegen hätte diese Arbeit nicht entstehen können. Sie gaben mir Anregungen, machten mir Depots und Inventare zugänglich. Ich danke dafür Tilo Eggeling (Berlin), Peter-Michael Hahn (Potsdam), Joachim Kallinich (Berlin), Christiane Keisch (Berlin), Michael Knuth (Berlin), Renate Kroll (Berlin), Lothar Lambacher (Berlin), Peter Letkemann (Berlin), Steffi Mittenzwei (Berlin), Andreas Matschenz (Berlin), Adelheid Schendel (Potsdam) und Christian Theuerkauff (Berlin). Burkhardt Göres hat an dieser Arbeit nicht nur während meiner Tätigkeit in der Stiftung Preußische Schlösser und Gärten Berlin-Brandenburg Anteil genommen und sie gefördert, sondern mir auch gestattet, auf die Fotobestände der Stiftung zurückzugreifen. Bei deren Sichtung hat Margitta Tretter unschätzbare Hilfe geleistet. Bernd Adam (Hannover) und Christian Christiani (Frankfurt am Main) haben Teile des Manuskripts gelesen, Jarl Kremeier (Berlin) hat sich der Mühe der Gesamtlektüre unterzogen. Sie alle haben mich vor manchem Irrtum bewahrt.

Dieses Buch hätte nicht erscheinen können

ohne einen Zuschuß des Fördervereins Berliner Stadtschloss e. V., dessen Vorsitzender Wilhelm von Boddien dem Buchprojekt spontan Interesse entgegenbrachte. Thomas Sparr vom Siedler Verlag hat sich dafür eingesetzt, das Werk reich zu bebildern und mit dem umfangreichen Katalog der bildlichen Darstellungen und Dokumente zum Schloß bis zu Schlüters Ausscheiden als Schloßbaudirektor zu versehen. Ditta Ahmadi hat mir in den letzten Wochen durch ihr sorgsames und geduldiges Lektorat viel geholfen, Gabriele Uerscheln und die Stiftung Schloß und Park Benrath in Düsseldorf haben mir die Freiräume gewährt, die ich brauchte, um das Manuskript zur Druckreife zu bringen.

Meine Eltern, Renate und Hans Hinterkeuser, haben meine Studien stets großzügig gefördert, wofür ich ihnen sehr dankbar bin. Ihnen ist das Buch gewidmet.

Köln, im Februar 2003 *Guido Hinterkeuser*

Register

Bildnachweis

Abbildungen aus dem Katalog sind nur dann verzeichnet, wenn dort keine Sammlung genannt ist.

ARCHIVE UND LEIHGEBER

Berlin, Bildarchiv Preußischer Kulturbesitz
Abb. 64

Berlin, Deutsches Historisches Museum
Abb. 31–34, 38, 39, 43

Berlin, Kunsthistorisches Institut der Freien Universität Berlin
Abb. 157, 158

Berlin, Staatliche Museen zu Berlin Preußischer Kulturbesitz, Kupferstichkabinett
Abb. 127

Berlin, Staatliche Museen zu Berlin Preußischer Kulturbesitz, Kunstbibliothek
Kat. 180–186 (Aufnahme Dietmar Katz)

Berlin, Staatsbibliothek zu Berlin Preußischer Kulturbesitz, Abteilung Historische Drucke
Kat. 75, 98, 99, 105, 107, 108

Berlin, Staatsbibliothek zu Berlin Preußischer Kulturbesitz, Kartenabteilung
Abb. 44, 47, Kat. 16, 17, 19, 51

Berlin, Stadtbibliothek
Abb. 30

Berlin, Stiftung Stadtmuseum Berlin
Abb. 54, 63, hinteres Vorsatz

Berlin, Ullstein Bild
Abb. 170

Dresden, Sächsische Landesbibliothek – Staats- und Universitätsbibliothek Dresden, Abt. Deutsche Fotothek
Abb. 42 (Aufnahme Christa Hütter), 151

Dresden, Staatliche Kunstsammlungen
Abb. 50

Edinburgh, National Gallery of Scotland
Abb. 191

Hannover, Wehrbereichsbibliothek
Abb. 27

Köln, Privatarchiv Autor
Abb. 117, 156

Mailand, Archivio Storico Comunale
Abb. 193

Marburg, Herder-Institut
Abb. 1, 3, 4, 5

München, Bayerische Verwaltung der staatlichen Schlösser, Gärten und Seen
Abb. 65

Paris, Musée du Louvre, Cabinet des Estampes
Abb. 162, 163, 165–169

Potsdam, Stiftung Preußische Schlösser und Gärten Berlin-Brandenburg
Abb. 2, 6, 14, 19, 28, 40, 41, 49, 51, 52, 56, 57, 59, 60, 66–68, 72, 73, 78, 82, 83, 87–89, 91, 94, 95, 97–99, 101, 103–106, 117, 118, 121–124, 132, 133, 135, 136, 139–144, 161.Kat. 1, 2, 8, 21, 40, 44, 45, 49, 60, 66–74, 76, 80, 85, 93, 96, 100, 103, 104, 106, 111, 112, 114–120, 122, 125, 129, 136–147, 149, 152, 153, 156–162, 168, 169, 171, 173, 178, 201, 205, 206, 209, 211

Rom, Bibliotheca Hertziana
Abb. 15, 16, 45, 46, 70, 71, 100, 109, 134, 154, 159, 172, 173

Stockholm, Kungliga Slottet (Königliches Schloß)
Abb. 176–181

Stockholm, Nationalmuseum
Abb. 155, 164, 183–185

Warschau, Instytut Sztuki Polska Akademia Nauk
Abb. 18, 20–26

Warschau, Muzeum Pałac w Wilanowie
Abb. 7, 8, 10–13

Wien, Graphische Sammlung Albertina
Abb. 187

Wien, Privatarchiv Hellmut Lorenz
Abb. 189

Wien, Privatarchiv Friedrich Polleross
Abb. 186, 188, 190, 194

Wünsdorf, Brandenburgisches Landesamt für Denkmalpflege und Archäologisches Landesmuseum, Meßbildarchiv
Abb. 29, 36, 48, 53, 55, 58, 61, 62, 74–77, 79, 81, 84, 86, 90, 92, 93, 96, 102, 107, 108, 112–116, 119, 120, 125, 126, 128–131, 137, 138, 145–150, 152, 153, 174, 182, vorderes Vorsatz

Zagreb, Nacionalna i sveučilišna knjižnica (National- und Universitätsbibliothek)
Abb. 192

PUBLIKATIONEN

Jacek Cydzik/Wojciech Fijałkowski, Wilanów, Warschau 1978
Abb. 9, 17

Mariusz Karpowicz, Barock in Polen, Warschau 1991
Abb. 35 (Aufnahme W. Górski)

Ernst Benkard, Andreas Schlüter, Frankfurt am Main 1925
Abb. 37

Cornelius Gurlitt, Warschauer Bauten aus der Zeit der sächsischen Könige, Berlin 1917
Abb. 69

Friedrich Kriegbaum, Michelangelo Buonarroti. Die Bildwerke, Berlin 1940
Abb. 160

Tod A. Marder, Bernini and the Art of Architecture, New York/London/Paris 1998
Abb. 175

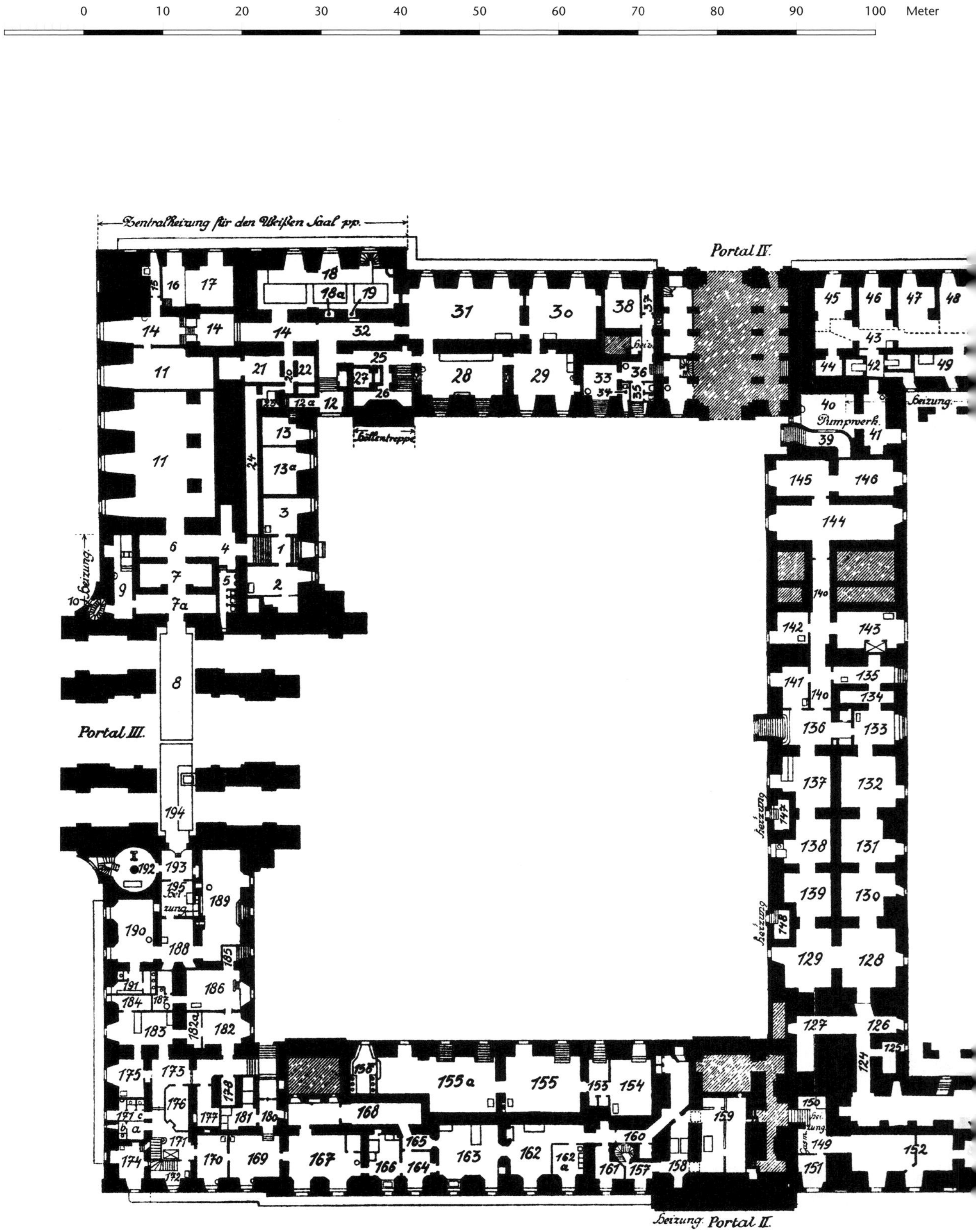
0 10 20 30 40 50 60 70 80 90 100 Meter
Zentralheizung für den Weißen Saal pp.
Portal IV.
Portal III.
Heizung Portal II.
Pumpwerk
Höllentreppe
Heizung

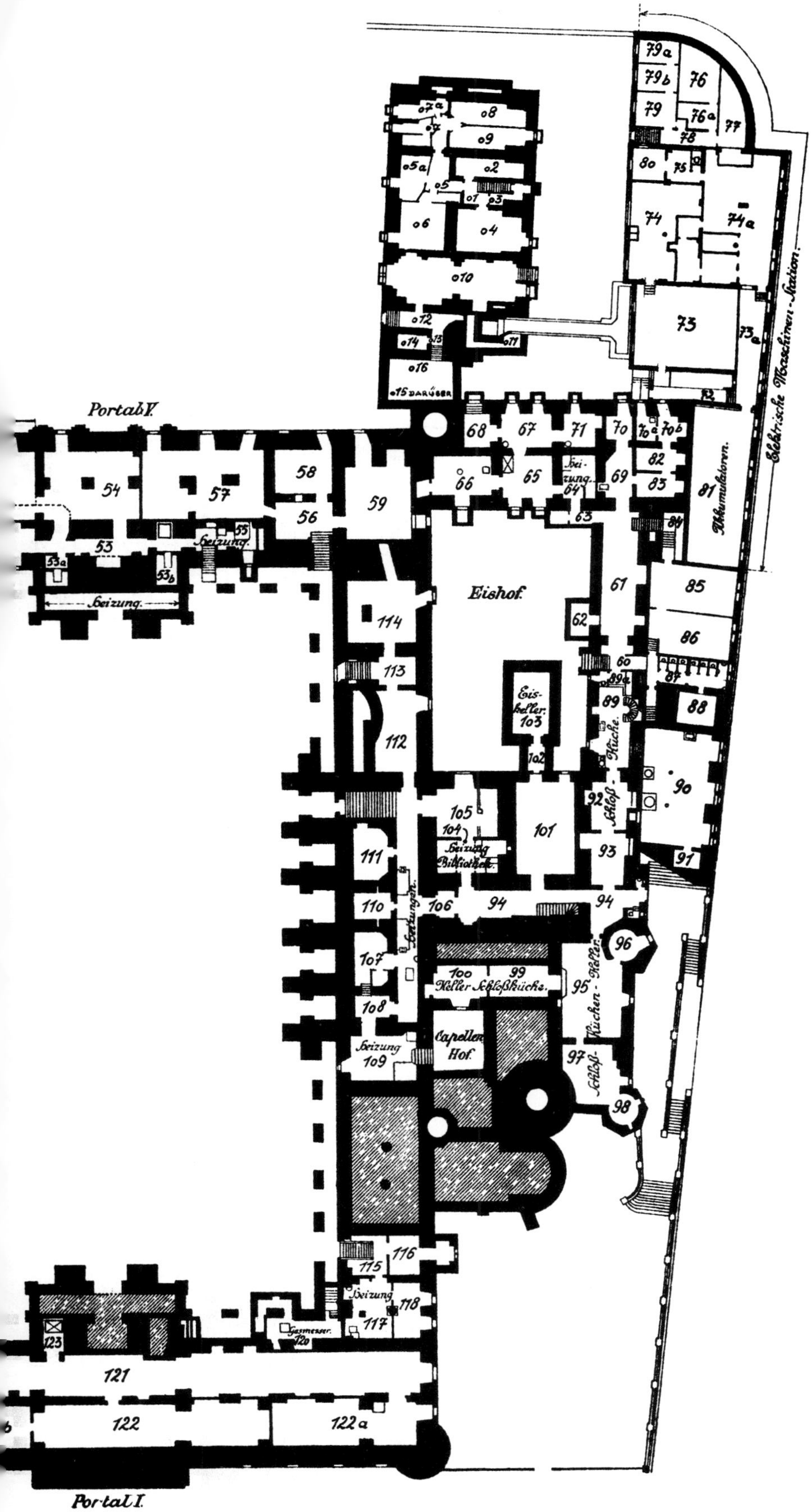

Schloß, Grundriß des Kellergeschosses

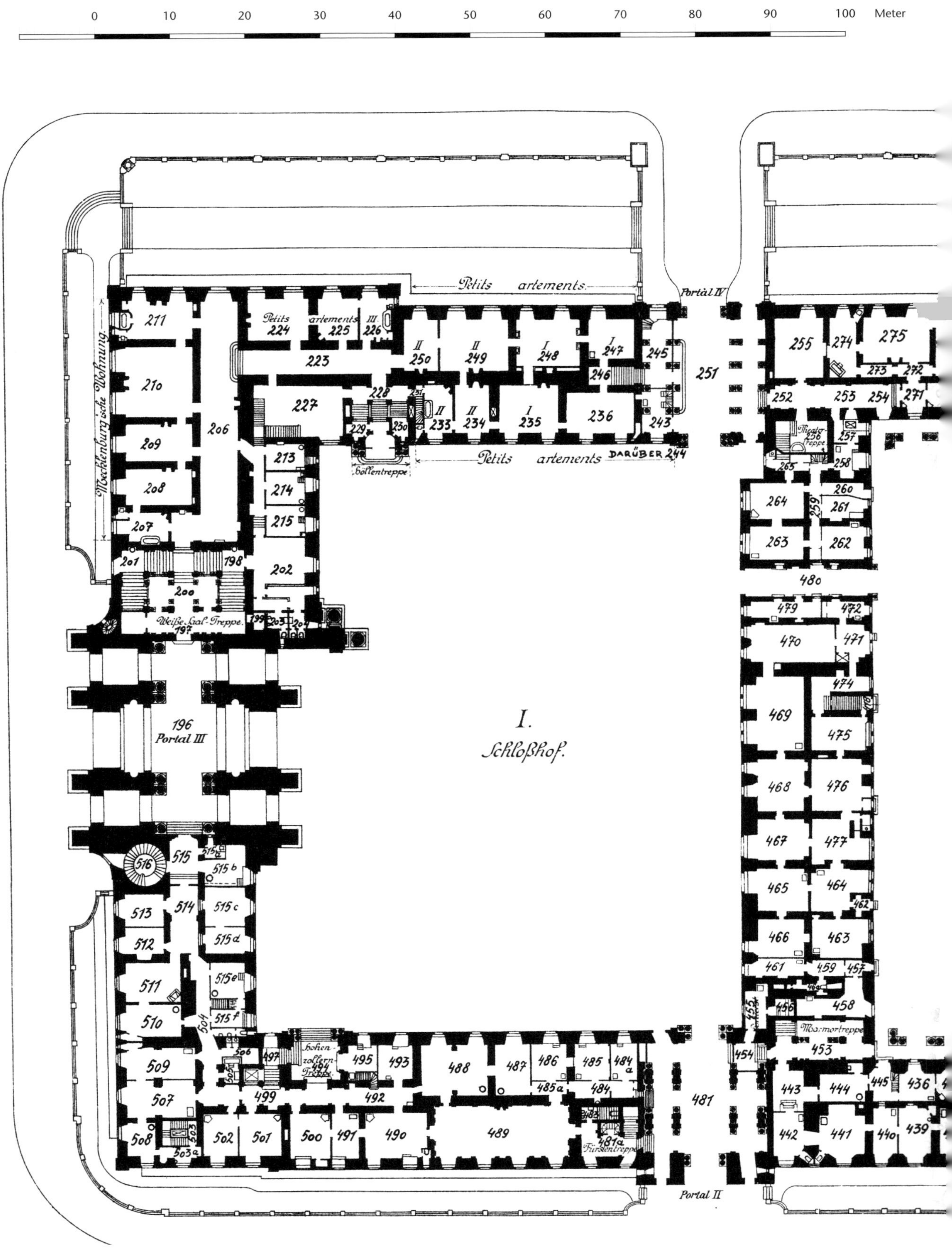
0 10 20 30 40 50 60 70 80 90 100 Meter
Petits artements.
Portal IV
Petits artements III.
224 225 226
223
211 210 209 208 207 206
Mecklenburg'sche Wohnung.
227 228 229 230 231
II 250 II 249 I 248 I 247 245 246
II 233 II 234 I 235 236 243
Höllentreppe
Petits artements DARÜBER 244
251
255 274 275 273 272 252 253 254 271
Theater-256 Treppe 257 258 265
264 259 260 261 263 262
480
213 214 215
201 198 202 200
Weiße Saal-Treppe. 197
199 203 204
196 Portal III
I. Schloßhof.
479 472 470 471 474 469 475 468 476 467 477 465 464 462 466 463 461 459 457 460
455 456 458
Marmortreppe
454 453
515 515 a 516 515 b 513 514 515 c 512 515 d 511 515 e 510 504 515 f
509 506 497 505 Hohen-zollern-Treppe 494 495 493 488 487 486 485 484 a
507 499 492 485 a 484
508 503 503 a 502 501 500 491 490 489 483 481 a Fürstentreppe
481
443 444 445 436 442 441 440 439
Portal II

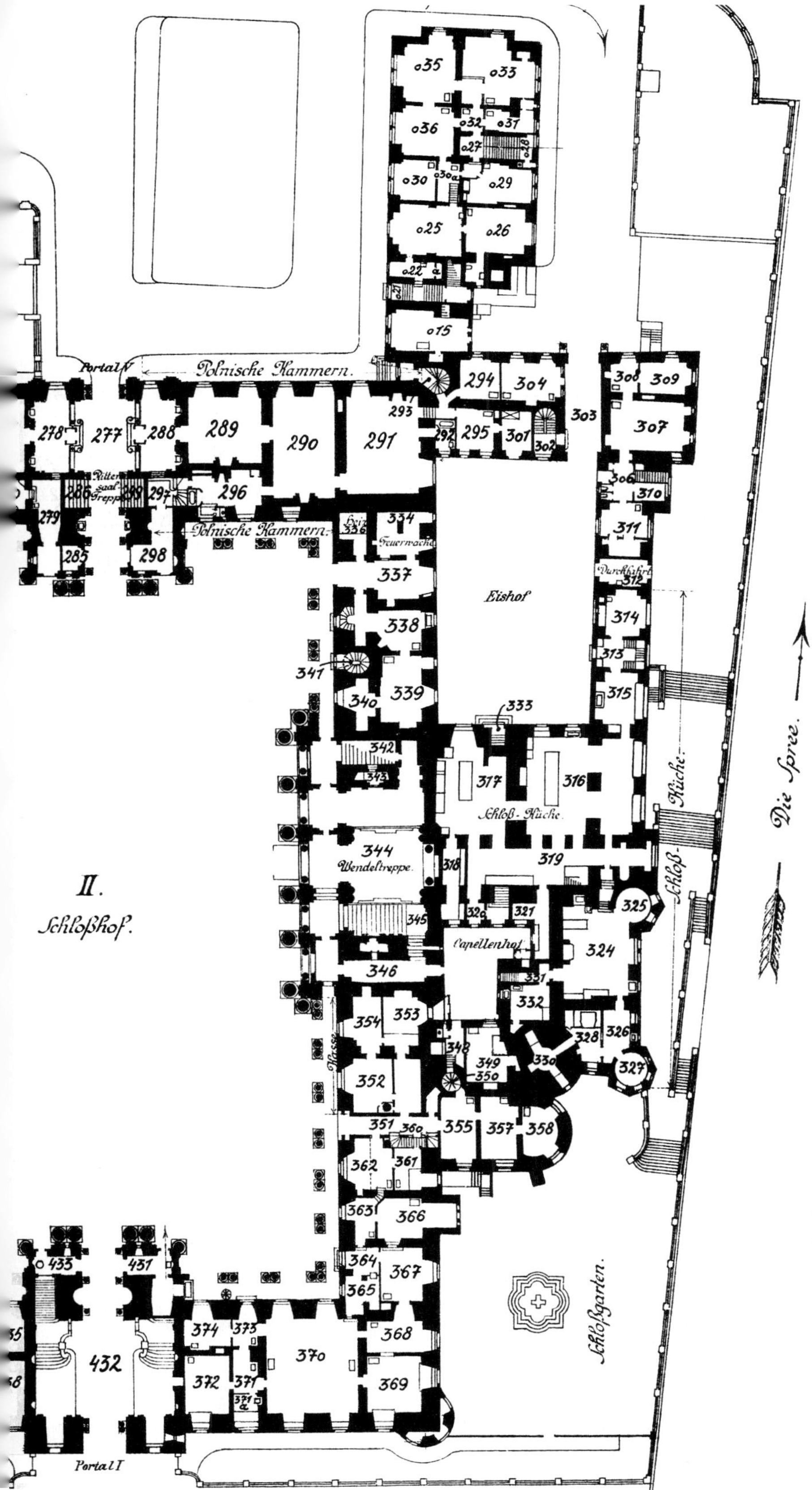

Schloß, Grundriß
des Erdgeschosses

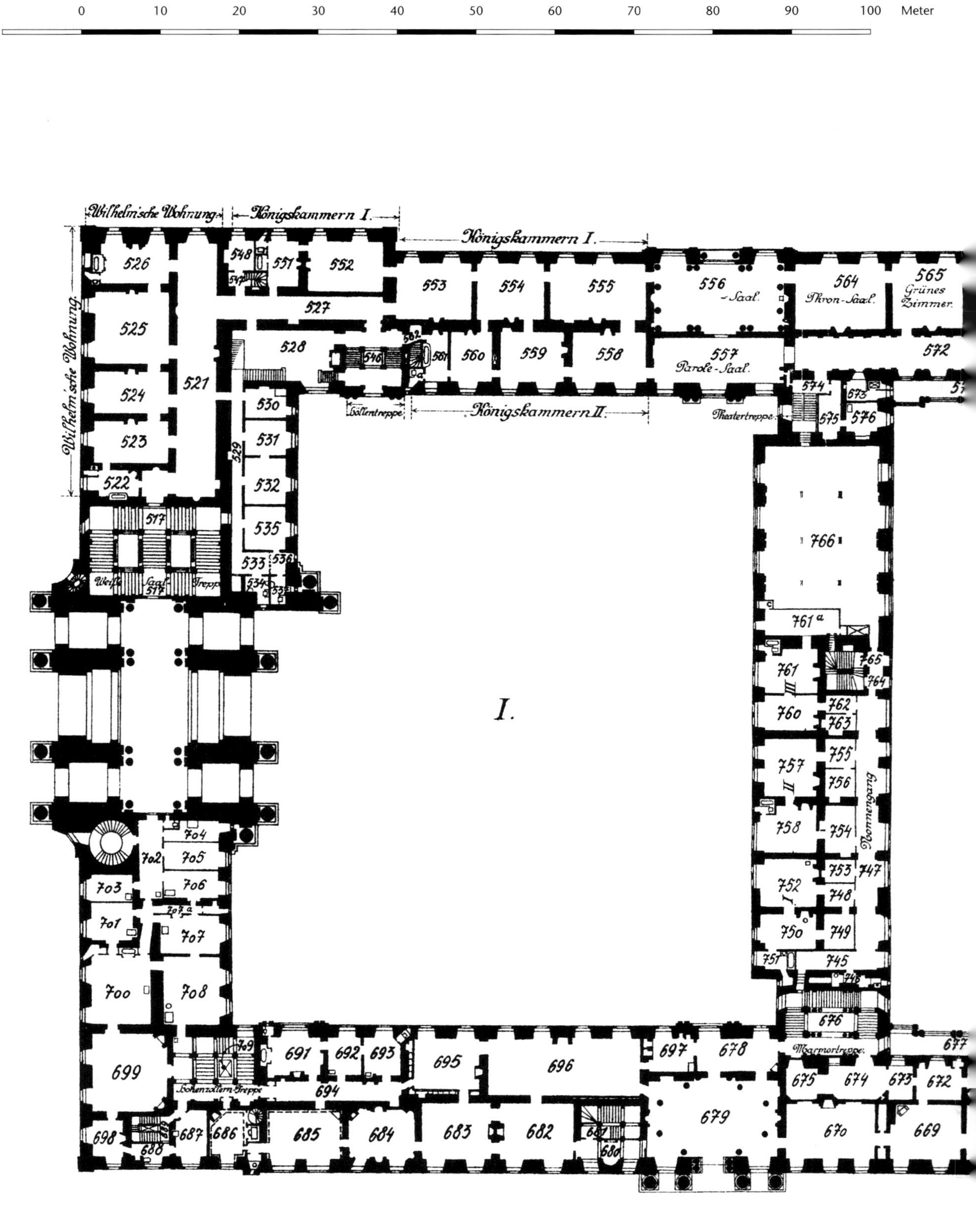
0
10
20
30
40
50
60
70
80
90
100
Meter
Wilhelm'sche Wohnung
Königskammern I.
Königskammern I.
Wilhelm'sche Wohnung
526
548
551
552
553
554
555
556
Saal.
564
Thron-Saal.
565
Grünes
Zimmer.
527
525
528
546
560
559
558
557
Parole-Saal.
572
521
524
530
Höllentreppe
Königskammern II.
574
573
575
576
Theatertreppe
523
531
529
532
522
517
535
766
533
536
Weiße Saal Treppe
517
534
761 a
761
765
764
I.
760
762
763
757
755
756
Sonnengang
758
754
704
702
705
753
747
703
706
752
748
707 a
701
707
750
749
745
751
700
708
746
676
699
709
691
692
693
695
696
697
678
Marmortreppe
677
694
675
674
673
672
Hohenzollern-Treppe
679
698
688
687
686
685
684
683
682
681
680
670
669

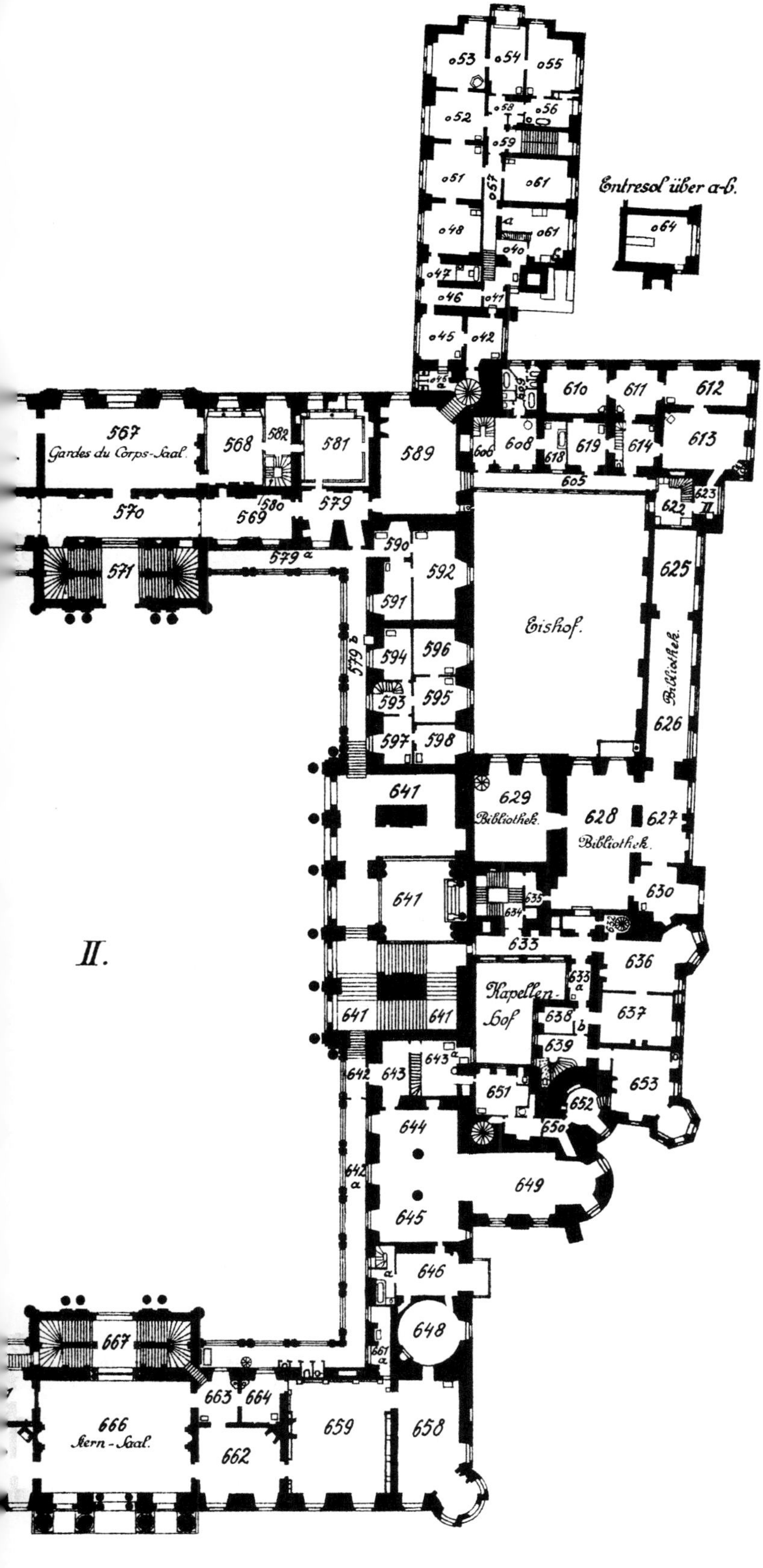

Schloß, Grundriß des ersten Obergeschosses

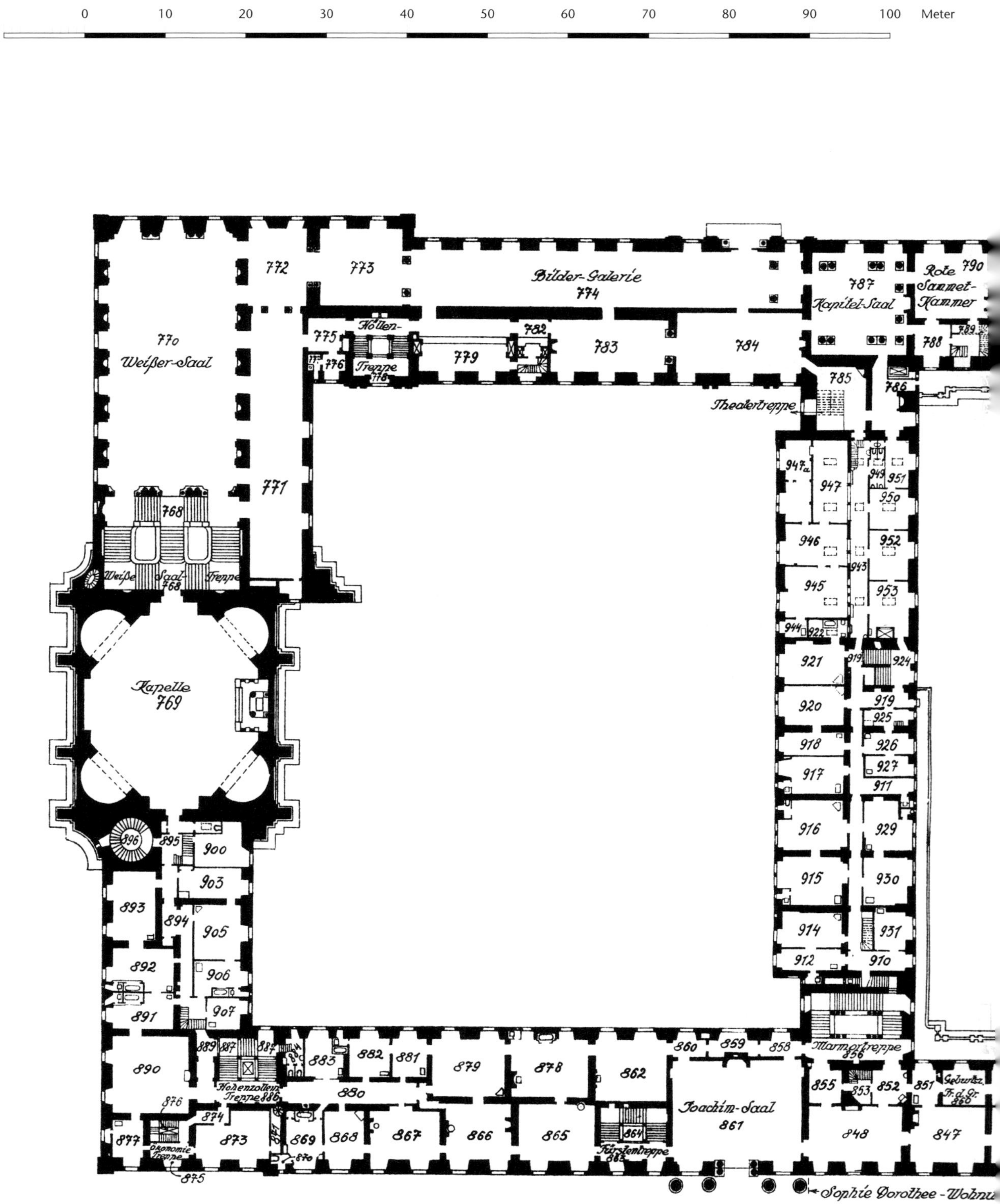
0
10
20
30
40
50
60
70
80
90
100
Meter
772
773
Bilder-Galerie
774
787
Kapitel-Saal
Rote
Sammet-
Kammer
790
770
Weißer-Saal
775
Höllen-
Treppe
778
776
779
782
783
784
788
789
785
786
Theatertreppe
771
768
Weiße Saal Treppe
768
947a
947
949
951
950
946
952
943
945
953
944
922
921
919
924
Kapelle
769
920
919
925
918
926
927
917
911
916
929
896
895
900
903
915
930
893
894
905
914
931
892
906
912
910
907
891
890
889
887
887
884
883
882
881
879
878
862
860
859
858
Marmortreppe
856
Hohenzollern
Treppe 886
880
855
853
852
851
Geburtsz.
Fr. d. Gr.
850
876
874
Joachim-Saal
861
877
Ökonomie
Treppe
873
871
869
868
867
866
865
864
848
847
Fürstentreppe
863
870
875
Sophie Dorothee-Wohnu

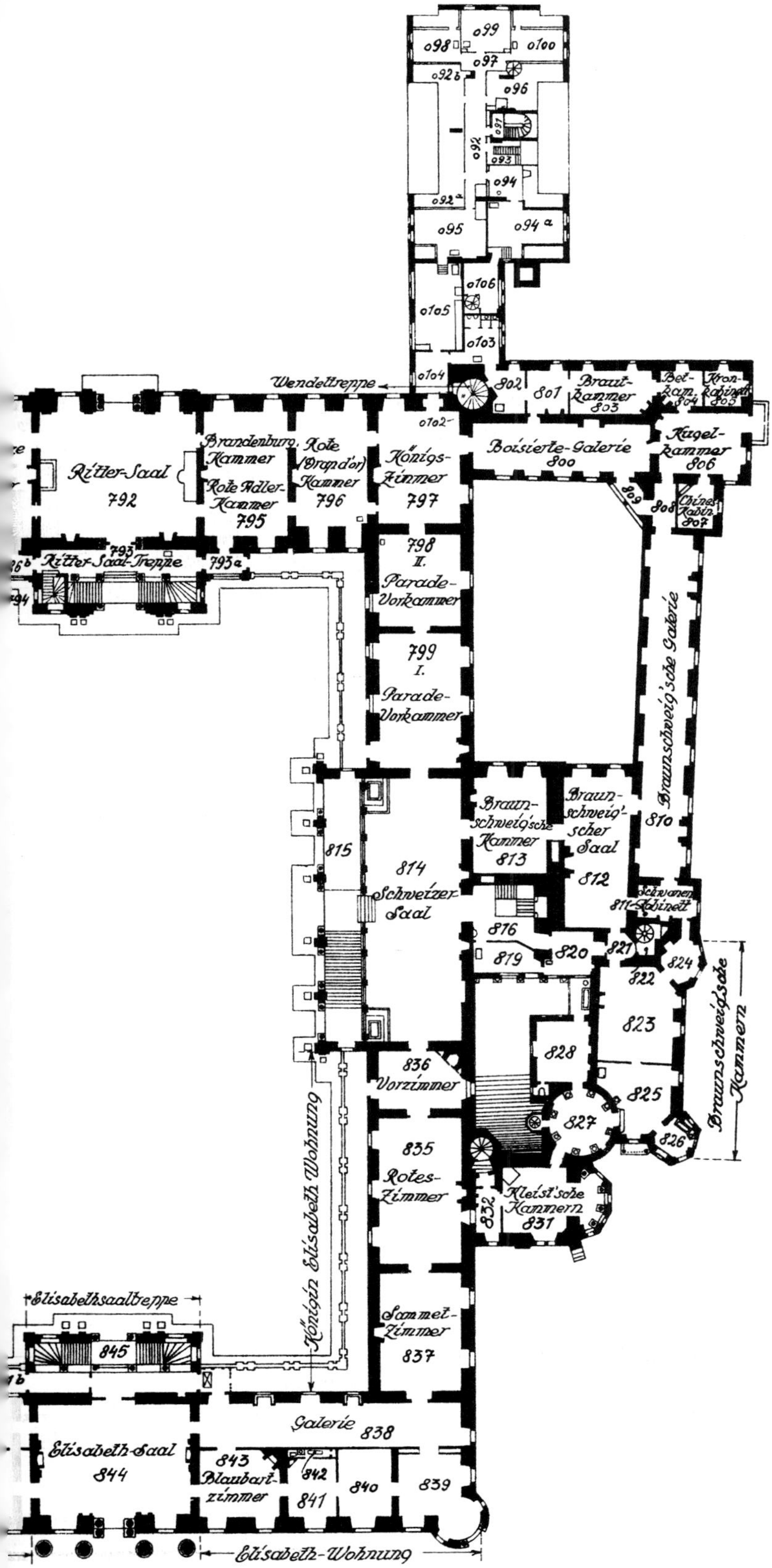

Schloß, Grundriß des Paradegeschosses (zweites Obergeschoß)

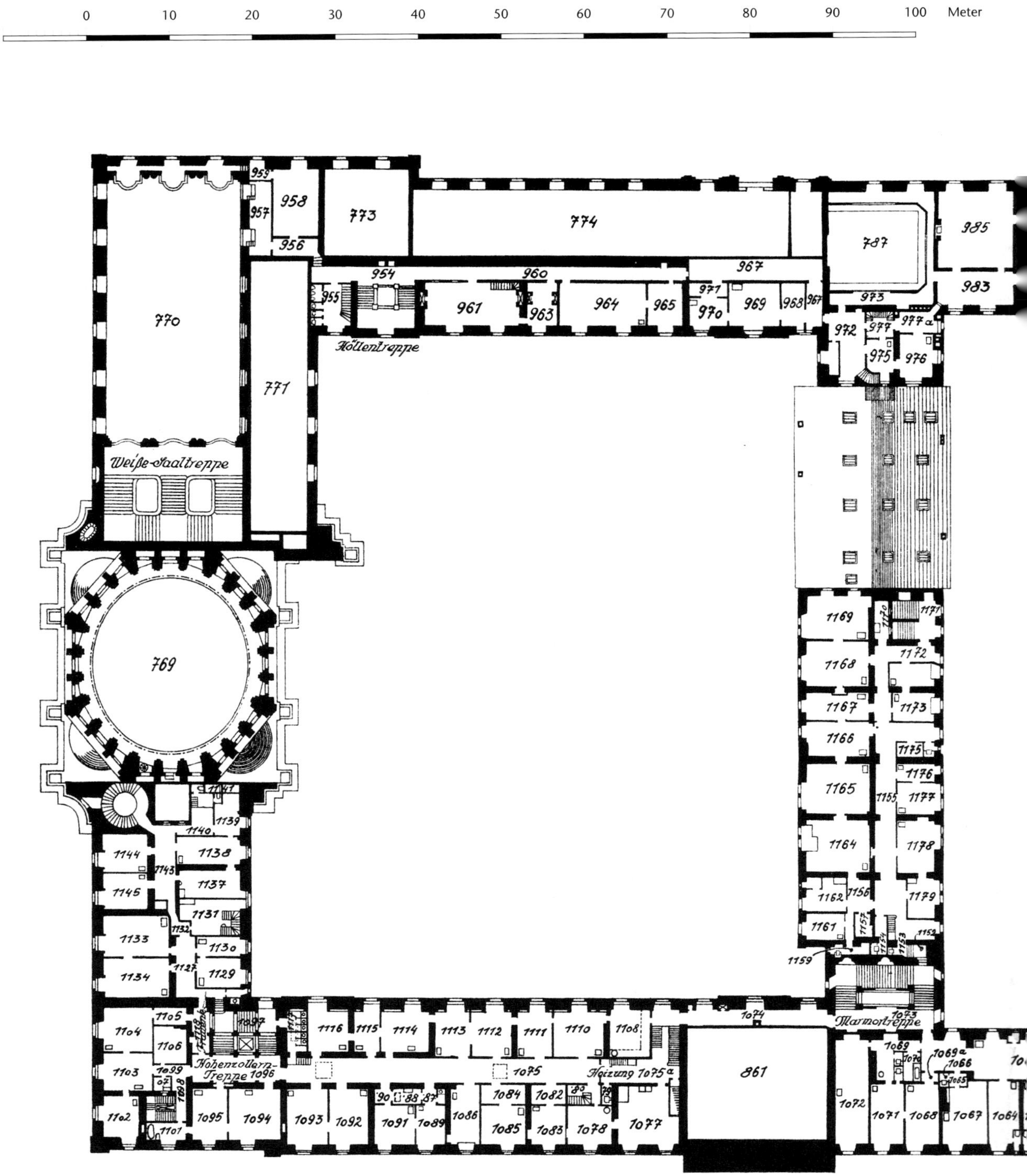
0
10
20
30
40
50
60
70
80
90
100
Meter
770
771
773
774
787
769
861
958
956
957
959
954
955
960
961
963
964
965
967
968
969
970
971
972
973
975
976
977
977 a
983
985
Höllentreppe
Weiße-Saaltreppe
Marmortreppe
Hohenzollern-Treppe 1096
Heizung 1075 a
1074
1073
1075
1077
1078
1083
1084
1085
1086
1089
1091
1092
1093
1094
1095
1097
1099
1101
1102
1103
1104
1105
1106
1108
1110
1111
1112
1113
1114
1115
1116
1127
1129
1130
1131
1132
1133
1134
1137
1138
1139
1140
1141
1143
1144
1145
1152
1153
1155
1156
1157
1159
1161
1162
1164
1165
1166
1167
1168
1169
1170
1171
1172
1173
1175
1176
1177
1178
1179
1072
1071
1069
1069 a
1068
1067
1066
1065
1064
1070

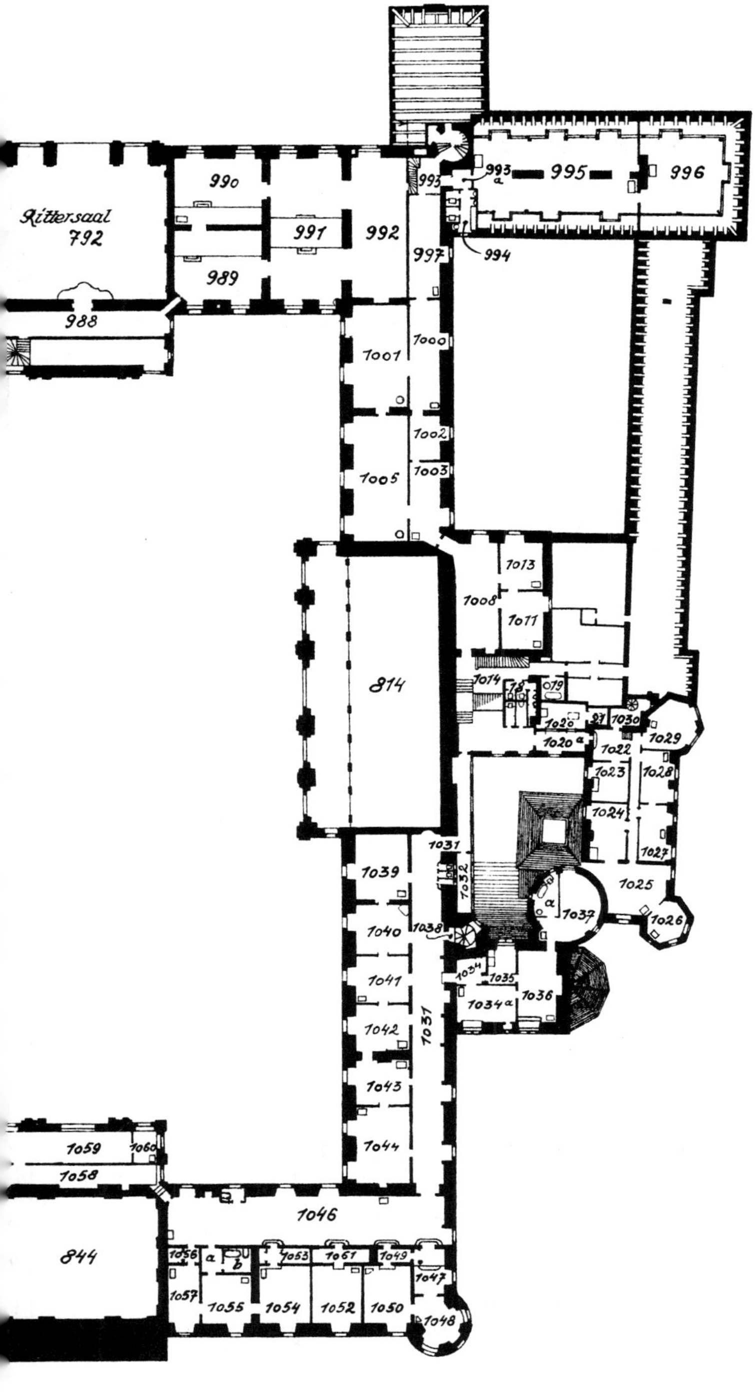

Schloß, Grundriß des dritten Obergeschosses